중국 소재 고구려 유적과 유물 VIII
혼하-요하 중상류

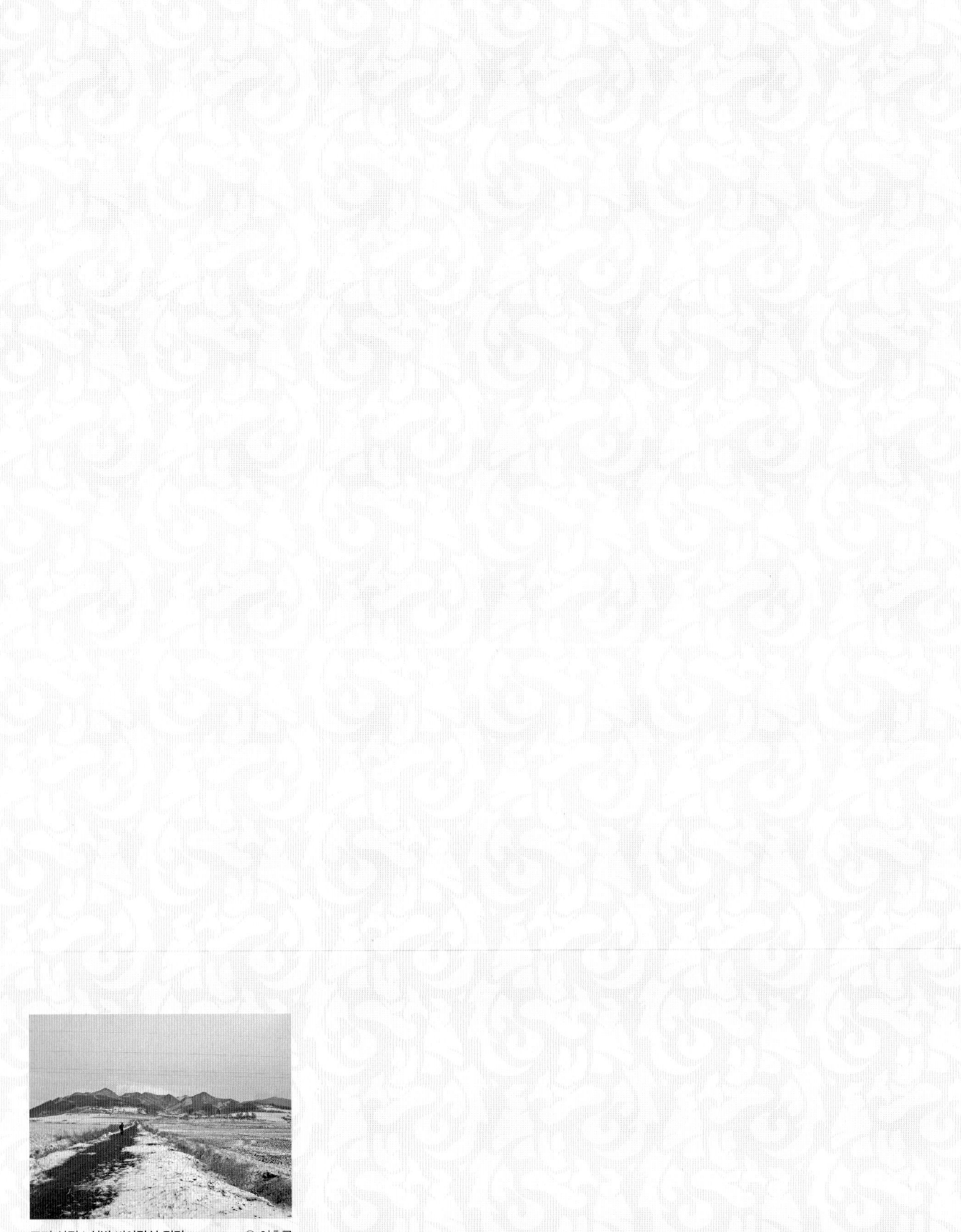

표지 사진 | 신빈 비아랍성 전경   ⓒ 여호규

중국 소재 고구려 유적과 유물 VIII

혼하 – 요하 중상류

THE KINGDOM OF KOGURYO RUINS AND ARTIFACTS IN CHINA

| 동북아역사재단 편 |

• 이 책은 2018년 동북아역사재단 연구용역 수행 결과물임.

책머리에

압록강 중상류를 비롯해 중국 동북지역에는 고구려 유적과 유물이 무수히 산재해 있다. 이러한 유적과 유물은 고구려사를 연구하고 한국사를 체계화하는 데 매우 중요한 자료일 뿐 아니라, 모든 인류가 공유해야 할 소중한 문화유산이기도 하다. 그런데 아쉽게도 이와 관련된 각종 보고서나 연구논저가 여러 학술지에 산재해 있거나 절판된 경우가 적지 않아 관련 연구자나 역사에 관심 있는 일반인들이 이용하는 데 많은 어려움을 겪고 있다. 이에 동북아역사재단에서는 2007년부터 중국 소재 고구려 유적·유물을 집대성하여 DB를 구축하는 사업을 추진하였다.

본 연구팀도 이 사업에 참여하여 DB 구축에 필요한 기초자료를 정리하는 과제를 수행하였다. 2007-2008년에는 고구려 발흥지인 압록강 중상류, 2009-2011년에는 두 번째 도성이었던 통구분지(집안분지), 2012-2014년에는 요동반도와 요하·송화강·두만강 유역 등에 분포한 유적과 유물을 정리하였다. 이어 2015-2016년에는 2007년 이후 새롭게 조사된 유적에 대한 정리 작업을 진행하였다. 이를 통해 고분군 246곳, 개별 고분 269기, 성곽 301곳, 성곽의 개별 유구 31기, 기타 유적 40곳, 개별 유물 84개 등 총 971건의 유적과 유물을 정리하였다.

그런데 이렇게 정리한 기초자료를 토대로 DB를 구축한 결과, 각 지역별 '개관'이나 각 유적의 '역사적 성격' 등 종합적인 서술 부분을 모두 DB로 전환하는 데는 상당한 애로가 따르는 것으로 확인되었다. 또한 연구자나 일반인들이 각 유적의 전체 현황을 일목요연하게 파악하는 데도 많이 불편하다는 문제점이 제기되었다. 이에 2018-2019년에 기존의 DB 구축용 기초자료를 재정리하여 책자 형태로 출간하는 사업을 진행하였다.

본 연구팀은 연구과제를 체계적으로 수행하기 위해 각 유적·유물을 고분, 성곽, 기타 유적, 개별 유물 등으로 분류한 다음, 관련 전공자로 연구팀을 구성하였다. 연구 책임자인 여호규는 과제를 총괄하면서 성곽을 담당하였고, 강현숙은 고분, 백종오는 유물 등을 담당하면서 각 권의 개관과 유적의 역사적 성격을 집필하였다. 김종은(고분), 이경미(성곽), 정동민(고분과 성곽), 한준영(유물)은 각종 보고서와 연구논저의 서술 내용을 1차 정리하는 작업을 담당하였다. 나유정과 노윤성은 출간 사업에 참여하여 원고 교정과 지도 제작 등을 담당하였다.

이 작업에서 본 연구팀은 중국 소재 고구려 유적과 유물을 체계적으로 정리하여 집대성하는 데 가장 주안점을 두었다. 이를 위해 먼저 각종 보고서와 연구논저, 지도와 지지(地誌), 보도자료, 답사자료 등을 광범위하게 수집하였다. 그런 다음 각 유적별로 조사 현황, 위치와 자연환경, 유적의 전체 현황, 유구별 현황(또는 성벽과 성곽시설, 성내시설과 유적), 출토유물, 역사적 성격, 참고문헌 등의 항목을 설정해 각 유적의 조사 현황과 연구성과를 체계적이고 통일성 있게 정리하고자 노력하였다.

이러한 작업을 통해 본 연구팀은 A4 약 1만 매에 이르는 DB 구축용 기초자료를 확보하였다. 이를 바탕으로 책자 형태의 출간 사업을 진행하여 압록강 중상류 2권(Ⅰ-Ⅱ), 통구분지 4권(Ⅲ-Ⅵ), 요동반도-요하-송화강-두만강 유역 4권(Ⅶ-Ⅹ) 등 총 10권으로 구성하였다. 각 권의 서두에는 개관을 설정하여 각 지역별 전체 현황을 서술하는 한편, 시·현 행정구역이나 유적군을 단위로 각 권의 부(部)를 설정해 유적의 현황을 정리하고 역사적 성격을 서술하였다.

이상의 과정을 거쳐 출간하게 된 본 시리즈는 중국 동북지역에 산재한 고구려 유적과 유물을 체계적으로 집대성한 최초의 성과라 할 수 있다. 이러한 점에서 본서의 발간은 고구려 유적·유물에 관한 방대한 정보를 체계적으로 제공하여 고구려사 연구기반을 확충하는 한편, 이를 활용한 다양한 역사 콘텐츠 개발 및 일반 국민의 역사인식 제고에도 크게 기여할 것으로 기대된다.

본서는 동북아역사재단의 중장기적인 지원 덕분에 발간될 수 있었다. 김현숙 연구정책실장께서는 본 과제를 처음 기획하여 중장기 사업으로 추진할 수 있는 토대를 놓았고, 이성제 한국고중세사연구소장께서는 2011년부터 본 과제를 담당하여 각종 실무적인 뒷받침을 해주었는데, 이에 깊이 감사드린다. 그리고 2007년 이래 본 과제를 물심양면으로 성원해주신 김용덕, 정재정, 김학준, 김호섭 역대 이사장님들과 김도형 이사장님께도 깊이 감사드린다. 아울러 난삽한 원고와 각종 도면을 깔끔하게 정리하여 산뜻한 책으로 꾸며주신 출판 관계자 여러분들께도 깊이 감사드린다.

2020년 6월 10일
연구팀을 대표하여 여호규

일러두기

1 중국의 간체자는 모두 우리식 한자로 수정하고, 음도 우리식 한자음으로 표기했다.

2 한자 용어는 가능한 한글 표현으로 풀어쓰고자 했으나, 의미 전달을 고려하여 그대로 노출하여 사용하거나 한글과 병기하기도 하였다.

3 기원전은 연도에 각각 표기했고, 기원후 혹은 서기는 생략했다.
〈예〉 기원전 45 − 기원전 12년 / 기원전 2 − 2세기 / 3 − 4세기

4 참고문헌은 오래된 연도부터 배열했고, 같은 연도에서는 가나다 순으로 배열했다.

5 유적 명칭은 공식 보고서나 『중국문물지도집』을 기준으로 '시·현+유적명'으로 표기하고, 이칭이 있는 경우 병기하였다. 다만 '등탑 백암성'처럼 국내에 널리 통용되는 명칭이 있는 경우 이를 따랐다. 같은 시·현에 명칭이 같거나 유사한 유적이 있는 경우, 향·진이나 촌을 표기하여 구분하였다. 지명 이외의 유적명은 한 단어로 보아 붙였다.
〈예〉 수암 조양향 고려성산산성 / 수암 합달비진 고려성산산성 / 관전 대고령지후강연고분군 / 수암 마권산선배고분군

6 유적 위치도는 각종 보고서의 도면을 집성하여 제시하였고, 정확한 위치를 파악한 경우에는 '만주국 10만분의 1 지형도'에 표기하였다. 아울러 『중국문물지도집』 길림분책(1993)과 요령분책(2009)에 실린 유적 위치를 구글 지형도(2020년 1월 기준)를 활용하여 제시하였다.

7 지도의 기호는 다음과 같이 사용했다. 단, 자체 범례를 가진 지도는 이에 해당하지 않는다.

산 : △	산성 : ▲	평지성 : ■	관애 : ▬
장성 : ᨏᨏ	고분 : ▲	기타 유적 : ●	
시·현 : ⊙	향·진 : ◎	촌 이하(촌·둔·동) : ○	

차례

책머리에 5
일러두기 7

제1부 개관

1. 고분군과 고분   11
2. 성곽   18
3. 유물   29

제2부 심양시(瀋陽市) 지역의 성곽

01 심양 탑산산성 瀋陽 塔山山城   35
02 심양 영반산성 瀋陽 營盤山城   43
03 심양 동루자산성 瀋陽 董樓子山城   46

제3부 신민시(新民市) 지역의 성곽

01 신민 고대자산성 新民 高臺子山城   53

제4부 무순시·현(撫順市·縣) 지역의 유적

1. 고분군과 고분

01 무순 산룡고분군 撫順 山龍古墳群   59
02 무순 대서구문고분군 撫順 大西溝門古墳群   65
03 무순 시가고분군 撫順 施家古墳群   67
04 무순 와혼목고분군 撫順 窪渾木古墳群   85
05 무순 전둔고분군 撫順 前屯古墳群   89
06 무순 후안고분군 撫順 後安古墳群   97

2. 성곽

01 무순 고이산성 撫順 高爾山城   101
02 무순 노동공원고성 撫順 勞動公園古城   168
03 무순 동주고성 撫順 東洲古城   177
04 무순 마화사산성 撫順 馬和寺山城   181
05 무순 성자구산성 撫順 城子溝山城   185
06 무순 서산산성 撫順 西山山城   188
07 무순 남장당산성 撫順 南章黨山城   191
08 무순 열사산산성 撫順 烈士山山城   194
09 무순 철배산성 撫順 鐵背山城   195

3. 기타 유적

01 무순 달자영유적 撫順 達子營遺址   209
02 무순 대서구유적 撫順 大西溝遺址   210

제5부 신빈현(新賓縣) 지역의 유적

1. 고분군과 고분

01 신빈 도독고분군 新賓 都督古墳群   215
02 신빈 석인구고분군 新賓 石人溝古墳群   217
03 신빈 이도하자고분군 新賓 二道河子古墳群   219
04 신빈 입외자고분군 新賓 砬崴子古墳群   220
05 신빈 장경고분군 新賓 章京古墳群   221
06 신빈 하만자고분군 新賓 河灣子古墳群   223
07 신빈 요가산고분군 新賓 姚家山古墳群   225
08 신빈 남대지고분 新賓 南大地古墳   227

2. 성곽

01 신빈 백기보고성 新賓 白旗堡古城   231
02 신빈 영릉진고성 新賓 永陵鎭古城   235
03 신빈 비아랍성 新賓 費阿拉城   250

04 신빈 삼도보동산성 新賓 三道堡東山城	264	
05 신빈 온가요서산성 新賓 溫家窯西山城	268	
06 신빈 나가보자성 新賓 羅家堡子城	274	
07 신빈 두도립자산성 新賓 頭道砬子山城	279	
08 신빈 아화락성 新賓 阿伙洛城	284	
09 신빈 하서촌고성 新賓 河西村古城	289	
10 신빈 오룡산성 新賓 五龍山城	294	
11 신빈 득승보산성 新賓 得勝堡山城	308	

3. 기타 유적

01 신빈 하하북유적 新賓 下河北遺址 … 311

제6부 청원현(淸原縣) 지역의 성곽

01 청원 쌍립산성 淸原 雙砬山城 … 315

제7부 철령시·현(鐵嶺市·縣) 지역의 유적

1. 성곽

01 철령 하유산성 鐵嶺 下裕山城 … 323
02 철령 최진보산성 鐵嶺 催陣堡山城 … 324
03 철령 청룡산산성 鐵嶺 靑龍山山城 … 337
04 철령 영서산성 鐵嶺 嶺西山城 … 347
05 철령 청산산성 鐵嶺 靑山山城 … 348
06 철령 후영반산성 鐵嶺 後營盤山城 … 349
07 철령 영반성지 鐵嶺 營盤墻址 … 350

2. 기타 유적

01 철령 운반구유적 鐵嶺 雲盤溝遺址 … 353

제8부 개원시(開原市) 지역의 유적

1. 고분군과 고분

01 개원 건재북고분군 開原 建材北古墳群 … 357
02 개원 남구고분군 開原 南溝古墳群 … 358
03 개원 시하보고분군 開原 柴河堡古墳群 … 359
04 개원 쌍룡천고분군 開原 雙龍泉古墳群 … 360

2. 성곽

01 개원 마가채산성 開原 馬家寨山城 … 363
02 개원 용만산성 開原 龍灣山城 … 370
03 개원 용담사산성 開原 龍潭寺山城 … 372
04 개원 고성자산성 開原 古城子山城 … 378

제9부 서풍현(西豊縣) 지역의 성곽

01 서풍 금성산산성 西豊 金星山山城 … 389
02 서풍 성자산산성 西豊 城子山山城 … 391
03 서풍 장가보산성 西豊 張家堡山城 … 409
04 서풍 항요산성 西豊 缸窯山城 … 410
05 시풍 옥진성지신신성 西豊 玉振城于山山城 … 412
06 서풍 주가둔성지 西豊 周家屯城址 … 414

제10부 요원시(遼源市) 지역의 성곽

01 요원 용수산성 遼源 龍首山城 … 419
02 요원 성자산산성 遼源 城子山山城 … 445
03 요원 공농산성 遼源 工農山城 … 449

제11부 공주령시(公主嶺市) 지역의 성곽

01 공주령 노변강유적 公主嶺 老邊崗遺蹟 … 457

제1부

개관

1. 고분군과 고분

1) 지역별 분포현황

혼하-소자하 및 요하 중상류 유역은 청동기 시대 이래 석관묘와 석붕, 대석개묘 등과 현문호(미송리형) 토기 및 점토대토기로 특징되는 중국 중원과는 다른 물질문화를 가졌던 곳이다. 이 일대는 중국 전국시대를 거치면서 철기가 본격적으로 도입되었고, 전국시대 이후 중국 한나라 문화의 영향을 받았다. 한편, 이 일대는 요동반도에서 태자하, 소자하를 거쳐 고구려로 들어가는 교통로 상의 주요 경유지인 동시에 고구려에서 요서지방으로 진출하는 데 있어서 주요 교통로이기도 하다. 따라서 요동반도-태자하 유역과 마찬가지로 이 일대의 고구려 유적은 고구려 고분의 연원을 설명하는 데 있어서 중요할 뿐 아니라 고구려의 영역 확대나 교통로 연구에서의 주요한 물질 증거가 된다.

이 일대의 고구려 유적은 주로 성곽을 중심으로 조사가 이루어져 상당수의 고구려 성곽자료가 집중되어 고구려 영역 확대나 지방지배, 주요 교통로 복원 등에서 많은 연구가 축적되었다. 이에 반해 고구려 고분에 대한 정보는 일부에 국한되어 있다. 현재 이 일대에서 고구려 고분으로 확인되거나 고구려 고분으로 추정되는 유적은 신빈 도독고분군, 석인구고분군, 이도하자고분군, 입외자고분군, 장경고분군, 하만자고분군, 그리고 무순의 시가고분군, 와훈목고분군, 전둔고분군, 후안고분군, 대서구문고분군과 산룡고분군 등이며, 이외에도 개원의 건재북고분군, 남구고분군, 쌍룡천고분군 등도 고구려 고분으로 알려져 있다(표 1). 그러나 고구려 고분이 충분히 조사되었다고 할 수 없다. 무순 고이산성 부근의 무순 시가고분군을 제외하고는 소개된 고분군은 수십 기에서 수기의 고분이 군을 이루고 있지만, 조사는 대개 지상에 드러난 현상 보고에 그치고 밀어서 고분의 구조와 성격 또는 연대를 가늠하기 어려운 실정이다. 혼하와 유하 중상유역의 신민, 청원, 철령, 서풍, 청원, 공주령 등지는 고구려 성곽은 확인되지만, 고분은 아직까지 보고된 바 없다.

조사된 자료에 의하면, 이 지역에서 확인된 고구려 고분은 적석석개묘와 적석묘 그리고 봉토분으로 대별된다. 적석석개묘 또는 적석묘는 현재 신빈 일대에서 확인되며, 개원의 적석무지로 보고된 무덤은 보고된 내용만으로는 고구려 무덤인지는 알 수 없다. 봉토분은 무순에서 확인된다. 개원의 고분을 제외하면, 적석총과 봉토분의 시간적 선후 관계를 고려해 볼 때 신빈 일대로부터 무순, 심양 일대로 고구려의 영역 확대에 따라 고분이 조성되었을 것으로 생각해 볼 수 있다.

먼저, 신빈현 일대에서 알려진 고구려 고분군은 적석묘로 구성되었고 적석묘라는 점에서 모두 고구려로 비정하였다. 특히 신빈현 내의 부이강, 소자하, 태자하 유역 일대는 일찍부터 적석묘가 자리하였던 곳이며, 고구려 산성도 비교적 많이 분포하고 있어서 적석묘를 고구려 산성과 관련지어서 고구려 주민의 무덤으로 이해되기도 하였다(肖景全·鄭辰·金輝, 2014). 그러나 벽석이 커다란 판상의

표 1 고분군의 분포현황

지역	유적명	고분 형식	분포 현황
신빈	도독	적석묘(적석석개묘)	70여 기, 구릉 사면 위치, 연접묘 포함
	석인구	적석묘(적석석개묘)	구릉 사면 위치, 연접묘 포함
	이도하자	적석묘(적석석개묘)	10여 기, 회도관 출토
	입외자	적석묘(적석석개묘)	수 기, 석실 매장부일 가능성도 보임
	장경	적석묘(기단, 적석석개묘)	연접묘, 열상 배치
	요가산	적석묘(적석석개묘)	
	남대지	적석묘(적석석개묘)	
	하만자	적석묘(광실, 적석석개묘)	강변 대지, 연접묘, 열상배치
무순	산룡	적석석개석실	강변 대지, 열상배치, 청동기 이래
	대서구	봉토석실분	청동기시대 유적지에 고분 분포, 다인 다차합장
	시가	봉토석실분 벽화분(1기)	100여 기 고분 중 41기 발굴, 소형 석관묘 포함 능선의 정상부에서 중턱에 이르는 곳 입지
	와혼목	봉토석실분	2기 발굴조사, 고임식 천정의 석실
	전둔	봉토석실분	19기 발굴조사, 고임식과 평천정 석실
	후안	봉토석실분	3기 중 2호분 파괴됨, 와혼목, 전둔과 유사성격
개원	건재 북	봉토분	성격 미상
	남구	적석무지	20여 기의 적석무지, 성격 미상
	시하보	적석무지	협사홍도와 석부 등으로 미루어 성격 미상
	쌍룡천	적석무지	여러 기, 성격 미상

석재라는 점을 고려해 볼 때 적석석개묘일 가능성을 배제할 수 없다. 신빈현의 적석묘에 대한 정식 학술조사가 이루어지지 않아서 그 구조와 연대를 비정할 수는 없지만, 지상에 대형 판상의 석재나 돌무지들이 노출되어 있는 정황은 무순 산룡고분군의 적석석개묘와 유사하다(李新全, 2009). 이신전은 적석석개묘를 환인 일대 고구려 적석묘의 연원이 되는 것으로 이해하고 있으므로, 그의 견해를 따르자면 신빈현 일대 적석석개묘는 선고구려 또는 고구려 초기에 해당되는 유적으로 볼 여지도 있다. 따라서 신빈현 일대는 요동반도와 고구려를 연결해줄 수 있는 지역적 연결고리가 될 여지도 있을 것이다. 그러나 신빈현 일대의 적석묘에 대한 발굴조사가 체계적으로 진행되지 않아서, 적석묘의 구조 형식이나 시기를 판단하기 어렵다. 다만, 수기에서 수십 기에 이르는 적석묘가 군집을 이루며, 군집을 이루는 적석묘 중에는 서로 연접된 무덤들이 다수 포함되어 있음을 감안해 볼 때 고구려 고분군으로 보아도 무리가 없을 것이며, 일찍부터 적석묘가 자리하였던 곳을 高麗墓子로 부르고 있었던 점과 이 일대에 분포하는 다수의 고구려 성곽으로 미루어 볼 때 비교적 이른 시기부터 상당한 규모의 고구려

집단이 존재하였던 것으로 추정된다.

무순 일대에서 가장 먼저 조사, 보고된 고구려 고분은 와훈목과 전둔 고분군이다. 와훈목에서 2기의 봉토석실분이, 전둔에서 총 19기의 봉토석실분이 발굴되었다. 보존상태가 양호하지는 않았지만, 이 두 고분군에서 조사된 석실은 천장부가 고임식이어서 천장가구에 근거하여 고구려 고분으로 비정하게 되었다. 이후 이 일대의 고구려 고분을 판단하는데 있어서 와훈목이나 전둔 고분이 중요한 기준이 되고 있다. 다만, 전둔 7호묘에서 출토된 대금구는 唐式 대금구로 아직까지 고구려 고분에서 당식 대금구가 출토 된 바 없어서 고구려 말 또는 고구려 이후의 무덤일 가능성도 배제할 수 없다(강현숙, 2009).

한편, 후안고분군에서는 3기의 소형 봉토석실분이 조사되었고, 그중 2호분 한 기는 파괴되었다. 후안 고분군의 석실 내부 벽면에는 백회를 바른 흔적이 확인되며, 그중 1호분은 장방형 현실, 오른쪽으로 치우친 연도이나, 벽석이나 평면형태는 정연하지는 못하다. 중국 측 보고자는 내부에서 묘실 입구에 해당되는 남쪽으로 머리를 둔 인골이 확인되었는데, 이러한 장법이 와훈목이나 전둔과 같은 것으로 보고, 고구려 고분으로 판단하고 있다. 그러나 와훈목이나 전둔의 석실의 내벽에서 백회를 바른 흔적은 확인되지 않아서 구조적으로 후안고분과 와훈목고분이나 전둔고분과 서로 유사하다고 단정할 수 없다. 오히려 출토된 토기로 미루어 볼 때 후안고분군의 석실이 와훈목이나 전둔의 석실보다 앞서 조성되었을 가능성이 있다.

시가 고분군은 무순 일대에서 조사된 고구려 고분군 중 가장 군집의 규모가 클 뿐 아니라 벽화분이 있는 유일한 고분군이다. 100여 기가 넘는 고분 가운데서 41기의 석실이 발굴되었고, 그중 7기의 무덤이 보고되었다. 보고된 석실은 구릉의 경사면을 파고 내려간 지하식이며, 묘실 평면은 방형과 장방형 두 종류가 있으며, 연도는 모두 중앙연도이다. 벽화가 확인된 1호분 방형 현실의 중앙연도 무덤으로, 벽면에 회를 두껍게 바른 후 그림을 그렸는데, 그림은 생활풍속도 계열이다. 석실 내에는 여러 차례에 걸친 추가 합장이 확인되기도 하여서 장기간에 걸쳐 조성된 고분군으로 고분에서 출토된 당식 대금구나 개원통보, 육정산 고분군에서 출토된 것과 유사한 방식의 귀걸이 등으로 미루어 볼 때 고구려 멸망 이후에도 지속적으로 축조된 것으로 보인다(강현숙, 2009).

대서구문고분군은 무덤 주위에서 출토된 유물들은 청동기시대에 해당되는 것이지만, 유적의 남부에서 고구려 고분으로 판단한 14기의 고분에 대해서는 정확한 보고가 이루어지지 않아서 그 내용이 확실하지 않다. 단지, 고분에서 금동제 장신구가 출토된 것으로 보아서 청동기시대의 무덤은 아닌 것이 확실하며, 하나의 석실에서 7개체의 인골이 수습되었다고 하는 것으로 보아 다차에 걸친 다인합장무덤으로 보인다. 이러한 장법은 고구려의 장속은 아니며, 오히려 무순 시가나 심양 석대자산성 주변 고분에서 다인다차 합장이 이루어진 것으로 보면, 고구려 말이나 멸망 이후에 조성된 고분군일 가능성도 배제할 수 없다.

개원 일대에서의 고구려 고분이 정식으로 발굴조사 된 바는 아직까지 없지만, 적석무지로 보고된 무덤은 고구려의 적석묘인지 확인하기 어렵다. 다만, 건재북고분군은 이 일대의 고구려 산성이 주로 중기 이후에 축조되었음을 감안해 볼 때 고구려의 석실봉토분일 가능성이 있다. 개원, 창도를 포함한 요하 상류역에서도 고구려에 선행하는 물질 자료들 가령, 석붕, 미송리형 토기로 불리는 현문호, 점토대 토기 등과 창도현의 적가촌에서 집안 오도령구문 적석묘에서 출토된 것과 유사한 퇴화형 세형동검이 출토되기도 하는 등 요동지역의 문화전통과 맥을 같이하여서, 이 일대에서 고구려 고분의 존재는 부자연스런 현상은 아니며, 앞으로 이 일대에서 고구려 고분이 조사될 가능성은 충분히 상정할 수 있다. 다만, 현재 보고된 내용으로는 이 일대 고구려 고분의 고고학적 실체에 접근할 수 없다는 한계가 있다.

2) 고분의 구조와 조성시기

(1) 고분의 구조 특징

성격을 정확히 판단하기 어려운 개원의 고분을 제외하면, 요하 중상류역의 고분은 적석묘와 봉토석실분으로 대별된다. 신빈 일대에서는 적석묘(적석석개석실묘)가 주로 조사되어 보고되었고, 무순, 심양 등지에서는 봉토석실분이 조사되어서, 고분의 구조는 적석묘와 봉토석실분으로 나누어 살필 수 있다.

적석석개(석실)묘는 무순 산룡에서 석붕과 함께 확인되는 무덤으로 적석석개묘로 불리는 무덤형식으로, 산룡고분군에서 출토된 기물로 미루어 볼 때 고구려보다는 고구려 이전 시기로 보는 것이 합리적인 주론이다. 다만, 적석석개묘는 석개와 석광에 적석이 부가된 것으로 환인 일대의 고구려 초기 석광적석총과 연결되는 것으로 해석하고 있다는 점에서 주목된다. 신빈 일대의 적석묘로 보고된 일부 무덤 구조가 이와 같은 형식일 것으로 추정된다.

적석묘는 주로 신빈 일대에서 확인되는데, 잔존상태가 양호하지 못하여서 그 구조를 정확히 판단하기 어렵다. 다만, 보고된 내용으로 미루어 볼 때 매장부는 수혈식과 횡혈식 구조가 있다. 수혈식의 석광을 매장부로 하는 것은 석인구에서, 횡혈식 장법의 광실은 하만자에서, 그리고 입외자의 적석묘는 판석을 쌓아 올리고 옆면이 경사졌다고 하는 점으로 보아서 적석석개석실일 가능성도 있다. 분구는 무기단이거나 기단이며, 계단은 아직 확인할 수 없다. 적석묘는 열상 배치하며, 그중에는 단독분으로 존재하는 것도 있지만 상당수는 연접묘로 존재한다. 특히, 장경고분군의 경우 8~9기가 두 열로 존재하는 것으로 보아서 군집의 규모가 컸을 가능성이 있다.

보고자의 견해를 존중한다고 하면, 이 일대의 적석묘는 크게 두 단계로 나누어 볼 수 있다. 하나는 고구려 초기에 해당되는 적석석개묘(적석석개석실묘) 또는 석개석광적석묘일 가능성이 그 하나이다. 둘째 단계는 횡혈식 장법의 구조를 매장부로 하는 적석묘로, 동실묘 또는 봉석묘로 부르는 무덤이 이에 해당된다. 집안 통구 분지에서 고분의 시간적 추이를 감안해 볼 때 초기 단계의 무덤 시기를 가늠하기 어렵지만, 반면, 둘째 단계 적석묘는 4세기 이후부터 고구려 멸망이후까지 지속되었을 것으로 추정된다.

석실봉토분은 적석총에 비해 여러 양상을 보여준다. 분구는 먼저 호석을 가진 것과 갖지 않는 것 두 종류가 있고, 분구는 순수한 봉토분과 돌을 이용한 경우로 나눌 수 있다. 분구 축조에 흙과 돌을 사용한 것은 돌과 흙을 함께 섞어서 분구를 쌓은 것도 있다. 매장부는 지하식이며, 무순 시가고분군이 지하식 무덤의 대표 예이다. 석실은 현실과 짧은 연도로 구성되어있다. 현실은 방형과 장방형 평면이 있고, 연도는 모두 짧으며, 위치는 중앙연도, 우편재연도, 좌편재연도로 나뉜다. 방형 현실과 중앙연도는 높은 상관성을 보이지만, 장방형 현실에는 좌, 우편재연도와 중앙연도가 함께 하며, 무순 시가 고분군에서는 방형현실이나 장방형 현실 모두 중앙연도가 우세하다. 현실 내에는 관상이 설치되기도 한다. 현재 관상은 무순 시가고분군에서만 확인된다. 관상은 장벽이나 연도와 같은 방향의 벽에 붙어서 설치되기도 하고, 연도 방향과 직교하여 현실의 북벽에 붙어서 만들기도 하며, 하나 이상의 관상이 설치되기도 한다. 시가고분군 내에서 관상 시설이 가지는 의미는 현 자료로서는 드러나지 않는다.

(2) 묘실벽화

묘실 내에서 벽화가 발견된 예는 무순 시가M1호분 한 예이다. 방형 현실의 중앙연도를 한 무덤으로 벽면에 두껍게 백회를 바른 후 그림을 그려 넣었다. 보고 내용에 따르면 입구에 해당되는 남벽을 제외한 세 벽면은 4cm 폭의 검은 띠로 종횡으로 그어서 4개의 화면으로 구획한 후 그림을 그려 넣었다. 북벽에는 11명의 인물이 표현되어 있는데, 그중 10명을 여성으로 파악하였다. 서벽의 상부 북측에 연꽃을, 하부의 남측에는 말발굽이, 동벽의 상부 북측에는 세 명의 인물이 확인되며, 그중 한 명은 칼춤을 추며, 인물 남쪽으로 산봉우리가 그려져 있다고 한다.

이러한 정황으로 보아서 생활풍속도 계열 벽화분임을 확인할 수 있으나, 고구려 생활풍속도 벽화분에 비교해 보면 몇 가지 차이가 있음을 알 수 있다. 첫째로, 검은 띠로 화면을 넷으로 분할한 것은 고구려의 생활풍속도 벽화분에서는 보편적이지 않고, 덕흥리 벽화분에서 벽면을 나누어 다른 제재를 그린 예가 있다. 또한 고구려 생활풍속도 벽화분은 벽면 네 모서리에 기둥을, 그리고 벽과 천장부와의 경계에 들보를 그려 넣음으로써 묘실 내부를 목조 가옥으로 형상하였지만, 잔존 그림만으로는 그러한 화면구성은 확인되지 않는다. 둘째, 시가M1호분의 북벽은 입구의 반대쪽 즉 묘실의 오벽에 해당되는 곳으로 고구려에서 이곳에는 주로 묘주의 단독 또는 부부초상화나 손님을 맞는 모습 등 묘주와 관련된 내용이 묘사되는 데 반해, 시가M1호분의 북벽에 10명의 여성을 그려 넣은 것은 고구려 생활풍속도 벽화분에서는 보이지 않는 현상이다. 때문에 시가M1호분은 고구려 생활풍속도 벽화분의 전형에서는 벗어난 것으로 보인다.

(3) 조성시기 - 산성과 관련하여

이 지역에서 고구려 고분으로 보고된 무덤 자료로부터 무덤의 시기를 판단할 근거는 충분하지 못하다. 다만, 무순 시가고분에서 출토된 唐式 대금구와 개원통보 등은 고구려 고분에서는 확인된 바 없고 오히려 발해 고분 부장품과 특징을 같이 하기도 한다. 그러한 점에서 볼 때 무순 시가고분군은 고구려 멸망 이후에도 지속적으로 조성되었고, 그 하한 시기는 발해까지 내려올 가능성도 있다.

고분 조성의 하한이 발해까지 지속되었을 가능성을 뒷받침해주는 것으로 다차에 걸친 다인합장을 들 수 있다. 아직까지 고구려 고분에서 다차에 걸친 다인합장의 증거는 확실하지 않으며, 고구려의 보편적인 장법은 동실 내 2인 합장이다. 물론, 통구 오회분의 4호분과 5호분에서 3개의 관대가 확인되어서 고구려에서 다차에 걸친 다인합장이 행해졌을 가능성을 배제할 수는 없지만, 통구 오회분 4호분이나 5호분처럼 관대가 3개 확인된 예는 고구려에서는 보편적인 장법을 아니다. 설사 합장을 하였다고 하여도 연도가 있는 입구 방향을 장축으로 관대가 정연하게 놓여있어서 주검 매납 또한 일정한 정형성을 갖고 있다고 할 수 있는데, 이러한 주검 매납방식은 동실 내 2인 합장을 한 고구려의 주검 매납방식과 같은 양상이다.

오히려 무순 시가고분군에서 보이는 주검의 안치가 일정한 방향을 갖고 있지 않는 것은 고구려 고분에서는 보이지 않는 현상이다. 실제, 대다수의 관대가 확인되는 고구려 고분에서는 연도가 있는 입구 방향을 장축으로 한 양 장벽과 나란하게 관대가 두 개 있거나, 연도 방향과 직교하여 커다란 관대가 하나 놓이더라도 동실에 합장된 주검이 서로 방향을 달리하여 매납되지는 않다. 이에 반해 주검의 안치가 일정한 정형성을 갖고 있지 않는 것은 발해나 통일신라의 석실분에서 관찰되는 현상이다.

다차에 걸친 다인 합장이 보편적이었던 발해나 통일신라의 석실에서는 무덤의 장축과 교차해가면서 주검이 안치된다. 그러한 점에서 볼 때 무순 시가고분군 조성의 하한 시기는 발해까지 내려올 개연성이 있다. 그러나 이는 어디까지나 시간 위치가 그러하다는 것으로 무덤의 주인공들이 발해 주민이었는지는 좀 더 고려해보아야 할 과제이다.

이 지역에서 언제부터 고구려 고분이 조성되었는지를 판단할 근거는 확실하지 않다. 다만, 고이산성이 축조되었던 시기에 고분이 조성되었을 것으로 보는 것이 가장 자연스럽고, 중국 측 보고자는 무순 시가1호분이 생활풍속도 계열의 벽화분이고, 여기에서 출토된 주연이 높은 연화문 와당이 고구려의 특징적인 와당이므로, 고구려 고분이라고 보고 고이산성과 대응되는 것으로 판단하였다. 그러나 연화문 와당은 반 이상이 파손된 잔편 한 점이, 1호분의 묘실 밖의 교란된 구덩이에서 출토되었다. 또한 적색 기와편이 묘실 내에서 소량 출토되었는데, 이 기와는 시상을 만드는데 사용된 것으로 보고 있다. 그렇다면 기와는 후대에 재사용된 것으로 보는 것이 자연스럽다. 이외에도 5호분이나 6호분에서 기와는 묘도에서 소량 출토되었다고 하므로, 묘도 폐쇄와 관련하여 재사용 되었을 가능성을 배제할 수 없다. 따라서 연화문 와당이 시가M1호분의 유물이라는 증거는 확실하지 않고, 고이산성 조성 시기의 무덤이라는 증거로 충분하지도 못하다. 한편, 무순 시가23호분에서 출토된 심발형토기는 보고된 내용만으로는 봉성 호가보2호분에서 출토된 것과 특징을 같이 하여서 고이산성 사용 시기에 고분이 조성되었을 개연성을 보여준다. 그러나 심발형토기가 부장된 시가23호분은 3남 1녀가 합장된 다인합장무덤으로, 여기서 출토된 髮飾으로 보고된 유물은 고구려에서 그 유례가 확인되지 않고 있다. 토기와 장속 사이의 시간 간격을 추가 합장에 따른 결과로 보기에는 시간 공백이 너무 길어서 이 또한 자연스럽지 못하다.

오히려 무순 시가고분군에서 비교적 많은 비중을 점하는 유물인 심엽형 과판은 639년에 매납된 미륵사지 서탑에서 출토된 것이나 645년경에 매납된 것으로 보이는 황룡사지 목탑 하부 출토품과 제작기법이나 형태적 특징을 같이 한다. 때문에 무순 시가고분군이 조성된 상한 시기를 4세기대로 올려볼 만한 증거보다는 시기를 내려볼 증거가 더 많다.

결국 무순 시가고분군 조성의 상한은 명확하지 않지만, 중심 시기는 6세기 후반 이후로 오히려 고구려 멸망 이후 8세기대까지 내려올 가능성도 있다. 때문에 고이산성과 무순 시가고분군이 고구려 멸망과 함께 그 기능이 상실하였다고 단정지을 수 없으므로, 고구려 멸망 이후 고이산성과 무순 시가고분군이 어떻게 활용되었는지에 대한 논의가 필요하다고 하겠다.

3) 고분의 성격과 향후 과제

이 지역은 고구려가 요서와 요북 지방으로 나아가는 길목이며, 동시에 모용 선비가 고구려를 공략하러 오는 길목이기도 하다. 그런 만큼 길목마다 고구려성이 세워졌고, 고구려 사람들이 거주하였을 것이다. 신빈과 무순, 심양, 개원에 있는 고구려 고분이 그러한 사정을 보여주는 증거라고 할 수 있다.

이 지역에서 고구려 고분으로 알려진 고분은 적석석개묘, 적석묘와 봉토분이다. 적석석개묘와 적석묘는 신빈과 무순의 일부 지역에서 확인된 반면, 무순의 중심 무덤은 봉토분이며, 매장주체부는 석실이다. 석실은 방형 현실과 장방형 현실 그리고 중앙연도, 좌편재, 우편재 연도로 구성되어있다. 특히 지하식이며, 모두 짧은 연도라는 점에서 긴 연도의 고구려와는 차이가 있다. 방형 현실은 중앙연도와 높은 상관성을 보이지만, 장방형 현실에서는 그러한 정형성은 관찰되지 않는다. 묘실 벽화는 방형 현실의 중앙연도 평면을 가진 무순 시가M1호분에서 확인되었는데, 벽면을 종횡으로 구획하여 화면을 넷으로 구획하여 그림을 그린 생활풍속도 계열 벽화분이지만, 그 내용은 자세하지 않다.

보고된 자료가 일부에 국한된 것이지만, 요하 중상류 유역 고분 가운데 최대 고분군인 무순 시가고분군의 경우 부장된 유물과 다차에 걸친 다인 합장이라는 점을 고려해 볼 때 고분군의 중심 시기는 6세기 후반 이후 7, 8세기대로 비정되어서 상한은 고구려 후기, 하한은 발해 시기와 각각 병행된다. 따라서 산성과 고분군을 연결시켜 고려할 때, 고분군의 주민과 고구려 멸망 이후 고구려 산성이 어떻게 활용되있는지에 대한 논의가 전개될 필요가 있으며, 이를 추후 과제로 심고자 한다.

참고문헌

- 방학봉, 1992, 「발해무덤과 다인장」, 『발해유적과 그에 관한 연구』, 연변대학출판부.
- 宋基豪, 1998, 「六頂山 古墳群의 성격과 발해 건국집단」, 『汕耘史學』 제8집.
- 鄭永振, 2002, 「渤海墓葬的主要特徵與變遷過程」, 『高句麗渤海靺鞨墓葬比較研究』, 延邊大學出版社.
- 李龍彬, 2006, 『石臺子高句麗山城及高句麗墓葬發現與研究』, 吉林大學 碩士學位論文.
- 강현숙, 2009, 「고구려 고지의 발해고분 - 중국 요령지방 석실분을 중심으로」, 『한국고고학보』 72.
- 國家文物局 主編, 2009, 『中國文物地圖集』 遼寧分冊(上·下), 西安地圖出版社.
- 李新全, 2009, 「遼東地區積石墓的演變」, 『東北史地』 2009-1.
- 肖景全·鄭辰, 2009, 「三十年來撫順地區的高句麗考古發現與相關問題研究」, 『高句麗與東北民族研究』, 吉林大學出版社.

2. 성곽

1) 조사현황

혼하-소자하 및 요하 중상류 동안 지역의 고구려 성곽이 고구려사와 관련하여 세인의 관심을 끌기 시작한 것은 1920년대부터였다. 1927년 八木奘三郎이 개원 위원보 일대의 유적과 함께 개원 용담사산성을 답사하고 단행본을 발간했다.

일본의 만주침략이 본격화되면서 1930년대부터 일본학자들의 조사는 더욱 활기를 띠었다. 1933년에는 撫順 도서관장이던 渡邊三三이 무순 고이산성을 발견했고, 1935~1938년에는 무순 노동공원고성을 발견하고 유물을 채집했다. 1937년에는 稻葉巖吉이 신빈 영릉진고성과 비아랍성을 발견했다.

1940년대에는 1930년대에 발견한 성곽에 대한 대대적인 조사가 이루어지기도 했는데, 특히 무순 고이산성, 신빈 영릉진고성, 비아랍성을 발굴하거나 조사하고, 그에 관한 비교적 상세한 보고서를 간행하기도 했다. 다만, 이 시기 일본학자의 조사는 무순 고이산성을 제외하면 대체로 성곽의 전체적인 현황을 파악하는 정도에 머물렀다.

이 지역의 고구려성에 대한 본격적인 조사·발굴은 1950년대 이후 중국학자들에 의해 이루어졌다. 일본학자들과 함께 요동지역 유적을 조사한 바 있던 李文信은 1962년 기존의 조사성과와 문헌자료를 종합하여 『遼寧史跡資料』를 편찬했는데, 이 책은 향후 중국학자들의 조사·발굴에 기초자료를 제공했다. 더욱이 1970년대 말부터 각 지역에 대한 광범위한 고고조사를 실시하는 과정에서 많은 고구려성을 새롭게 발견했으며, 1980년대 이후 이러한 조사결과를 城別 또는 地域別로 정리하여 발표했다.

이로써 이 지역에서 무수한 고구려성을 확인했는데, 1980년대 후반과 1990년대 전반에는 이를 집대성하는 작업도 이루어졌다.[1] 중국학계에서는 위와 같은 고고조사 성과를 바탕으로 1980년대 중반 이래 고구려성의 전반적인 성격과 각종 성곽시설, 교통로, 군사방어체계, 지방통치조직 등을 검토했으며, 이를 집대성한 단행본도 잇따라 출간되었다.

1990년대 이후에는 각 성곽에 대한 조사가 더욱 활발하게 이루어지고 있다. 특히 대형산성을 중심으로 개별 성곽에 대한 구체적인 지표조사나 연차적인 발굴조사가 이루어져 성곽의 전모를 파악할 수 있게 되었다. 요하 중상류 일대의 철령 최진보산성이나 서풍 성자산산성에 대해서는 여러 차례 정밀 지표조사가 이루어졌으며, 서풍 성자산산성의 경우 서문지, 수구문, 장대지 등에 대한 발굴조사가

---

[1] 孫進己·馮永謙(1989), 『東北歷史地理』 二, 黑龍江人民出版社; 王禹浪·王宏北(1994), 『高句麗·渤海古城址研究彙編』 上, 哈爾濱出版社 등은 이러한 고고조사를 집대성한 것이다.

이루어지기도 했다.

혼하 유역의 경우에도 무순 고이산성과 철배산성, 청원 쌍립산성 등에 대한 조사가 여러 차례 이루어졌는데, 특히 1987년대에 발견한 심양 석대자산성을 20여 년간 연차 발굴을 시행하여 최근 발굴보고서를 간행하기도 했다(상세한 내용은 제3편 제3권의 개관 참조). 소자하 유역의 경우에도 신빈 영릉진고성, 백기보고성, 오룡산성 등에 대한 조사가 여러 차례 이루어졌으며, 최근에는 한대 군현성에 대한 조사의 일환으로 신빈 영릉진고성에 대한 전면 발굴을 시행하여 유적의 층위와 각종 유구를 대거 확인했다.

이 지역의 고구려 성곽에 대한 중국학계의 조사와 고고학 발굴이 종전에 비해 매우 활발하게 이루어지고 있는 것이다. 따라서 향후 중국학계의 고고 조사 및 발굴 현황을 면밀하게 파악하면서 이 지역 고구려 성곽에 대한 조사성과를 지속적으로 집대성할 필요가 있다. 다만 아직까지 심양 석대자산성을 제외하면 전면적인 고고발굴이 이루어진 성곽은 거의 없다.

이로 인해 고구려가 이 지역으로 진출한 시기를 통해 성곽의 축조 시기나 양상을 추정할 뿐, 구체적인 고고학적 자료를 근거로 축성시기나 성곽의 제반 구조를 다각도로 검토할 수 있는 상황은 아니다. 이와 관련하여 최근 남한지역에서 고구려 성곽에 대한 정밀한 고고학 발굴이 급증하고 있는 만큼, 두 지역의 조사성과에 대한 보다 정치한 비교 분석이 요구된다고 하겠다.

2) 전체 분포현황

혼하-소자하 및 요하 중상류 동안 지역에서는 총 47기의 고구려 성곽이 확인되었다(표 2). 이를 입지에 따른 유형으로 재분류하면 평지성 7기, 산성 38기(보루성 포함), 차단성(장성 포함) 2기 등 산성이 절대다수를 차지한다. 평지성의 경우에도 신빈 영릉진고성, 무순 노동공원고성과 동주고성 등처럼 기의 대부분 본래 중국의 군현성이었는데, 고구려기 이 지역을 점령한 이후 재활용한 것이다.

고구려는 이 지역으로 진출한 이후 중국의 군현성을 부분적으로 재활용하는 한편, 산성을 집중적으로 신축했던 것이다. 산성은 규모에 따라 대체로 둘레 500m 이하인 보루성, 둘레 0.5~1km의 소형산성, 1~3km의 중형산성, 3~5km의 대형산성 등으로 분류할 수 있다. 대형산성은 대체로 각 권역별로 1~2개 분포하며, 각 소지역별로 중형산성이나 소형산성이 1~2개 산재하며, 둘레 500m 이하의 보루성이 가장 다수를 차지한다. 산성의 규모에 따른 이러한 분포양상은 고구려 중후기의 지방제도나 군사방어체계와 밀접히 연관된 것으로 보인다.

그런데 산성을 비롯한 고구려 주요 성곽은 요하 본류 연안의 대평원지역이 아니라 송료대평원에서 요하 지류로 진입하는 입구나 지류의 연안로를 따라 집중적으로 분포해 있다. 가령 渾河 연안의 경우 요동대평원과 만나는 지점에 撫順 고이산성이 위치해 있으며, 이곳에서 혼하와 소자하 연안로를 따라 전략적 요충지마다 성곽을 축조했다. 반면 요하를 따라 펼쳐진 요동대평원 지대에는 신민 고대자산성을 제외하면 고구려 성곽은 거의 확인되지 않으며, 후기에 축조한 천리장성으로 추정되는

표 2 혼하-소자하 및 요하 중상류 지역의 고구려 성곽 현황[2]

市, 縣	입지유형					축성방식					
	평지성	산성	차단성 (장성)	미상	합계	석축	토축	토석 혼축	토축+ 석축	미상	합계
심양시		4			4	2	1	1			4
신민시		1			1			1			1
무순시·현	2	7			9	2	4	1	1	1	9
신빈현	3	8			11	2	3	6			11
청원현		1			1			1			1
철령시·현	1	5	1		7	3	1	1	2		7
개원시		4			4		1	3			4
서풍현	1	5			6	3	1	1		1	6
요원시		3			3		3				3
공주령시			1(장성)		1	1					1
합계	7	38	2		47	12	15	15	3	2	47

노변강 유적이 송료대평원 분수령 지대에서 확인되고 있다. 이러한 산성의 분포양상은 고구려가 이 지역을 점령한 이후 지방지배의 양상 및 군사전략과 밀접히 연관된 것으로 보인다.

축성방식에 따라 이 지역의 고구려 성곽을 분류하면, 석축성 12기, 토축성 15기, 토석혼축성 15기, 토축+석축 성곽 3기, 미상 2기 등으로서 토축과 석축성의 비율이 거의 비슷하다. 이는 고구려 발상지인 압록강 중상류 일대나 압록강 하류-요동반도 지역에 석축성의 비율이 압도적으로 높은 것과 뚜렷이 대비되는 현상이다. 물론 정밀한 조사를 거치지 않은 성곽이 상당수 있기 때문에 이 자료를 토대로 이 지역 고구려 성곽의 축성방식을 구체적으로 논의하기에는 다소 위험이 따른다. 다만 전체적인 추이를 고찰하는 데는 유용하다고 생각하는데, 지형조건이나 축성재료 등으로 인해 지역별로 축성방식이 달랐을 가능성을 면밀하게 검토할 필요가 있다.

3) 소자하 유역의 성곽 분포현황

소자하 유역은 고구려 초기 중심부인 압록강 중상류와 요동지역을 잇는 가장 중요한 교통로가 지나

---

[2] 市, 縣 가운데 진하게 표시한 곳은 중간광역시의 중심지임.

표 3 新賓縣 지역의 고구려 성곽

성곽명	異稱	水系(河川)	규모(둘레)	유형	축성방식	비고
新賓 白旗堡古城		蘇子河	약 460m (동서 118m, 남북 110m)	평지성	토축	漢代 上殷臺縣 縣治설 第2玄菟郡설 幘溝婁城설
新賓 永陵鎭古城		蘇子河	약 1,820m (한 변 약 455m)	평지성	토축	第2玄菟郡설
新賓 費阿拉城	佛阿拉城, 二道河子舊老城	蘇子河	5,660m	산성	토석혼축	蒼巖城설
新賓 三道堡東山城		蘇子河	미상	산성	토석혼축	
新賓 溫家窯西山城	覺爾察阿拉城, 河南山城	蘇子河	715m	산성 (포곡식)	토석혼축	
新賓 羅家堡子城		蘇子河	약 160m	산성	토석혼축	
新賓 頭道砬子山城		蘇子河	약 150m	산성	토석혼축	
新賓 阿伙洛城		蘇子河	146m	산성	토석혼축	
新賓 河西村古城		蘇子河	300m?, 1,000m?	평지성	토축	木底城설
新賓 五龍山城	下崴堡山城	蘇子河	2,107m	산성 (포곡식)	석축	南陜설, 南蘇城설, 木底城설
新賓 得勝堡山城		蘇子河	약 1,000m	산성	석축	南陜설

가는 곳이다. 일찍이 한이 압록강 중상류 일대에 현도군을 설치했다가 기원전 75년경 원고구려인의 공격을 받고 현도군의 치소를 소자하 유역으로 옮긴 바 있다. 소자하 남안의 신빈 영릉진고성은 제2현도군의 치소로 추정되며, 신빈 백기보고성은 제2현도군의 현성 또는 책구루로 비정된다.

이처럼 소자하 유역은 제2현도군의 치소를 비롯하여 여러 현성이 설치되었기 때문에 고구려는 제2현도군의 군현성을 요동방면으로 축출하면서 이 지역으로 진출했다. 그리하여 대체로 서기 1세기 말~2세기 초경에는 제2현도군을 혼하 방면으로 몰아내고 소자하 유역을 장악했으며, 4세기에는 소자하 연안에 위치한 것으로 비정되는 남소성이나 목저성 등이 문헌사료에 자주 보인다. 또한 7세기 당과의 전쟁 시에도 소자하 연안에 위치한 것으로 비정되는 남소성, 목저성, 창암성 등이 등장한다.

이처럼 소자하 유역은 고구려 중심부와 요동지역을 잇는 교통로상의 전략적 요충지일 뿐 아니라 이 지역에 위치했던 성곽에 대한 문헌사료도 비교적 풍부한 편이기 때문에 고구려 성곽사 연구에서 매우 중요한 지역이라고 할 수 있다. 표 3에서 보듯이 현재까지 소자하 유역에서는 총 11기의 고구려 성곽이 보고되었다. 이 가운데 신빈 영릉진고성은 평지성으로 한의 군현성을 고구려가 재활용한 것이다. 신빈 백기보고성도 한 현도군의 현성으로서 비록 고구려가 재활용한 흔적은 확인되지 않았지만, 책구루로 비정하는 견해도 있어서 정리 대상 유적에 포함시켰다.

이를 제외하면 이 지역의 고구려 성곽은 대체로 산성인데, 둘레 5km 전후의 대형산성인 신빈 비아랍성, 둘레 1~2km 전후인 신빈 오룡산성과 득승보산성, 그리고 둘레 500m 이하인 보루성 등으로 대별할 수 있다. 이 가운데 대형산성이나 중형산성은 모두 석축이나 토석혼축성이며, 특히 오룡산성에서는 고구려시기의 제련유적을 비롯하여 많은 유구와 유물이 확인되었다.

또한 이들 중대형 산성은 고구려시기의 창암성이나 목저성 등으로 비정하기도 하는데, 일반적으로 신빈 비아랍성(이도하자구노성)은 창암성으로 비정되며, 오룡산성이나 하서촌고성 등은 목저성으로 비정된다. 이들 성곽에서 명문자료가 출토된 적이 없기 때문에 단정하기는 힘들지만, 목저성이나 창암성이 소자하 연안에 위치했을 것은 거의 틀림없다고 판단된다.

한편 신빈 하서촌고성은 평지성으로서 한대의 유물은 출토되지 않은 반면, 고구려 기와 등이 출토되었다는 점에서 고구려가 축조한 평지성일 가능성을 면밀하게 검토할 필요가 있다. 다만 아직 상세한 고고조사가 이루어지지 않은 상태이기 때문에 단정하기는 힘든 상황이다. 하서촌고성은 목저성으로 비정되기도 하는 만큼, 향후 더욱 정밀한 고고조사가 요청된다.

신빈 영릉진고성을 중심으로 삼도보동산성, 온가요산성, 나가보자산성, 두도립자산성 등 소형산성이나 보루가 環狀으로 분포하고 있는데, 흔히 後金의 6祖城으로 비정한다. 1980년대에 이 지역의 유적을 총괄적으로 조사하면서 고구려 성곽으로 보고한 바 있는데, 이들 유적에서 고구려 유물이 출토된 적은 없다. 따라서 이들 유적도 향후 더욱 정밀하게 조사할 필요가 있다.

4) 혼하 본류 연안의 성곽 분포현황

渾河 본류 연안도 소자하 유역과 마찬가지로 고구려 초기 중심지와 요동일대를 연결하는 가장 중요한 교통로가 지나가는 곳이다. 특히 이곳은 요동 동부 산간지대와 요동대평원의 결절점이기도 하다. 이에 漢은 1세기 말~2세기 초에 고구려에 의해 제2현도군이 요동방면으로 축출된 다음, 혼하 남안의 무순 노동공원고성에 제3현도군의 치소를 설치하는 한편, 혼하 연안을 따라 동주고성, 고성자고성, 상백관둔고성 등 여러 현성을 축조하여 고구려의 진출을 방어했다.

고구려가 혼하 연안으로 진출한 것은 대체로 3세기 중반을 전후한 시기로 추정된다. 그리고 4세기 전반에는 제3현도군 치소(무순 노동공원고성) 맞은편의 혼하 북안에 新城(무순 고이산성)을 축조하여 요동진출의 교두보로 삼았다. 또한 혼하·소자하 합류지점의 철배산성으로 비정되는 남소성이 문헌상에 등장하는 것도 이 무렵부터이다. 이로 보아 고구려는 4세기 전반경에 혼하 연안의 전략적 요충지에 성곽을 축조하여 요동 진출 교두보로 삼는 한편, 이 지역을 지배하기 위한 지방지배의 거점으로 삼았다고 파악된다.

표 5에서 보듯이 혼하 유역 가운데 무순 지역에서 가장 많은 고구려 성곽이 확인되었는데, 총 9기에 이른다. 이 가운데 무순 노동공원고성과 동주고성은 漢의 군현성을 고구려가 재활용한 것이다. 이들 성곽에서 漢代의 기와편이나 토기편과 더불어 고구려시기의 기와편이 출토된다는 사실은 이를 잘 보여준다. 이를 제외한 나머지 7기의 성곽은 고구려가 이 지역으로 진출한 다음 축조한 것으로 파악된다.

이 가운데 무순 고이산성은 둘레 4km에 이르는 대형산성이며, 무순 철배산성도 총둘레 4.6km에 이르는 대형산성이다. 다만 철배산성은 내성, 서위성, 동위성 등으로 이루어진 복곽식 산성인데, 이 가운데 동위성에서 고구려 성곽의 흔적이 확인되었다고 한다. 따라서 현존하는 철배산성을 고구려시기에 모두 활용했다고 보기는 어려우며, 입지조건상 대체로 동위성을 축조한 다음 내성이나 서위성 일대는 망대로 삼았을 가능성이 높다고 판단된다.

그밖에 무순 마화사산성이나 성자구산성은 둘레 1~2km의 중형산성으로 분류할 수 있으며, 무순 서산산성이나 열사산산성은 둘레 500m 이하의 소형 보루로 분류할 수 있다. 이들 중형산성이나 소형 보루는 대체로 무순 고이산성을 중심으로 環狀으로 분포하는 양상을 보이고 있다. 667년 신성이 당에 함락당할 때 주변의 16개 성곽도 함께 함락되었다고 하는데, 신성(무순 고이산성)의 관할을 받던 지방지배의 거점이거나 위성산성일 가능성이 높다고 판단된다.

무순지역을 제외하면 혼하 상류인 청원지역에서는 쌍립산성(산성자산성)과 남산성 등 2기가 확인되었는데, 남산성은 송화강 수계에 위치하여 제10권에 배치했다. 쌍립산성은 둘레 500m의 소형산성이지만, 혼하 상류의 하곡 평지 한복판에 솟아있는 산 정상부에 위치한 테뫼식(산정식) 산성으로서 혼하 상류를 거쳐 휘발하 일대로 진입하는 교통로를 공제했던 것으로 파악된다. 또한 비록 규모는 작지만 위치상 지방지배를 위한 거점의 역할도 수행했을 것으로 파악된다.

혼하 하류와 요하 본류 연안 일대에서는 심양 탑산산성, 심양 석대자산성, 심양 영반산성, 심양 동루자산성, 신민 고대자산성 등이 확인되었다. 탑산산성이나 석대지산성은 둘레 1~2km 전후의 중형산성으로서 모두 요동대평원에서 요하 지류의 하곡평지로 향하는 길목에 위치했으며, 탑산산성은 개모성으로 비정되기도 한다. 역시 위치상 군사방어적 기능과 더불어 지방지배를 위한 거점의 역할도 수행했을 것으로 파악된다. 심양 영반산성과 동루자산성은 산상의 보루성으로 석대자산성의 전초 방어성으로 추정된다. 신민 고대자산성은 요하를 渡河할 수 있는 전략적 요충지에 위치했는데, 수형 보루성으로서 무려라로 비정되기도 한다.

이상과 같이 혼하 연안 일대에서는 총 15기의 성곽이 확인되었다. 이 가운데 평지성 2기는 한의 군현성을 고구려가 재활용한 것이며, 나머지 13기는 모두 산성이다. 무순 고이산성이 이 지역 전체에서 가장 규모가 큰 대형산성이며, 무순 마화사산성, 성자구산성, 철배산성, 심양 탑산산성과 석대자산성을 중형산성으로 분류할 수 있다. 또한 이러한 대형산성이나 중형산성 주변에는 둘레 500m 전후의 소형산성이나 보루성이 위치해 있는데, 이러한 분포양상은 고구려의 군사방어체계나 지방통치조직과 연관되어 있을 것으로 파악된다.

표 4 清原縣 지역의 고구려 성곽

성곽명	異稱	水系(河川)	규모(둘레)	유형	축성방식	비고
淸原 雙砬山城	英額門山城, 長春屯山城, 山城子山城, 城子山山城	渾河	약 500m	산성	토석혼축	

표 5 撫順市·縣 지역의 고구려 성곽

성곽명	異稱	水系(河川)	규모(둘레)	유형	축성방식	비고
撫順 高爾山城	北關山城	渾河	약 4,000m	산성 (포곡식, 복곽식)	토석혼축	新城
撫順 勞動公園古城		渾河	872m	평지성	토축	第3玄菟郡설
撫順 東洲古城		渾河	2,200m	평지성	토축	上殷臺縣설, 第3玄菟郡설
撫順 馬和寺山城		渾河	2,000m?, 2,600m?	산성(포곡식)	토축	
撫順 城子溝山城	北城子溝山城, 城子頂山城	渾河	1,200m	산성	석축	
撫順 西山山城		渾河	500m	산성	석축	
撫順 南章黨山城		渾河	미상	산성(포곡식)	미상	
撫順 烈士山山城		渾河	120m	산성	토축	
撫順 鐵背山城		渾河 (소자하합류지점)	4,612.5m	산성(복곽식)	토축+석축 +토석혼축	南蘇城설, 南陝설,

표 6 瀋陽市 지역의 고구려 성곽

성곽명	異稱	水系(河川)	규모(둘레)	유형	축성방식	비고
瀋陽 塔山山城		太子河	1~1.3km 1,500m 2,000m 이상?	산성 (포곡식)	토석혼축	蓋牟城
瀋陽 石臺子山城	-	蒲河	1,384m	산정식 (구릉성 평지)	석축, 토축+토석혼축(내벽)	
瀋陽 營盤山城		蒲河	400m	산상 보루성	토축	
瀋陽 董樓子山城		蒲河	160m	산상 보루성	석축	

표 7 新民市 지역의 고구려 성곽

성곽명	異稱	水系(河川)	규모(둘레)	유형	축성방식	비고
新民 高臺子山城		渾河	미상	산성	토석혼축	

15기 가운데 평지성 2기는 토축성이며, 이를 제외하면 석축성 4기, 토축성 3기, 토석혼축성 4기, 토축+석축 1기, 미상 1기 등이다. 대체로 토축성과 석축성의 비율이 거의 비슷한 양상을 보인다. 이는 앞서 언급했듯이 석축성의 비율이 높은 압록강 중상류 일대와 구분되는 양상이다. 대체로 요동평원과 요동 동부 산간지대의 결절점으로서 성벽 축조를 위한 석재를 구하기 쉬운 지역도 있지만, 그렇지 못한 지역도 다수 있어서 토축성과 토석혼축성의 비율이 상대적으로 높은 것으로 판단된다. 다만 성벽을 완전히 절개하여 조사한 사례가 거의 없기 때문에 성벽축조의 정확한 양상을 파악하기는 힘든 상태이다. 향후 더욱 정밀한 고고발굴이 요청된다.

5) 요하 중상류 동안 지역의 성곽 분포현황

遼河 中上流 東岸 地域은 大黑山脈과 吉林哈達嶺山脈 사이에 위치하여 하나의 지역권을 이루고 있다. 이 지역은 고구려 초기 중심지인 압록강 중류 일대에서 요동평원을 경유하지 않고 곧바로 松遼分水嶺 나아가 西遼河 일대로 나아갈 수 있었고, 요동평원에서 송화강 유역으로 나아갈 경우에도 거쳐야 하는 전략적 요충지이다. 고구려가 이 지역으로 진출한 시기는 정확하게 파악할 수 없지만, 이 지역 남쪽에 위치한 혼하 연안과 동쪽에 위치한 송화강 중류 일대를 장악한 4세기 전반에는 이 지역으로도 진출했을 것으로 추정된다.

요하 중상류 동안지역은 자연지형과 교통로상으로 대략 沙河-柴河-汎河 유역권, 寇河-淸河 유역권, 東遼河 상류권 등 세 권역으로 나뉜다. 표 2 가운데 철령시, 개원시, 서풍현 등이 이 지역에 해당하는데, 현재까지 총 20기의 고구려 성곽이 확인되었다. 요하 본류 연안의 大平原 구간에서는 천리장성의 유적으로 추정되는 노변강 유적을 제외하면, 아직까지 고구려 성곽이 조사된 사례가 없고, 모두 대평원 안쪽의 河谷平地나 山間盆地를 따라 분포되어 있다.

20기 가운데 산성이 18기로서 압도적 다수를 차지하며 평지성과 차단성(또는 장성)은 각기 1기씩 분포한다. 축성재료에 따른 유형은 석축성 6기, 토축성 6기, 토석혼축성 5기, 토축+석축 성곽 2기, 미상 1기 등으로 비교적 고른 분포양상을 보인다. 대체로 대형산성이나 중형산성이 석축성곽인 반면, 소형 산성이나 보루는 토축성 내지 토석혼축성인 경우가 많다. 성곽의 입지에 따라 축성재료를 취사선택한 결과로 파악된다.

이 지역 가운데 가장 남쪽인 沙河-柴河-汎河 유역권에서는 총 9기의 성곽이 확인되었다. 범하 연안의 철령 최진보산성이 둘레 5km로 대형산성에 해당하며, 둘레 1~2km인 철령 청룡산산성과 개원 마가채산성은 중형산성으로 분류할 수 있다. 그리고 철령 영반장지는 차단성으로 분류할 수 있으며, 나머지 5기는 둘레 500m 전후의 소형 산성이나 보루이다.

寇河-淸河 유역권에서는 총 6기의 성곽이 확인되었는데, 둘레 4.4km인 서풍 성자산산성이 대형산성에 해당하며, 1~2km인 개원 용담사산성과 고성자산성, 서풍 장가보산성 등은 중형산성이다. 나머지 2기는 둘레 500m 전후의 소형 보루에 해당한다. 東遼河 상류권에서는 총 5기의 성곽

표 8 鐵嶺市·縣 지역의 고구려 성곽

성곽명	異稱	水系(河川)	규모(둘레)	유형	축성방식	비고
鐵嶺 下裕山城	-	柴河	면적 약 300평방미터	보루	석축 (무너졌음)	-
鐵嶺 催陣堡山城	催陣堡觀音閣山城	汎河	5,032m / 5,202m	포곡식산성	토축, 석축 2종류	南蘇城 설
鐵嶺 靑龍山山城	張樓子山城	汎河	2,213m / 4km / 2km	포곡식산성	다양 : 토축+토석혼축+석축	
鐵嶺 嶺西山城	-	-	면적 약 300평방미터	보루	토석혼축	
鐵嶺 靑山山城	-	-	길이(邊長) 20m	보루?	석축? (석괴, 벽돌, 기와출토)	
鐵嶺 後營盤山城	-	-	남북 길이 약 100m, 동서 너비 50m	보루?	석축	
鐵嶺 營盤墻址	-	汎河	잔존 길이 1,500m	차단성(토루)	토축	
鐵嶺 雲盤溝遺址	-	-	면적 1,000평방미터	기타 유적(?) 산상에 위치	석축	

표 9 開原市 지역의 고구려 성곽

성곽명	異稱	水系(河川)	규모(둘레)	유형	축성방식	비고
開原 馬家寨山城	-	沙河	1,488m	포곡식 산성	토석혼축(남, 동) 석축(북, 서)	延津城 설
開原 龍灣山城		柴河	동서 80m, 남북 210m	보루	토축	
開原 龍潭寺山城	龍潭山城	寇河, 葉赫河, 淸河	1,450m / 1,200m / 1,000m	포곡식 산성	토석혼축 / 토축설 / 석축설	
開原 古城子山城	八棵樹城子山城 ; 八棵樹高力城	淸河, 阿拉河, 碾盤河	약 1,100m	포곡식 산성	토석혼축 / 토축설 / 토석혼축+토축 다양	

표 10 西豊縣 지역의 고구려 성곽

성곽명	異稱	水系(河川)	규모(둘레)	유형	축성방식	비고
西豊 金星山山城	金星城址	寇河	둘레 200m	보루?	상세하지 않음	

성곽명	異稱	水系(河川)	규모(둘레)	유형	축성방식	비고
西豊 城子山山城	涼泉子山城	碾盤河	4,393.4m / 4,409m	포곡식 산성	석축	夫餘城 설
西豊 張家堡山城	-	淸河, 碾盤河	2,000m	산성	석축	
西豊 缸窯山城	-	東遼河	길이 70m, 너비 40m	보루?	석축	
西豊 玉振城子山山城	玉振城址; 天德城子山山城	東遼河	둘레 212m	보루?	토석혼축	
西豊 周家屯城址	-	寇河	길이 150m, 너비 120m	평지성	토축	

표 11 遼源市 지역의 고구려 성곽

성곽명	異稱	水系(河川)	규모(둘레)	유형	축성방식	비고
遼源 龍首山城	-	東遼河·(渭津河·梨樹河)	1,006m / 1,200m	산성	토축	
遼源 城子山山城	城子山古城	東遼河	726m	산성	토축	
遼源 工農山城	工農山古城	東遼河·葦津河	1,431m	산성	토축	

표 12 公主嶺市 지역의 고구려 성곽

성곽명	異稱	水系(河川)	규모(둘레)	유형	축성방식	비고
公主嶺 老邊崗遺蹟		東遼河	약 52km	장성	토축	

이 확인되었는데, 요원 용수산성과 공농산성은 둘레 1~2km인 중형산성, 요원 성자산산성은 둘레 726m로서 소형산성, 그리고 나머지 2기는 둘레 500m 전후의 소형 보루이다.

전체적으로 각 권역별로 둘레 4~5km인 대형산성이 1기, 둘레 1~2km인 중형산성이 2~3기 분포하는 양상을 보인다. 그리고 1990년대 이후 각 지역에 대한 정밀 조사를 통해 종전에는 확인되지 않았던 둘레 500m 전후의 소형 산성이나 보루를 대거 확인했는데, 각 권역별로 2~5기 전후가 분포하는 양상을 띤다. 이러한 각 권역별 성곽 분포양상은 이 지역에 대한 군사방어체계나 지방통치조직의 정비양상과 관련하여 매우 주목되는 현상이다.

특히 이 지역의 대형산성이나 중형산성은 모두 包谷式山城으로서 성 안팎을 쉽게 왕래할 수 있고, 내부에는 상당히 넓은 거주공간이 펼쳐져 있다. 이로 보아 이들 성곽은 군사방어뿐 아니라 지방 지배를 위한 거점성의 역할도 수행한 것으로 추정된다. 특히 각 권역별로 1기씩 분포하는 대형 산성이 대체로 산간지대 내부나 산줄기에 위치한 반면, 각 권역마다 2~3기씩 분포하는 중형 산성은 하곡평지로 돌출한 지형에 입지하고 있다. 이는 대형 산성과 중형 산성의 조영시기 및 군사방어체계나 지방통치조직상의 위상과 관련하여 주목되는 현상으로 향후 면밀하게 검토할 필요가 있다.

참고문헌

- 陳大爲, 1988, 「遼寧高句麗山城初探」, 『中國考古學會第五次年會論文集』, 文物出版社.
- 西川宏, 1992, 「中國における高句麗考古學の成果と課題」, 『靑丘學術論集』 2.
- 孫力, 1994, 「遼寧的高句麗山城及其意義」, 『高句麗渤海硏究集成』 高句麗 卷三.
- 辛占山, 1994, 「遼寧境內高句麗城址的考察」, 『遼海文物學刊』 1994-2.
- 王綿厚, 1994, 「鴨綠江右岸高句麗山城硏究」, 『遼海文物學刊』 1994-2.
- 王禹浪·王宏北, 1994, 『高句麗·渤海古城址硏究匯編』(上), 哈爾濱出版社.
- 林直樹, 1994, 「中國東北部の高句麗山城」, 『靑丘學術論集』 5.
- 東潮·田中俊明, 1995, 『高句麗の歷史と遺跡』.
- 陳大爲, 1995, 「遼寧高句麗山城再探」, 『北方文物』 1995-3.
- 三上次男, 1997, 『高句麗と渤海』, 吉川弘文館.
- 馮永謙, 1997, 「高句麗城址輯要」, 『高句麗渤海硏究集成』 高句麗 卷(三), 哈爾濱出版社.
- 孔錫龜, 1998, 「高句麗 城郭의 類型에 대한 硏究」, 『韓國上古史學報』 29.
- 林起煥, 1998, 「高句麗前期 山城 硏究」, 『國史館論叢』 82.
- 여호규, 1999, 『高句麗 城』 Ⅱ, 國防軍史硏究所.
- 王綿厚, 2002, 『高句麗古城硏究』, 文物出版社.
- 王禹浪·王文軼, 2008, 『遼東半島地區的高句麗山城』, 哈爾濱出版社.
- 國家文物局, 2009, 『中國文物地圖集』 遼寧分冊, 西安地圖出版社.
- 魏存成, 2011, 「中國境內發現的高句麗山城」, 『社會科學戰線』 2011-1.

3. 유물

혼하와 유하 중상류 유역은 유물의 수량이나 종류가 그다지 많지 않은 편이다. 다양한 유물이 확인된 성곽은 무순 고이산성과 요원 용수산성 등이며, 고분은 무순 시가고분군 등이다. 유물 중에서 전쟁에 필요한 철제 무기류와 실용성이 강조된 토기류가 많은 것이 눈에 띄는 점이다. 또한 고분군에서는 금은기, 청동기 등 장신구를 비롯하여 시유도기의 부장 비율이 높은 점이 특징적이다.

우선 토기류를 살펴보면 기종은 호(罐, 壺), 옹(甕), 병(甁), 반(盤), 발(鉢) 뚜껑(器蓋), 동이(盆), 완(碗), 시루(甑), 접시(皿) 등 다양하게 확인되며, 대부분 중기에 나타난 기종이 이어져 내려온 것이다. 발굴조사로 확인된 고이산성 출토 고구려 토기는 기종 구성이나 형태에서 유사한 점이 많으며, 제작시기는 고구려 후기에 편년되는 것들이다.

중기에 비해 태토의 니질화가 심화되고, 보다 높은 온도에서 소성되었으며, 점토테쌓기로 성형하고 회전대를 이용하여 정면한 형태가 많다. 토기 문양은 민무늬가 가장 많지만 여러 줄의 음각선문(弦文, 刻劃文), 수장문(垂幛文), 수파문(水波文), 인장문(戳印文), 복합문(弦文水波組合文), 격자문 형태의 암문(暗文) 등이 확인된다. 표면은 회색이나 회흑색이 주를 이루며, 황갈색이나 홍갈색도 출토된다.

고이산성에서 출토된 보주형꼭지 달린 뚜껑은 평양 토포리대총 출토품과 유사하여 6세기 전반기로 편년되고 있다. 이러한 뚜껑류는 완류, 대형기종 등과 함께 출현하여 사용된 기종으로 알려져 있다. 인근의 석대자산성에서는 대형기종인 옹류가 다량 출토되었는데, 이는 저장기능이 강화된 것이며, 일부 파손된 토기는 구멍을 뚫어 보수하여 사용한 흔적도 관찰된다.

한편 이들 산성 출토품 중에 호, 옹, 시루 등 대형기종을 중심으로 구연부가 짧게 직립한 형태이고, 동체 중심부에 가로띠손잡이가 부착된 것이 여럿 관찰된다. 또한 호류의 일부와 병류와 같이 구연부와 목이 좁아지는 기종이 점차 많아지는데, 이렇게 토기의 실용적인 성격이 강해지는 특징은 고구려 중기부터 후기까지 지속되는 현상이다.

기와류는 표면이 회색 또는 적색이고 외면에 승문이 타날된 암키와가 대부분이다. 요원 용수산성, 무순 고이산성 출토품이 대표적이다. 이러한 형태는 남한지역 고구려 유적에서도 흔히 볼 수 있는 형태이다. 와당은 고이산성에서 연화문와당이 발견되었다.

철기류 역시 고이산성에서 다량 출토되었다. 철촉은 20cm가 넘는 매우 긴 유엽형이 주류를 이룬다. 이는 산성 내에서 사용된 것으로 적을 공격하고 수성하기 위한 활에 사용한 것으로 화살촉의 길이로 보아 長弓의 화살에 쓰였을 것으로 추정된다. 추형촉(錐形鏃)은 고구려 후기에 출현한 무기로 여러 형태의 촉두에 원형 슴베를 가졌으며 크기가 5cm 전후로 쇠뇌(弩)에 사용된 것으로 보인다. 한편 고이산성과 시가고분군에서 출토된 雙叉形 철촉은 석대자산성고분군의 출토품과 유사하며 고구려 후기 또는 발해 조기로 편년된다.

고이산성에서는 여러 종류의 무기류와 마구류가 출토되어 고구려 무기의 특징을 잘 보여주고 있다. 창은 보병용 장병기(長兵器)로 유관직기형 초장공식 2점과 고달형 2점이 출토되었다. 대도(大刀)는 길이 75cm의 칼코가 부착된 장식대도(裝飾大刀)로 손을 보호하는 기능 외에도 신분과 권위를 상징하는 무기로 파악된다. 도끼는 농공구로 사용되기 보다는 전투에 사용된 戰斧로 알려져 있다.

농공구와는 달리 날의 방향이 평행하는 횡공부를 가지며 兩刃인 것이 특징이다. 또한 몽고발형(蒙古鉢形) 투구(冑)와 소찰갑(小札甲)이 확인되었는데 이는 고구려 고분벽화에서 볼 수 있는 형태로 주목받고 있다. 대표적인 마구류는 등자(鐙子)가 있는데 현수부가 말과 같은 방향이고 답수부가 유엽형으로 고구려 후기 기마병이 사용한 발달된 형태이다.

고분유적에서는 금은기와 청동기로 제작된 장신구가 눈에 띤다. 시가고분군에서는 금귀걸이(金耳環), 은비녀(銀釵)·소형 은장식(銀飾件) 등과 청동기로 제작된 귀걸이(耳墜, 耳環), 허리띠고리(帶具), 발식(髮飾), 팔찌(手鐲) 등 많은 양의 장신구가 출토되었다. 또한 석대자산성 고분군에서는 청동제 팔찌(手鐲), 고리(環), 반지(指環), 귀걸이(耳墜), 장식(飾件) 등이 확인되었는데 이들 유적에서 출토된 반지와 귀걸이는 고구려 말기와 발해 조기의 제작형식을 잘 보여주고 있어 당시 장신구 연구에 좋은 자료를 제공하였다.

참고문헌

- 김성태, 2001, 「고구려 병기에 대한 연구」, 『고구려연구』 12.
- 佟達·張波, 2001, 「무순 고이산성 2구 유적에 대한 재인식」, 『고구려연구』 12.
- 백종오, 2006, 『고구려 기와의 성립과 왕권』, 주류성.
- 양시은, 2007, 「중국 내 고구려유적에서 출토된 고구려토기 연구」, 『중국사연구』 50.

제2부

심양시(瀋陽市) 지역의 성곽

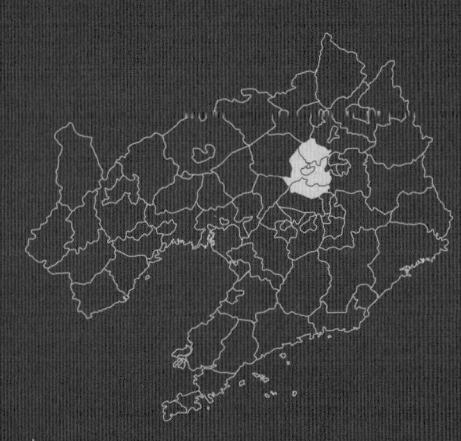

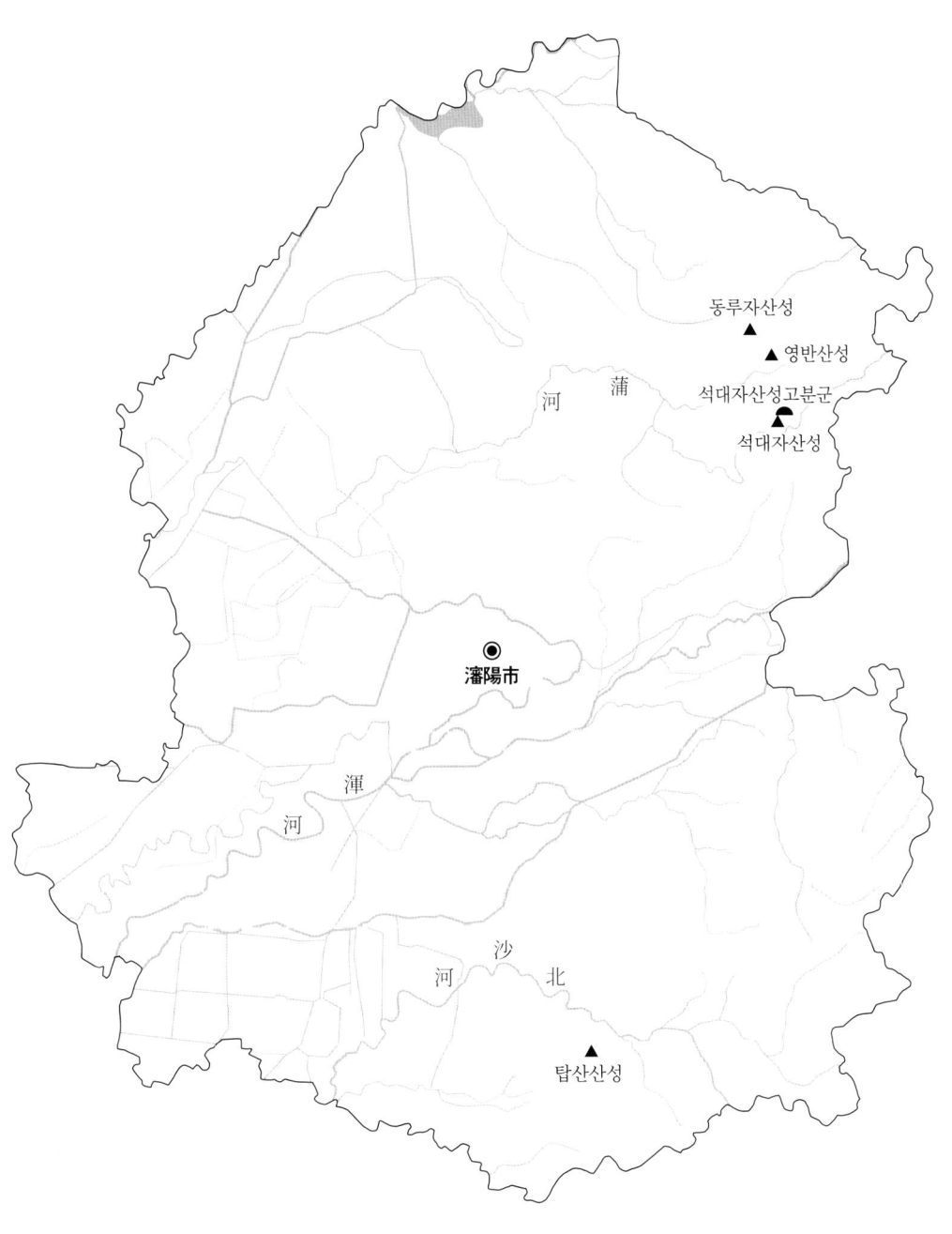

01 심양 탑산산성
瀋陽 塔山山城

1. 조사현황

1) 1920년대
○ 조사자 : 八木奘三郎.
○ 조사내용 : 佛塔만 확인하고, "瀋陽에서 남쪽으로 40里 떨어진 塔山에 산성이 있다"는 『盛京通志』의 내용을 인용하고 있음(八木奘三郎, 1926).

2) 1944년
○ 조사기간 : 1944년 5월 28일.
○ 조사자 : 三上次男, 三枝朝四郎, 渡邊三三, 窪田利平, 田中堯雄.
○ 조사내용 : 撫順 북쪽에 있는 高爾山城을 조사한 다음, 평소에 전해 들었다던 塔山山城에 대한 조사를 진행함.
○ 발표 : 三上次男, 1990, 『高句麗と渤海』, 吉川弘文館.

3) 1960년대
○ 조사자 : 李文信.
○ 발표 : 李文信, 1962, 『遼寧史迹資料』.

4) 1985년
1985년 2월 瀋陽市人民政府가 市級文物保護單位로 지정함.

5) 1988년
1988년 12월 遼寧省人民政府가 省級文物保護單位로 지정함.

6) 1990년
조사자 : 王綿厚.

7) 1992년
○ 조사기간 : 1992년 5월.
○ 조사자 : 林直樹 등.
○ 조사내용 : 남문 부근에서 붉은색 기와편을 발견함.
○ 발표 : 林直樹, 1994, 「中國東北部の高句麗山城」, 『靑丘學術論集』 5.

8) 2002년
조사자 : 王綿厚.

2. 위치와 지연환경

1) 지리위치(그림 1~그림 2)
○ 瀋陽市에서 남쪽으로 30km 거리의 蘇家屯區 陳相屯의 동(북)쪽에 있는 해발 125m의 塔山 위에 위치함.
○ 塔山 기슭에 下廟子村이 있는데, 神道碑가 남아 있음. 비에는 "皇朝誥奉光禄大夫正藍旗漢軍都統趙公

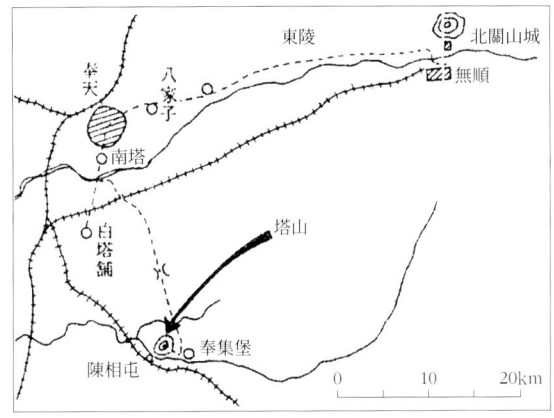

그림 1 塔山山城 위치도(三上次男, 1990, 102쪽)

諱夢豸神道·康熙二十六年歲次丁卯孟夏吉旦立"이라는 명문 2열이 새겨져 있음. 부근에 淸代 正藍旗 漢軍都統 趙氏의 고향이 있는 등, 상당한 규모의 村이었다고 할 수 있음.

○ 산성 남서쪽으로 약 3km 떨어진 지점에 瀋丹鐵路의 陳相屯驛이 있음.

○ 서쪽으로 5km 떨어진 지점에 魏家樓子村 漢城이 있음.

○ 沙河를 거슬러 15km 정도 가면 本溪 邊牛山城이 있음.

2) 자연환경

○ 塔山은 遼東平原에서 千山山脈 산간지대로 진입하는 길목에 있음. 서북 방향으로는 遼東平原이 펼쳐져 있고, 동남쪽으로는 10~20km 정도 평지가 전개되다가 千山山脈의 지맥들이 나타남. 이들 千山山脈 지맥들은 沙河 양 안을 따라 동남에서 서북 방향으로 뻗어 있으며, 그 사이로 千山山脈 산간지대로 진입하는 교통로가 발달되어 있음. 塔山은 遼東平原과 千山山脈 경계지대의 서북쪽에 위치하여 遼東平原을 가로지르는 교통로의 중간지점이자, 遼東平原에서 千山山脈 산간지대로 진입하는 교통로의 출발점이라 할 수 있음.

○ 산성 남쪽으로는 동서로 흐르는 沙河(太子河의 지류)가 접해 있음. 沙河가 산성과 陳相屯驛 사이를 통과함.

3. 성곽의 전체현황(그림 3)

○ 산성이 위치한 塔山은 평원에 우뚝 솟아있는데, 동북-서남 방향으로 길게 놓여있음. 북면 중간의 산봉우리가 가장 높은데, 전체적으로 북쪽과 서쪽이 높고, 남쪽과 동쪽이 낮으며, 중간은 산골짜기임.

○ 성은 북쪽이 높고 남쪽이 낮은 구릉에서 중간이 움푹 패인 곳의 경사면을 골라 축조됨. 즉 중앙의 작은 분지를 산등성이가 둘러싸고 있는 지형임.

○ 북문이 북쪽 끝이 되는 북벽 바깥은 언덕을 이루고 산기슭 가까이에는 강이 흐르고 있음. 평원에 축조된 성벽 바깥에는 해자가 있음.

○ 산성 북쪽(뒷편) 정상부에 6角 7層 塼塔이 있음. 이 塼塔으로 말미암아 '塔山'이라는 산 이름이 유래하였고(瀋陽市文物管理辦公室, 1993), 산 이름을 따라 산성을 塔山山城이라고 불렀던 것임.

○ 산성은 산골짜기를 포함하고 있는 포곡식(簸箕型) 산성임.

○ 산성 평면은 불규칙형임.

○ 성벽 둘레에 대해서는 1,000m(馮永謙, 1986 ; 馮季昌·孫進己·馮永謙, 1987 ; 孫進己·馮永謙, 1989 ; 瀋陽市文物管理辦公室, 1993 ; 李殿福, 1994 ; 陳大爲, 1995 ; 李殿福, 1998 ; 여호규, 1999 ; 王禹浪·王宏北, 2007 ; 國家文物局, 2009), 1,200m(王綿厚, 2002) ; 1,290m(三上次男, 1990), 1,300m(東潮·田中俊明, 1995), 1,500m(王綿厚, 1994 ; 魏存成, 2002), 2,000m 이상(陳大爲, 1988) 등이라는 조사기록과 견해가 있음.

○ 산성의 가장 낮은 지점과 높은 지점의 고도 차이는 약 50m임(瀋陽市文物管理辦公室, 1993).

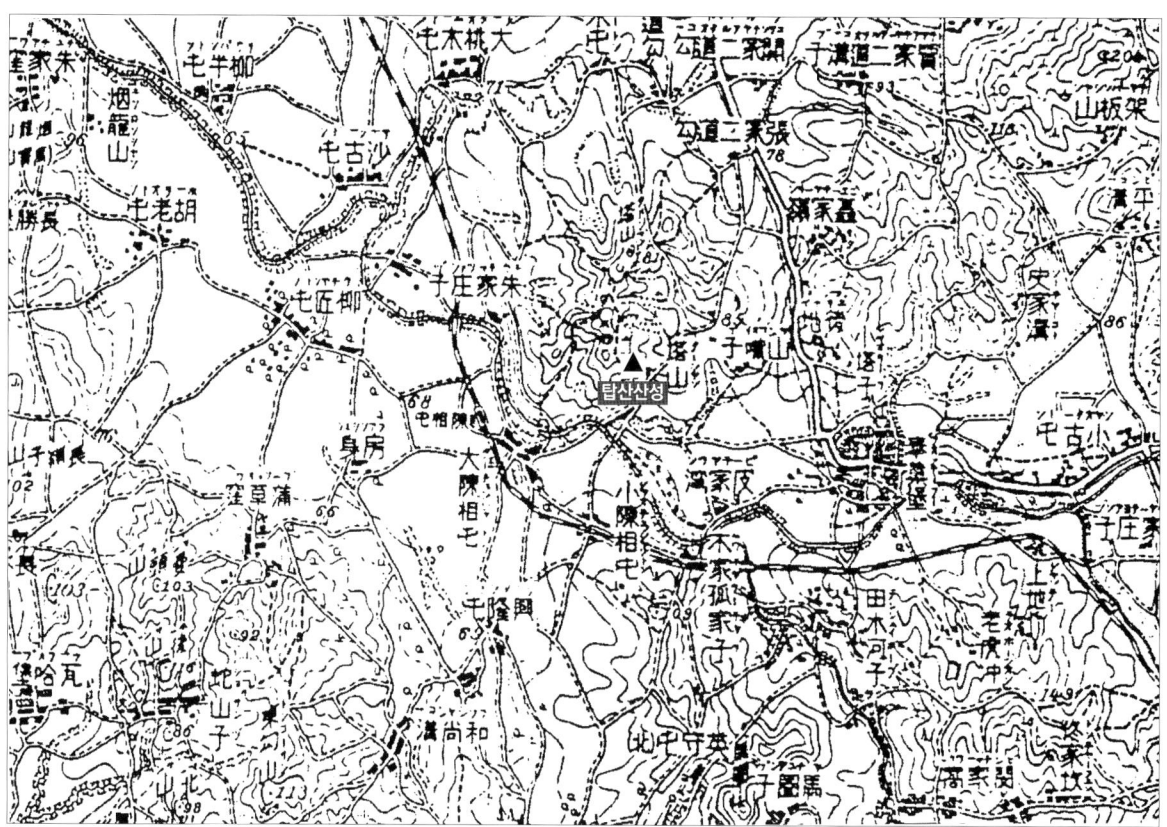

그림 2 塔山山城 주변 지형도(滿洲國 10만분의 1 지형도)

그림 3 塔山山城 평면도(三上次男, 1990, 104쪽)

○ 성 안 도로의 흔적을 보면, 남문에서 북문으로 빠져 나가는 길이 主線임. 중앙 사원의 배후에서 동남문과 서문으로 넘어가는 도로와 북쪽 방향의 主線에서 나뉘어져 동남문 쪽으로 향하는 도로가 있음.
○ 성벽, 성문, 건물지, 우물, 샘 등이 남아 있음.
○ 유물로는 기와편 등이 출토됨.

4. 성벽과 성곽시설

1) 성벽
○ 성벽은 남문에서 좌우로 퍼져 나가 북쪽으로 꺾인 후 산의 능선을 타고 올라가 북문에 도달해서 다시 합류함. 성 동남 모서리에 성벽이 잘 남아 있음.
○ 성벽의 축조방법에 대해서는 基礎는 돌로 쌓아 조성하고 황토를 다져서 축조했다는 견해(三上次男, 1990 ; 王禹浪·王宏北, 2007) 및 토축이라는 견해(係進己·馮永謙, 1989 ; 瀋陽市文物管理辦公室, 1993 ; 李殿福, 1994 ; 陳大爲, 1995 ; 馮永謙, 1997 ; 李殿福, 1998 ; 魏存成, 2002) 등이 있음.
○ 성벽의 규모 : 남은 높이 1m, 너비 3∼5m(王綿厚, 2002 ; 國家文物局, 2009).

2) 성문
○ 성문 수에 대해서는 2개라는 견해(陳大爲, 1995), 동남문, 동북문, 서문, 북문 등 4개라는 견해(東潮·田中俊明, 1995), 동남문, 동북문, 서문, 남문, 북문 등 5개라는 견해(三上次男, 1990 ; 林直樹, 1994 ; 여호규, 1999) 등이 있음.
○ 성문 가운데 정문은 동남문(東潮·田中俊明, 1995 ; 王綿厚, 2002) 또는 남문으로(三上次男, 1990 ; 여호규, 1999) 파악됨.
○ 남문, 북문, 동남문, 동북문에 고구려 기와가 흩어져 있다고 하면서 문루가 존재하였다고 추정하기도 함(林直樹, 1994).

(1) 남문
○ 남면의 골짜기 입구에 있음.
○ 성 안의 물이 밖으로 흘러 나가는 배수구이기도 함.
○ 1944년 조사 당시 남문터는 무너져 있지만, 옛 흔적이 그대로 남아 있었고, 안쪽에는 네모난 공간이 만들어져 있었다고 함(三上次男, 1990).
○ 옹성구조를 갖추고 있음(林直樹, 1994).
○ 남문은 평지와 접해 있지만, 남문 밖 외측에 낮은 산등성이가 있어서 직접 평원을 바라볼 수는 없음.

(2) 동남문
○ 지세가 비교적 완만한 성벽 동남쪽에 있는데, 지금은 豁口임.
○ 성내 샘물이 밖으로 흘러나가는 출구이기도 함. 돌로 쌓은 성 기단부와 배수구는 아래로 沙河 谷道와 접해 있음.
○ 문 앞에 本溪로 향하는 도로가 통과함.

(3) 북문
○ 북문은 제일 높은 지점에 있음. 남문으로 가는 길과 연결되어 있고, 비탈에서 평원으로 내려갈 수 있음.
○ 북문의 내측 동쪽에 전탑이 있음.

5. 성내시설과 유적

1) 건물지
○ 高臺 : 성벽 위에는 직경 4m, 높이 1m의 중앙이 움푹 패인 高臺가 있는데, 원래 특수한 건축물이 있었던 것으로 추정됨(陳大爲, 1988·1995).
○ 平臺 : 동벽 정상부에 平臺 5곳이 있음(陳大爲, 1995).
○ 계단상 대지 : 성 안의 경사면에는 계단상의 작은 대

지를 연속적으로 만들었음. 이것은 撫順 高爾山城에서 발견된 것과 같음. 계단상의 대지는 남문과 북문을 관통하는 중앙도로의 양쪽과 성벽 안쪽에 많이 있음. 그곳에는 적·흑색 기와조각이 흩어져 있음(그림 3). 이로 볼 때, 계단상의 대지에는 여러 동을 구성하는 기와집이 세워져 있었던 것으로 추정됨. 한편 慈光普濟廟 앞 계단상의 대지에는 2개의 초석이 남아 있음. 성내 계단상 대지의 수와 그 형태를 조사하면, 산성 안 건물의 총수 및 지어진 위치 혹은 약간의 특성 등을 알 수 있을 것임. 아마도 중앙부나 성벽 부근에 수십 호의 큰 건물이 세워져 있었을 것으로 추정됨(三上次男, 1990). 三上次男의 도면에 의하면 30개 이상의 계단상의 대지가 확인된다고 함(林直樹, 1994).

2) 安寧寺

○ 성 한가운데에 明代에 축조된 '安寧寺'가 있었는데, 지금은 남아 있지 않음.

○ 『東三省古蹟遺聞續編』 奉天省 瀋陽縣 竜虎山 一名 塔山條에는 "5봉 가운데 서쪽의 제1봉에 唐 太宗의 칙령에 의해서 세워진 것으로 보이는 탑이 있고, 남면은 산구릉을 둘러싼 지형으로 안쪽에는 安寧寺가 세워져 있는데, 사원 동쪽 기슭 중간에 觀音閣이 있고, 사원의 남쪽 구석에 비를 세워놓은 방에 石佛 한 게 있다"라고 기록하고 있음.[1]

○ 1944년 조사 때에는 이중 울타리 안에 사원이 세워져 있었다고 함. 사원 뒤편에 〈塔山安寧寺 重脩觀音閣碑記〉가 있었음. 말미에는 "大明萬曆歲次□□……建", 본문 중에는 "(重脩) 已始于萬曆三十四年, 落成于萬曆三十之六年"이라는 구절이 보임. 이를 통해 觀音閣이라는 건물이 있었고 萬曆 三十六年(1608)에 중수 공사가 끝났음을 알 수 있음. 중앙 건물에는 채색된 觀音像이 안치되어 있음. 당시 조사 때, 사원에 어울리지 않는 커다란 초석이나 기단이 있는 것을 볼 때, 큰 건축물이었던 것으로 추정됨. 그렇다면 위쪽의 탑은 이 사원에 부속되었던 유적으로 볼 수 있음. 사원 주변 곳곳에는 기와 퇴적층이 남아 있음.

○ 사원 서(북)쪽 배후의 고지대에 '慈光普濟'라고 써진 건물이 있었다고 함. 이곳에는 고구려 기와 조각이 흩어져 있었고, 층이 져 있는 초석도 남아 있었다고 함.

3) 우물

1944년 조사 당시, 산성 중앙의 安寧寺 아래쪽 개울 옆에 직경 2尺 1村의 둥근 돌담을 쌓아 올린 우물이 있었다고 함. 깊이는 14.5尺 정도이고, 물이 모두 말라서 기와 조각으로 가득 차 있었다고 함.

4) 샘

성내 샘물이 있음.

6. 출토유물

1) 철기

田中堯雄이 칠제 斧頤(혹은 斧頭의 오기일시노-田村)를 발견함. 상부는 약간 파손되었으나, 날이 있는 부분은 보존상태가 양호한데, 농경구일 가능성이 있음. 같은 모양의 유물이 高爾山城에서 출토되었는데, 고구려시대의 유물일 가능성이 있음(三上次男, 1990).

2) 토기

작은 사당 앞 초석이 남아 있는 땅의 돌무지 안에서 토기편이 출토됨. 아울러 석기시대의 것으로 추정되는 토기 손잡이 한 점이 수습됨.

---

[1] 고구려 후반으로 비정하기도 함(林直樹, 1994).

3) 기와

○ 고구려시기의 홍색 정격자문기와(서벽 안), 홍갈색·회색 승문기와, 연화문 와당 등이 출토됨. 고구려기와편은 중앙의 분지를 기점으로 성 안 곳곳에 흩어져 있음. 남문 부근에서도 홍갈색 기와편이 출토됨.

○ 작은 사당 앞 초석이 남아 있는 땅의 돌무지 안에서 적색 鬼面瓦가 출토되었는데, 고구려유물로 추정됨(八木奘三郎, 1926).

4) 기타

○ 산성 뒷산(북쪽) 정상부에는 6角 7層 塼塔이 있는데 1940년대에 파괴되었다고 함(東潮·田中俊明, 1995). 탑을 정리할 때 石函이 발견되었는데, 그 명문을 통해 탑이 遼 重熙 14년(1045)에 축조되었음을 알 수 있음. 塔山에 대해 遼代에는 卓望山, 明·淸 비문에는 塔山, 淸 乾隆시기에는 龍虎山이라고 불렀음. 塔山이란 이름은 이 탑에서 유래한 것임. 臺基 한 변의 길이는 약 150cm임. 제1층의 각 면에는 불상을 넣은 감실이 있는데, 불상은 모두 없어지고, 天蓋와 雲文이 남아 있음.

○ 安寧寺 안에 明 萬歷 연간, 乾隆 연간, 民國 18년의 석비 3개가 있음.

7. 역사적 성격

1) 축조시기

塔山山城은 축조방식이나 출토유물로 보아 고구려 성곽임은 거의 명확함. 축조시기에 대해서는 塔山山城의 성벽이 흙으로만 축조되었다며, 고구려가 토축성벽을 축조한 것은 遼東을 점유한 이후이므로 5세기 중엽 이후에 축조된 것으로 추정하기도 함(李殿福, 1995). 또한 성 내부의 유적 상황과 출토유물을 근거로 고구려 중·후기의 산성으로 추정하기도 함(王綿厚, 2002).

2) 역사지리 비정

탑산산성은 20세기 전반 이래 고구려의 蓋牟城으로 비정되고 있음.[2] 『新唐書』 권143 地理志에 인용된 賈耽의 『道里記』에 따르면, "安東都護府 동북쪽에 蓋牟城과 新城이 위치하였다(自都護府東北, 經古蓋牟·新城, 又經渤海長嶺府, 一千五百里至渤海王城.)"고 하며, 『舊唐書』 권77 韋挺傳에 따르면 "蓋牟城은 新城과 인접하였다"고 함. 唐의 安東都護府는 고구려 遼東城에 설치되었으므로 蓋牟城은 요동성으로 비정되는 지금의 요양시와 신성으로 비정되는 무순 고이산성 사이에 위치하였다고 볼 수 있음. 이에 대부분의 연구자들이 요양시와 무순시 중간에 위치한 탑산산성을 개모성으로 비정하고 있는 것임.

3) 지정학적 위치와 성곽의 성격

蓋牟城으로 비정되는 塔山山城의 전략적 위상은 645년 唐軍의 進軍路를 통해 파악할 수 있음. 唐 李世勣이 이끌던 唐軍은 通定鎭에서 遼河를 渡河한 다음(新民 高臺山-瀋陽路), 玄菟城과 新城을 공격하다가 여의치 않자, 蓋牟城·遼東城·白巖城을 차례로 함락시킨 다음, 安市城을 공략하였으나 실패하고 퇴각함. 이러한 唐軍의 進軍路는 遼東平原에서 압록강 일대로 향하는 교통로와 거의 일치함.

遼東平原에서 千山山脈을 넘어 압록강 일대로 향하는 교통로는 크게 本溪-鳳城路(細河-草河路), 海城-岫巖路(沙鐵河-大洋河路), 蓋州-莊河路(大淸河-碧流河路) 등 세 루트가 있음. 이 가운데 塔山山城은 遼東平原 한복판에 자리 잡고 있으면서 가장 위쪽 루트인 本溪-鳳城路의 북쪽 진입로를 봉쇄하고 있음. 한

2　三上次男, 1947 ; 李文信, 1962 ; 馮季昌·孫進己·馮永謙, 1987 ; 孫進己·馮永謙, 1989 ; 瀋陽市文物管理辦公室, 1993 ; 東潮·田中俊明, 1995 ; 陳大爲, 1995 ; 馮永謙, 1997 ; 여호규, 1999 ; 王綿厚, 2002 ; 魏存成, 2002.

편 本溪-鳳城路는 瀋陽의 남쪽인 遼東城에서도 진입할 수 있는데, 白巖城이 길목에 자리 잡고 있음. 그리고 海城 英城子山城(安市城)은 海城-岫巖路, 蓋州 高麗城山城(建安城)은 蓋州-莊河路의 입구에 각각 위치하고 있음.

따라서 645년 唐軍이 蓋牟城(塔山山城)에 이어 遼東城과 白巖城을 함락시키고 安市城을 공격하였다는 것은 遼東平原-압록강의 진입로를 차례로 공략하는 전술을 구사하였음을 반영함. 唐이 이러한 전략을 구사한 것은 고구려가 遼東平原-압록강 교통로상에 입체적 군사방어체계를 구축하였기 때문임. 만약 唐軍이 어느 성을 건너뛰고 다른 성을 공격하거나, 진입로 입구의 성을 함락시키지 않고 압록강 일대로 진격할 경우, 보급로를 차단당하거나 배후에서 기습공격을 당할 위험을 감수해야 했음.

塔山山城은 遼東平原과 千山山脈 경계지대 서북쪽에 자리잡은 遼東平原 한복판의 산 위에 위치함. 서남쪽에는 遼東城이 위치한 遼陽市, 동북쪽에는 新城으로 비정되는 撫順 高爾山城이 있음. 서북쪽으로는 가장 북쪽의 遼河 渡河路인 新民 高臺山-瀋陽路, 동남쪽으로는 가장 위쪽의 遼東平原-鴨綠江路인 本溪-鳳城路 등으로 이어짐. 塔山山城은 遼東平原을 가로지르는 교통로 및 遼河-遼東平原-鴨綠江을 잇는 교통로의 중간 거점인 것임.

이로 보아 塔山山城은 지리위치상 遼東平原上의 전략적 거점이면서 本溪-鳳城路를 봉쇄하던 군사중진이었다고 할 수 있음. 그리고 遼東城과 白巖城이 本溪-鳳城路의 남쪽 진입로를 봉쇄하였다면, 塔山山城은 동남쪽 15km에 위치한 邊牛山城과 함께 북쪽 진입로를 봉쇄하였다고 추정됨. 塔山山城은 遼東平原-압록강에 구축된 입체적 군사방어체계를 구성한 군사방어성이었음. 따라서 白巖城이 6세기 중반에 개축된 사실을 고려하면, 塔山山城은 아무리 늦어도 6세기 초에는 축조되었다고 추정됨(여호규, 1999).

한편 탑산산성 내부의 중앙부와 성벽 부근에는 계단상 대지가 다수 관찰되는데, 각 대지에는 건축물이 있었던 것으로 추측됨. 이로 볼 때 塔山山城은 단순히 전쟁 시의 일시적 거점이 아니었고, 상당한 규모의 저택을 조영한 상주자가 있었다고 추정됨. 고구려의 지방지배자는 봉건영주에 가까운 성격을 가지고 있었고, 그들은 일족으로 이루어진 귀족임. 성 안의 저택은 바로 그들의 것으로 추정됨.

즉 일족의 統領 저택이나 그에 부속된 官位를 중심으로 同族, 종복, 부하의 거주지 등이 신분이나 임무에 따라 배치되어 있었을 것으로 추정됨. 이들은 통치자·귀족·전사로 성 안에 거주하면서 성 밖의 부민과 노비를 부리며 지배하고 있었을 것으로 추정됨. 이에 고구려 후기 지방제도에 대한 제반 문헌사료를 바탕으로 탑산산성에는 당의 刺史에 비견되던 處閭近支(道使)가 상주했을 것으로 추정함(三上次男, 1990).

이로 보아 塔山山城이 다른 고구려산성처럼 군사방어뿐 아니라 지방지배를 위한 거점성으로 기능하였던 것은 명확함. 특히 645년 唐軍이 蓋牟城을 함락하면서 1만명 이상을 노획하고 만석의 식량을 확득하였다는 것으로 보아 상당히 중요한 지방거점성이었던 것으로 추정됨. 다만 당군이 요동성을 함락한 다음 노획한 인구나 식량에 비해 규모가 적다는 점에서 한 등급 낮은 지방관의 치소로 추정되는데, 당이 고구려를 멸망시킨 다음 개모성에 개모주를 설치한 것도 이를 반영함(여호규, 1999). 이에 요동성에는 욕살이 파견된 반면, 개모성에는 욕살 아래의 처려근지가 파견되었을 것으로 파악하기도 함(노태돈, 1999 ; 김현숙, 2005).

참고문헌
- 八木奘三郎, 1926, 「陳相屯驛の塔山と佛塔」, 『滿洲舊蹟志』 下篇, 南滿洲鐵道株式會社.
- 馮季昌·孫進己·馮永謙, 1987, 「古城址」, 『東北歷史地理論著匯編』.

- 陳大爲, 1988,「遼寧高句麗山城初探」,『中國考古學會第五次年會論文集』, 文物出版社.
- 孫進己·馮永謙, 1989,『東北歷史地理』, 黑龍江人民出版社.
- 三上次男, 1990,『高句麗と渤海』, 吉川弘文館.
- 瀋陽市文物管理辦公室, 1993,『瀋陽市文物志』, 瀋陽出版社.
- 孫力, 1994,「遼寧的高句麗山城及其意義」,『高句麗渤海研究集成』高句麗 卷三, 哈爾濱出版社.
- 辛占山, 1994,「遼寧境內高句麗城址的考察」,『遼海文物學刊』1994-2.
- 王綿厚, 1994,「鴨綠江右岸高句麗山城研究」,『遼海文物學刊』1994-2.
- 李殿福 著, 차용걸·김인경 역, 1994,『中國內의 高句麗遺蹟』, 學硏出版社.
- 林直樹, 1994,「中國東北部の高句麗山城」,『靑丘學術論集』5.
- 東潮·田中俊明, 1995,『高句麗の歷史と遺跡』.
- 王禹浪, 1995,「中國東北地區古城文化遺跡概述」,『黑龍江民族叢刊』1995-4.
- 陳大爲, 1995,「遼寧高句麗山城再探」,『北方文物』1995-3.
- 馮永謙, 1997,「高句麗城址輯要」,『高句麗渤海研究集成』高句麗 卷3, 哈爾濱出版社.
- 李殿福, 1998,「高句麗山城研究」,『北方文物』1998-4.
- 노태돈, 1999,『고구려사 연구』, 사계절.
- 여호규, 1999,『高句麗 城』Ⅱ, 國防軍史硏究所.
- 王綿厚, 2002,『高句麗古城研究』, 文物出版社.
- 魏存成, 2002,『高句麗遺迹』, 文物出版社.
- 김현숙, 2005,『고구려의 영역지배방식 연구』, 모시는 사람들.
- 王禹浪·王宏北, 2007,『高句麗·渤海古城址研究匯編』(上), 哈爾濱出版社.
- 國家文物局, 2009,『中國文物地圖集』遼寧分冊, 西安地圖出版社.
- 魏存成, 2011,「中國境內發現的高句麗山城」,『社會科學戰線』2011-1.

02 심양 영반산성
瀋陽 營盤山城

1. 조사현황

2009년 전국 제3차 文物 조사 중에 趙曉剛 등에 의해 발견됨.

2. 위치와 자연환경

1) 지리위치
○ 瀋陽市 瀋北新區 馬剛鄕 鐵營子村 동쪽 營盤山의 정상과 서면 구릉 위에 위치함. 산 정상에 오르면 村과 도로 모두 잘 볼 수 있음.
○ 서쪽으로 700m 떨어진 지점에 107번 省道가 있음.
○ 산성에서 남쪽으로 5.3km 떨어진 지점에 石臺子山城이 있음.
○ 營盤山城, 董樓子山城, 石臺子山城 등은 기본적으로 남북으로 분포하고 있음.

2) 자연환경
營盤山城은 산간지역과 遼河 평원의 접경지대에 위치하고 있는데, 동쪽으로는 산맥과 접해 있고, 서쪽으로는 평원이 있음.

3. 성곽의 전체현황(그림 1)

○ 위치 : 산성은 산세를 따라 축조하였는데, 營盤山 정상의 대부분을 점유하고 있음.
○ 평면과 규모 : 평면은 대략 타원형임. 전체 둘레는 약 420m임. 성내 면적은 약 만 3,000m²임.
○ 지세 : 성 안은 산세를 따라 서쪽에서 동쪽으로 갈수록 높아지는데, 경사는 그리 가파르지 않고 평탄함.
○ 구역 구분 : 성 내부는 중앙의 약간 높은 산등성이를 기준으로 남쪽과 북쪽 두 구역으로 나뉨. 북부는 수해로 인하여 심하게 파괴되었고, 평지는 많지 않음. 남부는 비교적 평평함. 대부분의 구역은 현대에 만들어진 무덤이 차지하고 있음.

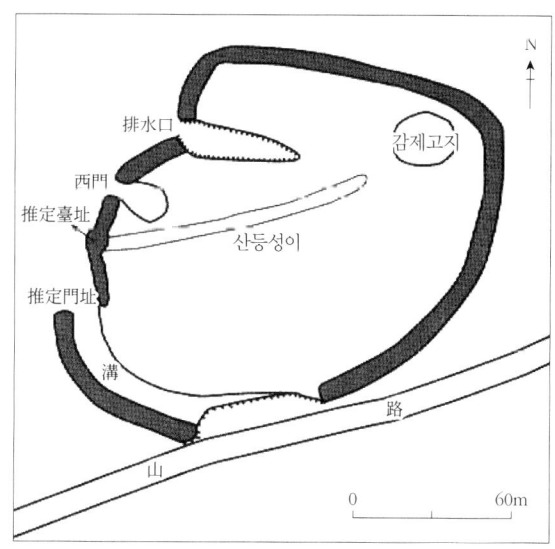

그림 1 영반산성 평면도(趙曉剛, 2013, 19쪽)

○ 보존상태 : 보존은 비교적 양호하나, 성내에는 초목이 가득하여, 드러난 지표면은 많지 않음.

4. 성벽과 성곽시설

1) 성벽
○ 축성재료 : 성벽은 산흙(山皮土)을 이용하여 축조함.
○ 보존상태 : 남벽 일부 구간은 길이 나면서 파괴되어 남아 있지 않음.
○ 동벽 : 산세를 따라 축조하면서 점차 높아지고, 호형을 이루고 있음. 서쪽을 향해 직각으로 꺾어지는 지점(동북 모서리)에는 산성의 감제고지가 있는데, 이 구간에 있는 성벽은 보존이 양호함. 길이는 약 130m, 높이는 3~4m, 기단 너비(基寬)는 약 5m, 윗너비(頂部寬)는 약 2m임.
○ 북벽 : 감제고지에서 산비탈을 따라 아래로 향하다가 산허리에 이르러 남쪽을 향해 직각으로 꺾임. 이 성벽 구간 또한 보존이 양호함. 성벽 바깥은 낭떠러지임. 성벽과 성 내부의 낙차는 약 2m임. 길이는 약 120m임. 꺾어지는 지점은 臺址임.
○ 서벽 : 서벽 가운데 치로 추정되는 臺址에서 다시 아래로 이어지는 성벽은 명확하지 않음.

2) 성문
○ 추정 서문지 : 서벽이 꺾어지는 지점(북서 모서리)에서 남쪽으로 약 20m 떨어진 지점에 개구부(豁口)가 있음. 이 개구부에서 약 20m 가면 또 다른 개구부가 있음. 이 개구부 지세가 약간 평평하고, 너비는 약 5m임. 개구부 안은 면적이 약 30m² 정도의 평지임. 이 개구부는 서문으로 추정됨.
○ 어긋문식 성문지 : 서벽 가운데 치로 추정되는 臺址에서 다시 아래로 이어진 성벽과 서벽 가운데 치로 추정되는 臺址에서 밖으로 6m 떨어진 지점에 있는 성벽이 서로 엇갈리고 있는 부분이 있는데, 문지로 추정됨.

3) 치
서문에서 아래로 약 15m 떨어진 지점에 성벽에서 약간 튀어나온 臺址가 있는데, 치로 추정됨.

4) 참호
서벽 가운데 치로 추정되는 臺址에서 밖으로 6m 떨어진 지점에 있는 성벽과 서문 高臺에서 뻗어 나온 산비탈 사이에 너비 6m 정도의 참호(壕溝)가 형성되어 있음. 溝 바닥은 비교적 평평함. 通道와도 유사하고, 일부는 회곽도(馬道)로 보기도 함.

5) 망대
산성 동북 모서리는 높이 솟아 있는 高臺인데, 성내의 감제고지임. 臺址는 인위적으로 축조한 것으로, 면적이 50m²이고, 비교적 평탄함. 臺址에 서면 산 아래 멀리까지 볼 수 있음. 산성의 망대 혹은 장대로 볼 수 있음.

5. 성내시설과 유적

서벽이 꺾어지는 지점(북서 모서리)에서 남쪽으로 약 20m 떨어진 지점에 개구부가 있음. 개구부 입구의 너비는 약 7m임. 산골짜기 안으로 뻗어나감으로써 커다란 도랑을 이룸. 산성의 배수구(泄水口)로 추정되고 있음.

6. 출토유물

現代 무덤의 塡土와 성벽이 파괴된 구간 내에서 유물이 출토됨.

1) 토기

모래혼입의 적갈색 토기편과 저부, 니질의 회색 토기편·구연부·저부 등이 출토됨. 이 니질의 회색 토기는 광구장경사이호의 구연부로 평평하게 꺾인 정도가 비교적 심한 형태임. 또한 저부편은 분(盆)의 바닥으로 추정됨.

2) 석기

검정색 火山巖으로 제작한 돌절구가 출토됨.

7. 역사적 성격

營盤山城은 길림합달령산맥 서남단의 산줄기와 요동평원 경계지대에 위치하며, 이곳에 서면 요동평원을 한눈에 조망할 수 있음. 조사자는 營盤山城이 고구려 후기에 축조되었을 것으로 추정했음.

그 이유로는 첫 번째, 營盤山城의 북벽 아래에는 낭떠러지가 접해져 있는데, 산에 의지하여 방어시설을 갖추고 낭떠러지를 충분히 이용했던 고구려산성의 특징을 갖추고 있다고 볼 수 있다고 함. 두 번째, 성은 산 위에 축조되었는데, 고구려는 성을 산을 따라 축조하였고, 전투가 벌어지면 농부는 가래로 농작물을 없애고, 성에 들어갔다고 함. 營盤山城은 서면이 낮고 완만한데, 고구려 산성 유형 가운데 하나인 포곡식(簸箕型) 산성에 속한다고 볼 수 있음.

세 번째, 성벽은 산흙으로 축조하였는데, 일반적으로 고구려산성 가운데 흙으로 성벽을 축조한 구조는 고구려 중후기에 속함. 네 번째, 일부 고구려 산성에는 망대(장대)가 한 기 혹은 여러 기 축조되어 있음. 망대는 대부분 산성 안 혹은 높은 산봉우리에 있음. 營盤山城에서는 가장 높은 지점에 망대가 축조되어 있음. 이 또한 고구려산성의 특징을 갖추고 있다고 볼 수 있음.

다섯 번째, 營盤山城에서 출토된 니질의 회색 광구장경사이호 구연부의 경우, 평평하게 꺾인 정도가 비교적 심하고 바깥으로 많이 펼쳐졌는데, 고구려 후기에 제작된 것으로 추정됨. 또한 산성 내에서 출토된 돌절구는 火山巖으로 제작하였는데, 석대자산성에서 출토된 유물과 유사함. 이러한 火山巖은 산성에서 35km 떨어진 鐵嶺市 橫道河子鄕 武家溝村 북쪽의 산정상부에서 나오는데, 營盤山城 앞 107번 省道가 그 지역을 지나가고 있음.

다만 營盤山城은 규모가 작은 산상 보루성에 해당하는데, 적의 정황을 살피고 경계하는 역할을 하였던 것으로 추정됨. 이러한 유형의 산상 보루성은 한강 유역에서 60여 기 정도 발견되었음. 60여 기의 보루 가운데 아차산 일대에 위치한 20여 기의 보루는 모두 산 정상부의 지형을 이용하여 축성한 산정식(山頂型) 산성인데, 주로 해발 53~348m 지점에 분포하고 있음. 보루의 평면은 대체로 원형, 타원형, 긴 타원형인데, 그 가운데 긴 타원형이 제일 많음. 보루의 규모는 모두 작은데, 전체 둘레는 40~304m 사이이고, 100~200m의 보루가 가장 많음.

營盤山城은 규모나 입지조건상 상기와 같은 한강유역의 고구려 보루성과 유사함. 또한 지리위치상으로 石臺子山城과 그리 멀지 않음. 이로 보아 營盤山城은 石臺子山城의 衛星城으로 石臺子山城 외곽을 에워싸는 초소로 추정된다고 함(趙曉剛, 2013).

참고문헌

- 趙曉剛, 2013, 「瀋陽營盤山山城和東樓子山城考古調查」, 『東北史地』 2013-2.

03 심양 동루자산성
瀋陽 董樓子山城

1. 위치와 자연환경

1) 지리위치
○ 瀋陽市 瀋北新區 馬剛鄉 董樓子村 동쪽의 작은 언덕 정상부에 위치함. 이 산언덕에 대해 지역주민들은 '石頭山'이라고 부르고 있음.
○ 북쪽으로 250m 떨어진 지점에 107번 省道가 있음.
○ 산성에서 남쪽으로 약 4km 떨어진 지점에 石臺子山城이 있음.
○ 董樓子山城, 營盤山城, 石臺子山城 등은 기본적으로 남북으로 분포하고 있음.

2) 자연환경
○ 산성이 있는 산언덕은 산간지역과 평원의 접경지대에 위치. 산 정상부에 오르면 시야가 개활하여, 산 아래의 상황을 알 수 있음.
○ 산 북쪽은 낭떠러지이고, 남면은 비탈지임. 비탈지는 대부분 농경지로 개간됨. 산 북쪽 비탈 아래에서 100m 떨어진 지점에는 蒲河의 지류가 동쪽에서 서쪽으로 흐르고 있음. 강줄기는 비교적 좁은데, 가장 좁은 지점은 뛰어넘을 수 있을 정도임.

2. 성곽의 전체현황(그림 1)

○ 위치 : 산성은 산 전체 꼭대기를 점유하고 있음.

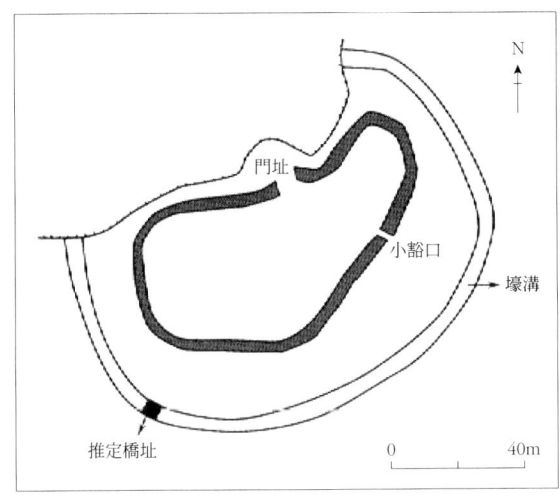

그림 1 동루자산성 평면도(趙曉剛, 2013, 20쪽)

○ 평면과 규모 : 평면은 약간 긴 타원형임. 전체 둘레는 160m임. 성내 면적은 약 1,500m²임.
○ 보존상태 : 성내는 잡초가 무성하고, 여러 개의 거석을 볼 수 있음. 보존상태는 비교적 양호함.

3. 성벽과 성곽시설

1) 성벽
○ 축성재료 : 성벽은 대부분 돌로 쌓았음. 서남쪽에서는 여러 개의 돌로 축조한 성벽의 흔적을 볼 수 있음. 성돌은 매우 불규칙하고 인위적으로 가공한 흔적을 찾기 어려움.

○ 규모 : 성벽 높이는 약 2m임. 정상부는 비교적 평탄하고, 너비는 약 2m임.
○ 지세 : 성벽 바깥은 북면이 낭떠러지인 것을 제외하고, 비교적 평평한데, 인위적으로 정비한 것으로 추정됨.

2) 성문

○ 북문지 : 성벽 북면에는 너비가 약 8m인 개구부가 있음. 개구부 양측에는 큰 돌이 있음. 문지로 추정됨. 문지 반대편은 험한 비탈인데, 산 아래까지 이어짐. 현재도 보행로로 이용되고 있음. 성문 동측에는 土石堆가 있는데, 사람들에 의해 파헤쳐져 있음. 남은 흙에서는 푸른 벽돌편이 출토됨. 李曉鍾은 土石堆를 무덤으로 보았는데, 당시의 모습을 알 수 없다고 함.
○ 동남측 트인 곳 : 성벽 동남쪽에는 너비 약 3m인 트인 곳(豁口)이 있음. 사람들이 평소에 산성을 출입하면서 형성된 것일 뿐, 성문은 아닌 것으로 추정됨.

3) 망대

성 동북 모서리에는 높이 솟아 있는 거석이 있는데, 성 내부의 망대지점(望點)으로 추정됨.

4) 해자

성벽 바깥으로 약 5m 떨어진 지점에는 해자기 둘려져 있음. 壕溝는 인위적으로 축조함. 壕溝의 단면은 역사다리꼴임. 서부와 남부 평탄한 구간은 위쪽 너비 약 5m, 바닥 너비(底寬) 2m, 깊이 약 1m임. 동부 낭떠러지 가장자리는 위쪽 너비 약 7m, 바닥 너비(底寬) 3m, 석벽 높이 약 4m임. 壕溝의 동쪽과 서쪽 모두 낭떠러지까지 뻗어 있는데, 전체 길이는 약 177m임. 城壕 동남쪽에는 흙이 가득 차 있는 곳이 있는데, 너비는 약 5m 범위임. 남면에서 산성으로 출입하는 통로로 추정됨.

4. 출토유물

趙曉剛이 李曉鍾으로부터 '고구려 유물이 출토되었다'는 말을 들었다고 하나, 그 자세한 내용을 알 수 없음.

5. 역사적 성격

董樓子山城은 길림합달령산맥 서남단의 산줄기와 요동평원 경계지대에 위치하며, 이곳에 서면 요동평원을 한눈에 조망할 수 있음. 산성의 축조시기에 대해서는 고구려시기에 축조했다는 견해(李曉鍾) 및 遼·金代에 축조했다는 견해(瀋陽市文物管理辦公室) 등이 있음.

이에 대해 趙曉剛(2013)은 다음과 같은 몇 가지 이유를 근거로 고구려 후기에 축조했을 것으로 파악함. 첫 번째, 董樓子山城 북쪽은 낭떠러지의 끊어진 벽을 이용하였는데, 산에 의지하여 방어시설을 갖추고 낭떠러지를 충분히 이용했던 고구려산성의 특징을 갖추고 있다고 볼 수 있음. 두 번째, 성은 산 위에 축조되었는데, 고구려는 성을 산을 따라 축조하였고, 전투가 벌어지면 농부는 가래로 농작물을 없애고, 성에 들어갔다고 함. 董樓子山城은 고구려 산성유형 가운데 하나인 산정식(山頂型) 산성에 속한다고 볼 수 있음.

세 번째, 성벽은 돌로 축조하였는데, 자갈을 이용해서 성벽을 축조하는 방식은 고구려 초·중·후기 모두 보임. 예컨대 고구려 중후기에 축조된 催陣堡山城의 서벽과 북벽은 자갈(毛石)을 이용하여 축조함. 네 번째, 일부 고구려 산성에는 망대(장대)가 한 기 혹은 여러 기 축조되어 있음. 망대는 대부분 산성 안 혹은 높은 산봉우리에 있음. 성 안 동북 모서리에 높이 솟아 있는 거석이 있는데, 거석 위에 올라가면 산 아래를 볼 수 있음. 이 또한 고구려 산성의 특징을 갖추고 있다고 볼 수 있음.

다만 董樓子山城은 규모상 소형 초소에 해당하며,

적의 정황을 살피고 경계하는 역할을 하였던 것으로 추정됨. 이러한 소형 초소나 산성은 한국의 임진강 유역부터 한강 유역에 이르기까지 모두 60여 기 정도 발견되었는데, '보루'라고 부르고 있음. 60여 기의 보루 가운데 아차산 일대에 위치한 20여 기는 모두 산 정상부의 지형을 이용하여 축성한 산정식(山頂型) 산성임. 보루의 평면은 대체로 원형, 타원형, 긴 타원형인데, 그 가운데 긴 타원형이 제일 많음. 보루의 규모는 모두 작은데, 전체 둘레는 40~304m이고, 100~200m가 가장 많음.

董樓子山城은 규모나 입지조건에서 상기와 같은 한강유역의 보루와 유사함. 그리고 石臺子山城과 그리 멀지 않다는 점에서 董樓子山城은 石臺子山城의 衛星城으로 石臺子山城 외곽을 에워싸는 초소의 역할을 했을 것으로 추정된다고 함(趙曉剛, 2013).

참고문헌

- 瀋陽市文物管理辦公室, 1993, 『瀋陽市文物志』, 瀋陽出版社.
- 趙曉剛, 2013, 「瀋陽營盤山山城和董樓子山城考古調查」, 『東北史地』 2013-2.

제3부

신민시(新民市) 지역의 성곽

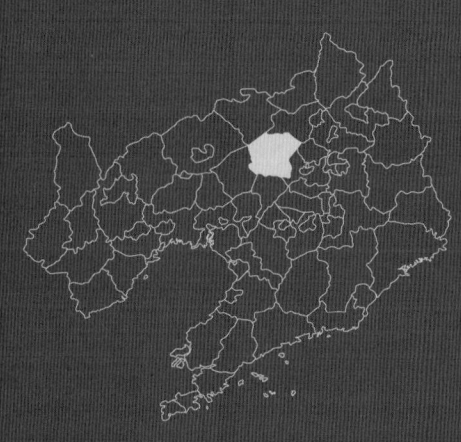

| 유적 분포도 |

- △ 산
- ▲ 산성
- ■ 평지성
- ━ 관애
- ⋏⋏ 장성
- ⌒ 고분
- ● 기타 유적

01 신민 고대자산성
新民 高臺子山城

1. 위치와 자연환경

1) 지리위치(그림 1~그림 3)
新民市에서 7.5km 떨어진 高臺山에 위치함.

2) 자연환경
산성이 위치한 곳은 養息牧河와 透水河가 遼河로 유입되는 합류지점 부근인데, 遼河 下流의 평원지대에 속함. 해발 75m인 高臺山을 제외하고 대부분 구릉이 해발 30m 이하인 개활한 평원임. 그리하여 新民 高臺山 일대가 예로부터 遼河를 건너는 주요 渡河지점으로 이용되었고, 지금도 北京에서 遼西지역을 거쳐 瀋陽으로 향하는 철도와 도로 등 주요 교통로가 지나가고 있음.

2. 성곽의 전체현황

○ 산성이 위치한 高臺山의 지세는 凹形이고, 산성은 동부에 위치함.
○ 산성 위에 올라가서 보면 시야가 탁 트여 있음.
○ 산성은 자연 지세를 따라 축조하였기 때문에 평면이 불규칙형임.

3. 성벽과 성곽시설

산성 성벽은 산세를 따라 축조함. 성벽은 토석혼축인데, 현재는 성벽 기단의 흔적만 볼 수 있음.

4. 출토유물

산성 안에서는 벽돌과 기와편을 쉽게 볼 수 있음. 漢·고구려·遼·金·元·明·淸의 기와편과 자기편 등이 출토됨.

5. 역사적 성격

신민 고대자산성은 요동평원 한복판 우뚝 솟은 언덕 산에 위치했는데, 이곳에 서면 요하 좌우로 펼쳐진 요동평원을 한 눈에 조망할 수 있음. 더욱이 이곳에서는 漢·고구려·遼·金·元·明·淸 등이 유물이 출토된 것으로 보아 漢代에 축조되어 고구려·遼·金·元·明·淸까지 계속 사용된 것으로 추정됨(王禹浪·王宏北, 2007).

遼河 渡河路에는 新民 高臺山 - 瀋陽의 北路, 臺安 孫城子 - 鞍山의 中路, 盤山 - 高平 - 牛莊 - 海城의 南路 등이 있는데(王綿厚·李健才, 1990), 이 가운데 高臺子山城은 가장 위쪽인 北路의 도하로에 위치함. 이 지점은 주변 일대가 광활한 평원지대이기 때문에 전략적

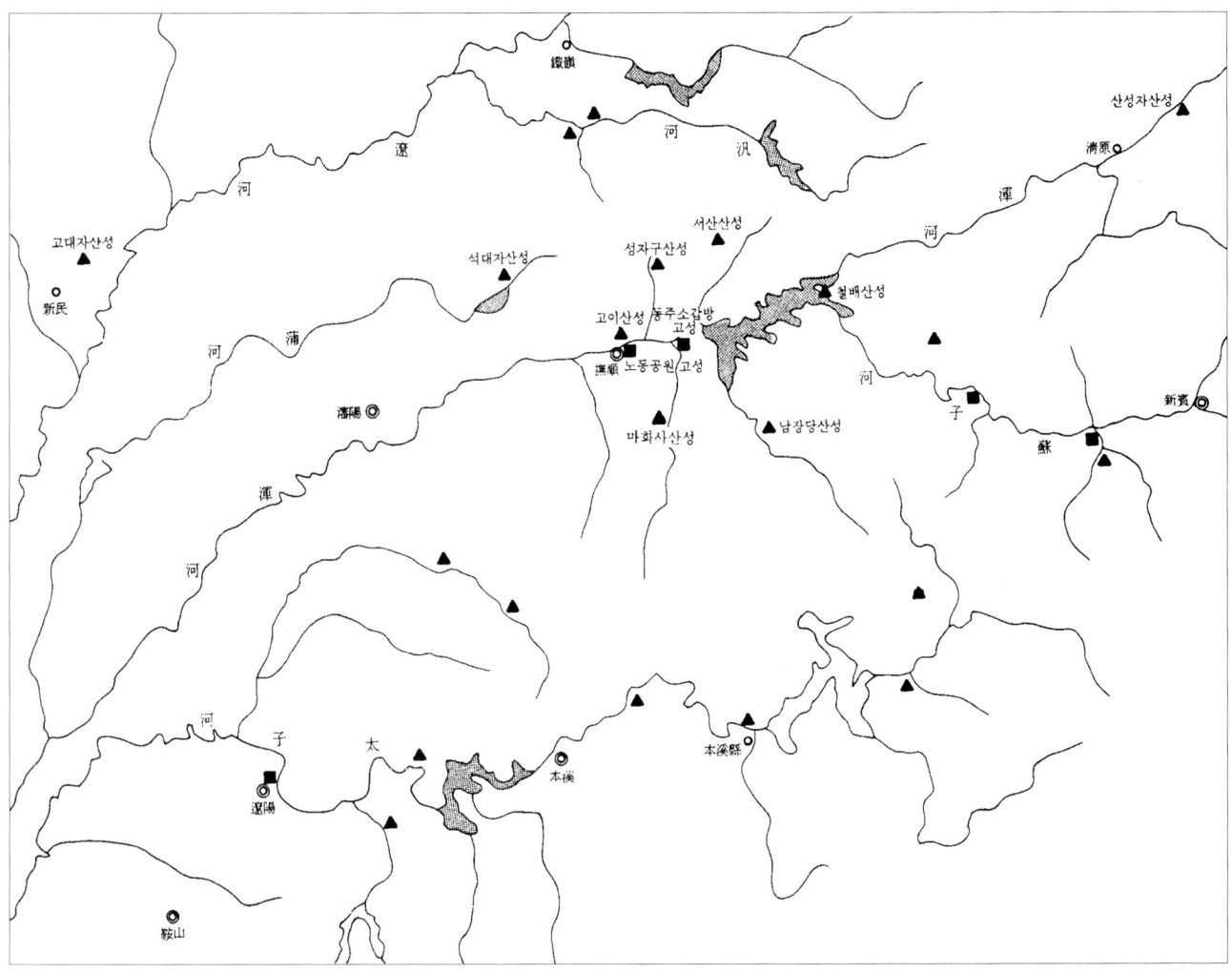

그림 1 高臺子山城 위치도 1(여호규, 1999, 132쪽)

으로 중요함. 이에 고구려는 고대자산성에 武厲邏라는 軍事城堡를 구축하여 중국세력의 침공에 대비하고 遼西 진출의 전초기지로 삼았음.

이에 대해 隋는 612년 고구려 침공에 나서 武厲邏를 빼앗고 通定鎭과 遼東郡을 설치함(『隋書』 東夷傳 高麗條 大業 7). 645년 唐의 李世勣도 通定鎭에서 遼河를 도하한 다음, 渾河 연안의 玄菟城과 瀋陽 남쪽의 蓋牟城을 공격함. 그 뒤에 唐軍은 647년 南蘇城을 공략할 때(『新唐書』 권220 東夷傳 高麗條 貞觀 21년 3월 조), 666년 國內城에 웅거한 男生의 투항을 받아들일 때(『新唐書』 卷110 列傳 第35 泉男生傳), 667년 新城을 공격할 때(『三國史記』 高句麗本紀 第10 寶藏王 26년 조) 등 渾河-蘇子河 일대를 공격할 때에는 대체로 高臺子山城에 위치한 通定鎭에서 遼河를 渡河하였음 (여호규, 1999).

참고문헌

- 王綿厚・李健才, 1990, 『東北古代交通』, 瀋陽出版社.
- 여호규, 1999, 『高句麗 城』 Ⅱ, 國防軍史研究所.
- 王禹浪・王宏北, 2007, 『高句麗・渤海古城址研究彙編』 (上), 哈爾濱出版社.

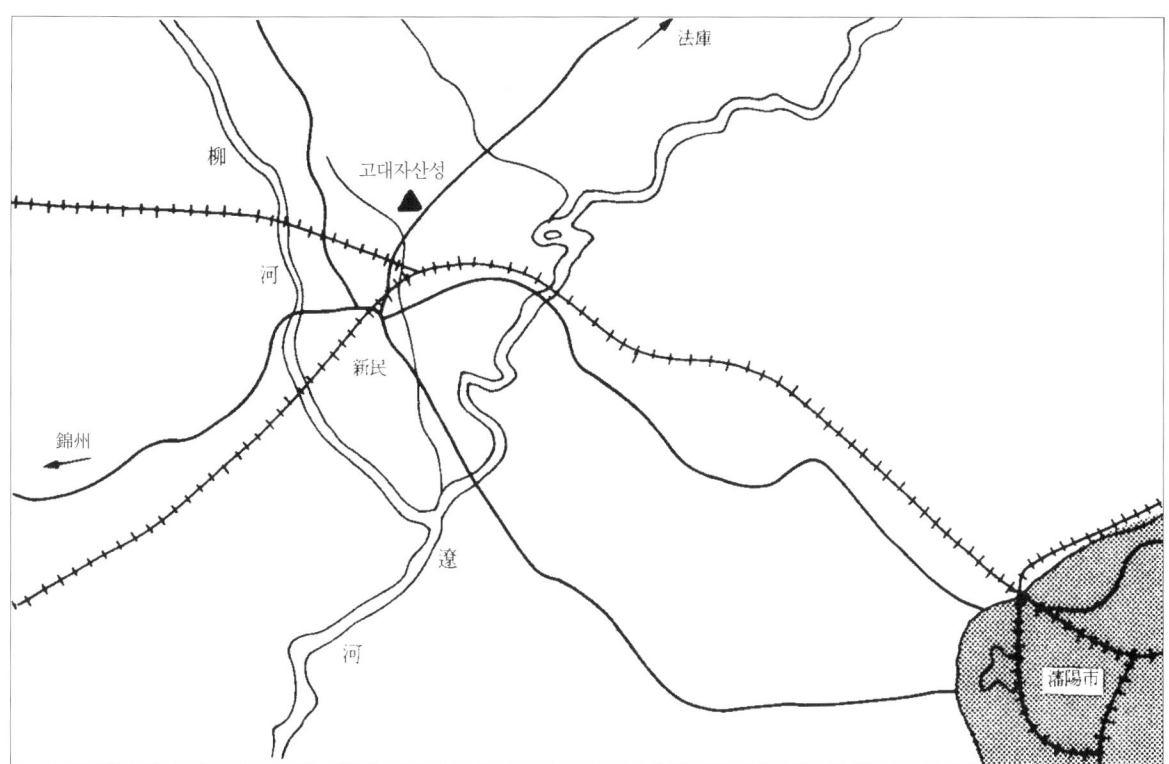

그림 2 高臺子山城 위치도 2(55만분의 1)(여호규, 1999, 238쪽)

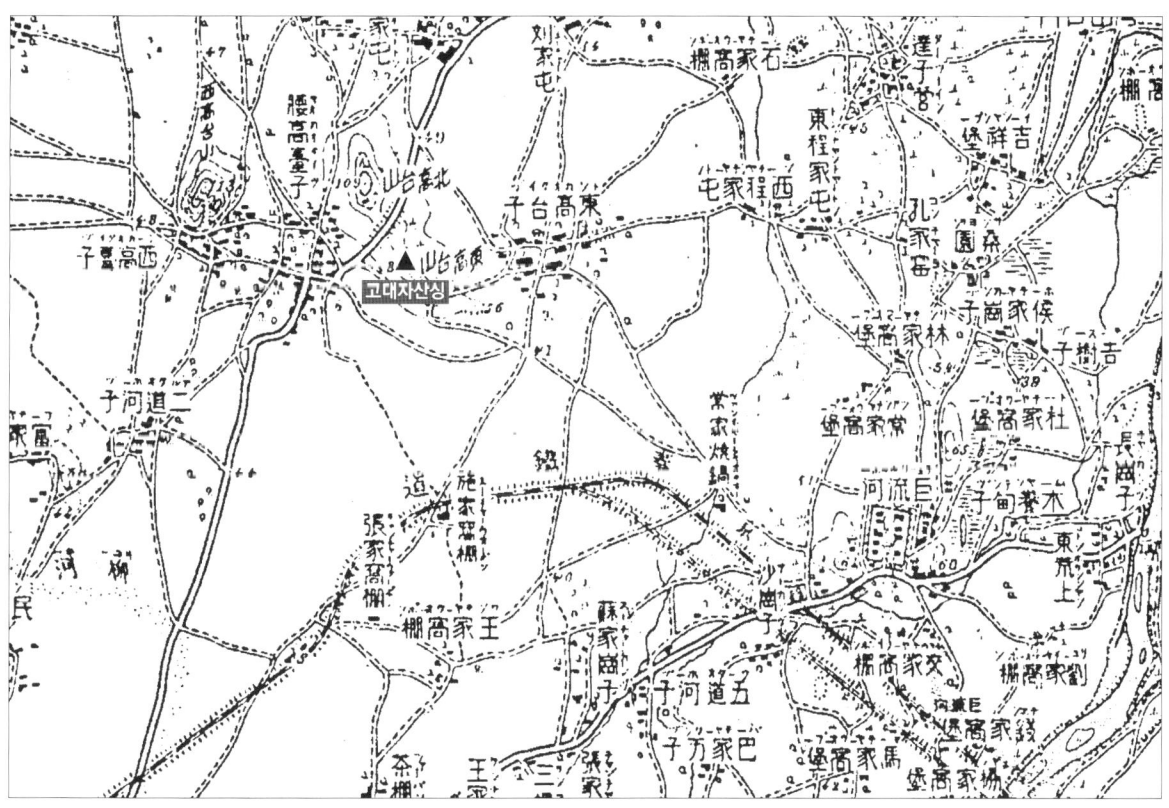

그림 3 高臺子山城 주변 지형도(滿洲國 10만분의 1 지형도)

제4부

무순시·현(撫順市·縣) 지역의 유적

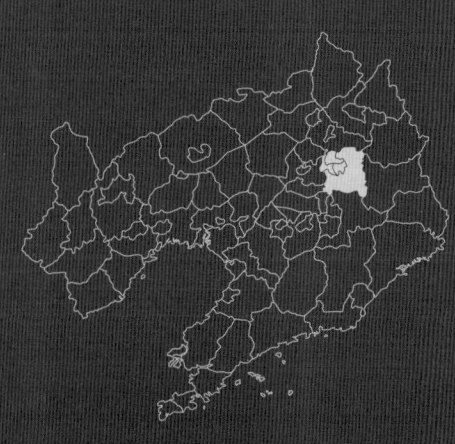

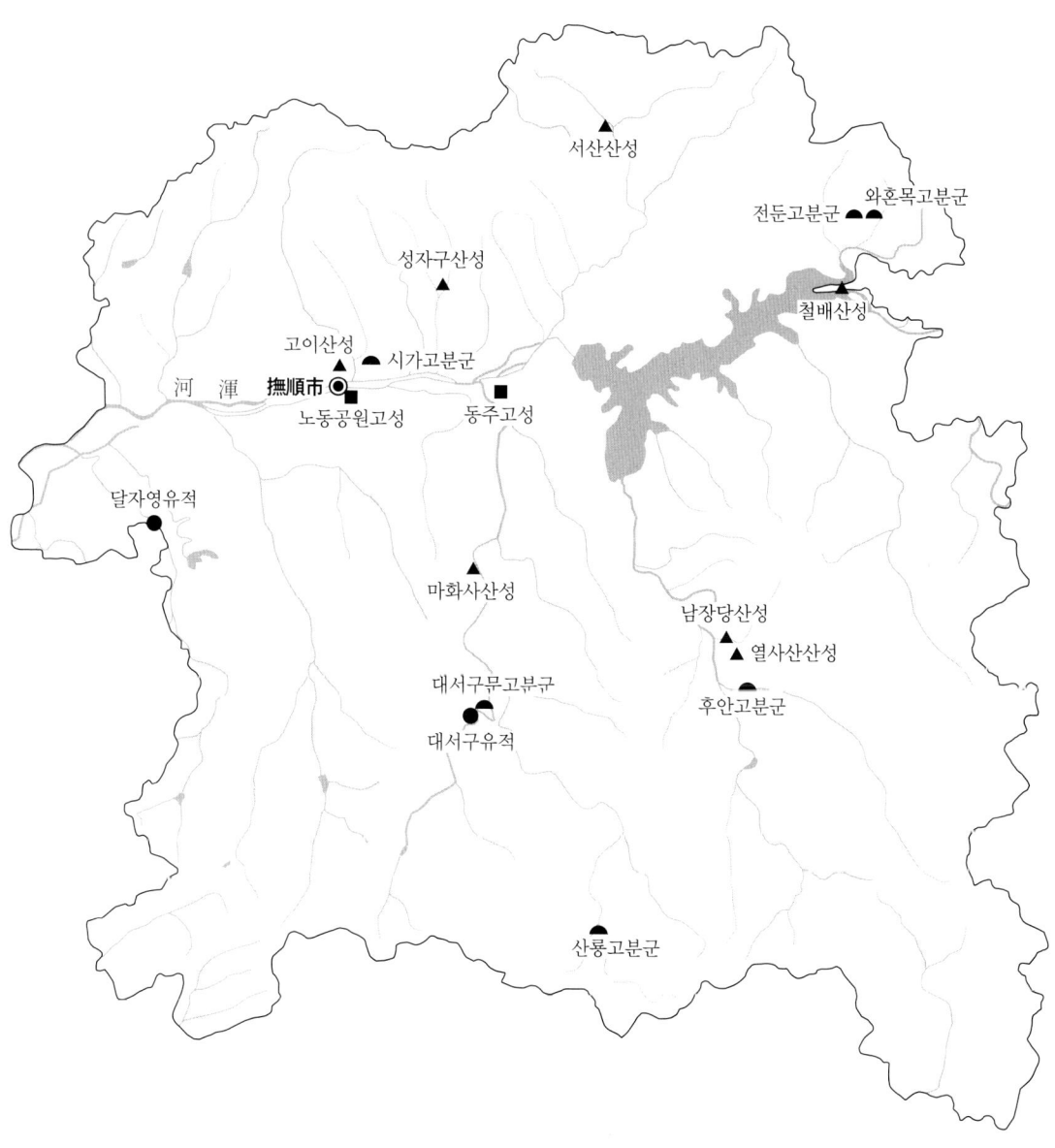

1
고분군과 고분

01 무순 산룡고분군
撫順 山龍古墳群

1. 조사현황

○ 1980년대 초 문물조사 때에 발견.
○ 1990년 虎台댐을 중수하는데 石棚墓地가 수몰구역 안에 있어 요령성고고연구소는 무순시박물관과 해당 묘지에 대한 발굴조사 실시. 이 묘지에서 총 8기가 확인. 석붕 2기(M1·M2), 적석묘 2기(M4·M5), 적석석실묘 1기(M6) 등이 보고됨.

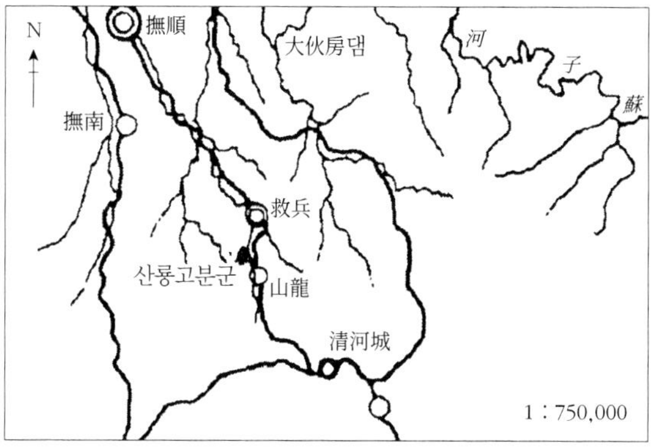

그림 1 산룡고분군의 위치도(『遼海文物學刊』 1997-1)

2. 위치와 자연환경(그림 1)

○ 撫順縣 救兵鄕 山龍村 남쪽 500m 구릉 아래 위치. 두 산간의 하안 대지에 위치. 대지에는 강자갈(河卵石)이 널려 있는데 주위 지면보다 약간 높음.
○ 묘지의 서북 30km에 무순시가 있으며, 동·서 양 방향으로는 산이 있음. 동쪽 산 아래로 救兵河 지류가 흐름.
○ 무순-청하성 간의 도로가 묘지 서쪽을 관통함.

3. 고분군의 현황(그림 2)

○ 묘지는 북에서 남으로 석붕 2기가 일렬로 자리해있고, 석붕 남쪽으로 20m 정도에 거대석 3매가 지면에 노출되어 있음. 고임돌 없이 서대석만 누워있음. 도로 서쪽에도 대석이 여러 개 있음. 주민에 의하면 일찍이 인골과 토기편 등이 출토되었다고 함.
○ M4는 고분군 중앙에 위치. 북쪽으로 8호묘, 남쪽으로 5호묘가 있음. 서쪽에는 도로 건설할 때 이미 파괴

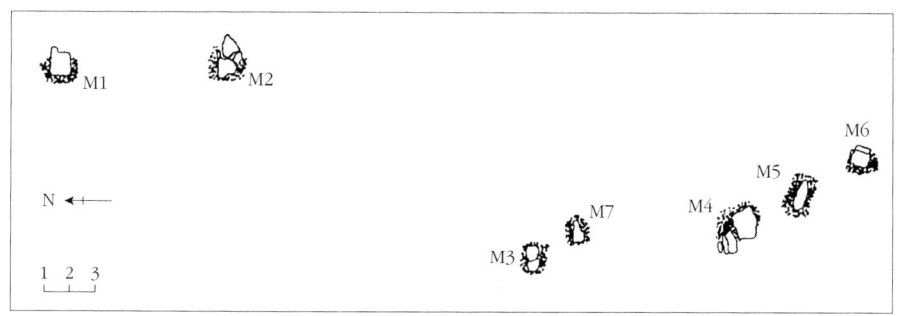

그림 2 산룡고분군의 고분 분포도(『遼海文物學刊』 1997-1)

되어 적석이 남아 있지 않음.

○ M5는 묘구 중앙에서 약간 남쪽에 치우쳐 있음. 북부 적석은 M4와, 동남 적석은 M6과 근접해 있음. 지표에서 이 무덤을 보면 상부의 덮개돌만이 지표 위에 노출되어 있음.

4. 고분별 현황

1) 산룡4호묘

(1) 유형

적석묘·압석묘(壓石墓).

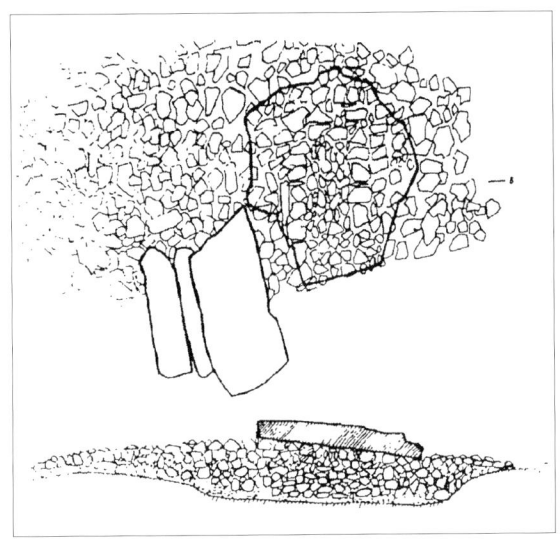

그림 3 산룡4호묘 평·단면도(『遼海文物學刊』 1997-1)

(2) 방향

덮개돌 방향은 東偏南 20°.

(3) 고분 구조(그림 3)

○ 덮개돌은 크고 평평한 돌(大塊石) 한 매와 장대석(大條石) 3매임.

○ 큰 덮개돌은 갈색 침적암으로 불규치한 장방형이며, 길이 2.4m, 너비 1.9m, 두께 0.19~0.35임.

○ 장대석은 갈색 침적암이며, 큰 덮개돌 북쪽에 쓰러져 있음. 기본적으로 동서방향이며, 장대석 3매가 한 곳을 덮고 있음. 장대석1은 길이 2m, 너비 0.80m, 두께 0.35m이고, 장대석2는 길이 1.90m, 너비 0.30m, 두께 0.15m이고, 장대석3은 길이 1.75m, 너비 0.50m, 두께 0.20m임.

○ 덮개돌 주위에 대량의 자갈(卵石)과 돌(塊石)로 쌓은 적석이 있음. 적석은 북부 최고 너비가 2.4m, 남부는 0.92m, 동부는 0.70m임. 서부는 일찍이 파괴당해 적석이 남아 있지 않음.

○ 큰 덮개돌 아래 묘실로 추정되는 석렬이 있음. 석렬 남부는 불확실, 서부는 잔존하지 않음. 묘실은 길이 150cm, 너비 70cm, 깊이 50cm임. 묘실 바닥은 황사토이며, 그 위에서 홍갈색 토기편과 목탄 출토.

2) 산룡5호묘

(1) 유형

적석묘·압석묘(壓石墓).

(2) 방향

덮개돌 방향은 東偏南 20°. 묘실 방향은 東偏南 5°.

(3) 고분 구조(그림 4)

○ 덮개돌은 갈색 침적암으로 대체로 장방체에 가까움. 길이 2.7m, 최고 너비 0.90m, 두께 0.20~0.30m임. 그 아래 적석무지는 길이 20~30cm 크기의 자갈(卵石)과 돌(塊石)로 구성.

○ 덮개돌은 적석 정중앙에 위치. 주위의 작은 자갈(碎石)은 규칙성을 갖고 쌓아 올렸으며, 적석 가장자리 네 모서리 위에는 돌(石塊) 하나씩을 세워 적석의 주변 및 범위를 표시함. 동쪽으로 남·북 각각 돌이 세워졌고

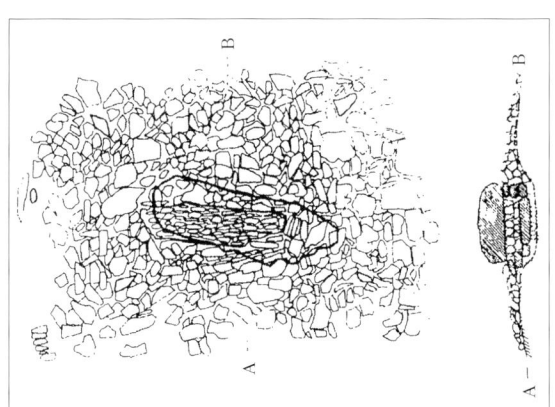

그림 4 산룡5호묘 평·단면도(『遼海文物學刊』 1997-1)

그 사이 중간에 돌을 하나 더 세움. 돌 간격은 125cm. 적석 서쪽은 무덤 뒷부분이 됨. 서북 모서리와 서남 모서리에 각기 돌이 세워져 있고, 돌 간격은 3m임. 적석은 4개 모서리돌을 따라 덮고 있음. 동서 적석은 길이 4.7m, 남북 너비 3.9m이며 적석 평면은 梯形에 가까움. 서부 적석에서 대석에 이르는 사이는 너비 1.10m이며, 동부 적석과 덮개돌 사이의 너비는 0.9m이며, 북부 적석과 덮개돌 사이의 너비는 1.4m이며, 남부 적석과 덮개돌 사이의 너비는 1.6m임.

○ 덮개돌 바로 아래는 점토이며, 점토 아래가 적석임. 적석은 규칙성이 없으며 적석의 돌을 제거하면 할석으로 층층이 쌓은 묘실이 나타남. 묘실 안은 대량의 잡석으로 메워져 있는데 장방형을 띠고 있음. 묘실 벽은 할석으로 층층이 쌓아 내벽은 가지런하고 매끄러움. 묘실의 각 벽석은 북벽은 3층, 남벽은 4층, 동벽은 2층으로 쌓아 올렸고 서벽은 있지 않음. 높이는 15~20cm이며, 묘실 바닥은 장방형으로 묘실과 길이가 같은 판석으로 평평하게 깔았음. 묘실 바닥석(底石)은 동쪽이 낮고 서쪽이 높아 서부는 거의 외부에 노출되어 있으며 적석과 높이가 같음. 서부에 묘실 벽이 없어 바닥석이 외부에 드러나는 것이 주목됨.

○ 묘실 바닥석 아래는 黃砂土이며, 바닥석 두께는 20cm로, 10cm 높이까지는 황사토 안에 묻혀 있음. 바닥석 동쪽은 좁고 서쪽은 넓으며 동남 모서리는 손상되어 있음. 한편 바닥석 아래의 일부분은 작은 돌(石塊)이 층층이 깔려 있음.

○ 묘실은 길이 1.60m, 동부 너비 0.40m임. 묘실 동남 모서리에서 홍갈색 토기편, 석제 방추차(石紡輪) 1점 및 대량의 불에 탄 인골편 등이 출토되었음.

○ 조사 후에, 덮개돌이 묘실 위에 비스듬히 놓이면서 묘실 서부 바닥이 밖에 노출됨. 덮개돌이 개석으로써 작용했다기보다는 상징성 또는 모종의 예속에 필요한 이유로 놓여 있던 것임.

3) 산룡6호묘

(1) 유형
적석석실묘.

(2) 평면
묘실은 장방형.

(3) 방향
묘도 방향은 東偏南 5°.

(4) 고분 구조(그림 5)

○ M6은 산룡고분군의 유일한 적석석실묘로 일찍이 파괴당해 상부는 남아 있지 않으며, 묘실이 남아 있음.

○ 묘실 네 벽은 큰 할석(大塊石)으로 축조하였음. 동벽은 길이 약 210cm, 너비 45cm, 높이 30cm의 장대석(大條石) 한 매를 세우고 그 위에 작은 할석(塊石)으로 몇 단을 덧대어 쌓았음. 북벽 길이는 묘실 내벽과 동일한 195cm이며, 서벽은 여러 매의 대석으로 쌓았음. 잔존 높이는 30~50cm이고 길이 210cm임. 墓門은 남벽에 약간 서쪽에 치우쳐 있음. 묘문 너비는 60cm임. 묘문은 대석(條石) 2매를 가지런히 깔고 가운데에 작은 돌(條石)을 가로로 깔았음. 묘문 동벽은 너비

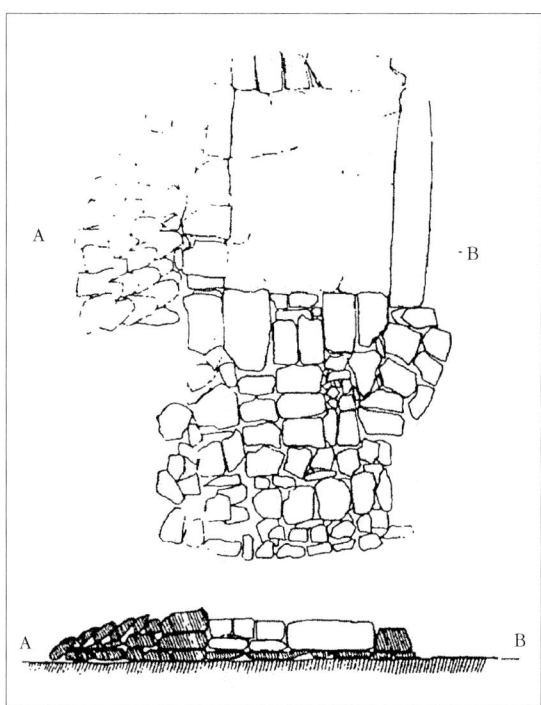

그림 5 산룡6호묘 평·단면도(『遼海文物學刊』1997-1)

70cm, 서벽 너비 45cm로 남벽은 전체 길이 175cm 이며, 잔존 높이는 25〜30cm임.
○ 묘문 중앙에 약 140cm 길이로 가로로 깔린 할석(條石)은 묘도(甬道)임. 묘도 중앙의 가로로 놓은 할석의 양쪽에는 묘도의 테두리를 가지런히 쌓았음. 묘도는 길이 170cm, 너비 80cm임. 묘도 아래에는 작은 깨진 돌 및 흑토가 있고, 흑토의 아래에는 황사토가 있음.
○ 묘실 바닥부에는 여러 개의 불규칙한 판석을 평평하게 깔았음. 묘실 서벽 바깥으로 벽을 보호하기 위해 돌을 세 겹 기울여 쌓음. 보호석 바닥부는 길이 270cm, 너비 90cm, 높이 60cm로 5호묘 적석 위에 중복되어 있음.
○ 6호묘는 비교적 심하게 파괴됨. 동쪽과 북쪽의 적석은 이미 남아 있지 않으며, 남쪽은 묘도의 가장자리에 부분적으로 남아 있음. 이 무덤은 아직 인골 및 부장품이 발견되지 않았음.

5. 출토유물

부장품은 극히 드물고 발견된 기물은 심하게 파괴됨. 토기는 주로 잔편으로 모래혼입 홍갈색태토와 갈색태토이며, 手製이고 무문이며, 문질러 윤기를 냈고(抹光), 거칠게 제작됨. 표면에 지두문(指窩痕)이 시문됨. 기형은 호(壺)·단지(罐)·발(鉢) 등으로 판별됨.

1) 호 구연부(壺口沿, M5:1, 그림 6-1)
○ 출토지 : 산룡5호묘.
○ 크기 : 높이(領高) 3.5cm.
○ 태토 및 색깔 : 모래혼입 갈색 토기(夾沙褐陶).
○ 형태 : 구연과 경부는 직립하였고 구순은 둥근(圓骨)편이며 견부는 비교적 평평함.

2) 토기 저부(陶器底, M5:2, 그림 6-2)
○ 출토지 : 산룡5호묘.
○ 태토 및 색깔 : 모래혼입 갈색 토기(夾沙褐陶).
○ 형태 : 手製. 둥근 바닥(底圓)은 이미 변형되었고, 토기 표면은 문질러서 윤기를 냈으나 가지런하지는 않음.

3) 토기 저부(陶器底, M7:1, 그림 6-3)
○ 출토지 : 산룡7호묘.
○ 크기 : 바닥 직경(底徑) 8.5cm.
○ 태토 및 색깔 : 모래혼입 갈색 토기(夾沙褐陶).
○ 형태 : 무문. 바닥부는 약간 굽이 있고 平底이며, 불에 타서 바닥부에 균열이 있음.

4) 토제품(陶流, M5:3, 그림 6-5)
○ 출토지 : 산룡5호묘.
○ 크기 : 남은 길이 3cm, 바닥 너비 2cm, 상부 너비 1.5cm, 구멍 직경 0.7cm.
○ 태토 및 색깔 : 모래혼입 갈색 토기(夾沙褐陶).
○ 형태 : 무문. 형태는 원주형을 띠고 있으며, 외부는

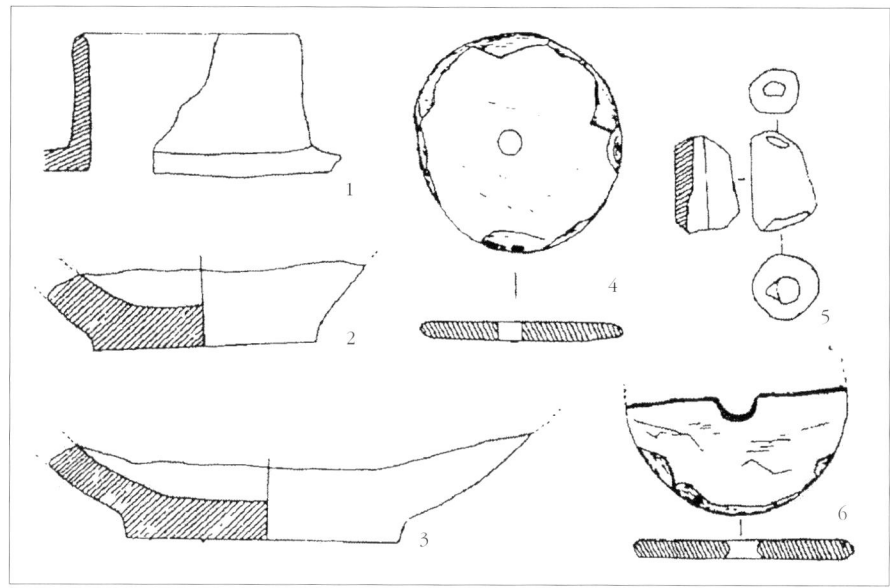

그림 6 산룡고분군 출토 기물
(『遼海文物學刊』 1997-1)
1. 호 구연부(M5:1)
2·3. 토기 저부(M5:2, M7:1)
4·6. 석제 방추차(M2:4, M5:4)
5. 토제품(M5:3)

원형이나 아주 정연하지 못함. 볼록한 모서리가 있는데 칼로 정리한 듯함. 가운데에는 管狀의 구멍이 있는데 구멍과 구멍이 서로 연결됨.

5) 석제 방추차(石紡輪, M5:4, 그림 6-6)
○ 출토지 : 산룡5호묘.
○ 크기 : 직경 6.8cm, 중간 구멍의 직경 1.2cm, 두께 0.5cm.
○ 형태 : 회백색 점토질 침적암. 硬度는 비교적 낮은 편임. 현재 2/3 정도만 남아 있음. 원형으로 중간에는 구멍이 투공되어 양방향을 관통함. 마연되어 있음.

6. 역사적 성격

1) 산룡4호 및 5호 적석묘의 성격

(1) 武家昌(1997) : 적석묘·壓石墓
산룡묘지 한 곳에서 석붕묘, 적석묘, 적석석실묘 등 세 형식의 무덤이 발견되었는데 이는 보기 드문 사례임.

4호 및 5호묘는 구조상 적석묘와 유사하고 대개석묘와는 다름. 대개석묘는 상부의 대개석을 덮개돌(頂蓋)로 삼고 하부에는 묘실이 있는데 토광 혹은 돌(石塊)로 층층이 墓坑을 쌓았으며 무덤 내부에는 메우는 돌(塡石) 등이 없음. 그러나 산룡4·5호묘는 묘실을 돌로 층층이 쌓았지만 비교적 얕고, 묘실 안은 돌로 채우고 대석으로 그 상부를 눌렀으나 대석은 일정하게 묘실 전체를 누르지 않았음. 따라서 무가창은 대석개묘와는 다른 유형의 무덤이라고 파악해 '석석묘'라 명명하였는데 후에는 '壓石墓'라고 명명함(武家昌, 1994, 「遼東半島石棚初探」, 『北方文物』 1994-4). 이 적석묘는 석붕과 유관한 것으로 석붕 발전과정상 최후 단계로 파악함.

4호묘의 壓石은 비교적 크며 그 북부에 대석 3매가 바짝 붙어 기울여져 있음. 몇 개의 돌이 석붕을 받치는 조건을 갖추었지만 세워져 있지 않고 상징성으로 적석묘 위에 덮여 있는 것임. 대석은 석붕을 표시하는 상징적 존재에 불과한 것으로 파악함.

(2) 華玉冰(2008) : 圍砌型石棚墓
석붕묘를 묘실이 지표상에 노출되는가의 여부에 따라

다시 석붕묘와 석개묘로 구분하는데 해당 무덤형식을 석개묘가 아닌 석붕묘로 파악함. 특히 석붕묘 가운데 묘실은 돌 또는 자갈(卵石)로 쌓고 그 밖에 적석한 형식이라 하여 '圍砌型石棚墓'라고 명명함.

(3) 李新全(2009) : 石蓋石壙積石墓

해당 무덤형식을 적석묘와 대석개묘가 결합하여 나타난 것으로 파악하며, '石蓋石壙積石墓'로 명명함.

2) 고분의 연대

6호 적석석실묘는 고구려 고분으로 파악하였으나, 그 연대를 구체적으로 살필 수 없음.

4·5호묘 적석묘는 외형상 비교적 특수하며, 구조상 고구려 적석묘와 유사함. 6호 적석석실묘는 5호 적석묘의 적석 위를 누르고 있으므로 5호 적석묘가 고구려시기의 적석석실묘보다 이르다고 판단됨. 따라서 4·5호 적석묘의 연대는 전국말기 또는 한대 초기가 비교적 적합함.

3) 화장 습속

산룡묘지에서 발견된 무덤 속에서는 온전한 인골이 발견되지 않았으며, 모두 부서지고 불에 탄 骨片임. 묘실 바닥 및 네 벽은 모두 불에 탄 흔적이 있으며, 8호묘 속에서는 인골만이 불에 탄 것이 아니라 토기 역시 모두 불에 타서 변형되었고 판석은 불에 타서 깨짐. 이 묘지의 무덤은 묘실 내에서 화장이 이루어진 화장묘임.

참고문헌

- 武家昌, 1994, 「遼東半島石棚初探」, 『北方文物』 1994-4.
- 武家昌, 1997, 「撫順山龍石棚與積石墓」, 『遼海文物學刊』 1997-1.
- 華玉冰, 2008, 「中國東北地區石棚研究」, 吉林大學 博士學位論文.
- 國家文物局 主編, 2009, 『中國文物地圖集』 遼寧分冊(上·下), 西安地圖出版社.
- 李新全, 2009, 「遼東地區積石墓的演變」, 『東北史地』 2009-1.

02 무순 대서구문고분군
撫順 大西溝門古墳群

1. 조사현황

- 조사기간 : 2003년 6~9월.
- 조사기관 : 요령성문물고고연구소·무순시박물관.
- 조사내용 : 關山댐 건설을 위해 총면적 1,500m² 발굴. 청동시대 유적지와 봉토석실묘 유적지 확인. 청동시대 유적지의 퇴적층은 비교적 얇으며 봉토석실묘 고분군은 교란당하여 유적현상이 불분명하나 대량의 모래혼입 홍갈도편 및 회갈도편, 橫橋耳片 및 토기저부(器底), 추형 다리가 있는 鼎, 방추차 등이 출토됨. 고분은 총 14기를 정리. 대다수 비교적 심하게 파괴됨.

2. 위치와 자연환경(그림 1)

撫順縣 救兵鄉 關門村 3組 동북쪽의 북쪽 비탈(北坡) 2단 대지, 東洲河 지류 峽河의 북안에 위치.

3. 고분군의 현황

1) 분포 현황
- 봉토석실묘는 주로 유적지의 남부에 자리함.
- 총 14기 고분 정리. 파괴가 심해 부장품, 분구, 천장석 등이 보이지 않음.

2) 고분 현황

(1) 유형
봉토석실묘.

(2) 방향
무덤 방향 105°.

(3) 평면
묘실은 장방형.

그림 1
대서구문고분군 위치도

⑷ 고분 구조
○ 구성 : 墓室, 墓門, 墓道.
○ 묘실 벽 : 돌로 층층히 쌓았음. 대다수 벽석(壁石)은 온전히 보존되어 있으나, 어떤 것은 벽석 1~2층만이 남아 있음.
○ 묘실 바닥 : 대다수는 작고 평평한 판석을 깔아 비교적 정연함.
○ 묘문 : 무덤 남쪽에 위치. 장대석 2매를 묘문의 양측에 세우고(門柱), 그 위에 횡으로 장대석 하나를 올려놓고(門楣), 큰 돌로 막았음.
○ 묘도 : 무덤 남부 중앙에 설치. 모두 큰 돌을 세워 쌓았는데 길이 60cm, 너비 40cm임.

⑸ 기타
묘실 안에는 인골이 남아 있는데 그다지 좋은 상태는 아님. 보존상태가 비교적 좋은 M3에서 최소 7개체 인골이 발견됨. 부장품은 청동 팔찌(銅鐲), 청동 반지(銅指環), 금동장식, 금동 귀고리(包金耳環), 토기(陶罐) 등임.

4. 역사적 성격

보고된 내용으로는 고분의 성격을 추론 할 수 없음. 다만, 횡혈식 구조의 석실인 점으로 미루어 그 상한은 4세기 이전으로 소급될 수 없음.

참고문헌
・ 陳山・熊增瓏, 2004, 「撫順縣大西溝門靑銅時代遺址和古墓葬」, 『中國考古學年鑒』.
・ 肖景全・鄭辰, 2007, 「撫順地區高句麗考古的回顧」, 『東北史地』 2007-2.
・ 國家文物局 主編, 2009, 『中國文物地圖集』 遼寧分冊(上・下), 西安地圖出版社.
・ 肖景全・鄭辰, 2009, 「三十年來撫順地區的高句麗考古發現與相關問題研究」, 『高句麗與東北民族研究』, 吉林大學出版社.

03 무순 시가고분군
撫順 施家古墳群

1. 조사현황

○ 조사기간 : 2000년 11월, 2001년 10～11월.
○ 조사기관 : 요령성문물고고연구소, 무순시박물관.
○ 조사 참가자 : 李新全, 肖景全, 張波, 呂學明, 李繼群, 王維臣 등.
○ 조사배경 : 2000년 10월에 무순시박물관은 무순시 施家 北山에서 고분이 도굴당하였다는 보고를 받고 정황을 요령성문물국에 보고하게 됨. 요령성문물국은 현장조사를 실시하고 이곳이 고구려묘지임을 확인함.
○ 조사내용 : 요령성문물고고연구소와 무순시박물관이 연합고고대를 만들어 두 차례에 걸쳐 해당 墓地에 대해 고고조사와 구제 발굴을 실시함. 지표에 약 100기의 고분이 노출되어 있었음. 지형에 따라 고분은 東區와 西區로 나뉘어 분포함. 두 차례의 정리와 발굴작업은 모두 東區 고분을 대상으로 함. 동구의 동부에서 총 41기[1] 고구려고분을 발굴. 모두 봉토석실묘이며 이 가운데 벽화묘 1기(M1)가 확인됨.

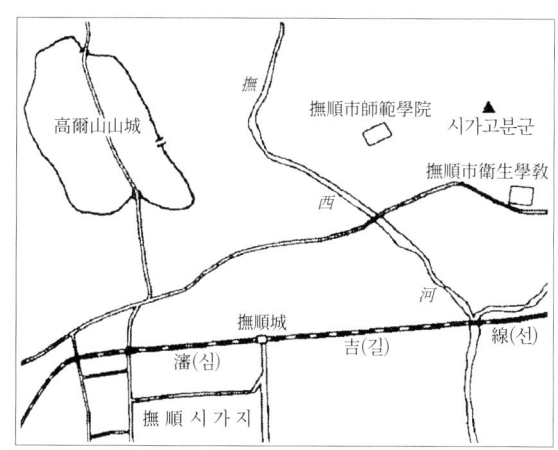

그림 1 시가고분군 위치도(『考古』2007-10)

2. 위치와 자연환경(그림 1)

○ 고분군은 撫順市 撫城區에 위치하며, 撫順市 衛生學校에서 撫順市 師範學校에 이르는 일직선의 북쪽 산비탈에 위치함.
○ 고분군은 두 갈래로 나뉜 산등성이 양지바른 언덕에 자리하고 있음.
○ 고분군은 남쪽으로는 渾河와 2.5km, 서쪽으로는 撫西河를 사이에 두고 高爾山城과 1.5km 떨어져 있음.

---

[1] 『考古』2007-10 참조. 『中國考古學年鑑』2001년 및 2002년 글에서 각기 11기와 32기를 발굴하였다고 하는데, 이에 근거하여 『中國文物地圖集』遼寧分冊(2009)에서 총 43기를 발굴하였다고 기록되어 있음. 그러나 보고서(『考古』2007-10)에 의하면 고구려 고분은 41기이고, 3기는 소형석관묘로 총 44기가 소개됨.

3. 고분군의 현황

1) 고분군 분포상황(그림 2)

(1) 동구(東區)

○ 산등성이 주능선은 서북-동남 방향이며, 東端이 앞으로 돌출했음.

○ 고분 분포범위는 동쪽으로는 무순시위생학교에서 시작되어 서쪽으로는 撫順市地震局에 이르는, 전체 길이 650m임.

○ 현상 : 산정상에서 산허리의 야채창고 울타리담(圍 墻)에 이르는 약 100m 범위에 고분이 열을 지어 규칙 적으로 분포하고 있음. 현지 주민에 의하면 야채창고와 위생학교를 건설할 때 대량의 고분이 파괴당하였다고 함. 이를 근거로 고분은 산정에서부터 산기슭의 개활지 로 계속 이어져 분포하였던 것으로 고분 수는 상당했을 것으로 추정됨.

(2) 서구(西區)

○ 무순시사범학교 뒤쪽에 위치, 산등성이 주능선은 동북-서남 방향임.

○ 고분 분포범위는 전체 길이가 500m이며, 고분 배열의 밀집 정도는 동구보다 낮음.

○ 이 밖에 소형석관묘 3기가 발굴되었는데 인골과 부장품은 보이지 않아 그 연대와 성격은 불명확함.

○ 대다수 고분 봉토는 지표 위에서 판별이 가능, 무덤 사이의 중복 관계는 없음.

2) 고분 축조방식과 유형

○ 정리 발굴한 41기 고분은 모두 봉토석실묘임.

○ 축조방식 : 산비탈 위에 구덩이를 판 후(묘광), 자연석으로 묘실을 축조함. 묘실 벽석 사이에는 백회를 다량 발랐으나 일부 무덤은 백회를 사용하지 않음. 천장은 모두 아치형(券頂)이며, 묘실 천정부는 대체로 지표

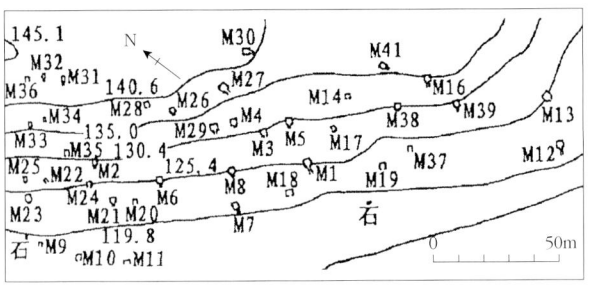

그림 2 시가고분군의 고분 분포도(『考古』 2007-10)

보다 높음. 그 위에 봉토를 하였음. 묘실 바닥에는 산돌을 한층 깔았고 일부 무덤은 목탄을 한겹 깔았으며 그위에 백회를 발랐음. 묘실은 연도가 있고, 연도는 돌로 봉함(封門石). 연도 길이는 무덤 규모에 비례함.

○ M11호와 M15호가 심하게 파괴되어 형상이 명확 하지 않은 것을 제외하면 기타 무덤의 평면은 모두 중 앙연도를 가진 鋒形이며, 묘실 평면 형태에 따라 방형 과 장방형으로 나뉨. 방형 묘실이 장방형 묘실보다 규 모가 큼. 방형묘는 총 22기, 장방형묘는 총 17기임.

○ M1호, M5호, M11호, M16호, M23호, M27호, M31호, M38호 등의 묘실 안에서 棺床 또는 屍床이 발견되며, 그 가운데 M27호와 M38호는 관상이 2개임.

○ 대다수 무덤의 방향은 200°~225°이며, 일부 무덤은 정남향(180°)에 가까움.

4. 고분별 현황

1) 시가1호묘

(1) 유형

봉토석실벽화묘.

(2) 방향

무덤 방향 201°.

(3) 규모

봉토무지 직경 약 16m, 봉토 높이 0.6m.

(4) 고분 구조(그림 3)

o 중앙연도, 방형 현실.

o 연도(甬道), 묘문(墓門), 묘실 등으로 조성. 무덤 보존상태는 상대적으로 비교적 좋음.

o 봉토분구가 있으나, 묘실 천정은 이미 붕괴됨.

o 연도는 돌(塊石)로 축조. 잔존 길이 3.7m, 너비 0.9m. 높이는 명확치 않음.

o 묘문 밖에는 판석으로 된 폐쇄석(封門石)이 비스듬히 세워져 있는데 윗너비(上寬) 0.46m, 아랫너비(下寬) 0.58m, 두께 0.15m, 높이 1.6m임. 교란되어 원래 위치에서 벗어나 있음.

o 현실은 방형으로 한 변 길이 3.2m, 현실 바닥의 가장자리가 정연하지 못함. 현실 벽은 크기가 다른 돌로 바닥에서부터 안으로 들여쌓음. 특히 1m 높이 이상부터는 더욱 심하게 들여쌓고, 모서리도 들여쌓아 궁륭상 천정을 이루고 있음. 현실 바닥에는 작은 돌과 잘게 부서진 기와편을 한 겹 평평하게 깔았는데 두께가 약 5cm이며, 현실 바닥에서 잔존하는 천정까지 높이는 2.5m임.

o 연도, 현실 네 벽, 천정, 바닥 등에는 모두 백회가 발라져 있음.

o 관상은 현실 북부에 기와와 돌을 섞어 만듦. 북벽과 서로 접하고 있음. 평면은 장방형으로 길이 2.45m, 너비 1.45m, 높이 0.3~0.36m이며 백회가 발라져 있음.

(5) 기타

M1은 여러 차례 도굴당해 인골이 심하게 교란되었으나 발견된 인골을 관찰하면 남녀 1쌍의 개체로 부부합장묘로 추정됨. 묘실 안의 교란된 흙 속에서 대량의 적색 평기와 및 돌이 있었는데 그 가운데 연화문와당 편이 주목됨. 관상 위에서는 채색된 칠편(漆皮)이 발견되

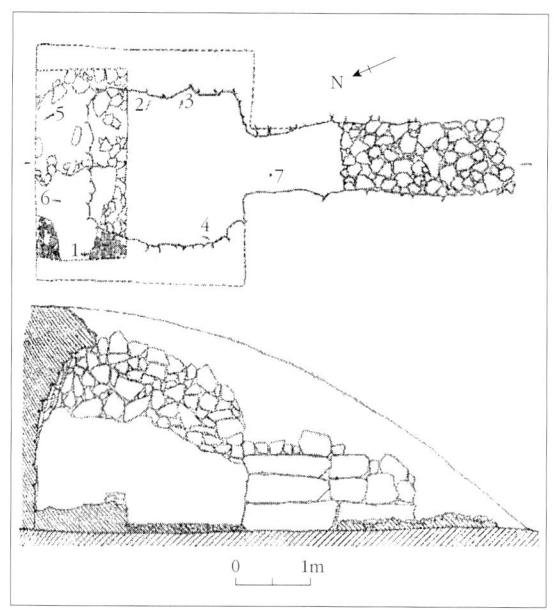

그림 3 시가1호묘 평·단면도(『考古』 2007-10)
1. 연화문 와당 2~4. 철제화살촉 5·6. 철제관못 7. 금귀고리

었으며, 관상 부근에서는 철제화살촉(鐵鏃) 및 철제관못(鐵棺釘)이 발견되었으며, 연도 안에서는 금귀고리(金耳環) 한 점만이 발견됨.

(6) 벽화 내용

o M1은 시가고분군 가운데 유일한 벽화묘임.

o 묘실 동, 서, 북벽 모두 벽화가 있음. 무덤이 여러 차례 도굴당해 벽화의 보존상태는 좋지 못함. 온전한 벽화면은 묘실 바닥에서 90cm 떨어진 곳에 4cm 폭의 검은 선으로 상하로 양분하였음. 동서 양벽의 중간 부분에도 검은 선이 수직으로 있어 벽화면은 넷으로 분할된 것으로 파악됨.

o 북벽 벽화면(검은 선 위에 위치)은 보존상태가 약간 좋아 내용이 상대적으로 온전한 편임. 열한 명의 인물이 있고, 옷차림을 분석해보면 동측의 열 명은 여성임. 대다수 끌리는 긴 치마를 입었고 일부는 짧은 치마를 입었으며, 통이 넓은 바지(燈籠褲)를 입은 것이 노출되어 있음. 인물의 윤곽·얼굴·팔다리·손에 잡은 물체 및 의복의 세부묘사 등이 가는 묵선으로 간결하게 처

리되고 홍·황·흑색 등으로 메웠으며, 각 인물은 하나의 색깔만을 사용하였는데 홍색과 황색이 엇갈려 있음. 인물의 얼굴 부분과 손에 쥔 물체는 희미하여 명확치 않음.
○ 서벽 상부의 북쪽에는 연화도안이 하나 있으며, 서벽 하부의 남쪽에는 말발굽 3개가 보임.
○ 동벽 상부의 북쪽에는 두 명의 인물이 보임. 한 명은 칼춤을 추고 있음. 인물 남측에는 산봉우리가 그려져 있음. 나머지 벽화면은 희미하여 명확하지 않음.

2) 시가5호묘

(1) 유형
봉토석실묘.

(2) 방향
무덤 방향 222°.

(3) 고분 구조(그림 4)
○ 중앙연도, 방형 현실.
○ 무덤은 이미 파괴되어 연도와 현실 벽 기저부만이 남아 있음.
○ 연도는 돌(塊石)을 이용해 쌓았으며 연도 벽석은 비교적 큰 편으로 길이 2m, 너비 0.7m임. 현실 남벽 양측에는 장대석(大石條)을 세워 문기둥(門柱)을 만들었으며, 이마돌(門楣)은 이미 떨어져 나갔음. 현문 너비는 0.7m임. 연도와 현문은 현실 남벽 중앙에서 약간 서쪽으로 치우쳐 있음.
○ 현실 평면은 대체로 방형을 띠며, 남북 길이 2.8m, 동서 너비 2.6m임. 묘실 네 벽은 돌(塊石)을 안쪽으로 약간 들여쌓았으며 잔존 높이는 0.4~1m임. 묘실 벽에는 백회를 말랐으나 현재는 이미 박락됨. 묘실 북부에는 돌(塊石)로 만든 장방형 棺床이 동·서·북벽과 서로 붙어 놓여 있음. 길이 2.6m, 너비 1.05m, 높이

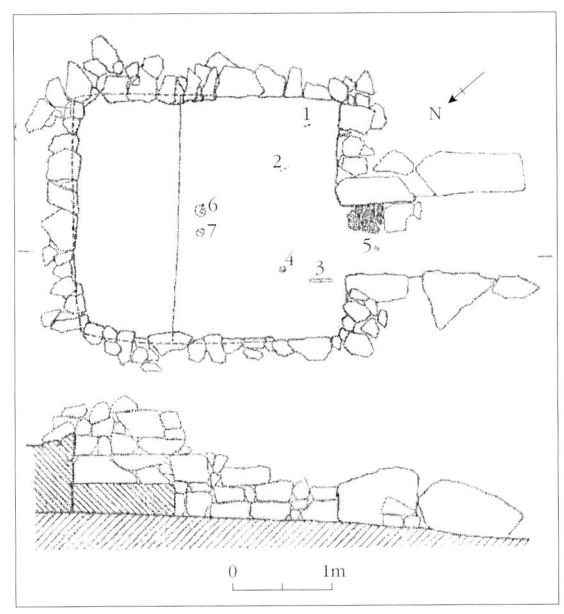

그림 4 시가5호묘 평·단면도(『考古』 2007-10)
1·2. 철제화살촉 3. 철제칼 4. 조개껍데기 5. 금동귀고리장식
6. 호 7. 토기 저부편

0.35m임. 묘실 바닥에는 부서진 돌을 평평하게 한 층을 깔고 백회를 발랐음.

(4) 기타
○ 현실 안에 흩어져 있는 인골의 보존상태는 아주 나쁨. 2인합장묘임.
○ 현실 안에서는 점토질 황갈색호 저부(泥質黃褐陶罐底) 잔편, 녹유호 잔편(綠釉陶壺殘片), 철제화살촉(鐵鏃), 철제칼(鐵刀), 금동귀고리장식(鎏金銅耳墜飾) 등이 출토됨.

3) 시가7호묘

(1) 유형
봉토석실묘.

(2) 방향
무덤 방향 201°.

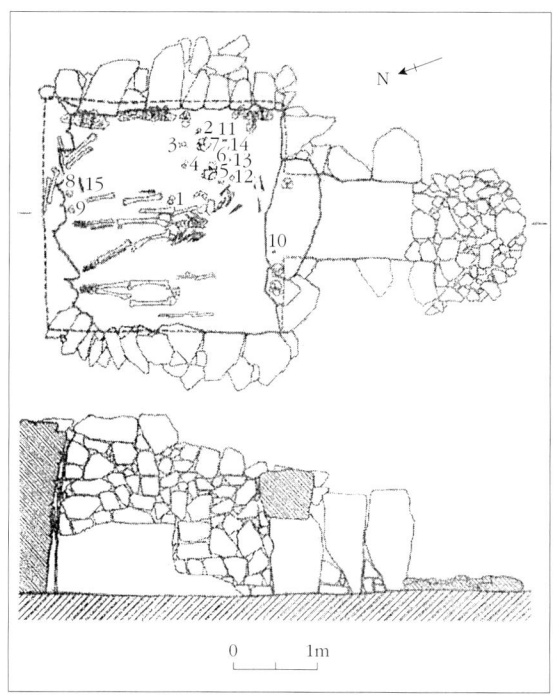

그림 5 시가7호묘 평·단면도(『考古』 2007-10)
1~5. 은제허리띠고리   6~9. 은제장식   10. 청동고리
11. 금동귀고리   12~14. 석제구슬   15. 철제관못

(3) 고분 구조(그림 5)

○ 중앙연도, 방형 현실.

○ 천정은 파괴되었으나, 묘실과 연도는 보존상태가 양호함.

○ 연도는 장대석을 세워 만들고, 작은 돌(塊石)로 폐쇄함. 연도는 길이 1.7m, 너비 0.9m임. 현문은 묘실 남벽 정중앙에 설치되었고, 양측에 각기 장대석을 세워 문기둥(門柱)를 만들고, 그 위에 횡으로 장대석을 놓아 이마돌(門楣)을 만듦. 이마돌은 길이 1.47m, 너비 0.m, 두께 0.61m임. 문은 너비 1m, 높이 0.9m임.

○ 현실은 커다란 돌(塊石)로 비교적 정연하게 쌓았으며, 현실 벽은 바닥부에서부터 안으로 들여쌓았으며, 네 벽에는 백회를 발랐음. 현실 평면은 近方形으로 남북 길이 2.9m, 동서 너비 2.8m임. 현실 벽은 잔존 높이 1.5~2.0m임. 현실 바닥은 크고 작은 깨진 돌(碎石塊)로 평평하게 한 층을 깔고 그 위에 백회를 발랐음.

(4) 기타

○ 현실 안에는 4인을 매장, 머리는 현문을 향함. 1구는 목관에 안치, 나머지 3인은 葬具를 사용한 흔적이 발견되지 않음. 동측에서는 목관 부패흔적이 잘 남아 있으며, 썩은 목관 바닥의 木痕과 관못(棺釘)이 원래 위치에 남겨져 있음. 이를 근거로 목관은 바닥 길이 2.6m, 너비 1m임. 관 안의 인골이 북벽 아래 흩어져 있음.

○ 현실 안에서 발견된 부장품은 금동귀고리(包金銅耳環, 鎏金銅耳飾), 은제허리띠장식(銀帶飾), 은제장식(銀飾件), 석제구슬(石珠) 등이 있음(그림 5).

4) 시가23호묘

(1) 유형

봉토석실묘.

(2) 방향

무덤 방향 214°.

(3) 고분 구조(그림 6)

○ 중앙연도, 방형현실.

○ 심하게 훼손됨. 연도와 현문 부분은 모두 파괴되고, 묘실 벽석은 아랫부분만이 남아 있음. 현문은 두 개의 장대석을 세워 문기둥(門柱)을 만들었으며, 문의 너비는 1m임.

○ 묘실 네 벽은 불규칙한 돌(塊石)로 쌓았는데 안으로 약간 들여쌓았으며, 동벽 남단은 돌이 대다수 이미 존재하지 않음. 네 벽에는 백회를 발랐음. 묘실 바닥은 보존상태가 양호하며, 묘실은 방형으로 한 변 길이 2.8m임. 묘실 서측에 돌로 만든 棺床이 북벽과 붙어있으며, 관상에도 백회를 발랐음. 관상은 남북 길이 2.36m, 동서 너비 1.16m, 높이 0.2m임.

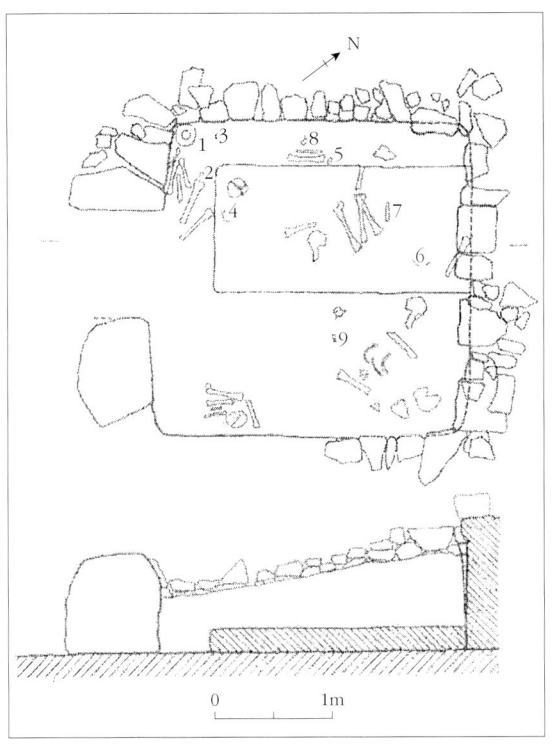

그림 6 시가23호묘 평·단면도(『考古』 2007-10)
1. 호 2. 금귀고리 3. 은제장식 4. 청동발식 5. 은제鉚釘
6. 철제관못 7. 철제장식 8. 철제조형기 9. 철제허리띠고리

그림 7 시가27호묘 평·단면도(『考古』 2007-10)

(4) 기타

○ 무덤은 심하게 파괴되었으며, 인골은 흩어져 있는데 3男 1女의 4개 개체가 있었던 것으로 추정됨. 철제관못(棺釘)이 근 40매가 발견되어 목관이 있었던 것을 보여줌.

○ 부장품은 호(陶罐), 금귀고리(金耳環), 은제장식(銀飾件), 청동장식(銅頭飾) 등이 있음(그림 6).

5) 시가27호묘

(1) 유형

봉토석실묘.

(2) 방향

무덤 방향 182°.

(3) 고분 구조(그림 7)

○ 중앙연도, 방형 현실.

○ 심하게 훼손됨. 북벽의 보존상태가 비교적 양호한 것을 제외하면 그 나머지 부분은 바닥부만 겨우 남아 있음. 연도의 잔존 길이는 2m이며, 앞부분에는 부분적으로 연도를 막은 작은 돌(塊石)이 남아 있음. 현문은 너비 1.2m임.

○ 현실 바닥선은 호선을 띠며, 한 변 길이는 3.2m임. 묘실은 불규칙한 돌(塊石)로 축조하였으며, 바닥에서부터 점차 안으로 들여쌓고, 궁륭형 천장 부위에서는 비교적 큰 돌(塊石)을 사용함. 북벽은 보존상태가 비교적 좋은데 잔존 높이가 1.8m임. 관상은 두 개가 있음. 현실 북부에는 기와와 돌로 혼축한 棺床이 북벽에 연접되어있고, 관상 평면은 근장방형으로 길이 2.1m, 너비 0.9~1.1, 높이 0.3~0.36m이며 백회를 발랐음. 서벽과 남벽에 연접된 관상의 바깥쪽 한 변과 묘문 서벽과 일직선을 이루고 북벽 관상과도 이어짐. 관상 평면은 근장방형으로 길이 2.2m, 너비 1.1m, 높이

0.3m. 현실 바닥에는 깨진 돌을 한층 평평하게 깔고 백회를 발랐음.

(4) 기타

무덤은 심하게 파괴되었으나 현실 중앙부의 인골 2구는 보존상태가 비교적 양호하며, 모두 仰身直肢의 1차장이며, 머리는 각기 현실 동벽과 서벽을 향하고 있음. 그 나머지 인골은 흩어져 있으며 결실되어 불완전하며, 대다수 인골 무지는 묘실 서북 모서리에 놓여 있으며, 1男 5女로 총 6개체가 있었던 것으로 추정됨.

6) 시가31호묘

(1) 유형

봉토석실묘.

(2) 방향

무덤 방향 224°.

(3) 고분 구조(그림 8)

○ 장방형 현실, 중앙연도.
○ 장방형 현실 내에 棺床이 있는 무덤.
○ 연도의 잔존 길이는 1.6m이며, 문길을 막은 돌이 남아 있으며, 현문 양측은 비교적 큰 돌로 쌓았으며, 현문은 남벽 중앙에서 약간 동측에 치우쳐 있음. 문 너비 0.66m.
○ 현실은 불규칙한 작은 돌(塊石)로 쌓았으며, 벽 바닥부는 비교적 직선이나 0.6m 지점부터 안으로 들여쌓기 시작하였으며, 벽 잔존 높이는 0.94m임. 현실 평면은 장방형으로 남북 길이 2.45m, 동서 너비 1.75m임. 현실 천정은 붕괴되었음. 동벽과 북벽에 기대어 작은 돌(塊石)로 棺床을 쌓았음. 관상은 하나로, 표면에 진흙을 발라 평평하게 하였고, 견고하게 굳어져 평면은 장방형을 띠고 있음. 관상은 길이 2.1m, 너비 1.2m,

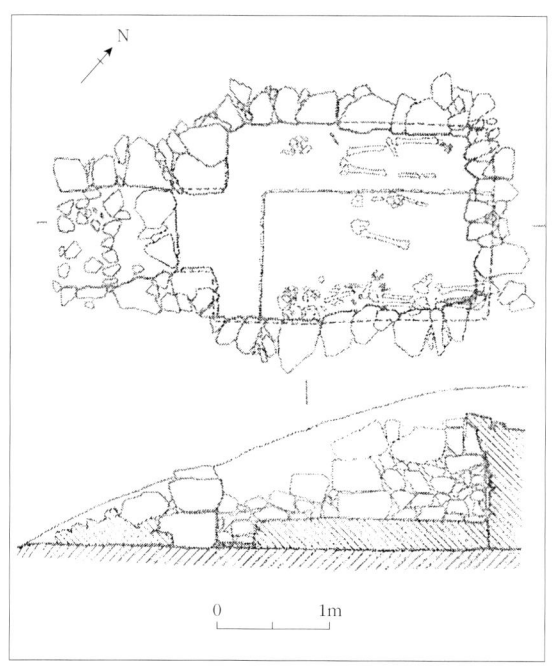

그림 8 시가31호묘 평·단면도(『考古』2007-10)

높이 0.24m임. 현실 바닥은 평평하게 쇄석을 한층 깔아 비교적 정연하며 위에 백회를 발랐음.

(4) 기타

인골은 흩어져 있으며, 결실되어 불완전하며, 대다수 무지는 관상 동부에 놓여 있음. 관상 서쪽 지면 위에는 1구의 인골이 있는데 仰身直肢葬이고 머리는 현문을 향해 있음. 묘실 안에는 3男 2女로 총 5개체가 있었던 것으로 추정됨.

7) 시가33호묘

(1) 유형

봉토석실묘.

(2) 방향

무덤 방향 215°.

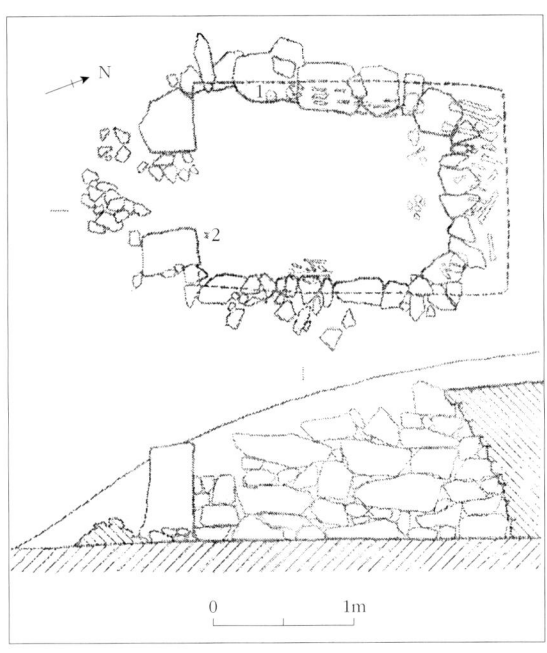

그림 9 시가33호묘 평·단면도(『考古』 2007-10)
1. 철제거울 2. 청동鉚釘 3. 금동귀고리

(3) 고분 구조(그림 9)
○ 장방형 현실, 중앙연도.
○ 현실 천정은 붕괴되었고 그 나머지 부분은 보존상태가 비교적 양호함. 묘실 남벽의 정중앙에는 현문이 설치되었고, 양측에는 각기 장대석을 세워 문기둥(門柱)를 만듦. 문기둥 높이 0.7m, 문 너비 0.55m. 문 밖에서 작은 돌(塊石)로 막았음.
○ 현실은 장방형으로 남북 길이 2.2m, 동서 너비 1.5m임. 현실은 불규칙한 작은 돌(塊石)로 쌓았으며, 북벽 바닥은 호선으로 벽은 위로 가면서 조금씩 안으로 들여쌓았고, 동벽과 서벽은 안으로 조금 들여쌓음. 현실 바닥은 쇄석으로 평평하게 깔고 백회를 발랐음.

(4) 기타
○ 인골은 흩어져 있으며, 보존상태는 비교적 좋지 못하며, 현실 안에는 1男 3女 및 유아 1명 등 총 5개체로 추정됨.
○ 부장품은 철제거울(鐵鏡), 금동귀고리(包金銅耳環), 청동장식(銅飾件) 등이 있음.

5. 출토유물

무덤이 모두 일찍 도굴 및 파괴당해 출토된 부장품의 수량은 매우 적지만 종류는 비교적 많음. M1, M5, M7, M18, M23, M29, M39 출토유물이 비교적 많음. 주로 금귀고리(金耳環), 은제동곳(銀釵)·소형 은제장식(銀飾件), 청동귀고리(銅耳飾)·청동허리띠꾸미개(銅帶飾)·청동고리(銅環)·청동팔찌(銅手鐲) 등의 장식구류, 철제거울(鐵鏡)·철제칼(鐵刀)·철제화살촉(鐵鏃), 석제구슬(石珠), 호(陶罐)·심발형토기(陶鉢) 및 시유도기편(釉陶片)·회색토기편(泥質灰陶片)·암키와(板瓦)·수키와(筒瓦) 등이 있음. 이외 다수 고분에서 관못(棺釘)이 출토되었는데 형태와 크기가 매우 다양하며, 신부(釘身)의 단면이 모두 정방형 또는 장방형임. 두부(釘帽)의 형태에 따라 세 유형으로 나뉘는데 원형(圓形), 절두(折帽), 무두(無帽) 등임(그림 10).

1) 금기 및 금동기(包金銅器)
총 6점. 금귀고리(金耳環) 3점, 금동 귀고리(包金銅耳環) 3점임.

(1) 금귀고리(金耳環, M1:7, 그림 11-1)
○ 출토지 : 시가1호묘.
○ 크기 : 직경 1.9~2.3cm.
○ 형태 : 단면 원형의 가는 금제 봉으로 만든 세환.

(2) 금귀고리(金耳環, M3:1, 그림 11-3)
○ 출토지 : 시가3호묘.
○ 크기 : 직경 2.1~2.4cm.
○ 형태 : 단면 원형의 가는 금제 봉으로 만든 세환.

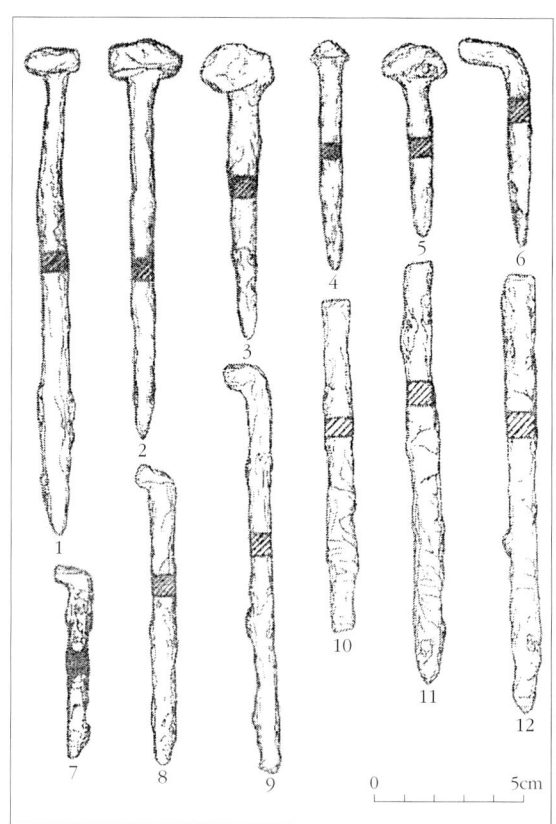

그림 10 시가고분군의 철제관못(『考古』 2007-10)
1~5. 원형두관못(M7:15, M2:1, M10:5, M7:16, M10:6)
6~9. 절두관못(M7:17, M10:2, M10:8, M7:18)
10~12. 무두관못(M7:19, M7:20, M7:21)

(3) 금귀고리(金耳環, M23:2, 그림 11-2)
○ 출토지 : 시가23호묘.
○ 크기 : 직경 1.4~1.5cm.
○ 형태 : 단면 원형의 가는 금제 봉으로 만든 세환.

(4) 금동귀고리(包金銅耳環, M7:10, 그림 11-4)
○ 출토지 : 시가10호묘.
○ 크기 : 직경 2.2cm.
○ 형태 : 원형. 缺口가 남아 있으며, 芯은 동이고 밖은 金箔을 씌움.

(5) 금동귀고리包金銅耳環, M29:5, 그림 11-5)
○ 출토지 : 시가29호묘.

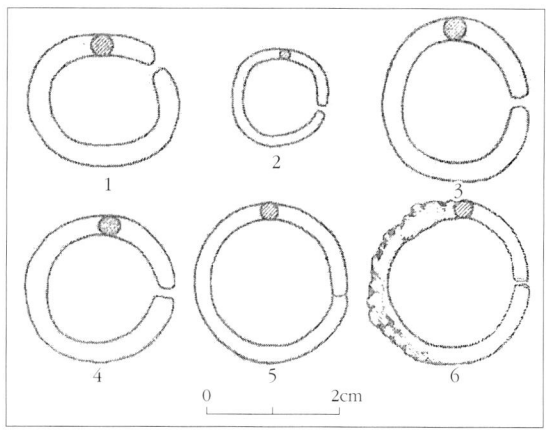

그림 11 시가고분군의 금기(『考古』 2007-10)
1~3. 금귀고리(M1:7, M23:2, M3:1)
4~6. 금동귀고리(M7:10, M29:5, M32:1)

○ 크기 : 직경 2.3cm.
○ 형태 : 원형. 缺口가 남아 있으며, 芯은 동이고 밖은 金箔을 씌움.

(6) 금동귀고리(包金銅耳環, M32:1, 그림 11-6)
○ 출토지 : 시가32호묘.
○ 크기 : 직경 2.3cm.
○ 형태 : 원형. 缺口가 남아 있으며, 芯은 동이고 밖은 金箔을 씌움. 金箔은 파손되었고, 銅芯은 심하게 부식됨.

2) 은기
○ 총 20점. 모두 鍛造製이며 동곳(釵) 1점, 허리 띠고리(帶銙) 14점, 장식(飾件) 4점, 鉚釘 1점 등이 있음.
○ 허리띠고리(帶銙)는 모두 14점이 출토됨. M7에서 2점이 확인되며, M29에서 출토된 3점이 가장 크기가 작고 나머지는 크기가 서로 비슷함.

(1) 동곳(釵, M29:1, 그림 12-6)
○ 출토지 : 시가29호묘.
○ 크기 : 길이 5.8cm, 너비 0.6cm.
○ 형태 : 단조품. 보존상태는 온전함. 반원형의 두부에

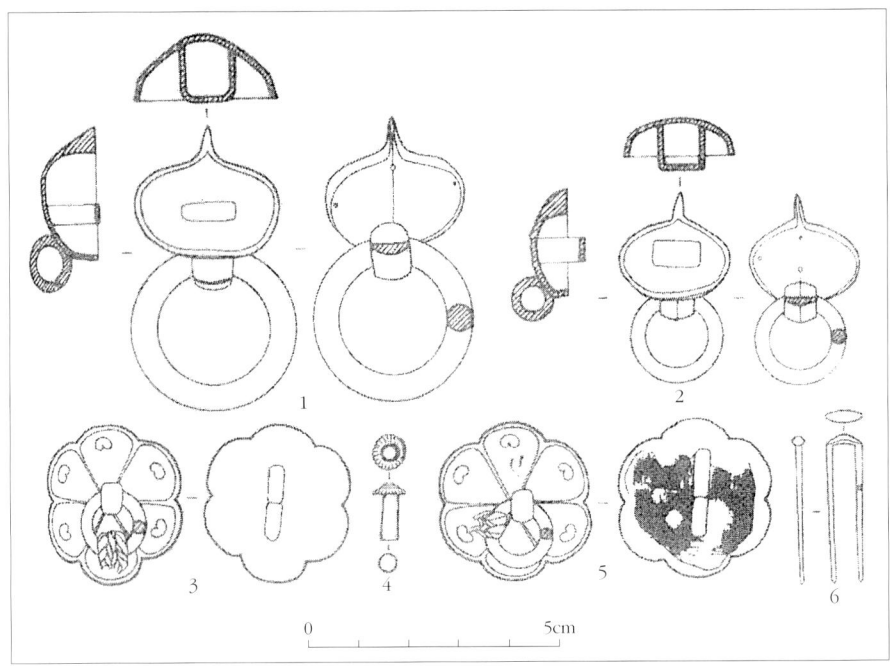

그림 12 시가고분군의 은기
(『考古』 2007-10)
1·2. 심엽형 허리띠장식(M7:1, M7:2)
3·5. 허리띠장식(M7:8, M7:9)
4. 鉚釘(M23:5) 6. 동곳(M29:1)

서 곧게 각부(釵身)로 뻗어 있음. 각부 말단은 비교적 가늘며, 중간은 약간 거친 상태임. 두부의 단면은 타원형이며 각부(釵身) 단면은 원형을 띠고 있음.

(2) 심엽형 허리띠장식(桃形帶銙, 그림 12-1·2)

○ 출토지 : 시가7호묘.
○ 크기 : M7:1(그림 12-1)은 띠고리 상부 길이 3.2cm, 너비 2.8cm, 높이 1.2cm이고 고리 직경 3.2cm. M7:2(그림 12-2)은 띠고리 상부 길이 2.5cm, 너비 2.2cm, 높이 1.2cm이고 고리 직경 1.8cm.
○ 형태 : 단조품. 심엽형(桃形). 심엽형 포식(泡飾)과 둥근 고리로 구성됨. 포식의 표면은 두들겨서 능이 지게 하고 능이진 표면 모서리 4곳에 돌기가 있음. 하부에는 작은 고리(鈕)가 하나 돌출하여 비교적 큰 둥근 고리 하나가 연결되어 있음. 포식 안의 중심에는 가로 띠형태의 네모난 꼭지(方鈕)가 부착됨.

(3) 허리띠장식(飾件, M7:8, 그림 12-3)

○ 출토지 : 시가7호묘.
○ 크기 : 둥근 고리 직경 1.3cm, 과판(墊片) 직경 2.9cm.
○ 형태 : 단조품. 과판, 둥근 못 모양의 연결고리(鼻), 둥근 고리(圓環) 등으로 구성됨. 작은 구멍(鼻)과 고리는 서로 연결되었으며, 鼻釘의 끝이 과판 안을 통과하여 밖으로 구부러져 있음. 상면에는 6개로 구획한 음각선(刻線)이 있어서 6개 연꽃잎 모양이 됨. 각 연꽃잎 위에는 완두콩 모양의 얕은 홈(凹坑)이 있으며 그 안에는 금을 박아 놓았으며 테두리는 가지런히 문질렀음. 제작기법이 상당히 정밀함. 둥근 고리 위에는 견직물의 가는 줄의 흔적이 남아 있음.

(4) 허리띠장식(飾件, M7:9, 그림 12-5)

○ 출토지 : 시가7호묘.
○ 크기 : 둥근 고리 직경 1.3cm, 과판(墊片) 직경 2.9cm.
○ 형태 : 단조품. 과판, 둥근 못 모양의 연결고리(鼻), 둥근 고리(圓環) 등으로 구성됨. 작은 구멍(鼻)과 고리는 서로 연결되었으며, 鼻釘의 끝이 과판 안을 통과하여 밖으로 구부러져 있음. 상면에는 6개의 음각선(刻線)이 있는데 밖에서 안으로 점차 옅어지며 고르게 6개

연꽃잎 모양으로 나눔. 각 연꽃잎 위에는 완두콩 모양의 얕은 홈(凹坑)이 있으며 그 안에는 금을 박아 놓았으며 테두리는 가지런히 문질렀음. 제작기법이 상당히 정밀함. 받침편 뒷면에 편직물 흔적이 남아 있는데 가로세로 방향의 선이 명확히 판별됨.

(5) 鉚釘(M23:5, 그림 12-4)

○ 출토지 : 시가23호묘.
○ 크기 : 두부(頂部) 직경 1.3cm. 신부(釘身) 직경 0.7cm, 길이 2.3cm.
○ 형태 : 단조품. 두부는 우산모양이며 정부(頂部)가 돌출됨. 주위는 두들기고 눌러 세밀한 꽃무늬를 만듦. 바닥부에는 가로띠 모양의 돌기(鈕)가 하나 있어 대롱모양(管狀)의 신부와 연결됨.

3) 청동기

총 16점. 귀고리(耳墜) 7점, 고리(環) 1점, 허리띠(帶具) 3점, 髮飾 1점, 팔찌(手鐲) 2점, 鉚釘 1점 등이 있음.

(1) 귀고리(耳墜飾, M39:2, 그림 13-2~4)

○ 출토지 : 시가39호묘, 시가5호묘.
○ 크기 : M39:2(그림 13-2)는 길이 1.7cm, 너비 1.7cm. M39:3(그림 13-3)은 길이 1.7cm, 너비 1.7cm. M5:5(그림 13-4)는 길이 1.6cm, 너비 1.4cm.
○ 형태 : A형. 단조품. 굵은고리 귀고리(太環耳飾). 도면상 상부에는 나선형 돌기가 하나 있는데 그 위는 약간 손상되었으며, 거는 방식은 명확치 않음. 그 아래에는 납작한 청동 고리가 하나 연결되어 있으며, 고리에는 얇은 청동조각을 말아서 만든 태환(筒形墜飾)이 하나 씌워 있음.

(2) 귀고리(耳墜飾, M28:1, 그림 13-5)

○ 출토지 : 시가28호묘.

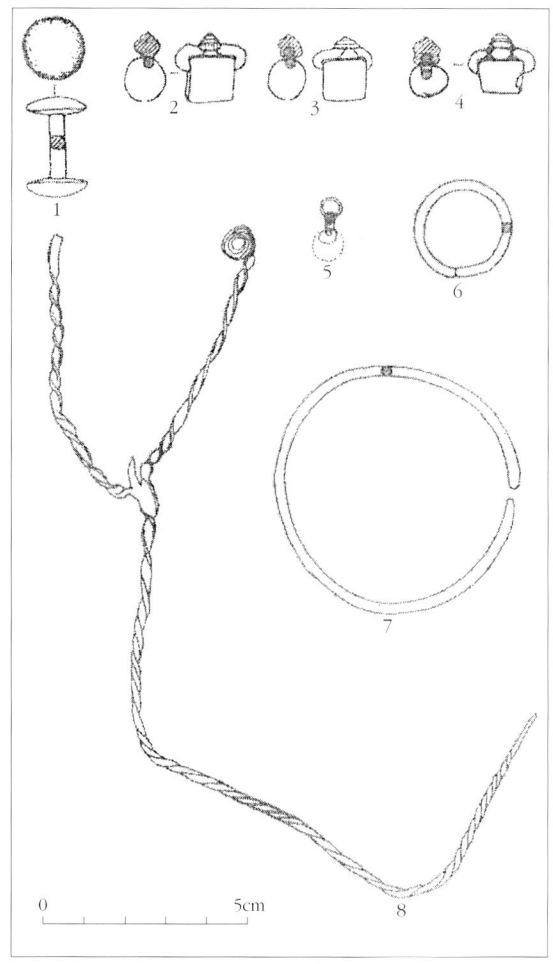

그림 13 시가고분군의 청동기(『考古』 2007-10)
1. 鉚釘(M33:2) 2~4. A형 귀고리(M39:2, M39:3, M5:5)
5. B형 귀고리(M28:1) 6. 고리(M20:1) 7. 팔찌(M36:1)
8. 발식(M23:4)

○ 크기 : 잔존 길이 1.3cm.
○ 형태 : B형. 단조품. 상단에 대·소 청동 고리 2개가 연결됨. 작은 고리 아랫면에는 장방형의 청동조각이 부착됨. 이곳에 약간 두툼한 심엽형(桃型)의 청동조각이 연결되어 있음.

(3) 고리(銅環, M20:1, 그림 13-6)

○ 출토지 : 시가20호묘.
○ 크기 : 직경 2.1cm.
○ 형태 : 단조품. 단면 원형의 청동봉을 둥글게 만든 가는고리(細環, 銅絲).

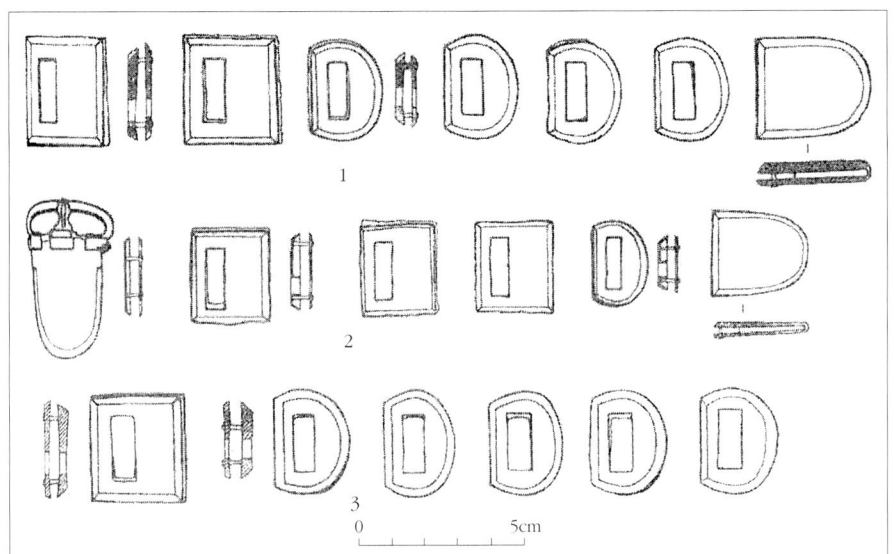

그림 14 시가고분군의 청동대금구
(『考古』2007-10)
1~3. 대금구(M18:3, M18:4, M29:10)

(4) 대금구(帶具, M18:4, 그림 14-2)

○ 출토지 : 시가18호묘.

○ 크기 : 띠고리(帶扣)는 길이 3cm, 너비 1.4cm. 띠고리 교침(扣針)의 길이 1.5cm. 접철(경첩, 合頁)의 길이 3.6cm, 너비 2.5cm, 두께 0.5cm. 띠꾸미개(帶銙) 방형은 길이 2.8cm, 너비 2.4cm, 두께 0.6cm. 近半圓形은 길이 2.5cm, 너비 1.7cm, 두께 0.6cm, 구멍 길이 1.8cm, 구멍 너비 0.6cm. 띠끝장식(鉈尾)은 길이 2.9cm, 너비 2.5cm, 두께 0.5cm.

○ 형태 : 단조품. 띠고리(帶扣), 띠꾸미개(帶銙), 띠끝장식(鉈尾)로 구성. 대구의 평면은 타원형을 띠며, 철봉을 구부려(扣圈) 앞부분은 두껍고 밖으로 弧를 이루며, 횡축(橫軸, 後梁)은 비교적 직선을 이룸. 뱀머리형 교침이 횡축을 둘러쌓으며 교침의 허리는 대체로 잘록한 편임. 접철 가장자리는 반타원형으로 돌아감(回折). 띠꾸미개는 4점으로 그 가운데 3점은 방형이며, 크기 및 형식은 기본적으로 동일함. 두 장방형 청동조각이 함께 연결되었으며, 하부에는 장방형 구멍(穿孔)이 있으며, 바깥 쪽 청동편 가장자리가 回折하며 鉚釘은 사각 모서리에 나뉘어 분포함. 다른 1점은 평면이 근반원형으로 제작방법은 동일함. 띠끝장식의 한쪽 끝은 타원형을 띠고, 다른 한쪽은 직선임. 속이 찬 동판의 鍛造製로 바깥 쪽 청동편 가장자리 각을 조정하고 그 위에 두 개의 鉚釘을 두었음.

(5) 대금구(帶具, M18:3, 그림 14-1)

○ 출토지 : 시가18호묘.

○ 크기 : 띠꾸미개(帶銙) 방형은 길이 3.2cm, 너비 2.9cm, 두께 0.7cm. 띠꾸미개 近半圓形은 길이 3cm, 너비 2.2cm, 두께 0.7cm, 구멍 길이 1.8cm, 구멍 너비 0.6cm. 띠끝장식(鉈尾)은 길이 3.4cm, 너비 3cm, 두께 0.6cm.

○ 형태 : 단조품. 띠꾸미개(帶銙), 띠끝장식(鉈尾)으로 구성. 띠고리(帶扣)는 보이지 않음. 띠꾸미개는 6점으로 2점은 장방형, 4점은 반원형임. 그 가운데 2점의 방형 띠꾸미개의 크기 및 형식은 기본적으로 동일. 두 장방형 청동조각이 함께 연결되었으며 바깥 쪽 청동편 가장자리 각을 조정함. 하부에는 장방형 구멍(穿孔)이 하나 있으며, 鉚釘은 네 모서리에 나뉘어 배치됨. 다른 4점의 평면은 近半圓形, 제작법은 동일함. 띠끝장식의 한쪽은 타원형을 띠고 다른 한쪽은 직선임. 속이 찬 청동판 단조품임. 안쪽으로 홈(凹槽)이 형성되었으며 바

깔 쪽 청동편 가장자리 각을 조정하고 그 위에 두 개의 鉚釘을 두었음.

(6) 대금구(帶具, M29:10, 그림 14-3)
○ 출토지 : 시가29호묘.
○ 크기 : 띠꾸미개(帶銙) 방형은 길이 3.2cm, 너비 2.9cm, 두께 0.7cm. 띠꾸미개 近半圓形은 길이 3cm, 너비 2.2cm, 두께 0.7cm, 구멍 길이 1.8cm, 구멍 너비 0.6cm. 띠끝장식(鉈尾) 길이 3.4cm, 너비 3cm, 두께 0.6cm.
○ 형태 : 단조품. 띠꾸미개(帶銙), 띠끝장식(鉈尾)으로 구성. 띠고리(帶扣)는 보이지 않음. 띠꾸미개는 6점으로 1점은 방형, 5점은 반원형임. 방형 띠꾸미개의 크기 및 형식은 기본적으로 동일. 두 장방형 청동판이 함께 연결되었으며 바깥 쪽 청동편 가장자리 각을 조정함. 하부에는 장방형 구멍(穿孔)이 하나 있으며, 鉚釘은 네 모서리에 나누어 배치됨. 近半圓形은 방형의 제작법과 동일함. 띠끝장식의 한쪽은 타원형을 띠고 다른 한쪽은 직선임. 속이 찬 청동판 단조품임. 안쪽으로 홈(凹槽)이 형성되었으며 바깥 쪽 청동편 가장자리 각을 조정하고 그 위에 두 개의 鉚釘을 두었음.

(7) 발식(髮飾, M23:4, 그림 13-8)
○ 출토지 : 시가23호묘.
○ 크기 : 길이 약 25cm.
○ 형태 : 단조품. 납작한 동선(銅線, 扁銅條)를 비틀어 나선형으로 만들고 상단은 두 갈래로 하여 다시 비틀어 나선형을 만듦. 두 양단은 세 바퀴를 감아 둥근 모양(圓環形)을 띠고 있음. 아래쪽은 송곳모양을 하고 있음. 이미 비틀어져 변형됨.

(8) 팔찌(手鐲, M36:1, 그림 13-7)
○ 출토지 : 시가36호묘.
○ 크기 : 직경 5.9cm.
○ 형태 : 주조품. 잔존상태는 비교적 양호함. 동선(銅線)을 구부려 만듦. 출토 당시 손목뼈(腕骨)에 걸쳐 있었음.

(9) 유정(鉚釘, M33:2, 그림 13-1)
○ 출토지 : 시가33호묘.
○ 크기 : 두부 직경 1.5cm, 전체 길이 2.4cm.
○ 형태 : 주조품. 양단의 頭部와 가운데 身部로 구성됨.

4) 철기
器形은 거울(鏡) 2점, 허리띠(帶銙) 1점, 칼(刀) 1점, 條形器 1점, 화살촉(鏃) 10점, 찰갑편(甲片) 1점 등임.

(1) 거울(鏡, M33:1, 그림 15-7)
○ 출토지 : 시가33호묘.
○ 크기 : 직경 9.5cm, 두께 0.3cm, 돌기(紐) 높이 1.4cm.
○ 형태 : 단조품. 보존상태는 양호함. 뒷면에는 편상(片狀)의 꼭지(紐)가 하나 있음. 꼭지에 작은 구멍을 투공함.

(2) 거울(鏡, M29:6)
○ 출토지 : 시가29호묘.
○ 형태 : 단조품. 절반만이 잔존하며 심하게 부식됨.

(3) 허리띠장식(桃形帶銙, M23:9, 그림 15-6)
○ 출토지 : 시가23호묘.
○ 크기 : 심엽형 포식(桃形泡飾)의 길이 2.5cm, 너비 2.5cm, 높이 0.8cm. 고리 직경 2cm.
○ 형태 : 단조품. 심엽형 포식과 둥근 고리로 구성. 포식은 편평하고 얇으며, 하부에는 꼭지(鈕)가 하나 돌출하여 둥근 고리와 연결됨. 泡 안의 중심에는 편상(片狀)의 꼭지(紐)가 부착됨.

(4) 칼(刀, M5:3, 그림 15-8)
○ 출토지 : 시가3호묘.

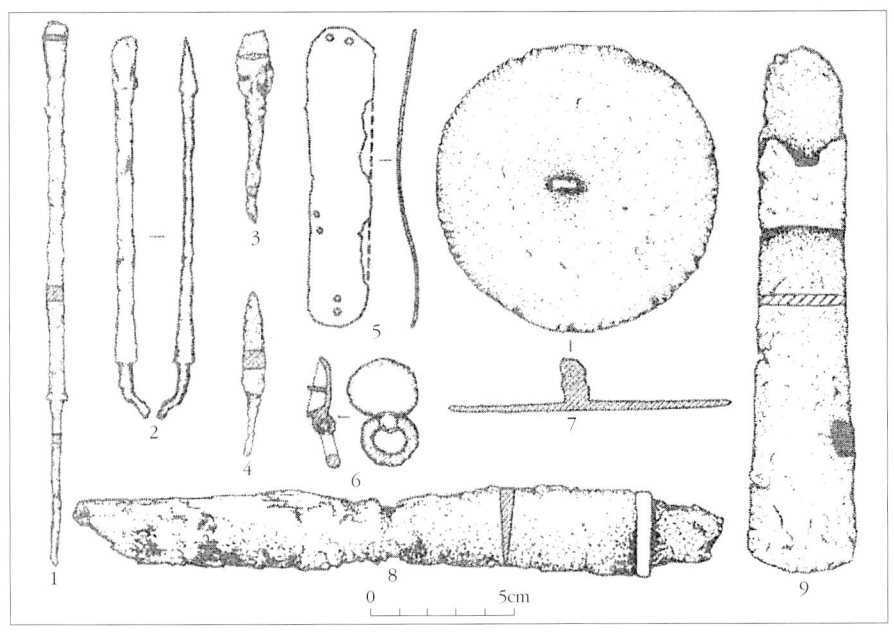

그림 15 시가고분군의 철기(『考古』 2007-10)
1~4. 화살촉(M1:4, M41:1, M5:1, M30:1)
5. 찰갑편(M39:5) 6. 허리띠장식(M23:9)
7. 거울(M33:1) 8. 칼(M5:3) 9. 조형기(M23:8)

○ 크기 : 잔존 길이 21.8cm, 너비 2.8cm, 등(背) 두께 0.5cm.

○ 형태 : 단조품. 大刀로 칼등(背)은 대체로 호형을 이루며, 손잡이는 결실됨. 도신(刀身)과 병부(刀柄)의 연결부는 은띠(銀箍)가 있으며, 刀身과 刀柄 위에는 목질이 고착된 흔적이 남아 있음. 원래 나무 손잡이(木柄)와 나무 칼집(木鞘)으로 추정됨.

(5) 조형기(條形器, M23:8, 그림 15-9)

○ 출토지 : 시가23호묘.

○ 크기 : 길이 17.1cm, 두께 0.3cm.

○ 형태 : 단조품. 편평한 장방형(長條形)으로 한쪽 끝은 대체로 넓고, 다른 한쪽은 대체로 좁으며, 양단은 弧圓을 이루고 있음.

(6) 화살촉(鏃, M1:4, 그림 15-1)

○ 출토지 : 시가1호묘.

○ 크기 : 길이 17.8cm, 너비 0.9cm.

○ 형태 : 단조품. A형. 촉두(鏃鋒)는 뱀머리형(蛇頭形)으로 약간 손상됨. 단면은 鏃身 방형, 경부(鋌)는 방추형임.

(7) 화살촉(鏃, M41:1, 그림 15-2)

○ 출토지 : 시가41호묘.

○ 크기 : 잔존 길이 12.5cm, 너비 0.9cm.

○ 형태 : 단조품. B형. 끌모양(鑿形). 단면은 촉두(鏃鋒) 삼각형, 鏃身 방형, 경부(鋌) 방추형임.

(8) 화살촉(鏃, M5:1, 그림 15-3)

○ 출토지 : 시가5호묘.

○ 크기 : 잔존 길이 6.2cm.

○ 형태 : 단조품. C형. 鏃身은 유엽형(葉形). 단면은 鏃身 마름모형(菱形), 경부(鋌) 원추형임.

(9) 화살촉(鏃, M30:1, 그림 15-4)

○ 출토지 : 시가30호묘.

○ 크기 : 잔존 길이 5.2cm.

○ 형태 : 단조품. D형. 鏃身은 사각뿔모양(四棱錐狀). 경부(鋌)는 가는 송곳모양(錐狀)임.

5) 토기

○ 토기류는 호 3점, 발 1점, 심발형토기 1점 등 모두 5점. 기와류는 와당 1점, 암키와 및 수키와 등이 출토됨.
○ M1속에서 대량의 암키와와 소량의 수키와가 출토, 屍床을 축조하는데 쓰여 이미 모두 파괴됨. M5 및 M6의 墓道 안에서도 소량의 암키와가 있었음.

(1) 심발형토기(陶罐, M22:1, 그림 16-4)

○ 출토지 : 시가 22호묘.
○ 크기 : 입직경(口徑) 10.5cm, 바닥직경(底徑) 6.4cm, 높이 12.6cm.
○ 태토 및 색깔 : 모래혼입 회갈색 토기(夾砂灰褐陶).
○ 형태 : 외반 광구(廣口)에 구순은 둥글게 처리하였으며 동체부 최대경은 중상위에 있음. 바닥은 평평함(平底).

(2) 호(陶罐, M23:1, 그림 16-1)

○ 출토지 : 시가 23호묘.
○ 크기 : 입직경(口徑) 8.8cm, 바닥직경(底徑) 11cm, 높이 16.4cm.
○ 태토 및 색깔 : 점토질 황갈색 토기(泥質黃褐陶).
○ 형태 : 구연은 외반되었고 구순은 각이 져서 돌아감. 경부는 잘록하게 들어갔으며 동체부 최대경은 중상위에 있음. 바닥은 평평함(平底).

(3) 호 저부편(陶罐, M5:8, 그림 16-5)

○ 출토지 : 시가 5호묘.
○ 크기 : 바닥직경(底徑) 11.2cm, 배직경(腹徑) 16.4cm.
○ 태토 및 색깔 : 점토질 황갈색 토기(泥質黃褐陶).
○ 형태 : 파손되어 구연부와 동체부 등이 결실된 상태임. 바닥은 평평함(平底).

(4) 호(陶壺, M5:6, 그림 16-2)

○ 출토지 : 시가 5호묘.

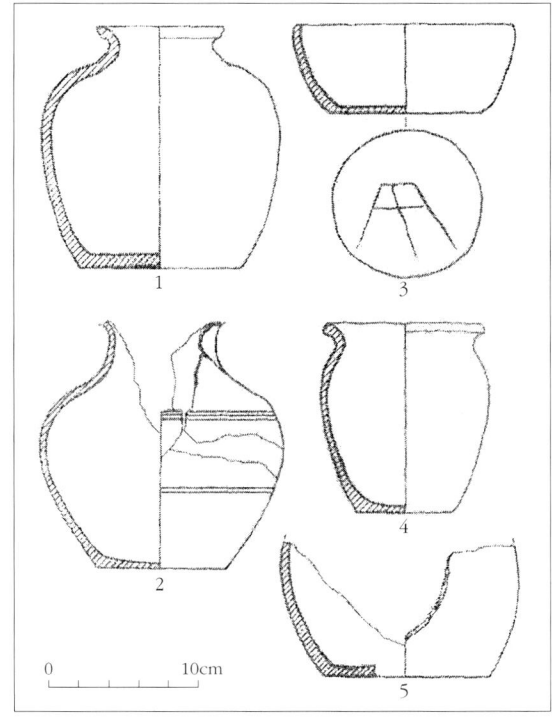

그림 16 시가고분군의 토기(『考古』 2007-10)
1·2. 호(M23:1, M5:6) 3. 발(M34:1) 4. 심발형토기(M22:1)
5. 호 저부편(M34:1)

○ 크기 : 바닥직경(底徑) 8.8cm, 배직경(腹徑) 17cm.
○ 태토 및 색깔 : 모래혼입 홍갈색 토기(夾砂紅褐陶).
○ 형태 : 구연부는 결실되어 경부와 동체부, 바닥부가 잔존함. 안팎에 모두 녹유가 시유됨. 경부는 잘록하며 동체부 최대경은 중복부임. 바닥은 평평함(平底). 복부 중앙에 상하로 3줄 침선, 2줄 음각선(凹弦文)이 시문됨.

(5) 발(陶鉢, M34:1, 그림 16-3)

○ 출토지 : 시가 34호묘.
○ 크기 : 입직경(口徑) 14.8cm, 바닥직경(底徑) 10cm, 높이 6cm.
○ 태토 및 색깔 : 점토질 회갈색 토기(泥質灰褐陶).
○ 형태 : 구연은 곧고(直口), 구순은 각지고(方脣), 복부는 둥글고(弧腹), 바닥은 평평함(平底). 기저부(器底)에는 음각 침선 부호가 새겨짐.

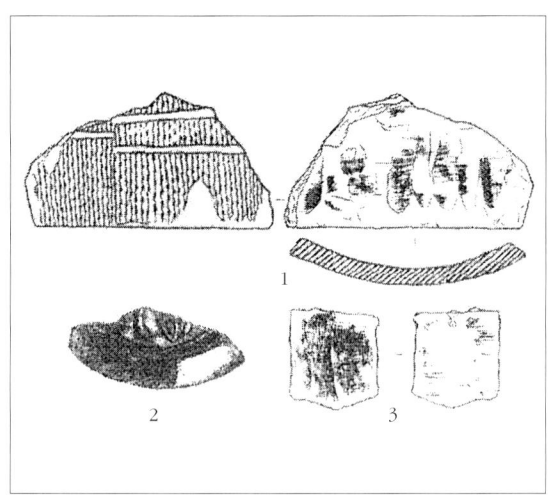

그림 17 시가1호묘의 기와 및 와당(『考古』 2007-10)
1. 암키와(M1:9)(1/10) 2. 와당((M1:1)1/5) 3. 수키와(M1:10)(1/10)

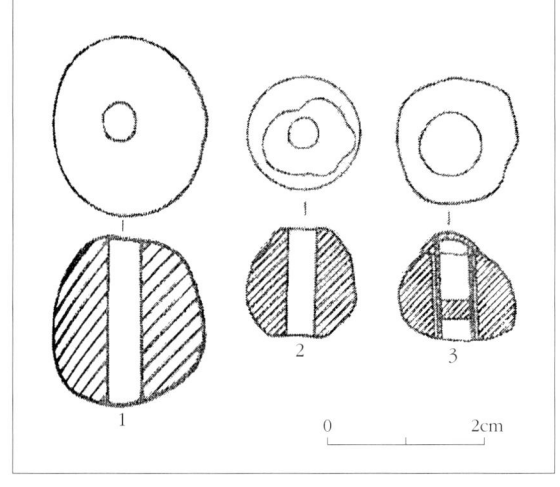

그림 18 시가고분군의 석기(『考古』 2007-10)
1~3. 석제구슬(M7:12, M7:14, M7:13)

(6) 와당(瓦當, M1:1, 그림 17-2)
○ 출토지 : 시가1호묘.
○ 크기 : 주연(邊輪) 너비 2cm, 와당면 부조 높이 1.8cm.
○ 태토 및 색깔 : 적색 점토질(泥質紅陶)로 가는 모래가 소량 혼입.
○ 형태 : 와당면과 주연부 일부만 잔존. 소성도는 비교적 높음. 와당면에는 부조의 연화문 1엽만 남음.

(7) 암키와(板瓦, M1:9, 그림 17-1)
○ 출토지 : 시가1호묘.
○ 태토 및 색깔 : 적색 점토질(泥質紅陶)로 가는 모래 소량 혼입.
○ 형태 : 암키와 상단부 편으로 소성도는 비교적 높음. 배면에는 승문이 타날되었고 내면에는 조밀한 마포흔이 남아 있음.

(8) 수키와(筒瓦, M1:10, 그림 17-3)
○ 출토지 : 시가1호묘.
○ 태토 및 색깔 : 적색 점토질(泥質紅陶)로 가는 모래 소량 혼입.
○ 형태 : 소형의 수키와편으로 소성도는 비교적 높음.

배면은 윤기 나는 민무늬이고 내면에는 조밀한 마포흔이 남아 있음.

6) 기타
○ 석제구슬(石珠) 3점, 開元通寶 2매, 조개껍데기(貝殼) 등임.
○ 조개껍데기는 M5, M7, M26, M30 등에서 출토되는데 그 가운데 M30에서 8개가 수습됨. M7에서는 교란되지 않은 두개골 아랫면에서 출토된 점이 특징적임. 이는 일종의 장식물이나 장례 습속으로 추정됨.

(1) 석제구슬(石珠, M7:12, 그림 18-1)
○ 출토지 : 시가7호묘.
○ 크기 : 구슬 직경 2.3cm.
○ 형태 : 磨製. 원형으로 중간에는 구멍이 투공됨.

(2) 석제구슬(石珠, M7:13, 그림 18-3)
○ 출토지 : 시가7호묘.
○ 크기 : 구슬 직경 1.7cm.
○ 형태 : 磨製. 원형으로 중간에는 구멍이 투공 되어 있는데 그 안에 청동유정(銅鉚釘)이 하나 남아 있음.

(3) 석제구슬(石珠, M7:14, 그림 18-2)
○ 출토지 : 시가7호묘.
○ 크기 : 구슬 직경 1.4cm.
○ 형태 : 磨製. 원형으로 중간에는 구멍이 투공됨.

(4) 개원통보(開元通寶, M18:1)
○ 출토지 : 시가18호묘.
○ 크기 : 구슬 직경 2.3cm, 중앙 방곽의 한 변 길이 0.7cm.

6. 역사적 성격

1) 葬具와 매장풍속
온전한 葬具는 발견되지 않았으나 이들 무덤 속에서 명확한 葬具 흔적을 발견함. M1의 棺床 위와 주위에서 비교적 많은 칠편이 발견되었는데 棺木이 썩은 후에 남은 것으로 추정됨. M10 및 M23 등의 무덤에서 대량의 관못(棺釘)이 발견되었는데 목관이 葬具로 사용된 것으로 추정됨. M3 묘실 바닥 동측의 백회면 위에서 명확히 장구 흔적이 찍혀 있는데 흔적은 길이 1.5m, 너비 0.56m임. M7 동측에 매우 완전하고 명확한 목관의 부패흔적이 남아 있는데 부패한 棺木과 관못(棺釘)은 원래 자리에 놓여 있음. 棺은 길이 2.6m, 너비 1m임. M7 안에는 4인이 매장되었는데 오직 1구만이 목관에서 발견되었으며 나머지 3인은 장구사용이 아직 발견되지 않으나 보편적으로 목관을 장구로 사용한 것으로 추정됨. 일부 死者는 장구가 없었을 것으로 봄.

다수 무덤 속에서 인골이 남아 있는데 유아에서 노년에 이르기까지 모두 있으며, 이는 과거 발굴된 고구려 무덤 속에서는 극히 드문 사례임. 초보적인 인골 감정 및 발견을 통해 매장습속 추정이 가능함. 단인장 점유율은 매우 낮아 M6, M32, M37에서만 확인되며, 묘주는 모두 성인 여성임. 2인합장묘는 10기로 대다수 성인 남녀 부부합장묘이며, M12 및 M25는 두 성인 여성합장묘이고 M17는 성인 여성과 유아의 합장묘임. 3인합장묘는 5기로 그 가운데 M26 및 M28는 모두 성인 남녀와 유아의 합장묘로 한 가정합장묘임이 확실하며, M22 및 M35는 모두 성인 남자와 두 성인 여자 합장묘로 남편과 처첩합장묘로 추정됨. 4~7인 합장묘는 14기로, 무덤 속의 인골에는 각 연령대의 성인 남녀와 유아 골격이 포함되어 있었음. M19에서는 9인 합장까지 확인됨. 다인합장묘는 한 대가정의 합장묘로 추정됨. 무덤 속에서 교란당하지 않은 인골은 모두 仰身直肢이며 대다수 머리는 묘문을 향해 있음. 동시에 이차장 현상이 존재하는데 M31 인골는 총 5개체로 屍床 동측과 시상 서부 묘실 바닥의 2개체는 일차장이고, 그 밖에 3개체는 모두 두골만이 남아 있고 시상 위에 놓여 있었음. 이상을 통해 이들 무덤은 여러 차례에 걸쳐 사용된 것으로 추정됨.

2) 고분 연대
○ 보고서(2007) : M1에서 출토된 높은 주연의 연화문 와당(高邊輪蓮瓣文瓦當), 적색 점토질 태토의 암키와(泥質紅陶板瓦), 뱀머리형 철제화살촉(蛇頭形鐵鏃) 등은 전형적인 고구려 양식을 갖추고 있음. M34에서 출토된 발(陶鉢), M5에서 출토된 철촉(보고자 : C형)과 M30에서 출토된 철촉(보고자 : D형) 등이 모두 무순 고이산성에서 출토된 고구려 기물과 대응됨. M5 및 M39에서 출토된 귀고리(耳墜飾 : 보고자 A형)는 북한 晚達山고분군(북한 평안남도 강동군 만달면 소재) M7 출토의 귀고리(耳飾)와 기본적으로 동일함. M28 출토의 귀고리(耳墜飾 : 보고자 B형)는 평안남도 용강군 추동 M8과 집안 출토 고구려 귀고리와 매우 유사함. 이로써 이들 무덤이 고구려 무덤임을 확인할 수 있음. M18에서 출토된 2매의 開元通寶는 부분적으로 무덤 연대가 唐 初期보다 늦을 수 있음을 보여줌.

○ 강현숙(2009) : 다인의 다차합장은 고구려에서 보이지 않는 장속이며, 이러한 장속은 발해와 8세기 이후 통일신라의 석실분에서 보이는 장법임. 시가39호분에서 출토된 판상의 태환이식은 육정산 발해 고분에서도 유사한 형식의 태환이식이 있음. 시가7호묘, 시가18호묘, 시가29호묘의 대금구는 唐式 대금구로, 이러한 유물은 발해 고분에서도 그 유례가 있음. 따라서 고분군의 존속 시기는 발해까지 내려갈 가능성이 있음.

3) 묘지와 주위 관련 유적과의 관계

시가 묘지는 고이산성 동쪽 약 1.5km 지점에 위치하며, 이들 무덤 안에서 출토된 암키와, 수키와, 와당 등은 고이산성 출토의 것과 일치하여 양자 사이의 관계가 밀접하였음을 보여줌. 즉 고이산성의 부속묘지로 인정됨. 시가 묘지의 발굴은 고구려산성 부근에 부속 무덤구역이 있었던 사실을 증명하였음. 이를 통해 심양시문물고고연구소가 석대자산성을 발굴할 때 산성 주위에 대해 세밀한 고고조사를 실시하고 산성의 부속 무덤구역을 발굴하였는데 이곳의 무덤 형식 및 출토유물이 모두 시가 묘지와 유사함.

4) 시가 묘지와 기타 지구 무덤과의 비교

시가 묘지에서 발견한 무덤은 고구려 말기 무덤에 속하며, 과거 길림성과 요령성 경내에서 발견한 고구려 초·중기 무덤과는 다름. 고구려 초기 무덤은 대다수 지표에 조성한 적석묘로 가운데에는 석광이 있고, 매장한 후에 묘상에 적석을 하였음. 중기 무덤은 여전히 지표에 조성하였으나 큰 돌(大石)로 묘실을 쌓고 그 위에 봉석 및 봉토하는 석실묘가 출현함. 시가 묘지의 무덤은 지표에 조성하지 않았고 지하로 발전하고 있음. 먼저 묘광을 파내고 묘실을 쌓고 그 위에 봉토하여 무덤의 주체가 지하에 있음.

시가 묘지의 무덤은 길림에서 발견된 발해 무덤들과 유사한 점이 있음. 발해 무덤은 모두 먼저 지면에 장방형·방형 또는 타원형의 수혈토광을 파내고 다시 다른 재료로 묘실을 구축하고 시신과 부장품을 매장하고 그 위에 봉토하여 봉토무지를 만듦. 규모는 비교적 대묘이고 연도와 묘도를 조성함. 敦化 六頂山 M207 및 M215, 정혜공주묘를 예로 들면, 앞의 두 무덤은 장방형묘실로 묘도가 있었으며 정혜공주묘는 방형묘실로 연도와 비교적 긴 묘도가 있음. 和龍 龍海M1은 돌(石塊)로 쌓은 棺床(屍床)이 있음. 위에 기술된 무덤의 구조는 시가 묘지 무덤과 유사한 점이 있음. 이 밖에 발해 무덤의 다인장 습속은 시가묘지와 매우 유사하며, 이들 공통점은 고구려 말기 무덤과 발해 봉토석실묘와의 관계를 연구하는데 진일보한 실마리를 제공함.

5) 인골연구

시가 묘지의 발굴과 함께 인골연구도 병행되었는데 분석에 의하면 시가의 두개골(顱骨)은 아시아 몽고인종 범주에 속하는데 특히 동북아시아 유형과 가장 근접함. 무순 시가의 고대주민은 波伊斯曼·夏家店上層·三靈 등의 주민과 가장 근접하고 통화 만발발자 석관묘 주민과 가장 소원함.

참고문헌

- 遼寧省文物考古研究所·撫順市博物館, 2007, 「遼寧撫順市施家墓地發掘簡報」, 『考古』 2007-10.
- 肖景全·鄭辰, 2007, 「撫順地區高句麗考古的回顧」, 『東北史地』 2007-2.
- 강현숙, 2009, 「고구려 고지의 발해고분-중국 요령지방 석실분을 중심으로」, 『한국고고학보』 72.
- 國家文物局 主編, 2009, 『中國文物地圖集』 遼寧分冊(上·下), 西安地圖出版社.
- 肖景全·鄭辰, 2009, 「三十年來撫順地區的高句麗考古發現與相關問題研究」, 『高句麗與東北民族研究』, 吉林大學出版社.
- 方啓·陳山·張全超, 2010, 「撫順施家墓葬人骨研究」, 『邊疆考古研究』 9.
- 張全超·陳山·方啓, 2010, 「遼寧撫順施家高句麗墓地人骨微量元素的初步研究」, 『邊疆考古研究』 9.

04　무순 와혼목고분군
撫順 窪渾木古墳群

1. 조사현황

○ 조사기간 : 1956년 9~10월, 1957년 10월.
○ 조사기관 : 요령성박물관문물공작대.
○ 조사참여자 : 陳大爲, 張彦儒, 王寶善, 董彦明, 李慶發, 馮永謙, 金殿士, 潘景宜, 王增新 등.
○ 조사내용 : 1956년 전둔 및 와혼목의 고구려 무덤을 발굴. 전둔에서 13기를, 와혼목에서 2기 발굴. 1957년 10월 전둔에서 4기를 발굴. 총 19기 발굴. 출토유물은 70여 점. 일찍 파괴당하여 매장방식(葬式) 및 葬具는 명확하지 않으며, 출토유물은 비교적 적으며 어떤 것은 잔편만 남아 있음.

2. 위치와 자연환경(그림 1)

○ 撫順縣 章黨鎭 窪子伙洛村 안에 위치.
○ 무순시 동쪽 渾河 북안의 강변 평지 위에 위치함.
○ 窪渾木은 前屯 동북 7km에 위치하며, 두 지역 사이에는 산등성이와 西沙窩村 마을이 있음. 이 일대는 혼하 중·상류 구릉지대임. 와혼목과 전둔은 모두 혼하를 향해 있으며 뒤로는 구릉을 등지고 있음.

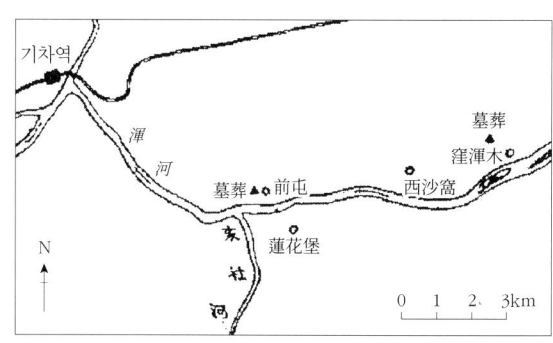

그림 1　와혼목고분군 위치도(『考古』 1964-10)

3. 고분군의 현황

○ 고분군은 마을 뒤에 위치한 구릉의 앞면에 분포하고 있음.
○ 마을 서북의 산기슭 앞면에 분포하며 총 2기를 발굴하였는데 두 고분 간의 거리는 약 70m임. 2기는 파괴된 상태로 고임식천정(疊澀頂)의 석실묘이며, 구조 및 사용된 재료는 전두고분구의 고임식 천정묘와 동일함.

4. 고분별 현황

1) 와혼목1호묘

(1) 유형
봉토석실묘.

(2) 방향

무덤 방향 280°.

(3) 규모

○ 묘실 : 길이 2.2m, 너비 1.24m, 잔존 높이 0.7m.
○ 묘도 : 길이 1.2m, 너비 0.74m.

(4) 고분 구조

석실묘. 고임식천정(疊澁頂).

(5) 기타

○ 묘실 안에는 인골이 1구 있는데 묘실 後部 안쪽의 바닥 위에 두개골 몇 조각이 있어, 머리는 동쪽에 두고 다리를 서쪽에 놓은 것으로 보이며 성별은 명확치 않음.
○ 묘문에서 가까운 묘실 바닥에서 토기 조각편 3개를 발견함.

2) 와혼목2호묘

(1) 유형

봉토석실묘.

(2) 방향

무덤 방향 196°.

(3) 규모

○ 묘실 : 남북 길이 2.2m, 동서 너비 1.38m, 잔존 높이 0.2m.
○ 묘도 : 길이 0.9m, 너비 0.62m.

(4) 고분 구조

석실묘. 고임식 천정(疊澁頂).

(5) 기타

○ 묘실 안의 인골은 썩어 남아 있지 않음.
○ 묘실 後壁 아래에서 손잡이가 2개인 호(雙耳陶罐) 및 황색시유도(黃釉陶罐) 각 1점, 묘실 중앙부 좌측에서 청동팔찌(銅鐲) 및 금동귀고리(包金銅耳環) 각 1점, 묘실 우측의 남벽 아래에서 금동귀고리(包金銅耳環) 1점이 출토됨. 손잡이가 2개인 호(雙耳陶罐)를 제외하고 기타 유물의 위치는 모두 원위치에서 이동된 상태임.

5. 출토유물

1) 토기

(1) 황색시유호(黃釉陶罐, M2:1, 그림 2)

○ 출토지 : 와혼목2호묘.
○ 크기 : 입직경(口徑) 11.3cm, 복부직경(腹徑) 20.4cm, 높이 15.5cm.
○ 색깔과 태토 : 점토질 연홍색 토기(泥質肉紅陶).
○ 형태 : 소성도가 높음. 황색 유약이 바닥에까지 발라져 있으며, 유약층은 비교적 얇고 부분적으로 박락됨. 소형의 器體로 구연이 작고(小口), 구순이 밖으로 꺾임(脣外折). 경부는 잘록하며(束頸), 복부는 둥글고(圓腹), 바닥은 평평함(平底). 견부에는 세 줄의 음각침선(凹弦文)이 돌아가며 이 침선의 상부에는 한 줄의 점렬문(矩點文)이, 하부에는 두 줄의 파상문이 돌려져 있음. 그리고 중복부에 다시 점렬문과 그 하부에 음각침선(凹點文)을 시문함.

(2) 호(陶罐, M2:2)

○ 출토지 : 와혼목2호묘.
○ 크기 : 입직경(口徑) 8cm, 동체(通耳) 너비 20cm, 높이 14.5cm.

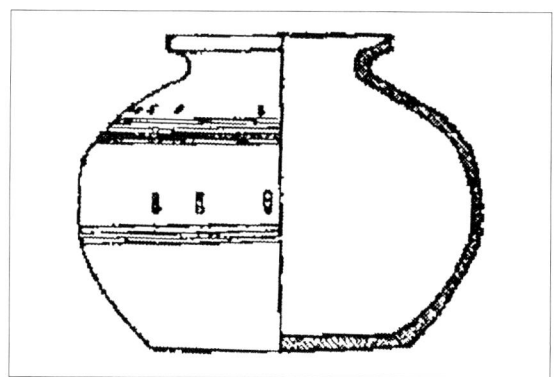

그림 2 와혼목2호묘의 시유도(『考古』1964-10)

○ 색깔과 태토 : 점토질 회색 토기(泥質灰陶).
○ 형태 : 수제(手製). 기벽이 두껍고(體厚重), 목이 좁아지면서 구연부 형성. 구순이 편평함(平脣). 배가 깊고(深腹), 바닥이 평평함(平底). 복부 중간에는 半고리형의 손잡이(橫耳) 2개가 대칭하고 있으며, 손잡이와 복부 사이에는 매우 불규칙한 획구문(劃溝文) 세 줄이 새겨져 있음.

2) 기타

(1) 청동팔찌(銅鐲, M2:4)
○ 출토지 : 와혼목2호묘.
○ 크기 : 고리 직경 6.3cm.
○ 형태 : 이미 파손됨. 단면은 원형이며 굵기는 고르지 못함.

(2) 금동귀걸이(包金銅耳環, M2:3 및 M2:5)
○ 출토지 : 와혼목2호묘.
○ 크기 : 고리 직경 모두 2.2cm.
○ 형태 : 청동고리를 타원형으로 만듦. 이가 빠진 부분은 패옥과 같은 모양이며, 밖은 금박(金片)으로 감싸고 있음. 제작은 매우 정밀하지 못하며, 금박은 일부가 손상되어 있음.

6. 역사적 성격

1) 고분의 성격
와혼목고분군은 함께 발굴한 전둔고분군과 거리는 있지만 구조 및 건축재 등이 서로 동일함. 부장품 역시 점토질 토기, 시유 도기, 장식품의 재료, 제작기법, 양식과 무늬 등이 모두 동일함. 이런 정황은 비록 두 지역으로 나누어 분포하나 동일계통의 유적임을 알 수 있음.

2) 고임식 천정묘의 고구려 유적과의 비교
와혼목과 전둔고분군의 고분 구조상 고임식천정은 桓仁 및 寬甸 등의 동일 유형 고구려 고분과 동일한 특징을 갖추고 있음. 부장 유물상, 토기 형식는 비교적 魏·晉 작풍에 가까우며 桓仁 連江 고구려 무덤에서 출토된 것과 대동소이함. 철촉의 형식은 集安 고구려 무덤 및 撫順 高爾山城 출토의 것과 기본적으로 동일함. 다만 鋒刃은 집안에 비해 약간 좁고, 고이산성의 것에 비해 대체로 넓음.

3) 매장 방식
와혼목과 전둔고분군은 葬式에서 고임식 천정무덤의 인골은 대다수가 3인 합장이며, 1인장은 소수임. 평천정묘 묘실은 모두 내우 좁고 작아 모두 나이상임. 인골은 모두 앙신직지장(仰臥平伸葬)이며, 부부합장묘는 남자가 우측, 여자가 좌측에 자리하고 있음. 인골의 머리 방향은 절대다수가 남향임. 그 가운데 머리가 묘문을 향하는 장법은 기타 지구에서 머리기 後壁을 향하는 장법과 다른 점임. 이는 당시 해당지역에서 유행하던 매장습속으로 추정됨.

고분 구조가 간단하고 협소하여 부장품은 매우 적거나 거의 없으며, 器物 유형도 간단하며, 소수 무덤에서 1·2점의 장식품이 부장되는 것을 제외하면 모두 토기임. 이들 고분의 대다수는 일반인 무덤으로 추정됨.

4) 고분 연대

○ 王增新(1964) : 이들 묘장은 자료가 비교적 적어 각 무덤의 명확한 연대를 확정할 수 없으나 고구려 중기에서 말기, 즉 남북조에서 수당 때로 추정함.

○ 강현숙(2009) : 전둔7호묘에서 출토된 대금구는 唐式 대금구로 고구려로 보기 어려움. 전둔과 와혼목의 고분이 비슷한 양상임을 감안해 볼 때 와혼목고분군의 하한은 唐代로 내려갈 가능성이 있음.

참고문헌

- 王增新, 1964, 「遼寧撫順市前屯·窪渾木高句麗墓發掘簡報」, 『考古』 1964-10.
- 肖景全·鄭辰, 2007, 「撫順地區高句麗考古的回顧」, 『東北史地』 2007-2.
- 강현숙, 2009, 「고구려 고지의 발해고분 – 중국 요령지방 석실분을 중심으로」, 『한국고고학보』 72.
- 國家文物局 主編, 2009, 『中國文物地圖集』 遼寧分冊(上·下), 西安地圖出版社.
- 肖景全·鄭辰, 2009, 「三十年來撫順地區的高句麗考古發現與相關問題研究」, 『高句麗與東北民族研究』, 吉林大學出版社.

05 무순 전둔고분군
撫順 前屯古墳群

1. 조사현황

○ 조사기간 : 1956년 9~10월, 1957년 10월.
○ 조사기관 : 요령성박물관문물공작대.
○ 조사참여자 : 陳大爲, 張彦儒, 王寶善, 董彦明, 李慶發, 馮永謙, 金殿士, 潘景宜, 王增新 등.
○ 조사내용 : 1956년 전둔 및 와혼목에서 고구려 무덤을 발굴. 전둔에서 13기를, 와혼목에서 2기를 발굴. 1957년 10월 전둔에서 4기 발굴. 총 19기 발굴. 출토유물은 70여 점. 일찍 파괴당하여 매장방식(葬式) 및 葬具는 명확하지 않으며, 출토유물은 비교적 적으며 어떤 것은 잔편만 남아 있음.

2. 위치와 자연환경(그림 1)

○ 撫順縣 章黨鎭 前屯村 서북에 위치.
○ 무순시 동쪽 渾河 북안의 강변 평지 위에 위치함.
○ 前屯 서북으로는 章黨역과 7km 떨어져 있으며, 동북 7km 거리에는 窪渾木이 있음. 전둔과 와혼목 사이에는 산등성이와 西沙窩村 마을이 있으며, 이 일대는 혼하 중·상류의 구릉지대임. 와혼목과 전둔은 모두 혼하를 향해 있으며 뒤로는 구릉을 등지고 있음.

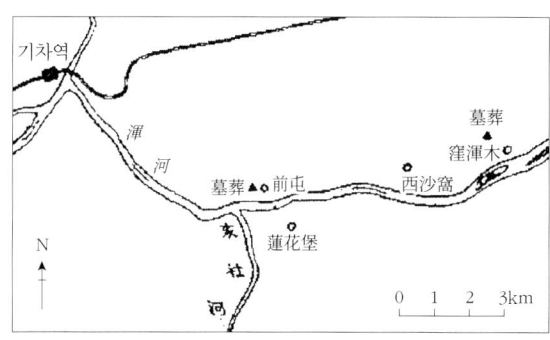

그림 1 전둔고분군 위치도(『考古』1964-10)

3. 고분군의 현황

1) 고분군 분포현황

○ 고분군은 마을 뒤에 위치한 구릉 앞면에 분포하고 있음.
○ 두 차례에 걸쳐 고분 총 17기 발굴.
○ 이들 고분은 모두 전둔촌 서면의 북쪽 산기슭 앞의 길고 좁은 지대 안에 분포. 묘지 범위는 동서 길이 165m, 남북 너비 40m에 달함. 무덤과 무덤 사이의 거리는 가장 먼 것이 37.5m, 가장 가까운 것이 1.5m임.

2) 고분 축조방식과 유형

(1) 고분 축조방식

○ 이들 묘장은 방향이 일치하는 것을 제외하고 대다수 분산되어 일정한 배열과 순서가 보이지 않음. 대다수

파괴되어 손상되지 않은 온전한 고분은 거의 드묾.
○ 고분들은 석축단실묘로 묘실 상부는 대다수 봉토하였음. 대다수 묘실은 지면 위에 축조하였으나 묘실 基底部가 지하에 축조되기도 하였으며, 현재 묘실 상부 위의 봉토는 다수가 이미 원형을 상실함. 소수 무덤은 전체 묘실이 지하에 축조되었는데 지표가 밭으로 개간되면서 이미 봉토 흔적은 남아 있지 않음.
○ 묘실의 건축 재료는 모두 가공되지 않은 砂巖과 頁巖의 판석·돌(石塊) 및 자갈(河卵石)임. 묘실 크기에 따라 축조방식도 다름. 묘실 천정 가구를 기준으로 두 가지 유형으로 나눔. 하나는 평천정묘(平蓋頂墓)로 6기가 있으며, 다른 하나는 고임식 천정(疊澁頂墓)으로 9기가 있음. 그 나머지 2기는 묘실이 심하게 파괴당해 그 원형을 알 수 없음.

(2) 고분 유형

① 평천정묘(平蓋頂墓)

○ 보통 묘실의 규모는 약간 작으며 구조는 비교적 간단함.
○ 묘실 평면은 모두 장방형보다 좁음. 墓門 및 墓道가 없음. 방향은 모두 145~208°임. 묘실은 일반적으로 길이 1.95~2.37m, 너비 0.49~0.9m, 높이 0.37~0.7m임. 네 벽은 대다수 돌(石塊)로 층층이 쌓거나 부분적으로 판석을 받쳐 쌓음. 일부 무덤은 큰 돌로 고르게 배열하여 벽을 쌓음. 묘벽의 내벽은 모두 평평하고 일직선을 이루며, 외벽은 들쭉날쭉 가지런하지 못함. 묘실 천정은 비교적 큰 판석을 횡으로 평평하게 덮음. 묘벽과 묘실 천정의 틈새는 작은 돌로 메움. 묘실 바닥에는 돌을 깔지 않았고, 일부 묘실 바닥 위에서는 목탄이 소량 발견됨.
○ 총 6기의 평천정묘 가운데 16호묘 및 18호묘만 인골이 남아 있는데 모두 단인장(單身葬)임.
○ 각 무덤의 부장품은 모두 매우 적음. 18호묘에서는 작은 호(陶罐)·철제화살촉(鐵鏃) 각 1점 및 철기 4토막 등이 출토됨. 16호묘에서는 호(陶罐) 1점, 철제 관못(棺釘) 31점이 출토됨. 12호묘에서는 승문 암키와 잔편 1점이 출토됨. 그 외 3기에서 각기 토기 잔편 1~3편이 출토됨. 호(陶罐)는 모두 묘실 앞부분에서 출토됨.

② 고임식 천정묘(疊澁頂墓, 그림 2)

○ 이 유형의 묘실은 규모가 비교적 크며, 구조는 비교적 복잡함. 묘실 평면은 기본적으로 장방형보다 좁으며, 어떤 것은 근방형임. 판석을 고여 고임식 천정(疊澁式頂)을 쌓았으며, 墓門이 있으며, 문 밖에는 간단한 연도가 있음. 방향은 모두 178~220°이며, 일반적인 묘실은 길이 2.05~2.55m, 너비 1~1.95m이며, 연도는 길이 0.85~1.75m, 너비 0.6~1m임.
○ 묘실 네 벽은 대다수 돌(石塊)로 층층히 쌓았으며, 일부 묘벽은 판석을 세워 쌓았음. 돌은 대다수 비교적 가지런한 한 면을 선택해 內壁面으로 사용했으며, 바닥에서 위로 갈수록 점차 안으로 들여쌓았음. 外壁面은 가지런하지 않음. 묘실 천정은 큰 석판으로 들여쌓았는데 위로 갈수록 점차 줄어들어 묘실 천정에 이름. 묘실 벽과 묘실 천정의 틈새 부분은 모두 작은 돌 또는 자갈(卵石)로 메움.
○ 묘실 바닥 축조 방식은 다수가 판석 또는 돌로 평평하게 깔았으며, 일부는 판석과 자갈을 혼용하였고, 일부는 묘실 바닥을 두 층으로 깔았는데 하층은 자갈(卵石), 상층은 판석을 깔았음. 일부는 자갈을 바닥에 깔고 그 위에 한 층의 백회를 발랐음. 한편 묘실에 돌을 깔지 않은 고분은 소수임.
○ 묘문은 前壁 중앙부 또는 좌측에 열려 있음. 묘문 양측에는 대다수 장대석을 세워 문기둥(門柱)을 만들었으며, 그 위에 판석을 횡으로 괴어 이맛돌(門楣)을 올렸고, 그 아래에는 작은 장대석(石條)이나 자갈(卵石)을 횡으로 놓아 문턱(門檻)을 이룸.

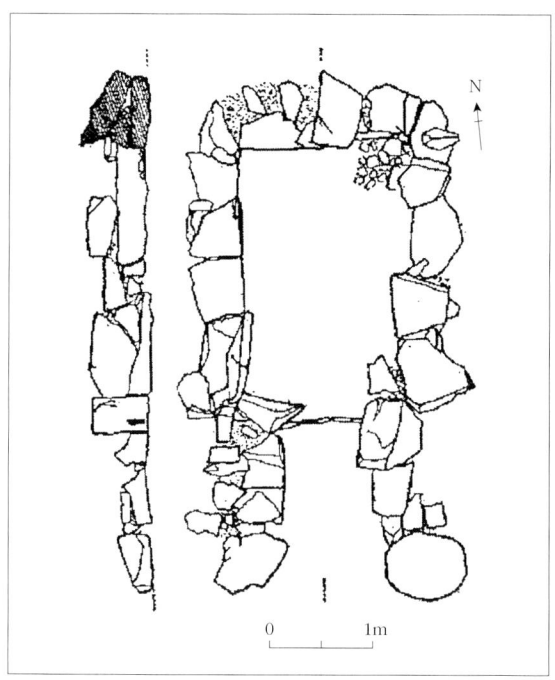

그림 2 전둔15호묘 평·단면도(『考古』 1964-10)

○ 문 밖의 연도 양 벽은 대다수 돌로 층층히 쌓거나 큰 돌을 세웠고, 위에는 판석 또는 돌을 괴어 천정을 이룸. 대다수 연도 바닥은 돌을 깔지 않고, 일부만이 판석 또는 자갈을 깔음.

○ 총 9기 가운데 인골이 남아 있는 것은 3기임. 그 가운데 단인장인 1기(10호묘)에는 묘실 앞부분에 치아 2매, 뒷부분에는 대퇴골(股骨) 1토막이 남아 있음. 이 고분은 교란되지 않았고 머리는 남쪽, 다리는 북쪽에 두고 있다는 점에서 앙신직지장(仰臥平伸葬)이며, 성별은 명확치 않음. 2인장인 1기(15호묘)는 유골의 보존상태가 양호하나 다수 교란되어 두개골 2개와 남성 하지골이 이미 後壁 아래로 이동되었음. 그러나 묘실 우측의 여성의 팔다리뼈(肢骨)가 원래 위치에 보존되어 있는데 머리는 남쪽, 다리는 북쪽에 두고 있는 것을 볼 수 있어 앙신직지장(仰臥平伸葬)인 부부합장묘로 추정됨. 3인장인 1기(17호묘)는 유골 3구의 보존상태가 비교적 양호하며, 원래 위치에 보존된 일부 팔다리뼈(肢骨)와 그다지 변동되지 않은 3개 두개골을 관찰해보면 중간자가 남성이고 양측이 여성이라는 것을 알 수 있음. 모두 머리는 남쪽에 두고 다리는 북쪽에 두는 앙신직지장(仰臥平伸葬)임.

○ 각 무덤의 부장품은 수량이 매우 적으며 토기가 주를 이룸. 9호묘에서 사이도관(四耳陶罐) 1점, 13호묘에서 녹색시유도기(茶綠釉陶罐) 1점 및 심발형토기(大口深腹陶罐) 2점, 15호묘에서는 손상된 호(陶罐) 1점, 7호묘에서 허리띠꾸미개(銅帶飾) 2점, 17호묘에서 청동 팔찌(銅鐲) 1점이 출토됨. 그 나머지 4기에서는 각기 토기 잔편 1~4조각이 남아 있음. 토기는 모두 묘실 앞부분에서 출토됨.

4. 고분별 현황

1) 전둔18호묘

(1) 유형

봉토석실묘, 평천정묘.

(2) 방향

무덤 방향 145°.

(3) 고분 규모

묘실(장방형) : 길이 1.96m, 너비 0.57m, 높이 0.42m.

(4) 고분 구조(그림 3)

○ 묘실 평면은 장방형으로 동서 양벽은 돌과 자갈(卵石)로 층층히 쌓았으며, 남북 양벽은 판석을 세워 쌓았음. 남벽은 이미 원래 위치에서 이동하였음. 묘문은 없음.

○ 묘실 천정은 커다란 판석 5매로 평평하게 덮었고, 틈새는 돌로 메웠음.

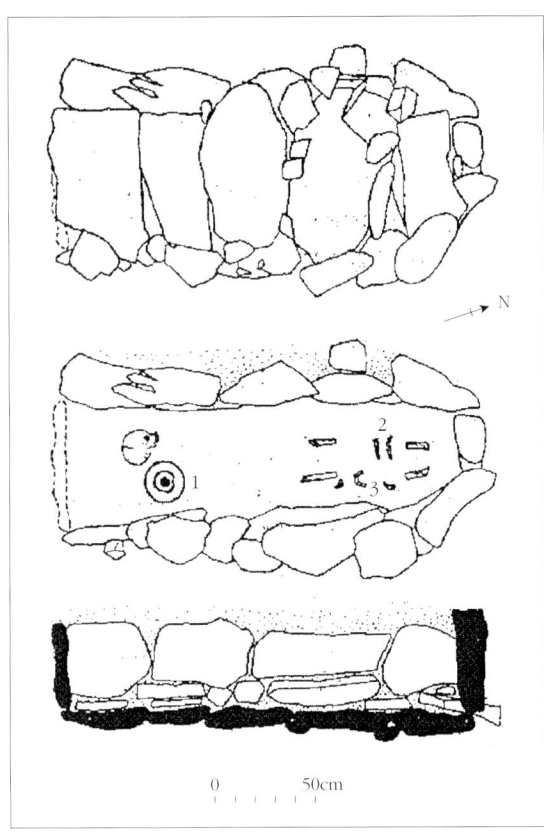

그림 3 전둔18호묘 평·단면도(『考古』1964-10)
1. 호 2. 철제화살촉 3. 철기 잔편

(5) 기타

○ 묘실 안에는 인골 1구 출토. 두개골과 하지골는 보존상태가 비교적 좋으며, 머리는 남쪽에 두고 다리는 북쪽에 놓는 앙신직지장(仰臥平伸葬)임.

○ 묘실 안에서 작은 호(陶罐)·철촉 각 1점 및 철기 4토막 등이 출토됨. 작은 호는 두개골 좌측에서 출토, 원래 위치는 남벽 아래 부장된 것으로 추정. 철촉과 철기편은 하지골 아랫면에서 출토됨.

2) 전둔16호묘

(1) 유형

봉토석실묘, 평천정묘.

(2) 방향

무덤 방향 178°.

(3) 고분 규모

묘실(장방형) : 길이 2.37m, 너비 1.05m, 높이 0.7m.

(4) 고분 구조

○ 묘실 평면은 장방형으로 동서 양벽은 큰 돌로 고르게 쌓았고 묘실 벽 상부의 일부는 작은 돌로 평평하게 메움. 북벽은 커다란 판석을 세워 쌓았음. 남벽과 묘도의 축조석은 남아 있지 않음.

○ 묘실 중앙에는 木棺이 하나 있는데 木質은 이미 썩었으나 관못(棺釘)은 대체로 원래 위치에 자리하고 있음. 관못은 총 31매 잔존. 관못은 단조품으로 크기는 동일하지 않아 길이가 7~9cm이며, 방추형과 쐐기형(楔形)이 있음. 좌우 양면의 관못 간의 거리는 모두 50~60cm임. 관못 배열의 위치 및 그 상부에 부착된 나무 흔적에 따라 추측해보면 목관은 기본적으로 장방형으로 길이 약 1.95m, 앞너비 약 0.45m, 뒷너비 약 0.4m임. 목관의 두께는 5cm를 넘지 않음. 묘실 바닥 위에서는 돌 4매가 발견되었는데 棺을 받치는 데 사용된 것으로 보임.

(5) 기타

○ 목관 안에는 인골이 1구 있었으나 오직 유골 잔흔들만이 발견되어 葬式 및 성별은 명확치 않음.

○ 묘실에서 호(陶罐) 1점, 철제관못(棺釘) 31점 출토. 호는 묘실 앞부분의 右壁과 木棺 사이의 지면에서 출토되었으나 위치는 이미 이동된 것으로 보여짐.

3) 전둔13호묘

(1) 유형

봉토석실묘, 고임식 천정묘.

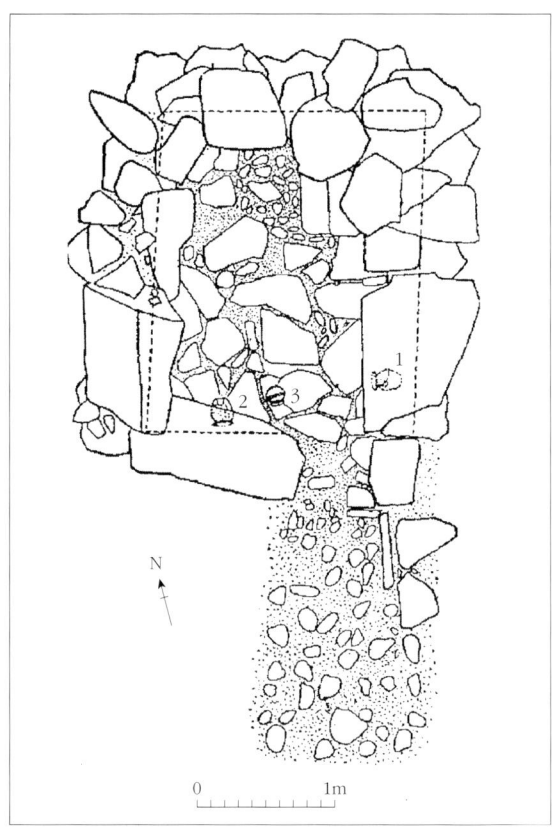

그림 4 전둔13호묘 평면도(『考古』1964-10)
1. 심발형토기 2. 시유도기

(2) 방향
무덤 방향 194°.

(3) 고분 규모
○ 묘실(근방형) : 길이 2.3m, 너비 1.95m, 잔존 높이 0.7m.

(4) 고분 구조(그림 4)
○ 묘실은 근방형으로 동·서·북 세 벽은 모두 돌로 쌓았으며, 아래에서 위로 갈수록 점차 안으로 들여쌓고, 빈 틈새는 작은 돌과 자갈로 메움. 남벽은 장대석 1매를 세워 쌓았으며, 상부는 안으로 기울어져 있음. 묘실 천정석은 대부분 남아 있지 않음. 묘실 뒷쪽 묘벽 정상부는 일부 안으로 쌓은 판석이 남아 있어 천정은 궁륭식

으로 추정됨. 묘실 바닥은 판석과 자갈을 섞어 깔았음.
○ 묘문은 남벽 좌측에 열려 있으며, 묘문 좌측에는 장대석(石條)이 문틀(門框)을 이루고 묘문 우측의 문틀은 남벽 장대석을 이용하였으며, 이맛돌(門楣)은 남아 있지 않음.
○ 墓道 바닥에는 자갈을 평평하게 깔았으며, 묘도 안은 대량의 자갈로 막았음.

(5) 기타
○ 묘실 안에는 유골은 남아 있지 않음.
○ 묘실 입구 벽 아래에서 부장품이 출토됨. 묘문 우측에서 녹색시유호(茶綠釉陶罐) 및 심발형토기(大口深腹陶罐) 각 1점, 묘문 좌측벽 모서리 지점에서 심발형토기(大口深腹陶罐) 1점이 출토됨.

5. 출토유물

1) 토기

(1) 호(陶罐, M18:1)
○ 출토지 : 전둔18호묘 묘실의 남벽 아래로 추정.
○ 크기 : 입직경(口徑) 12cm, 배직경(腹徑) 20cm, 높이 13.6cm.
○ 색깔과 태토 : 점토질 회색 토기(泥質灰陶).
○ 형태 : 輪製. 구연이 결실됨. 구연은 외반 되었으며(侈口), 구순은 밖으로 꺾이게(脣外折) 처리함. 경부는 잘록하게 들어갔으며(束頸), 복부는 둥글고(圓腹), 바닥은 평평함(平底). 어깨(肩部)에는 불규칙한 음각침선(凹弦文)이 여러 줄 돌아가고 있음.

(2) 호 저부편(陶罐)
○ 출토지 : 전둔16호묘.
○ 크기 : 바닥직경(底徑) 17cm.

○ 색깔과 태토 : 점토질 회황색 토기(泥質灰黃陶).
○ 형태 : 輪製. 복부와 저부(腹底部) 일부만이 남은 상태로 복부는 둥글고(圓腹), 바닥은 평평함.

(3) 심발형토기(大口深腹陶罐, M13:1)
○ 출토지 : 전둔13호묘.
○ 크기 : 입직경(口徑) 14cm, 배직경(腹徑) 16cm, 높이 18.5cm.
○ 색깔과 태토 : 점토질의 짙은 회색 토기(泥質深灰陶).
○ 형태 : 輪製. 배(腹部)는 이미 손상됨. 구연이 크고(大口), 구순이 밖으로 꺾여(脣外折) 처리됨. 경부는 잘록하게 들어갔으며(束頸), 동체부 최대경은 중상위에 있음(鼓腹). 오목한 바닥에는 연속되는 오각별무늬가 볼록하게 시문되어 있음. 器壁面에는 적지 않은 黃雲母 분말이 붙어 있음.

(4) 심발형토기(大口深腹陶罐, M13:2)
○ 출토지 : 전둔13호묘.
○ 크기 : 입직경(口徑) 14cm, 배직경(腹徑) 16cm, 높이 17cm.
○ 색깔과 태토 : 점토질의 짙은 회색 토기(泥質深灰陶).
○ 형태 : 수제(手製). 구연이 크고(大口), 구순이 밖으로 꺾여(脣外折) 처리됨. 경부는 잘록하게 들어갔으며(束頸), 동체부 최대경은 중상위에 있음(鼓腹).

(5) 녹색 시유호(茶綠釉陶罐, M13:3, 그림 5)
○ 출토지 : 전둔13호묘.
○ 크기 : 입직경(口徑) 11cm, 배직경(腹徑) 14.5cm, 높이 11.5cm.
○ 색깔과 태토 : 점토질의 회색 태토(泥質灰陶)로 石英粒 혼입.
○ 형태 : 소성도는 비교적 높음. 녹색(茶綠色) 유약이 바닥까지 발라져 있으며, 유약층은 그다지 고르지 않음. 소형의 器體로, 구연이 외반되었고(侈口), 구순이 밖

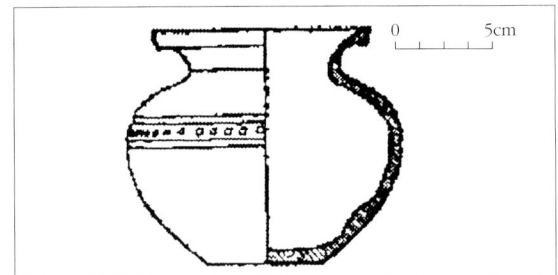

그림 5 전둔13호묘의 시유호(『考古』 1964-10)

으로 꺾여(脣外折) 처리됨. 경부는 잘록하게 들어갔으며(束頸), 어깨가 넓음(廣肩). 복부가 둥글고(圓腹), 바닥이 평평함(平底). 복부에는 음각선(凹弦文) 두 줄이, 그 중간에는 음각 점렬문(凹點文) 한 줄이 돌려져 있음.

(6) 사이호(四耳陶罐, M9:1)
○ 출토지 : 전둔9호묘.
○ 크기 : 입직경(口徑) 10.2cm, 동체 너비 17.5cm, 높이 13cm.
○ 색깔과 태토 : 점토질의 회황색 토기(泥質灰黃陶).
○ 형태 : 輪製. 구연이 외반되었고(侈口), 구순이 밖으로 꺾여(脣外折) 처리됨. 경부는 잘록하게 들어갔으며(束頸), 어깨가 넓음(廣肩). 복부가 둥글고(圓腹), 바닥이 평평함(平底). 복부에는 半고리형의 손잡이(橫耳) 4개가 달려 있음. 손잡이와 복부(腹面) 사이에는 선구문(鏃溝文) 한 줄이 시문되어 있음. 토기 표면에는 소량의 黃雲母 분말이 있음.

2) 철기

(1) 화살촉(鐵鏃, M18:2, 그림 6-3)
○ 출토시 : 전둔18호묘 묘실 내 하지골 아랫면.
○ 크기 : 전체 길이 10m. 鏃身의 길이 5.2m, 너비 1cm, 두께 0.6cm. 刃部 너비 약 1.2cm. 경부(鋌部) 길이 4.8cm.
○ 형태 : 단조품. 단면은 편방형이며, 날은 납작하여

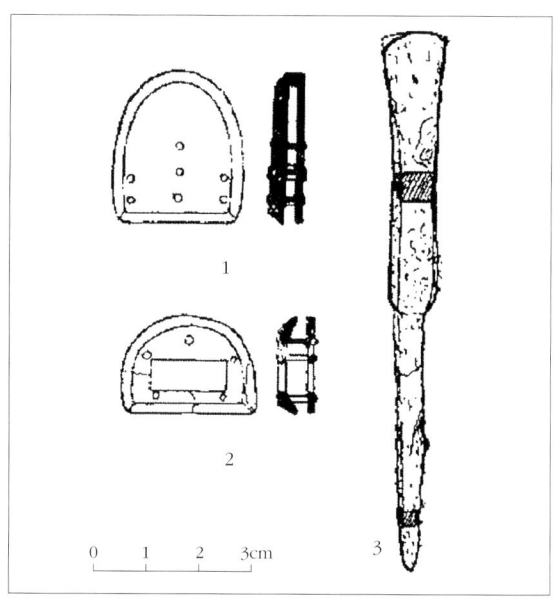

그림 6 전둔고분군의 청동기와 철기(『考古』 1964-10)
1. 청동띠끝장식 2. 청동띠꾸미개 3. 철제화살촉

끌(鑿)과 같으며, 경부(鋌部)는 두 토막나 있으며, 刃口가 약간 손상됨.

(2) 철편(不明鐵器)
○ 출토지 : 전둔18호묘.
○ 형태 : 철기 잔편으로 4토막이 확인됨. 모두 木質 흔적이 붙어 있으나 용도는 명확치 않음.

3) 청동기

(1) 띠끝장식(鉈尾, M7:1, 그림 6-1)
○ 출토지 : 전둔7호묘.
○ 크기 : 길이 2.7m, 너비 2.4m, 두께 0.6cm.
○ 형태 : 靑銅片을 연결하여 제작. 표면에는 黑漆을 했으나 대다수 박락됨. 舌形으로 편평하며, 가운데는 비어 있으며 後端에서 띠를 조이는 곳에는 청동못(銅釘) 7개가 연결되어 있음.

(2) 띠꾸미개(帶銙, M7:2, 그림 6-2)
○ 출토지 : 전둔7호묘.
○ 크기 : 너비 2.4m, 높이 1.8cm, 두께 0.6cm.
○ 형태 : 이미 파손됨. 표면에는 黑漆을 했으나 대다수 박락됨. 평면은 반원형으로 두 개의 靑銅片을 청동못(銅釘) 5개로 연결하였음. 중간에는 장방형의 구멍이 있음.

(3) 팔찌(銅鐲, M17:1)
○ 출토지 : 전둔17호묘.
○ 크기 : 고리 직경 6.3cm.
○ 형태 : 단면은 扁圓形임.

6. 역사적 성격

1) 고분의 성격
전둔고분군은 함께 발굴한 와혼목고분군과 거리는 있지만 구조 및 건축재 등이 서로 동일함. 부장품 역시 니질토기, 시유도기, 장식품의 재료, 제작기법, 양식과 무늬 등이 모두 동일함. 이런 정황은 비록 두 지역으로 나누어 분포하나 동일 계통의 유적임을 알 수 있음.

2) 고임식 천정묘의 고구려 유적과의 비교
전둔과 와혼목 고분군은 고분 구조상 고임식 천정묘(疊澁頂墓)는 桓仁 및 寬甸 등의 동일 유형 고구려 고분과 동일한 특징을 갖추고 있음. 출토유물상, 토기 형식는 비교적 魏·晉 작풍에 가까우며 桓仁 連江 고구려 무덤에서 출토된 것과 대동소이함. 철촉 형식은 集安 고구려 무덤 및 撫順 高爾山城 출토품과 기본적으로 동일함. 다만 鋒刃은 집안 출토품에 비해 약간 좁고, 고이산성의 출토품에 비해 대체로 넓음.

3) 매장 방식

전둔과 와혼목 고분군은 葬式에서 고임식 천정묘의 인골은 대다수가 3인 합장이며, 1인 단인장은 소수임. 평천정묘 묘실은 모두 매우 좁고 작아 모두 단인장임. 인골은 모두 앙신직지장(仰臥平伸葬)이며, 부부합장묘는 남자가 우측, 여자가 좌측에 자리하고 있음. 인골 머리 방향은 절대다수가 남향임. 그 가운데 머리가 묘문을 향하는 장법은 기타 지구에서 머리가 後壁을 향하는 장법과 확연히 다른 점임. 이는 당시 해당 지역에서 유행하던 매장 습속으로 추정됨.

묘장이 간단하고 협소하여 부장품은 매우 적거나 거의 없으며, 器物 유형도 간단하며, 소수 무덤에서 1~2점의 장식품이 부장되는 것을 제외하면 모두 토기임. 이들 고분의 대다수는 일반인 무덤으로 추정됨.

4) 고분 연대

○ 王增新(1964) : 이들 묘장의 연대에 대해 추측하면 자료가 비교적 적어 각 무덤의 명확한 연대를 확정할 수 없으나 고구려 중기에서 말기, 즉 남북조에서 수·당 시기로 추정함.

○ 강현숙(2009) : 전둔7호묘에서 출토된 대금구는 唐式 대금구로 고구려 고분에서도 아직 확인되지 않았으며, 오히려 발해의 고분에서 보이는 유물임. 따라서 전둔고분군은 고구려 말 또는 唐代로 내려갈 가능성이 있음.

참고문헌

- 王增新, 1964, 「遼寧撫順市前屯·窪渾木高句麗墓發掘簡報」, 『考古』 1964-10.
- 肖景全·鄭辰, 2007, 「撫順地區高句麗考古的回顧」, 『東北史地』 2007-2.
- 강현숙, 2009, 「고구려 고지의 발해고분 – 중국 요령지방 석실분을 중심으로」, 『한국고고학보』 72.
- 國家文物局 主編, 2009, 『中國文物地圖集』遼寧分冊(上·下), 西安地圖出版社.
- 肖景全·鄭辰, 2009, 「三十年來撫順地區的高句麗考古發現與相關問題研究」, 『高句麗與東北民族研究』, 吉林大學出版社.

06 무순 후안고분군
撫順 後安古墳群

1. 조사현황

○ 조사기간 : 1976년 4월 13일.
○ 조사기관 : 무순시박물관.
○ 조사내용 : 봉토묘 3기를 발굴 조사했는데 M1 및 M3에서는 수확이 있었으나 M2는 파괴되어 있었음. M1과 M3은 100m 거리를 두고 동서로 위치함.

2. 위치와 자연환경(그림 1)

○ 撫順縣 後安鎭 동쪽에 위치.
○ 묘지는 후안진과 동쪽으로 2km 떨어져 있으며, 전안촌과 약 1km 떨어져 있음.
○ 묘지 앞은 작은 하천에 인해 있고, 뒤로는 腰堡山에 기대어 있어 주위가 산으로 둘러싸였음. 묘지는 산비탈 아래에 위치함.

3. 고분별 현황

1) 후안1호묘

(1) 유형
봉토석실묘(소형 단실묘).

(2) 규모
○ 봉토 : 직경 약 7m, 높이 1m.
○ 묘실 : 길이 2.11m, 너비 1.15m, 깊이 0.65m.

(3) 고분 구조(그림 2)
○ 봉토분구는 일찍이 파괴당해 이미 원형을 상실함.

그림 1
후안고분군의 위치도
(『博物館研究』 1998 - 2)

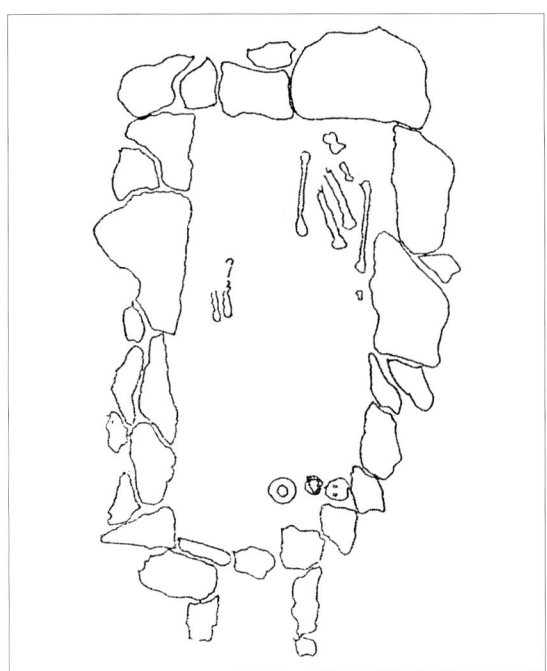

그림 2 후안1호묘 평면도(1/20)(『博物館研究』1998-2)

현존 상황은 흙과 돌이 덮여 있음. 묘실은 지표 위에 조성되었으며, 묘실 기초는 지하에 조성함. 천정이 파괴당해 구조가 명확치 않음.
○ 묘실은 약간 가공을 거친 불규칙한 砂巖 판석 및 돌로 축조하고, 벽은 백회로 틈새를 메웠음. 묘실 바닥은 불균등한 형태의 돌을 평평하게 깔았음.

(4) 기타
○ 묘실 안 인골이 난잡하게 묘실 바닥 4곳에 흩어져 있으며, 두개골은 원래 자리에서 옮겨져 묘실 동남 모서리에 있으며, 下肢骨은 묘실 북벽에 분산되어 있음.
○ 묘실 남벽의 두개골 부근에서 호(陶罐) 1점과 토기 바닥 1점 출토.

2) 후안3호묘

(1) 유형
봉토석실묘.

(2) 규모
봉토 직경 약 9m, 높이 5m.

(3) 고분 구조
○ 소형 단실묘.
○ 묘실 구조는 M1과 동일. 묘실 벽과 천장에는 백회를 발랐으며, 묘실 바닥에는 돌을 깔았음.

(4) 기타
○ 묘실 안에는 인골 2구가 있었으며 뼈대는 파손되고 두개골 하나가 동벽 남단에 놓여 있었고, 다른 두개골은 서벽에 놓여 있었음.
○ 묘실 남벽에서 회색 호(灰陶罐) 1점만 출토.
○ 묘실 서남 모서리에서는 철제관못(棺釘) 몇 점이 놓여 있음.
○ 묘실 안의 무너진 돌과 흙더미 속에서 썩은 나무 흔적이 보이는데 목관이 존재했던 것을 보여주는 것임.

4. 출토유물

(1) 호(陶罐, 그림 3-좌)
○ 출토지 : 후안1호묘.
○ 크기 : 입직경(口徑) 12cm, 바닥직경(底徑) 10cm, 높이 17cm.
○ 색깔과 태토 : 점토질의 회색 토기(泥質灰陶).
○ 형태 : 구연이 외반 되었고(侈口), 경부는 잘록하게 들어갔으며(束頸), 동체부 최대경은 중상위에 있음(鼓腹). 바닥은 평평함(平底).

(2) 호(陶罐, 그림 3-우)
○ 출토지 : 후안3호묘.
○ 크기 : 입직경(口徑) 11.6cm, 바닥직경(底徑) 12cm, 높이 14.8cm.

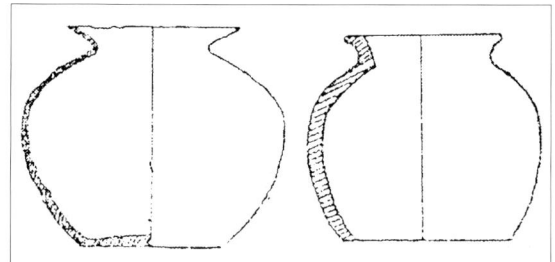

그림 3 후안고분군의 토기(1/8)(『博物館硏究』 1998-2)

○ 색깔과 태토 : 점토질의 회색 토기(泥質灰陶).
○ 형태 : 구연이 외반 되었으며(侈口), 구순이 둥글게(圓脣) 처리됨. 경부는 잘록하게 들어갔으며(束頸), 동체부 최대경은 중상위에 있음(鼓腹). 바닥은 평평함(平底).

5. 역사적 성격

후안1호묘 및 3호묘의 인골은 흩어져 있는데 1호묘 下肢의 대퇴골(股骨)과 정강이뼈(脛骨)가 한 곳에 무지를 이루고 있음. 3호묘의 철제관못(棺釘)이 집중해 놓여 있고, 1호묘에는 파손된 토기 바닥이 있음. 이들 정황상 1호묘와 3호묘는 이미 도굴된 상태임.

무순 지구 고구려 무덤이 고고발굴 사례가 극히 적음. 이전에는 1956년 무순 前屯·窪渾木의 19기 발굴조사만이 있었음. 전둔·와혼목 고구려 고분의 발굴 자료와 비교하면, 후안의 두 무덤과 여러 유사한 요소가 있음. 두 묘지는 모두 봉토석실묘로서 부장품이 비교적 적음. 인골은 머리를 남쪽에, 다리를 북쪽에 두고 머리는 산 아래를 향함. 전둔 M10, M17, M18은 모두 이런 장법임. 즉, "인골의 머리방향은 절대다수가 남쪽을 향했으며, 그 가운데 머리가 묘문을 향한 장법은 기타 지구에서 머리가 後壁을 향하는 장법과 확연히 차이가 있으며, 이는 당시 해당 지역에서 유행하던 매장방식으로 추정됨"(王增新, 1964). 후안1호묘에는 명확한 墓門이 있고 두개골이 묘문 지점에 있다는 점에서 후안 두 무덤이 전둔·와혼목 고구려 무덤과 동일한 매장방식임을 알 수 있음. 그 가운데 출토된 토기는 모두 고구려 유물이므로 후안 두 무덤의 연대는 전둔·와혼목 고분 연대와 대체로 부합하는 고구려 중후기임.

참고문헌

- 王增新, 1964, 「遼寧撫順市前屯·窪渾木高句麗墓發掘簡報」, 『考古』 1964-10.
- 姜杰, 1998, 「撫順縣五龍公社後安墓淸理簡報」, 『博物館硏究』 1998-2.
- 肖景全·鄭辰, 2007, 「撫順地區高句麗考古的回顧」, 『東北史地』 2007-2.
- 國家文物局 主編, 2009, 『中國文物地圖集』 遼寧分冊(上·下), 西安地圖出版社.
- 肖景全·鄭辰, 2009, 「三十年來撫順地區的高句麗考古發現與相關問題硏究」, 『高句麗與東北民族硏究』, 吉林大學出版社.

2
성곽

01 　무순 고이산성
撫順 高爾山城 | 北關山城

1. 조사현황

1) 1933년
○ 조사기간 : 1933년 5월 21일.
○ 조사자 : 渡邊三三(撫順日本圖書館長).
○ 조사내용 : 1933년 5월 5일 학생들과 함께 撫順城 북부 高爾山의 탑까지 올랐을 때, 근처에 러일전쟁 당시 러시아군이 팠다는 참호가 있다는 말을 듣고 참호를 둘러보던 중, 보통의 참호와 구조가 다르다고 느끼고, 5월 21일 조사를 시행하면서 발견함.

2) 1938년
○ 조사자 : 池內宏(東京帝國大學 敎授), 渡邊三三(撫順日本圖書館長).
○ 조사내용 : 산성을 돌아보고, 고구려의 新城이라는 견해를 제시함.

3) 1940년
○ 조사기간 : 1940년 5월.
○ 조사자 : 三上次男, 田村晃一 등.
○ 조사내용 : 두 차례 조사와 발굴을 진행하여 東城 동문지 양측에서 돌로 쌓은 성벽을 발견함.
○ 발표 : 三上次男·田村晃一, 1990, 『北關山城』, 日本中央公論美術出版社.

4) 1940년
○ 조사기간 : 1940년 10월 2~15일.
○ 조사자 : 池內宏(東京帝國大學 敎授), 小山冨士夫(東洋陶磁硏究所員), 齋藤菊太郎(座右宝刊行會), 坂本萬七(坂本寫眞硏究所), 三上次男(東京帝國大學文學部 講師), 三宅宗悅(滿洲國立博物館主事), 齋藤武一, 李文信(이상 滿洲國立博物館員), 渡邊三三(撫順博物館長) 등.
○ 조사내용 : 日滿文化協會가 유적 조사를 진행함. 池內宏을 중심으로 산성 내부의 총괄적인 조사를 비롯해 중앙대지 거주지, 동문지, 남문지, 동쪽 돌출대지에 위치한 탑지, 서문지 일부분에 대해 발굴을 진행함.

5) 1944년
○ 조사기간 : 1944년 5월 19~27일.
○ 조사자 : 池內宏(東京帝國大學 敎授), 三上次男(東京帝國大學文學部講師), 伊藤祐信, 三枝朝四郎(이상 日滿文化協會), 渡辺三三(撫順博物館長) 등.
○ 조사내용 : 1940년 조사 때 미신했던 부분을 중심으로 조사를 진행함. 서문지를 발굴하고, 산성에 대한 전면적인 실측을 실시함.

6) 1956년·1963년
○ 조사기관 : 撫順市文化局 文物工作隊.
○ 조사내용 : 1956년과 1963년 두 차례 조사를 진행함. 발굴과정에서 철기로는 보습(鏵) 2점, 볏(犁鏡)

2점, 괭이(钁) 2점, 호미(鋤) 1점, 도끼(斧) 1점, 수레바퀴굿대축(車轄) 7점, 등자 1점, 모(矛) 2점, 화살촉 1점, 솥(鍋) 2점, 못 2점이 출토되었고, 건축자재로는 벽돌 1점, 와당 3점, 수키와 2점, 암키와 3점이 출토됨.
○ 발표 : 撫順市文物工作隊, 1964, 「遼寧撫順高爾山古城祉調査簡報」, 『考古』1964-12.

7) 1983년
○ 조사기간 : 1983~1985년.
○ 조사기관 : 遼寧省博物館, 撫順市博物館.
○ 조사자 : 徐家國, 孫力, 鄭辰, 張波, 王維臣, 袁功文, 張德生, 佟達, 張正言, 陳弢, 陳大爲, 肖景全, 何謹華 등.
○ 조사내용 : 市城建部門이 撫順高爾山公園 건설을 위해 文物主管部門의 비준 하에 遼寧省博物館과 撫順市博物館과 함께 3년 동안 대규모 발굴을 진행함. 1983년 6월 24일부터 10일간 진행된 조사에서는 산성 바깥 남면 산등성이에 트렌치를 파서 지표 아래의 분포 정황을 살펴봄. 또 산성 동문지 북벽을 발굴하여 성벽 단면구조를 살펴봄. 남문 서북쪽과 구릉지 평탑 등 800㎡를 발굴하면서 건물지를 발견함. 아울러 돌길 및 배수구 등도 발견함. 1984년에는 東城 서쪽 가장자리 근처 1,250㎡를 발굴함. 東·西 두 성의 경계 지점 동쪽의 구릉지에서 고구려시기 건물지를 발견함. 1985년에는 東城의 동·서·북 세 면의 구릉에 트렌치를 파서 온돌을 갖춘 방형 건물지 등을 발견함. 남문 서쪽 근처에도 트렌치를 파서 遼代 문화층을 발견함. 성벽의 방향과 그 구조에 대해 측량과 해부를 진행하면서 모두 6개의 발굴구역을 설정함. 3,000㎡를 발굴하면서 많은 건물지를 발견하였음. 출토된 유물은 매우 풍부한데, 생활용구, 생산공구, 철병기, 건축자재, 화폐 등을 수습함. 그리고 토기 100여 점, 철기 500여 점도 수습함. 토기로는 옹(甕), 발(鉢), 분(盆), 반(盤), 호(壺), 호(罐), 완(碗), 가락바퀴(紡輪), 기와, 토기뚜껑 등이 있음. 철기로는 화살촉, 帶銙, 鼻, 도자(削), 수레바퀴굿대축(車軸), 찰갑편, 刀格, 마름쇠(蒺藜), 모(矛), 腰刀, 刀, 창고달이(鐏) 등이 있음.
○ 발표 : 徐家國·孫力, 1987, 「遼寧撫順高爾山城發掘簡報」, 『遼海文物學刊』1987-2.

8) 1984년 4월
○ 조사기간 : 1984년 4월.
○ 조사자 : 王禹浪 등.

9) 1984년 9월
○ 조사기간 : 1984년 9월.
○ 조사자 : 陳大爲(遼寧省博物館).
○ 조사내용 : 시굴작업을 진행함.

10) 1985년
○ 조사기간 : 1985년 6월.
○ 조사자 : 李殿福 등.
○ 조사내용 : 시굴작업을 진행함.

11) 1994년
○ 조사기간 : 1984년 8월.
○ 조사자 : 王禹浪 등.
○ 조사내용 : 1984년 답사 때와 비교하면서 공원이 세워졌음을 보고함.

2. 위치와 자연환경 (그림 1~그림 5)

1) 지리위치
○ 撫順市區 北郊 渾河 북안 2km에 위치한 해발 154m의 高爾山에 위치함. 制高點은 將軍峰인데, 撫順市區의 최고봉이기도 함. 高爾山 정상에 올라가 보면, 주변이 탁 트여 있고, 산성의 모습이 한눈에 들어

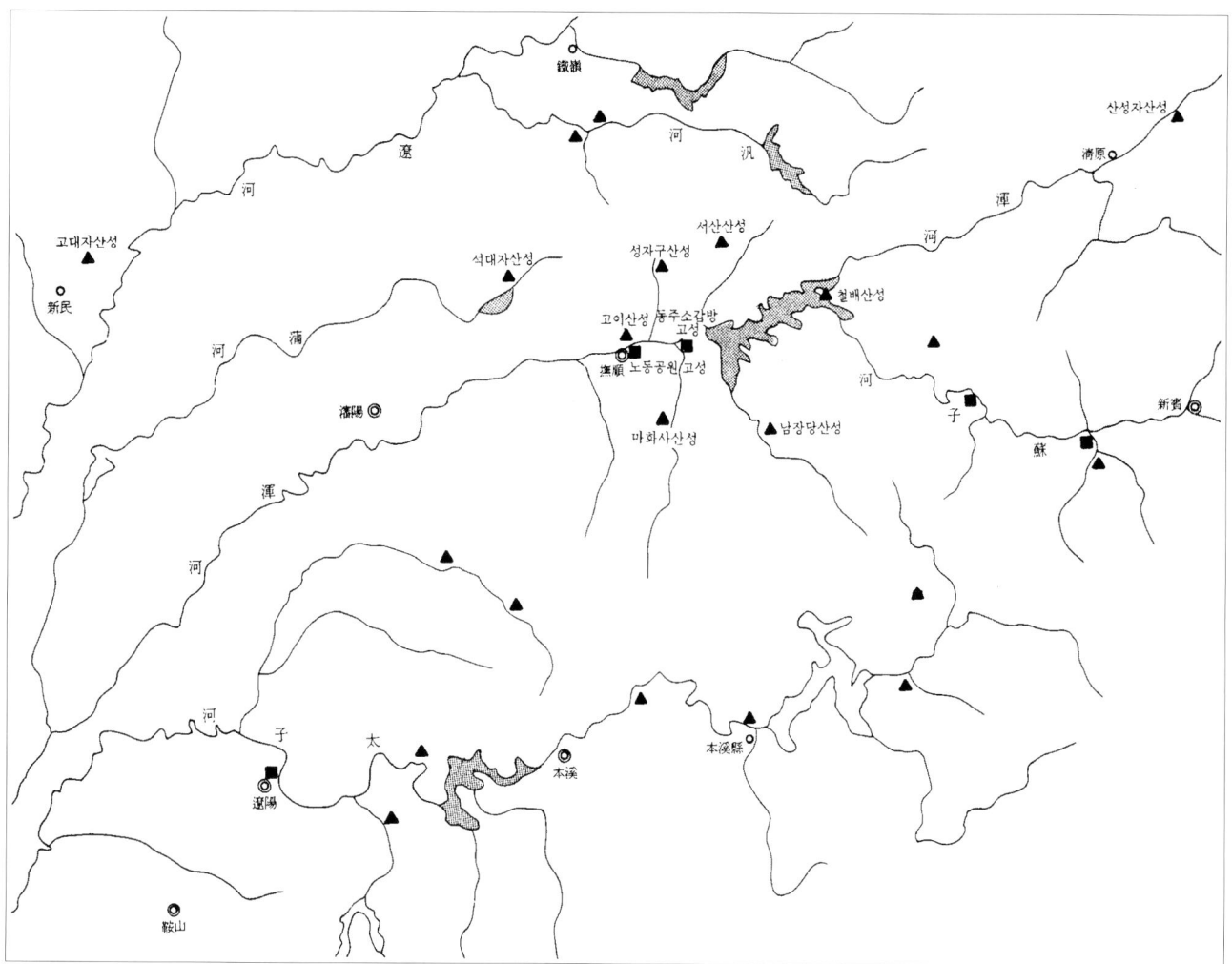

그림 1 高爾山城 위치도 1(여호규, 1999, 132쪽)

음. 高爾山城은 높은 곳에서 아래를 내려다볼 수 있는 지형에 위치하면서 渾河 연안의 교통요충지를 통제할 수 있음.

○ 高爾山城에서 渾河 하류를 따라 서남쪽으로 나아가면 광활한 遼東平原이 전개되는 반면, 渾河 상류를 거슬러 동북쪽으로 나아가면 遼東 동부 산간지대로 진입할 수 있음. 즉 高爾山城은 遼河平原과 遼東山地의 경계에 위치함. 渾河에서 蘇子河를 거쳐 고구려 초기 중심지인 渾江 유역으로 나아갈 수 있고, 松花江 상류를 거쳐 동북쪽으로 계속 나아가면 부여 중심지였던 吉林지역에 도달할 수 있음. 또한 북쪽으로 鐵嶺 방면으로 나아가면 遼河 중상류로 통할 수 있음. 高爾山城은 遼東平原에서 고구려 초기 중심지인 압록강 중류 일대로 진입하는 길목일 뿐만 아니라 여러 방면으로 나아갈 수 있는 전략적인 요충지인 것임.

○ 산성 동쪽으로 1.5km 떨어진 지점에 施家街 高句麗 고분군이 있음.

○ 高爾山 서남쪽으로 2km 떨어진 지점에 將軍堡가 있음.

2) 자연환경

○ 남쪽으로 2km 떨어진 지점에 渾河가 있음.

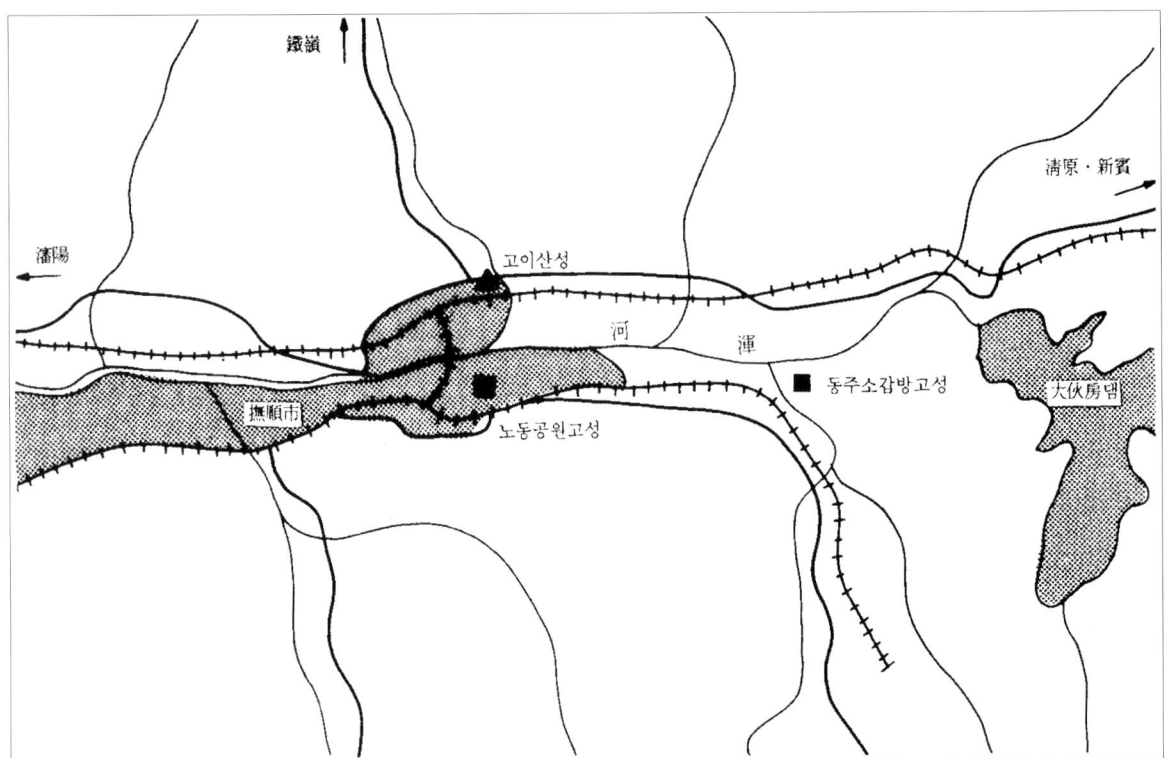

그림 2 高爾山城 위치도 2(25만분의 1)(여호규, 1999, 132쪽)

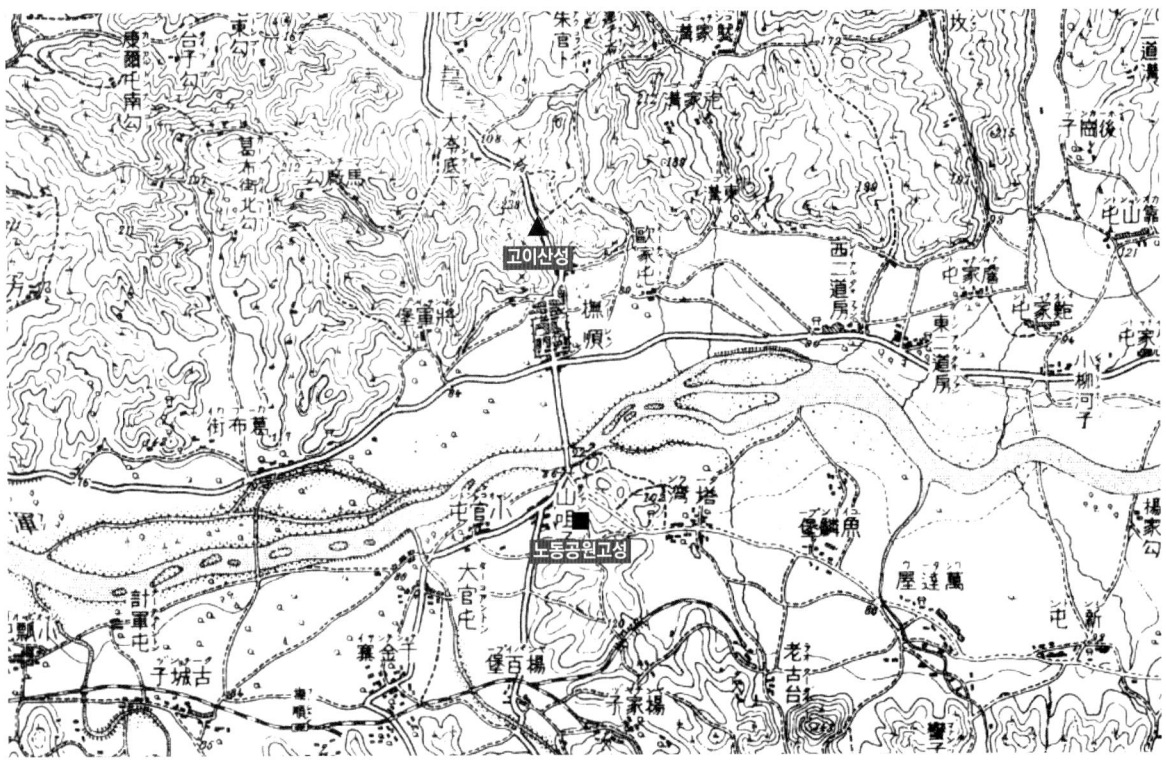

그림 3 高爾山城 주변 지형도 1(滿洲國 10만분의 1 지형도)

그림 4 高爾山城 주변 지형도 2(『北關山城』, 8쪽)

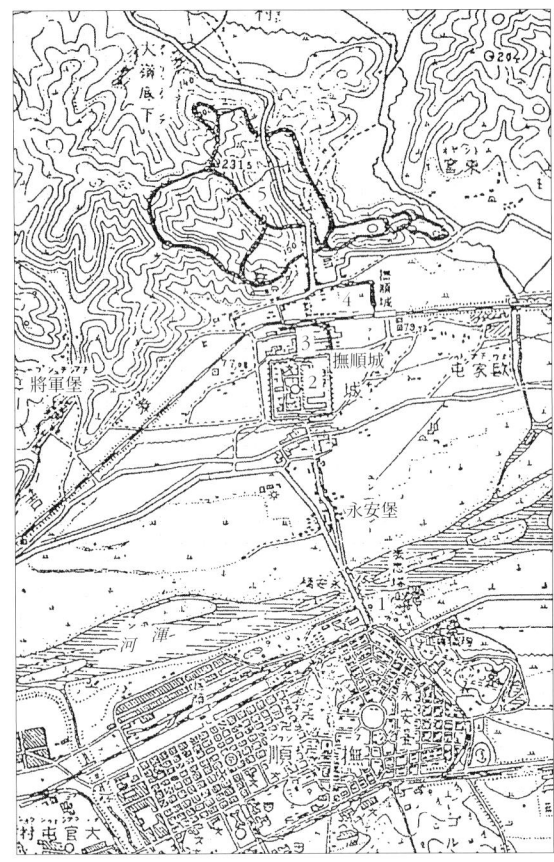

그림 5 高爾山城 주변 지형도 3
1. 명예의 언덕 2. 청대 무순성지 3. 명대 무순성지 4. 토성
5. 고이산성

○ 撫西河가 산성 북쪽과 동쪽을 지나, 남쪽으로 渾河로 유입됨.
○ 산성 주위는 험준한 산과 구릉으로 둘러싸여 있음.

3. 성곽의 전체현황(그림 6 ~ 그림 10)

○ 高爾山城은 과거에는 撫順縣城 북방에 있는 北關 마을에서 이름을 따서 北關山城이라고 명명되었음(三上次男, 1990). 그러다가 중국 정부 수립 이후 高爾山城이라고 부르고 있음.
○ 高爾山城이 위치한 高爾山은 지면보다 70~140m 솟아 있음. 동·서·북 세 면은 산등성이이고, 가운데는

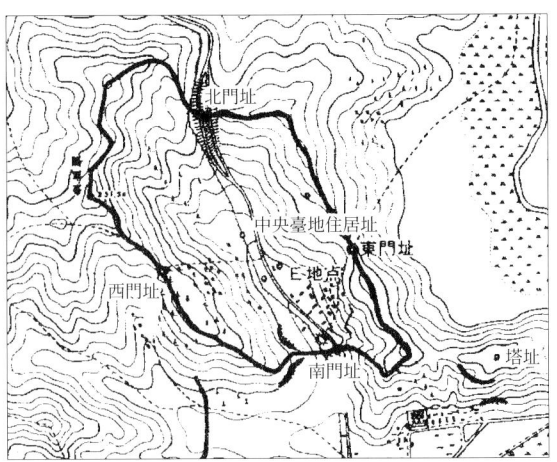

그림 6 高爾山城 평면도 1(『北關山城』, 9쪽)

북쪽의 將軍峰에서 남쪽으로 뻗어 내린 산등성이로 인해 동·서 두 개의 깊은 산골짜기가 형성됨. 이러한 산등성이를 따라 성벽을 축조함.
○ 高爾山城 평면은 불규칙형임.
○ 高爾山城은 東城, 西城, 南衛城, 北衛城과 동남 모서리에 있는 3개의 環形 小城으로 구성됨.[1] 원칙적으로 자연산맥의 방향을 따르면서, 전쟁의 방어적 수요를 따라 구축함. 이렇게 高爾山城은 유기적 연합체로, 한 번에 축조되어 완성된 것이 아니고 끊임없는 중수과정을 거쳤음. 이 가운데 東城이 가장 먼저 축조되고, 이후에 西城과 다른 衛城이 축조된 것으로 보임(徐家國·孫力, 1987).
○ 성벽 규모는 동서 길이 1,217m, 남북 너비 912m, 총 4km임(撫順市文物工作隊, 1964 ; 鄭辰, 1984 ; 孫進己·馮永謙, 1989 ; 辛占山, 1994 ; 李殿福, 1994 ; 張正巖·王平魯, 1994 ; 東潮·田中俊明, 1995 ; 馮永謙, 1997 ; 郝武華, 2000 ; 魏存城, 2002).[2]

---

[1] 王禹浪·王宏北(2007)은 동남쪽에 있는 2개의 작은 環城은 東城의 衛城, 東城 서북에 돌출되어 있는 작은 성은 後衛城이라고 기록함.

[2] 전체 둘레에 대하여 3,500m(陳大爲, 1995 ; 王禹浪·王宏北,

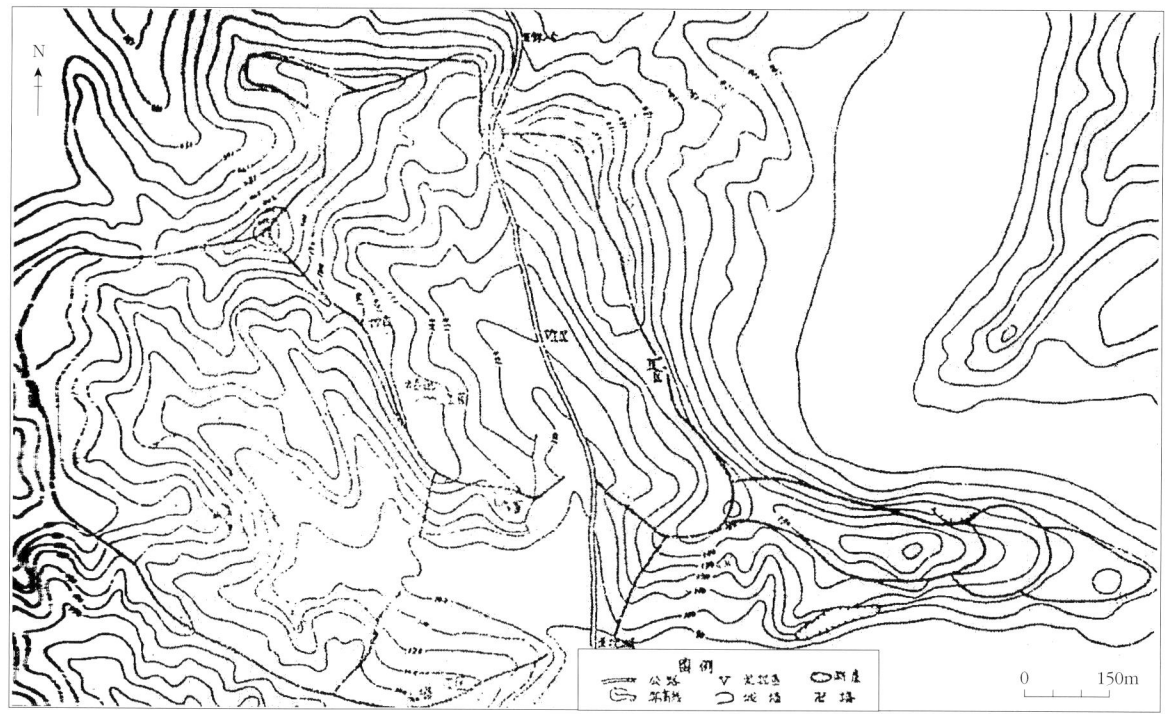

그림 7 高爾山城 평면도 2(『遼海文物學刊』 1987-2, 44쪽)

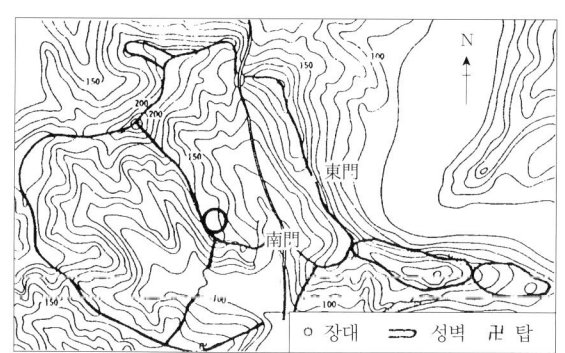

그림 8 高爾山城 평면도 3(『고구려성(II)』, 136쪽)

○ 高爾山城 안팎으로 크고 높은 나무들을 볼 수 없음. 또한 外周墻은 바깥은 험하고 안으로는 완만한 특징을 갖추고 있음. 당시 성의 방어를 유리하게 하고 넓은 시야를 확보하게 위해, 성 밖의 구릉에 풀과 나무를 남겨

2007), 4,060m(王綿厚, 2002), 3.5~4km 사이(陳大爲, 1992) 라는 기록이 있음.

두지 않았던 것으로 추정됨(徐家國·孫力, 1987).

○ 撫順에서 鐵嶺으로 통하는 도로가 남북으로 통과함. 즉 南衛城의 남문, 東城의 남문, 東城 북문의 동측을 통과함.

○ 高爾山城 서쪽 봉우리에는 遼·金시기의 탑이 있는데, 팔각형의 實心密檐式임. 塔身에는 佛龕과 雕飾이 있음. 1933년 탑 부근에서 遼 大安 4년(1088)의 陀羅尼石經幢이 발견되었음. 동쪽 산 위에도 허물어진 遼代 탑지가 남아 있음. 탑 아래의 觀音閣은 明代 건축물인데, 淸代에 여러 차례 중수되었음. 正殿, 禪堂, 鐘樓 등이 남아 있음.

1) 東城

○ 撫順-鐵嶺 도로가 관통하고 있는 골짜기를 감싼 산등성이를 따라 축조함. 高爾山城의 主城임.
○ 성의 지세는 동·서·북 세 면이 높고 남면이 낮은 키 모양(簸箕形)으로 평면은 타원형임.

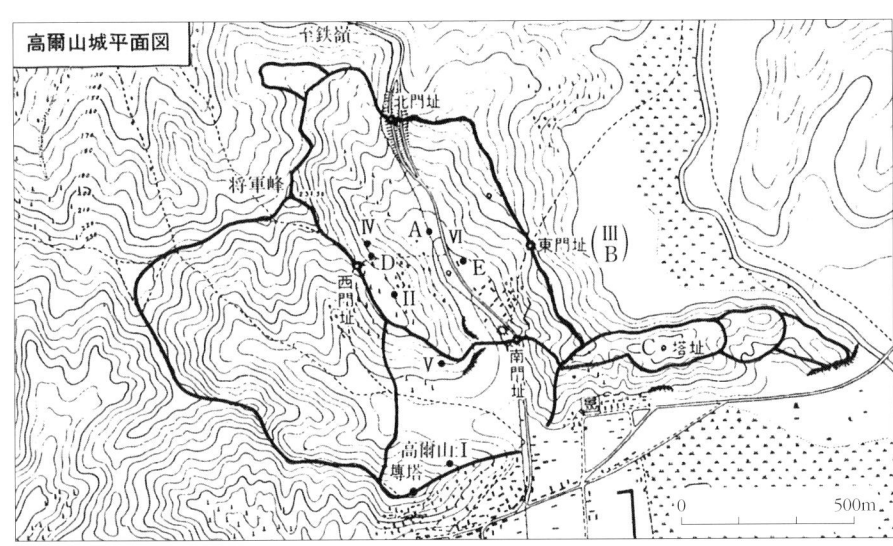

그림 9 高爾山城 평면도 4
(東潮·田中俊明, 1995, 341쪽)

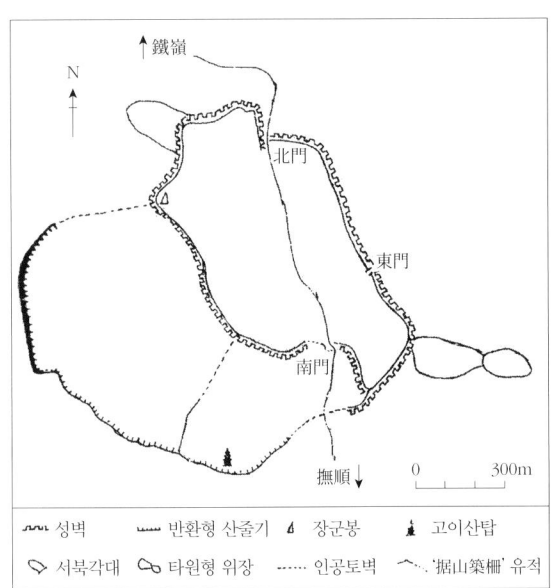

그림 10 高爾山城 평면도 5 (陳大爲 1992, 47쪽)

○ 東城은 북벽 900m, 동벽 700m, 서벽, 500m, 남벽 700m로 총 둘레는 2,800m임.
○ 1983년 조사 때 東城 동벽 서쪽 구릉에서 약간 남쪽으로 치우친 지점(II區)을 발굴함. 이 지점은 위·아래 두 개의 臺地가 동서로 배열되어 있음. 윗면의 큰 臺地는 東城 내에 유일하게 평탄하고 개활한 큰 平臺로, 길이는 60m, 너비는 40m임. 큰 臺地의 서부에는 東·

西城의 경계 성벽이 있음. 이 臺地에는 6개의 트렌치를 팠는데, 각 트렌치는 너비 2cm, 길이 25~30cm임. 여기의 토층은 매우 얕은데 20~30cm 정도 파면 기반 암석임. 시간이 지나 흙이 유실되고 경작지로 변모하면서, 臺地 위에 조성되었던 유적들은 거의 다 파괴되었음. 일부 트렌치 안에서는 遼代의 기와편이 많이 발견되었음. 이 臺地에서는 고구려의 유물이 발견되지 않았는데, 당시 연병장으로 추정됨. 遼代에 이르러서는 비교적 큰 건물지들이 있었던 것으로 추정됨. 아래쪽 대지는 동쪽을 향해 약간 돌출되면서 마주하고 있는 東城의 동문을 통제할 수 있었고 북쪽으로 북문을 바라볼 수 있는 등, 東城 내 주요 전략요지 가운데 하나임. 이 구역에 5×5m의 피트 60개를 시굴하면서 드러난 면적은 총 1,500m²에 달함. 그 가운데 일부 피트에서는 유적과 유물이 발견되지 않았음. II區 FG83T30피트에 드러난 층위는 기본적으로 4층으로 나눌 수 있음. 제1층은 두께가 약 30cm인 경작층임. 제2층은 黃褐砂質土로, 작은 모래와 돌이 혼입됨. 주요 유적과 유물이 포함된 층임. 두께는 약 40~48cm임. 제3층은 혼입된 含雜物이 비교적 적고, 성질이 순수함. 대부분 직경 약 1~3cm의 작은 깬돌임. 제4층은 짙은 갈색 토층으로 토질은 견실한데, 약간 層次感을 형성함. 두께는 약 15~25cm임. 아주 적은 유물이 출토됨. 그 아래로는 生土層임.

○ 1983~1985년 조사 때, 東·西 두 성의 경계 지점 동쪽의 3층 구릉지(IV區)를 시굴함. 남북방향으로 5×5m의 피트를 1줄에 10개씩 3줄 팠음. 이곳은 지세가 비교적 높아 토층이 매우 얕은데, 일부 유적은 현 지표에 노출되기도 하였음. 그 아래는 生土層 혹은 기반암석임. 가장 위쪽에 위치한 臺地의 동·서 경계 성벽 퇴적토를 걷어냈을 때, 자연석 퇴적지를 발견함. 중간 臺地는 후대의 파괴로 인해 유적과 유물이 많지 않음. 북쪽 근처에 홍색 승문기와편이 퇴적되어 있지만, 그 하부에는 유적이 보이지 않고, 생활용품도 출토되지 않았음. 한편 건물지가 확인됨. 가장 아랫면에 있는 대지는 경사도가 다른 두 개의 대지보다 약간 큰데, 기반암석을 뚫고 기둥구멍을 만든 건물지가 확인되었음.

○ 1983~1985년 조사 때, 東城 동문 안 북부 대지(VI區)를 시굴하였는데, 출토된 유적과 유물은 東·西城 경계지점 동쪽 대지의 상황과 같음. 비교적 밀집된 주요 생활구역으로 추정됨.

○ 東城 서쪽 구릉(II區)은 東城 안의 세 문을 통제할 수 있는 중요한 전략적 요충지임. 이로 볼 때, 이곳에 조성된 건물지들은 당시 성 전체의 방어와 관련된 시설물로 볼 수 있음. 출토된 유물을 보면 생활용품이 적은 반면 군사활동과 관계가 있는 철제무기 등이 절대다수를 차지하고 있는데, 이 또한 이 구역의 성격을 보여주는 예라고 할 수 있음

○ 고구려시기의 유적이 주로 東城 내에 분포하고 있는 것으로 보아, 당시의 주요 활동 장소라고 할 수 있음 (徐家國·孫力, 1987).

2) 西城

○ 西城은 서쪽 골짜기를 감싼 산등성이를 따라 축조함.
○ 성의 지세는 동·서·북 세 면이 높고 남면이 낮은 키모양(簸箕形)임.
○ 西城 안에서 金元시기의 석관묘와 明·淸시기의 묘장이 발견됨.
○ 西城에서는 漢代유물은 발견되지만, 고구려유물은 발견되지 않았음.
○ 西城의 성벽은 東城과 비교해 볼 때, 규모 및 구축의 정교함에서 모두 뒤떨어짐. 이로 보아 西城은 東城을 호위하는 기능을 하였고, 전쟁시를 제외하고는 사람의 활동은 거의 없었다고 추측할 수 있음(徐家國·孫力, 1987).

3) 南衛城

○ 南衛城은 西城 서남벽의 동남단과 東城 동벽의 남단 사이에 위치함. 이 부분은 산성 안쪽 골짜기 전체 입구로, 西城 동남단에서 동쪽으로 뻗은 산등성이와 東城 동남단에서 서남쪽으로 뻗어 내린 산등성이가 골짜기 남쪽으로 가로막고 있고, 두 산등성이 사이에는 폭 200m의 골짜기 입구가 있음.

○ 南衛城 남벽의 절벽 근처에 八角密檐式 9층 塼塔이 있음.

○ 1983~1985년 조사 때 高爾山 古塔 동부에서 북쪽으로 치우친 방면, 南衛城 남벽(자연 峭壁을 벽으로 삼았음)의 내측(I區)에 트렌치 2개를 팠는데, 4개의 퇴적층이 있었음. 제1층은 마사토층(山皮土層)으로, 두께는 약 20cm 정도임. 제2층은 砂石土層인데, 돌은 일반적으로 3~5cm의 거칠게 다듬은 風化山石이고, 再生堆積으로 보이며, 두께는 40여 cm임. 제3층에는 흑회색 흙이 퇴적되어 있었는데, 토질은 푸석푸석함. 간혹 1cm 정도의 작은 돌이 있음. 유물은 발견되지 않았음. 제4층은 黑色土層으로 粘性이 비교적 큼. 두께는 10~35cm임. 트렌치 한 곳은 遼·金시기의 再生堆積에 속함. 탑이 있던 寺廟址로 추정되는데, 건물지가 붕괴된 후 퇴적된 것으로 보임. 현재 觀音閣의 上院·下院의 건물지는 명확하게 明清시대에 축조된 것임(徐

家國·孫力, 1987).

○ 1983~1985년 조사 때, 南衛城 북부의 작은 대지(V區)에 5×5m의 트렌치를 2줄로 10개를 팠음. 트렌치 위쪽에 쌓여 있던 돌과 흙은 여러 해 동안 서측 山巖을 파내면서 떨어져 내린 돌임. 그 아래는 문화층임. 일부 트렌치에서는 깊이 1m 근처 지점에 불에 탄 견고한 紅燒土面이 있고, 간혹 평평한 면이 위로 향하고 있는 돌이 있는데, 기둥 초석(柱礎石)으로 추정됨. V區 臺地의 동면에는 건물을 축조할 때 흙을 취하면서, 인위적인 수직절벽이 형성되어 있음. 단면을 볼 때 5m의 퇴적 가운데 최소 5개의 활동면이 있음. 폭우로 인해 흙더미들이 흘러내려 가면서, 많은 토기편과 와당이 뒤섞이게 되었음. 다수의 遼代 유물들도 출토되었음.

○ 南衛城의 성벽은 낮고 간단하게 축조되었으며 성벽 안의 산골짜기에 고구려의 유물이 발견되지 않은 것으로 보아, 東城과 동시기에 축조된 것은 아니라고 추정됨(撫順市文物工作隊, 1964).

4) 北衛城

○ 산성의 서북 모서리, 즉 東城 북벽 바깥 將軍峰 동북면의 산봉우리에서 서북방향으로 펼쳐진 산등성이에 혀모양(舌形)의 성이 있는데, 北衛城임.[3]

○ 北衛城 남면은 東城의 북벽에 잇닿아 있음.

○ 북면과 서면 아래로 골짜기가 접해 있고, 북면 골짜기에서 멀지 않은 곳은 평지임.

○ 동서 길이는 140m, 남북 너비는 50m로, 규모는 그리 크지 않음.

○ 北衛城의 지세는 평탄하고 東城의 북벽보다 수 m 낮음. 이에 대해 東城의 북벽을 축조하면서 그 주변을 취토하였기 때문이라는 견해가 있음(徐家國·孫力, 1987 ; 郝武華, 2000).

○ 北衛城에 서면 서·북 양면, 평지, 산과 언덕 등이 모두 한눈에 들어옴.

○ 北衛城은 산성 서북면의 방어를 강화하기 위해 지형과 산세에 따라 성벽을 축조한 것이고, 산성 서북쪽 면 곳까지 볼 수 있음. 즉 산성은 감시 및 방어의 기능을 가진 시설로, 산성의 제1선 방어선임.

5) 동남쪽의 小城

○ 東城 바깥 동남면에는 동벽 남단의 산꼭대기에서 동남쪽으로 뻗은 산등성이가 있는데, 동서가 길고 남북이 좁으며, 동남쪽으로 갈수록 점차 낮아지다가 험준한 낭떠러지로 변모함. 이러한 산세를 이용하여 산등성이 가장자리를 따라서 동서 길이 300m, 남북 너비 150m인 타원형 성벽을 축조함. 성벽 동측으로도 弓形 성벽 두 줄기를 연이어 구축함.

○ 1963년 조사 때에는 남쪽의 트인 지점을 제외하면 보존상태가 양호한 편이었다고 함.

○ 小城이 위치한 지점은 동쪽으로 撫西河, 남쪽으로 渾河 북안의 동서교통 요충지와 매우 가까움.

○ 東城의 동면을 방어하던 주요성으로 추정됨(撫順市文物工作隊, 1964 ; 陳大爲, 1992).[4]

4. 성벽과 성곽시설

1) 성벽

○ 高爾山城은 성벽의 바깥이 험준하고 안쪽은 완만한 특징을 가지고 있는데, 東城에서 더욱 두드러짐.

○ 성벽의 축조방식에 대해서는 토축(撫順市文物工作

---

[3] 北衛城에 대해 東城이 主城이고 이외의 시설은 임시 방어시설이기 때문에 성과 구별해야 한다고 보고 城外臺라고 부르기도 함(陳大爲, 1992).

[4] 小城에 대해 東城이 主城이고 이외의 시설은 임시방어시설이기 때문에, 성과 구별하여 한다고 보고 城外城라고 부르기도 함(陳大爲, 1992).

隊, 1964 ; 孫進己·馮永謙, 1989 ; 陳大爲, 1995 ; 馮永謙, 1997), 토석혼축(溫秀榮·張波, 1996 ; 李殿福, 1998 ; 王禹浪·王宏北, 2007 ; 國家文物局, 2009), 토축과 토석혼축의 혼합형으로 하부는 자연석으로 성벽 기단을 쌓고 그 윗부분은 흙을 다져 쌓았다는 견해(王綿厚, 2002), 비교적 큰 깬돌로 單列 석벽을 쌓고 그 윗면에는 흙을 쌓았다는 견해(魏存城, 2002·2011) 등의 조사기록과 견해가 있음.

○ 1963년 조사 때에는 성벽의 윤곽이 명확하게 남아 있었는데, 당시 성벽의 높이는 일반적으로 2~5m이고, 성벽 안쪽은 완만하고 바깥쪽은 가파르며, 아래가 넓고 윗면이 좁은 쐐기형이었음. 여러 구간에서 다져진 층을 볼 수 있는데, 각 층의 두께는 10~15cm였음. 외벽은 일반적으로 45~60° 정도 경사져 있었음.

○ 1983~1985년 성벽의 축조상태를 정밀 조사한 결과, 겉으로 보기에는 토축이지만 세 가지 방식이 나타나고 있었음. 첫 번째 방식을 살펴보면, 조금 융기한 산등성이에는 흙을 계속 쌓아서 높이와 두께를 더하였고, 일부 구간에는 흙의 유실을 방지하기 위해 깬돌을 채워 넣거나 흙을 다지기도 하였는데, 다져진 층의 두께는 일반적으로 8~10cm임. 東城의 동문에서 북쪽으로 뻗어 있는 일부 구간에 비교적 잘 남아 있는데, 남아 있는 높이는 8m에 달하고, 비단 너비는 약 24m임. 두 번째 방식을 살펴보면, 토축 성벽 안쪽에 비교적 큰 깬돌로 한 줄의 석벽벽심을 구축하고, 윗면에 다시 흙을 쌓아 견고함을 더하였음(包骨墻). 東·西城 경계지점 남단은 이러한 방식으로 성벽을 축조함. 세 번째 방식을 살펴보면, 평지에 성벽을 축조할 때 먼저 깬 毛石을 30~50cm 쌓은 다음, 그 위에 흙을 쌓거나 혹은 다져서 축조하였음. 東城 남문지 서벽은 바로 이러한 축조방식으로 구축하였음. 이러한 방식으로 축조한 성벽 가운데 일부 구간은 높이가 5m를 넘기도 함(徐家國·孫力, 1987).

○ 동문 남벽 근처에서 쐐기형 성돌이 발견됨. 성 기단

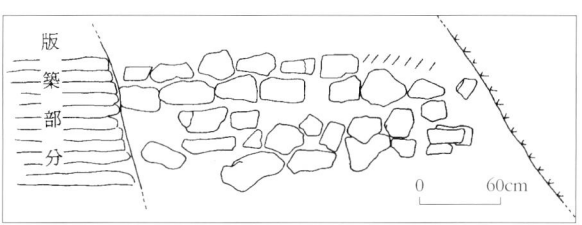

그림 11 高爾山城 東城 북벽 단면도(『北關山城』, 29쪽)

층에서 정상부까지 층층히 쌓았는데, 내벽에는 6층의 성벽돌이 남아 있음. 성벽의 속채움부는 깬돌로 채워 넣었음(王綿厚, 2002).

(1) 東城

① 북벽(그림 11)

○ 북벽은 將軍峰에서 동북 모서리에 이르는 구간으로, 길이는 약 900m임.

○ 바깥쪽으로 만곡되어 '⌒'형을 이루고 있음.

○ 1940년 조사 때 북문 근처의 인공성벽은 최고 높이 4尺, 폭 약 54尺에 달했음. 성벽의 외부는 돌로 쌓았음. 성벽은 상부가 좁고 하부는 넓어서 삼각형의 단면을 이루고 있음. 돌은 벽돌 쌓는 것처럼 쌓았는데, 축조 당시에는 가지런하였다고 생각되나, 당시에는 교란되었다고 함. 돌은 크기가 1×5×?, 1.2×6×?(단위 미상, 尺으로 추정)이고, 화강암과 편마암이 주를 이루고 있음. 성벽 외면에는 회반죽을 발랐음. 내측은 일반적으로 토축임. 상부, 중부, 하부로 나눌 수 있음. 하부의 토축벽은 작은 돌을 포함하고 있는 적갈색의 점토이고, 판축한 흔적이 있음. 판축한 두께는 2寸 5分~3寸임. 토기 등의 유물은 발견되지 않음. 중부 약 5尺은 混石層임. 이 부분은 암갈색이 나타남. 성벽에 사용되었던 것과 같은 돌이 상부와 하부에 1줄로 나란히 있고, 그 사이는 2寸角의 돌을 포함한 흙으로 채워져 있음. 상부의 토색은 하부와 같은 갈색임. 큰 돌이 포함되어 있음. 최상부는 유기질을 포함하면서 토색이 검정색임. 지하 2~

8寸 되는 곳에는 고구려의 적색 기와편이 출토됨.
○ 1963년 조사 때에는 성벽이 비교적 양호하게 남아 있었는데, 남은 높이가 5m에 달했음(撫順市文物工作隊, 1964).

② 동벽
○ 동벽은 동북·동남 모서리의 산봉우리 사이 구간에 축조되었는데, 길이는 약 700m임.
○ 동벽은 안쪽이 완만하고, 바깥쪽이 가파름.
○ 남·북 양 단은 모두 산꼭대기이고, 중간 부분은 조금 낮으면서 평평함. 남·북 양 단에서 망을 보았을 것으로 추정됨(撫順市文物工作隊, 1964).
○ 1940년 조사 때 동문 양측으로 성벽이 이어지고 있었는데, 남측 성벽이 완전하게 남아 있었음. 남측 성벽은 동단에서 남쪽으로 꺾어 성벽의 동면 외벽이 되고, 남쪽으로 이어짐. 남쪽 성벽은 커다란 切石을 견고하게 쌓았음. 다듬은 돌의 하부는 상부보다 넓고, 切石의 정면은 약간 경사를 가지고 있음. 남측 성벽의 북면은 동부에는 5단, 서부에는 6단을 쌓았음. 돌의 크기는 2×1×1, 2×1.3×?, 2.4×6×?(단위 미상, 尺으로 추정)임. 성벽 내부에는 1寸角 정도의 작은 돌을 채워 넣었음. 당시 성벽의 남측과 동면 바깥에 성벽이 붕괴되어 많은 작은 돌들이 흘러내리면서, 약 1.5~2m 정도 동부 외면을 덮고 있었다고 함.
○ 1963년 조사 때 성벽은 비교적 잘 남아 있었는데, 가장 높은 지점은 높이가 6m, 기단부 너비는 10m에 달함(撫順市文物工作隊, 1964).
○ 1983~1985년 조사 때 동문 북측의 성벽(Ⅲ區)을 시굴하였는데, 약간 융기된 산등성이 안팎으로 동시에 흙을 쌓았고(판축 흔적은 명확하지 않음), 다시 성벽 안측에 자연석을 쌓아서 견고함을 더하였으며, 마지막으로 흙을 덮었음. 쌓여진 흙 속에서 고구려시기의 홍색 승문기와편들이 출토된 바, 여러 차례 증수하였을 가능성이 있음(徐家國·孫力, 1987).

③ 서벽
○ 서벽은 將軍峰에서 동남쪽으로 산성 중앙을 향해 뻗은 산등성이에 자리 잡고 있는데, 길이는 약 500m임.
○ 서벽은 西城과의 경계를 이루는 성벽으로 西城의 동벽에 해당하기도 함.
○ 북쪽이 높고 남쪽이 낮음.
○ 1963년 조사 때 가장 높은 구간은 4m에 이르렀음(撫順市文物工作隊, 1964).

④ 남벽
○ 남벽은 남쪽 골짜기 입구를 동서 방향으로 횡단하여 축조하였는데, 길이는 약 700m임.
○ 1963년 조사 때에는 남문 동측 구간이 비교적 잘 남아 있었는데, 남은 높이는 3m였다고 함. 서단은 대부분 붕괴되면서 몇몇 곳에 흙더미만 남아 있었다고 함.
○ 남벽 동측의 일부 구간에는 외벽과 내벽을 겹으로 쌓은 겹성구조가 남아 있음.

(2) 西城
○ 將軍峰에서 서남방향으로 뻗은 산등성이는 'V'자형을 그리며 동남쪽으로 방향을 꺾어 골짜기 전체를 감싸면서 東城의 남문 맞은편까지 이어지고 있는데, 이 산등성이를 따라 1,500m에 이르는 서북벽과 서남벽을 축조하였음. 1963년 조사 때 'V'자형의 서북벽과 서남벽은 토벽이고, 북쪽 300m 정도를 제외하면 성벽이 잘 남아 있었는데, 너비는 0.8m, 높이는 0.5m로서 東城에 비해 규모가 작음.
○ 將軍峰에서 동남쪽으로 뻗은 산등성이에 위치한 東城의 서벽은 西城의 동북벽을 이루고 있음.
○ 서남벽 동남단과 동북벽 동남단 사이는 서쪽 골짜기 입구로서 산기슭과 평지로 이루어져 있는데, 이곳을 횡단하여 동남벽을 구축하였음.
○ 西城의 외곽 성벽은 중앙의 높은 토벽 안쪽에 약간 낮은 토벽을 나란히 쌓은 겹성구조임(三上次男·田村晃

一, 1993).

(3) 南衛城

○ 1963년 조사 때 西城 서남단에서 東城의 남문 맞은편 서남단에 이르는 산등성이에 500m 정도의 성벽이 남아 있었음.

○ 東城 동남단 산봉우리에서 서남 방향의 산등성이를 따라 500m 정도의 弧形 성벽을 축조함.

○ 너비 200m인 골짜기에 성벽이 있어 두 산등성이의 성벽을 연결하였을 것으로 추정되지만 1963년 조사 때에는 흔적을 찾아볼 수 없었다고 함.

(4) 北衛城

○ 將軍峰 동북측에 위치한 東城 북벽 작은 산봉우리에서 서북방향으로 돌출한 산등성이 가장자리에 흙으로 성벽을 축조하였음.

○ 동서 길이는 140m, 남북 너비는 50m임.

2) 성문

문은 동, 서, 남, 북문 등 4개가 있음(三上次男·田村晃一, 1993).[5]

(1) 東城 남문(그림 12)

○ 남문에 대해 지역 주민들은 '北土門子'라고 부르고 있음.

○ 東城 골짜기 남쪽 입구에 위치함. 성의 정문임.

○ 撫順-鐵嶺 도로가 통과하고 있는데 1963년 조사 때, 도로 폭은 9.5m였음(撫順市文物工作隊, 1964). 옛 도로를 활용한 것임.

○ 1963년 조사 때 동서 양측에 10m 높이의 흙더미가 있었고, 다져진 층도 볼 수 있는데, 층의 두께는 약

---

[5] 東城에 남·북·동문 세 개가 있다는 기록이 있음(徐家國·孫力, 1987).

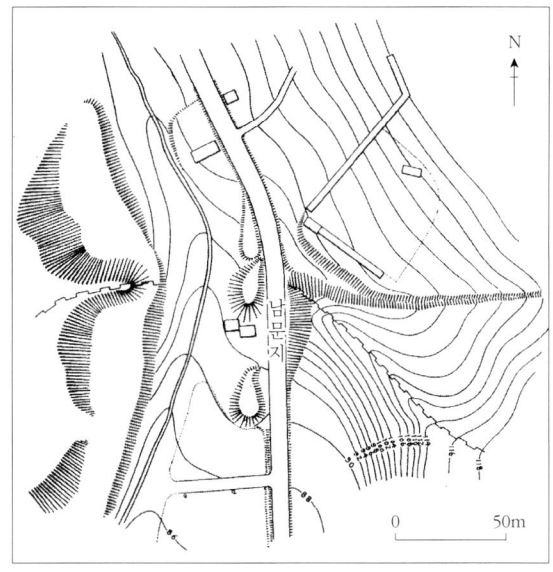

그림 12 高爾山城 남문지 부근 지형도(『北關山城』, 29쪽)

10cm임. 서측 흙더미에서 남쪽 26m 떨어진 지점에도 흙더미가 있는데, 높이는 5m이고, 역시 다져져 있었다고 함. 동측 성벽과 연결되어 弧形의 옹성문을 이루었다고 추정됨(撫順市文物工作隊, 1964).

○ 문지 양측의 翼墻으로 인해 함입형 'U'자 옹성을 이루고 있는데(溫秀榮·張波, 1996 ; 王綿厚, 2002 ; 魏存城, 2002), 적군이 南衛城을 돌파하여 東城의 남문에 도착했을 때 양쪽에서 협공을 할 수 있는 상황을 만들 수 있음(徐家國·孫力, 1987).

(2) 東城 북문

○ 북벽에서 동쪽으로 치우친 지점에 위치함.

○ 문지의 지세는 비교적 높은 편임.

○ 1963년 조사 때에는 5m 너비의 豁口가 남아 있을 뿐, 문의 구조에 대해 알 수 없었다고 함.

(3) 東城 동문지 (그림 13~그림 15)

○ 동벽 가운데 부분에 위치했는데, 지세가 낮고 평평함.

○ 작은 길이 형성되어 있는데, 上黃旗營子村으로 갈 수 있음.

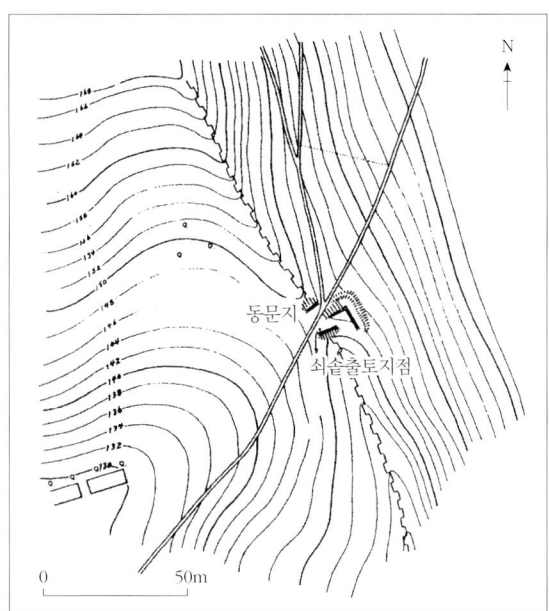

그림 13 高爾山城 동문지 부근 지형도(『北關山城』, 22쪽)

○ 1940년 조사 때 문지 중앙에 돌계단 3단이 있었음. 계단의 緣石은 상당히 크고, 내부에는 3~4寸角의 비교적 작은 깬돌을 채웠음. 1단에서 2단을 쌓을 때 2단의 가장자리는 안으로 들어가 있으면서 말발굽형을 이루고 있는데, 인위적인 것인지 자연적인 것인지는 불분명함. 남측 성벽 위에는 礎石이 있고, 그 위로 직립하는 기와 6점이 서로 이어져 있는데, 기와는 모두 흑색임. 그 위로는 적색 기와가 흩어져 있었음. 암키와를 깨뜨려서 수키와를 대용한 것도 있음. 처마 끝 쪽은 흑색 기와를 쓰고, 지붕 용마루 쪽으로는 적색 기와를 썼던 것으로 추정됨. 礎石 위에는 9寸 정도의 흙이 있음. 동문 남측벽은 상하 2단으로 되어 있음. 하단 돌담의 길이는 약 7尺임. 상단 돌담의 길이는 8尺 정도임. 하단의 돌담은 높이가 6尺 정도에서 끝나고, 상단 돌담 상면은 폭이 3尺 정도의 평탄면이 됨. 기와들은 상단의 돌담 약간 북쪽에서 발견되고, 평기와를 제거하면 上段의 돌담이 나옴. 처마 끝에 덮였던 평기와류가 그대로 처마에서 흘러내려 직립했고, 그 위로 나중에 기와가 퇴적된 것으로 추정됨. 만약 여기에 건물이 있었다면 문루가 있었을 것으로 추정됨. 동문지 동벽 바깥에서 작은 자갈이 나왔는데, 벽의 중간에 있음. 옹성의 흔적일 수도 있음. 석축 내측에는 문지의 초석이 있었을 것임(三上次男·田村晃一, 1993).

○ 1963년 조사 때에는 6m 너비의 붕괴지점이 있었고, 양측 성벽의 높이는 6m 정도였음. 해방 전에는 큰 石條로 축조한 돌계단과 측벽이 있었음. 1983~1985년 조사 때 관계자의 말에 의하면, 동문지 부근의 외벽 양측은 모두 石條로 쌓아서 이루어진 계단 형태이고, 각 층 길이는 약 20m라고 함(徐家國·孫力, 1987).

○ 東城 동문지(Ⅲ區)는 현재 자연적인 豁口임. 豁口 외측에는 남단에 접하여 북향하는 반원호형의 흙더미가 있는데, 토축흔적이 매우 명확함.

○ 북쪽을 바라보고 있는 개구부는 당시의 출입구임. 이러한 모습은 남문과도 일치함(徐家國·孫力, 1987).

○ 동문지에서는 철제화살촉, 와당, 태평통보 등이 출토되었는데, 특히 서북방에서 많이 출토됨.

(4) 東城 서문(그림 16)

○ 서벽 중간에 위치함.

○ 1944년 조사 때 옹성의 서벽이 발굴됨. 옹성은 바깥쪽의 가파른 지형으로 인한 제약으로 안쪽에 설치하였음. 옹성을 절개해 보았을 때, 상부에는 석축이 없었음. 토색이 변하고 생땅처럼 된 곳이 옹성벽임.

○ 서문 북부는 地山이 얕음.

○ 트렌치에서 못 1개가 발견됨.

(5) 암문(便門)

서벽에는 작은 암문(便門)이 있는데, 西城과 연결됨.

3) 망대(각대)

○ 전체 산성의 외위벽에는 12개의 돌출된 감제고지가 있는데, 대부분 꺾이는 지점 혹은 다른 중요 지점임.[6]

그림 14 高爾山城 동문지 실측도(『北關山城』, 23쪽)

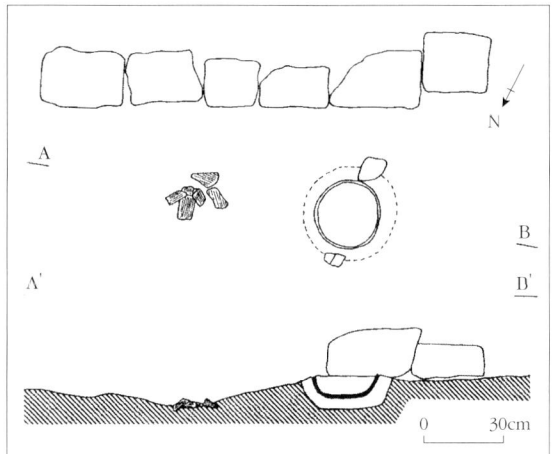

그림 15 高爾山城 동문지 출토 도가니(『北關山城』, 24쪽)

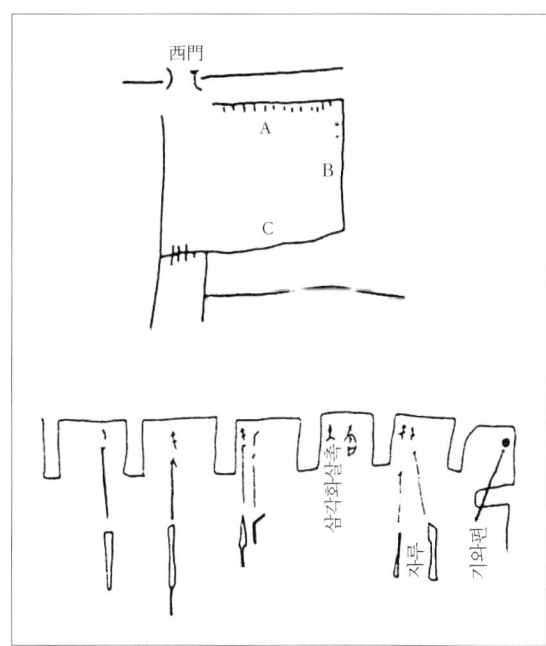

그림 16 高爾山城 서문 실측도(『北關山城』, 17쪽)

---

6   12개의 봉화대가 있다는 기록이 있음(溫秀榮·張波, 1996).

해발 230m인 將軍峰이 중심이었는데, 당시의 지휘 혹은 요망 장소라고 할 수 있음. 감제고지에는 모두 인공적으로 쌓은 흙더미가 있음.

○ 將軍峰 정상부에는 판축한 흙더미가 있는데, 높이는 약 15m, 판축한 층의 두께는 6cm임. 승문기와편 및 明代 벽돌과 기와가 섞여 있었는데, 明代까지 墩臺로 이용되었다고 볼 수 있음(撫順市文物工作隊, 1964).
○ 將軍峰 망대 동쪽에 있는 망대는 큰 돌을 쌓은 후 다시 백회로 틈을 메워 기초를 만들었음.
○ 西城 서벽 위 망대의 흙더미에서 前漢시기의 토기편이 발견되었는데, 산성 내에서 발견된 가장 이른 시기의 유물임.

4) 성가퀴

東·西 두 성의 경계 성벽 위에 쌓여진 흙을 걷어내면서 너비가 60cm 정도인 자연석 퇴적지가 발견되었는데, 2m 이어지다가 50cm 정도 끊어짐을 반복하고 있음. 東·西城의 경계 성벽 위에 있던 성가퀴로 추정됨.

5) 참호

성 바깥 서남쪽에는 흙으로 쌓은 여러 줄기의 참호가 있는데, 산성 외벽과 연접해 있음.

6) 회곽도

西城 서벽 내측에 너비가 3m 정도인 평탄한 노면이 있고, 東城 동벽 내측에서 유사한 흔적이 있는데, 당시 순찰 혹은 군사물자를 운송했던 회곽도로 추정됨(徐家國·孫力, 1987).

7) 水口門

東城 남문 서측에 배수구와 수문이 있음. 배수구는 성 안쪽에 있음. 도랑의 양측은 모두 큰 돌을 이용해서 세심하게 쌓았음. 수문이 있는 곳에는 말뚝 7개를 동북쪽에서 서남쪽으로 박아 난간을 이루게 하였는데, 수문을 통해 성 안으로 잠입하려는 침입자를 막고자 한 것임. 발굴하면서 출토된 말뚝 한 개는 남은 길이가 약 230cm이고, 직경이 약 20cm이며, 가장자리는 多棱形으로 다듬었고, 윗면에는 주홍색의 도료가 남아 있음. 말뚝의 재질은 배나무로 감정되고 있음. 발견 당시 전부 물 속에 매몰되어 있었는데, 처음 만들어졌을 때와 같이 견고했음.

5. 성내시설과 유적

1) 건물지

撫順-鐵嶺 간 도로 양측에는 크기가 다른 계단식 臺地가 많이 있는데, 고구려시기의 유적과 유물이 풍부하게 남아 있음. 이곳에는 건물이 자리 잡고 있었을 것으로 추정됨(徐家國·孫力, 1987).

(1) 중앙거주지(그림 17~그림 19)

○ 東城 한복판의 대지, 국도 서쪽 옆에 자리 잡고 있음.
○ 발굴 당시 북쪽은 2尺 5寸, 동쪽은 8寸, 남쪽은 1尺 5寸, 서쪽은 1尺 정도 매몰되어 있었음.
○ 주거지의 크기는 동서 길이 약 11m, 남북 너비 약 8m임.
○ 남측에 2개의 커다란 돌이 있는데, 전체의 중심을 이루고 있음. 그 외에 커다란 돌은 발견되지 않았음. 따라서 이 돌을 보통 의미의 礎石으로 인정할지는 의문임.
○ 동남쪽을 제외한 네 모서리와 북부 중앙에 돌이 놓여 있는데, 礎石으로 볼 수 있음. 礎石은 푸른색의 섬록암임. 礎石의 배치로 볼 때, 건물지는 2칸으로 이루어져 있다고 볼 수 있음.
○ 내부 바닥에는 4~5寸角의 작은 돌이 채워져 있음.
○ 바깥쪽 양측에 3~4寸角의 돌로 쌓은 고래(溝)가 있음. 먼저 북벽을 따라 동쪽으로 가다가, 방향을 꺾어 동벽을 따라 남쪽으로 이어지고, 중간에서 다시 동쪽으

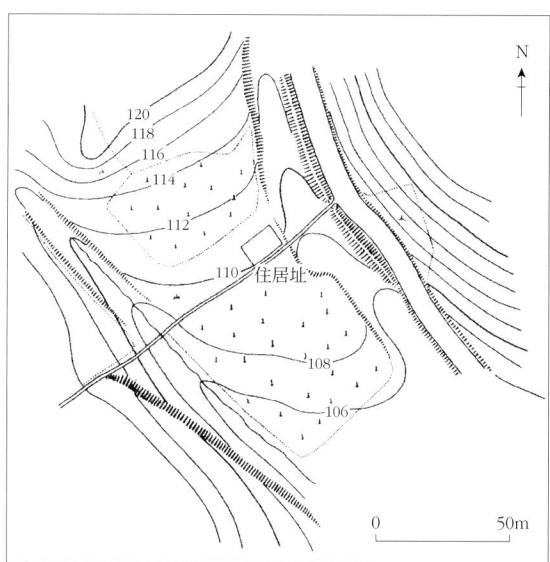

그림 17 高爾山城 중앙주거지 부근 지형도(『北關山城』, 19쪽)

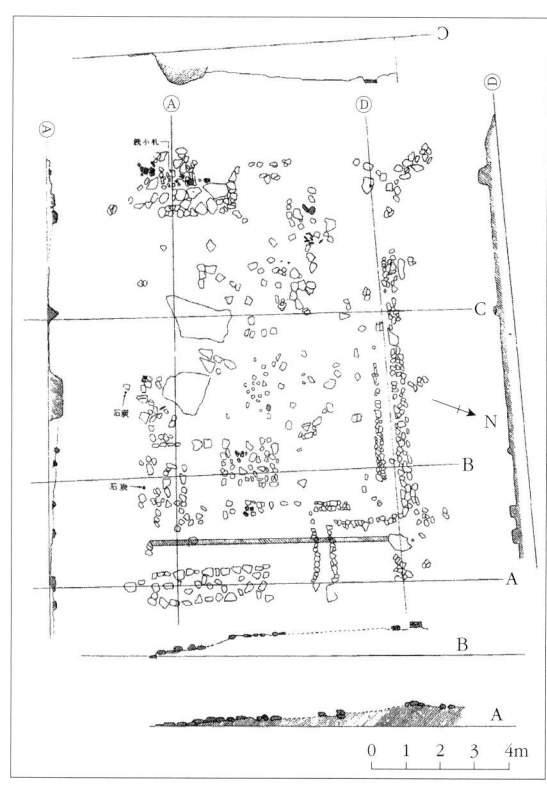

그림 18 高爾山城 중앙주거지 평면도(『北關山城』, 20쪽)

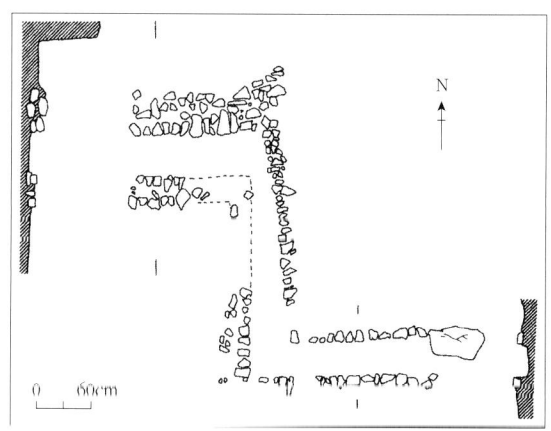

그림 19 高爾山城 중앙주거지 온돌 평면도(『北關山城』, 21쪽)

로 꺾어 건물 바깥으로 나가는데, 그 끝에는 상당히 큰 돌이 있음. 온돌의 아궁이는 분명치 않음. 동남쪽 구석이 들어간 것을 볼 때, 그 근처에 아궁이가 있었을 것으로 추정하기도 하였으나, 실측도를 보면 주거의 서북부에 있어야 함.

○ 서면과 북면의 고래(溝) 바깥에는 일렬의 돌이 있는데, 벽의 아랫돌로 추정됨.

○ 가옥의 외측으로 생각되는 곳에 베란다와 같은 것이 있는데, 옥외에 무언가를 실시하였던 것으로 보임. 동부 베란다는 외측을 큰 돌로 에워싸고, 중앙은 4~5寸角의 작은 돌을 깔았음. 돌은 2단으로 조성되어 있음.

○ 기와는 처마 끝 지점에 많고 중앙에는 적음. 암키와는 많고 수키와는 적음. 아울러 와당 파편 4개도 출토됨. 철제화살촉은 좌실(주거지 내 서쪽부분)에서 많이 출토되었음. 철제찰갑편은 서남 모서리에서 많이 출토되었음. 북서쪽에서는 토기가 많이 출토되었는데, 가장자리에 토기류를 많이 두었던 것으로 보임. 遼·金시기의 호(壺)도 출토됨.

○ 기와편, 토기편, 철제화살촉, 철제찰갑편 등이 출토된 것으로 보아, 武人의 가옥으로 추정됨(東潮·田中俊明, 1995).

(2) 중앙대지의 주거지(E 지점, 그림 20~그림 21)

○ 성내 중앙을 남북으로 관통하는 도로 동쪽의 약간 높은 대지에 위치함.

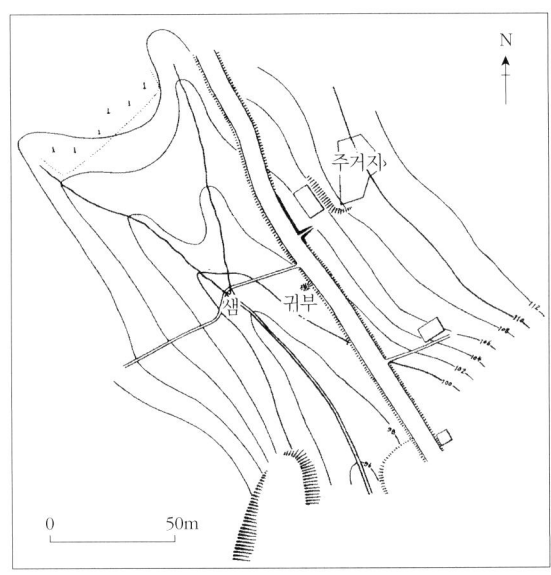

그림 20 高爾山城 E 지점 부근 지형도(『北關山城』, 27쪽)

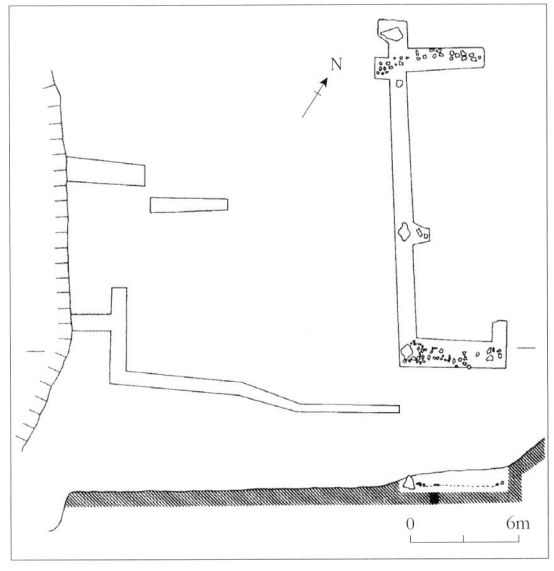

그림 21 高爾山城 E 지점 건물지 평면도(『北關山城』, 28쪽)

○ 중앙 대지 황무지에 기와편들이 흩어져 있었는데, 지상에 노출되어 있던 돌(발굴결과 초석의 일부였음)을 기점으로 1m 폭의 트렌치를 동서방향으로 넣은 결과, 건축물의 유구로 생각되는 돌무지가 보였음.

○ 건물지가 위치한 곳은 전체적으로 경사지이지만, 한 켠으로는 평지를 이루고 있고, 남쪽으로는 渾河를 볼 수 있음.

○ 민가 뒤쪽 낭떠러지에 많은 고구려의 적색 수막새가 출토되었는데, 포함층의 깊이는 3~4尺임. 평탄지에는 여러 기의 현대 묘지가 있는데, 묘지 동측의 남북방향으로 넣은 트렌치에서 3개의 礎石(북쪽으로부터 I, II, III호 礎石)이 발견됨. 또한 III호 초석 바로 옆에서 동서방향으로 뻗은 割石列이 발견되었는데, 주거지 벽의 기초로 추정됨. 포함층에서 보였던 적색 와당과 동시대에 축조된 것으로 추정됨.

○ 최초 기점이었던 바위 옆(x지점)에서는 철제갑옷, 철제화살촉, 철제못 등이 발견되었음. 절벽을 따라 기와류가 많이 있음. III호 礎石근처에서 開元通寶가 발견됨.

(3) 서문내 거주지 (그림 22~25)

○ 서문에서 성 안으로 들어오는 곳 바로 북측 산등성이 경사면에 있음. 1940년 조사 당시에는 밭으로 개간되었고 지층도 얕았으며 건물지의 보존상태가 좋지 않아 판단하기가 어려웠음.

○ 동쪽과 남쪽이 낮은 완사면을 계단 형태로 조성하여 부지로 사용함.

○ 부지의 남측에는 2단의 돌담, 북측에는 3단의 돌담이 각각 동서로 뻗어 있음. 건물지는 3개소로 나눌 수 있는데, 동시기에 축조된 것으로 추정됨.

① 중앙건물지

○ 중앙에 네모난 형태의 건물벽 基礎가 발견됨. 그 基礎의 폭은 약 45cm, 깊이는 17cm임.

○ 가옥의 크기는 동서 너비 4.5m, 남북 길이 6.1m임.

○ 작은 돌을 깔았던 것으로 추정됨.

○ 서벽의 중앙에 80cm 정도 길이에 걸쳐 基礎가 결여된 부분이 있고, 북벽의 중앙에도 69cm 정도 길이에 걸쳐 基礎가 결여되어 있는데, 통로로 추정됨.

○ 남변은 남아 있는 상태가 좋지 않은데, 남벽 동남 모

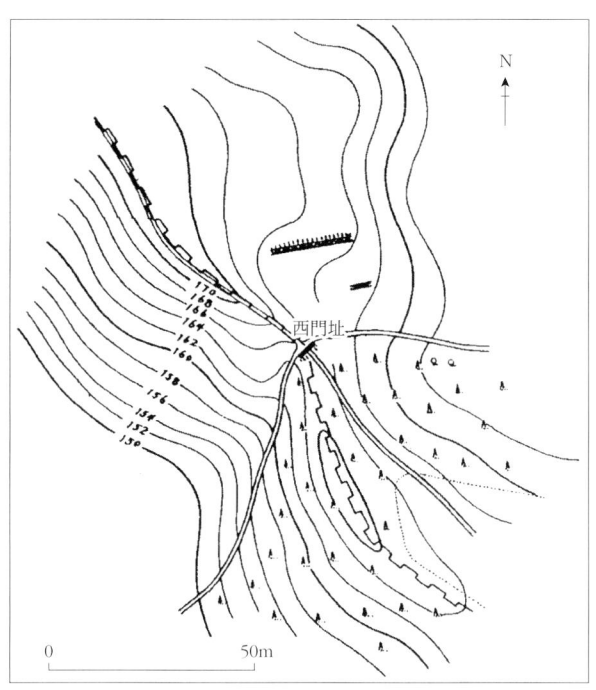

그림 22 高爾山城 서문내 주거지 부근 지형도(『北關山城』, 30쪽)

그림 24 高爾山城 서문내 주거지 기와 출토상황(『北關山城』, 32쪽)

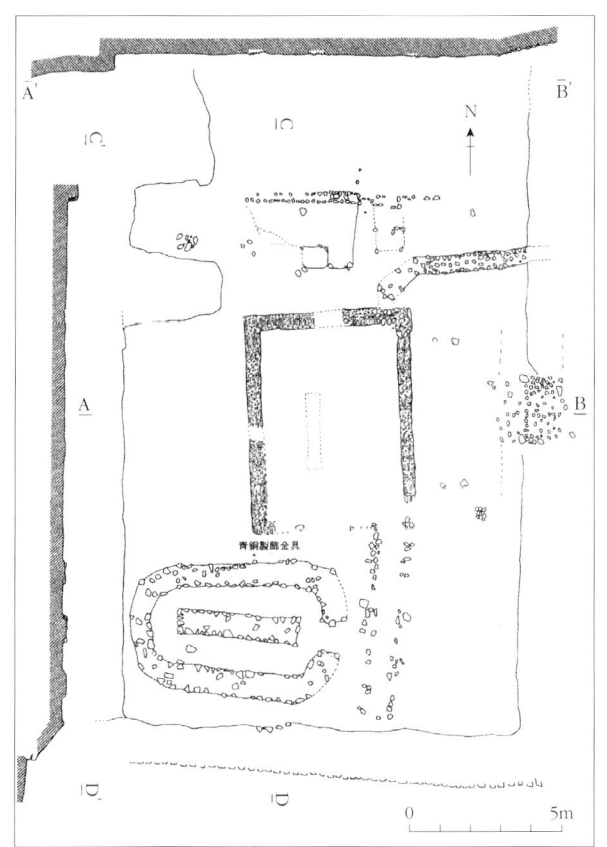

그림 23 高爾山城 서문내 주거지 평면도(『北關山城』, 31쪽)

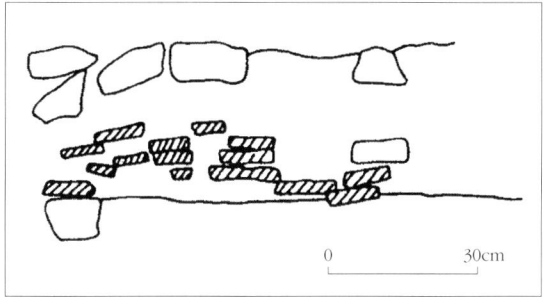

그림 25 高爾山城 서문내 주거지 북측 돌담(『北關山城』, 32쪽)

서리에서 남쪽으로 2줄의 석렬이 뻗어 있음. 석렬의 사이는 60cm 정도인데, 그 사이에 있는 흙이 띤 것으로 보아, 炕으로 보임.

○ 북동 모서리에서 동쪽으로 폭 60cm 정도의 돌이 깔린 유구가 있음. 炕과 관련 있어 보이기는 하나, 자세한 성격은 알 수 없음.

○ 基礎 동벽 바깥 남북으로 각각 2개씩 배열된 돌들, 동측 비탈의 계단이 무너져서 나온 듯한 돌들도 이 건물과 관련된 유구일 가능성이 있음.

제4부 무순시·현(撫順市·縣) 지역의 유적   119

② 중앙건물지의 남측 건물지
○ 중앙건물지 남측의 타원형 유적지는 중앙건물지와 거의 같은 구조인데, 위치로 볼 때 동시기에 축조된 것으로 추정됨.
○ 동측에서 폭 80cm 정도가 끊어져 있는데, 통로로 볼 수 있음.
○ 깬돌을 이용해서 폭 80~90cm 정도의 띠모양 담장을 타원형으로 둘렀음. 동서 길이는 7m, 남북 너비는 4.5m임.
○ 타원형 담장 내부 空地의 중앙에 폭 80cm, 길이 4m의 土臺가 있음. 土臺 내부에는 기와가 채워져 있음. 土臺 사이의 空地에도 기와가 많이 흩어져 있음. 이 건물 자체를 瓦家로 보기 어렵고 창고로 추정됨.

③ 중앙건물지의 북측 건물지
○ 중앙건물지 북측에도 건물지가 있음. 북측에 50cm 정도 높은 平臺가 존재하고 있는데, 그 옆 平臺와의 경계에는 기와와 깬돌로 축조된 석담이 있음. 이 돌담과 건물과의 사이 3m의 공간에는 황색토로 단단하게 다졌음. 다져진 부분 남단에 숯이 두껍게 퇴적되어 있었고, 그 주변에는 불에 그을린 적색 기와가 밀집되어 있었는데, 82×70cm 정도의 크기임. 다져진 곳 동쪽에는 적갈색의 礫土로 구축된 계단 같은 것이 돌담까지 걸쳐 있음.
○ 부엌으로 추정됨.

(4) 東城 서쪽 기슭 高臺건물지
○ 東城 서쪽 기슭에 인공적으로 축조한 高臺가 구축되어 있음.
○ 동문과 마주하면서 왼쪽으로 북문을 볼 수 있음.

① 건물지
○ 高臺는 길이 16m, 너비 14m임.
○ 高臺를 파토하면 모암(基巖)이 드러남.

○ 철제못과 철제화살촉이 많이 출토된 것으로 보아, 高臺 위에는 나무로 축조한 높은 건축물이 있었다고 보이는데, 전투 시 전체 성에 대한 지휘와 瞭望을 위한 건축물로 추정됨(徐家國·孫力, 1987; 魏存城, 2011). 현재는 붕괴 혹은 戰火로 남아 있지 않고, 그 아래에 부식된 철제 구조재만이 남아 있음.

② 보축 축대(護坡墻)
○ 高臺 동부에는 남북 방향의 보축 축대(護坡墻)가 있음.
○ 길이는 15.5m, 너비는 20~80cm, 높이는 20~30cm임.
○ 축대는 거칠게 다듬은 자연석을 단층으로 쌓아서 만들었고, 돌 사이의 틈은 크기가 다른 깨진 기와편으로 메웠음.
○ 축대의 남쪽 구간 성벽 위에 간혹 기와편이 세워서 끼워져 있는데, 기와 배면은 밖을 향하고 있고 가지런함.
○ 축대는 남단에서 서쪽 방향으로 꺾이고, 작은 자갈 길과 연결됨.
○ 축대 남단 약 2m의 벽 동측에는 직경이 1m에 가까운 대형 자연석과 자갈로 쌓은 원형의 돌출부가 있는데, 그 높이는 축대와 같음. 용도는 알 수 없음(徐家國·孫力, 1987).

③ 水槽와 배수로
高臺 동측 북편에 水槽와 배수로가 있음.

㉠ 水槽
○ 古臺 동측 북편 FG83T 3피트 안에서 장방형의 회색 승문 벽돌로 주위를 쌓은 장방형의 水槽가 있음.
○ 水槽의 입구는 서북 방향에 있음.
○ 회색 승문벽돌은 회백색이고, 소성온도는 높으며, 태토는 순수함. 벽돌 한 면에는 직선에 가까운 승문이 세로 방향으로 긴밀하게 배열되어 있음. 벽돌의 크기는 길이 32(33)cm, 너비 15.5(16)cm, 높이 5cm임.

○ 水槽 바닥 정가운데에는 벽돌 4점을 동서 방향으로 가로로 놓았는데, 승문이 있는 면을 일률적으로 아래로 하였음. 그리고 네 주위는 벽돌을 가로 방향으로 둘러 쌓았음. 길이는 벽돌 2점 반, 너비는 벽돌 2점임. 水槽의 開口는 벽돌 한 점 길이임.

○ 水槽 안쪽 바닥에서 철제화살촉 1점과 철제찰갑편 1편이 출토되었음.

ⓒ 배수로

○ 水槽의 開口에는 북쪽 방향으로 정연한 기와를 깔아서 만든 露天 배수로가 있음.

○ 전체 배수시설의 길이는 약 20m임.

○ 기와 배면을 아래로 하였음.

○ 배수로 기와의 배열은 3단으로 이루어져 있음. 먼저 제1단은 두 점의 기와를 가로 방향으로 배열하면서 서로 겹치게 하였는데, 기와의 겹쳐진 부분은 비교적 큼. 제2단은 2점의 기와를 가로 방향으로 연결하면서 겹쳐지는 부분이 없게 하였음. 제3단은 한 점의 기와로 차례대로 연결하였음.

○ 배수로 끝부분에서 두 점의 홍색 승문기와와 두 점의 회색 기와로 구성된 單列 分支를 조성하였는데, 배수 속도를 빠르게 하기 위함임.

○ 배수로에 있는 기와는 分支의 홍색 승문기와 2점을 제외하고는 일률적으로 회갈색 기와인데, 태토는 모두 옅은 회색이고, 소성온도는 높지 않으며, 색깔도 고르지 않음. 안쪽에는 세밀한 포문이 있는데, 배수로에서 포문이 아래를 향하고 있음. 기와는 길이 38cm, 너비 26(21)cm, 높이 2.4cm임. 고구려 유적에서 보이는 홍색 승문기와의 경우 일반적으로 길이는 46.7cm, 너비 32(29.5)cm, 높이 2.2cm임.

○ 배수시설 서측에는 물이 흐르는 방향으로 벽돌 5점이 일정하지 않은 간격으로 배열되어 있는데, 높이는 배수로와 비슷함. 발 디딤용으로 추정됨. 아울러 두 벽돌 사이에서는 니질의 회색 분(盆)이 출토되었음(徐家國·孫力, 1987).

④ 자갈길

○ 高臺 남면에는 수직으로 교차하는 여러 갈래의 작은 자갈길이 있는데, 그 사이는 서로 이어지지 않음.

○ 자갈길의 축조과정을 보면, 먼저 지표에 깨진 기와편 혹은 벽돌을 놓아 장방형의 구역을 설정하고, 그 사이로는 작은 자갈돌로 메웠음. 이러한 방식으로 축조되면서, 원래 지표보다 약간 높게 되었고, 魚脊背形을 이루고 있음.

○ 자갈길의 너비는 약 60~80cm임.

○ 일부 길에서는 깨진 기와편들이 흩어져 있는데, 길다란 모양으로 쌓여 있고 정연한 기와는 보이지 않음. 기와의 색깔과 형태 등은 가지각색임. 이러한 기와편 외에 乳釘文 와당편도 일부 출토되었음. 기와 및 와당의 파편들은 모두 깨뜨려진 후에 길의 틈새를 메우기 위해 사용되었으며, 다른 곳에서 옮겨온 것으로 추정됨.

○ 자갈길 남쪽에는 벽돌로 만들어진 기둥 초석(柱礎)이 동서 방향으로 일정한 간격으로 배열되어 있음. 이로 미루어, 자갈길 위에 瓦頂이 있었다고 볼 수 있는데, 일종의 회랑건물터가 있었던 것으로 추정됨. 이러한 건축물의 성격은 당시 성을 방어하는 사람들의 거주 및 생활장소와 관련이 있음(陳大爲, 1995).

○ 자갈길 서면에는 火層巖石이 깔아진 남북방향의 돌길이 있음. 일반적으로 3개의 큰 돌을 평평하게 깔아서 墻寬을 조성했음. 돌 사이의 틈은 비교적 작은데, 깬 돌 혹은 기와편으로 틈을 메웠음. 너비는 40~55cm로 같지 않음. 길은 남쪽에서 북쪽으로 경사져 있음. 돌은 1층으로 깔아져 있는데, 윗면은 평평함. 전체적인 모습을 살펴볼 때, 성의 기단부가 아닌 돌길로 볼 수 있음.

○ 高臺 동측에도 돌길이 있음. 그 구조는 전자와 유사하지만, 그 사이에 缺口 두 곳이 있음.

⑸ 東·西城의 경계 성벽 동쪽 가장 위쪽의 대지에 위치한 건물지

○ 東·西 두 성의 경계 지점 가장 위쪽에 위치한 대지 동쪽에 많은 자연석들이 노출되어 있는데, 일부는 간단한 가공이 이루어졌음. 돌들은 소형 건물지들의 基礎로 추정됨.
○ 각 건물지의 면적은 일반적으로 10m²를 넘지 않음.
○ 각 건물지는 방형 혹은 장방형임.
○ 서·북 양측에는 曲尺形의 난방시설이 있음. 중국 동북 일부지역에서는 '地龍'이라고 부르고 있음. 돌을 한 층 쌓아서 축조함.
○ FG84TIV구208피트 안 동남 모서리에서 실외 원형 아궁이(H1)가 발견됨. 윗면의 직경은 90cm이고, 바닥 직경은 윗면보다 작으며, 깊이는 35~50cm임. 아궁이 서쪽 화구의 외부에 돌로 주위를 쌓았던 모습이 남아 있음. 아궁이 안의 동북쪽에 20cm가 넘지 않는 돌이 있음. 원래는 아궁이 상단에 돌을 놓았고, 이후에 무너져 내렸다고 볼 수 있음. 아궁이 내에는 푸석푸석한 흑색 흙이 가득 차 있었고, 직경이 3~5cm 정도의 타지 않은 석탄덩어리가 혼입되어 있음. 유적지에서 석탄덩어리와 석탄재의 발견사례는 비교적 많은데, 당시에 연료로 석탄을 보편적으로 사용했음을 보여주고 있음. 아궁이 내에서는 깨진 기와편 외에 많은 유물이 발견됨.
○ 유물 출토상황을 통해 돌절구와 큰 옹(瓮)으로 구성되는 생활단위를 설정할 수 있음. 커다란 옹(瓮)의 배치방식은 먼저 원형의 구덩이를 판 다음 그 구덩이 안에 커다란 옹(瓮)을 세워 묻었고, 瓮의 바깥 주위에는 자연석을 한 바퀴 둘렀음.

⑹ 東·西城의 경계 성벽 동쪽 중간대지의 건물지

東·西城의 경계 성벽 동쪽 가장 중간대지 동남 모서리는 건물터의 가장자리인데, 가공을 거친 방형의 큰 돌로 직각으로 축조함.

⑺ 東·西城의 경계 성벽 동쪽 가장 아래에 있는 대지의 건물지

○ 東·西城의 경계 성벽 동쪽 가장 아래에 있는 대지에서 기반암석을 뚫고 기둥구멍을 만든 건물지가 확인됨. 경사가 있는 지형조건에서 건물지를 구축하고자 할 때는 기반암석을 깎아 수평면을 만들어서 사람의 실내 활동범위를 조성하였음. 실제 동벽을 제외하고 나머지 세 벽은 일정한 높이를 갖추고 있음.
○ 서벽의 내측 암석에는 원형의 작은 기둥구멍 5개가 조성되어 있는데, 직경은 10~20cm임. 남벽 위에도 직경이 50cm 정도인 큰 기둥구멍 3개가 남아 있음.
○ 실내에는 10cm 정도의 회황색 점토가 깔려 있었는데, 토질은 견실하고 부드러움.
○ 건축물의 전체 구조는 알 수 없지만 건물지에서 발견된 기와편과 토기편으로 볼 때, 고구려시기 건축유적으로 추정됨.

2) 우물

우물이 주요 성문에서 가까운 곳에 있다고 함(溫秀榮·張波, 1996).

3) 샘

○ 1963년 조사 때 東城 남문 서쪽으로 50~60m 떨어진 지점에 샘 두 곳이 있었고, 샘이 흐르면서 개울을 이루었다고 함. 한편 개울 서측 근처 낭떠러지에 장방형의 길다란 돌로 쌓은 석벽이 있었다고 하나, 당시에는 남아 있지 않았다고 함. 이 지점에 水門이 있었을 가능성이 있다고 추정하고 있음(撫順市文物工作隊, 1964).
○ 1979·1983년 조사 때 東城 안에는 샘 세 곳이 있었음. 한 곳은 성 북부에 있고, 다른 곳은 東城 동문 서쪽에 있는데, 撫鐵도로 가까이에 있음. 동문 서쪽의 우물 한 개는 아직까지 마르지 않아서, 부근의 거주민 물을 길러 사용하고 있음. 이 우물 동쪽에서 남쪽으로

10여 m 치우친 지점의 경작지에서 커다란 龜趺座가 출토됨.

6. 출토유물

高爾山城에서는 고구려, 遼·金시기의 유물이 발견됨.

1) 1933년 출토유물
○ 성안 성벽 부근에서 적색·흑회색 기와가 흩어져 있었는데, 특히 정문 서측 산 위의 밭에서 많이 출토되었음. 출토된 기와편들과 朝鮮總督府에서 출판한 『朝鮮古蹟圖譜』 1 및 集安 丸都山城에서 출토된 기와편을 비교해 보았을 때, 동일한 형식으로 볼 수 있음(渡邊三三, 1933). 암키와는 적색으로, 내면에는 포문이 펼쳐져 있음. 와당도 출토됨.
○ 정문에서 약 200m의 북쪽 좌측 길 옆에서 거대한 龜石이 머리가 반쯤 땅에 묻힌 채 발견됨. 배면에는 한 변이 80cm가 넘는 구멍이 있었는데, 깊이는 30cm 정도임. 龜趺로 볼 수 있음. 제작된 지는 꽤 오래된 것으로 추정됨.

2) 1940·1944년 출토유물
○ 토기, 토제품, 도자기, 瓦塼, 철기, 철제품, 청동제품, 화폐 등이 출토됨.
○ 遼·金시기의 유물로 자기, 백색 시유도기, 벽돌 등이 출토됨. 자기는 59점이 출토되었는데, 접합할 수 있는 자기편을 감안하면 53점임.

(1) 청동기

① 청동제 飾金具(그림 26-16)
○ 출토지 : 撫順 高爾山城 서문주거지 바깥 북측.
○ 크기 : 전체 길이 9cm.
○ 형태 : 물고기를 본뜬 모양임. 한쪽은 뾰족한 물고기 머리인데, 끝부분은 둥글게 볼록해짐. 다른 한쪽은 앞이 벌어진 꼬리 형태처럼 보임. 단면은 평평한 사다리꼴임.

② 청동제 帶金具(그림 26-17)
○ 출토지 : 撫順 高爾山城 동문지.
○ 크기 : 길이 2.6cm, 너비 1.9cm, 두께 0.2cm.
○ 형태 : 跨帶의 飾金具에 있는 둥근 고리의 表金具임. 腹面에 4개의 鋲이 보이지만, 측면에는 1개의 鋲이 보일 뿐임. 출토지점에서 表金具만 보인다는 점에서 유실품으로 볼 수 있음. 伊藤玄三은 渤海시대의 유물로 추정하기도 하나, 고구려 혹은 唐의 유물로 추정됨.

(2) 철기
○ 1940년에 중앙거주지, E 지점, 동문, 서문 등 네 지점에서 철기가 출토됨.
○ 중앙거주지에서는 鏃身을 판별할 수 있는 화살촉 17점이 출토됨. 그 외에 鏃身을 추측하기 어려운 화살촉과 鏃柄을 합쳐 9점이 출토됨. 鏃身에는 四角錐形, 長身形, 鑿形, 平根形 등이 있음. 長身形 화살촉의 경우, 鏃身이 14.3cm에 이르는 것도 있음. 身의 앞부분은 뾰족함. 그 단면은 일반적으로 편평하지만, 일부는 원형 또는 사각형임. E 지점에서는 鏃身을 판별할 수 있는 화살촉 16점이 출토됨. 鏃柄으로 추정되는 유물도 많이 출토됨. 형식은 다양하게 나타나는데, 三角錐形, 四角錐形, 柳葉形, 長身形, 細身形, 平根形, 三翼形 등이 있음. 四角錐形의 화살촉 가운데, 두 점은 胴部가 넓고, 다른 한 점은 평면이 삼각형임. 동문지에서는 화살촉 17점이 출토됨. 이 가운데 형식이 분명한 화살촉은 9점임. 동문에서 출토된 화살촉은 尖根, 특히 三角錐形이 많이 출토되는 것이 특징임. 그 외에 W 지점, 서문내 거주지, 서문 등에서 출토됨.
○ 철제못은 비교적 많이 출토됨. 출토된 못들은 대부

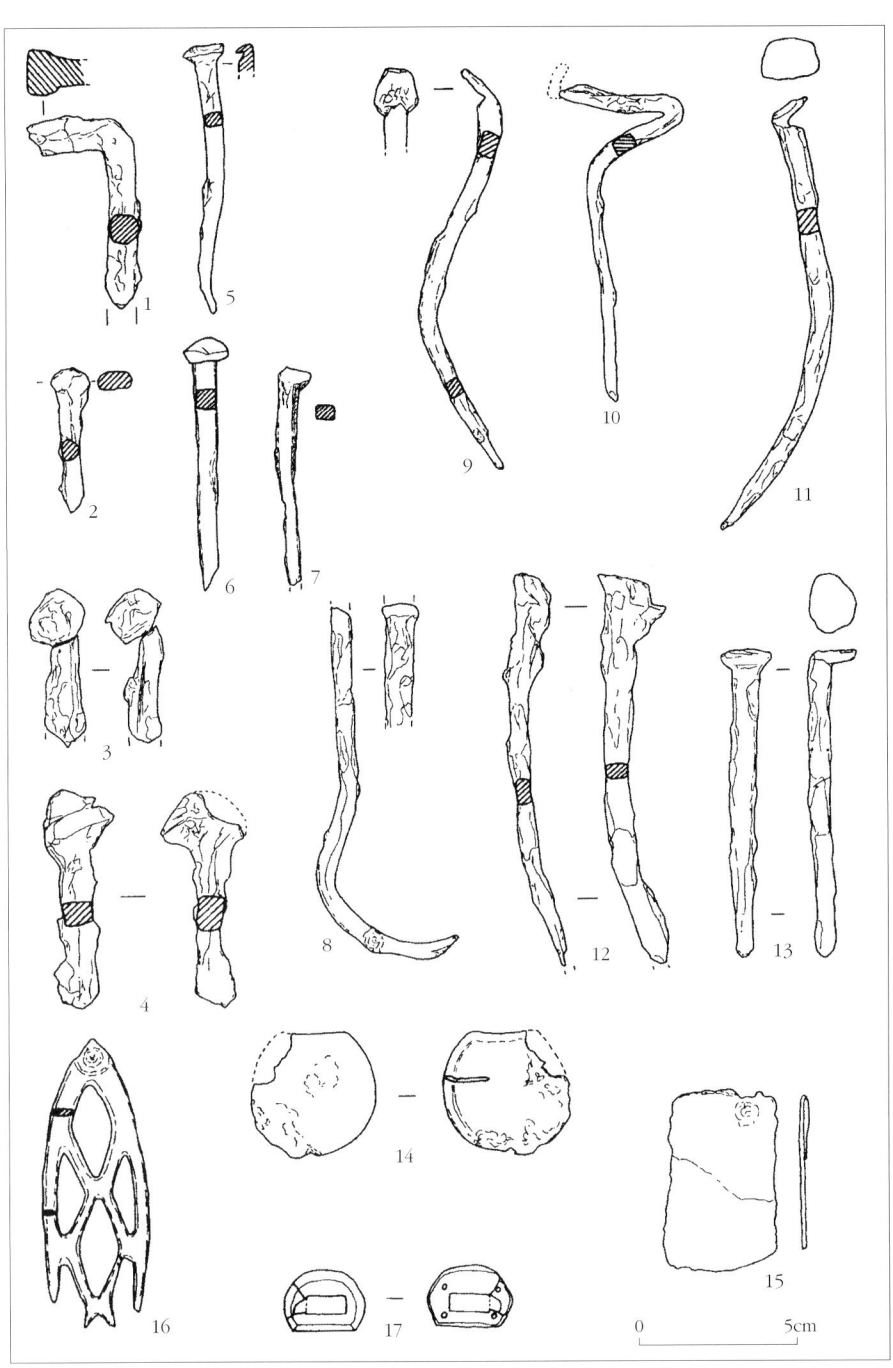

그림 26 高爾山城 1940·1944년 출토유물(『北關山城』, 39쪽)

분 구부려져 있고, 곧은 못은 적음. 또한 녹이 슬어서 원래 상태를 알기 어려운 못도 많음. 身의 단면은 방형에 가까운 장방형이 대부분이고, 일부는 편평함에 가까운 장방형임. 끝부분의 제작방법에 있어, 針狀에 뾰족한 형태는 적고, 篦狀에서 점차 얇아지게 만든 형태가 많음. 頭部는 제작방법에 따라 네 형태로 나눌 수 있음. 첫 번째 형태는 頭部 전체를 못의 본체보다 약간 굵게 만들고 頂部를 T자형으로 만들었음(그림 26-1·2). 두 번째는 頭部를 굽혀서 평평한 면을 만들었음(그림 26-9·10·11·13). 이 유형은 크기가 다양한데, 큰 못은 길

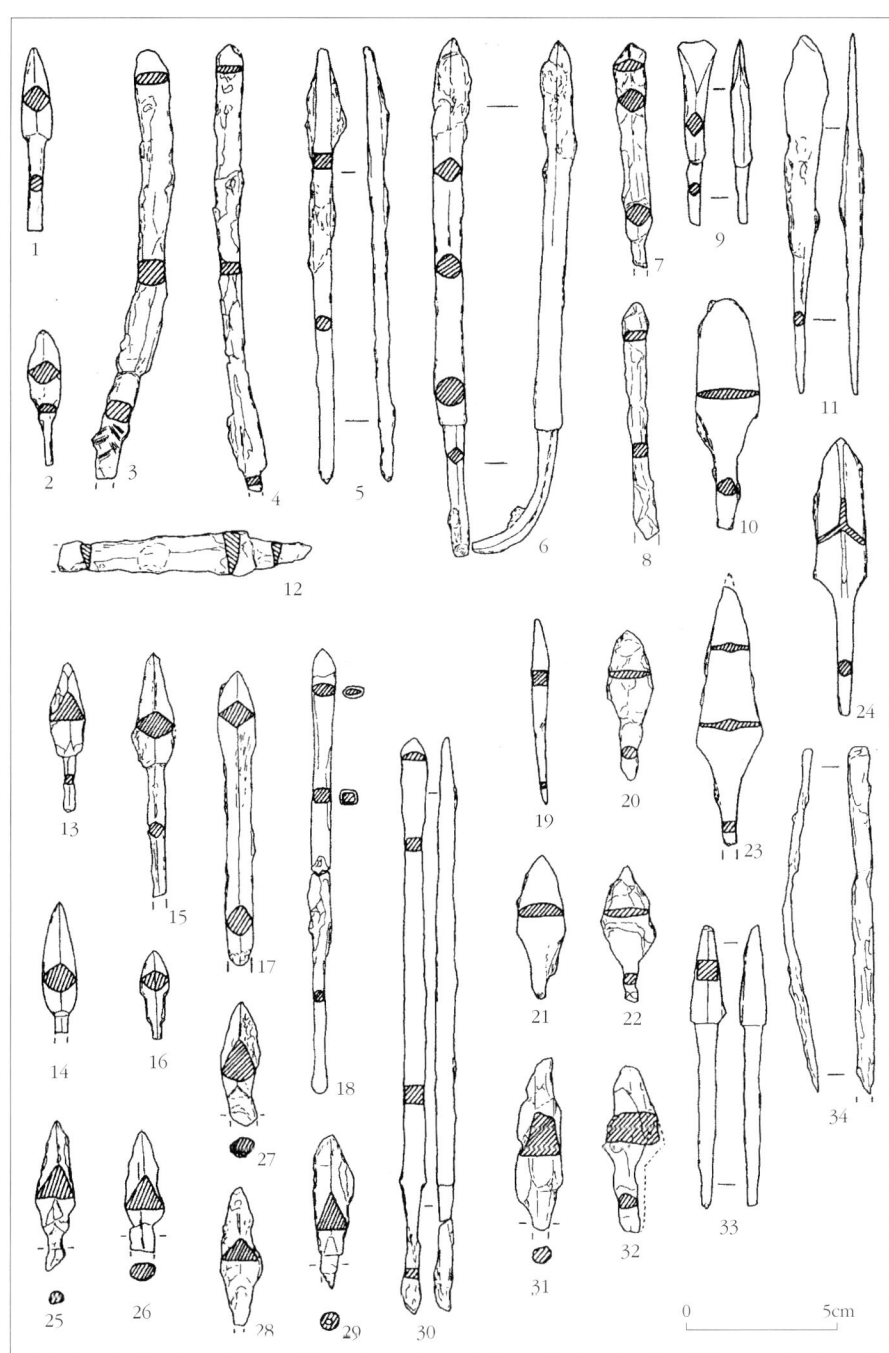

그림 27 高爾山城 1940·1944년 출토 화살촉(『北關山城』, 35쪽)

이가 20cm에 가깝고, 작은 못은 3cm 정도임. 서문 내 주거지에서는 작은 못이 많이 출토되었음. 이러한 유형의 못은 대부분 단면이 장방형을 이루고 있음. 세 번째 형태는 큰 원판 모양의 頭部를 갖추고 있는데, 頭部의 제작방식은 구부리는 방식이 아니라고 추정됨. 身의 단면은 장방형이고, 길이는 10cm 전후임. 네 번째는 頭部를 円頭形으로 만듦.

○ 찰갑편은 중앙주거지에서 25점 이상, E 지점에서 3점이 출토됨. 그 외에도 서문 내 거주지 등에서도 출토됨.

① **철제화살촉 1**(그림 27-1)
   ○ 출토지 : 撫順 高爾山城 중앙거주지.
   ○ 형태 : 四角錐形임. 평면은 거의 삼각형을 이룸.

② **철제화살촉 2**(그림 27-2)
   ○ 출토지 : 撫順 高爾山城 중앙거주지.
   ○ 형태 : 四角錐形임. 胴部가 튀어나옴.

③ **철제화살촉 3**(그림 27-3)
   ○ 출토지 : 撫順 高爾山城 중앙거주지.
   ○ 형태 : 長身形大型임. 身의 앞부분은 뾰족함.

④ **철제화살촉 4**(그림 27-4)
   ○ 출토지 : 撫順 高爾山城 중앙거주지.
   ○ 형태 : 長身形大型임. 身의 앞부분은 뾰족함.

⑤ **철제화살촉 5**(그림 27-5)
   ○ 출토지 : 撫順 高爾山城 중앙거주지.
   ○ 형태 : 長身形大型임. 身의 앞부분은 뾰족함.

⑥ **철제화살촉 6**(그림 27-6)
   ○ 출토지 : 撫順 高爾山城 중앙거주지.
   ○ 크기 : 鏃身 길이 12cm, 鏃柄 길이 4.2cm.
   ○ 형태 : 長身形大型임. 身의 앞부분은 뾰족함.

⑦ **철제화살촉 7**
   ○ 출토지 : 撫順 高爾山城 중앙거주지.
   ○ 형태 : 長身形大型임. 身의 앞부분은 뾰족함.

⑧ **철제화살촉 8**
   ○ 출토지 : 撫順 高爾山城 중앙거주지.
   ○ 형태 : 長身形大型임. 身의 앞부분은 뾰족함.

⑨ **철제화살촉 9**(그림 27-7)
   ○ 출토지 : 撫順 高爾山城 중앙거주지.
   ○ 크기 : 전체 길이 7cm, 鏃身 길이 6.2cm.
   ○ 형태 : 長身形中型임. 長身形大型과 형태는 같으나, 鏃身의 길이가 반 정도임. 刃部 좌우는 균형을 이루지 않음.

⑩ **철제화살촉 10**(그림 27-8)
   ○ 출토지 : 撫順 高爾山城 중앙거주지.
   ○ 형태 : 長身形中型임. 長身形大型과 형태는 같으나, 鏃身의 길이가 반 정도임.

⑪ **철제화살촉 11**
   ○ 출토지 : 撫順 高爾山城 중앙거주지.
   ○ 형태 : 長身形中型임. 長身形大型과 형태는 같으나, 鏃身의 길이가 반 정도임.

⑫ **철제화살촉 12**
   ○ 출토지 : 撫順 高爾山城 중앙거주지.
   ○ 형태 : 長身形中型임. 長身形大型과 형태는 같으나, 鏃身의 길이가 반 정도임.

⑬ **철제화살촉 13**
   ○ 출토지 : 撫順 高爾山城 중앙거주지.
   ○ 형태 : 長身形中型임. 長身形大型과 형태는 같으나, 鏃身의 길이가 반 정도임.

⑭ **철제화살촉 14**(그림 27-9)
   ○ 출토지 : 撫順 高爾山城 중앙거주지.
   ○ 크기 : 전체 길이 5.7cm, 鏃身 길이 3.8cm.
   ○ 형태 : 鑿形임. 刃部는 직선을 이루고 있음. 身의 단면은 편평함.

⑮ **철제화살촉 15**

○ 출토지 : 撫順 高爾山城 중앙거주지.

○ 형태 : 鑿形임. 刃部는 직선을 이루고 있음. 身의 단면은 편평함.

⑯ **철제화살촉 16**(그림 27-10)

○ 출토지 : 撫順 高爾山城 중앙거주지.

○ 크기 : 鏃身 길이 4.8cm.

○ 형태 : 平根形임. 크기가 큼. 평면은 橈形임.

⑰ **철제화살촉 17**(그림 27-11)

○ 출토지 : 撫順 高爾山城 중앙거주지.

○ 형태 : 平根形임. 크기가 큼. 평면은 구부러진 형태임.

⑱ **철제화살촉 18**(그림 27-13)

○ 출토지 : 撫順 高爾山城 E 지점.

○ 형태 : 三角錐形임. 胴部는 넓은 편임. 漢代의 三角鏃과 같은 형태임.

⑲ **철제화살촉 19**(그림 27-15)

○ 출토지 : 撫順 高爾山城 E 지점.

○ 형태 : 四角錐形임.

⑳ **철제화살촉 20**(그림 27-16)

○ 출토지 : 撫順 高爾山城 E 지점.

○ 형태 : 四角錐形임.

㉑ **철제화살촉 21**

○ 출토지 : 撫順 高爾山城 E 지점.

○ 형태 : 四角錐形임.

㉒ **철제화살촉 22**(그림 27-17)

○ 출토지 : 撫順 高爾山城 E 지점.

○ 형태 : 身은 柳葉形임. 柄은 큼.

㉓ **철제화살촉 23**(그림 27-14)

○ 출토지 : 撫順 高爾山城 E 지점.

○ 형태 : 身은 柳葉形임. 柄은 세장함.

㉔ **철제화살촉 24**(그림 27-16)

○ 출토지 : 撫順 高爾山城 E 지점.

○ 형태 : 기본적으로 柳葉形이지만, 하부는 茁被와 같은 특수한 형태임.

㉕ **철제화살촉 25**(그림 27-18)

○ 출토지 : 撫順 高爾山城 E 지점.

○ 크기 : 남은 길이 14cm, 鏃身 길이 9.5cm.

○ 형태 : 長身形大型임. 중앙거주지에 출토된 長身形大型 화살촉과 같음.

㉖ **철제화살촉 26**

○ 출토지 : 撫順 高爾山城 E 지점.

○ 형태 : 長身形大型임. 파손됨. 중앙거주지에 출토된 長身形大型 화살촉과 같음.

㉗ **철제화살촉 27**

○ 출토지 : 撫順 高爾山城 E 지점.

○ 형태 : 長身形大型임. 파손됨. 중앙거주지에 출토된 長身形大型 화살촉과 같음.

㉘ **철제화살촉 28**(그림 27-19)

○ 출토지 : 撫順 高爾山城 E 지점.

○ 형태 : 細身形小型임. 身은 가느다랗고, 단면은 정방형을 이루고 있음.

㉙ **철제화살촉 29**(그림 27-20)

○ 출토지 : 撫順 高爾山城 E 지점.

○ 형태 : 平根形小型임. 菱形을 이룸. 단면은 편평함.

㉚ **철제화살촉 30**(그림 27-21)
  ○ 출토지 : 撫順 高爾山城 E 지점.
  ○ 형태 : 平根形小型임. 菱形을 이룸. 단면은 편평함.

㉛ **철제화살촉 31**(그림 27-22)
  ○ 출토지 : 撫順 高爾山城 E 지점.
  ○ 형태 : 平根形小型임. 菱形을 이룸. 단면은 편평함.

㉜ **철제화살촉 32**(그림 27-23)
  ○ 출토지 : 撫順 高爾山城 E 지점.
  ○ 크기 : 鏃身 6cm.
  ○ 형태 : 平根形大型임. 鎬를 가지고 있음.

㉝ **철제화살촉 33**(그림 27-24)
  ○ 출토지 : 撫順 高爾山城 E 지점.
  ○ 형태 : 三翼形임. 각 翼에 작은 구멍이 있음.

㉞ **철제화살촉 34**(그림 27-25)
  ○ 출토지 : 撫順 高爾山城 E 지점.
  ○ 형태 : 三角錐形임. 이 유형은 漢代의 三角鏃에서 구할 수 있음. 가운데 부분에서 漢代의 三角鏃에 많이 보이는 箆被 모양을 명확하게 볼 수 있음.

㉟ **철제화살촉 35**(그림 27-26)
  ○ 출토지 : 撫順 高爾山城 E 지점.
  ○ 형태 : 三角錐形임. 이 유형은 漢代의 三角鏃에서 구할 수 있음. 가운데 부분에서 漢代의 三角鏃에 많이 보이는 箆被 모양을 명확하게 볼 수 있음.

㊱ **철제화살촉 36**(그림 27-27)
  ○ 출토지 : 撫順 高爾山城 E 지점.
  ○ 형태 : 三角錐形임. 이 유형은 漢代의 三角鏃에서 구할 수 있음. 가운데 부분에서 漢代의 三角鏃에 많이 보이는 箆被 모양을 명확하게 볼 수 있음.

㊲ **철제화살촉 37**(그림 27-28)
  ○ 출토지 : 撫順 高爾山城 E 지점.
  ○ 형태 : 三角錐形임. 이 유형은 漢代의 三角鏃에서 구할 수 있음. 가운데 부분에서 漢代의 三角鏃에 많이 보이는 箆被 모양을 명확하게 볼 수 있음.

㊳ **철제화살촉 38**(그림 27-29)
  ○ 출토지 : 撫順 高爾山城 E 지점.
  ○ 형태 : 三角錐形임. 이 유형은 漢代의 三角鏃에서 구할 수 있음. 가운데 부분에서 漢代의 三角鏃에 많이 보이는 箆被 모양을 명확하게 볼 수 있음.

㊴ **철제화살촉 39**(그림 27-31)
  ○ 출토지 : 撫順 高爾山城 E 지점.
  ○ 형태 : 四角錐形임. 대형임. 보존상태는 좋지 않음.

㊵ **철제화살촉 40**(그림 27-32)
  ○ 출토지 : 撫順 高爾山城 E 지점.
  ○ 형태 : 四角錐形임. 대형임. 보존상태는 좋지 않음.

㊶ **철제화살촉 41**(그림 27-30)
  ○ 출토지 : 撫順 高爾山城 E 지점.
  ○ 크기 : 전체 길이 18cm, 鏃身 길이 14cm.
  ○ 형태 : 長身形大型임. 보존이 비교적 양호함. 刃部는 2.5cm 정도이고, 편평하고 예리함. 胴部는 단면이 방형이고, 작은 돌기가 있음.

㊷ **철제화살촉 42**
  ○ 출토지 : 撫順 高爾山城 E 지점.
  ○ 형태 : 長身形大型임. 파손됨.

㊸ **철제화살촉 43**
  ○ 출토지 : 撫順 高爾山城 E 지점.
  ○ 형태 : 長身形大型임. 파손됨.

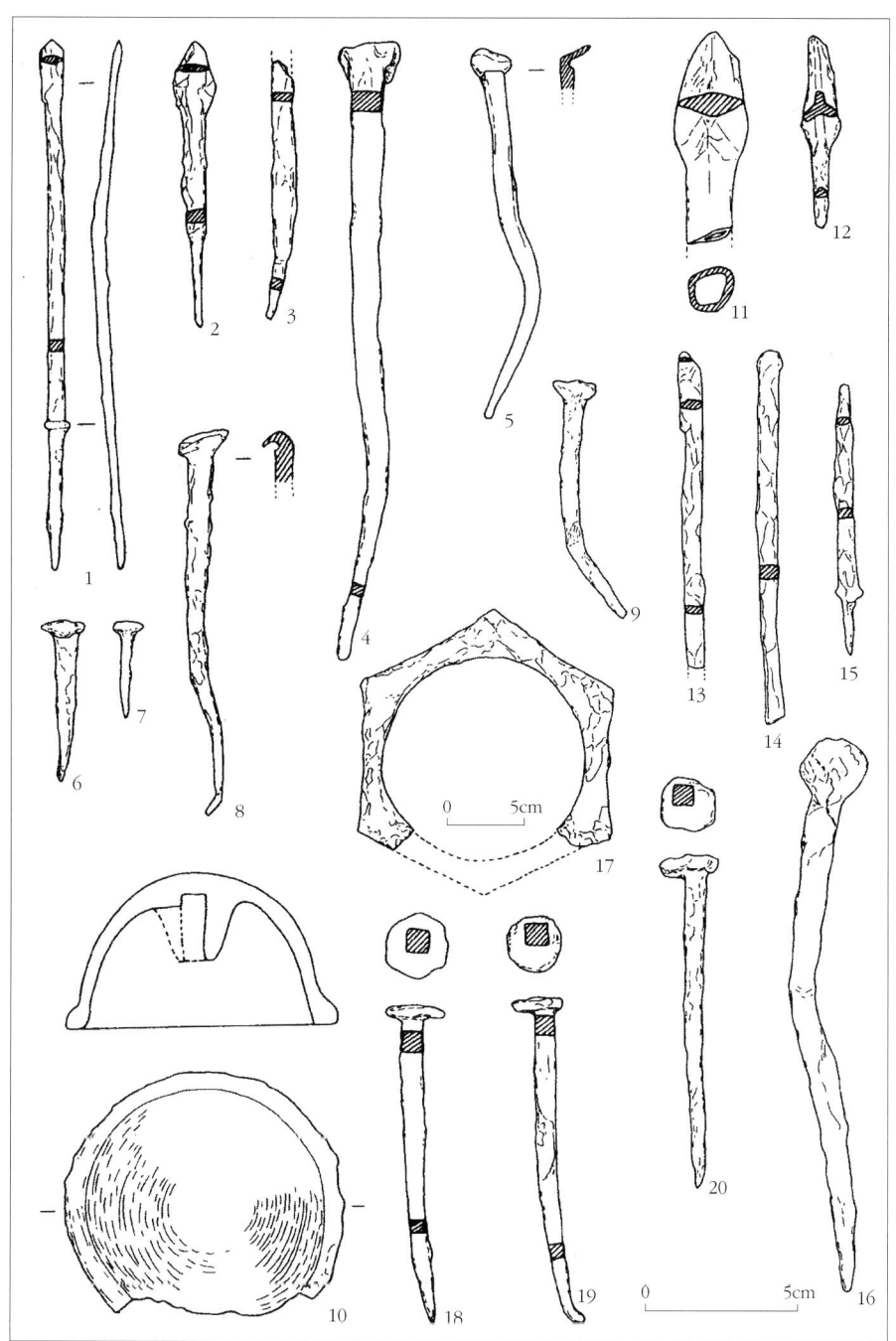

그림 28 高爾山城 1940·1944년 출토 철기(『北關山城』, 41쪽)

㊹ 철제화살촉44

○ 출토지 : 撫順 高爾山城 W 지점
○ 길이 : 길이 5.8cm.
○ 형태 : 四角錐形임. 身의 단면은 四角임.

㊺ 철제화살촉45 (그림 28-1)

○ 출토지 : 撫順 高爾山城 서문내 주거지.
○ 형태 : 長身形大型임.

㊻ **철제화살촉 46**(그림 28-2)
- 출토지 : 撫順 高爾山城 서문내 주거지.
- 형태 : 平根鏃임.

㊼ **철제화살촉 47**(그림 28-3)
- 출토지 : 撫順 高爾山城 서문내 주거지.
- 형태 : 刀子로 보기도 하나, 단면을 볼 때 화살촉으로 볼 수 있음.

㊽ **철제화살촉 48**(그림 28-12)
- 출토지 : 撫順 高爾山城 서문.
- 형태 : 三翼形임.

㊾ **철제화살촉 49**(그림 28-13)
- 출토지 : 撫順 高爾山城 서문.
- 형태 : 尖根長身形임.

㊿ **철제화살촉 50**(그림 28-15)
- 출토지 : 撫順 高爾山城 서문.
- 형태 : 동문 부근에서 출토된 長身形大型 화살촉의 基部와 유사한 부분임.

(51) **철제못 1**(그림 26-1)
- 출토지 : 撫順 高爾山城.
- 형태 : 頭部 전체를 못의 본체보다 약간 굵게 만들고 頂部를 T자형으로 만들었음.

(52) **철제못 2**(그림 26-2)
- 출토지 : 撫順 高爾山城.
- 형태 : 頭部 전체를 못의 본체보다 약간 굵게 만들고 頂部를 T자형으로 만들었음.

(53) **철제못 3**(그림 26-9)
- 출토지 : 撫順 高爾山城.
- 형태 : 頭部를 구부려서 평평한 면을 만들었음.

(54) **철제못 4**(그림 26-10)
- 출토지 : 撫順 高爾山城.
- 형태 : 頭部를 구부려서 평평한 면을 만들었음.

(55) **철제못 5**(그림 26-11)
- 출토지 : 撫順 高爾山城.
- 형태 : 頭部를 구부려서 평평한 면을 만들었음.

(56) **철제못 6**(그림 26-13)
- 출토지 : 撫順 高爾山城.
- 형태 : 頭部를 구부려서 평평한 면을 만들었음.

(57) **철제못 7**(그림 28-4)
- 출토지 : 撫順 高爾山城.
- 형태 : 頭部를 구부려서 평평한 면을 만들었음.

(58) **철제못 8**(그림 28-5)
- 출토지 : 撫順 高爾山城.
- 형태 : 頭部를 구부려서 평평한 면을 만들었음.

(59) **철제못 9**(그림 28-6)
- 출토지 : 撫順 高爾山城.
- 형태 : 頭部를 구부려서 평평한 면을 만들었음.

(60) **철제못 10**(그림 28-7)
- 출토지 : 撫順 高爾山城.
- 형태 : 頭部를 구부려서 평평한 면을 만들었음.

(61) **철제못 11**(그림 28-8)
- 출토지 : 撫順 高爾山城.
- 형태 : 頭部를 구부려서 평평한 면을 만들었음.

(62) 철제못 12(**그림** 28-9)

○ 출토지 : 撫順 高爾山城.

○ 형태 : 頭部를 구부려서 평평한 면을 만들었음.

(63) 철제못 13(**그림** 28-16)

○ 출토지 : 撫順 高爾山城.

○ 형태 : 頭部를 구부려서 평평한 면을 만들었음.

(64) 철제못 14(**그림** 26-3)

○ 출토지 : 撫順 高爾山城.

○ 형태 : 頭部를 円頭形으로 만듦.

(65) 철제못 15(**그림** 26-4)

○ 출토지 : 撫順 高爾山城.

○ 형태 : 頭部를 円頭形으로 만듦.

(66) 철제못 16

○ 출토지 : 撫順 高爾山城 동문.

○ 형태 : 압정(鋲)과 유사한 큰 못이 출토되었는데, 門扉 장식의 압정(鋲)일 수도 있음.

(67) 철제못 17

○ 출토지 : 撫順 高爾山城 W 지점 근처.

○ 형태 : 대형의 못이 출토되었는데, 문 등의 대형 구조물과 관련되었을 가능성이 있음.

(68) 철제찰갑편 1(**그림** 29-19)

○ 출토지 : 撫順 高爾山城.

○ 크기 : 길이 8.2~8.5cm, 너비 2.5~3cm, 두께 0.2~0.3cm.

○ 형태 : 상단은 반원형이고, 하단은 말각됨. 양측 가장자리는 평행함. 단면을 보면 약간 弧形임. 찰갑편 위아래 각각 1/3 정도 겹쳐진 흔적이 있음. 상부 중간에 구멍 한 개가 뚫어져 있고, 하부에는 2개의 구멍을 뚫어져 있음. 양측에는 각각 일정한 간격(0.8cm)으로 두 개의 구멍이 뚫어져 있는데, 찰갑편들을 서로 연결하기 위한 구멍임.

(69) 철제찰갑편 2(**그림** 29-1)

○ 출토지 : 撫順 高爾山城.

○ 형태 : 형태와 크기는 전자와 같음. 양측에는 위아래로 각각 2개씩 구멍이 뚫어져 있음.

(70) 철제찰갑편 3(**그림** 29-11)

○ 출토지 : 撫順 高爾山城.

○ 형태 : 파손되어 전체 형태를 알 수 없음. 찰갑편 한 방향에 5개의 구멍이 뚫어져 있음. 모서리 혹은 하단부일 가능성이 있음. 크기는 앞의 두 찰갑편과 같음.

(71) 철제찰갑편 4(**그림** 29-20)

○ 출토지 : 撫順 高爾山城.

○ 크기 : 길이 5.4cm, 너비 1.5cm.

○ 형태 : 크기는 작은 편임. 상단은 각이 짐.

(72) 철제모(矛, **그림** 28-11)

○ 출토지 : 撫順 高爾山城 서문 한 구석.

○ 크기 : 矛身 길이 2cm, 남은 袋部 2cm, 남은 袋部 직경 1cm.

○ 형태 : 袋部 하반이 결실되어 전체 길이는 알 수 없음. 矛身은 袋部와 붙어 있음.

(73) 철제 刀子(**그림** 27-12)

출토지 : 撫順 高爾山城 중앙거주지.

(74) 철제 軸受金具(**그림** 28-17)

○ 출토지 : 撫順 高爾山城 서문 바깥 경사면.

○ 크기 : 內徑 5.4cm, 너비 4cm.

○ 형태 : 외측이 六角形을 이루고 있음. 여섯 本에 작

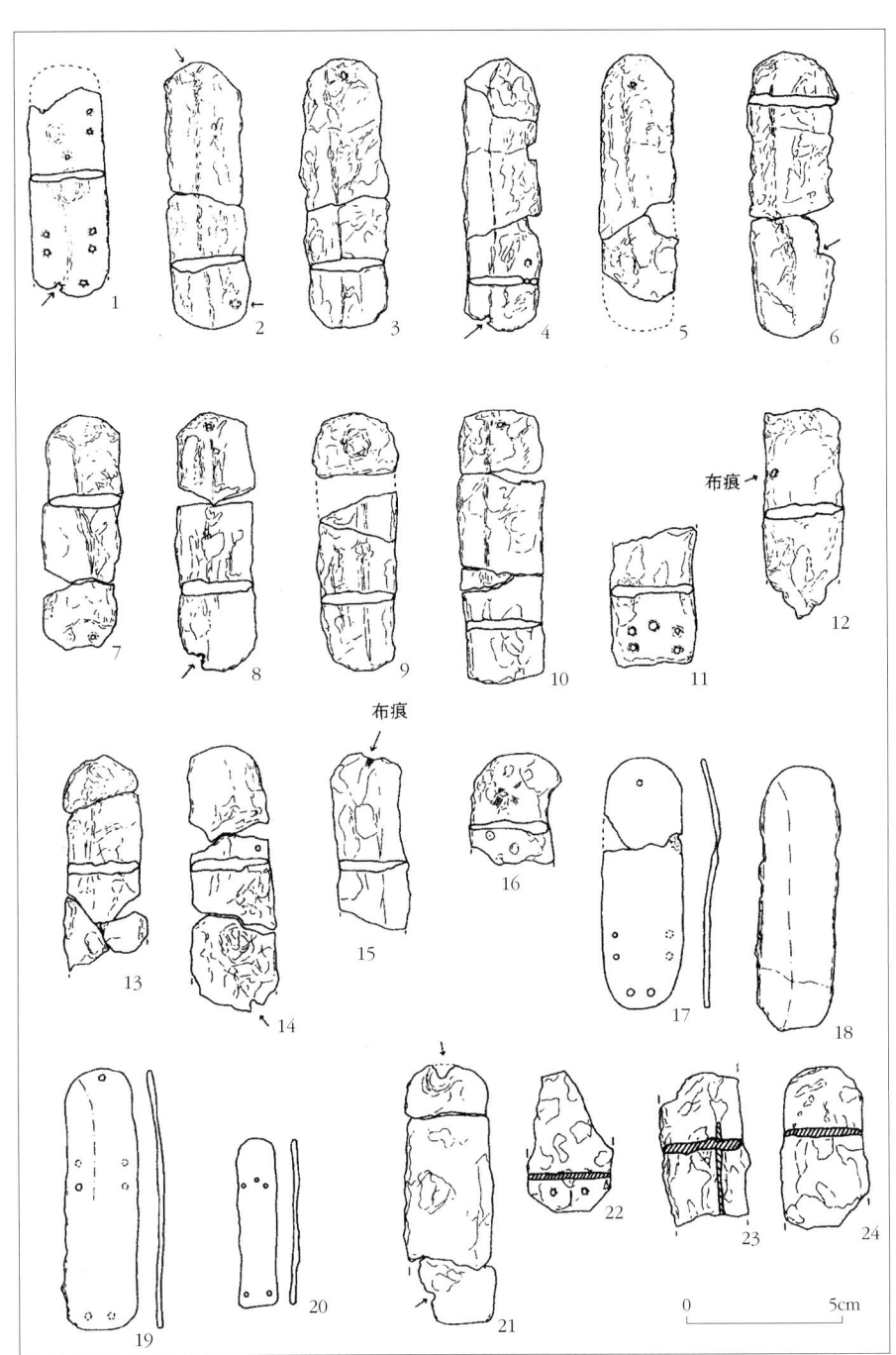

그림 29 高爾山城 1940·1944년 출토 찰갑편(『北關山城』, 43쪽)

은 돌기가 있음.

⑦⑤ **철제 작살**(銛先)

○ 출토지 : 撫順 高爾山城 서문 바깥 경사면.
○ 형태 : 상당히 큰 것으로 추정됨. 高爾山城 앞에 渾河가 흐르고 있는 점을 고려해 볼 때, 작살(銛先)로 추정됨.

⑦⑥ **철기**(그림 28-10)

○ 출토지 : 撫順 高爾山城 서문 내 거주지.

○ 크기 : 두께 0.5cm.
○ 형태 : 전체적으로 반구형을 이루고 있음. 가장자리는 한층 두껍게 돌출되어 있음. 내부 중앙에는 높이 2cm 정도의 돌기가 있음. 중앙은 깊이 2cm 이상 안으로 들어가 있음. 釘頭를 감추기 위하여 그 위에 씌우는 철제장식인 것처럼 보이지만, 그것보다는 약간 두터운 느낌이 남.

(3) 토기

① 호(壺, 그림 30-2)
○ 출토지 : 撫順 高爾山城.
○ 크기 : 口徑 10.3cm.
○ 형태 : 구연부에서 肩部에 이르는 파편임. 燒成은 堅緻함. 구연부는 단면이 방형이 되도록 두껍게 함. 구연 내측은 조금 돌출되어 있음. 頸部에서 脳部에 걸쳐 물레 흔적이 있음.
○ 태토 및 색깔 : 모래 혼입의 회색토기.

② 발(鉢, 그림 30-3)
○ 출토지 : 撫順 高爾山城.
○ 형태 : 구연부만 남아 있음. 燒成은 견고하고 치밀함. 흑회색을 띠고 있음. 구연부는 단면이 나원형이 되도록 두껍게 함. 구연부 바로 아래에는 깊은 선이 둘러져 있음. 동체부에는 리본장식의 손잡이(耳)가 있음.
○ 태토 및 색깔 : 모래 혼입의 회색토기

③ 옹 1(瓮, 그림 30-4)
○ 출토지 : 撫順 高爾山城.
○ 형태 : 구연부임. 물레 흔적이 있음.
○ 색깔 : 회색토기.

④ 옹 2(瓮, 그림 30-5)
○ 출토지 : 撫順 高爾山城.
○ 형태 : 구연부임. 물레 흔적이 있음.
○ 색깔 : 회색토기.

⑤ 옹 3(瓮, 그림 30-6)
○ 출토지 : 撫順 高爾山城.
○ 형태 : 구연부임. 물레 흔적이 있음.
○ 색깔 : 회색토기.

⑥ 옹 4(瓮, 그림 30-7)
○ 출토지 : 撫順 高爾山城.
○ 형태 : 옹(瓮)의 肩部 또는 동체부에 붙어 있는 帶狀 把手의 根部분임. 고구려 특유의 형태를 보여줌.
○ 색깔 : 회색토기.

⑦ 옹 5(瓮, 그림 30-8)
○ 출토지 : 撫順 高爾山城.
○ 형태 : 옹(瓮)의 肩部 또는 동체부에 붙어 있는 帶狀 把手의 根部분임. 고구려 특유의 형태를 보여줌.
○ 색깔 : 회색토기.

⑧ 옹 6(瓮, 그림 30-9)
○ 출토지 : 撫順 高爾山城.
○ 형태 : 동체부의 파편임. 상당히 얇음. 표면에는 가느다란 2줄의 융기선을 두르고, 융기선에는 새겨진 흔적이 있음. 태토는 약간 瓦質에 가까움.
○ 색깔 : 회색토기.

⑨ 옹 7(瓮, 그림 30-10)
○ 출토지 : 撫順 高爾山城.
○ 형태 : 동체부의 파편임. 정격자문이 새겨진 넓은 띠 모양의 隆帶가 붙어 있음.
○ 색깔 : 회색토기.

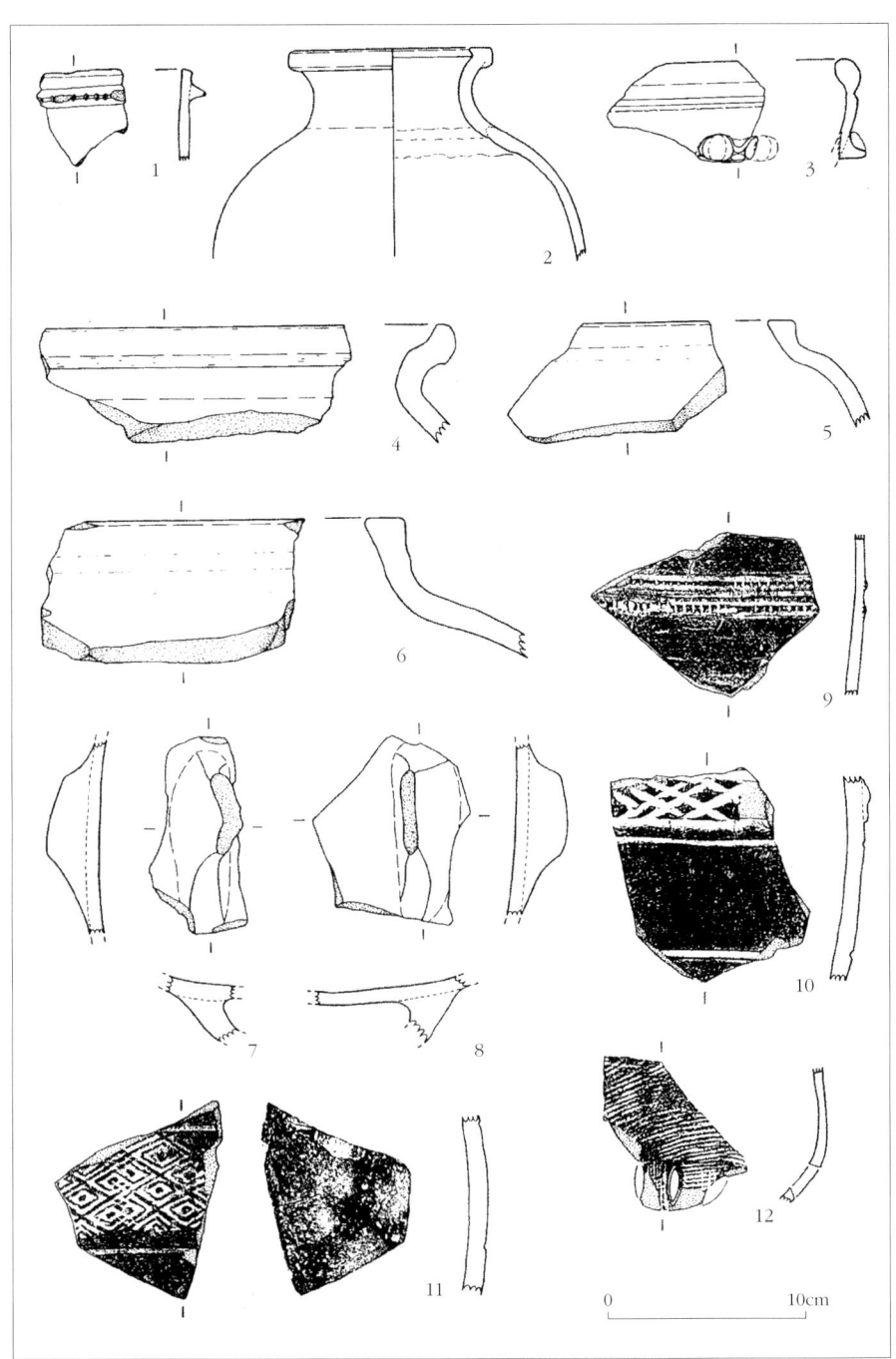

그림 30 高爾山城 1940·1944년 출토 토기(『北關山城』, 44쪽)

⑩ 옹 8(瓮, 그림 30-11)

○ 출토지 : 撫順 高爾山城.

○ 형태 : 동체부의 파편임. 동체부 중간에 정격자문이 있고, 그 위아래로는 깊은 선으로 구획된 문양대를 가짐.

○ 색깔 : 회색토기.

⑪ 옹 9(瓮, 그림 31-2)

○ 출토지 : 撫順 高爾山城.

○ 크기 : 口徑 35cm.

○ 형태 : 구연부임. 태토는 매우 정밀하고 고름. 소성온도는 그다지 높지 않음. 내외면에는 물레 흔적이

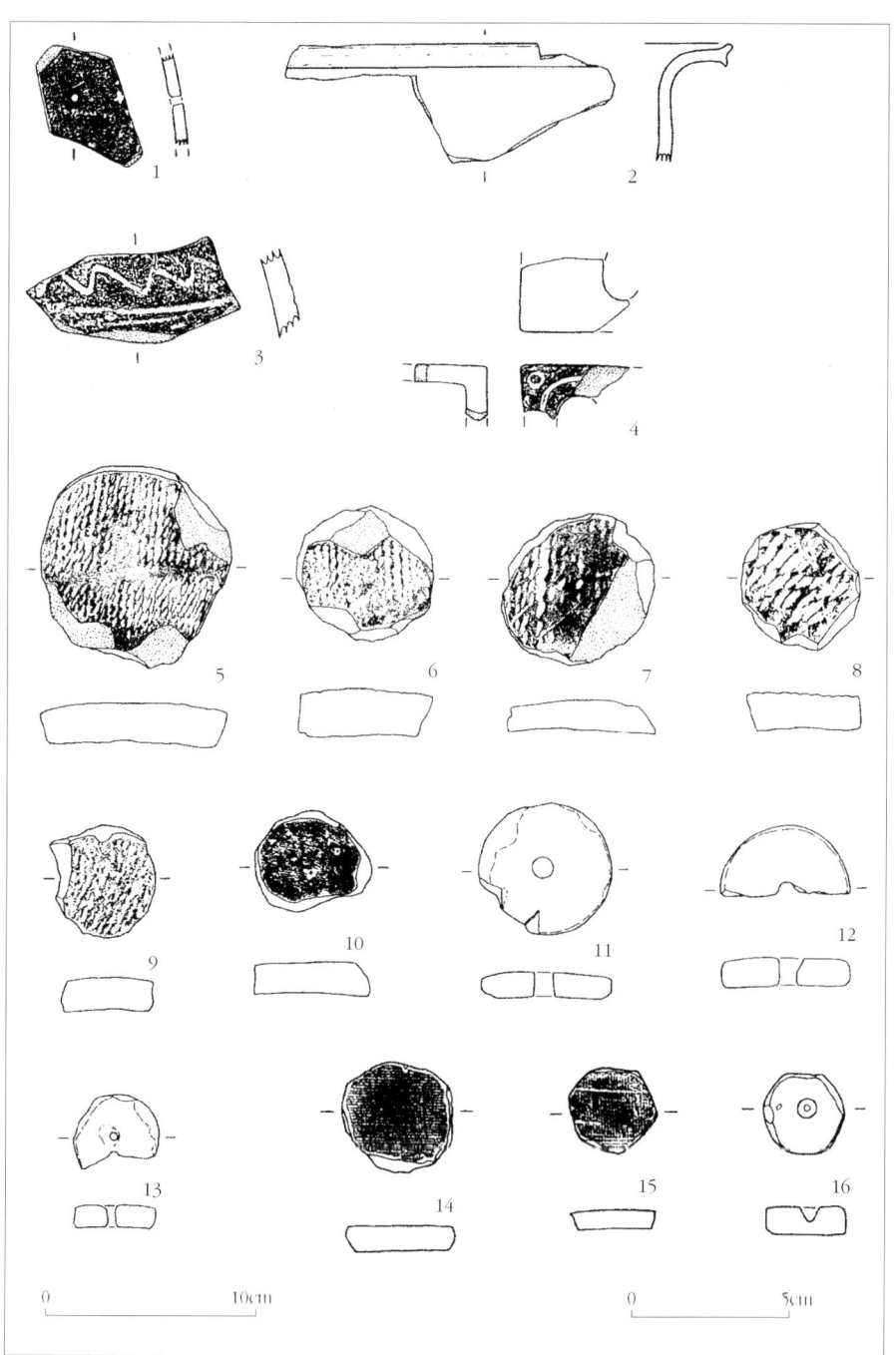

그림 31 高爾山城 1940·1944년 출토 토기와 토제품(『北關山城』, 45쪽)

있음.
○ 색깔 : 적색토기.

⑫ 시루(甑, 그림 30-12)
○ 출토지 : 撫順 高爾山城.

○ 형태 : 시루(甑) 바닥에 가까운 부분의 파편임. 동체부에는 승문이 있음. 바닥에는 살구씨 모양으로 뚫어진 구멍이 있음.

제4부 무순시·현(撫順市·縣) 지역의 유적   135

⑬ 토기 구연부(그림 30-1)
  ○ 출토지 : 撫順 高爾山城 E 지점.
  ○ 형태 : 중국 선사시대의 토기임. 구연부 바로 아래에 돌대 한줄이 둘려져 있음. 돌대 위에는 새겨진 흔적이 있음. 외면에는 불에 그을린 흔적이 있음. 이 토기를 통해 성내에 선사시대의 유적이 존재하고 있다고 추정할 수 있음. 특히 E 지점은 성내 중앙을 흐르는 개울에 접한 비탈이라는 점에서 선사시대 유적의 입지에 적합하다고 볼 수 있음.
  ○ 태토 및 색깔 : 모래혼입의 갈색토기.

⑭ 토기 동체부(그림 31-1)
  ○ 출토지 : 撫順 高爾山城.
  ○ 형태 : 동체부에 작은 구멍이 있음.
  ○ 색깔 : 회색토기.

⑮ 토기(그림 31-3)
  ○ 출토지 : 撫順 高爾山城.
  ○ 형태 : 태토에 백색 입자가 많이 포함되어 있음. 소성온도는 높지 않음. 깊은 선과 波線이 있음.
  ○ 색깔 : 적색토기.

(4) 기와

성벽 부근을 포함하여 성내 이르는 곳마다 기와가 흩어져 있었음. 특히 남·북 양 문을 관통하는 도로를 기준으로 서북부 경사면에 기와가 많이 분포되어 있었음.

① 와당 1(그림 32-1)
  ○ 출토지 : 撫順 高爾山城.
  ○ 크기 : 직경 17cm.
  ○ 형태 : 수막새임. 8판형 연화문 와당의 잔편임. 태토는 정밀하고 고름. 소성온도는 높음. 구워져서 단단함. 주연부에 역사다리꼴의 點列文이 배치되어 있음. 花瓣 사이는 삼각형으로 굵게 융기되어 있음. 자방의 중심에는 1개의 蓮子를 배치하였고, 그 주위에 6개의 蓮子를 배치하였음. 花瓣과 사이의 굵은 융기, 자방의 형태 등은 고구려의 와당에서 볼 수 있는 것임. 다만 주연부에 있는 點列文은 고구려의 기와에서는 드물게 보이는 것임.
  ○ 색깔 : 회색.

② 와당 2
  ○ 출토지 : 撫順 高爾山城 동벽 절단부.
  ○ 크기 : 직경 17cm.
  ○ 형태 : 수막새임. 마모로 인해 와당면의 문양이 분명치 않으나, 연화문 와당으로 추정됨. 높은 주연부와 색깔을 볼 때, 고구려시대에 제작된 추정됨.
  ○ 색깔 : 적색.

③ 와당 3(그림 32-2)
  ○ 출토지 : 撫順 高爾山城.
  ○ 크기 : 직경 14cm.
  ○ 형태 : 수막새임. 6판형 연화문 와당의 잔편임. 태토는 거칠고 氣孔이 많음. 주연부는 높이가 낮아서 와당면과 같은 높이인데, 이는 와당이 遼·金시대의 제작되었음을 보여주는 것임.
  ○ 색깔 : 회색.

④ 와당 4(그림 32-3)
  ○ 출토지 : 撫順 高爾山城.
  ○ 크기 : 직경 14cm.
  ○ 형태 : 수막새임. 와당 3과 형태, 크기, 태토, 소성온도 등이 같음.
  ○ 색깔 : 적색.

⑤ 와당 5
  ○ 출토지 : 撫順 高爾山城 동벽 절단부.
  ○ 크기 : 직경 17cm.

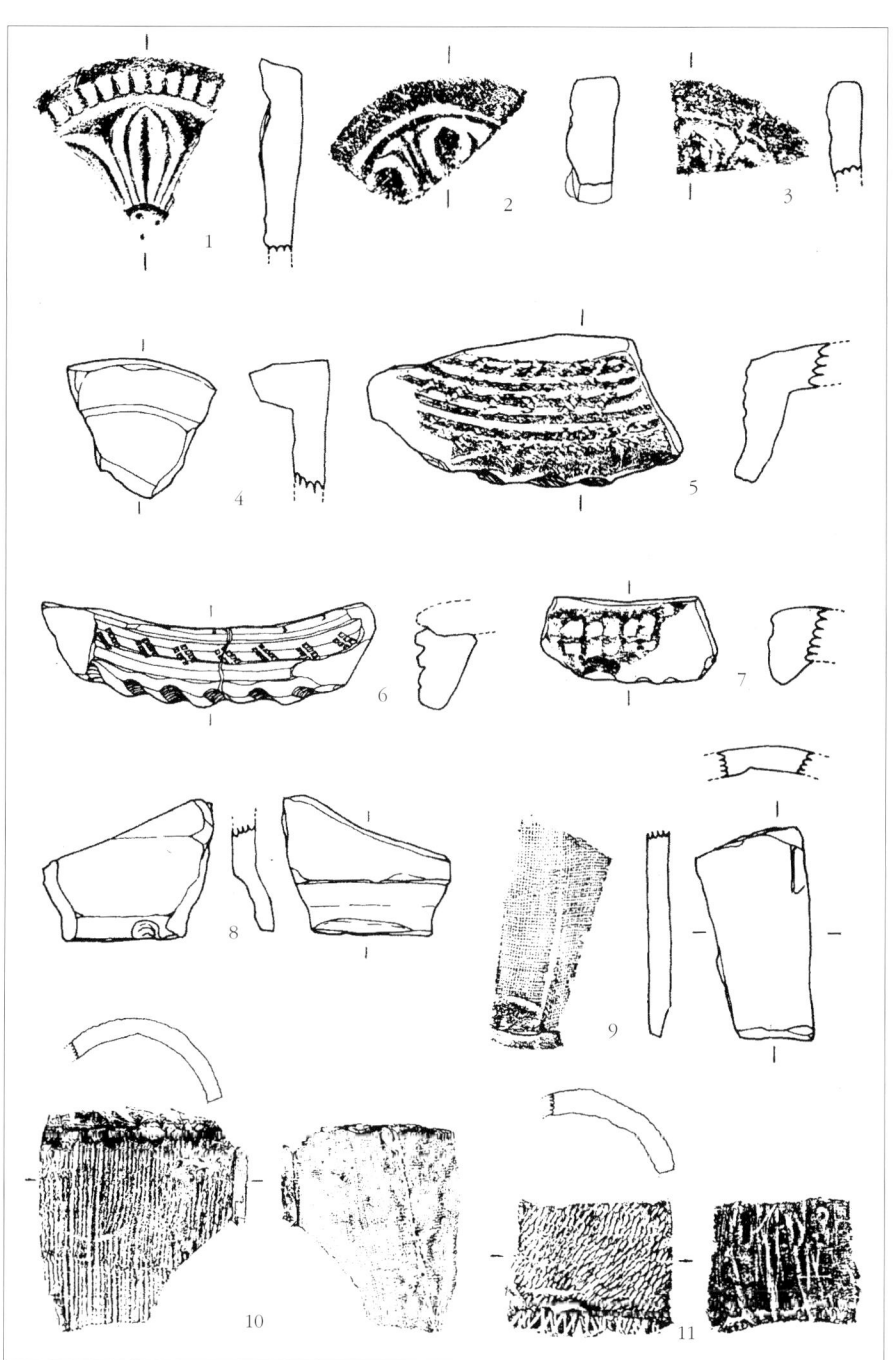

그림 32 高爾山城 1940·1944년 출토 기와 1(「北關山城」, 53쪽)

- 형태 : 수막새임. 연화문 와당임. 중앙 융기된 부분의 주위에는 8개의 珠文이 배치되어 있고, 珠文을 圈線으로 둘러싸고 있음. 그 외측 연판에는 동그란 점 모양의 융기를 배치하고, 그 외측에 珠文을 한 바퀴 둘렀음. 주연부가 낮은 것으로 보아 遼代에 제작된 것으로 볼 수 있음.

⑥ 와당 6 (그림 32-5)
- 출토지 : 撫順 高爾山城.
- 형태 : 암막새임. 와당면에 6개의 굵은 깊은 선을 새

제4부 무순시·현(撫順市·縣) 지역의 유적　137

겨서 5중의 弧線을 만들었음. 위, 아래, 중앙의 3개 弧線 위에 櫛모양의 施文具를 눌러 새긴 흔적이 있음. 와당면의 아래 가장자리에는 물결모양(波狀)이 있음. 와당면과 平瓦의 접합은 직각을 이루지 않고 둔각임. 태토는 기공이 많고 연질임. 이러한 속성들은 遼·金代에 제작되었음을 보여줌.
○ 색깔 : 회색.

⑦ 와당 7 (그림 32-6)
○ 출토지 : 撫順 高爾山城.
○ 형태 : 암막새임. 平瓦에 붙는 부분은 떨어져 나감. 문양과 와당면 아래 가장자리 제작방법은 와당 6과 같으나, 弧線의 수는 적음. 떨어져 나간 부분에도 弧線이 있었다고 추정됨. 4개의 돌기를 2열로 배치한 무늬가 있음. 遼·金代에 제작된 것으로 추정됨.
○ 색깔 : 회색.

⑧ 와당 8 (그림 32-7)
○ 출토지 : 撫順 高爾山城.
○ 형태 : 암막새임. 와당면에 상·하 2단으로 四角의 점렬문이 배치되어 있음. 파손이 심하여 아래가장자리에 대해서는 알 수 없음. 태토는 와당 6, 7과 같음.
○ 색깔 : 회색.

⑨ 수키와 1 (그림 32-8)
○ 출토지 : 撫順 高爾山城.
○ 크기 : 두께 1cm.
○ 형태 : 燒成은 단단하고 치밀함. 전체 크기는 알 수 없고, 두께가 얇은 소형의 기와임. 양면 모두 어루만짐에 의한 조정이 이루어졌음. 배면에는 승문, 내면에는 포문이 있음. 고구려 혹은 그 이전에 제작된 것으로 추정됨.
○ 색깔 : 회색.

⑩ 수키와 2 (그림 32-9)
○ 출토지 : 撫順 高爾山城.
○ 형태 : 두께가 얇음. 태토는 치밀하고 단단함. 배면의 승문흔적은 마모되어 없어짐. 내면에는 포문이 있음. 고구려시기에 제작된 것으로 추정됨.
○ 색깔 : 적색.

⑪ 수키와 3
○ 출토지 : 撫順 高爾山城 서문내 주거지.
○ 형태 : 보존상태는 비교적 양호함. 크기 및 색깔은 알 수 없음. 배면에 3개의 음각선(凹線)이 보이는 점을 볼 때, 고구려시기에 제작된 것으로 추정됨.

⑫ 수키와 4 (그림 32-10)
○ 출토지 : 撫順 高爾山城.
○ 크기 : 두께 1.7cm.
○ 형태 : 크기가 큼. 태토는 백색 입자가 많이 포함됨. 약간 조잡한 느낌을 줌. 배면에는 세로방향의 승문, 내면에는 포문이 있음.
○ 색깔 : 적색.

⑬ 수키와 5 (그림 32-11)
○ 출토지 : 撫順 高爾山城.
○ 형태 : 크기가 큼. 기공이 있음. 소성온도는 낮음. 배면에는 굵은 승문, 내면에는 포문이 있음. 遼代에 제작된 것으로 추정됨.
○ 태토 및 색깔 : 니질의 회색.

⑭ 암키와 (그림 33-1)
○ 출토지 : 撫順 高爾山城.
○ 크기 : 두께 1.5cm.
○ 형태 : 정방형에 가까운 정격자문을 지닌 작은 기와편임. 태토와 燒成은 양호함.
○ 색깔 : 적색.

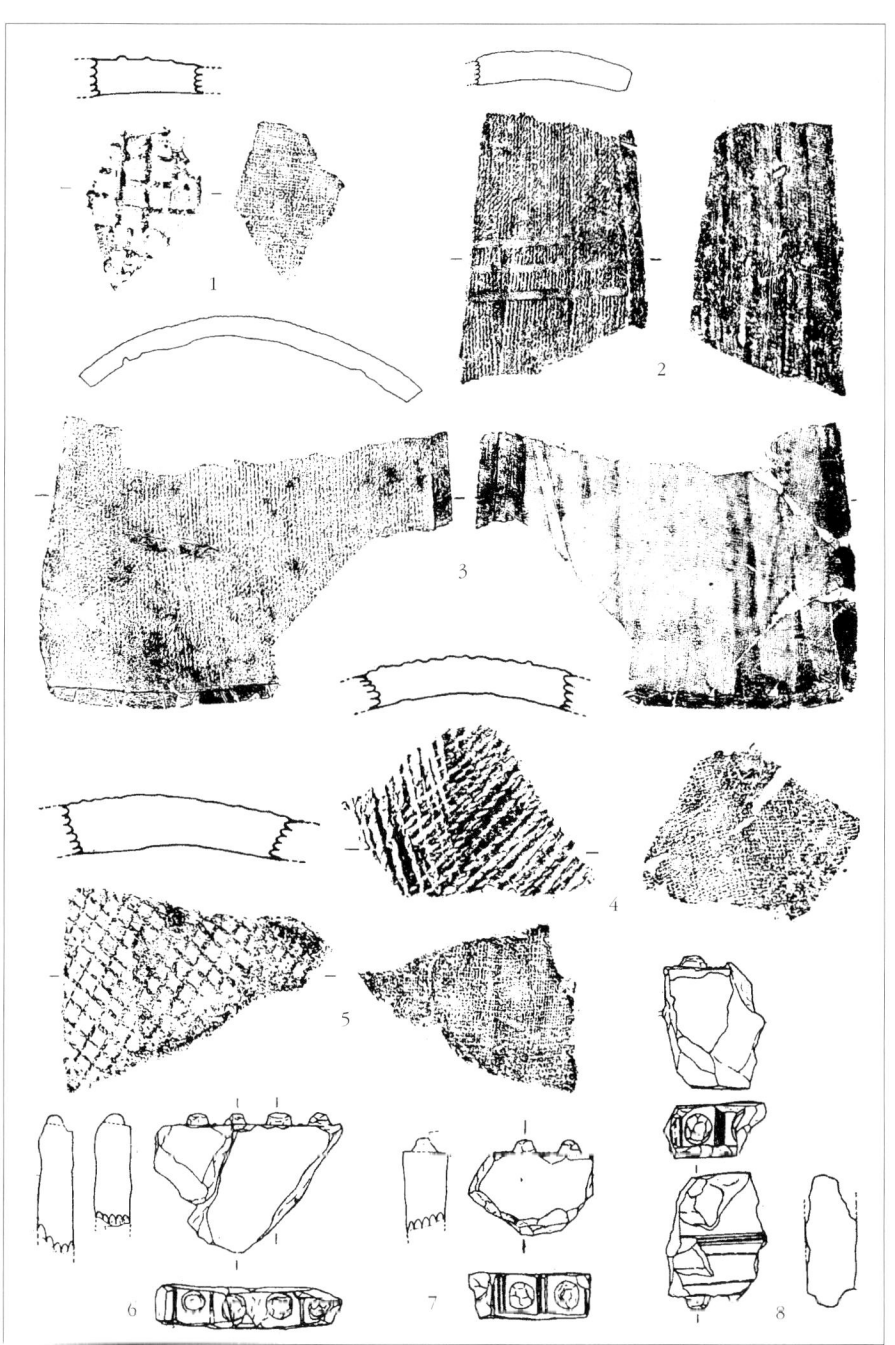

그림 33 高爾山城 1940·1941년 출토 기와 2(『北關山城』, 55쪽)

⑮ 암키와 2 (그림 33-2)

○ 출토지 : 撫順 高爾山城 서문내 주거지.

○ 크기 : 두께 2.5cm.

○ 형태 : 태토에는 백색 입자 등 불순물이 많이 포함되어 있음. 소성온도는 낮음. 배면에는 승문, 내면에는 포문이 있음. 내면 가운데 부분에 가로방향(장축과 직각)으로 손가락으로 누른 흔적 3개가 있음. 고구려의 기와로 추정됨.

⑯ 암키와 3 (그림 33-3)
○ 출토지 : 撫順 高爾山城.
○ 크기 : 너비 34cm.
○ 형태 : 크기가 큼. 양측 가장자리와 앞 가장자리가 남아 있음. 태토는 양호하고 불순물은 적음. 燒成은 양호함. 배면에는 승문, 내면에는 포문이 있음.

⑰ 암키와 4 (그림 33-4)
○ 출토지 : 撫順 高爾山城.
○ 형태 : 배면에 승문이 있음.

⑱ 암키와 5 (그림 33-5)
○ 출토지 : 撫順 高爾山城.
○ 형태 : 배면에 정격자문이 있음.

⑲ 釉裝飾瓦 (그림 32-6)
○ 출토지 : 撫順 高爾山城.
○ 형태 : 건축자재 일부로 사용된 장식 기와의 파편임. 燒成은 양호함. 작은 파편이기 때문에 본래의 형태를 알기 어려움. 중앙에 커다란 돌대가 세로로 있음. 돌대의 하단 일부는 벗겨짐. 용의 다리 일부분 혹은 봉황의 다리 일부분으로 추정됨. 녹색 유약을 바탕으로 하면서, 부분적으로 황색 유약을 발랐음. 내면에 회반죽 상태의 부착물이 있는데, 장식기와로 볼 수 있는 요인임. 遼代 후반에 제작된 것으로 추정됨.
○ 태토 및 색깔 : 작은 돌이 포함된 거친 적갈색.

(5) 기타

① 開元通寶
○ 출토지 : 撫順 高爾山城 E 지점 礎石 부근.
○ 형태 : 1매가 출토됨. 開元通寶는 唐高祖 武德 4년 (621)에 처음 주조됨.

② 太平通寶
○ 출토지 : 撫順 高爾山城 탑지 기단 중앙.
○ 형태 : 1매가 출토됨. 太平通寶는 太平興國(976~983) 연간에 주조됨.

③ 天禧通寶
○ 출토지 : 撫順 高爾山城 중앙거주지.
○ 형태 : 1매가 출토됨. 天禧通寶는 宋 眞宗 天禧 (1017~1021) 연간에 주조됨.

④ 天聖元寶
○ 출토지 : 撫順 高爾山城 서문내 주거지.
○ 형태 : 1매가 출토됨. 天聖元寶는 宋 仁宗 天聖 원년(1023)에 처음 주조됨.

⑤ 元豊通寶
○ 출토지 : 撫順 高爾山城.
○ 형태 : 1매가 출토됨. 元豊通寶는 宋 神宗 元豊 원년(1078)에 처음 주조됨.

⑥ 明器 (그림 31-4)
○ 출토지 : 撫順 高爾山城.
○ 형태 : 회흑색임. 단단히 구워져 있음. 상부에는 작은 원과 곡선이 沈線으로 그려져 있음. 곡선으로 둘러싸인 부분에 동그란 구멍이 뚫어져 있음. 또한 측면에도 구멍이 있음. 작은 조각이기 때문에 전체 형태를 알 수 없지만, 부뚜막 모양 명기의 일부일 가능성이 있음.

⑦ 가락바퀴 1 (紡輪, 그림 31-11)
○ 출토지 : 撫順 高爾山城.
○ 크기 : 직경 약 6.2cm.
○ 형태 : 형태로 볼 때, 토기편을 재이용한 것으로 추정됨. 구멍은 소성 전에 뚫어진 것으로 추정됨.

⑧ **가락바퀴 2**(紡輪, 그림 31-12)
○ 출토지 : 撫順 高爾山城 북문 서측 대지.
○ 형태 : 마모가 심하여 원래상태를 알기 어려움. 승문 같은 것이 있음. 기와편을 이용한 것으로 추정됨.

⑨ **가락바퀴 3**(紡輪, 그림 31-13)
○ 출토지 : 撫順 高爾山城.
○ 크기 : 직경 약 4cm.
○ 형태 : 토기편을 이용하여 제작함. 소성 후에 구멍을 뚫었음.

⑩ **토제품 1**(그림 31-5)
○ 출토지 : 撫順 高爾山城 서문 옹성 서북 모서리.
○ 크기 : 직경 약 9cm.
○ 형태 : 기와편으로 주위에 타격을 가해 정연하지 않은 圓盤을 만들어낸 것임. 주위의 가공이 너무 조잡하기 때문에 완성품이라고 생각하기 어렵지만, 비슷한 형태의 유물이 계속 출토되는 것으로 보아, 완성품일 수도 있음. 평양 부근 장매리에서 이와 비슷한 유물이 발견됨.

⑪ **토제품 2**(그림 31-6)
○ 출토지 : 撫順 高爾山城.
○ 형태 : 기와편으로 주위에 타격을 가해 정연하지 않은 圓盤을 만들어낸 것임. 주위의 가공이 너무 조잡함. 평양 부근 장매리에서 이와 비슷한 유물이 발견됨.

⑫ **토제품 3**(그림 31-7)
○ 출토지 : 撫順 高爾山城.
○ 형태 : 기와편으로 주위에 타격을 가해 정연하지 않은 圓盤을 만들어낸 것임. 주위의 가공이 너무 조잡함. 평양 부근 장매리에서 이와 비슷한 유물이 발견됨.

⑬ **토제품 4**(그림 31-8)
○ 출토지 : 撫順 高爾山城.
○ 형태 : 기와편으로 주위에 타격을 가해 정연하지 않은 圓盤을 만들어낸 것임. 주위의 가공이 너무 조잡함. 평양 부근 장매리에서 이와 비슷한 유물이 발견됨.

⑭ **토제품 5**(그림 31-9)
○ 출토지 : 撫順 高爾山城.
○ 형태 : 기와편으로 주위에 타격을 가해 정연하지 않은 圓盤을 만들어낸 것임. 주위의 가공이 너무 조잡함. 평양 부근 장매리에서 이와 비슷한 유물이 발견됨.

⑮ **토제품 6**(그림 31-10)
○ 출토지 : 撫順 高爾山城.
○ 크기 : 직경 약 5.5cm.
○ 형태 : 기와편으로 주위에 타격을 가해 정연하지 않은 圓盤을 만들어낸 것임. 주위의 가공이 너무 조잡함. 평양 부근 장매리에서 이와 비슷한 유물이 발견됨.

⑯ **토제품 7**(그림 31-14)
○ 출토지 : 撫順 高爾山城.
○ 형태 : 토기편을 이용해 둥글게 제작한 것임. 미완성의 가락바퀴일 수도 있음.

⑰ **토제품 8**(그림 31-15)
○ 출토지 : 撫順 高爾山城.
○ 형태 : 토기편을 이용해 둥글게 제작한 것임. 미완성의 가락바퀴일 수도 있음.

⑱ **토제품 9**(그림 31-16)
○ 출토지 : 撫順 高爾山城.
○ 크기 : 직경 약 2.6cm.
○ 형태 : 토기편을 이용해 둥글게 제작한 것임. 미완성의 가락바퀴일 수도 있음.

⑲ 토제품 10
○ 출토지 : 撫順 高爾山城 탑지.
○ 형태 : 새모양을 하고 있음. 遼·金시기에 제작됨.

⑳ 토제품 11
○ 출토지 : 撫順 高爾山城 남측 외곽.
○ 형태 : 새모양의 토제품임.

㉑ 회반죽 조각 1
○ 출토지 : 撫順 高爾山城 북벽.
○ 크기 : 길이 10cm, 너비 5cm.
○ 형태 : 표면은 평평함. 전체적으로 중앙이 솟은 만두형임. 표면 일부분에는 벽화의 흔적이 있는데, 황색으로 칠한 바탕면에 2줄의 선이 그려져 있음. 茶色 부분이 있는데, 다른 요인으로 인해 부착된 것으로 벽화의 일부는 아님.

㉒ 회반죽 조각 2
○ 출토지 : 撫順 高爾山城 북벽.
○ 크기 : 두께 0.7~0.8cm.
○ 형태 : 평평한 형태를 이룸. 표면은 매끈함. 어딘가 발라져 있다가 박리된 것으로 보임.

㉓ 회반죽 조각 3
○ 출토지 : 撫順 高爾山城 북벽.
○ 형태 : 덩어리 형태임. 한 면은 매끈함. 북벽 측면에 있는 성벽에 회반죽을 사용하고 있었는지 불명확하지만, 북벽 단면에 출토된 것으로는 가장 적합하다고 볼 수 있음.

3) 1963년 출토유물
○ 성내 지면에 매우 많은 유물들이 흩어져 있었는데, 회색·홍색 암키와, 연화문 와당, 승문 장방형 벽돌, 철기, 동전, 화살촉 등이 출토되었음.

○ 서면 산골짜기 안에서는 유물이 발견되지 않았는데, 서면 산골짜기 북단 성벽이 東城과 동시기에 축조되지 않은 것과 관련이 있다고 추정됨(撫順市文物工作隊, 1964).

(1) 철기
철기는 모두 東城내 서쪽 구릉 소나무 아래에서 출토되었는데, 가래(鏵), 쟁기(犁鏡), 도끼(斧), 모(矛), 화살촉, 등자, 수레바퀴굿대축(車軻), 솥(鍋) 등이 있음.

① 철제보습 1(鏵, 그림 34-1)
○ 출토지 : 撫順 高爾山城 東城 내 서쪽 구릉 소나무 아래.
○ 크기 : 길이 34.5cm, 뒷부분 너비 32cm, 높이 7cm, 홈 길이 18cm.
○ 형태 : 파손됨. 范鑄로 제작함. 형태는 삼각형임. 보습(鏵)면은 평평하고 곧음. 배면 가운데에는 등(脊)이 솟아 있어, 삼각형의 홈을 이루고 있음. 보습(鏵)면이 배면에 비해 조금 긴 편임. 양면에는 각각 삼각형 구멍 한 개가 있음.

② 철제보습 2(鏵)
○ 출토지 : 撫順 高爾山城 東城 내 서쪽 구릉 소나무 아래.
○ 형태 : 파손됨. 보습날(鏵刃)만 남아 있음.

③ 철제볏 1(犁鏡, 그림 34-2)
○ 출토지 : 撫順 高爾山城 東城 내 서쪽 구릉 소나무 아래.
○ 크기 : 길이 42cm, 너비 30cm, 두께 0.6cm.
○ 형태 : 파손됨. 范鑄로 제작함. 전체적으로 타원형에 가까움. 앞면은 弧形이고, 배면은 돌출되었음. 穿鼻 3개가 있음.

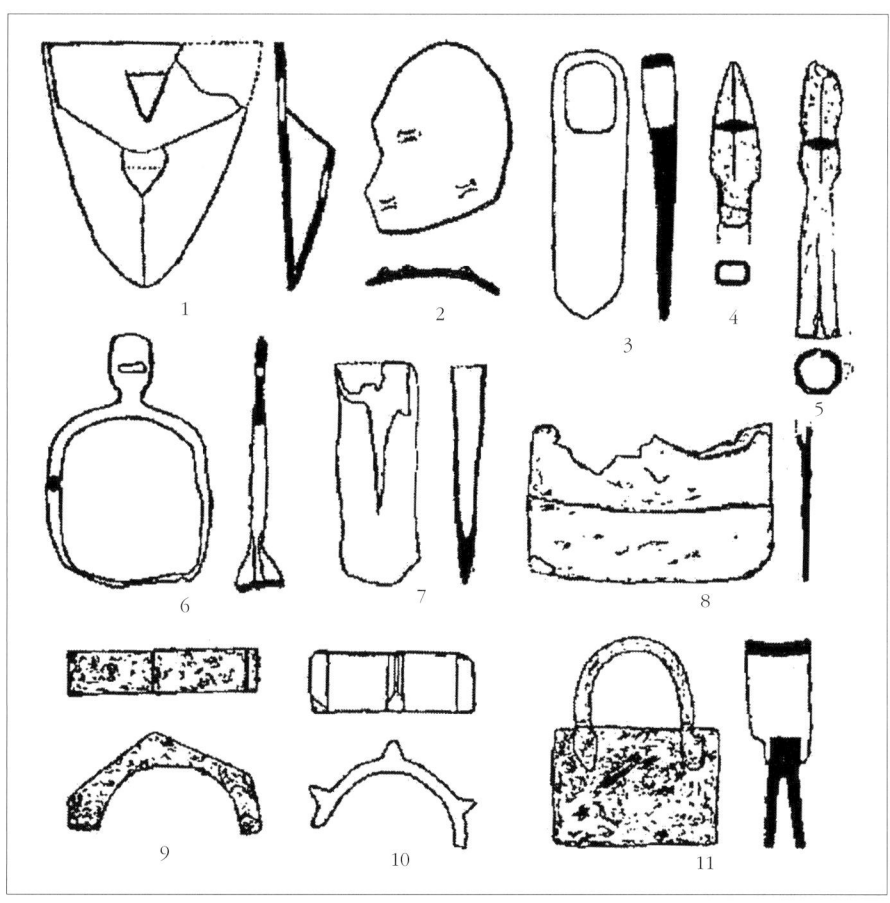

그림 34 高爾山城 1963년 출토 철기 9(『考古』 1964-12, 617쪽)
1. 보습 2. 볏 3. 괭이
4~5. 모 6. 등자 7. 도끼
8. 가래 9·10. 수레바퀴굴대축
11. 鎬頭 (1. 3/40 2. 1/20
3~11. 3/20)

④ **철제볏 2**(犁鏡)

○ 출토지 : 撫順 高爾山城 東城 내 서쪽 구릉 소나무 아래.

○ 형태 : 파손되어 일부분만 남아 있음. 위에 穿鼻 한 개가 남아 있음.

⑤ **철제괭이 1**(鎬, 그림 34-3)

○ 출토지 : 撫順 高爾山城 東城 내 서쪽 구릉 소나무 아래.

○ 크기 : 길이 18.5cm, 너비 4.5~5.5cm, 銎 길이 4.6cm, 銎 너비 3.3cm.

○ 형태 : 鍛製임. 전체적으로 쐐기형임. 윗부분은 두꺼움. 刃 부분은 마모로 인해 뾰족한 혀(舌)모양을 이루고 있음. 銎은 장방형에 가까움.

⑥ **철제괭이 2**(鎬, 그림 34-11)

○ 출토지 : 撫順 高爾山城 東城 내 서쪽 구릉 소나무 아래.

○ 크기 : 길이 12.5cm, 너비 8cm, 전체 높이 14cm, 銎 직경 6.1cm.

○ 형태 : 鍛製임. 鎬頭만 남아 있고 그 아래의 器身은 없어짐. 鎬頭는 가로 방향의 장방형임. 혼이 있음. 종단면은 'ㄇ'형임. 윗부분에는 반원형의 鎬銎을 단조하여 부착하였음. 전체적으로 두껍고 무거움.

⑦ **철제가래**(鋤, 그림 34-8)

○ 출토지 : 撫順 高爾山城 東城 내 서쪽 구릉 소나무 아래.

○ 크기 : 길이 10cm, 너비 17cm, 두께 0.4~1.2cm.

○ 형태 : 파손됨. 鍛製임. 곱자형(矩形)임. 전체적으로 얇음. 윗부분 안쪽에는 쫊과 유사한 구멍이 있는데, 대부분 결실되었음. 단면은 'Y'형임. 날부분은 마모되면서 호형임.

⑧ 철제도끼(斧, 그림 34-7)
○ 출토지 : 撫順 高爾山城 東城 내 서쪽 구릉 소나무 아래.
○ 크기 : 길이 15cm, 너비 5~6cm, 두께 0.4~1.2cm, 銎 길이 5cm, 銎 너비 2.5cm, 銎 깊이 10cm.
○ 형태 : 파손됨. 鍛製임. 측면은 쐐기형이 드러남. 정면은 장방형임. 銎는 네모졌음. 날부분은 약간 넓은데, 마모로 인해 호형임.

⑨ 철제수레바퀴줏대축(車軎)
○ 출토지 : 撫順 高爾山城 東城 내 서쪽 구릉 소나무 아래.
○ 형태 : 7점이 출토되었는데, 모두 파손됨. 范鑄로 제작함. 6점은 대롱(管)모양의 둥근 형태이고, 壁 바깥에 이빨과 유사한 톱니 6개가 있음. 톱니의 횡단면은 삼각형임. 6점의 수레바퀴줏대축(車軎)은 크기가 다른데, 軎 직경은 9~10cm, 너비는 4~5.5cm, 軎壁의 두께는 1~1.2cm, 톱니의 높이는 1.5~2cm임(그림 34-10). 나머지 한 점은 육각형이고, 안에는 둥근 구멍이 있음. 모서리가 톱니가 하는 고정작용을 대체함. 고리(環)는 직경 10.5cm, 너비 3cm, 두께 1.3~2.2cm임(그림 34-9).

⑩ 철제 등자(그림 34-6)
○ 출토지 : 撫順 高爾山城 東城 내 서쪽 구릉 소나무 아래.
○ 크기 : 전체 높이 17.5cm, 몸체 직경 10.5cm, 踏板 길이 10cm, 踏板 너비 4cm.
○ 형태 : 파손됨. 鐙身은 둥근 형태임. 孔鼻에는 비교적 긴 板脊이 연접되어 있음. 아래에는 타원형의 踏板이 연결되어 있는데, 배면에 돌기가 있음.

⑪ 철제모 1(矛, 그림 34-4)
○ 출토지 : 撫順 高爾山城 東城 내 서쪽 구릉 소나무 아래.
○ 크기 : 남은 길이 19cm, 너비 2.7cm, 箇 직경 2.8cm.
○ 형태 : 파손됨. 矛頭는 짧고 작음. 脊이 솟아 있음. 箇이 있음. 矛鋒은 결실됨.

⑫ 철제모 2(矛, 그림 34-5)
○ 출토지 : 撫順 高爾山城 東城 내 서쪽 구릉 소나무 아래.
○ 크기 : 남은 길이 11.5cm, 너비 3.5cm.
○ 형태 : 파손됨. 矛頭는 짧고 작음. 脊이 솟아 있음. 箇은 대부분 결실됨.

⑬ 철제화살촉
○ 출토지 : 撫順 高爾山城 東城 내 서쪽 구릉 소나무 아래.
○ 크기 : 남은 길이 14.5cm, 너비 0.4cm.
○ 형태 : 파손됨. 長條形임. 鏃身은 길고 편평함. 잘록한 부분이 있음. 경부(鋌)는 네모짐.

⑭ 철제솥 1(鍋)
○ 출토지 : 撫順 高爾山城 東城 내 서쪽 구릉 소나무 아래.
○ 크기 : 口徑 33cm, 높이 35cm, 동체부 직경 50cm, 두께 1.2cm.
○ 형태 : 鑄製임. 直口임. 동체부는 원구형임. 바닥은 둥그스름함. 동체부에는 凸稜이 한 바퀴 돌출되어 있음. 肩部에는 철현문 세 줄이 둘러져 있음.

⑮ 철제솥 2(鍋)
○ 출토지 : 撫順 高爾山城 東城 내 서쪽 구릉 소나무 아래.
○ 형태 : 동체부 일부분만 남아 있음. 형태는 전자와 유사하나, 크기가 약간 작음.

⑯ 철제못
○ 출토지 : 撫順 高爾山城 東城 내 서쪽 구릉 소나무 아래.
○ 크기 : 남은 길이 13cm, 帽 직경 6.5cm.
○ 형태 : 2점이 출토됨. 모두 파손됨. 身은 방추형, 帽는 원형임.

(2) 기와
○ 東城 남문 앞 圍墻 내에서는 벽돌과 기와편이 흩어져 있었음.
○ 산성 안에서 출토된 와당, 기와편 등 건축자재들은 集安 山城子山城에서 출토된 것과 일치하므로 고구려 시기에 제작한 것으로 볼 수 있음.

① 연화문 와당
○ 출토지 : 撫順 高爾山城 東城 남문 앞 圍墻 내.
○ 크기 : 직경 15cm, 두께 1.5~5cm.
○ 형태 : 3점이 출토되었는데, 모두 파손됨. 모두 니질이고, 홍색과 회색이 있음. 정면에는 연화문, 배면에는 포문이 있음. 홍색 와당은 두껍고 무거움. 그에 비해 회색 와당은 얇음.

② 수키와
○ 출토지 : 撫順 高爾山城 東城 남문 앞 圍墻 내.
○ 크기 : 남은 길이 14cm, 너비 14.5cm, 두께 2cm.
○ 형태 : 2점이 출토되었는데, 모두 파손됨. 模製임. 니질임. 소성온도는 높음. 홍색과 회색이 있음. 무늬는 없음. 내면에는 포문이 있음.

③ 암키와
○ 출토지 : 撫順 高爾山城 東城 남문 앞 圍墻 내.
○ 형태 : 3점이 출토됨. 니질임. 견고함. 회색과 홍색이 있음. 회색암키와의 정면에는 승문, 배면에는 포문이 있음. 남은 길이는 27.5cm, 너비는 25cm, 두께는 1.3cm임. 홍색 암키와는 비교적 두껍고 무거움. 가장자리에는 자른 흔적이 있음. 정면에 굵은 승문이 있는데, 일부 정격자문도 있음. 남은 길이는 14cm, 너비는 12cm, 두께는 2cm임.

(3) 벽돌
○ 출토지 : 撫順 高爾山城 東城 남문 앞 圍墻 내.
○ 크기 : 길이 32.5cm, 너비 15.5cm, 두께 5cm.
○ 형태 : 비교적 보존이 양호함. 장방형임. 회색임. 재질은 단단함. 위에는 승문이 있음.

4) 1983~1985년 출토유물
○ I區 제4문화층에서는 1.4cm 두께의 깨진 기와편이 가장 많이 출토되었는데, 태토는 비교적 순수하고, 니질의 옅은 회색임. 내면에는 모두 포문이 있음. 소성온도는 균등함. 기와를 제외하고 도자기편과 宋代 銅幣가 출토됨. 토기 구연부는 대부분 말아 올라갔고 짙은 회색임. 비교적 窯口가 많고, 일부 자기편에는 開片이 있음. 흰색·흑색 시유완(碗) 각각 1점이 복원되었는데, '鷄腿罈'의 하부가 있음.
○ II區에서 출토된 철제 무기 가운데 화살촉이 가장 많음. 그 외에 도자(削), 쇠뇌, 腰刀, 모(矛), 수레바퀴 굿대축(車轄), 창고달이(鐏), 마름쇠(蒺藜), 찰갑편, 陶彈丸 등이 있음. 일상생활용기로는 니질의 회색토기가 가장 많이 출토되었는데, 손잡이가 두 개인 분(盆), 반(盤), 호(壺), 시루(甑), 옹(瓮) 등이 있음. II區의 제2층에서는 三彩鉢의 잔편이 발견되었는데, 정교하고 세밀하게 제작되었음. 中原에서 온 것으로 볼 수 있음. 그 외에 開元通寶가 출토됨.

○ Ⅳ區에서 출토된 유물은 비교적 풍부함. 출토된 유물의 종류, 토기의 기형과 재질 등은 Ⅱ區에서 발견된 것과 같음. 唐의 開元通寶가 출토된 것으로 보아 고구려 말기에 속한다고 볼 수 있음. 토기로는 옹(瓮), 분(盆), 완(碗), 반(盤), 호(罐), 시루(甑) 등이 출토됨. 철기로는 군사무기가 가장 많이 차지함. 그 외에 토기, 철제의 건축자재 등이 출토됨.

○ Ⅴ區에서는 瓷器, 陶器, 철기, 벽돌과 기와, 그리고 北宋시대의 화폐가 발견되었음. Ⅴ區 상부퇴적은 遼代의 유적지에 속하는데, 여기에 있던 건축물은 상당한 규모를 갖추고 있었다고 추정됨. 그 아랫면 문화층은 출토된 유물로 볼 때 고구려시기의 문화층은 아니라고 추정됨.

○ Ⅵ區 남북 방향의 트렌치 북반부에 깨진 기와와 여러 개의 자연석들이 한층 노출되어 있음. 이 지점에서 철제찰갑편, 철제보습(犁鏡), 철제삽(插), 수키와 등이 출토됨.

○ 遼代의 유적인 Ⅴ區를 제외하고 고구려의 유물이 곳곳에서 발견되고 있음. 또한 유적지 안에서는 開元通寶가 출토되면서 유적의 하한을 유추해 볼 수 있는데, 고구려 후기에 속한다고 볼 수 있음.

(1) 청동기

① 동제 과대 (그림 35-17)
○ 출토지 : 撫順 高爾山城 Ⅳ區 FG84Ⅳ區T208②.
○ 형태 : 세 개의 못으로 銅片과 角片을 함께 고정시킴. 중간에 장방형의 구멍이 있음.

(2) 철기

철기는 500여 점이 출토됨. 철기 가운데 화살촉이 가장 많이 출토됨. 그 외에 腰刀, 도자(削), 모(矛), 창고달이(鐏), 마름쇠(蒺藜), 수레바퀴굿대축(车輨), 찰갑편, 과대(帶銙), 투구 등이 출토되었는데, 한 세트의 군사무기장비를 보여줌. 고구려는 본래 鑌鐵로 유명했는데, 그 종류는 많았고 鍛鑄도 우수했음. 高爾山城에서 출토된 철기에서도 이러한 모습을 확인해 볼 수 있음 (徐家國·孫力, 1987).

① 철제투구
○ 출토지 : 撫順 高爾山城 Ⅵ區.
○ 형태 : 길고 굽어져 있는 28매의 철편들에 구멍을 뚫고 서로 연결하여 제작함. 각 철편은 위는 좁고 아래는 넓은 원호 형태임. 弧度는 사람의 머리에 적합하도록 조절함. 투구 정면은 짧은 철편 8매로 구성되었는데, 특히 정 가운데에 있는 철판 1매는 더욱 짧음. 이로 인해 전체 투구의 정면에 볼록 튀어나온 開口가 형성되었는데, 바로 두 눈과 코의 위치임. 투구 정 가운데에 있는 짧은 찰갑편을 기준으로, 양측으로 차례대로 포개면서 연결하여 뒤에서 마무리함. 투구를 복원한 후의 찰갑편에 남아 있는 구멍을 고려해 볼 때, 투구 안에 부드러운 안감이 있었다고 추정됨. 투구의 아랫면에도 비금속성의 보호물과 장식이 연결되었을 것으로 추정됨. 투구 꼭대기에도 새깃털 같은 장식물을 고정하였을 것으로 추정되는데, 고구려 고분벽화에서 이러한 모습을 볼 수 있음. 투구를 구성하고 있는 각 찰갑편은 정교하고 세밀하게 가공하였고, 가볍고 실용적으로 제작함. 찰갑편에 뚫어진 구멍은 직경이 1mm 정도임. 투구는 고구려시기에 제작된 것으로 추정됨.

② 철제찰갑편 1 (그림 35-2)
○ 출토지 : 撫順 高爾山城 Ⅳ區 FG84Ⅳ區.
○ 형태 : 찰갑편들은 녹이 슬어 부식됨. 鍛製로 제작한 얇은 절판임. 용도에 따라 크기나 구멍의 개수가 다름. 찰갑편들은 그리 크지 않고, 크기도 서로 같지 않음.

③ 철제찰갑편 2
○ 출토지 : 撫順 高爾山城 Ⅳ區.

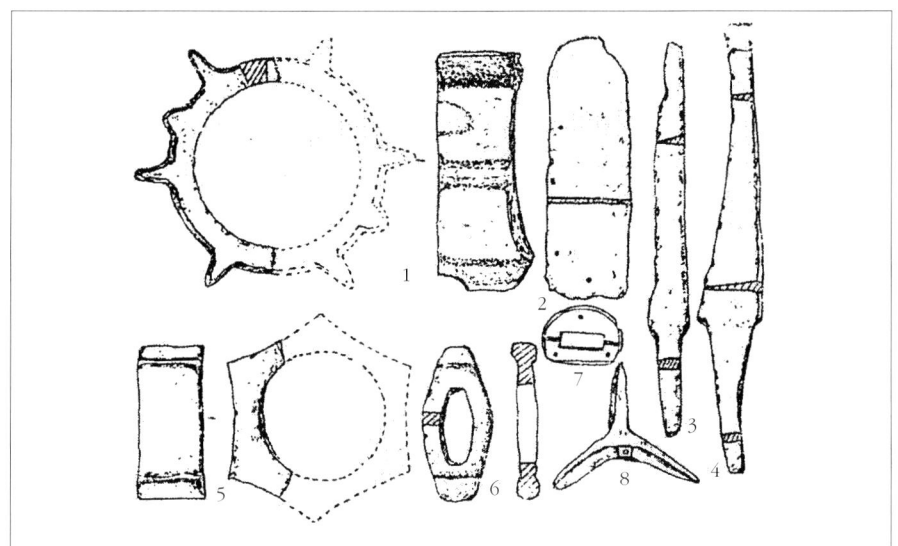

그림 35 高爾山城 1983~1985년 출토유물 1(『遼海文物學刊』 1987-2, 52쪽)
1·5. 수레바퀴줏대축 2. 찰갑편
3·4. 도자 6. 刀格 7. 과대
8. 마름쇠(7. 1/6 나머지. 1/3)

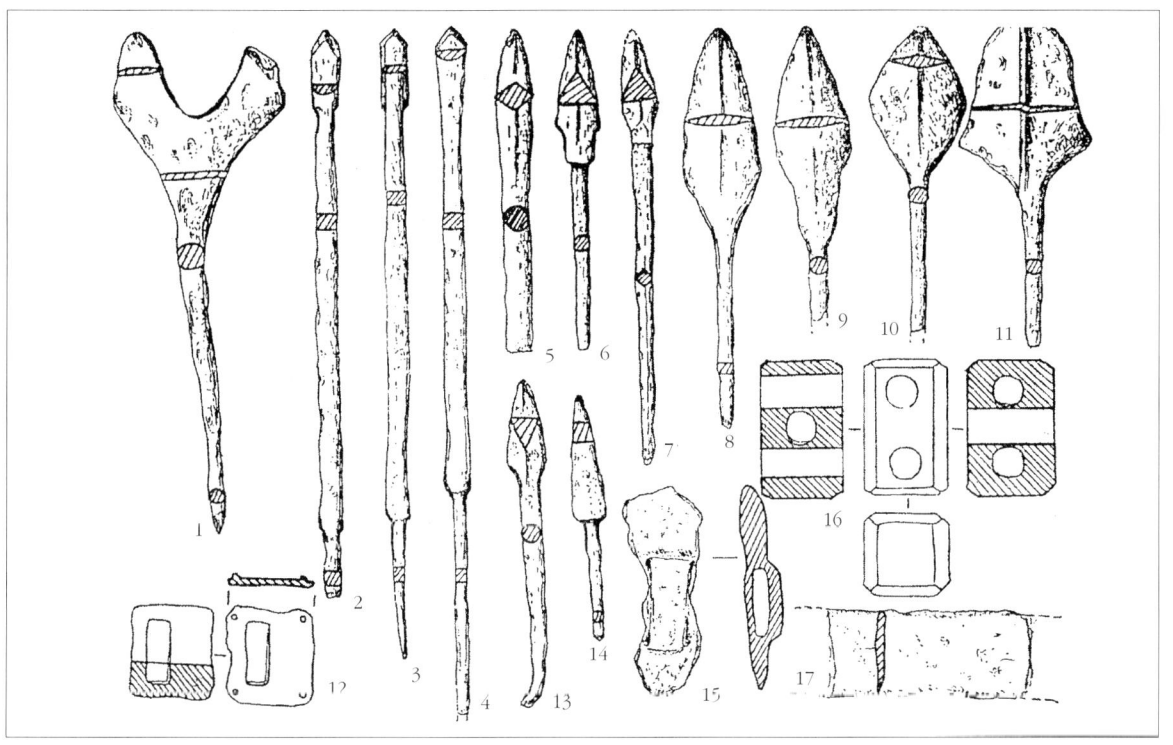

그림 36 高爾山城 1983~1985년 출토유물 2(『遼海文物學刊』 1987-2, 51쪽)
1~11·13·14. 화살촉 12. 과대 15. 鐵鼻 16. 穿孔陶器(14. 1/4 나머지. 1/2)

○ 형태 : Ⅳ區 남북 방향의 트렌치 북반부에서 발견된 투구 밑에서 크기가 다른 찰갑편들이 출토됨. 출토된 위치와 형태를 볼 때, 흉갑으로 추정됨.

④ 철제화살촉 1(그림 36-3)

○ 출토지 : 撫順 高爾山城.

○ 형태 : 長身矛式鏃임. 경부(鋌)와 鏃身의 단면은 방형임. 촉두(前鋒)는 圭首形임. 촉두날(鋒刃部) 양면

제4부 무순시·현(撫順市·縣) 지역의 유적 147

은 모두 갈았음.

⑤ **철제화살촉 2**(그림 36-2)
○ 출토지 : 撫順 高爾山城 Ⅱ區 FG84Ⅱ區T35②.
○ 형태 : 長身矛式鏃임. 경부(铤)와 鏃身의 단면은 방형임. 촉두(前鋒)는 圭首形임. 촉두날(鋒刃部) 한 면은 갈았고, 다른 한 면은 평면임.

⑥ **철제화살촉 3**(그림 36-7)
○ 출토지 : 撫順 高爾山城 Ⅱ區 FG84Ⅱ區T106②.
○ 형태 : 短身矛式鏃임. 鏃身은 三棱形임. 경부(铤) 단면은 방형임.

⑦ **철제화살촉 4**(그림 36-10)
○ 출토지 : 撫順 高爾山城 Ⅱ區 FG84Ⅱ區 큰 대지.
○ 형태 : 葉式鏃임. 鏃身은 좁고 긴 葉형태임. 단면은 물고기 등(鮮背背形)임. 경부(铤)의 횡단면은 방형임.

⑧ **철제화살촉 5**(그림 36-1)
○ 출토지 : 撫順 高爾山城 Ⅳ區 FG84Ⅳ區T19②.
○ 형태 : 叉式鏃임. 鏃身은 双叉인데, 각각 鋒刃이 있음. 경부(铤部) 단면은 원형임. 身铤에는 명확한 분계가 없음.

⑨ **철제화살촉 6**(그림 36-4)
○ 출토지 : 撫順 高爾山城 Ⅳ區 FG84Ⅳ區T3②.
○ 형태 : 長身矛式鏃임. 경부(铤)와 身의 단면은 방형임. 촉두(前鋒)는 圭首形임. 촉두(鋒)만 있고 날(刃)은 없음. 한 면은 갈아져 있음.

⑩ **철제화살촉 7**(그림 36-5)
○ 출토지 : 撫順 高爾山城 Ⅳ區 FG84Ⅳ區T105②.
○ 형태 : 短身矛式鏃임. 촉두날(鋒刃)은 릉형임. 경부(铤)는 원형임.

⑪ **철제화살촉 8**(그림 36-13)
○ 출토지 : 撫順 高爾山城 Ⅳ區 FG84Ⅳ區T43②.
○ 형태 : 短身矛式鏃임. 鏃身은 三棱形임. 경부(铤) 단면은 원형임.

⑫ **철제화살촉 9**(그림 36-6)
○ 출토지 : 撫順 高爾山城 Ⅳ區 FG84Ⅳ區T41②.
○ 형태 : 短身矛式鏃임. 鏃身 근처 경부(铤)는 안으로 들어감.

⑬ **철제화살촉 10**(그림 36-14)
○ 출토지 : 撫順 高爾山城 Ⅳ區 FG84Ⅳ區.
○ 형태 : 短身矛式鏃임. 鏃身은 方錐形임. 경부(铤)는 짧음.

⑭ **철제화살촉 11**(그림 36-9)
○ 출토지 : 撫順 高爾山城 Ⅳ區 FG84Ⅳ區T108②.
○ 형태 : 葉式鏃임. 鏃身은 좁고 긴 형태임. 단면은 물고기 등(鮮背背形)임. 경부(铤)의 횡단면은 원형임.

⑮ **철제화살촉 12**(그림 36-8)
○ 출토지 : 撫順 高爾山城 Ⅳ區 FG84Ⅳ區T301②.
○ 형태 : 葉式鏃임. 鏃身은 릉형에 가까움. 단면 또한 릉형임.

⑯ **철제화살촉 13**(그림 36-11)
○ 출토지 : 撫順 高爾山城 Ⅳ區 FG84Ⅳ區T206②.
○ 형태 : 葉式鏃임. 鏃身은 鏟形에 가까움. 중간에 등(脊)이 일어나 있음. 각 면 모두 偏刃임.

⑰ **철제화살촉 14**
○ 출토지 : 撫順 高爾山城 Ⅳ區 FG84Ⅳ區T208 아궁이(灰坑).
○ 형태 : 扁叶形임. 촉두(鋒)는 완만하게 둥그스름함.

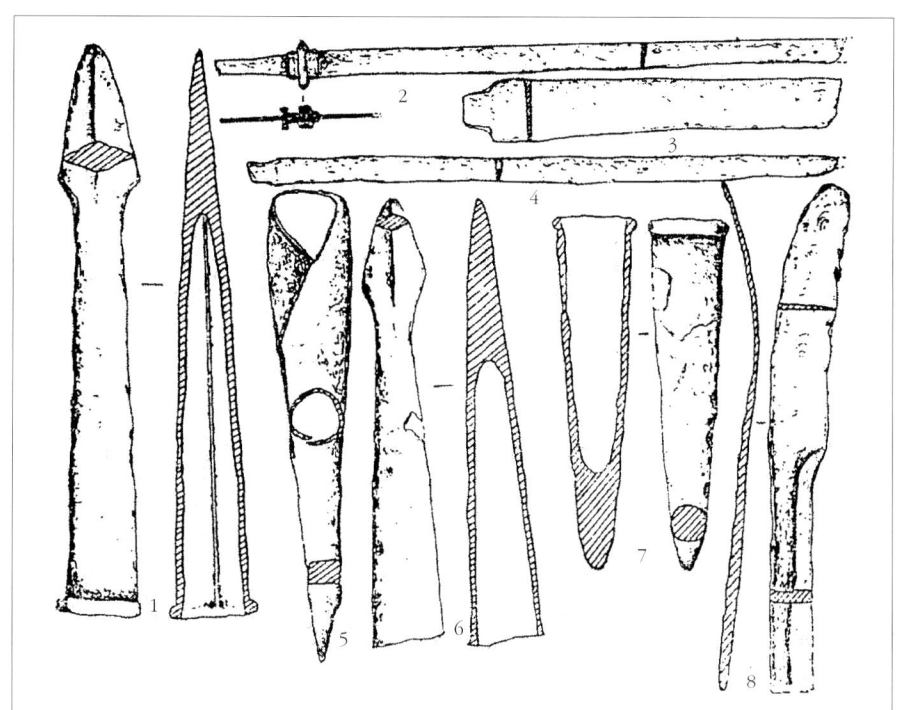

그림 37 高爾山城 1983~1985년 출토 철기 1(『遼海文物學刊』 1987-2, 53쪽)
1·6. 모 2·4. 腰刀 3. 刀
5·7. 창고달이 8. 도자
(2~4. 1/6 나머지. 1/3)

⑱ **철제화살촉 15**
○ 출토지 : 撫順 高爾山城 Ⅳ區 FG84Ⅳ區T208 아궁이(灰坑).
○ 형태 : 鏃身은 三棱形임. 경부(鋌)는 짧음.

⑲ **철제화살촉 16**
○ 출토지 : 撫順 高爾山城 Ⅳ區 FG84Ⅳ區T208 아궁이(灰坑).
○ 형태 : 세 촉신(身)은 三棱形임. 경부(鋌)는 짧음.

⑳ **철제腰刀 1**
○ 출토지 : 撫順 高爾山城 Ⅱ區 FG84Ⅱ區T38②.
○ 형태 : 자연석 아래에 끼워져 있었는데, 돌에 눌려 부러졌음. 鍛造임. 철은 단단함. 표면의 부식은 심하지 않음.

㉑ **철제腰刀 2(그림 37-2)**
○ 출토지 : 撫順 高爾山城 Ⅱ區 FG84Ⅱ區T38②.
○ 크기 : 남은 길이 75cm, 刀身 최대 너비 3cm.
○ 형태 : 자연석 아래에 끼워져 있었는데, 刀의 끝과 柄의 尾部는 부러져 있었음. 刀隔은 보존이 비교적 양호한데, 타원형임. 隔과 刀身 사이는 철판으로 감쌌음. 刀柄에는 구멍과 못 한 개가 있는데, 柄의 외면에 비금속 장식물이 부착되어 있었다고 추정됨.

㉒ **철제刀格(그림 35-6)**
○ 출토지 : 撫順 高爾山城 Ⅳ區 FG84Ⅳ區T37②.
○ 형태 : 평면은 타원형에 가까움. 철제腰刀의 한 부분임. 측면에서 보면 그 양 끝은 약간 돌출되어 있음.

㉓ **철제刀(그림 37-3)**
○ 출토지 : 撫順 高爾山城 Ⅳ區 FG84Ⅳ區臺地②.
○ 크기 : 길이 30cm, 柄 길이 2cm, 최대 너비 3cm.
○ 형태 : 鍛造임. 身과 柄 모두 짧음. 刃은 뭉툭함. 刃部는 사용할 때 닳아지면서 약간 안으로 들어감. 비교적 특수한 刀로, 무기는 아닌 것으로 추정됨.

㉔ 철제도자 1(削, 그림 35-10)
- 출토지 : 撫順 高爾山城 IV區 FG84IV區T19②.
- 형태 : 등부분(背部)와 날(刃)은 휘어져 있음. 鋒部 근처는 좁고 얇음.

㉕ 철제도자 2(削, 그림 35-3)
- 출토지 : 撫順 高爾山城 IV區 FG84IV區T28②.
- 형태 : 등(背), 자루(柄), 날(刃) 모두 곧음.

㉖ 철제도자 3(削, 그림 37-8)
- 출토지 : 撫順 高爾山城 IV區 FG84IV區T208②.
- 형태 : 자루(柄)과 등부분(背部)의 경계가 명확하지 않음. 호형임. 자루(柄)의 너비는 넓고 두꺼움.

㉗ 철제도자 4(削, 그림 36-17)
- 출토지 : 撫順 高爾山城 IV區 FG84IV區T208 아궁이(灰坑).
- 크기 : 너비 2.3cm.
- 형태 : 부러짐. 날(刃)이 있음.

㉘ 철제모 1(矛, 그림 37-1)
- 출토지 : 撫順 高爾山城 IV區 FG84IV區T206②.
- 크기 : 전체 길이 22.3cm, 刃部 너비 3.2cm.
- 형태 : 鍛造임. 날부분(鋒刃部)은 비교적 짧고 작음. 횡단면은 릉형임. 矛身과 연접하는 銎의 구멍은 가늘고 긴 편임. 구멍이 뚫려 있어 矛와 柲의 결합을 단단하게 고정할 수 있음. 矛身의 밑부분에는 銎部가 있음. 銎部에는 서로 맞물리는 수직의 틈이 있음.

㉙ 철제모 2(矛, 그림 37-6)
- 출토지 : 撫順 高爾山城 IV區 FG84IV區T309.
- 형태 : 모양은 기본적으로 전자와 일치하나, 크기가 약간 작음. 銎尾부분에 철로 만든 테가 없음. 측면은 삼각형에 가까움.

㉚ 철제창고달이 1(鐏, 그림 37-7)
- 출토지 : 撫順 高爾山城 II區 FG84II區T107②.
- 크기 : 전체 길이 13.8cm.
- 형태 : 창고달이(鐏)의 윗부분은 철제 테로 고정시킴. 尾部 횡단면은 원형임.

㉛ 철제창고달이 2(鐏, 그림 37-5)
- 출토지 : 撫順 高爾山城 IV區 FG85IV區G2②.
- 크기 : 전체 길이 18.5cm.
- 형태 : 철판을 겹쳐서 제작함. 안에는 비어 있음. 尾部 횡단면은 장방형이고, 가장 아래는 뾰족한 锥形임.

㉜ 철제마름쇠(蒺藜, 그림 35-8)
- 출토지 : 撫順 高爾山城 IV區 FG84IV區.
- 형태 : 鍛製임. 4개의 뾰족한 침의 횡단면은 장방형임. 침을 서로 다른 방향으로 비틀었음.

㉝ 철제수레바퀴굿대축 1(車輨, 그림 35-5)
- 출토지 : 撫順 高爾山城 IV區 FG84IV區T38②.
- 형태 : 안으로 들어간 육각형임.

㉞ 철제수레바퀴굿대축 2(車輨, 그림 35-1)
- 출토지 : 撫順 高爾山城 IV區 FG84IV區T19②.
- 형태 : 수레바퀴굿대축(輨)의 외부에는 6개의 齒形 돌기가 일정하게 분포하고 있고, 2개의 대칭하는 작은 돌기가 있음. 비교적 정교하고 세밀하게 제작함.

㉟ 철제足(그림 37-11)
- 출토지 : 撫順 高爾山城 II區 FG84II區T47②.
- 형태 : 鑄造임. 상반부만 남아 있음. 외면은 五棱形을 이룸. 비교적 얇음. 철제 화로의 足部로 추정됨.

㊱ 철제도끼(斧, 그림 38-1)
- 출토지 : 撫順 高爾山城 IV區 FG85IV區G②.

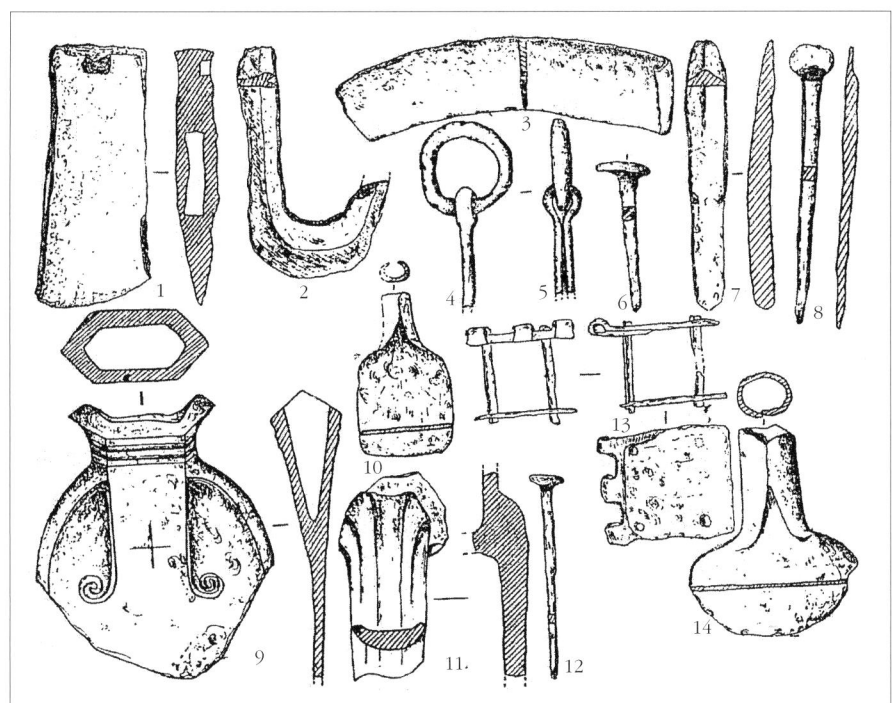

그림 38 高爾山城 1983~1985년 출토 철기 2(『遼海文物學刊』 1987-2, 55쪽)
1. 도끼 2. 삽 3. 낫 4·5. 고리 6·8·12. 못 7. 철기 9·10·14. 살포 11. 足 13. 折葉 (2. 1/6 나머지. 1/3)

○ 형태 : 도끼(斧)의 윗면은 길고 좁은 삼각형이 드러남. 중간의 斧眼은 장방형임. 刃部는 비스듬하게 둥그스름해졌는데, 장기간 사용되었기 때문이라고 추정됨. 槌面 근처에 장방형의 구멍이 있는데, 용도는 알 수 없음.

㊲ **철제삽**(插, 그림 38-2)

○ 출토지 : 撫順 高爾山城 Ⅳ區.
○ 형태 : 刃은 둥그스름함. 한 측면은 파손됨.

㊳ **철제낫**(鎌, 그림 38-3)

○ 출토지 : 撫順 高爾山城 Ⅳ區 FG84Ⅳ區T308②.
○ 형태 : 鍛造임. 柄部는 위쪽을 향하여 안으로 꺾여짐. 刃部는 휘어졌음. 尖部는 사라짐.

㊴ **철제살포**(鍫, 그림 38-9·10·14)

○ 출토지 : 撫順 高爾山城 Ⅳ區 FG84Ⅳ區T108②, FG84Ⅳ區T19②.
○ 형태 : 鑄造와 鍛造가 있음. 鑄造가 鍛造보다 비교적 큼. 용도에 따라 차이가 있음을 알 수 있음. 주조된 살포(鍫)는 좁고 긴 六邊形 鍫口이고, 肩은 흘러내려 가며(溜肩), 正面에 鋒部가 있음. 일부는 卷雲과 유사한 장식이 주조되어 있고, 중간에는 '十'자형 기호가 있음. 刃部는 명확하지 않음. 鍛造된 살포(鍫)는 刃이 곧은 형태와 刃이 둥그스름한 형태가 있음. 鋒部는 가늘고 긴 편임. 현재의 가래(鍬)와 유사함.

㊵ **철제套環**(그림 38-4)

○ 출토지 : 撫順 高爾山城 Ⅳ區 FG84Ⅳ區T201②.
○ 형태 : 鍛造임. 둥근 구멍 모양인 釘帽에 고리(環)가 끼워져 있음. 건축물에 쓰이는 철제부품임.

㊶ **철제못 1**(그림 38-8)

○ 출토지 : 撫順 高爾山城 Ⅱ區 FG84Ⅱ區T108②.
○ 형태 : 鑄造와 鍛造 두 형식이 있음. 鑄造된 철제못의 경우 帽는 둥글고 身은 네모짐. 또한 長身과 短身이 있음. 鍛造된 철제못은 횡단면이 방형임. 윗부분은 납

작한 형태임. 사용할 때 약간만 힘을 주면 한쪽으로 기울어져 있던 부분이 꺾이면서 타격하는 면적을 넓혀줌.

㊷ **철제못 2**(그림 38-12)
○ 출토지 : 撫順 高爾山城 IV區 FG84IV區T1②隔梁.
○ 형태 : 鑄造와 鍛造 두 형식이 있음. 鑄造된 철제못의 경우 帽는 둥글고 身은 네모짐. 또한 長身과 短身이 있음. 鍛造된 철제못은 횡단면이 방형임. 윗부분은 납작한 형태임. 사용할 때 약간만 힘을 주면 한쪽으로 기울어져 있던 부분이 꺾이면서 타격하는 면적을 넓혀줌.

㊸ **철제鼻**(그림 36-15)
○ 출토지 : 撫順 高爾山城 IV區 FG84IV區T208 아궁이(灰坑).
○ 형태 : 못으로 결합된 작은 손잡이(把手)임. 전체 모습은 완전하지 않음.

㊹ **철제과대**(銙帶, 그림 36-12)
○ 출토지 : 撫順 高爾山城 IV區 FG84IV區T208 아궁이(灰坑).
○ 형태 : 약간 정방형임. 銅質의 배면에는 작은 못 4개가 있음. 정면에는 쇠뿔편이 붙어 있음. 윗면에는 장방형의 구멍이 있음.

㊺ **철제부속품**(그림 38-13)
○ 출토지 : 撫順 高爾山城 IV區 FG84IV區T19②.
○ 형태 : 折葉式임. 鍛製임. 두 철판 사이에는 작은 기둥(柱) 4개가 고정되어 있음. 그 두께를 고려해볼 때, 철판 사이에 나무로 만든 문짝을 고정했던 것으로 추정됨.

㊻ **철제錐**(그림 36-17)
○ 출토지 : 撫順 高爾山城 IV區 FG84IV區T208 아궁이(灰坑).

○ 크기 : 전체 길이 10.2cm.
○ 형태 : 錐身과 柄의 단면은 장방형과 방형임.

㊼ **철기**(그림 38-7)
○ 출토지 : 撫順 高爾山城 II區 FG84II區T108②.
○ 형태 : 鑄造로 제작함. 한 끝은 脊이 솟아 있음. 횡단면은 이등변삼각형임. 尖部는 둥그스름하고 뭉툭함. 다른 한 끝은 柄部로 추정됨. 용도는 알 수 없음.

(3) 토기

토기는 100여 점이 출토되었는데, 주요 기형으로는 옹(瓮), 분(盆), 호(罐), 반(盤), 완(碗), 시루(甑), 彈丸 등이 있음. 생활용 토기는 대부분 니질의 회색임. 비교적 큰 토기 가운데 일부는 대칭하는 대상파수(橋狀橫耳)가 있고 손잡이 위에는 음각선문(陰弦文)이 한 바퀴 둘러져 있는 등, 명확한 시대적인 특징이 형성되어 있음(徐家國·孫力, 1987).

① **옹 1**(瓮, 그림 39-1)
○ 출토지 : 撫順 高爾山城 II區 FG83II區T9②.
○ 크기 : 口徑 40.4cm, 바닥 직경 39.6cm, 높이 78cm.
○ 형태 : 나누어 제작한 다음 붙인 것임. 구순은 각이 짐. 구연은 내반됨(斂口). 동체부 윗부분에 대상파수(橋狀橫耳) 4개가 있음. 손잡이 아래에는 점선문이 있음.
○ 태토 및 색깔 : 니질의 회색토기.

② **옹 2**(瓮, 그림 40-1)
○ 출토지 : 撫順 高爾山城 IV區 FG84IV區T19②.
○ 크기 : 口徑 37cm, 바닥 직경 27.3cm, 높이 66.8cm, 동체부 최대 직경 68.3cm.
○ 형태 : 매우 큼. 구순은 뾰족하고 둥그스름함. 바닥은 평평함. 肩은 넓음. 동체부 직경은 중상부가 가장 큼. 대칭하는 대상파수(橋狀橫耳)가 있음. 손잡이 위에는 음각선문(陰弦文)이 한 바퀴 둘러져 있음.

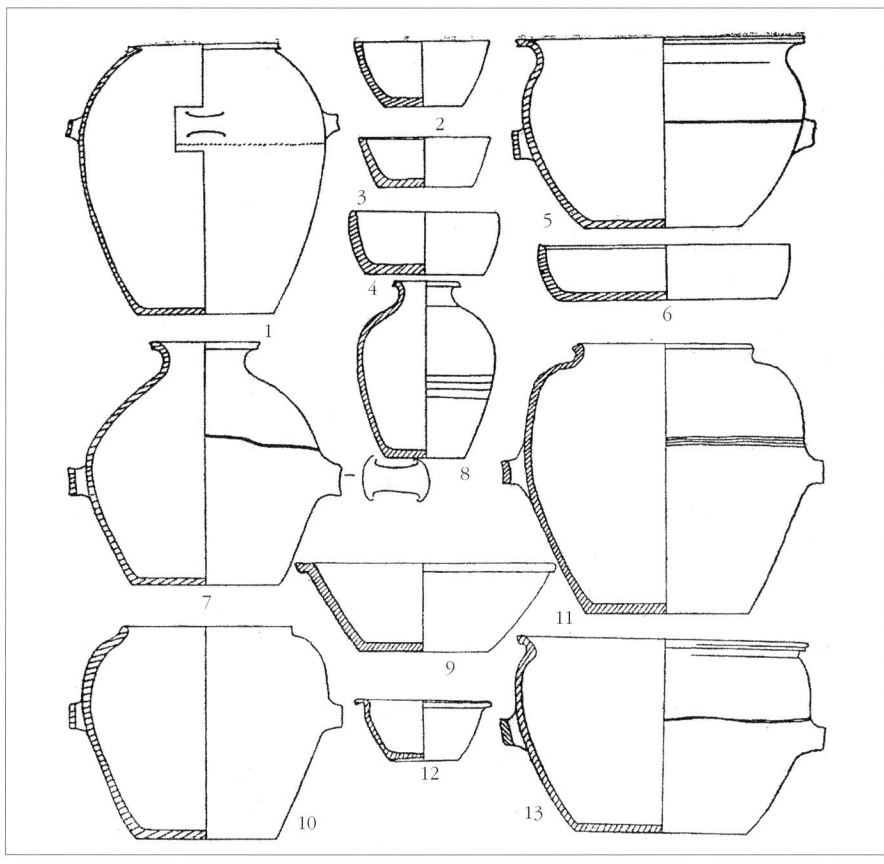

그림 39 高爾山城 1983~1985년 출토 토기 1(『遼海文物學刊』 1987-2, 47쪽)
1. 옹 2~4. 발 5·9·12. 분
6. 반 7·8·10·11. 호 13. 시루
(7~11·13. 1/8 12. 1/12)

○ 태토 및 색깔 : 니질의 회색토기.

③ 옹 3(瓮, 그림 40-2)

○ 출토지 : 撫順 高爾山城 IV區 FG84IV區②.

○ 크기 : 口徑 36.6cm, 바닥 직경 28.3cm, 높이 63cm.

○ 형태 : 구순은 뾰족하고 둥그스름함. 구연은 네모지고 약간 외반됨. 바닥은 약간 안으로 들어감. 肩은 흘러 내려감(溜肩). 대칭하는 대상파수(橋狀橫耳)가 있음. 손잡이 위에는 음각선문(陰弦文)이 한 바퀴 둘러져 있음. 토기 표면에는 가로세로 교차하는 暗文이 있음. 마르지 않은 도자기에 눌러 새겨 완성함.

○ 태토 및 색깔 : 니질의 흑회색토기.

④ 옹 4(瓮, 그림 40-3)

○ 출토지 : 撫順 高爾山城 IV區 FG84IV區F9.

○ 크기 : 口徑 34.6cm, 바닥 직경 27.2cm, 높이 62.2cm, 동체부 최대 직경 62.5cm.

○ 형태 : 구순은 각이 졌고 밖으로 꺾임. 기형은 전자와 같음. 동체부 중간에는 세로로 펼쳐진 '之'자형의 暗劃文이 있음. 동체부 아래에는 비스듬히 곧은 劃文 여러 줄이 있음.

○ 태토 및 색깔 : 니질의 흑회색토기.

⑤ 옹 5(瓮, 그림 40-6)

○ 출토지 : 撫順 高爾山城 IV區 FG84IV區T19②.

○ 크기 : 口徑 23.8cm, 바닥 직경 14.2cm, 높이 15.8cm.

○ 형태 : 口部는 물레질을 했음. 구순은 각이 지고 밖으로 꺾임. 구순에는 선문(弦文)이 있음.

○ 태토 및 색깔 : 니질의 회색토기.

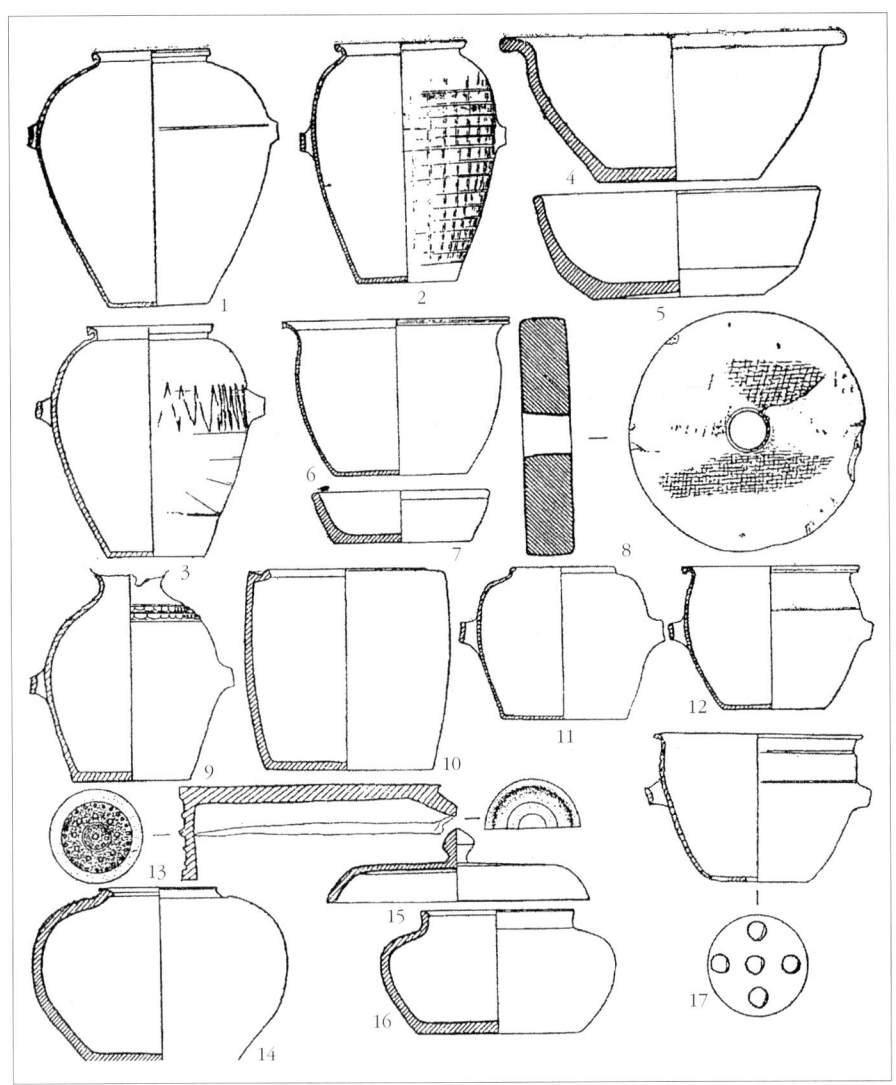

그림 40 高爾山城 1983~1985년 출토 토기 2(『遼海文物學刊』 1987-2, 50쪽)
1~3. 옹 4·6·12. 분 5·7. 완
8. 가락바퀴 9~11·14·16. 호
13. 기와 15. 토기뚜껑 17. 시루
(1~3. 1/6 4·7·10·14·15. 1/4
5·8. 1/2 6·16. 1/6 9·12·17. 1/12
13. 1/8)

⑥ 옹 6(瓮)

○ 출토지 : 撫順 高爾山城 Ⅳ區 FG84Ⅳ區T208 아궁이(灰坑).

○ 크기 : 口徑 34cm.

○ 형태 : 아랫부분은 남아 있지 않음. 색깔은 흑갈색임. 구순은 약간 각이 짐. 구연은 외반됨. 구순부 위에는 음각선문(음각선문(陰弦文))가 희미하게 남아 있음. 표면에는 누르고 갈았던 交叉暗文이 있음. 동체부 손잡이 윗부분에는 선문(弦文) 두 줄이 있음.

○ 색깔 : 홍갈색토기.

⑦ 완 1(碗, 그림 39-2)

○ 출토지 : 撫順 高爾山城 Ⅱ區 FG83Ⅳ區T30②.

○ 크기 : 口徑 10.4cm, 바닥 직경 6cm, 높이 4.6cm.

○ 형태 : 手製임. 무늬는 없음. 구순은 편평함. 경사지게 곧은 벽은 약간 바깥으로 볼록함.

○ 태토 및 색깔 : 니질의 회색토기.

⑧ 완 2(碗, 그림 39-3)

○ 출토지 : 撫順 高爾山城 Ⅱ區 FG83Ⅳ區T14②.

○ 크기 : 口徑 9.6cm, 바닥 직경 7.2cm, 높이 3.6cm.

○ 형태 : 手製임. 무늬는 없음. 평평한 구순은 약간 안으로 기울어져 있음. 동체부는 비스듬히 경사짐. 바닥 가장자리 부분은 약간 돌기됨.
○ 태토 및 색깔 : 니질의 회색토기.

⑨ 완 3(碗, 그림 39-4)
○ 출토지 : 撫順 高爾山城 Ⅱ區.
○ 크기 : 口徑 10.6cm, 바닥 직경 9cm, 높이 4.6cm.
○ 형태 : 手製임. 무늬는 없음. 구순은 둥그스름함. 直口임. 동체부는 굽어져 있음. 바닥은 평평함.
○ 태토 및 색깔 : 모래혼입의 홍갈색토기.

⑩ 완 4(碗, 그림 40-5)
○ 출토지 : 撫順 高爾山城 Ⅳ區 FG84Ⅳ區T102②.
○ 크기 : 口徑 9.7cm, 바닥 직경 6cm, 높이 3.5cm.
○ 형태 : 手製임. 구순은 둥그스름함. 口는 비스듬하게 굽음. 바닥은 안으로 들어감. 동체부 하부에는 칼로 자른 흔적이 있음.
○ 태토 및 색깔 : 니질의 회색토기.

⑪ 완 5(碗, 그림 40-7)
○ 출토지 : 撫順 高爾山城 Ⅳ區 FG84Ⅳ區T31②.
○ 크기 : 口徑 12.2cm, 바닥 직경 9.4cm, 높이 3.4cm.
○ 형태 : 手製임. 구순은 둥그스름함. 벽은 비스듬하게 굽음.
○ 태토 및 색깔 : 니질의 회색토기.

⑫ 완 6(碗)
○ 출토지 : 撫順 高爾山城 Ⅴ區.
○ 크기 : 口徑 9cm, 바닥 직경 3cm, 높이 5cm.
○ 형태 : 구순은 뾰족하면서 둥그스름함. 흑색 유약이 발라져 있음. 유약은 굳어져 두꺼움. 작은 圈足 안에도 흑색 유약이 발라져 있고, 圈足 위에만 유약이 발라져 있지 않음. 遼代의 유물임.

⑬ 완 7(碗)
○ 출토지 : 撫順 高爾山城 Ⅴ區.
○ 크기 : 口徑 25.8cm, 바닥 직경 8.5cm, 높이 7.6cm.
○ 형태 : 구순은 둥그스름하고, 구연은 꺾어짐. 圈足임. 유약이 발라져 있는데, 유색은 황색임. 안쪽에도 유약을 발랐음. 외벽은 상부에만 유약이 발라져 있음. 일부에 유약이 아래로 흐른 흔적이 있음. 그 아래는 본래의 자기임. 내부 바닥에는 불에 그을린 흔적 4곳이 있음. 圈足 안에는 돌아간 흔적이 있음. 遼代의 유물임.
○ 색깔 : 회황색토기.

⑭ 완 8(碗)
○ 출토지 : 撫順 高爾山城 Ⅴ區.
○ 크기 : 口徑 16.3cm, 바닥 직경 6.6cm, 높이 6.5cm.
○ 형태 : 황록색 유약이 발라져 있음. 구순은 뾰족하면서 둥그스름함. 동체부는 비스듬히 곧음. 圈足에서 가까운 동체부 하부는 안으로 들어감. 태토는 거칠고 기공이 많음. 외벽 하부는 본래 것임. 遼代의 유물임.
○ 색깔 : 길홍색토기.

⑮ 완 9(碗)
○ 출토지 : 撫順 高爾山城 Ⅴ區.
○ 크기 : 口徑 11cm, 바닥 직경 4cm, 높이 3.8cm.
○ 형태 : 구순은 뾰족하면서 둥그스름함. 圈足임. 기공은 비교적 큼. 외벽 하부가 본래의 것을 제외하고, 모두 황록색 유약이 발라져 있음. 구순 근처는 홍색임. 외벽은 유약이 두껍게 발라지고, 흘러내린 흔적이 있음. 遼代의 유물임.
○ 색깔 : 황색토기.

⑯ 반 1(盤, 그림 39-6)
○ 출토지 : 撫順 高爾山城 Ⅱ區.
○ 크기 : 口徑 18.5cm, 바닥 직경 16.6cm, 높이 4cm.
○ 형태 : 무늬는 없음. 구연은 내반됨(斂口). 구순은

평평하고 비스듬히 경사짐. 동체부는 바깥으로 볼록함.
○ 태토 및 색깔 : 니질의 회색토기.

⑰ 반 2(盤)
○ 출토지 : 撫順 高爾山城 V區.
○ 크기 : 口徑 17.3cm, 바닥 직경 5.6cm, 높이 3.8cm.
○ 형태 : 바깥 바닥 안을 제외하고 황백색 유약이 발라져 있음. 유약이 발라진 면에는 开片文이 있음. 벽은 弧形임. 안쪽 바닥은 약간 안으로 들어가 있음. 圈足 안은 약간 돌출됨. 遼代의 유물임.

⑱ 반 3(盤)
○ 출토지 : 撫順 高爾山城 V區.
○ 크기 : 口徑 17.5cm, 圈足 직경 7cm, 높이 4.1cm.
○ 형태 : 황백색 유약이 발라져 있음. 외벽의 하부는 본래의 것임. 구순은 뾰족하면서 둥그스름함. 구연부는 꺾여 있음. 벽 바깥은 휘었음. 안쪽 바닥에는 앙금이 괴인 흔적이 있음. 遼代의 유물임.

⑲ 반 4(盤)
○ 출토지 : 撫順 高爾山城 V區.
○ 크기 : 口徑 13.5cm, 바닥 직경 6.2cm, 높이 3.5cm.
○ 형태 : 황록색 유약이 발라져 있음. 태토는 거칠고 기공이 많음. 圈足 안에는 중심突起가 있음. 유약을 두껍게 발랐음. 외벽의 하부는 본래의 것임. 遼代의 유물임.
○ 색깔 : 길황색토기.

⑳ 반 5(盤)
○ 출토지 : 撫順 高爾山城 V區.
○ 크기 : 口徑 8cm, 바닥 직경 5cm, 높이 2.8cm.
○ 형태 : 구순은 둥그스름하면서 각이 짐. 바닥은 약간 들어감. 외벽은 안으로 휘었음. 소성온도는 비교적 양호함. 바깥 표면은 흑회색임. 遼代의 유물임.
○ 태토 및 색깔 : 니질의 회색토기.

㉑ 반 6(盤)
○ 출토지 : 撫順 高爾山城 V區.
○ 크기 : 口徑 7.3cm, 높이 2cm.
○ 형태 : 작은 반(盤) 3개가 겹쳐진 채 발견됨. 手製임. 소성온도는 비교적 낮음. 표면의 색깔은 고르지 않음. 구순은 둥그스름함. 바닥은 둥그스름함. 遼代의 유물임.
○ 태토 및 색깔 : 니질의 갈색토기.

㉒ 분 1(盆, 그림 39-5)
○ 출토지 : 撫順 高爾山城 II區.
○ 크기 : 口徑 43cm, 바닥 직경 23cm, 높이 27.5cm.
○ 형태 : 물레로 제작함. 구순은 각이 짐. 구연은 외반됨. 구순부 위에는 선문(弦文)이 둘려져 있던 흔적이 있음. 동체부에는 서로 대칭하는 대상파수(橋狀橫耳)가 있음. 손잡이 위에 음각선문(陰弦文)이 한 바퀴 둘려져 있음. 분(盆)은 깨진 후에 구멍을 뚫어 꿰매었음.
○ 태토 및 색깔 : 니질의 회색토기.

㉓ 분 2(盆, 그림 39-9)
○ 출토지 : 撫順 高爾山城 II區 FG83II區T3北擴方②.
○ 크기 : 口徑 38cm, 바닥 직경 18.8cm, 높이 12.8cm.
○ 형태 : 구연부에는 음각선문(阴弦文)이 한 바퀴 둘려져 있음. 동체부는 비스듬하게 곧음. 일부에서 회황색이 보임.
○ 태토 및 색깔 : 니질의 회색토기.

㉔ 분 3(盆, 그림 40-4)
○ 출토지 : 撫順 高爾山城 IV區 東·西城의 경계벽 깬돌 위.
○ 크기 : 口徑 24.2cm, 바닥 직경 11.1cm, 높이 9.8cm.
○ 형태 : 구순은 둥그스름함. 구연은 평평함.
○ 태토 및 색깔 : 니질의 회색토기.

㉕ 분 4(盆, 그림 40-12)
- 출토지 : 撫順 高爾山城 Ⅳ區 FG84Ⅳ區T19②.
- 크기 : 口徑 37cm, 바닥 직경 21.2cm, 높이 28.5cm.
- 형태 : 구순은 각이 짐. 구연은 외반됨. 위에는 음각선문(陰弦文)이 한 바퀴 둘러져 있음. 대상파수(橋狀橫耳) 2개가 있음. 손잡이 위에는 음각선문(陰弦文)이 한 바퀴 둘러져 있음.
- 태토 및 색깔 : 니질의 회색토기.

㉖ 분 5(盆, 그림 39-12)
- 출토지 : 撫順 高爾山城 Ⅳ區 FG84Ⅳ區T208 아궁이(灰坑).
- 크기 : 口徑 30cm, 바닥 직경 15cm, 높이 13cm.
- 형태 : 구연은 평평하고 구순은 각이 짐. 동체부는 비스듬히 곧음. 바깥 바닥은 약간 안으로 들어감.
- 태토 및 색깔 : 니질의 회색토기.

㉗ 호 1(壺, 그림 39-8)
- 출토지 : 撫順 高爾山城 Ⅱ區 FG83Ⅱ區T7②.
- 크기 : 口徑 9.4cm, 바닥 직경 12cm, 높이 25.5cm.
- 형태 : 물레로 제작함. 구순은 비스듬하게 각이 짐. 領은 작음. 소성온도는 비교적 높음. 직경이 가장 큰 부위는 肩部임. 동체부에는 선문(弦文) 4줄이 있음. 바깥 바닥에 旋文 흔적이 있음. 출토당시 口가 위를 향한 채 세워져 있었는데, 파손 없이 완연한 모습이었고, 안에는 흙이 가득 차 있었음. 안쪽 바닥에는 開元通寶 7매가 있었음.
- 태토 및 색깔 : 니질의 흑회색토기.

㉘ 호 2(壺, 그림 39-7)
- 출토지 : 撫順 高爾山城 Ⅱ區 FG83Ⅱ區T22北隔梁②.
- 크기 : 口徑 16cm, 바닥 직경 22cm, 높이 35.1cm.
- 형태 : 手製임. 口部는 물레질로 제작하였음. 구순은 각이 짐. 頸은 짧음. 어깨는 깎았음(削肩). 직경이 가장 큰 부위는 동체부 중간임. 대상파수(橋狀耳) 2개가 있고, 그 위에는 음각선문(阴弦文)이 한 바퀴 둘러져 있음. 바닥은 평평하고 비교적 큼.
- 태토 및 색깔 : 니질의 회색토기.

㉙ 호 3(罐, 그림 39-10)
- 출토지 : 撫順 高爾山城 Ⅱ區 FG83Ⅱ區T15北隔梁②.
- 크기 : 口徑 25.2cm, 바닥 직경 20.8cm, 높이 30.6cm.
- 형태 : 물레질을 끝낸 후 다시 물레질로 수정함. 무늬는 없음. 구순은 둥그스름함. 구연은 내반됨(歛口). 肩부분은 약간 넓음. 대칭하는 대상파수(橫橋狀耳)가 있음.
- 태토 및 색깔 : 니질의 회색토기.

㉚ 호 1(罐, 그림 39-11)
- 출토지 : 撫順 高爾山城 Ⅱ區 FG83Ⅱ區T22北隔梁②.
- 크기 : 口徑 26.5cm, 바닥 직경 23.8cm, 높이 39cm.
- 형태 : 구순은 둥그스름함. 直口임. 동체부 하부는 비스듬하게 곧음. 동체부 중간에는 대칭하는 대상파수(橋狀橫耳)가 있음. 손잡이 윗부분에는 선문(弦文) 4줄이 있음.
- 태토 및 색깔 : 니질의 회색토기.

㉛ 호 2(罐, 그림 40-9)
- 출토지 : 撫順 高爾山城 Ⅳ區 FG84Ⅳ區T24②.
- 크기 : 바닥 직경 27cm, 남은 높이 42.2cm, 동체부 최대 직경 40.8cm.
- 형태 : 바닥은 편평함. 대칭하는 대상파수(橋狀橫耳)가 있음. 口部는 없어짐. 肩은 흘러내려감(溜肩). 肩 위에는 선문(弦文) 3줄이 둘러져 있고, 그 사이에는 水波文이 있음. 깊은 바리임(深腹).
- 태토 및 색깔 : 니질의 흑회색토기.

㉜ 호 3(罐, 그림 40-16)
- 출토지 : 撫順 高爾山城 Ⅳ區 FG84Ⅳ區T19②.
- 크기 : 높이 8.2cm, 최대 동체부 직경 16.3cm.
- 형태 : 물레로 제작함. 直口임. 領은 작고 곧음. 肩은 넓음. 깊은 바리임(深腹). 바닥은 크고 편평함. 구순은 안으로 기울어짐.
- 태토 및 색깔 : 니질의 회색토기.

㉝ 호 4(罐, 그림 40-10)
- 출토지 : 撫順 高爾山城 Ⅳ區 FG84Ⅳ區T24②.
- 크기 : 口徑 10.8cm, 바닥 직경 11.5cm, 높이 13.5cm, 최대 동체부 직경 14.1cm.
- 형태 : 구순은 뾰족하면서 둥그스름함. 구연은 안으로 꺾여 있음(內折). 바닥은 편평함. 동체부는 곧음. 동체부 하부는 약간 안으로 들어감. 뚜껑이 있었던 것으로 추정됨.
- 태토 및 색깔 : 니질의 황갈색토기.

㉞ 호 5(罐, 그림 40-14)
- 출토지 : 撫順 高爾山城 Ⅳ區 FG84Ⅳ區T24②.
- 크기 : 口徑 9cm, 바닥 직경 10cm, 높이 11.7cm, 동체부 직경 17.5cm.
- 형태 : 구순은 둥그스름함. 口는 비스듬하게 곧음. 肩은 넓음. 동체부는 볼록함. 바닥은 평평함.

㉟ 호 6(罐, 그림 40-11)
- 출토지 : 撫順 高爾山城 Ⅳ區 FG84Ⅳ區T19②.
- 크기 : 口徑 21.3cm, 바닥 직경 26.6cm, 높이 30.8cm.
- 형태 : 구연은 물레로 제작함. 口는 안으로 들여져 있음(斂口內收임). 肩은 비교적 편평함. 대칭하는 대상파수(橫橋狀耳)가 있음.
- 태토 및 색깔 : 니질의 회색토기.

㊱ 시루 1(甑, 그림 39-13)
- 출토지 : 撫順 高爾山城 Ⅱ區 FG83Ⅱ區T8北隔梁②.
- 크기 : 口徑 43.5cm, 바닥 직경 25.6cm, 높이 28cm.
- 형태 : 물레로 제작함. 이중 구순이면서 각이 짐(方脣双折). 대칭하는 대상파수(橋狀橫耳)가 있음. 손잡이 위에는 음각선문(陰弦文)이 한 바퀴 둘러져 있음. 바닥에는 원형 시루구멍(甑孔) 5개가 있음.
- 태토 및 색깔 : 니질의 회색토기. 일부 부위는 갈색임.

㊲ 시루 2(甑, 그림 40-17)
- 출토지 : 撫順 高爾山城 Ⅳ區 FG84Ⅳ區T208 아궁이(灰坑).
- 크기 : 口徑 42cm, 바닥 직경 20cm, 높이 30cm.
- 형태 : 구순은 각이 짐. 구순 위에는 선문(弦文) 한 줄이 있음. 동체부 중상부에는 대칭하는 대상파수(橋狀橫耳)가 있음. 손잡이 위와 구연부 아래에는 각각 음각선문(陰弦文)이 있음. 바닥에는 직경이 4.2cm인 시루구멍 5개가 있음.
- 태토 및 색깔 : 니질의 회갈색토기.

㊳ 碟
- 출토지 : 撫順 高爾山城 Ⅴ區.
- 크기 : 口徑 11.5cm, 바닥 직경 7.5cm, 높이 1.5cm.
- 형태 : 전체적으로 흰색 유약이 발라져 있음. 毛口임. 바닥은 편평한데, 약간 안으로 들어가 있음. 안쪽 바닥에는 花飾文이 있는데, 엉성하고 명확하지 않음. 定窯系產品임. 遼代의 유물임.

㊴ 토기(그림 40-16)
- 출토지 : 撫順 高爾山城 Ⅳ區 FG84Ⅳ區T208 아궁이(灰坑).
- 크기 : 길이 7.6cm, 너비 4.8cm.
- 형태 : 완형임. 장방체임. 두 개의 면이 서로 교차하는 지점은 칼로 잘라져 있음. 두 개의 작은 면은 정방형

임. 대칭하는 두 쌍의 각 면 가운데 한 쌍의 두 면에는 상하 두 개의 구멍을 대칭되게 뚫었고, 다른 한 쌍의 두 면에는 중간에 구멍 한 개를 뚫었는데, 구멍의 직경은 약 1.8cm임. 도자기 형태가 마르기 전에 파낸 것으로 보이는데, 용도는 알 수 없음.
○ 태토 및 색깔 : 니질의 흑회색토기.

㊵ 器蓋(그림 40-15)
○ 출토지 : 撫順 高爾山城 Ⅳ區 FG84Ⅳ區T19②.
○ 크기 : 口徑 18.2cm, 전체 높이 5cm.
○ 형태 : 회백색이 드러남. 위에는 꼭지(捉钮)가 있음. 手製임.
○ 태토 및 색깔 : 니질의 회색토기.

(4) 기와
○ Ⅳ區 FG84T208 아궁이(灰坑)에서 출토된 기와편은 모두 고구려시기의 홍색 승문기와편임.
○ Ⅱ區에서 출토된 遼代의 기와편은 니질의 회갈색인데, 크기와 두께가 정연하고 획일적임. 기와편의 내면에는 포문이 펼쳐져 있음. 일부 기와편의 배면에서 模印陽文 漢字가 있는데 "……匠賈德用"이라고 쓰여져 있음. 글자는 기와를 제작한 사람의 이름으로 추정됨. 글자는 세로로 쓰여졌고, 楷書인데, 遼代의 일부 墓誌에 보이는 글자체의 풍격과 일치하고 있음.

① 와당 1
○ 출토지 : 撫順 高爾山城 Ⅱ區의 高臺建築 남면 돌이 깔린 길.
○ 형태 : 주연은 넓고 낮으며 평평함. 와당면의 외곽 둘레에는 連珠文이 있음.
○ 색깔 : 회색.

② 와당 2(그림 40-13)
○ 출토지 : 撫順 高爾山城 Ⅳ區 FG84Ⅳ區T208 아궁이(灰坑).
○ 크기 : 직경 12.8cm.
○ 형태 : 수키와가 부착되어 있음. 비교적 보존이 양호함. 가장자리는 편평함. 와당면의 외곽 둘레에는 連珠文이 한 바퀴 돌아가 있고, 주요 무늬로는 乳釘 9개임. 정 가운데는 蓮花蕊形임. 이러한 형태의 문양은 연화문이 추상화된 이후의 퇴화형임. 발견된 와당 가운데 이러한 형태의 문양이 가장 흔하게 보임. 와당과 접해 있는 수키와 부분은 전체 길이가 38cm이고 미구는 비교적 길며 양 측면에는 칼로 자른 흔적이 명확하게 남아 있음.
○ 색깔 : 홍갈색.

③ 와당 3
○ 출토지 : 撫順 高爾山城 Ⅳ區 FG84Ⅳ區T208 아궁이(灰坑).
○ 형태 : 수키와부분은 없어짐. 크기 및 문양은 와당 2와 같음.
○ 색깔 : 흑회색.

④ 와당 4
○ 출토지 : 撫順 高爾山城 Ⅵ區.
○ 형태 : Ⅵ區의 남북 방향 트렌치 북반부에서 투구 및 흉갑과 함께 출토됨. 乳釘文이 있음.

⑤ 와당 5
○ 출토지 : 撫順 高爾山城 Ⅴ區.
○ 크기 : 직경 13cm, 가장자리 너비 1.5cm, 두께 2.5cm.
○ 형태 : 수키와 부분은 없어지고, 와당면만 남아 있음. 模製임. 浮雕式임. 기와 가장자리에 團龍이 있음. 遼代의 유물임.
○ 태토 및 색깔 : 니질의 황갈색.

⑥ 와당 6
○ 출토지 : 撫順 高爾山城 V區.
○ 형태 : 외연은 넓은 편임. 얕은 부조임. 獸面文이 있는데, 두 눈은 크게 뜨고 있고 코는 높고 돌출되어 있음. 입은 가로로 길게 표현되어 있는데, 이빨이 밖으로 나와 있고 아래에는 수염이 있음. 전체적으로 험상궂은 인상을 주고 있음. 형태는 위엄이 있고 고풍스러움. 遼代의 유물임.
○ 태토 및 색깔 : 니질의 회색.

⑦ 와당 7
○ 출토지 : 撫順 高爾山城 V區.
○ 형태 : 암막새임. 외연면은 비교적 너비가 넓음. 위에는 좁고 세밀한 溝瓦文이 장식되어 있고, 그 사이에는 双戮點 혹은 窩點文이 있음. 전형적인 遼代 암막새임.
○ 태토 및 색깔 : 니질의 회색.

⑧ 암키와
○ 출토지 : 撫順 高爾山城 VI區.
○ 형태 : VI區의 남북 방향 트렌치 북반부에서 투구 및 흉갑과 함께 출토됨. 고구려시기에 제작된 것으로 추정됨.

⑨ 수키와
○ 출토지 : 撫順 高爾山城 VI區.
○ 형태 : VI區의 남북 방향 트렌치 북반부에서 투구 및 흉갑과 함께 출토됨. 고구려시기에 제작된 것으로 추정됨.

⑩ 시유장식기와(釉裝飾瓦, 그림 32-6)
○ 출토지 : 撫順 高爾山城 남측 외곽.
○ 형태 : 황록색 유약이 발라져 있음. 용의 다리가 부조된 장식기와임.

(5) 벽돌
○ 출토지 : 撫順 高爾山城 IV區 FG84T208 아궁이(灰坑).
○ 형태 : 태토와 표면 모두 회색임. 한 면에는 수직하는 얕은 승문이 있음.

(6) 석기

① 龜趺
○ 출토지 : 撫順 高爾山城 東城 동문 서쪽의 우물 동쪽에서 남쪽으로 10여 m 치우친 지점의 경작지.
○ 크기 : 길이 176cm, 너비 130cm, 높이 79cm.
○ 형태 : 출토 당시 지하 40cm 지점에서 평평하게 누워 있었는데, 머리는 남쪽, 꼬리는 북쪽을 향해 놓여 있었음. 조각기술은 大寫意의 수법을 사용하였고, 전체적인 비례가 조화롭지 못함. 원래의 龜首가 파손되면서, 다시 보수한 것으로 추정됨. 龜背 가운데에는 길이 82cm, 너비 89cm, 깊이 16cm의 방형 홈(方槽)이 있음. 홈(槽)의 서면에는 외부로 통하는 구멍이 있는데, 샘물이 솟아나는 곳과 마주하고 있음. 홈(槽)의 바닥 부위에는 叶脉式 문양의 모아지는 구멍을 뚫어 홈(槽) 안에 있는 물의 배출을 용이하게 하고자 함. 오직 물을 저장하는 데에 쓰기 위하여 거북이 형상으로 조각을 했으면 실용적이지 않고 겉치레에 너무나 많은 신경을 쓴 것으로 보임. 원래는 비석의 底座로, 비석이 깨져서 없어지거나 다른 곳으로 옮겨진 후, 卯眼을 넓혀서 현재의 규모를 이루고 있음. 조형시기는 遼·金보다 이르다고 추정됨(徐家國·孫力, 1987).

② 돌구슬(礫石球)
○ 출토지 : 撫順 高爾山城 IV區 FG84T208 아궁이(灰坑).
○ 크기 : 직경 5.5cm.
○ 형태 : 표면은 자홍색임. 전체적으로 광택이 나고,

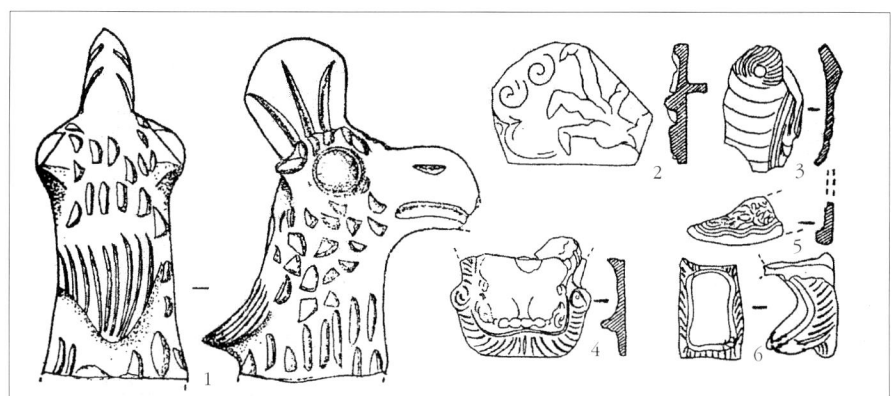

그림 41 高爾山城 1983~1985년 출토 遼代 유물(『遼海文物學刊』 1987-2, 56쪽)

매끄러움.

(7) 기타

① 와제품(彈丸)

- 출토지 : 撫順 高爾山城 Ⅱ區.
- 크기 : 2~3cm.
- 형태 : 매우 많이 출토됨. 폐기되었던 기와편을 약간 다듬어서 만들었음. 일부에서 기와의 포문이 보임.

② 가락바퀴(紡輪)

- 출토지 : 撫順 高爾山城 Ⅳ區 FG84Ⅳ區T208②.
- 크기 : 지경 7.9cm, 두께 1.7cm.
- 형태 : 폐기된 고구려 홍색 승문기와편을 갈아서 제작함. 가락바퀴(紡輪)의 한 측면에는 포문이 남아 있음. 전체적으로 圓餅形임.

③ 도제장식편(龍爪文殘飾件, 그림 41-2)

- 출토지 : 撫順 高爾山城 Ⅴ區.
- 형태 : 흑갈색 유약이 발라져 있음. 원래는 비교적 큰 유물이었으나, 현재는 일부분만 남아 있음. 발에는 발가락 4개가 있음. 발 앞에는 권운문이 있는데, 모두 고부조 형태임. 태토는 황갈색이고, 모래알이 많이 들어가 있음. 遼代의 유물임.

④ 토제품(獸面形 陶構件, 그림 41-4)

- 출토지 : 撫順 高爾山城 Ⅴ區.
- 크기 : 최대 너비 25.8cm.
- 형태 : 파손됨. 니질의 회색임. 背部는 원활하게 바깥으로 돌출한 면임. 원래는 긴 입의 형태였으나, 현재는 앞니 4개만이 남아 있음. 네 주위에는 수염이 있음. 遼代의 유물임.

⑤ 토제품(獸面形 陶構件, 그림 41-6)

- 출토지 : 撫順 高爾山城 Ⅴ區.
- 크기 : 최대 너비 25.8cm.
- 형태 : 니질의 회색임. 크게 벌린 입모양임. 눈과 코는 없음. 잇부분과 양측에는 수염이 있음. 허부는 알 수 없음. 遼代의 유물임.

⑥ 토제품(陶飾件, 그림 41-5)

- 출토지 : 撫順 高爾山城 Ⅴ區.
- 형태 : 파손됨. 니질의 회색임. 模製임. 안에는 花枝文이 있음.

⑦ 토제품(鳳首形陶飾件, 그림 41-1)

- 출토지 : 撫順 高爾山城 Ⅴ區 FG85Ⅴ區T3.
- 형태 : 니질의 회색임. 부리는 길고 볏은 높음. 눈은 둥글고 두 개임. 등부분에는 깃털모양의 장식이 있음.

몸에는 규칙적이지 않은 窩點文이 있음. 건축물의 장식임. 遼代의 유물임.

⑧ 開元通寶

출토지 : 撫順 高爾山城 Ⅱ·Ⅳ區.

7. 역사적 성격

1) 역사지리 비정

高爾山城이 위치한 渾河 연안의 撫順 일대는 遼東平原과 遼東 동부 산간지대의 접경지대로서 압록강 중류 일대에서 遼東平原으로 나아갈 때 반드시 거쳐야 하는 전략적 요충지임. 또한 高爾山城은 축조방식이나 출토유물로 보아 고구려 산성임이 거의 명확함. 이에 1930년대 발견된 이래 거의 모든 연구자들이 高爾山城을 고구려의 서북 중진인 新城으로 비정함.[7] 1990년에 瀋陽 石臺子山城이 발견된 후, 石臺子山城을 新城으로 비정하기도 하지만(李曉鍾·劉煥民, 2000), 논거가 충분히 제시된 상태는 아님(肖景全·鄭辰, 2007).

『舊唐書』나 『新唐書』에 따르면 新城은 蓋牟城 동북의 新城道 상에 위치한 것으로 파악됨. 『舊唐書』 卷77과 『新唐書』 卷98 韋挺傳에 의하면 "唐太宗이 蓋牟城을 깨뜨리고, 韋挺을 불러 지키게 하였는데, 蓋牟城과 新城이 접해 있어 밤낮으로 싸우고 쉬는 날이 없었다"라고 함. 蓋牟城은 瀋陽 남쪽 陳相屯 塔山山城으로 추정되는데, 塔山山城에서 동북방향으로 가장 가까이에 있는 성이 撫順 高爾山城이고, 또한 그 사이로는 다른 고구려성은 없음. 그러므로 蓋牟城에서 동

북으로 접해 있는 新城은 高爾山城으로 볼 수 있음.

또한 『新唐書』 지리지에 인용된 賈耽의 『道里記』에는 "都護府(현재 遼陽)에서 동북으로 옛날 蓋牟城과 新城을 지나고, 다시 渤海長嶺府를 지나, 1,500里에 渤海王城에 이른다"는 기록이 있음. 이 기록을 통해 安東都護府, 蓋牟城, 新城은 동일 교통선 위에 위치하고 있음을 알 수 있음. 즉 『新唐書』에서 언급하고 있는 "長嶺營州道" 中段에서 상대적인 지리위치상 점차 동북쪽으로 나아갔는데, 新城에서 渾河河谷을 따라 동북쪽으로 輝發河谷으로 들어가서, 渤海長嶺府(지금의 吉林省 樺甸 蘇密城)로 이르렀고, 마지막으로 '渤海王城'에 이른 것임. 이러한 점들을 볼 때 高爾山城은 고구려의 新城임이 분명함(徐家國·孫力, 1987).

2) 축조시기

압록강 중상류에서 흥기한 고구려는 일찍부터 蘇子河와 渾河를 거쳐 遼東지역과 통교하였음. 특히 1세기 말~2세기 초 永陵鎭 일대의 第2玄菟郡을 渾河 방면으로 쫓아내고 蘇子河 연안을 장악한 다음, 渾河를 통해 第3玄菟郡 등을 끊임없이 공격하거나 이들과 교통하였음. 이에 중국측 군현세력도 第3玄菟郡을 거점으로 삼아 渾河·蘇子河 연안로를 통해 고구려와 그 주변 족속을 침공하였음.

가령 3세기 중반 毌丘儉이 渾河와 蘇子河를 거슬러 渾江으로 진입한 다음 新開河와 板岔嶺을 거쳐 丸都山城에 입성한 것으로 보아, 2~3세기경 고구려는 渾河 연안로를 통해 중국세력과 공방전을 벌였고, 아직 渾河 연안을 완전히 장악하지 못하였던 것으로 추정됨. 『三國史記』 高句麗本紀에 따르면 고구려는 296년 新城을 전초기지로 삼아 慕容鮮卑의 침입을 방어하고, 335년 新城을 축조했다고 함.

慕容部는 309년경부터 遼東지역에 강력한 영향력을 행사하다가 319년 遼東지역을 장악하여 고구려와 국경을 접한 만큼, 296년에 고구려 수도까지 진격하였

---

[7] 渡邊三三, 1933 ; 李文信, 1962 ; 徐家國·孫力, 1987 ; 李殿甫, 1988 ; 孫進己·馮永謙, 1989 ; 王綿厚·李建才, 1990 ; 張正巖·王平魯, 1994 ; 陳大爲, 1995 ; 馮永謙, 1997 ; 郝武華, 2000 ; 王綿厚, 2002.

다고 보기는 힘듦. 그렇지만 고구려가 第3玄菟郡을 대대적으로 공략한 302~315년에는 동부 산간지대 곧 高爾山城보다 상류의 渾河 연안 일대를 장악하였을 가능성이 높음. 고구려는 대체로 4세기 초에 渾河 연안으로 진출했으며, 이와 더불어 고이산성으로 비정되는 新城을 축조하였다고 추정됨.

고이산성의 축조 시점에 대해서는『三國史記』고구려본기의 기록에 따라 고국원왕 5년인 335년으로 보는 견해가 일반적이지만(徐家國·孫力, 1987), 이보다 빠르게 보기도 함. 가령 중국학자 가운데 상당수는 西川王 7년(276)과 19년(288), 烽上王 5년(296)에 나오는 '新城'을 모두 고이산성을 지칭한다고 상정한 다음, 3세기 후반의 西川王과 烽上王 대에 이미 新城이 존재했다고 파악함(李甸甫, 1988 ; 王綿厚, 1993 ; 佟達, 2003). 특히 고구려가 西晉 성립 초기의 혼란을 틈타 渾河-遼河 유역에까지 이르러 高爾山城을 축조했다고 보기도 함(王綿厚, 1993).

이와 함께 고이산성에서 출토된 철제낫(鎌)·철제삽(揷)·철제살포(鏵) 등 철제 농기구의 제작시기를 後漢으로 추정하기도 함. 故國原王 5년조의 '築國北新城' 기사에서 "築"은 "始築"이 아니라 "又築" 또는 "修築"의 의미라는 것임. 그러면서 신성의 구체적인 축조 연대로 太祖王 3년조(55)의 "春 2월에 遼西 10성을 축조하여 漢兵에 대비하였다"라는 기사를 지목함. 고구려가 太祖王 3년에는 新城(高爾山城)이 위치한 撫順일대까지 세력을 미쳤으며, 이때 新城을 축조했다는 것임(李甸甫, 1988).

그렇지만 태조왕 대에는 무순 동남쪽의 신빈 영릉진 고성에 제2현도군이 설치되었다는 점에서 이때 고구려가 혼하 방면으로 진출했다고 보기는 어려움. 또한 3세기 후반 서천왕 대에 나오는 新城은 동북 大鎭으로 대체로 함경북도 동해안 방면으로 비정됨.[8]

또한 고이산성의 축조시기를 형식상 후기로 분류하기도 함. 가령 고구려 초기 산성은 대부분 가파른 절벽을 천연성벽으로 삼았고, 성문 옹성은 대부분 장방형인데, 太子城 內城, 黑溝山城, 轉水湖山城, 杉松山城 등이 이에 속한다고 분류함. 중기 산성은 산등성이와 초벽장에 모두 성벽을 축조했고, 성문은 대부분 안으로 오므라드는 U형 옹문이고, 성돌로는 쐐기형돌이 발전한 短條石이 출현하는데, 五龍山城과 太子城 外城이 이에 속한다고 분류함. 그리고 후기 산성은 토벽이나 토석혼축벽을 쌓았는데, 高爾山城과 雙砬山城이 이에 속한다고 분류함.[9]

이러한 분류 기준을 바탕으로 고이산성의 축조시기를 晉-唐대로 편년하기도 함(溫秀榮·張波, 1996). 여기에서 한걸음 더 나아가 고구려가 撫順에 신성을 축조한 것은 전진-후연 교체기인 384년 이후라며 고이산성의 축조시점을 故國壤王代인 384년 이후로 추정하기도 함. 그러면서 그 이전의 신성은 지금의 고이산성이 아니라고 파악함(張福有, 2004 ; 曹德全, 2004 ; 肯景全·鄭辰, 2007 ; 梁志龍·魏海波, 2008).[10]

그렇지만 고구려가 4세기 초부터 渾河 남안에 위치한 제3현도군을 여러 차례 공략했으며, 4세기 중후반에는 전연이나 후연의 침공을 받아 신성을 함락당하기도 한 만큼, 335년에 축조했다는 신성은 지금의 무순 고이산성으로 비정하는 것이 타당하다고 생각됨. 이러한 高爾山城은 축성방식도 압록강 중류 일대의 石城과 달리 토축 내지 토석혼축이기 때문에 흔히 土城·土石混築城의 선구적인 존재로서 고구려 중후기 산성의 효시로 설정되고 있음(李殿福, 1991 ; 李殿福, 1994 ; 王

---

8 三上次男·田村晃一(1993)에서는 故國原王 5년 이전의 '新城' 관련 기사는 그 사실 여부가 의심스럽고, 사실이라 할지라도 故國原王 5년에 축조한 '新城'과는 다르다고 파악함.

9 이에 대해 王綿厚(2002)에서는 동문 남벽의 성돌은 크거나 쐐기형돌이라며 고구려 중기 축조방식의 특징을 갖추었다고 파악함.

10 張福有(2004)와 曹德全(2004)은 384~391년, 肯景全·鄭辰(2007)은 385~400년, 梁志龍·魏海波(2008)는 396년에 고이산성이 축조되었을 것으로 파악함.

綿厚, 1994 ; 辛占山, 1994 ; 魏存成, 1994).

3) 지정학적 위상과 성곽의 성격

무순 고이산성으로 비정되는 新城은 4세기 이후 소자하 연안의 南蘇城·木底城 등과 함께 요동방면의 적군을 방어하고, 요동방면 진출을 위한 軍事重鎭으로 자리잡았음. 339년 前燕 慕容皝의 공격을 필두로 400년 後燕 慕容盛, 551년 突闕軍, 645년과 647년 李勣의 唐軍, 654년 契丹軍, 655년 程名振의 唐軍, 667년에는 李勣이 거느린 唐軍 등의 집중적인 공격을 받은 사실은 이를 반영함. 특히 667년 唐의 李勣은 신성 공격에 앞서 "신성은 고구려 서부의 鎭城으로서 가장 요해처이니 신성을 함락시키지 않으면 나머지 성을 공략할 수 없다"라고 했는데, 신성의 전략적 중요성을 잘 보여줌.

이러한 점에서 高爾山城은 대형 성곽으로 西豊 城子山山城, 鐵嶺 催陣堡山城, 瀋陽 陳相屯 塔山山城, 遼陽 遼東城, 海城 英城子山城, 蓋州 高麗城山城, 金縣 大黑山山城 등과 함께 遼河 左岸에서 서남-동북 방향으로 위치하여, 遼河 일선의 전방 요충지 역할을 했다고 파악됨(徐家國·孫力, 1987 ; 陳大爲, 1995). 특히 『新唐書』 高麗傳에 따르면 655년(永徽 6)에 "營州 都督都 程名振과 左衛中郞將 蘇定方이 新城에서 고구려군을 격파하고, 外郭墟落을 불태우고 돌아왔다"고 하는데, 高爾山城 南衛城 水門에서 출토된 불탄 목책말뚝을 이때의 화재 흔적으로 보기도 함(徐家國·孫力, 1987).

新城은 군사중진일 뿐 아니라 지방지배를 위한 거점성의 역할도 수행하였음. 3세기 말경 新城太守 高奴子는 소자하-혼하 연안로의 최전방 요충지를 관장하는 지방관으로서 민정과 군정을 아울렀음. 그리고 〈광개토왕릉비〉 수묘인연호조에 梁谷·梁城·(安夫連)·(改谷)·新城·南蘇城 등 국내성-요동 교통로상의 성이 하나의 권역으로 묶여진 것으로 보아 최전방 요충지인 新城의 지방관은 이 일대 전체를 통괄하였다고 짐작됨.

실제 高爾山城은 혼하-소자하 일대에서 가장 중요한 전략적 요충지인 요동평원과 동부 산간지대의 접경지대에 위치하고 있을 뿐 아니라 규모도 둘레 4km로서 이 일대 고구려성 가운데 가장 큼. 그리고 각 방면의 군사방어를 고려하여 주성인 東城을 중심으로 서성, 남위성, 동위성, 북위성 등을 축조하여 적의 공격에 대한 물샐틈없는 방어태세를 구축하였음. 그리하여 唐軍이 645년 이래 끊임없이 新城을 침공하였지만, 外廓과 그 부근 마을을 불사르거나(『新唐書』 권220 동이전 고려조 永徽 6년조) 서남쪽 산에 목책을 구축하여 성을 공략하는(『新唐書』 권220 동이전 고려조 乾封 2년조) 정도 이상의 전과를 거두지 못함. 그리하여 唐軍은 667년에도 끝내 군사력으로 신성을 함락시키지 못하고 내부 반란자의 투항에 힘입어 겨우 입성함.

한편, 主城인 東城에는 산비탈에 수십 층의 계단상 대지가 조성되어 있는데, 1940년대 이래 군사시설뿐 아니라 일반 주거지도 많이 발굴하였음. 1983~1985년에는 동문 안쪽 계단상 대지(Ⅵ지구)의 한 유적에서 투구와 함께 농기구인 보습, 삽 등이 출토되었음. 동·서성 경계지점 계단상 대지(Ⅳ지구)에서는 열을 지어 배열된 10m² 규모의 방형주거지를 발굴하였는데, 돌절구와 큰 단지를 기본 생활도구로 갖추고 있었음.

이러한 유적은 계단상 대지에 주거지가 상당히 밀집되어 있던 상황을 시사함. 고이산성 내부에는 군사시설은 물론이고 지방관아나 일반주민의 거주지 등이 계단상 대지에 꽉 들어차 있었다고 추정됨(三上次男·田村晃一, 1993). 1940년에 발굴한 중앙주거시나 1983~1985년의 Ⅳ지구 옥외 아궁이에서 석탄덩어리가 발견되었는데, 이는 밀집된 주거지의 난방용 연료로 석탄을 사용했음을 보여줌. 또한 한 유적에서 무기와 농기구가 동시에 출토된다는 사실을 통해 고이산성의 城民 가운데 軍務와 農耕에 동시에 종사한 자가 있었음을 알 수 있음.

또한 IV區와 II區의 건물지에서는 전형적인 고구려 승문기와를 제외하고, 회갈색 기와가 사용됨. 암키와의 양측에는 칼로 잘려진 흔적이 있는데, 고구려 암키와의 제작 연대를 구분하는데 있어 중요한 증거임. 蓮花文大方磚, 直繩文方磚의 출토는 고구려 건축자재에 대한 연구에 도움을 주고 있음. 다만 발굴 중에 출토된 와당은 폐기된 후에 매워진 것이고, 정식으로 와당이 사용된 건물지는 발견되지 않았음. 크기와 색깔이 다른 기와들이 섞여 있는 모습은 많은 건축자재들이 다른 곳에서 왔음을 보여줌. 정연하고 획일적인 작은 자갈길과 과학적인 배수시설은 고구려의 생활면모를 이해하는 데 중요한 자료를 제공함. 철제투구와 철제삽, 철제괭이(鎬)의 공반은 당시 고구려의 군사와 경제생활을 이해하는 데 있어 새로운 연구 실마리를 보여준다고 함(徐家國·孫力, 1987).

이처럼 고고학발굴을 통해서도 高爾山城 곧 新城이 군사중진이자 지방지배를 위한 거점성이었음을 확인할 수 있음. 547년 白巖城과 함께 新城을 修葺했다고 하는데, 군사방어력과 함께 거점기능을 강화하기 위한 일환으로 추정됨. 그리고 혼하 남북안에 撫順 馬和寺山城, 南章黨山城, 城子溝山城, 西山山城 등과 같은 衛城을 축조하여 군사방어력을 강화하였음. 고이산성 서쪽에 위치한 심양 石臺子山城을 이러한 衛城 가운데 하나로 추정하기도 함(遼寧省文物考古研究所·瀋陽市文物考古工作隊, 1998).

667년 9월 李勣은 신성을 함락시킨 다음 주변 16개 城을 攻拔하였다고 하는데, 이는 신성 주위에 상당수의 衛城이 자리잡고 있었으며 신성이 혼하 연안에서 가장 중심적인 거점성이었음을 반영함. 이에 고이산성에 최고 지방관인 褥薩이 파견되었을 가능성을 상정하기도 함(노태돈, 1999 ; 김현숙, 2005). 고이산성에 실제로 褥薩이 파견되었는지는 좀 더 면밀한 검토가 필요하지만,[11] 어떻든 褥薩-處閭近支-可邏達-婁肖라는 지방관 가운데 최소한 處閭近支(道使) 이상은 파견되었을 것임.

이에 唐도 667년 신성을 함락시키고, 668년 고구려를 멸망시킨 다음에는 혼하-소자하 연안의 남소성·목저성·창암성 등에 '州'를 설치하는 한편 신성에 新城州都督府를 설치하여 혼하 일대를 지배하는 거점으로 삼았음. 그리고 676년 平壤城의 安東都護府 治所를 요동성으로 옮겼다가 이것도 여의치 않자, 677년에는 新城에 安東都護府를 설치하여 고구려고지 전체를 지배하는 중심지로 삼음.

이에 高爾山城 내측 서쪽 구릉(II區) 건물지 남면의 돌을 깐 길에서 발견된 회색 連珠文 와당에 대해 西安 唐代 華淸宮에서 출토된 와당과 유사하므로 唐代 기와에 속한다고 하면서 『舊唐書』와 『資治通鑑』에 보이는 '儀鳳二年 安東都護府를 新城으로 옮겼다'라는 기사와 연관시키기도 함(陳大爲, 1995). 또한 II區 건물지는 唐代에 속하고, II區와 IV區에서 발견된 陶容器, 方磚, 連珠文 와당 등도 唐代 유물로 파악하면서 668년 新城州都督府를 두었다는 기록 및 677년 唐 安東都護府를 新城으로 옮겼다는 기록과 연관시키고, 아울러 新城州都督府와 安東都護府가 高爾山城 밖이 아닌 성내에서 있었다고 파악하기도 함(佟達·張波, 2001).

다만, 唐의 고구려 고지 지배책은 고구려 유민의 반발과 발해의 건국으로 무산되고, 8세기 전반 文王대에는 발해가 木底城 玄菟城지역 곧 소자하 혼하 일

---

[11] 최근 발견된 고구려 유민묘지명인 〈高乙德묘지명〉에는 '貴端道史'라는 지방관명이 나오는데, 貴端은 고이산성 앞을 흐르는 渾河를 지칭하며, 신성을 귀단성이라고 한 사례도 있음. 그러므로 여기의 貴端이 신성을 지칭한다면 도사는 道使의 오기로 욕살 아래의 처려근지로 비정됨. 신성에 욕살이 아니라 처려근지가 파견되었을 가능성을 시사하는 자료인데, '貴端道史'의 '貴端'이 실제로 신성을 지칭하는 지에 대해 보다 신중하게 검토할 필요가 있음.

대를 장악하게 됨. 이로써 新城은 발해 영토로 편입되고, 발해에서 牧丹江 - 輝發河 - 渾河 - 遼河를 거쳐 大凌河 중류에 위치한 唐의 營州(朝陽)에 이르는 육상교통로의 주요 통과지점의 하나가 됨(王承禮(宋基豪 역), 1987 ; 王綿厚·李健才, 1988).

한편 高爾山城은 발해 멸망 이후에도 중요한 성곽으로 계속 사용됨. 고이산성 동남의 요·금대 전탑, 남쪽 입구 부근에서 발견된 '大安四年八月□日建'명 遼代 佛頂尊勝陀羅尼経幢 등 성내 도처에서 遼·金시대 유적과 유물이 발견되고 있음. 이에 고이산성을 遼 貴德州治인 貴德県, 金代의 貴德州였다고 파악하기도 함(渡邊三三, 1933). 이처럼 高爾山城은 고구려뿐만 아니라 遼·金代까지 사용되었기 때문에 고구려시기 高爾山城의 구조를 명확하게 알기 위해서는 후대의 유구를 분리할 필요가 있음.

이에 三上次男은 東城과 西城의 구조에 차이가 있고, 西城 내부에서 遼·金시대의 유물이 대량으로 발견된 점을 근거로 西城은 遼·金시대에 축조되었다고 파악하기도 함. 南衛城도 성벽구조나 출토유물상 고구려시대의 것으로 보기 어렵다고 추정함. 결국 고구려시기의 고이산성은 동성만으로 이루어졌다는 것임(三上次男·田村晃一, 1993).

이에 대해 田村晃一은 高爾山城을 고구려의 복곽식 산성으로 파악하였음. 특히 1983~1985년 조사 때 西城 서벽 망대의 성벽 단면에서 前漢시기 토기편이 출토된 만큼 축성시기에 대해서는 면밀한 검토가 필요하다는 의견도 제기된 바 있음. 高爾山城의 동쪽과 북쪽은 撫西河, 남쪽은 渾河에 의해 주변 산들과 단절된 반면, 서쪽으로는 渾河 북안을 따라 산봉우리들이 계속 이어지고 있어, 다른 세 면에 비해 서쪽은 방어상 많은 취약점을 안고 있기 때문에 산성의 안전을 확보하기 위해서는 西城을 반드시 구축할 필요가 있으므로(陳大爲, 1992), 西城도 고구려시기에 구축되었다고 보아야 한다는 것임(田村晃一, 1988 ; 林直樹, 1994).

한편 산성 동쪽에서 1.5km 떨어진 지점에 施家 高句麗고분군이 있음. 遼寧省 고구려 산성 부근에서 고구려고분군이 발견된 사례가 매우 적다는 점에서 주목할 만함. 瀋陽 石臺子山城 부근에서도 고구려고분이 발견된 바 있는데, 많은 묘장의 형태가 施家高句麗고분군과 같음(肖景全·鄭辰, 2007).

참고문헌

- 渡邊三三, 1933, 「高句麗の新城發見」, 『滿蒙』 14-9.
- 李文信, 1962, 『遼寧史迹資料』.
- 撫順市文物工作隊, 1964, 「遼寧撫順高爾山古城祉調査簡報」, 『考古』 1964-12.
- 鄭辰, 1984, 「撫順市高爾山山城在調査發掘中」, 『遼寧文物』 1984-3.
- 陳大爲, 1984, 「撫順市高爾山山城」, 『中國考古學年監』, 文物出版社.
- 孫力, 1985, 「撫順高爾山高句麗山城址」, 『中國考古學年鑑』, 文物出版社.
- 孫力, 1986, 「撫順市高爾山山城」, 『中國考古學年監』, 文物出版社.
- 徐家國·孫力, 1987, 「遼寧撫順高爾山山城發掘簡報」, 『遼海文物學刊』 1987-2.
- 王承禮, 宋基豪 역, 1987, 『발해의 역사』, 아시아문화연구소.
- 王綿厚, 1988, 「"玄菟"與"新城"新解」, 『遼海文物學刊』 1988-2.
- 王綿厚·李健才, 1988, 『東北古代交通』, 瀋陽出版社.
- 李甸甫, 1988, 「高句麗新城的始築年代」, 『遼海文物學刊』 1988-2.
- 田村晃一, 1988, 「高句麗の城郭について」, 『百濟文化』 18.
- 孫進己·馮永謙, 1989, 『東北歷史地理』 2, 黑龍江人民出版社.
- 三上次男, 1990, 「撫順北關山城」, 『高句麗と渤海』, 吉川弘文館.
- 王綿厚·李健才, 1990, 『東北古代交通』, 瀋陽出版社.
- 陳大爲, 1992, 「撫順高爾山城結構布局辨析」, 『遼海文物學刊』 1992-2.
- 佟達, 1993, 「關于高句麗南北交通道」, 『博物館研究』 1993-3.
- 王綿厚, 1993, 「玄菟與新城新解」, 『瀋陽文物』 1993-1.
- 三上次男·田村晃一, 1993, 『北關山城』, 中央公論美術出版.

- 辛占山, 1994, 「遼寧境內高句麗城址的考察」, 『遼海文物學刊』 1994-2.
- 魏存成, 1994, 『高句麗考古』, 吉林大學出版社.
- 李殿福 著, 차용걸·김인경 역, 1994, 『中國內의 高句麗 遺蹟』, 學研出版社.
- 林直樹, 1994, 「中國東北部の高句麗山城」, 『靑丘學術論集』 5.
- 張正巖·王平魯, 1994, 「新城道及新城道上諸城考」, 『遼海文物學刊』 1994-2.
- 東潮·田中俊明, 1995, 『高句麗の歷史と遺跡』, 中央公論社.
- 王禹浪, 1995, 「中國東北地區古城文化遺跡槪述」, 『黑龍江民族叢刊』 1995-4.
- 陳大爲, 1995, 「遼寧高句麗山城再探」, 『北方文物』 1995-3.
- 노태돈, 1996, 「5~7세기 고구려지방제도」, 『한국고대사논총』 8.
- 溫秀榮·張波, 1996, 「關于撫順地區的高句麗山城」, 『博物館研究』 1996-1.
- 馮永謙, 1997, 「高句麗城址輯要」, 『高句麗渤海硏究集成』 高句麗 卷3, 哈爾濱出版社.
- 遼寧省文物考古研究所·瀋陽市文物考古工作隊, 1998, 「遼寧瀋陽市石臺子高句麗山城第一次發掘簡報」, 『考古』 1998-10.
- 李殿福, 1998, 「高句麗山城研究」, 『北方文物』 1998-4.
- 노태돈, 1999, 『고구려사 연구』, 사계절.
- 여호규, 1999, 『高句麗 城』 Ⅱ, 國防軍史硏究所.
- 郝武華, 2000, 「高爾山城考」, 『中國地名』 2002-2.
- 佟達·張波, 2001, 『撫順高爾山城 2 區遺迹的再认识』, 『高句麗研究』 12, 學研文化社.
- 魏存成, 2001, 「近年來我國高句麗考古的主要發現與研究」, 『東北亞論壇』 2001-1.
- 王綿厚, 2002, 『高句麗古城研究』, 文物出版社.
- 魏存成, 2002, 『高句麗遺迹』, 文物出版社.
- 佟達, 2003, 『高爾山』, 遼寧民族出版社.
- 曹德全, 2004, 「高爾山上的新城建于何時」, 『撫順歷史之謎』, 大連出版社.
- 김현숙, 2005, 『고구려의 영역지배방식 연구』, 모시는사람들.
- 王禹浪·王宏北, 2007, 『高句麗·渤海古城址研究匯編』 (上), 哈爾濱出版社.
- 肖景全·鄭辰, 2007, 「撫順地區高句麗考古的回顧」, 『東北史地』 2007-2.
- 梁志龍·魏海波, 2008, 「高爾山城始築年代考辨」, 『東北史地』 2008-3.
- 國家文物局, 2009, 『中國文物地圖集』 遼寧分冊, 西安地圖出版社.
- 魏存成, 2011, 「中國境內發現的高句麗山城」, 『社會科學戰線』 2011-1.

02 무순 노동공원고성
撫順 勞動公園古城

1. 조사현황

1) 1935년
○ 조사자 : 渡辺三三, 戸田寬, 齋藤武一.
○ 조사내용 : 성지를 발견하고, 第3玄菟郡 郡治로 비정하였음.

2) 1937년
1935년 甓ヶ丘에 온천장인 琥珀泉을 신축할 때 다량의 와편과 토기편과 더불어 塼築유적이 발견되었는데, 공사가 계속 진척되어 매몰되었기 때문에 琥珀泉 옆에서 간단한 발굴을 시행하였음.

3) 1938년
○ 조사자 : 池內宏.
○ 조사내용 : 성이 위치한 구릉이 공원건축공사 때문에 원형을 잃어버려서 위치를 확인하기 어려웠음. 규모가 큰 漢代 토성지라고 보고 第3玄菟郡 郡治로 비정함.

4) 1960년대
漢代 성의 基礎가 발견됨.

5) 1977년
6개 구역을 발굴하면서 유물들이 출토됨.

6) 1978년
○ 조사기간 : 1978년 봄.
○ 조사기관 : 撫順市博物館.
○ 조사내용 : 고성 내에 5×5m의 트렌치 6개를 팠음.

7) 1981년
○ 조사기간 : 1981년 봄.
○ 조사기관 : 撫順市博物館 考古隊.
○ 조사내용 : 撫順市 勞動公園 안 서북 모서리에 스케이트장을 만들 때, 고대유물이 발견됨. 撫順市 博物館이 조사를 진행하면서, 배면은 승문·정격자문·사정격자문이고 내면은 포문이 펼쳐진 홍색 암키와, 수키와 등이 발견되었는데, 고구려 후기에 제작된 것으로 추정함.

8) 1985년
○ 조사자 : 王綿厚, 孫力.
○ 조사내용 : 기초공사현장에서 흙을 다진 漢代 성벽 기단을 발견하였는데, 규모가 비교적 작았음. 성지는 현대건물 아래에 있었음.

2. 위치와 자연환경 (그림 1 ~ 그림 3)

1) 지리위치
○ 撫順 勞動公園古城은 撫順 市街 중심부에서 약간

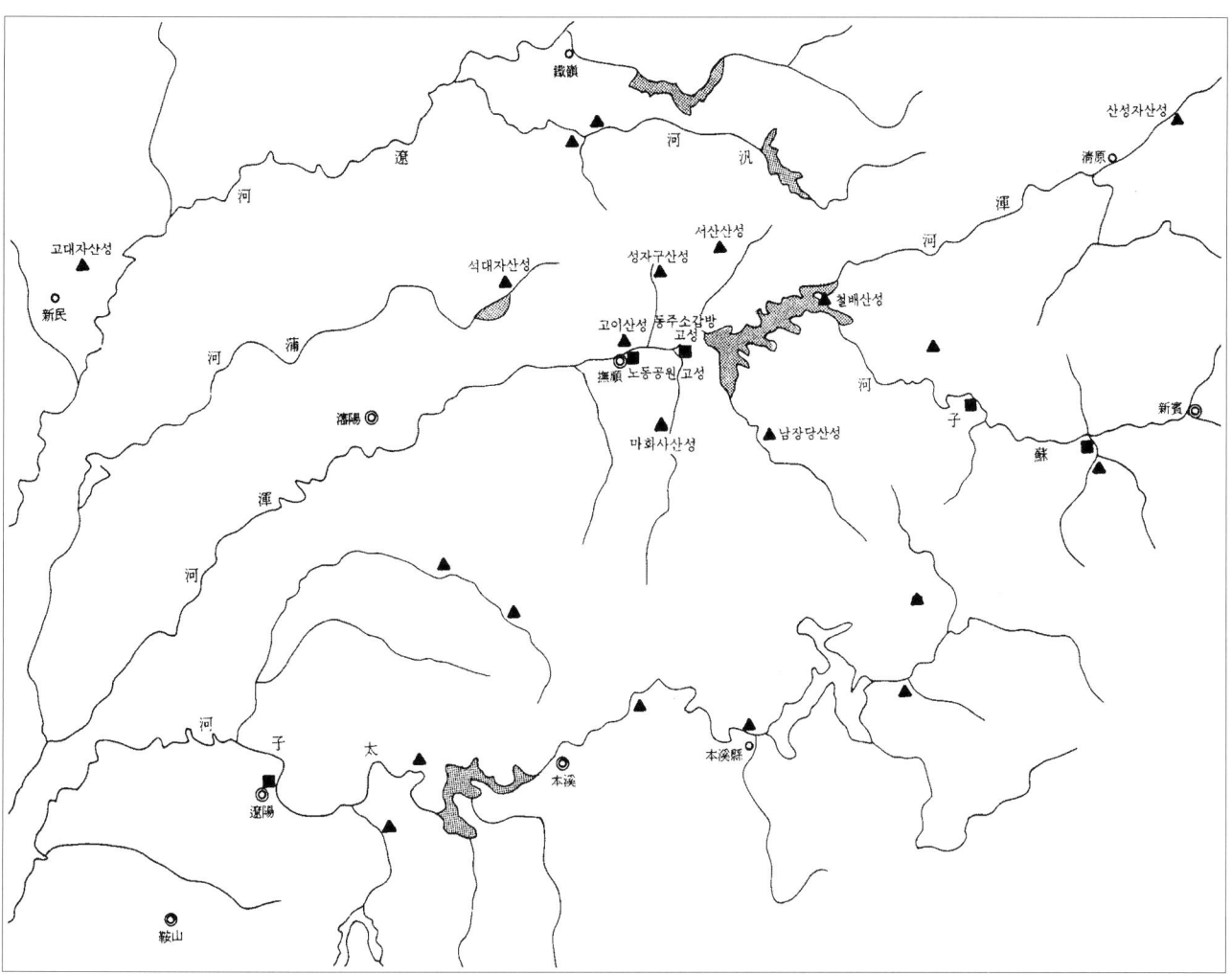

그림 1 勞動公園古城 위치도 1(여호규, 1999, 132쪽)

동쪽에 있는 勞動公園 산언덕에 위치함.

○ 勞動公園古城은 遼東平原과 동부 산간지대의 접경지역에 위치함. 渾河 연안 대평원지대의 동북단에서 渾河를 따라 동북쪽으로 거슬러 올라가면 千山山脈 龍崗山脈과 吉林哈達嶺 일대의 산간지대로 접어들게 됨. 특히 渾河에서 蘇子河를 거쳐 고구려 초기 중심지인 渾江 유역으로 나아갈 수 있고, 松花江 상류를 거쳐 동북쪽으로 계속 나아가면 부여 중심지였던 吉林지역에 도달할 수 있음. 또한 북쪽으로 鐵嶺 방면으로 나아가면 遼河 중상류로 통할 수 있음. 勞動公園古城은 遼東平原에서 고구려 초기 중심지인 압록강 중류일대로 진입하는 길목일 뿐 아니라, 여러 방면으로 나아갈 수 있는 전략적 요충지임(여호규, 1999).

○ 古城은 동남쪽으로는 遼東 산간구역에서 오는 적을 방어할 수 있고 서쪽으로는 개활한 渾河平原을 통제할 수 있으며 북쪽으로는 渾河와 접해 있는 등, 교통의 요충지에 위치하고 있다고 볼 수 있음.

○ 성에서 渾河 건너편 高爾山城까지의 거리는 2km임.

○ 성에서 2km 떨어진 지점에 漢代 고분군이 있음.

2) 자연환경

○ 勞動公園古城은 渾河를 가로지르는 永安橋 동남

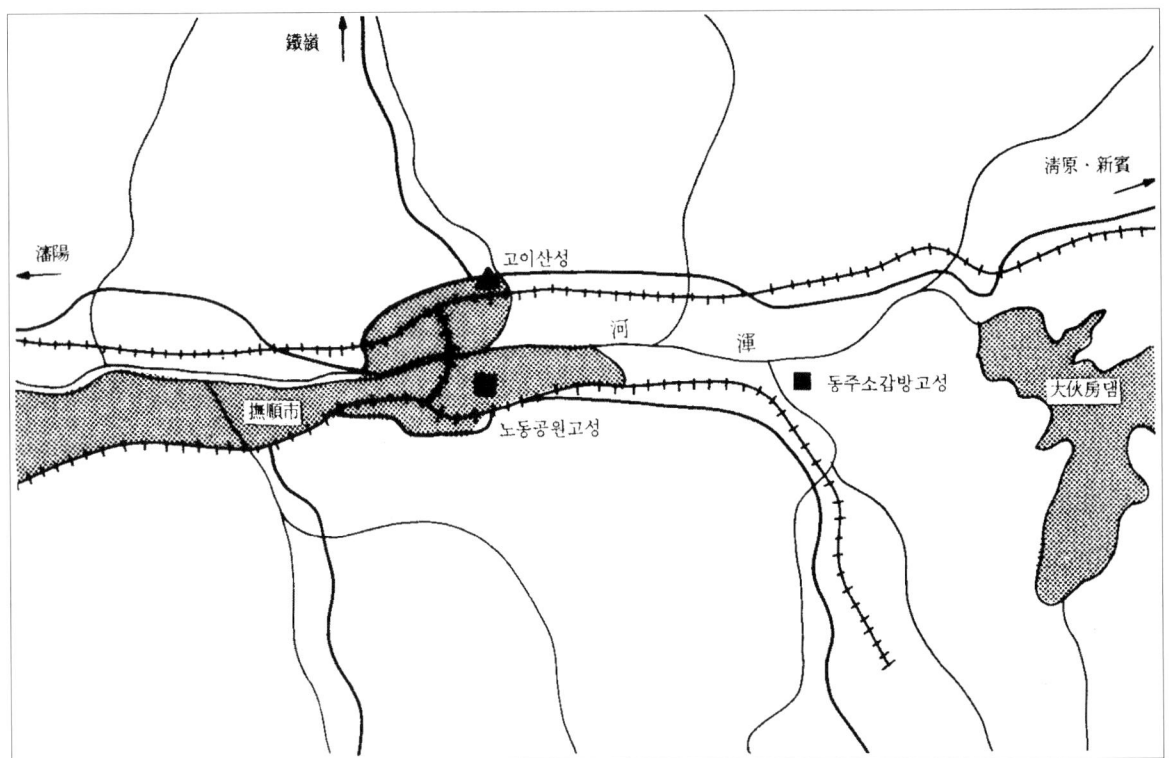

그림 2 勞動公園古城 위치도 2(25만분의 1)(여호규, 1999, 134쪽)

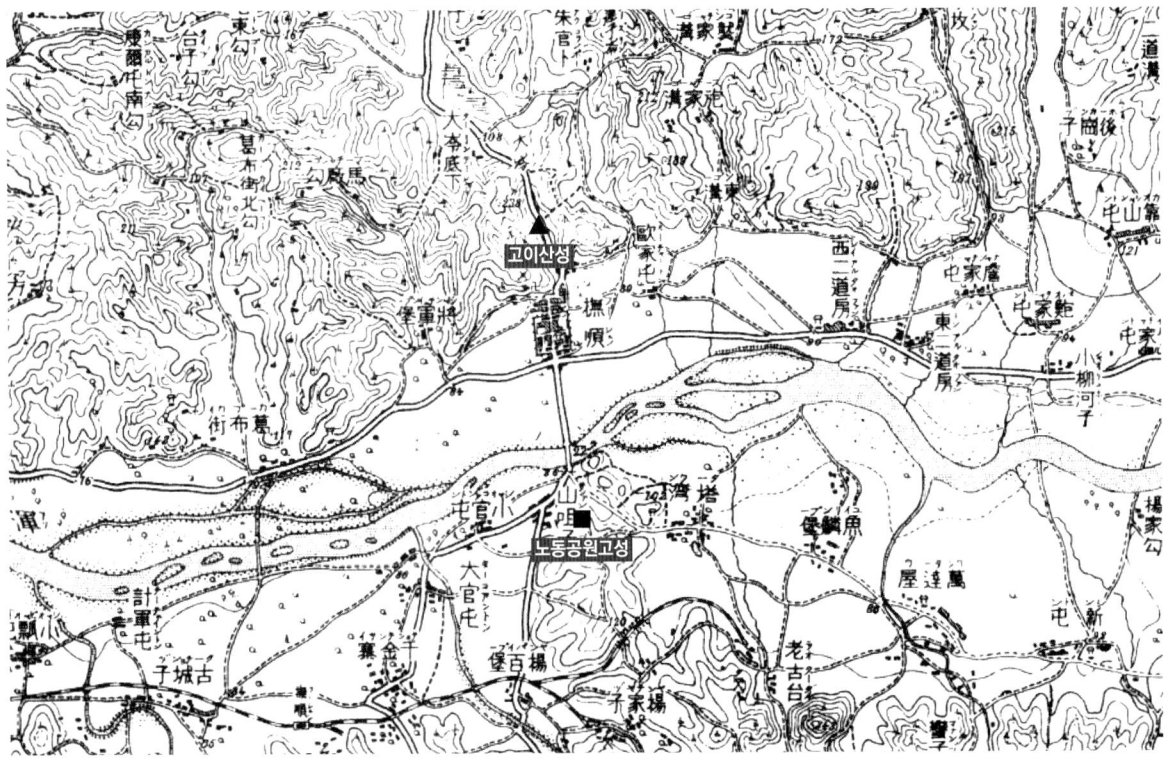

그림 3 勞動公園古城 주변 지형도(滿洲國 10만분의 1 지형도)

의 낮게 이어지는 세 개의 구릉에 위치함. 현재 撫順友誼賓館이 건설되어 있는 구릉은 이전 滿洲國時代에는 誉ヶ丘이라고 불렸음(그 위에 忠魂碑가 서 있던 관계로 지금 解放記念碑가 건설됨). 도로를 사이에 두고 남측에 있는 구릉은 과거에 靈ヶ丘이라고 불렸는데(여기에 撫順炭鑛殉職碑가 건설되었던 관계로 지금도 殉職碑가 서 있음), 현재는 勞動公園으로 변모하였음. 다시 남쪽에는 과거에 泉ヶ丘이라고 불렸던 구릉(淨水場이 있었음)으로 이어짐. 이 세 구릉을 아울러서 永安臺라고도 불렀음(田中俊明, 1994).

○ 고성이 위치하고 있는 구릉은 老虎臺山에서 이어졌고, 渾河 남안에 까지 이르러 높이 4m 가량의 峭壁을 형성하고 있음. 그 峭壁은 釣魚臺라고 부르고 있는데, 滿洲國시대에는 永安公園이라고 불렀음(王禹浪·王宏北, 2007).

○ 성곽이 위치한 곳은 長白山 餘脈과 渾河 충적평원의 접경지대이고, 남북쪽은 기복 있는 산들이 이어져서 이상적인 천연장벽을 이루고 있음.

○ 古城 북쪽 171m 지점에 渾河가 서쪽으로 흘러 가고 있음.

3. 성곽의 전체현황

○ 현재 중국에서는 일반적으로 勞動公園古城이라는 부르고 있음. 하지만 勞動公園은 과거 靈ヶ丘에 한정되어 있었음. 토성이 어디까지 뻗어 있었는지는 불명확하지만 誉ヶ丘에서도 확인할 수 있으므로 永安臺古城이라고 부르자는 견해가 제기되기도 함(田中俊明, 1994).

○ 성곽은 중심 시가지에 위치하였기 때문에 성벽이 대부분 파괴되었음. 성내 가운데 부분은 도로가 동서로 통과하면서 성벽이 파괴되고 지금은 남아 있지 않음. 높은 곳에 올라가면 전체적인 윤곽을 희미하게 확인할 수 있음.

○ 성 세 면은 산으로 둘러싸여 있고, 가장자리는 평탄하고 개활함.
○ 성은 높은 언덕에 위치함.
○ 남북은 높고 중간은 평평하고 완만함.
○ 평면은 장방형임.
○ 방향은 남북향임.
○ 남아 있는 둘레는 872m임.
○ 면적은 6만 2,000m²임.
○ 漢代 문화층의 두께는 약 40cm 정도임.

4. 성벽과 성곽시설

1) 성벽

○ 성벽은 토축으로, 흙을 쌓아 올린 다음 판축을 조금 가하는 형태로 구축함.
○ 각 성벽의 남은 길이는 남벽 146m, 북벽 150m, 동벽 285m, 서벽 291m임.
○ 성벽 기단부는 적지 않은 구간이 절단되었는데, 암반 위에 기단부를 축조하였음. 성벽 기단부의 너비는 7m 정도로 일정하지 않음.

2) 성문

남벽과 북벽에 성문이 하나씩 있음. 각 성문의 너비는 약 7m임.

5. 성내시설과 유적

誉ヶ丘의 온천장인 琥珀泉 근처에서 塼築유적이 발견되었는데, 고구려의 유구로 추정됨(戶田寬, 1937).

6. 출토유물

○ 1950년대 이후 발굴이 본격적으로 진행되면서 漢·魏代 유물이 대거 출토됨. 출토된 漢代 유물은 黃河 유역의 後漢代 성에서 나온 유물과 같음.
○ 산성이 위치한 구릉지대는 예부터 적색마연토기, 채문토기 등 토기편과 기와편이 흩어져 있는 곳으로 알려져 있음(戸田寬, 1937).
○ 1935년 구릉에 온천장인 琥珀泉이 신축될 때 흙 중에서 다량의 와편과 토기편이 출토됨.

1) 청동기
雲雷文銅鏡, 동제화살촉 등이 발견됨.

2) 철기
○ 낫(鎌), 도끼(斧), 삽(揷) 등의 농공구류와 칼 등의 무기류가 출토됨.
○ 琥珀泉에서 철제화살촉이 발견됨.

3) 토기
後漢代의 토기는 대부분 니질의 회색으로, 소성온도가 높고 물레로 제작함. 기형으로는 호(壺), 발(鉢), 두형토기(豆), 굽접시, 분(盆), 병(甁), 솥(釜), 시루(甑) 등이 있음.

(1) 시루(甑) 저부 1
○ 출토지 : 撫順 勞動公園古城 공원사무소 앞 永安公園 '永'字번지.
○ 크기 : 길이 10cm, 두께 0.5cm.
○ 형태 : 저부에 가늘고 긴 구멍이 규칙적으로 있고, 구멍은 길이 1.7cm, 너비 0.5cm임. 기벽과 저부의 접합부에는 별도 구획이 없고 기벽에는 승문이 타날됨.

(2) 시루(甑) 저부 2
○ 출토지 : 撫順 勞動公園古城 琥珀泉 西方 臺地 아래의 '5'字번지와 둥글게 감아도는 길 중간 지점의 약간 서쪽.
○ 형태 : 구멍은 竹管文樣임. 저부 근처 측면에도 동일한 구멍이 있음. 갈색의 사질토기임.

(3) 시루 1(甑)
○ 출토지 : 撫順 勞動公園古城 琥珀泉 앞의 忠靈碑가 있는 대지와 琥珀泉의 중간지점.
○ 크기 : 바닥 두께 0.9cm.
○ 형태 : 승문이 있음. 장방형의 구멍은 공원사무소 근처에서 출토된 토기와 동일함.

(4) 시루 2(甑)
○ 출토지 : 撫順 勞動公園古城 琥珀泉 앞의 忠靈碑가 있는 대지와 琥珀泉의 중간지점.
○ 크기 : 바닥 두께 0.9cm.
○ 형태 : 구멍의 모양이 다른 시루(甑)와 다름. 籠目文이 있음.

(5) 滑石혼입토기
○ 출토지 : 撫順 勞動公園古城 琥珀泉 앞의 忠靈碑가 있는 대지와 琥珀泉의 중간지점.
○ 크기 : 구경 24cm, 구연부 두께 1.6cm.
○ 형태 : 滑石 가루가 다량으로 함유된 토기임. 동체부 내면에는 물레기법이 보임. 얇은 내면에는 포문이 있음. 바닥부의 형태는 분명하지 않지만 발 형태(鉢形)를 드러냄.

(6) 적색마연토기
○ 출토지 : 撫順 勞動公園古城 공원사무소와 琥珀泉 사이의 숲.
○ 형태 : 정선된 태토임. 표면 일부는 박락됨.

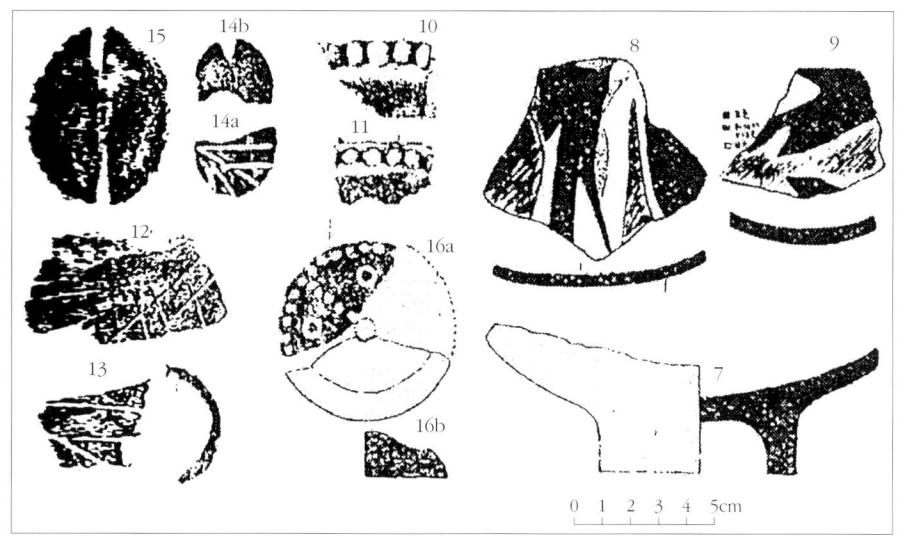

그림 4 勞動公園古城 출토 유물 1(齋藤武一, 1938, 43쪽)

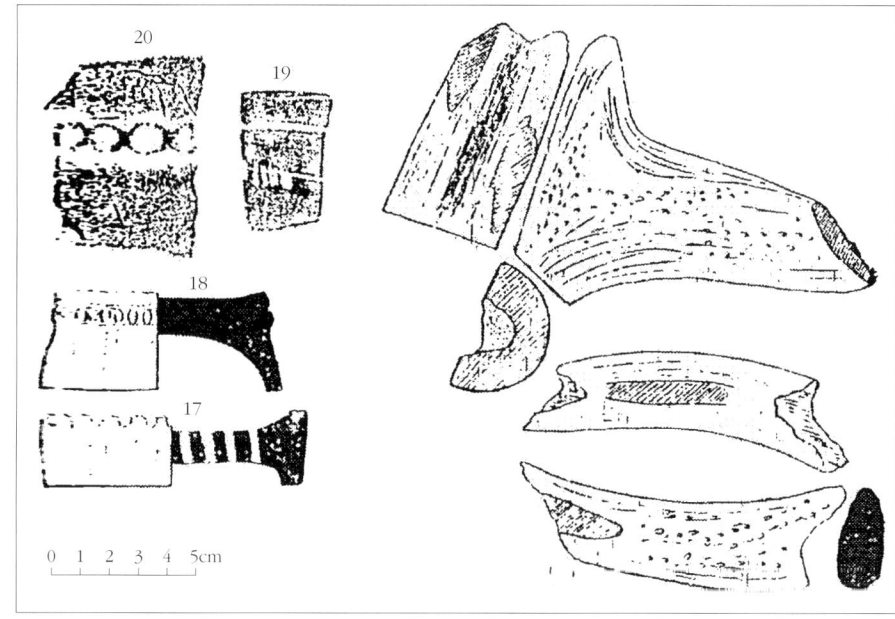

그림 5 勞動公園古城 출토 유물 2(齋藤武一, 1938, 41쪽)

(7) 채문토기

○ 출토지 : 撫順 勞動公園古城 공원사무소와 琥珀泉 사이의 숲.

○ 크기 : 두께 0.6cm.

○ 형태 : 구연부편으로, 내면은 흑색 노료, 표면은 흑색, 적색, 적갈색의 塗料로 채색함. 둥근 형태의 把手가 있음. 적색 마연토기와 다른 채색방법을 사용함. 호형(壺形) 토기로 추정됨. 把手형식과 문양 등은 半山에서 출토된 채색토기와 유사함(齋藤武一, 1938).

(8) 사질토기(그림 4-10·11·12·13)

○ 출토지 : 撫順 勞動公園古城 공원사무소와 琥珀泉 사이의 숲.

○ 형태 : 구연부는 얇고 곧으면서 약간 외반된 형태가 많음. 바닥은 평평한 형태와 위로 올라간 형태가 있음. 刻線에 의한 문양과 융기가 있음.

(9) 臺付土器(그림 5-18)

○ 출토지 : 撫順 勞動公園古城 琥珀泉 西方 臺地 아

래의 '5'자번지와 둥글게 감아도는 길 중간 지점의 약간 서쪽.
○ 형태 : 높은 臺部와 바닥부 사이에 융기문양이 있음. 사질토기에 흑갈색임. 기면에서 미세한 균열흔이 다수 관찰됨.

(10) 有文土器(그림 5-19·20)
○ 출토지 : 撫順 勞動公園古城 琥珀泉 西方 臺地 아래의 '5'자번지와 둥글게 감아도는 길 중간 지점의 약간 서쪽.
○ 형태 : 기면은 다소 갈라져 있음. 사질이고 흑갈색이 드러남. 문양은 刻文과 융기문이 있음.

4) 기와
○ 漢代의 '千秋萬歲'명 와당과 운문 와당, 회색 승문 암키와, 수키와등이 출토됨.
○ 정면에는 승문, 징격자문, 릉격문이 있고, 내면에는 포문이 펼쳐진 홍색 암키와, 수키와 등이 발견되었는데, 고구려 후기에 제작된 것으로 추정됨(肖景全·鄭辰, 2007).

(1) 와당 1
○ 출토지 : 撫順 勞動公園古城 공원사무소 永安公園 '永'자번지.
○ 크기 : 와당면 직경 16.8cm, 주연부 높이 1.4cm, 주연부 폭 0.6cm, 중방 원권문 內徑 2.6cm.
○ 형태 : 배면에는 승문이 희미하게 있고, 내면에는 포문이 있음. 태토는 모래가 들어감. '千萬'자가 보임.

(2) 와당 2
○ 출토지 : 撫順 勞動公園古城 공원사무소 永安公園 '永'자번지.
○ 크기 : 와당면 직경 13cm, 중방 원권문 內徑 3cm.
○ 형태 : 수키와는 결실됨. 태토는 양호함. 전자보다 두꺼움. '千歲'자가 보임.

(3) 와당 3
○ 출토지 : 撫順 勞動公園古城 공원사무소 永安公園 '永'자번지.
○ 크기 : 직경 17cm, 주연부 높이 1cm, 주연부 폭 1.5cm, 중방 원권문 內徑 5cm.
○ 형태 : 두꺼움. 태토는 양호함. 蕨手文이 있음.

(4) 와당 4
○ 출토지 : 撫順 勞動公園古城 琥珀泉 앞의 忠靈碑가 있는 대지와 琥珀泉의 중간지점.
○ 크기 : 와당면 직경 12cm, 중방 원권문 內徑 2.6cm.
○ 형태 : '千秋萬歲'자가 보임. 공원사무소에서 발견된 '千萬'명 와당과 같은 형식으로 보이고 색조 및 태토도 전체적으로 동일함.

5) 벽돌
승문 벽돌이 출토됨.

6) 석기

(1) 석제 도끼(斧)
○ 출토지 : 撫順 勞動公園古城 공원사무소와 琥珀泉 사이의 숲.
○ 형태 : 刃部는 결실됨. 綠石임. 편평한 자연석으로 세 측면이 갈아져 있음.

7) 기타
○ 琥珀泉 근처에서 後漢대 五銖錢이 출토됨.
○ 撫順 勞動公園古城 공원사무소와 琥珀泉 사이의 숲에서 적색의 燒土塊, 목탄편 등이 발견되었음.

(1) 鹿角器 1(그림 5)
○ 출토지 : 撫順 勞動公園古城 琥珀泉 앞의 忠靈碑가 있는 대지와 琥珀泉의 중간지점.

○ 크기 : 길이 13cm, 최대 두께 4.5cm.
○ 형태 : 幹의 네 면은 예리한 도구로 직각 혹은 비스듬하게 잘려 있음.

(2) 鹿角器 2
○ 출토지 : 撫順 勞動公園古城 琥珀泉 앞의 忠靈碑가 있는 대지와 琥珀泉의 중간지점.
○ 크기 : 남은 길이 12cm, 최대 두께 2.5cm.
○ 형태 : 幹 양 사이에 예리한 기구로 잘려진 부분이 있음.

(3) 土錘(그림 4-14a·14b·15)
○ 출토지 : 撫順 勞動公園古城 공원사무소와 琥珀泉 사이의 숲.
○ 형태 : 한 土錘는 刻文을 가진 파편을 이용함. 刻文을 가진 면은 사질 토기와 비슷한 갈색이 드러남. 태토는 아주 곱고 적색이 나타남. 다른 한 土錘는 無文이고, 태토는 매우 단단함. 滑石을 포함한 토기와 비슷하고, 表裏와 측면이 약간 갈아져 있음.

(4) 가락바퀴(紡輪, 그림 4-16a·16b)
○ 출토지 : 撫順 勞動公園古城 공원사무소와 琥珀泉 사이의 숲.
○ 크기 : 직경 6.3cm, 두께 5cm임.
○ 형태 : 내면에 竹管文이 있고, 표면은 無文임.

7. 역사적 성격

무순 노동공원고성은 혼하 남안에 위치하면서 북안의 고이산성과 마주하고 있음. 노동공원고성에서는 漢代의 유물과 함께 고구려시기의 붉은색 승문·망격문 기와가 대량으로 발견된다는 점에서 고구려가 혼하 유역으로 진출한 다음 漢代의 성지를 계속 사용한 것으로 파악함. 노동공원고성은 발견된 이래 여러 연구자에 의해 第3玄菟郡 郡治로 비정되고 있음(八木奘三郎, 1929; 池內宏, 1940; 和田淸, 1951; 李文信, 1962; 孫進己·馮永謙, 1989; 徐家國, 1996).[1]

2~3세기경 第3玄菟郡은 후한이나 조위 등 중국 왕조가 고구려나 부여 등을 견제하던 전초기지였음. 第3玄菟郡 治所는 渾河 연안 가운데 고구려나 부여를 적극적으로 견제하고 방어할 수 있는 지역에 구축하였을 것으로 추정됨. 이러한 점에서 본다면, 第3玄菟郡의 치소로 渾河 연안 평원의 동북단으로서 동부 산간지대와 접경지대에 위치한 勞動公園古城이 가장 유력함.

그런데 고구려는 4세기 초 渾河 일대를 장악한 다음 勞動公園古城 맞은편에 新城(高爾山城)을 구축하고 遼東 진출 전초기지로 삼았음. 이와 동시에 302년, 315년에 第3玄菟郡을 공격하는 등 遼東지역 패권을 놓고 鮮卑 慕容部와 치열한 각축전을 벌였음. 그런데 前燕에 玄菟太守를 역임한 인물이 나오는 것으로 보아 4세기 전반 前燕은 玄菟郡을 계속 설치하였다고 추정됨. 그러므로 고구려가 渾河 중류일대를 장악한 이후에도 勞動公園古城에 계속 第3玄菟郡 치소를 두었다는 것은 이해할 수 없음. 第3玄菟郡 치소가 본래 勞動公園古城이었다면, 新城 축조 이후에는 서쪽으로 옮겨졌을 가능성을 상정할 수 있는 것임.

기원전 107년 玄菟郡이 설치된 이래 고구려의 성장에 따라 그 치소가 끊임없이 서쪽으로 쫓겨난 만큼, 第3玄菟郡 치소도 고구려와의 관계에 따라 다시 한 번 옮겨졌을 가능성도 있음. 이 경우, 고구려가 渾河 북안에 新城(高爾山城)을 구축하여 遼東진출의 전초기지로 삼았던 시기에 第3玄菟郡 치소를 다시 한 번 옮겼을 가능성이 높음. 즉 勞動公園古城에 설치하였던 第

---

[1] 고구려의 南陝道에 있는 고성으로 보기도 함(徐家國, 1996).

3玄菟郡은 新城이 구축되던 4세기 초를 전후한 시기에 다시 한 번 서쪽 곧 上伯官屯古城 일대로 옮겨졌다고 추정되는 것임.[2]

물론 이 경우에도 문제는 있음.『周書』高麗傳에서 6세기 중반 玄菟城은 고구려의 대표적인 지방성으로 거명되었고, 645년에도 玄菟郡은 新城과 함께 唐軍의 집중 공격대상이었음. 이러한 사실은 고구려가 遼東平原으로 진출한 다음 第3玄菟郡(또는 第4玄菟郡)의 治所를 遼東郡의 治所였던 遼東城처럼 재사용하였음을 보여줌. 그런데 渾河 연안의 평지성 가운데 고구려시기 유물이 출토된 곳은 勞動公園古城과 東洲小甲邦古城임. 따라서 第3玄菟郡 치소가 다시 한 번 변경되었다 하더라도 현재까지의 고고학 발굴성과만 놓고 본다면, 고구려 玄菟城은 勞動公園古城일 가능성이 가장 높음(여호규, 1999).

한편 제3현도군의 치소를 노동공원고성 동쪽의 東洲小甲邦古城으로 비정한 다음, 노동공원 고성은 제3현도군의 치소가 아니라 漢代 이래의 일반 평지성으로 고구려가 요동지역을 점령한 이후 계속 사용했고, 후기의 赤烽鎭에 해당한다고 보기도 함(王綿厚, 2002).

참고문헌

- 戶田寬, 1937,「撫順永安公園附近における石器及土器類の分布狀況」,『滿洲史學』1-2.
- 齋藤武一, 1938,「撫順永安公園譽ケ丘遺蹟」,『滿洲史學』2-3.
- 渡邊三三, 1940,『增訂 撫順史話』, 撫順新報社.
- 孫進己·馮永謙, 1989,『東北歷史地理』2, 黑龍江人民出版社.
- 王綿厚·李建才, 1990,『東北古代交通』, 瀋陽出版社.
- 田中俊明, 1994,「高句麗の興起と玄菟郡」,『朝鮮文化研究』1.
- 徐家國, 1996,「漢玄菟郡三遷址辦石」,『中國考古集成』東北卷 秦漢至三國(二).
- 여호규, 1999,『高句麗 城』Ⅱ, 國防軍史硏究所.
- 王綿厚, 2002,『高句麗古城研究』, 文物出版社.
- 肖景全·鄭辰, 2007,「撫順地區高句麗考古的回顧」,『東北史地』2007-2.
- 王禹浪·王宏北, 2007,『高句麗·渤海古城址研究匯編』(上), 哈爾濱出版社.
- 國家文物局, 2009,『中國文物地圖集』遼寧分冊, 西安地圖出版社.

---

2 王綿厚(2002)도 현도군의 치소가 모두 4곳이었고, 제4현도군의 치소를 上伯官屯古城으로 비정하지만, 제3현도군의 치소는 무순 勞動公園古城이 아니라 東洲小甲邦古城으로 비정함.

03 무순 동주고성
撫順 東洲古城

1. 조사현황

1) 1988년
성이 발견됨.

2) 1989년
○ 조사기간 : 1989년 5 ~ 11월.
○ 조사기간 : 遼寧城文物考古硏究所, 撫順市博物館.
○ 조사내용 : 3개 구역으로 나누어 발굴을 진행함.

2. 위치와 자연환경

1) 지리위치(그림 1 ~ 그림 2)
○ 撫順市에서 동쪽으로 10km 떨어진 東洲區 碾盤鄕 東洲村 小甲邦屯에 위치함.
○ 성 주변의 산봉우리에는 漢代 墩臺유적이 많이 남아 있음.
○ 성 서남부에는 고분구가 있음. 무덤 4기가 발견되었는데, 장방형의 단실 전실묘임. 부장품으로는 호(罐), 반(盤), 長頸瓶, 부엌, 水井, 連枝九盞灯 등이 발견됨.
○ 성 南區 남부에서 어린아이의 무덤이 발견됨. 또한 漢 승문벽돌로 축조한 전실묘 2기가 발견되었는데, 장방형이고 부장품은 없었음. 瓮棺墓 9기도 확인되었는데, 陶套筒을 중심으로 양 끝에는 솥(釜)이나 분(盆) 등을 씌워서 막았음. 묘장의 길이는 1.2 ~ 1.4m이고, 套筒의 길이는 0.6m임. 안에 유골이나 부장품은 없었음. 瓦棺墓는 커다란 암키와가 주체를 이루는데, 밑에는 큰 승문 기와를 깔았고 윗부분에도 다시 큰 기와를 사용해 서로 합쳐져서 구성됨. 묘의 양측에는 큰 기와를 세웠음. 형태는 엽전(元寶)과 같음. 길이는 0.9 ~ 1m임.

2) 자연환경
북쪽에는 渾河가 있고 서쪽 800m에는 東洲河가 있는데, 東洲河가 北流해서 渾河로 유입되는 삼각지대에 위치하는 것임.

3. 성곽의 전체현황

○ 성은 비교적 평탄한데, 중간이 솟아 있음.
○ 성의 평면은 방형임.
○ 동서 길이 700m, 남북 너비 400m임.
○ 면적은 30만 m²임.

4. 성벽과 성곽시설

○ 성벽은 토축임.
○ 성벽 한 변의 길이는 500m 전후임.

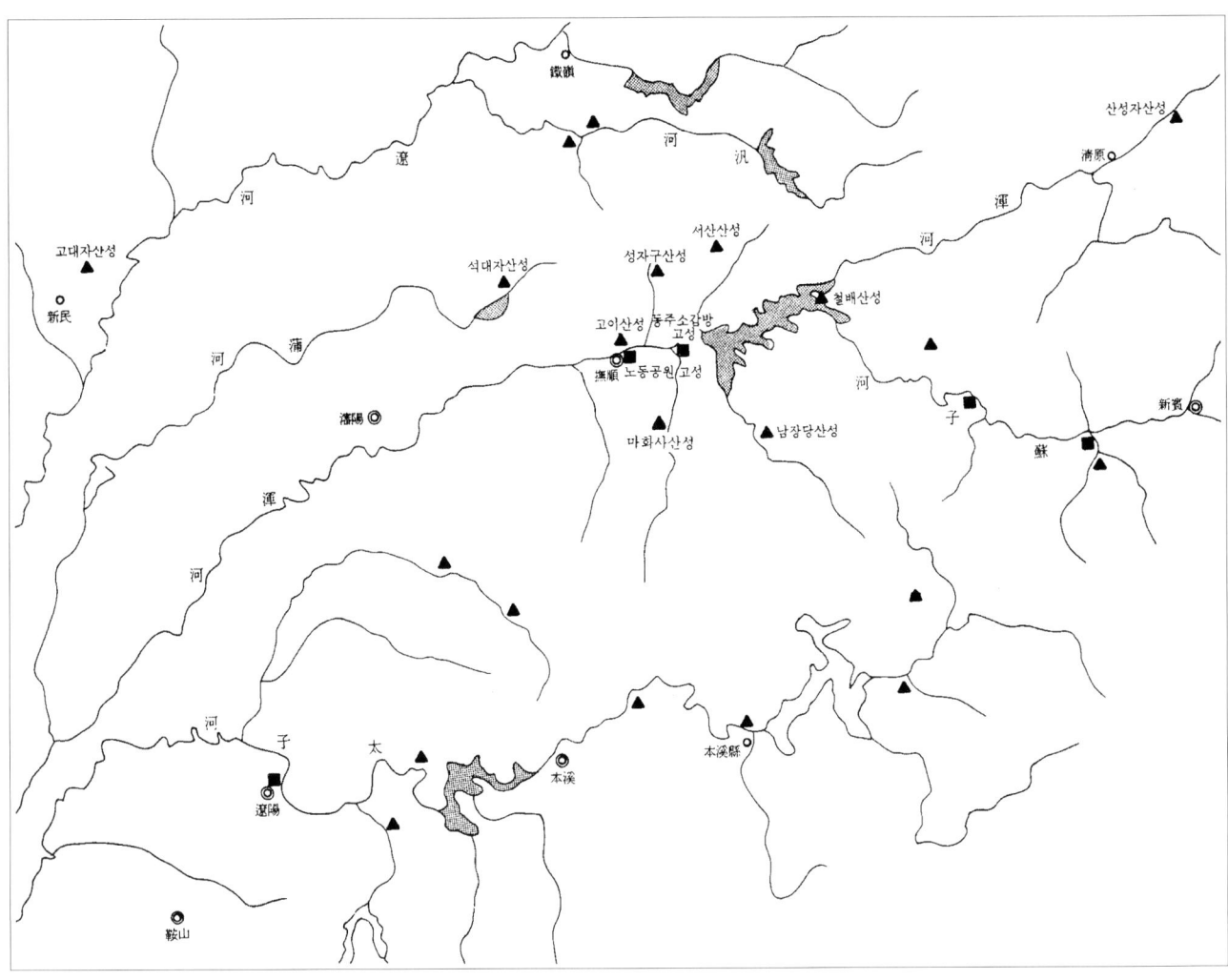

그림 1 東洲古城 위치도 1(여호규, 1999, 132쪽)

5. 성내시설과 유적

1) 건물지

(1) 南區 건물지
○ 평면은 방형임.
○ 동서 길이 4.5m, 남북 너비 4m임.
○ 기둥 초석은 5개가 있음. 초석 위에서 불에 타 재가 된 기둥 흔적을 볼 수 있음. 기둥의 직경은 7~10cm임.
○ 남부에는 자갈로 쌓은 원형 부엌이 있음.

(2) 東區 건물지
○ 북벽과 동벽이 남아 있음.
○ 지면에는 장방형의 승문 벽돌을 깔았는데, 가로 넷, 세로 다섯으로 일치하지 않음.
○ 지면의 서부에는 벽돌 반 개를 이용해서 쌓은 원형 부엌이 있음.
○ 건물지 남부에는 돌담과 벽돌담이 나란히 축조되어 있는데, 두 담 사이의 거리는 27~30cm임. 돌담은 길이 7.5cm, 너비 0.3~0.4cm임. 북쪽 끝에 있는 모퉁이에서 동쪽 0.6m는 소실됨. 돌담 남쪽 끝 바닥에는 벽돌담이 있는데, 6층의 벽돌이 남쪽으로 뻗어 있음.

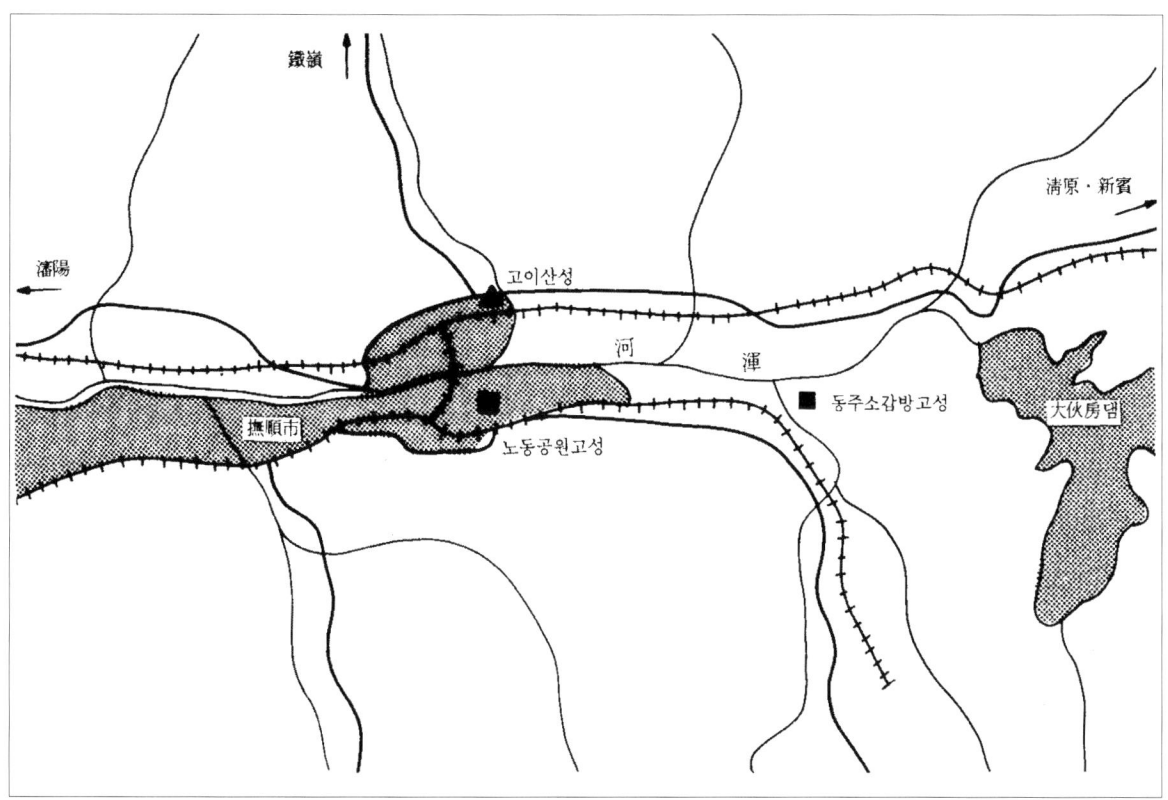

그림 2 東洲古城 위치도 2(25만분의 1)(여호규, 1999, 134쪽)

남쪽 끝에는 동쪽으로 뻗어 있는 벽돌담이 있음.

2) 온돌(灰坑)
○ 성의 북부에서 온돌(灰坑)이 발견됨.
○ 두 줄기의 고래(灰溝)가 있음. 방향은 동남향임. 고래(灰溝)는 너비 50～60cm, 깊이 50cm임.

3) 박석길
○ 성의 북부에 돌을 깐 길이 있음.
○ 노면은 너비 200～220cm, 두께 10～30cm임.
○ 노면에는 닭알 만한 크기의 자갈이 깔려 있음.
○ 노면은 중간이 약간 솟아서 반원형의 단면이 드러남.
○ 돌의 하면에는 황갈색 모래가 깔아져 있음.

6. 출토유물

주로 승문의 회색 토기편과 기와편이 출토되었음.

1) 청동기
동제鏡范, 동제화살촉 등이 출토됨.

2) 토기
○ 성 중심구인 東區에서 많은 기와편이 출토되었는데, 기와편은 일정한 형태로 퇴적되어 있음.
○ 토기편으로는 솥(釜), 호(罐), 옹(瓮), 분(盆) 등이 출토됨.
○ 漢代의 호(罐)가 출토됨.
○ 고구려시기의 홍색토기편이 출토됨.

3) 기와

○ 보존상태가 양호한 와당 7점이 출토되었는데, 윗면에는 '千秋萬歲'라는 명문이 있음. 1/4만 남아 있는 와당에는 '玄'이라는 명문이 남아 있음.
○ 漢代의 회색 승문 암키와·수키와가 출토됨.
○ 고구려시기의 홍색기와가 출토됨.

4) 기타

화살촉, 환두대도, 五銖錢·貨泉 등 화폐, 玉石구슬, 유리귀걸이, 弓冒句, 어망추 등이 출토됨.

7. 역사적 성격

동주고성은 혼하 중류에 위치한 평지성으로 五銖錢, 貨泉, 승문기와, 토기 등의 출토 양상으로 보아 前漢 중·후기 – 後漢 대에 축조된 것으로 추정됨(武家昌, 1990). 동주고성의 북쪽에는 漢代의 墩臺 유적이 많이 분포하는데, 이들과 호응하며 방어체계를 구축했을 것으로 파악됨(王綿厚, 2002). 이에 동주고성은 대체로 제3현도군의 上殷臺縣으로 비정하는데(孫進己·馮永謙, 1989), '玄'자명 명문와당을 근거로 第3玄菟郡의 郡治로 비정하기도 함(武家昌, 1990 ; 王綿厚, 2002). 다만 고구려 기와도 출토된다는 점에서 고구려가 혼하 방면으로 진출한 다음 재사용했을 것으로 파악되는데, 구체적인 활용양상을 파악하기는 힘든 상태임.

참고문헌

- 孫進己·馮永謙, 1989, 『東北歷史地理』 1, 黑龍江人民出版社.
- 武家昌, 1990, 「撫順市小甲邦漢代遺址」, 『中國考古學年鑑』.
- 王綿厚, 1994, 『秦漢東北史』, 人民出版社.
- 田中俊明, 1994, 「高句麗の興起と玄菟郡」, 『朝鮮文化研究』 1.
- 王綿厚, 2002, 『高句麗古城研究』, 文物出版社.
- 國家文物局, 2009, 『中國文物地圖集』 遼寧分冊, 西安地圖出版社.

04 무순 마화사산성
撫順 馬和寺山城

1. 조사현황

1) 1981년
성이 발견됨.

2) 2004년
○ 조사기간 : 2004년 봄.
○ 조사내용 : 順城區 碾盤鄉 丁庄子村 村民 丁某가 村 서쪽에 있는 龍頭山 위에 양조장을 건설할 때, 오래된 우물 한 개를 발견함.

2. 위치와 자연환경(그림 1~그림 3)

1) 지리위치
○ 산성의 소재지는 원래 撫順市에서 남쪽으로 10km 떨어진 撫順縣 남부 小東鄉(小東洲) 馬和寺村이었으나 東洲區 碾盤鄉 丁庄子村에 편입되어 관할됨. 산성은 東山 위에 위치함.
○ 산성은 渾河 支流의 中游구역에 위치함.
○ 성의 서쪽 東洲河 맞은 편은 撫順縣 小東鄉 馬和寺村임.
○ 성의 서쪽에는 하천 연안을 따라 撫順-本溪의 분수령을 넘어 太子河 상류일대로 나아가는 지방도로가 지나가고 있음.
○ 성 동남쪽에는 雙泉寺가 있는데, 최근에 지역주민들이 중건하였음.
○ 서북쪽으로 15km 떨어진 지점에 撫順 高爾山城이 있음.

2) 자연환경
○ 산성이 위치한 곳은 千山山脈에서 渾河방면 뻗어내린 산줄기의 북쪽 끝자락으로서 渾河 연안평지와 千山山脈 산간지역의 경계지대임.
○ 성의 서쪽에는 남쪽에서 북쪽으로 흐르는 東洲河가 접해 있음.

3. 성곽의 전체현황

○ 산성은 하곡평지와 골짜기 입구사이에 죽주함.
○ 성은 동쪽이 높고 서쪽이 낮으며 중간은 들어가 있음.
○ 포곡식 산성임.
○ 산성은 산세를 따라 축조함.
○ 산성 평면은 동서가 긴 馬鞍形임(肖景全·鄭辰, 2007).
○ 전체 둘레에 대해서는 2,000m(陳大爲, 1995 ; 魏存成, 2002 ; 王禹浪·王宏北, 2007 ; 肖景全·鄭辰, 2007) 및 2,600m(孫進己·馮永謙, 1989 ; 東潮·田中俊明, 1995 ; 馮永謙, 1997 ; 여호규, 1999 ; 王綿厚, 2002 ; 魏存成, 2002)라는 조사기록과 견해가 있음.

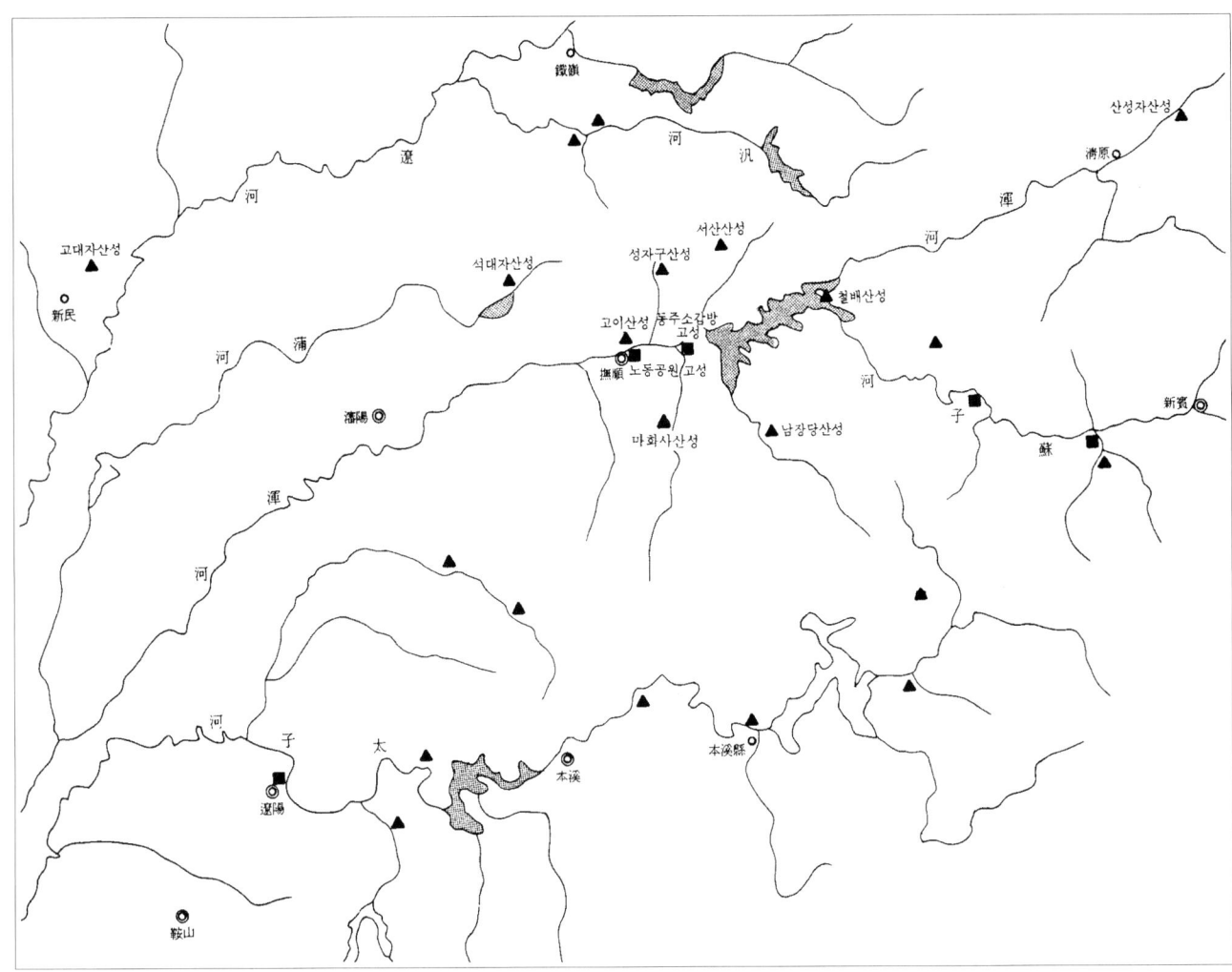

그림 1 馬和寺山城 위치도 1(여호규, 1999, 132쪽)

4. 성벽과 성곽시설

1) 성벽

○ 성벽의 축조방식에 대해서는 토축(孫進己·馮永謙, 1989 ; 陳大爲, 1995 ; 馮永謙, 1997 ; 여호규, 1999 ; 王禹浪·王宏北, 2007), 토축이지만 일부 구간에는 돌이 있음(肖景全·鄭辰, 2007), 대부분 토축(王綿厚, 2002 ; 魏存成, 2002) 등의 조사기록과 견해가 있음.
○ 성벽의 남은 높이는 1.5m임.

2) 성문

서쪽에 문 한 개가 있음(陳大爲, 1995 ; 馮永謙, 1997 ; 王綿厚, 2002 ; 魏存成, 2002).[1]

3) 장대

성 가운데에 高臺가 있음. 그 위에 서면 撫順이 한눈에 들어오는 등 먼 곳까지 내려다 볼 수 있는데, 장대로 추정됨.

---

[1] 북쪽 豁口에 있다는 기록이 있음(肖景全·鄭辰, 2007).

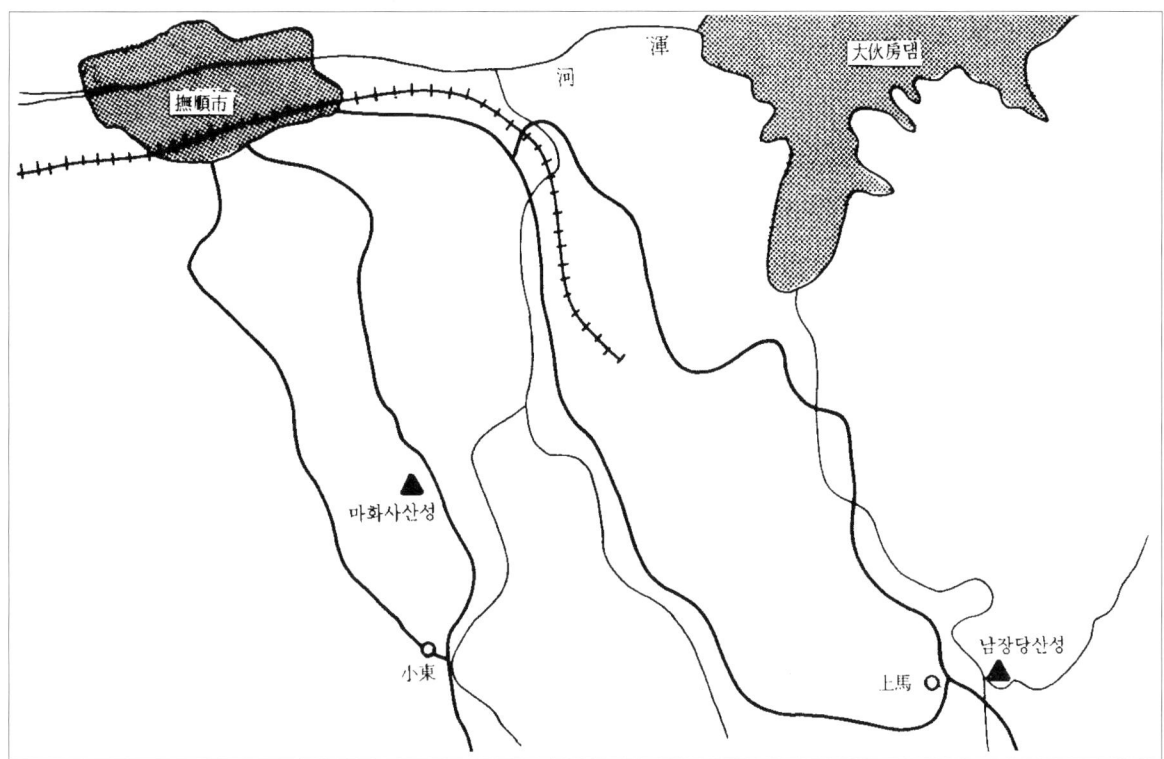

그림 2 馬和寺山城 위치도 2(25만분의 1)(여호규, 1999, 191쪽)

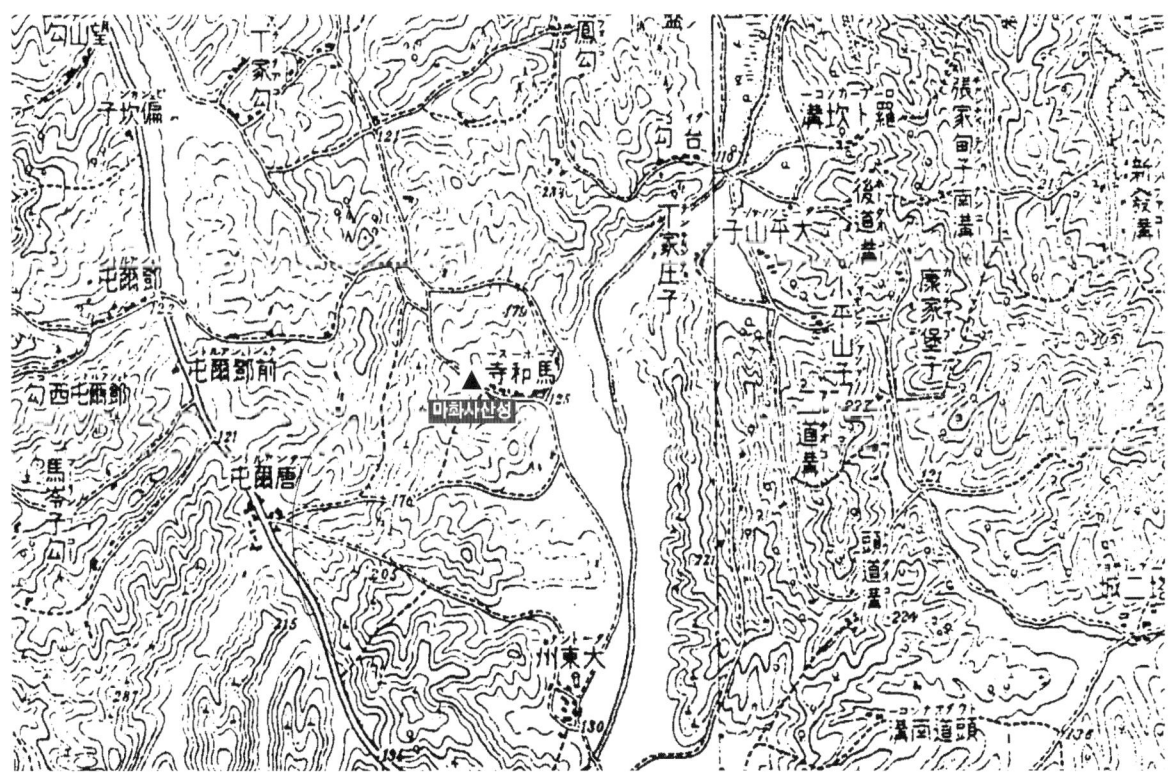

그림 3 馬和寺山城 주변 지형도(滿洲國 10만분의 1 지형도)

5. 성내시설과 유적

1) 저수지
산성 안에 저수지가 있음.

2) 우물
산등성이 북측에 오래된 우물이 있음. 벽은 돌로 쌓았고, 입구 너비는 4m, 깊이는 6m임. 우물은 丹東 虎山山城에 있는 것 유사함(馮永谦, 1995).

6. 출토유물

○ 성내 지표면에서 니질의 흑회색·회색 토기편이 출토됨. 토기편에는 호(壺), 호(罐) 등이 있음. 출토된 토기편은 매우 적음. 기와는 발견되지 않았음.
○ 성 안에서 板 형태의 토기 손잡이와 器足이 출토되었음.

7. 역사적 성격

마화사산성은 위치나 규모로 볼 때 新城(撫順 高爾山城)의 외곽위성으로 추정되는데, 撫順에서 渾河 지류 연안로를 통해 太子河 상류 일대로 나아가는 교통로를 방어하는 군사적 기능을 담당한 것으로 추정됨(여호규, 1999). 이에 高爾山城에서 동쪽으로 渾河와 蘇子河를 따라 國內城에 이르는 길인 新城道 상에 있던 성으로 추정하기도 함(王綿厚, 2002).

또한 성의 규모가 상당히 커다는 점에서 渾河 남쪽의 지류 연안일대를 지배하던 거점성으로 추정됨. 667년 李世勣의 唐軍이 함락시켰다는 新城 주변의 16성 가운데 하나일 가능성이 있음(여호규, 1999). 성벽의 구조와 유물을 근거로 고구려 후기의 산성으로 추정하기도 함(肖景全·鄭辰, 2007).

참고문헌

- 孫進己·馮永谦, 1989, 『東北歷史地理』 2, 黑龍江人民出版社.
- 東潮·田中俊明, 1995, 『高句麗の歷史と遺跡』, 中央公論社.
- 陳大爲, 1995, 「遼寧高句麗山城再探」, 『北方文物』 1995-3.
- 馮永谦, 1995, 「丹東虎山高句麗遺址」, 『中國考古學年鑒』, 文物出版社.
- 馮永谦, 1997, 「高句麗城址輯要」, 『高句麗渤海研究集成』 高句麗 卷3, 哈爾濱出版社.
- 여호규, 1999, 『高句麗 城』 Ⅱ, 國防軍史研究所.
- 王綿厚, 2002, 『高句麗古城研究』, 文物出版社.
- 魏存成, 2002, 『高句麗遺迹』, 文物出版社.
- 王禹浪·王宏北, 2007, 『高句麗·渤海古城址研究匯編』 (上), 哈爾濱出版社.
- 肖景全·鄭辰, 2007, 「撫順地區高句麗考古的回顧」, 『東北史地』 2007-2.
- 魏存成, 2011, 「中國境內發現的高句麗山城」, 『社會科學戰線』 2011-1.

05 무순 성자구산성
撫順 城子溝山城 | 北城子溝山城 | 城子頂山城

1. 위치와 자연환경(그림 1~그림 3)

1) 지리위치

○ 撫順市에서 북쪽으로 약 10km 떨어진 撫順縣 북부 大柳鄕 太平溝村 2km의 北城子溝山에 위치함.

○ 서남쪽으로 15km 떨어진 지점에 撫順市 高爾山城이 있음.

2) 자연환경

○ 산성 북쪽은 吉林哈達嶺산맥 餘脈과 이어지는데

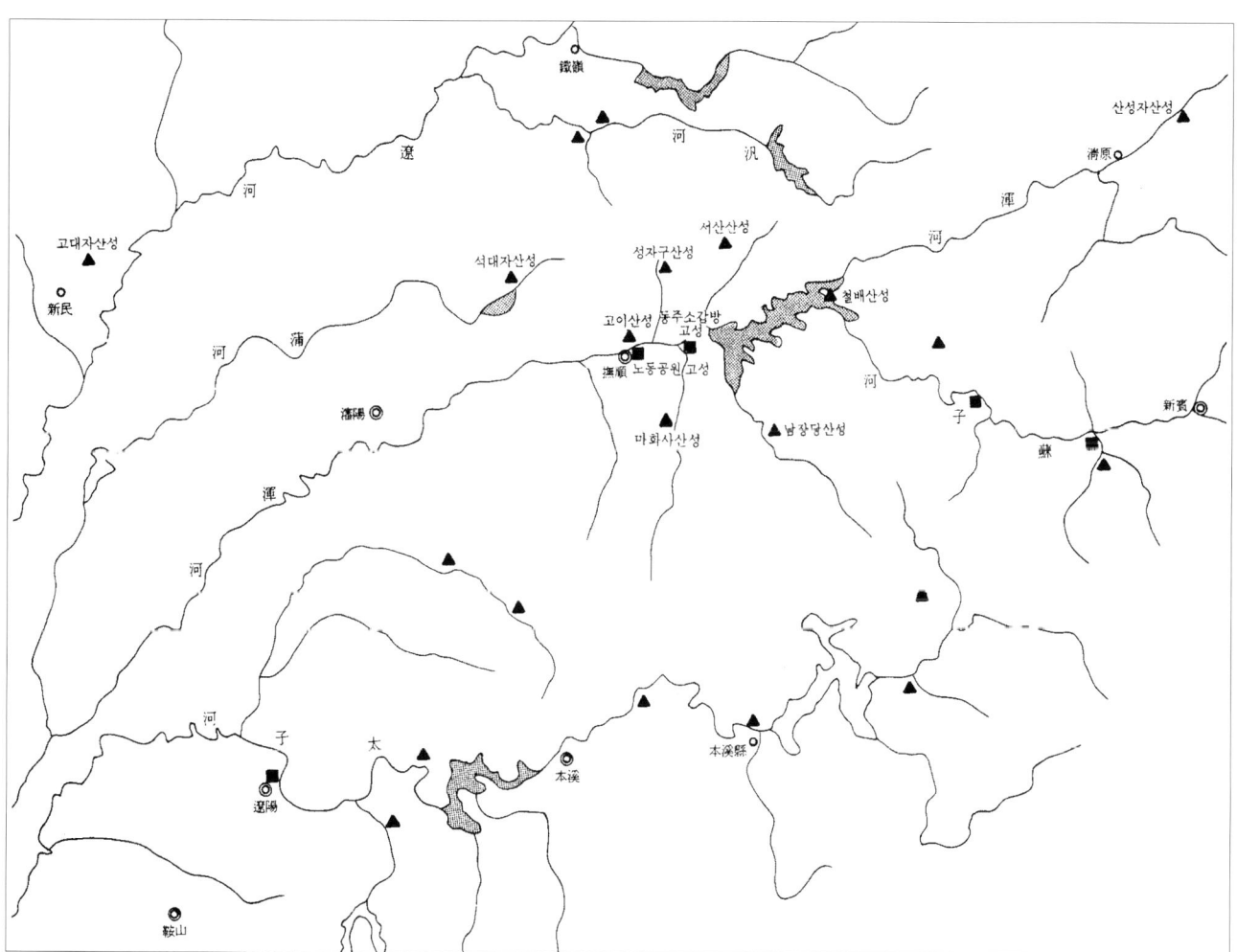

그림 1 城子溝山城 위치도 1(여호규, 1999, 132쪽)

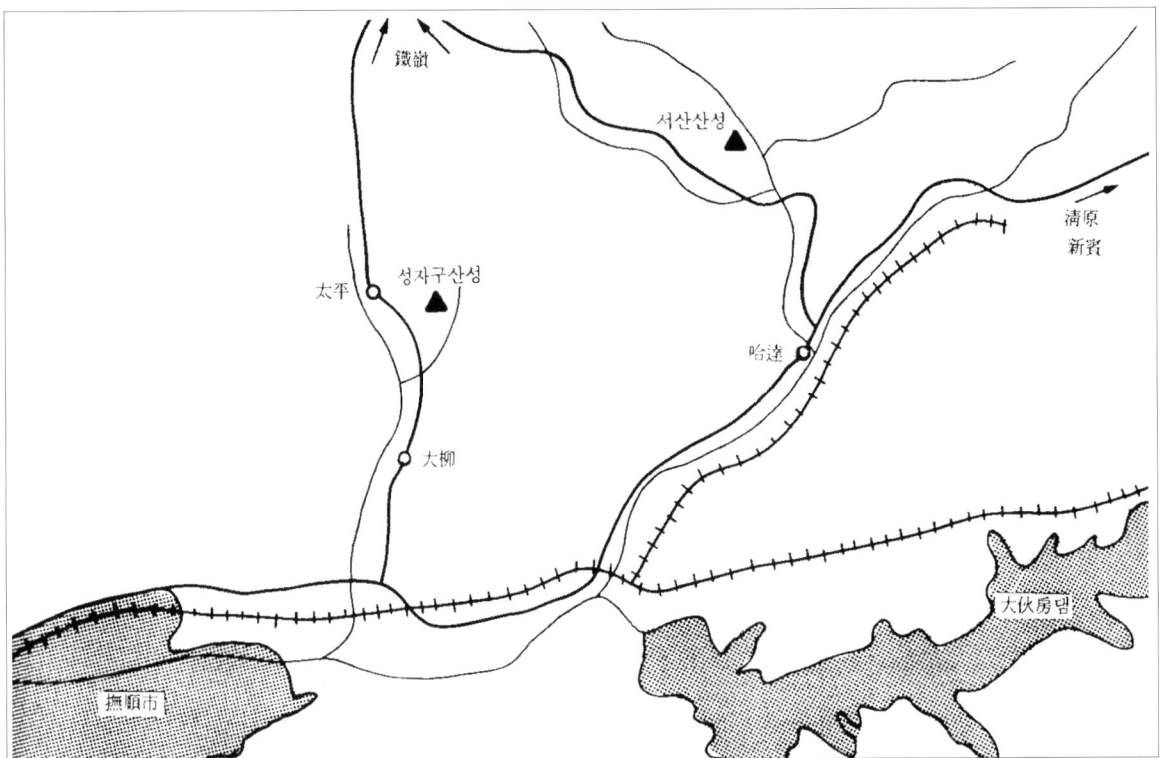

그림 2 城子溝山城 위치도 2(25만분의 1)(여호규, 1999, 195쪽)

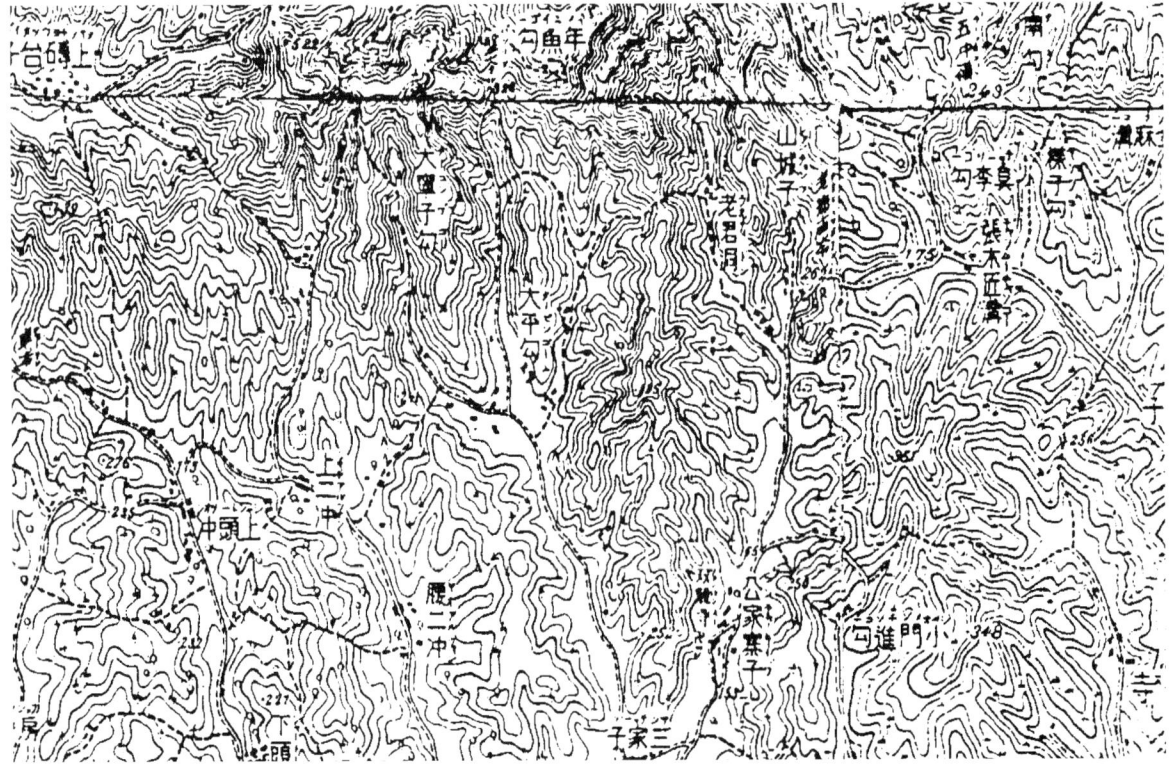

그림 3 城子溝山城 주변 지형도(滿洲國 10만분의 1 지형도)

(王禹浪·王宏北, 2007), 동북-서남 방향으로 길게 내려 뻗은 吉林 哈達嶺산맥 서남단으로서 遼東平原과 만나는 접경지대임. 吉林哈達嶺산맥 서남단 끝자락의 구릉성 산지를 가로질러 汎河와 渾河 연안을 왕래하는 지역으로, 실제 산성 아래로 양 지역을 오가는 지방도로가 개설되어 있음.

○ 산성 아래에는 渾河 지류가 북쪽에서 남쪽으로 흘러, 撫順縣城 부근에서 渾河로 유입됨.

2. 성곽의 전체현황

○ 산성이 위치한 산세는 매우 험준함.
○ 성의 둘레는 1,200m임.

3. 성벽과 성곽시설

1) 성벽
○ 성벽은 산세를 따라 산등성이에 돌로 축조함.
○ 기단 너비는 4m, 남은 높이는 0.6m임.

2) 성문
성문은 남쪽으로 치우친 지점에 있는 골짜기 입구에 위치함.

3) 참호(城壕)
네 줄기의 참호(城壕)가 있음.

4. 성내시설과 유적

1) 저수지
산성 안에 작은 저수지가 있음.

2) 우물
산성 안에 우물이 있음.

5. 역사적 성격

성자구산성의 축조시기에 대해서는 고구려시기에 축조된 것으로 보는 견해(王禹浪·王宏北, 2007)와 고구려유물이 발견되지 않았고 성의 입지선택과 성벽구조가 고구려와 다르기 때문에 고구려산성으로 볼 수 없다는 견해가 있음(肖景全·鄭辰, 2007).

고구려시기 성곽이라면, 高爾山城에서 동쪽으로 渾河와 蘇子河를 따라 國內城에 이르는 길인 新城道 상에 있는 성이고, 新城(高爾山城)을 호위하는 衛星城으로 추정됨(王綿厚, 2002). 특히 지리위치로 보아 汎河 연안의 鐵嶺방면에서 撫順으로 향하는 교통로를 통제하는 군사적 기능을 담당하였다고 추정됨. 667년 李世勣의 唐軍이 함락시켰다는 新城 주변의 16성 가운데 하나일 가능성도 있음(여호규, 1999).

참고문헌

- 孫進己·馮永謙, 1989, 『東北歷史地理』 2, 黑龍江人民出版社.
- 東潮·田中俊明, 1995, 『高句麗の歷史と遺跡』, 中央公論社.
- 陳大爲, 1995, 「遼寧高句麗山城再探」, 『北方文物』 1995-3.
- 馮永謙, 1997, 「高句麗城址輯要」, 『高句麗渤海硏究集成』 高句麗 卷3, 哈爾濱出版社.
- 여호규, 1999, 『高句麗 城』 Ⅱ, 國防軍史硏究所.
- 王綿厚, 2002, 『高句麗古城硏究』, 文物出版社.
- 魏存成, 2002, 『高句麗遺迹』, 文物出版社.
- 王禹浪·王宏北, 2007, 『高句麗·渤海古城址硏究匯編』 (上), 哈爾濱出版社.
- 肖景全·鄭辰, 2007, 「撫順地區高句麗考古的回顧」, 『東北史地』 2007-2.
- 魏存成, 2011, 「中國境內發現的高句麗山城」, 『社會科學戰線』 2011-1.

06 무순 서산산성
撫順 西山山城

1. 위치와 자연환경(그림 1~그림 3)

1) 지리위치
撫順市에서 동북쪽으로 약 30km 떨어진 撫順縣 哈達鄕 上年村에서 북쪽으로 100m 떨어진 西山 위에 위치함.

2) 자연환경
○ 渾河의 지류가 산성 아래에서 서남쪽으로 흘러 渾河로 유입됨.

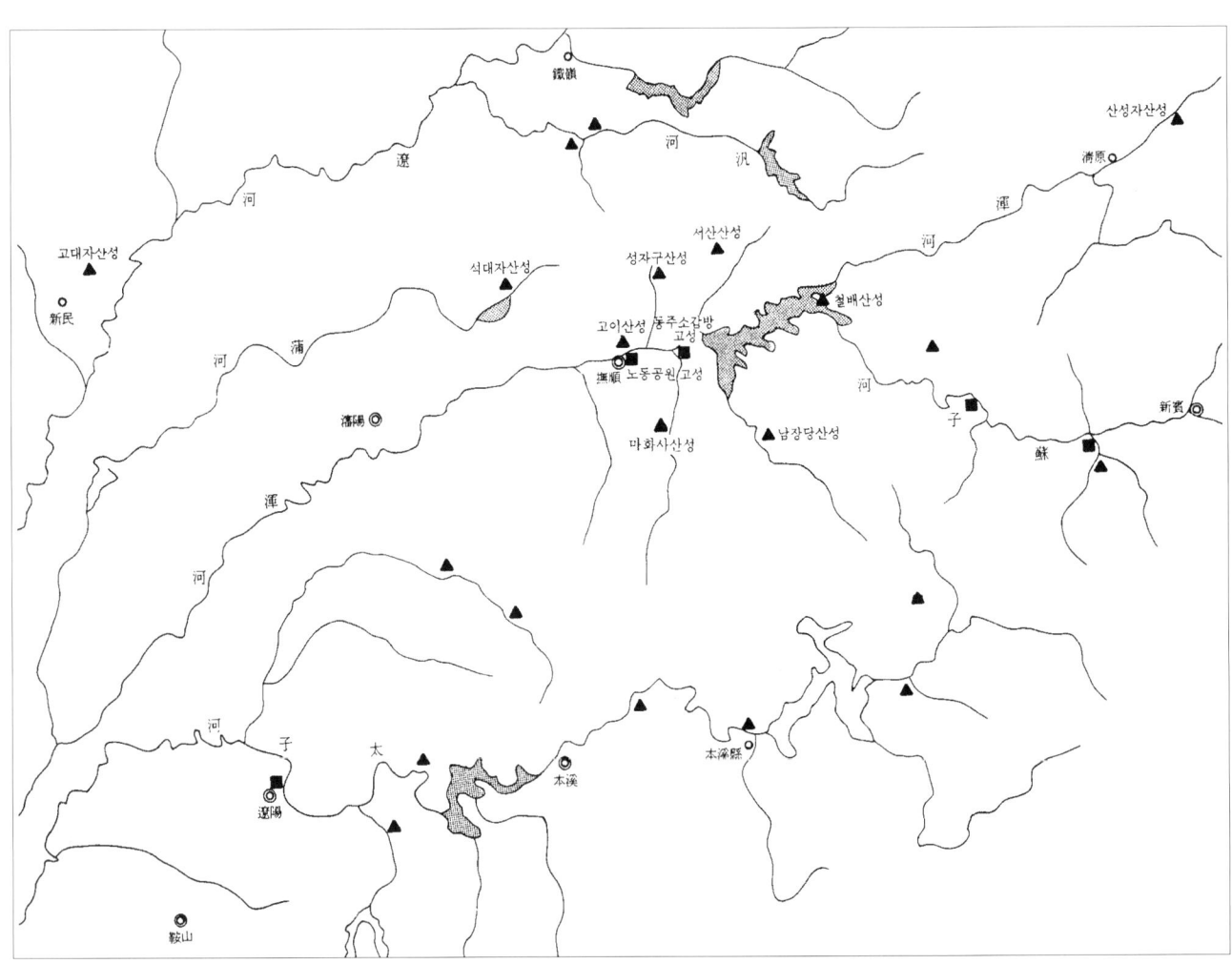

그림 1 西山山城 위치도 1(여호규, 1999, 132쪽)

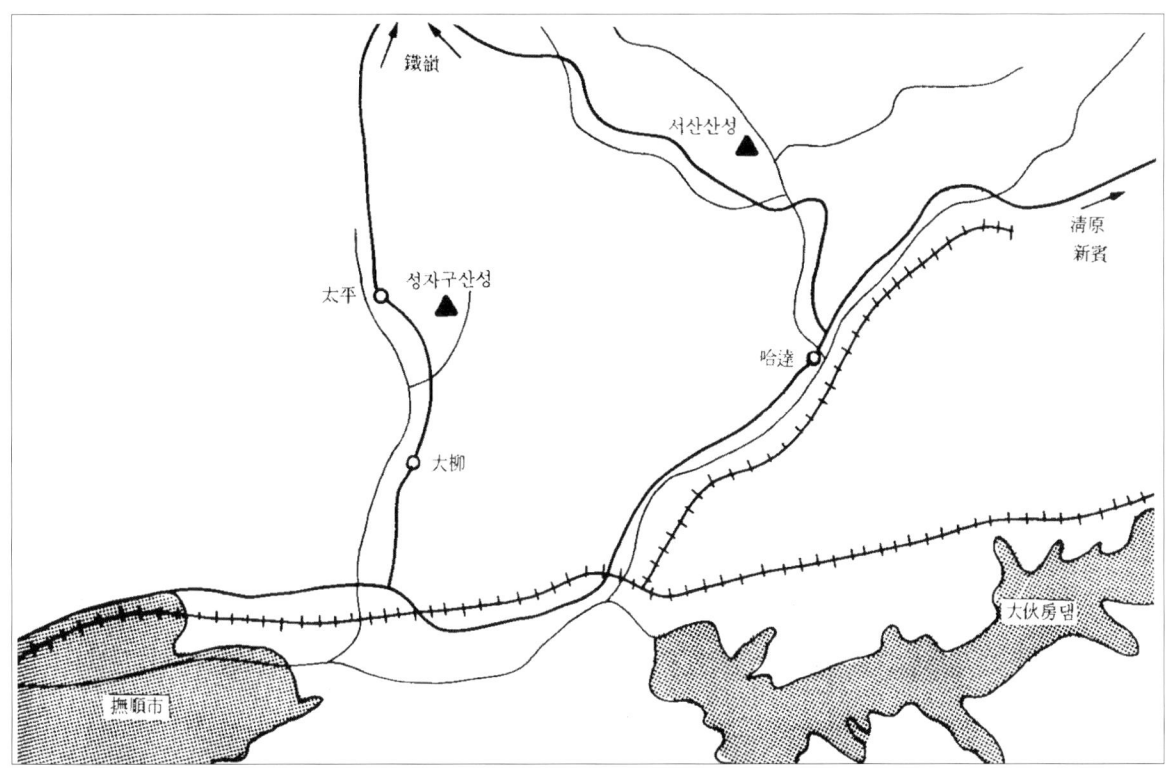

그림 2 西山山城 위치도 2(25만분의 1)(여호규, 1999, 195쪽)

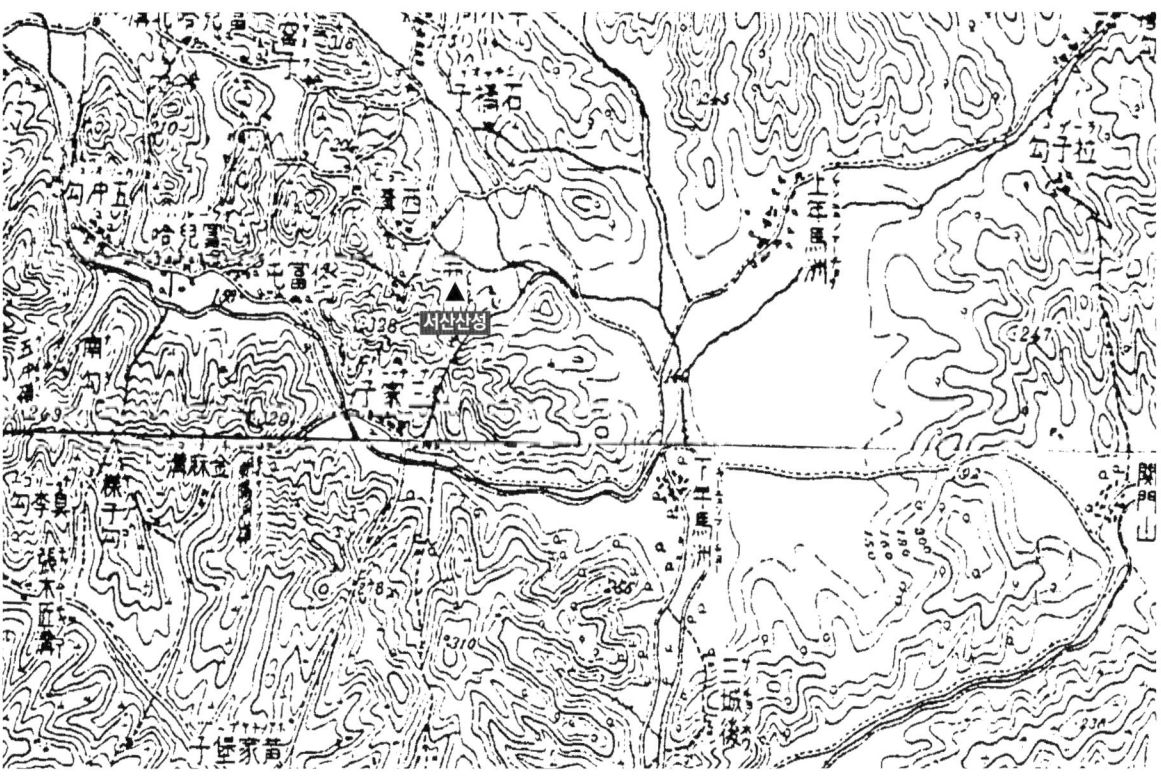

그림 3 西山山城 주변 지형도(滿洲國 10만분의 1 지형도)

○ 산성이 위치한 일대는 동북-서남 방향으로 길게 내리뻗은 吉林哈達嶺산맥 서남단으로서 遼東平原과 만나는 접경지대임. 또한 吉林哈達嶺산맥 서남단 끝자락의 구릉성 산지를 가로질러 汎河 연안과 渾河 연안을 왕래하는 지역인데, 실제 산성의 서남쪽으로는 양 지역을 오가는 지방도로가 개설되어 있음.

2. 성곽의 전체현황

길이는 150m, 너비는 약 100m임.

3. 성벽과 성곽시설

1) 성벽
산등성이를 따라 돌로 축조함.

2) 성문
동·서문 2개가 있음.

3) 회곽도
북·동·남벽 안쪽에 성을 감싸고 있는 회곽도가 있음.

4. 역사적 성격

유물이 출토되지 않아 정확한 축조시기를 파악하기는 힘든 상태임. 고구려시기의 성곽이라면 新城(撫順 高爾山城)의 외곽산성으로 소형의 軍事城堡로 추정됨. 특히 지리 위치상, 汎河 연안의 鐵嶺 방면에서 渾河 연안으로 향하는 교통로를 공제하는 군사기능을 담당했다고 추정되는데, 667년 李世勣의 唐軍이 함락시켰다는 新城 주변의 16성 가운데 하나일 가능성도 있음(여호규, 1999).

참고문헌
- 陳大爲, 1995, 「遼寧高句麗山城再探」, 『北方文物』 1995-3.
- 여호규, 1999, 『高句麗 城』 Ⅱ, 國防軍史硏究所.
- 魏存成, 2002, 『高句麗遺迹』, 文物出版社.
- 魏存成, 2011, 「中國境內發現的高句麗山城」, 『社會科學戰線』 2011-1.

07 무순 남장당산성
撫順 南章黨山城

1. 위치와 자연환경(그림 1~그림 3)

1) 지리위치
○ 撫順市에서 동남쪽으로 약 30km 떨어진 撫順縣 五龍鄉 南章黨村 동북쪽 300m의 작은 산에 위치함.
○ 撫順·本溪·新賓의 분수령에서 발원한 하천을 따라 撫順에서 太子河 상류일대를 거쳐 新賓이나 桓仁으로 가는 지방도로가 지나감.

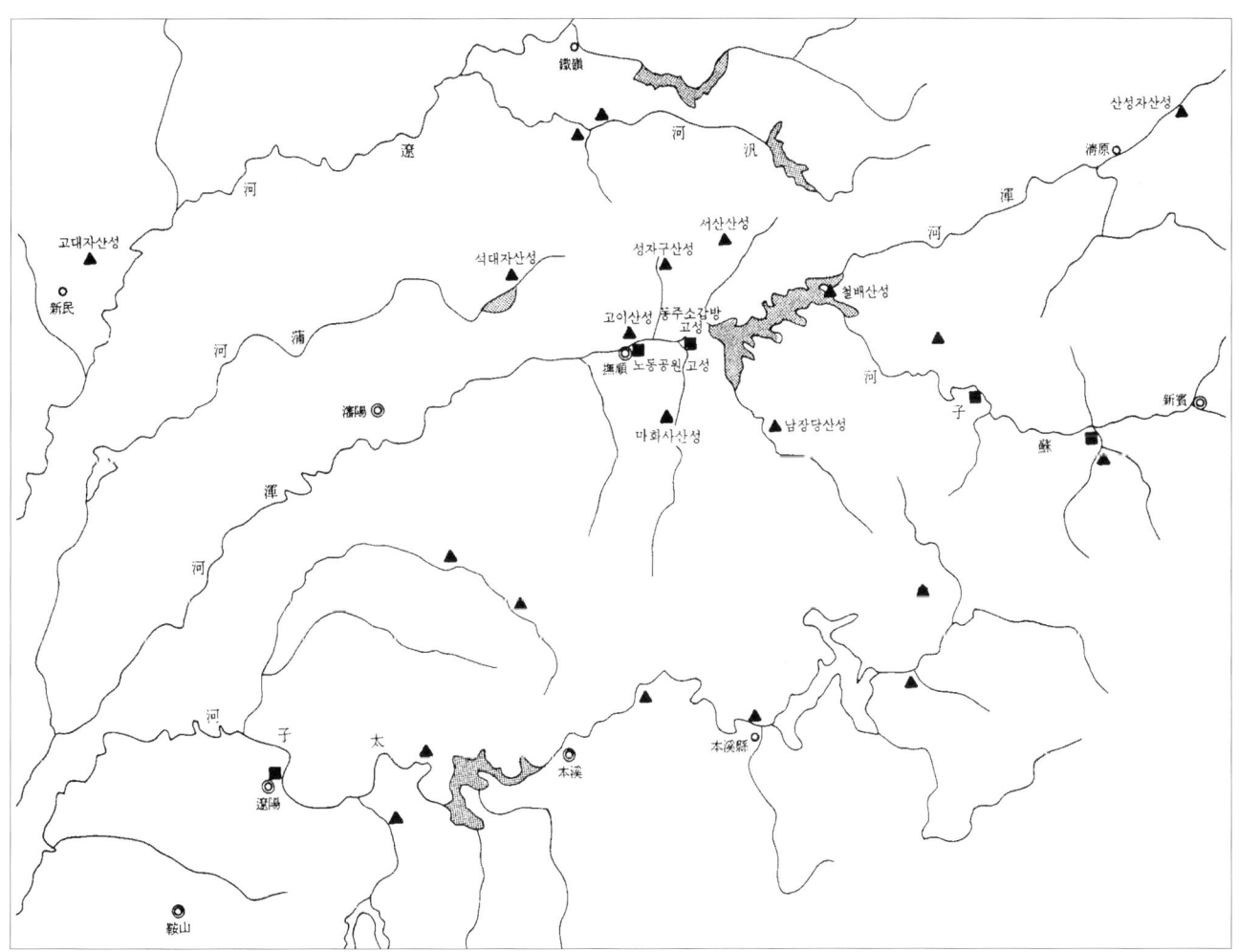

그림 1 南章黨山城 위치도 1(여호규, 1999, 132쪽)

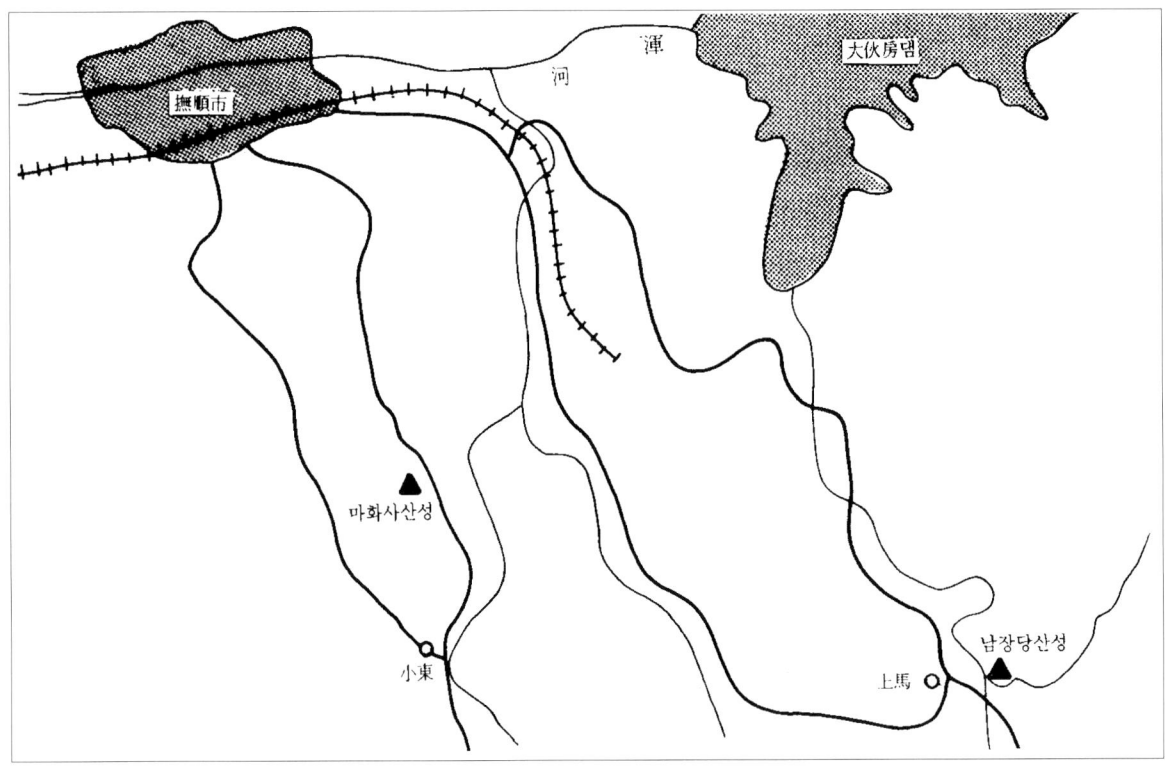

그림 2 南章黨山城 위치도 2(25만분의 1)(여호규, 1999, 191쪽)

그림 3 南章黨山城 주변 지형도(滿洲國 10만분의 1 지형도)

2) 자연환경
○ 산성이 위치한 지역은 渾河 남쪽의 지류 연안으로, 해발 500m 전후의 산으로 둘러싸여 있음.
○ 撫順·本溪·新賓의 분수령에서 발원한 하천은 산성 서쪽을 지나 북쪽으로 渾河를 가로막아 만든 大伙房댐으로 유입됨.

2. 성곽의 전체현황

○ 동·북·서 세 면 산등성이는 남쪽 골짜기 입구에서 모아지고 있음.
○ 평면은 椅圈形임.
○ 산성은 산등성이를 따라 축조됨.
○ 산성의 규모는 매우 작음.

3. 성벽과 성곽시설

1) 성벽
○ 성벽 축조방식은 토축(陳大爲, 1995 ; 魏存成, 2002) 또는 석축(馮永謙, 1997)으로 파악함.
○ 성벽의 남은 높이는 0.6m임.

2) 성문
산으로 들어가는 입구인 남면에 성문이 있음.

4. 역사적 성격

남장당산성에 대해 다수의 연구자가 고구려 성곽일 가능성을 제기했지만, 고구려시기의 유물이 발견되지 않았고 성의 입지와 성벽구조가 고구려 성곽과 다르므로 고구려산성으로 볼 수 없다고 보기도 함(肖景全·鄭辰, 2007).

고구려 성곽이라면, 撫順 高爾山城에서 동쪽으로 渾河와 蘇子河를 따라 國內城에 이르는 길인 新城道 상에 있는 산성으로 추정됨(王綿厚, 2002). 산성의 위치와 규모로 볼 때 新城(高爾山城)의 외곽 위성으로 撫順에서 渾河 지류의 연안로를 통해 太子河 상류를 거쳐 新賓이나 桓仁방면으로 향하는 교통로를 통제하는 기능을 담당했을 것으로 추정됨. 667년 李世勣의 唐軍이 함락시켰다는 新城 주변의 16성 가운데 하나일 가능성도 있음(여호규, 1999).

참고문헌

- 陳大爲, 1995, 「遼寧高句麗山城再探」, 『北方文物』 1995-3.
- 馮永謙, 1997, 「高句麗城址輯要」, 『高句麗渤海硏究集成』 高句麗 卷3, 哈爾濱出版社.
- 여호규, 1999, 『高句麗 城』Ⅱ, 國防軍史硏究所.
- 王綿厚, 2002, 『高句麗古城硏究』, 文物出版社.
- 魏存成, 2002, 『高句麗遺迹』, 文物出版社.
- 肖景全·鄭辰, 2007, 「撫順地區高句麗考古的回顧」, 『東北史地』 2007-2.
- 魏存成, 2011, 「中國境內發現的高句麗山城」, 『社會科學戰線』 2011-1.

08 무순 열사산산성
撫順 烈士山山城

1. 위치와 자연환경

撫順縣 동남부 五龍鄕 後安村 북쪽 100m의 烈士山 위에 위치함.

2. 성곽의 전체현황

- 산성은 산등성이 위에 축조됨.
- 평면은 동서가 약간 긴 편임.
- 둘레는 130m임.
- 성 서쪽에 작은 衛城이 있음.

3. 성벽과 성곽시설

1) 성벽
- 성벽은 토축임.
- 기단부 너비는 4m, 남은 높이는 2m임.

2) 성문
남면에 문 한 개가 있음.

3) 해자
성벽 밖에는 해자가 둘러져 있음.

4. 역사적 성격

고구려시기 산성으로 추정하고 있으나(馮永謙, 1997), 정확한 상황을 파악하기는 힘든 상태임. 고구려 성곽이라면, 撫順에서 渾河 지류의 연안로를 통해 太子河 상류로 나아가던 교통로를 방어하던 소형 보루성으로 추정됨. 북쪽에 위치한 남장당산성과 세트관계를 이루었을 가능성이 높음.

참고문헌
- 馮永謙, 1997, 「高句麗城址輯要」, 『高句麗渤海硏究集成』高句麗 卷3, 哈爾濱出版社.

09 무순 철배산성
撫順 鐵背山城

1. 조사현황

省文物保護單位로 지정됨.

1) 1930년대
○ 조사자 : 渡邊三三, 高橋匡四郎.
○ 발표 : 高橋匡四郎, 1941, 「蘇子河流域에於ける 高句麗와後女眞의遺跡」, 『建國大學硏究院硏究期報』2, 建國大學硏究院.

2) 1958년
撫順市의 역사학자들이 산성과 그 주위를 여러 차례 조사하면서 後金의 界藩城으로 확정함.

3) 1979년
李鳳民 등이 조사.

4) 1984년
○ 조사기간 : 1984년 3월.
○ 조사기관 : 撫順市 博物館.
○ 조사자 : 張正巖, 李繼群, 鄭晨, 張波, 佟達, 王平魯, 朱成, 本楊威 등.
○ 조사내용 : 薩爾滸城과 더불어 조사를 진행함.

5) 1984년
○ 조사기간 : 1984년 10월.
○ 조사기관 : 撫順市 博物館.
○ 조사내용 : 산성 안에서 건물지 2곳을 정리함.

6) 1986년
○ 조사기간 : 1986년 8월 16일.
○ 조사자 : 細谷良夫 등.

7) 1987년
○ 조사기간 : 1987년 10월 15일.
○ 조사자 : 細谷良夫 등.

8) 1988년
○ 조사기간 : 1989년 9월 3일.
○ 조사자 : 細谷良夫 등.

2. 위치와 자연환경(그림 1 ~ 그림 4)

1) 지리위치
○ 撫順市에서 동쪽으로 32km 떨어진 撫順縣 章黨鄕 高力營子村 大伙房댐 동쪽 鐵背山에 위치함.
○ 新賓縣 南雜木鎭 轉灣子村 서쪽 5km 지점에 위치함.
○ 鐵背村 丁圖 맞은 편의 산 위에 위치함.
○ 鐵背山城과 薩爾滸山城이 蘇子河를 사이에 두고 (댐으로 인해 수몰된 것임) 나란히 위치하고 있는데, 양자 간의 거리는 2km임.

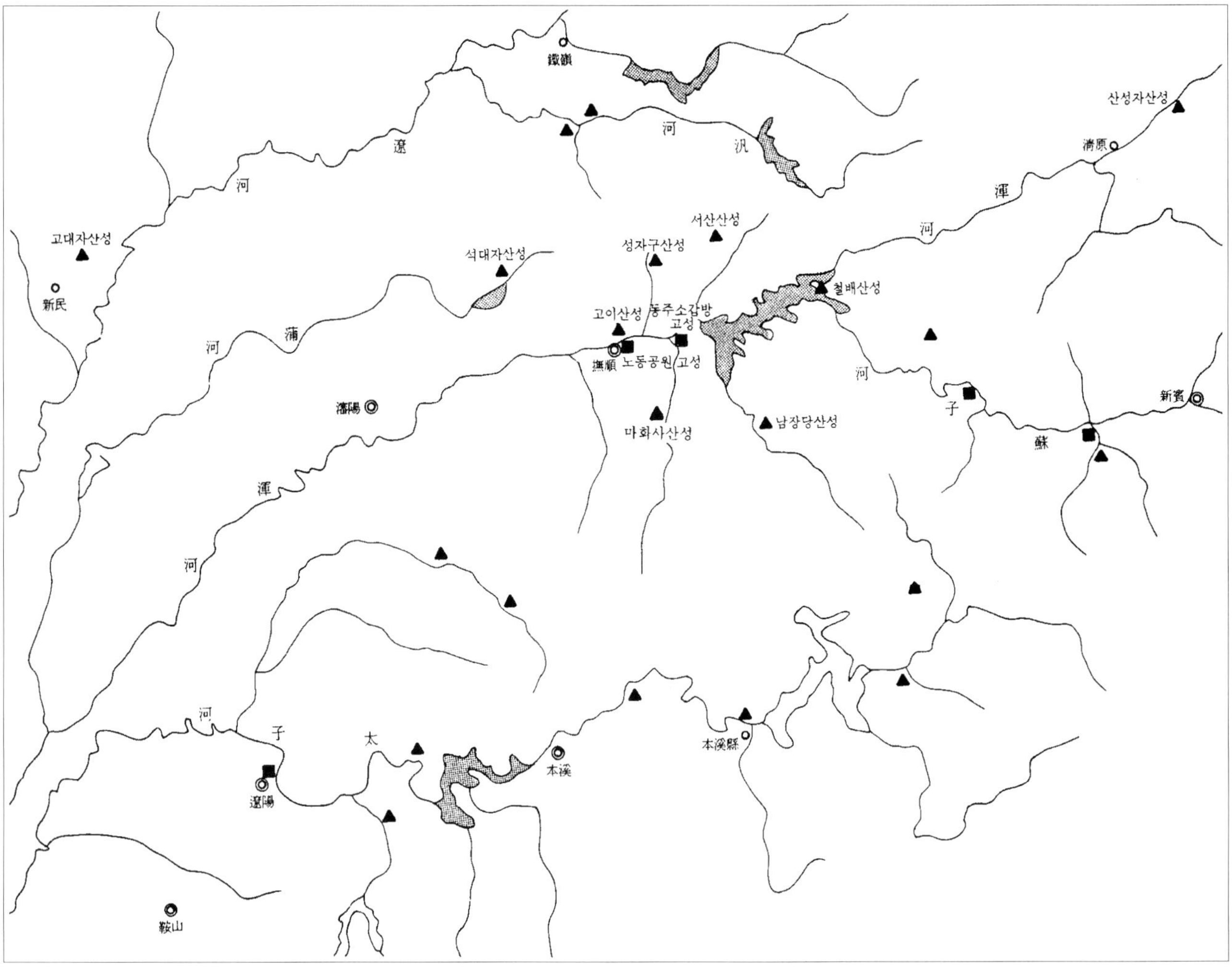

그림 1 鐵背山城 위치도 1 (여호규, 1999, 132쪽)

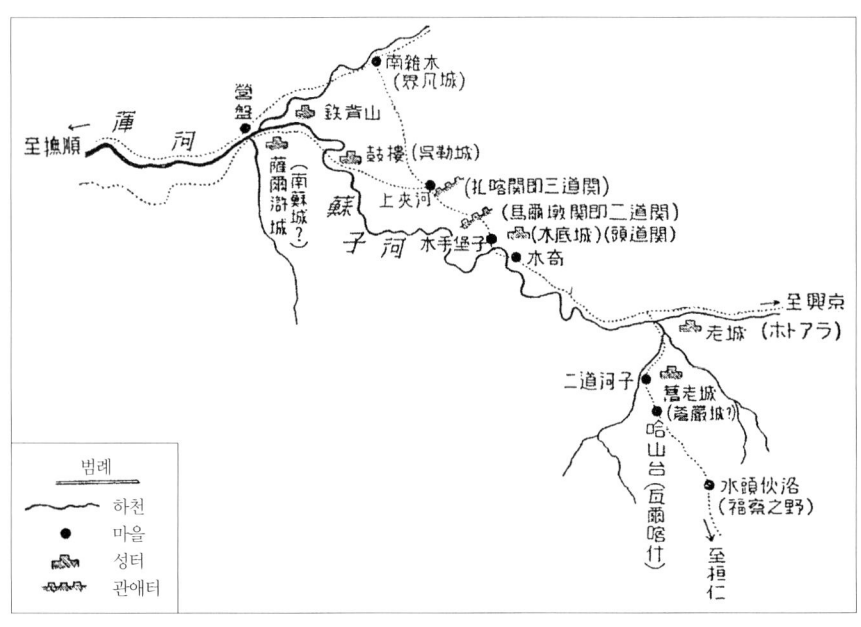

그림 2 鐵背山城 위치도 2
(高橋匡四郎, 1941, 55쪽)

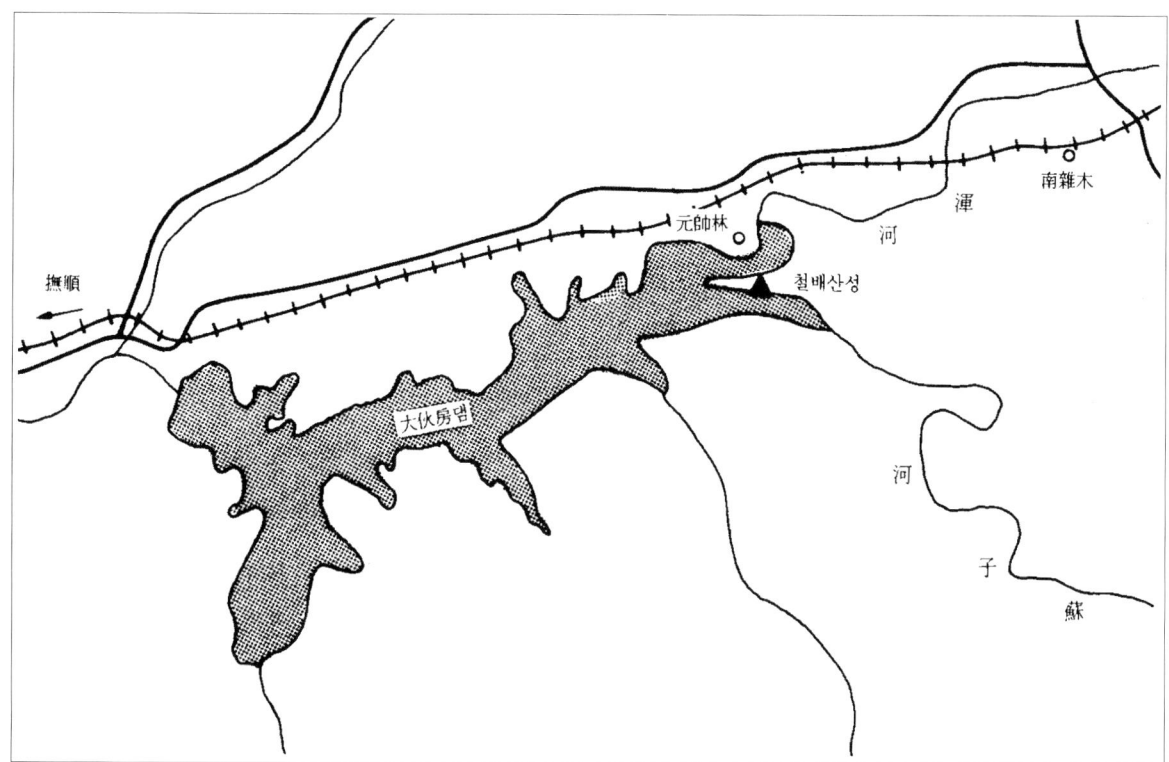

그림 3 鐵背山城 위치도 3(25만분의 1)(여호규, 1999, 183쪽)

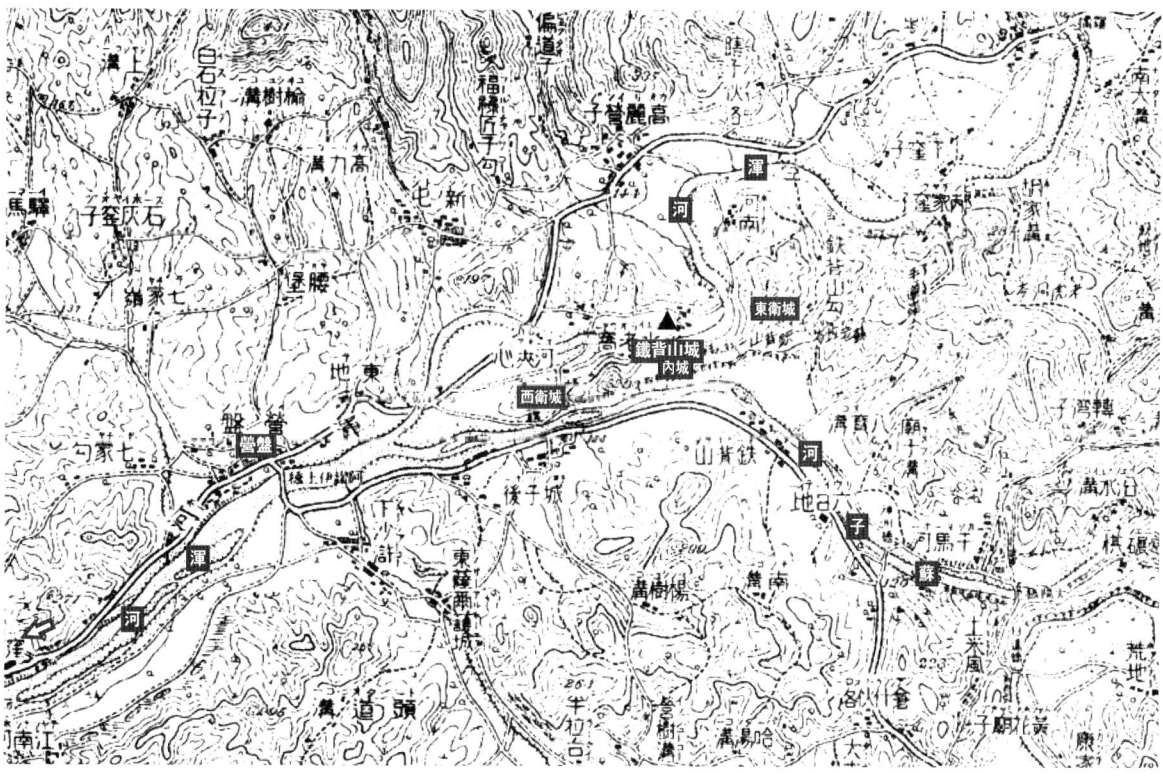

그림 4 鐵背山城 주변 지형도(滿洲國 10만분의 1 지형도)

○ 동남쪽 75km[1] 지점에는 後金의 도성인 赫圖阿拉城이 있음.

2) 자연환경

○ 1958년 大伙房댐이 건설되면서 주변일대가 수몰되어, 산성 소재지는 세 면이 물로 둘러싸인 半島로 변모함. 大伙房댐 건설 이전에는 鐵背山 남쪽으로는 蘇子河, 북쪽으로는 渾河가 흘렀고, 鐵背山의 서단에서 두 강이 합류하였음. 즉 鐵背山城은 渾河·蘇子河 합류지점 동쪽에 위치하고 있던 것임. 이와 같은 입지에 위치함으로써, 渾河와 蘇子河 연안을 따라 여러 방면으로 나아갈 수 있었음. 鐵背山城에서 渾河를 따라 내려가면 撫順을 거쳐 遼東平原으로 나아갈 수 있고, 渾河 상류를 따라 거슬러 올라가면 輝發河 일대를 거쳐 부여 중심지였던 松花江 중류지역이나 고구려 초기 중심지인 渾江일대로 진입할 수 있음. 또한 동남쪽으로 蘇子河를 따라 나아가면 곧바로 渾江 일대로 진입할 수 있고, 蘇子河-太子河의 산간로를 통해서 太子河 상류 일대로 나아갈 수 있음.

○ 산성이 위치한 鐵背山은 해발이 283.1m임. 산성은 동서방향으로 뻗어 있는 산봉우리에 위치하면서, 동서방향으로 길고 좁음. 鐵背山에는 동·중·서 세 개의 산봉우리가 있음. 서쪽 봉우리는 뾰족하고 남면이 험함. 중간 산봉우리는 좁고 길며, 양측은 가파름. 동쪽 산은 비교적 완만한데, 동쪽으로 끊이지 않고 산이 이어져 있음.

3. 성곽의 전체현황(그림 5)

○ 전체적으로 산성 북면은 가파른 절벽이고, 남면은 가파른 구릉임. 산에 올라 내려다보면 薩爾滸城보다

---

[1] 60km라는 기록도 있음(李鳳民, 1985).

더 험한 위치에 자리 잡고 있음을 알 수 있음.

○ 渾河를 거슬러서 후미로 가면 수풀 속에 선착장이 있는데, 산성으로 올라가는 입구임. 폭 1m의 콘크리트 계단이 산 위를 향해 있음. 그 선착장의 계단은 관광용으로 산 정상을 돌기 위한 산책로로 건설되었다가, 산 정상부의 사적보존을 위한 개발중단으로 사용되지 않음.

○ 內城, 東衛城, 西衛城으로 이루어진 복곽식 산성임(撫順市社會科學院, 1994 ; 여호규, 1999 ; 國家文物局, 2009).

○ 內城, 東衛城, 西衛城은 동일한 산등성이에 가로방향으로 배열되어 있는데, 각 성은 독립적이면서도, 서로 연계할 수 있는 구조를 갖추고 있음. 內城은 남·북이 험준한 지형을 갖추고 있음에 따라 동·서 양단의 방어에 중점을 두었는데, 東衛城과 西衛城이 兩翼에서 內城을 보호하는 기능을 하였음. 비교적 넓은 東衛城은 屯兵城이고, 출병을 원활하게 하기 위해 네 개의 문을 설치하였음. 西衛城은 蘇子河와 渾河 합류지점을 통제하면서 직접 적을 맞이하였음. 內城은 아래를 내려다 볼 수 있고, 적의 공격은 어렵고 수비는 용이한 지형에 위치함으로써 전체 성의 중추가 되었는데, 內城에서 전투계획을 세웠고 응전할 수 있었음(佟達, 1988 ; 撫順市社會科學院, 1994).

○ 평면은 물+직형임.

○ 전체 둘레에 대해서는 4,612.5m(佟達, 1988 ; 撫順市社會科學院, 1994 ; 여호규, 1999 ; 王禹浪·王宏北, 2007) 및 1.5km(孫進己·馮永謙, 1989 ; 陳大爲, 1995)라는 조사기록과 견해가 있음.

○ 면적은 6만 3,000m²임.

○ 산성이 위치한 산등성이의 지형이 다양하여 峭壁, 토축, 석축, 토석혼축 등 성벽 축조방식도 다양하게 나타남.

1) 內城

○ 內城은 鐵背山 중단 主峰에 위치함.

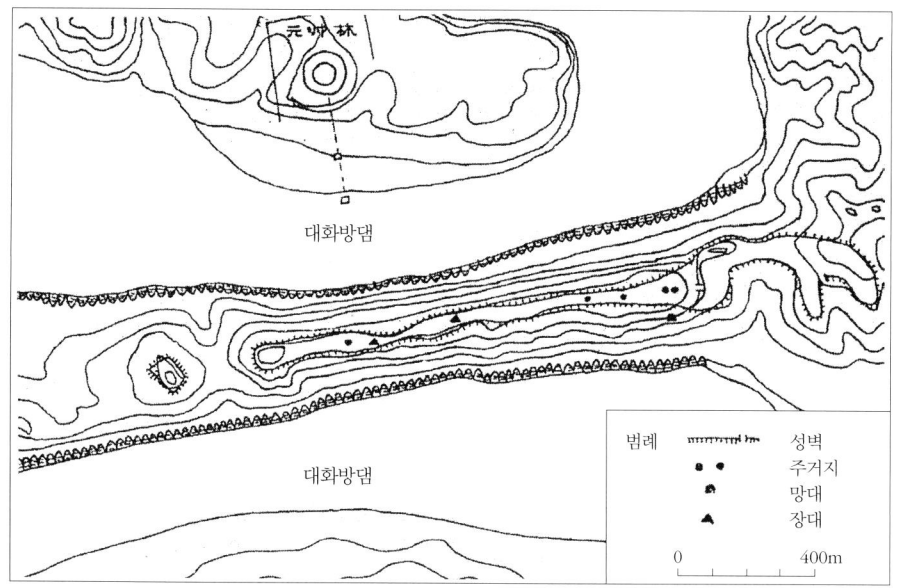

그림 5 鐵背山城 평면도
(撫順市社會科學院, 1994, 58쪽)

○ 內城은 험준한 산등성이에 축조함. 산등성이는 기복이 심한데, 감제고지(高點) 10여 개와 암석이 갈라진 틈이 적지 않게 있음.
○ 암석이 갈라진 틈과 지세가 낮은 곳에는 깬돌과 흙으로 메워 1m 너비의 통로를 만들었음.
○ 내성의 둘레는 2,575m임. 성의 동서 직선 길이는 1,210m임. 그 가운데 서쪽에서 1,120m의 구간은 대부분 산등성이임. 동쪽 끝 90m의 구간은 너비 18~20m의 평탄한 산등성이임. 남북 너비는 좁은 곳이 1m, 넓은 곳이 85m임.

2) 東衛城
○ 東衛城은 內城의 동쪽과 연접되어 있고, 主峰의 동쪽에서 남쪽으로 뻗은 主峰보다 낮은 산등성이의 움푹 들어간 대지에 축조함.
○ 東衛城의 둘레는 1,712.5m임.

3) 西衛城
○ 西衛城은 鐵背山 西端 산봉우리에 위치함.
○ 西衛城 동쪽의 움푹 들어간 馬鞍形 地臺는 內城과 서로 마주하고 있음.
○ 남쪽으로 蘇子河 하구를 직접 통제할 수 있고, 서쪽으로는 渾河 하곡을 내려다 볼 수 있음.
○ 성벽 둘레는 325m임.
○ 성내 지세는 서쪽이 낮고 동쪽이 높아서 2단의 臺 형태로 나타남.
○ 성 바깥 서쪽 구릉은 약간 완만하고, 성 남측은 절벽임.
○ 성지의 평면은 약간 정방형임.
○ 薩爾滸 전투에서 적을 맞이했던 '古林崖'로 추정됨(佟達, 1988).

4. 성벽과 성곽시설

1) 성벽
○ 성벽은 산등성이를 둥글게 휘감고 있음.
○ 성벽은 지표면 40m 이상에 위치해 있는데, 최고 높이는 100m에 달함.
○ 성벽은 淸代에 중수된 것임.

(1) 내성

○ 북벽은 인위적으로 성벽을 축조하지 않고 절벽 낭떠러지를 자연성벽으로 삼았기 때문에 峭壁墻이라고 부를 수 있음(佟達, 1988 ; 撫順市社會科學院, 1994 ; 여호규, 1999). 길이는 1,212.5m, 높이는 50~80m, 경사도는 90°임.

○ 남벽은 山險墻과 石護坡墻이 결합되어 있는데, 대부분 山險墻임. 石護坡墻은 산비탈의 흙을 깎아서 인공적으로 험준한 낭떠러지를 만든 후, 다시 돌을 쌓아 경사가 매우 가파른 절벽을 만들었음. 성벽은 길이 1,362.5m, 수직고도 40~80m, 경사도 75° 이상임.

○ 동벽은 弧形임. 石護坡墻임. 길이는 30m, 높이는 20m임.

○ 서벽은 弧形임. 길이는 60m, 내벽 높이는 0.5~1.5m, 외벽 높이는 30~70m임.

○ '行宮'에서 남쪽으로 '치'와 통하는 석축 성벽을 쌓았는데, 길이는 42.5m, 너비는 1.5m, 남은 높이는 1m임.

(2) 東衛城

○ 북부와 동부는 內城의 남벽과 같은 석축 성벽임.

○ 남부는 대지 가장자리를 따라 축조하였는데, 흙을 쌓아 벽심을 조성한 돌로 체성을 축조한 土石混築墻임.

○ 東衛城의 동벽기단 아래에 쐐기형돌로 쌓은 고구려 성벽이 있음(孫進己·馮永謙, 1989 ; 陳大爲, 1995 ; 王禹浪·王宏北, 2007).

○ 성벽 안쪽 높이는 1~2m, 윗면 너비는 1~1.5m임.

(3) 西衛城

○ 성벽은 토축으로, 땅을 파서 도랑(참호)를 만든 다음, 외벽 바깥 구릉에 성돌을 박아서 쌓았음.

○ 성벽은 높이 2m, 너비 1.5m임.

---

2 高橋匡四郎은 동남에 문지가 남아 있다고 기록함(高橋匡四郎, 1941).

2) 성문[2]

(1) 內城

○ 동문과 서문이 있음.

○ 內城 서문은 西衛城과 연결됨. 문의 너비는 1m임. 문 옆에는 투석용 석환(擂石)이 쌓여 있음. 문에는 西衛城으로 통하는 길이 있음.

○ 內城 동문은 東衛城과 연결됨. 문의 너비는 1m임. 문 옆에는 투석용 석환(擂石)이 쌓여 있음.

(2) 東衛城

○ 4개의 문이 있음.

○ 북문은 內城 가까이에 있는데, 너비는 1m임. 문 옆에는 투석용 석환(擂石)이 쌓여 있음. 內城으로 통하는 길이 있음. 그 외 세 개의 문은 남동쪽, 남쪽, 남서쪽에 있는데, 남서문이 東衛城의 주요 문임. 문의 너비는 2m임.

(3) 西衛城

남문이 있는데, 문의 너비는 1m임.

3) 회곽도

西衛城 남벽 바깥에 너비 1~2m의 회곽도가 있는데, 內城 서문과 연결됨.

4) 防守臺

(1) 內城

성 안에는 主城을 경계·호위하기 위한 防守臺가 2곳 있음.

① 內城 防守臺 1

○ 內城 東端 行宮 추정지(1~2호 건물지) 동측은 지세가 가파른 험준한 구릉인데, 고도차가 30m에 달함.

이곳은 길이 1,000여 m 정도인 산등성이의 종단으로, 內城과 東衛城의 결합부임. 높은 고도 차이를 극복하고 사람이 순조롭게 통행하기 위하여, 축성자는 '之'자형 도로방식을 채용하였고, '之'자 형태의 길에서 꺾여 아래로 내려가는 부분에 위치한 3곳의 계단지형을 이용하여 3단 防守臺를 축조함. 산비탈 남쪽에도 지세를 이용하여 3단 防守土臺와 토석혼축벽을 쌓았으며, 東衛城 북문과 남서문에서 行宮으로 갈 수 있는 산길을 축조하였는데, 이 길은 '之'자로 산을 따라 올라가는 형태임. 계단을 통해 防守臺를 지나 內城의 동문으로 연결됨.

○ 防守臺의 臺壁은 토석혼축임.
○ 각 단 臺의 높이는 약 7m임.
○ 형태는 半圓臺形임.
○ 防守臺의 최상단은 內城 동문으로 이어짐.

② 內城 防守臺 2
○ 內城 西端에 있음.
○ 산세를 따라 축조함.
○ 벽은 토석혼축임.
○ 형태는 부채꼴임.
○ 主城의 서문을 방어하기 위해 축조한 것임.
○ 臺의 높이는 30m 이상임.
○ 防御臺의 東端은 동문임.

(2) 東衛城

① 東衛城 防守臺
○ 東衛城 동벽 모서리 밖에 낮은 산등성이가 있는데, 동북부의 산봉우리와 연결됨. 성벽과 산등성이 사이에는 30m의 낙차가 있음. 여기에 石坡墻의 2단 防守臺가 있음.
○ 토축으로, 외벽은 돌로 쌓았음.
○ 1층 平臺 평면은 사다리꼴인데, 안쪽변 길이 20m, 바깥변 길이 15m, 너비 7.5m, 높이 3m임.
○ 2층 平臺는 길이 20m, 너비 10m, 높이 3m임.
○ 平臺 아래에는 길이 32.5m, 너비 5m, 깊이 2m의 인공 해자가 있음. 이 해자로 인해 산등성이와 東衛城의 연결이 끊어짐.

5) 石臺

(1) 東衛城 石臺
○ 東衛城 남서문 부근에 있는 6호 건물지에서 성 안의 길을 따라 위로 가면 3단의 石臺가 있음.
○ 평면은 삼각형이 드러남.
○ 石臺는 길이 7.5m, 높이 2m임.

(2) 西衛城 石臺
○ 西衛城 안 동부에 자연 石臺가 있음.
○ 높이는 6m, 정상부 면적은 28m²임.
○ 조망하기에 유리함.

5. 성내시설과 유적

1) 건물지

(1) 內城

① 1호 건물지
○ 1호 건물지는 內城 동단에 있는데, 內城 안에서 가장 넓고 평탄한 곳임.
○ 건물지 북측은 峭壁임. 행궁 남측에는 석축 성벽과 우뚝 솟은 바위가 '천연 치'를 이루고 있음.
○ 평면은 장방형으로, 길이는 26m, 너비는 8m임. 내부는 3間으로 이루어져 있음.
○ 동측 제1실에 북문이 있는데, 문의 너비는 1m임.

문 안에는 北風을 차단하는 柵壁이 있고, 사이로는 門廊이 있음.

○ 지표에서 靑磚, 암키와, 못, 청화자기편, 항아리 바닥 등이 발견됨.

○ 1호 건물지는 산성에서 가장 높고 험준한 곳에 위치함. 규모도 다른 건물지보다 큼. 또한 東衛城 남서문과 통하는 통로가 있음. 건물지 주위에서는 벽돌과 기와 및 생활용기가 출토되고 있음. 『淸太祖武皇帝實錄』에 의하면 界藩城 안에 누르하치와 왕비들이 머물던 '行宮'이 있었다고 함. 이로 볼 때 이 건물지가 '行宮'으로 추정되는데(佟達, 1988 ; 撫順市社會科學院, 1994 ; 東潮·田中俊明, 1995), 3間으로 이루어져 있다는 점에서 후비가 거주하던 곳으로 추정됨(佟達, 1988 ; 撫順市社會科學院, 1994).

② 2호 건물지

○ 2호 건물지는 內城 東端의 1호 건물지 서쪽 30m 지점에 있음. 1호 건물지와 더불어 內城 안에서 가장 넓고 평탄한 곳에 위치함.

○ 건물지 북측은 峭壁墻임. 행궁 남측에는 석축성벽과 우뚝 솟은 바위가 "천연의 치"를 이루고 있음.

○ 평면은 장방형이고, 단실구조임. 길이는 11m, 너비는 12m임.

○ 서문이 있는데, 문의 너비는 1m임. 벽의 너비는 0.9m임.

○ 지표면에서는 푸른 벽돌, 암키와, 못, 청화자기편, 항아리 바닥 등이 발견됨.

○ 1호 건물지와 마찬가지로 '行宮' 유적지로 추정되는데(佟達, 1988 ; 撫順市社會科學院, 1994 ; 東潮·田中俊明, 1995), 단실구조라는 점에서 누르하치의 주거지로 추정됨(佟達, 1988 ; 撫順市社會科學院, 1994).

③ 3호 건물지

○ 3호 건물지는 內城 중부에 있음. 1·2호 건물지와 동일한 臺地상에 있음.

○ 길이는 6.5m, 너비는 5m, 벽의 남은 높이는 0.5m임.

④ 4호 건물지

○ 3호 건물지의 서쪽 300m 지점에 위치함.

○ 길이는 12.5m, 너비는 7.5m임.

○ 지면이 두텁게 덮여 있어서 문지를 확인할 수 없음.

⑤ 5호 건물지(그림 6) [3]

○ 內城의 서부 산등성이 감제고지에서 남북으로 마주하는 커다란 돌 사이의 통로에 위치함. 커다란 돌은 높이와 길이 모두 3m 이상임.

○ 건물지는 北端으로 통로를 뚫기 위해 아래쪽으로 굴을 판 후 그 안에 돌을 깎아서 쌓아 만든 반지하 건물지임.

○ 건물지는 길이 6.9m, 너비 3.5m임.

○ 건물지 남면에는 성 안의 통로가 있음.

○ 건물지 북면은 큰 돌을 벽으로 삼으면서 따로 벽을 축조하지 않았음. 건물지 세 면은 돌을 쌓아 벽을 만들었는데, 남은 높이는 0.5~1m, 너비는 1m임. 지표 이하에서 거주면에 이르는 깊이는 0.5m임.

○ 건물지 내 서측에는 온돌(火炕)이 있는데, 길이는 2.6m, 너비는 2.5m, 높이는 0.5m임.

○ 동북 모서리에는 房門이 있고, 문 안에는 4단의 돌계단이 있음.

○ 건물지 지표면에는 돌이 깔려 있는데, 중앙에 삼각형 모양의 돌출된 산돌이 있음.

○ 방 안에서는 철제찰갑편 3점, 철제고리(環) 1점, 철제彈丸 7점이 출토됨.

○ 성내 서단의 주요 이동로에 위치하고 있다는 점과

---

[3] 撫順市社會科學院(1994), 63~64쪽에서는 5호 건물지라 명명했지만, 佟達(1988), 55~56쪽에서는 6호 건물지라 명명함. 여기에서는 撫順市社會科學院(1994)에 따름.

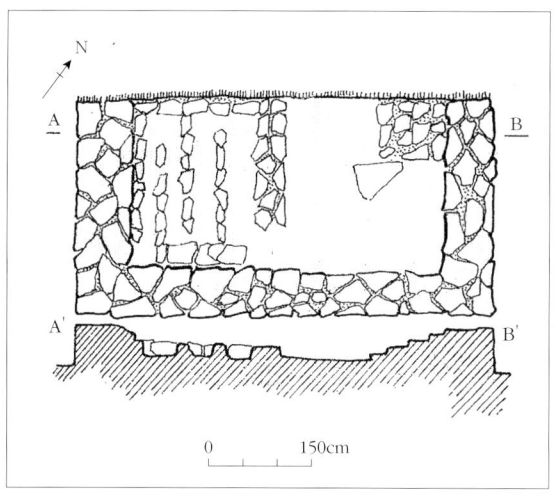

그림 6 鐵背山城 5호 건물지 평면도(撫順市社會科學院, 1994, 63쪽)

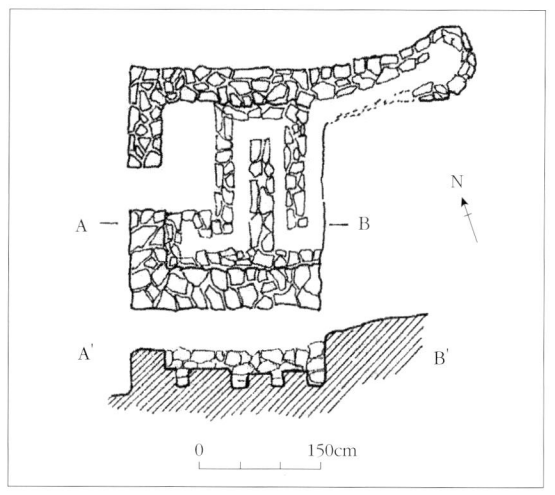

그림 7 鐵背山城 6호 건물지 평면도(佟達, 1988, 57쪽)

출토된 유물 양상 들을 볼 때 경계 근무를 하던 곳으로 추정되는데, 누르하치의 경호책임을 맡은 貴族侍衛 주거지로 생각됨. 한편『滿文老檔』에 達爾漢虾이 산 위 서쪽 집에 살았다고 기록되어 있는데, 바로 5호 건물지가 達爾漢虾이 살았던 곳으로 추정됨(撫順市社會科學院, 1994).

(2) 東衛城

① 6호 건물지(그림 7) [4]

○ 東衛城 남서문 부근에 위치함.

○ 건물지는 길이 3m, 너비 2.4m, 남은 높이 0.4~1m, 벽의 두께 0.45m임.

○ 방문은 서남향이고, 너비는 0.5m임.

○ 건물지 동면은 벽은 쌓지 않고 산비탈을 파내어 동벽을 조성함.

○ 건물지 안 동부에는 온돌(火炕)이 있음. 온돌은 길이 2m, 너비 1.35m, 높이 0.35m임. 온돌(火炕) 안에는 돌로 쌓은 세 줄기의 구들(烟道)이 있는데, 간격은 0.18m임. 온돌(火炕) 옆에는 돌로 쌓은 부뚜막(竈臺)이 있는데, 아래는 구들(烟道)과 연결되어 있고 아궁이 구멍(竈孔)은 직경 0.3m임. 건물지 밖 동북 모서리에는 지하식 굴뚝이 있는데, 건물내 구들(烟道)과 연결되어 있음. 온돌축조방법을 보면, 도랑을 파고 돌을 쌓은 다음, 석판으로 위를 덮었고, 다시 그 위로 흙을 덮었음. 굴뚝은 길이가 2m이고, 끝은 원형이며, 內徑은 0.48m, 外徑은 0.95m, 深은 0.3m임.

○ 건물지 안에서는 청화자기편이 발견됨.

(3) 西衛城

西衛城 서면 平臺에 건물지 3곳이 있음.

6. 출토유물

○ 內城 1~2호 건물지 지표면에서는 靑磚, 암키와, 못 등 건축자재들이 발견됨. 그 가운데 암키와는 평면이 사다리꼴이고, 윗너비는 18cm, 아랫너비는 29.4cm,

---

[4] 撫順市社會科學院(1994), 66쪽에서는 6호 건물지라 명명했지만, 佟達(1988), 56~57쪽에서는 1호 건물지라 명명함. 여기에서는 撫順市社會科學院(1994)에 따름.

彈丸 등이 출토됨(그림 8).

○ 2호 건물지 안에서는 암막새, 기와, 청화자기편이 발견됨(그림 9).

○ 東衛城의 남문과 남서문 사이에는 투석용 석환(擂石) 아홉 무지가 일정한 간격으로 놓여 있음. 돌의 크기는 일정하나, 가공한 흔적이 없음. 돌을 가려내서 쌓아놓았던 것임(撫順市社會科學院, 1994). 內城 동문과 서문에도 석환(擂石)이 있음.

7. 역사적 성격

1) 지정학적 위치와 성곽의 방어체계

鐵背山城은 소자하가 혼하와 합류하는 지점의 동쪽 산마루를 따라 자리잡고 있음. 이곳은 압록강이나 소자하 방면에서 혼하를 거쳐 요동방면으로 진출하거나, 역으로 요동지역에서 혼하를 거슬러 소자하나 압록강 방면으로 나아갈 때 반드시 경유해야 하는 전략적 요충지임. 명대에도 鐵背山城은 明의 변경과 15여 km 밖에 떨어져 있지 않는 明과 後金 방어상 천혜의 요지였음(李鳳民, 1985).

현재 철배산성은 산맥 돌출부를 선택하여 산성과 주변 산봉우리가 최대한 잇닿지 않게 하였고, 동시에 지표면과 산 사이의 고도차를 이용하여 산성의 세 면에 병풍작용을 할 수 있는 천연성벽을 형성시켰음. 또한 비교적 좁은 산허리 혹은 지세가 낮고 평평한 곳에 인공적으로 높은 벽을 쌓거나 깊은 호를 파서 성과 외부를 완벽히 격리시킴으로써 산맥과 산성의 연결을 차단하였는데, 이를 통해 산성 주변이 모두 격리되고 밀폐적인 방어시스템을 형성함. 東衛城 바깥에 부설된 2단 防守臺와 人工壕는 주위 山嶺인 鐵背山의 연접을 차단하기 위해 축조된 시설임. 이를 통해 산성의 독립적이고도 완벽한 방어시스템을 갖춤(佟達, 1988).

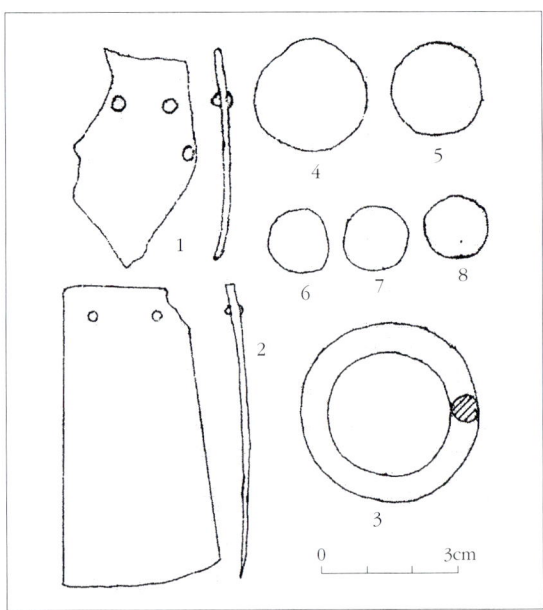

그림 8 鐵背山城 6호 건물지 출토유물(佟達, 1988, 57쪽)
1·2. 철제찰갑편 3. 철제고리 4~8. 철제彈丸

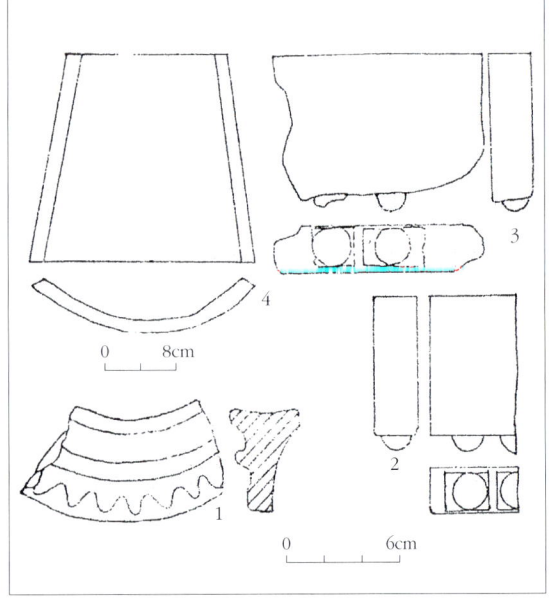

그림 9 鐵背山城 2호 건물지 출토유물(佟達, 1988, 56쪽)
1. 암막새 2·3. 條瓦 4. 암키와

길이는 22.4cm, 두께는 1.6cm임. 靑磚은 質量이 높지 않음. 표면에는 裂文이 가득 펼쳐져 있고, 외관은 정연하지 않음.

○ 6호 건물지에서는 철제찰갑편, 철제고리(環), 철제

2) 축조시기와 역사지리 비정

현재 지표상에서 확인되는 성곽은 거의 대부분 후금이 흥기하던 과정에서 축조한 것으로 1619년 後金과 明의 薩爾滸 전투가 이루어졌던 界藩城으로 비정됨. 界藩城은 界藩寨라고 부르는데, 建州女眞 哲陳部의 작은 山寨임. 界藩은 만주어인데, '하류가 합류하는 곳'이라는 의미임. 界藩城 이전의 界藩寨는 建州女眞 통일 전의 초기 山寨이기 때문에 누르하치가 축조한 界藩城보다는 규모나 축조수준이 떨어졌을 것임.

西衛城은 한 봉우리를 홀로 차지하고 있고, 성벽의 축조방법은 흙을 파서 해자를 만드는 방식을 채용하면서 돌은 일부 구간에만 쌓아 보축하는 등, 內城 및 東衛城과 다름. 이러한 차이는 곧 시대적 차이라고 할 수 있는데, 西衛城에 보이는 간단한 성벽축조방식은 女眞 각 部가 통일되기 전의 수준이 반영된 것이라고 할 수 있음. 이에 界藩城의 西衛城이 界藩寨이며, 界藩寨는 늦어도 1584년에는 축조된 것으로 추정하기도 함(佟達, 1988 ; 撫順市社會科學院, 1994).

이처럼 현전하는 철배산성은 후금대의 성곽으로 고구려의 성벽과 유물이 발견되지 않았고 입지도 고구려성의 특징을 갖추지 않았으므로 고구려성으로 볼 수 없다고 보기도 함(肖景全·鄭辰, 2007). 그렇지만 비록 淸代에 중건되지만 東衛城의 동벽 기단 아래에 쐐기형돌로 축조한 고구려 성벽이 있는 등(孫進己·馮永謙, 1989 ; 東潮·田中俊明, 1995 ; 陳大爲, 1995) 고구려성의 특징을 갖추고 있으므로 고구려시기에 시축된 것으로 보기도 함(여호규, 1999 ; 王禹浪·王宏北, 2007).

이에 今西春秋(1935), 高橋匡四郎(1941), 孫進己·馮永謙(1989), 陳大爲(1995), 여호규(1999) 등 많은 연구자들이 철배산성을 고구려의 南蘇城으로 비정하고 있음. 특히 今西春秋(1935)는 일찍이 南蘇城을 蘇子河와 渾河 합류지점으로 비정한 다음, 薩爾滸山城과 더불어 鐵背山城을 유력한 후보지로 지목했음.

고구려시기의 대중국 전쟁로를 살펴보면, 遼東지역과 고구려 國內城 사이에는 新城-南蘇城-木底城-蒼巖城 등이 위치함. 新城은 撫順 高爾山城으로 비정됨. 南蘇城의 명칭은 '南蘇水'라는 강 이름에서 유래하였는데, 南蘇水는 渾河 지류인 蘇子河이므로 南蘇城은 蘇子河 연안으로 비정됨. 『翰苑』에 따르면 南蘇城이 '雜城 북쪽 70里 산 위'에 위치하였다고 하는데(『翰苑』卷30 蕃夷部 高麗條), 蘇子河가 新城 동북 또는 동남인 만큼 위의 기사는 '新城東北'의 오기와 누락으로 여겨지는 바, 南蘇城은 新城 동북쪽 70리(31~37km) 산 위에 위치한 것으로 추정됨.

新城 동북쪽 31~37km에서 가장 중요한 전략적 요충지는 撫順에서 32km 떨어진 渾河·蘇子河 합류지점으로, 그 합류지점 동쪽에 바로 鐵背山城이 자리잡고 있음. 鐵背山城이 좁고 긴 산마루에 자리 잡고 있다는 점에서 '산 위'에 위치하였다는 문헌기록과 일치한다고 볼 수 있음. 그러므로 鐵背山城이 南蘇城일 가능성이 높음(孫進己·馮永謙, 1989).

이러한 가능성은 342년 前燕과의 전쟁을 통해서도 확인할 수 있음. 『魏書』高麗條에 의하면 前燕은 "南陝으로부터 들어가서 木底에서 싸워 釗(故國原王)의 군대를 대파하였다"라고 함. 木底城은 遼東방면에서 新城-南蘇城 다음에 위치한 고구려성인데, 南陝에서 시작되는 교통로상에 존재한다고 파악됨. 『資治通鑑』에 보이는 元代 胡三省의 주석을 보면 '南道는 南陝을 따라 木底城으로 들어간다(『資治通鑑』卷97 晋紀19 咸康 8년 10월조)', '南蘇城은 南陝 동쪽에 있다(『資治通鑑』卷97 晋紀19 永和 원년 10월조)', '木底城은 南蘇의 동쪽에 있다(『資治通鑑』卷114 晋紀19 義熙 2년 2월조)'라는 기록이 있음.

즉 南陝은 南道의 출발점이고, 南蘇城은 '南陝'의 동쪽, 木底城은 南蘇城의 동쪽에 각각 위치하였으며, 南道는 南陝에서 木底城으로 나아가는 길이라는 것임. 이는 渾河·蘇子河 합류지점 동쪽에 鐵背山城이 있고, 동남쪽으로 蘇子河 연안이 펼쳐지는 지형과 일치함. 蘇子河 연안은 해발 500~1,000m의 산악지대를 통과하는 峽谷이고, 渾河 上流路가 종전의 渾河 연안로를 계속 직진하는 북동향인데 비하여, 蘇子河 연안로는 방향을 꺾은 남동향임. 蘇子河 연안로가 이전 경로와 방향이 다르고 협곡이라는 사실을 강조하기 위해 '남(동)향 협곡로의 입구'라는 의미에서 '南陜'이라 하였다고 추정됨. 결국 '南陜'의 동쪽에 위치했다는 지리위치상 소자하와 혼하합류 지점 동쪽의 철배산성으로 비정됨(여호규, 1999).[5]

南蘇城은 345년에 처음 등장하고, 고구려가 渾河 방면으로 진출한 4세기 전반에 축조되었다고 추정됨. 그 뒤 新城, 木底城 등과 함께 遼東에서 國內城 방면으로 침공하는 적군을 방어하고, 遼東 방면으로 진출하기 위한 軍事重鎭의 역할을 담당하였던 것으로 추정됨. 고구려는 渾河·太子河 일대의 新城·梁城·梁谷 등과 함께 南蘇城에서 왕릉 수묘를 위한 烟戶를 차정하는 등 지방지배 및 군사적인 방어 역량을 강화함.

따라서 南蘇城 곧 鐵背山城은 遼河유역의 다른 고구려성처럼 군사기능뿐 아니라 지방지배를 위한 거점성의 기능도 수행하였다고 추정됨. 다만 鐵背山城은 동서 방향의 좁다란 산마루에 위치하여 지방지배를 위한 거점성으로서 많은 취약점을 안고 있음. 이러한 점에서 鐵背山城 동남쪽 15km에 위치한 新賓 五龍山城이 매우 주목됨. 五龍山城은 둘레 약 2km의 포곡식 산성으로서 군사방어적 기능과 함께 거점성의 면모도 함께 갖추고 있음. 두 산성의 거리가 비교적 가깝다는 사실을 고려하면, 상호보완적인 관계도 설정할 수 있다고 여겨짐.

참고문헌

- 今西春秋, 1935, 「高句麗的南北道和南蘇·木底」, 『靑丘學叢』 22.
- 高橋匡四郞, 1941, 「蘇子河流域に於ける高句麗と後女眞の遺跡」, 『建國大學硏究院硏究期報』 2, 建國大學硏究院.
- 李鳳民, 1985, 「淸入關前都城述略」, 『瀋陽故宮博物館文集』.
- 佟達, 1988, 「撫順後金界藩城和薩爾滸城調査」, 『遼海文物學刊』 1988-1.
- 孫進己·馮永謙, 1989, 『東北歷史地理』 2, 黑龍江人民出版社.
- 細谷良夫, 1991, 『中國東北部における淸朝の史跡』.
- 佟達, 1993, 「關于高句麗南北交通道」, 『博物館硏究』 1993-3.
- 撫順市社會科學院, 1994, 「界藩城」, 『撫順地區淸前遺跡考察紀實』, 遼寧人民出版社.
- 東潮·田中俊明, 1995, 『高句麗の歷史と遺跡』, 中央公論社.
- 王禹浪, 1995, 「中國東北地區古城文化遺跡槪述」, 『黑龍江民族叢刊』 1995-4.
- 陳大爲, 1995, 「遼寧高句麗山城再探」, 『北方文物』 1995-3.
- 여호규, 1999, 『高句麗 城』 II, 國防軍史硏究所.
- 王禹浪·王宏北, 2007, 『高句麗·渤海古城址硏究匯編』 (上), 哈爾濱出版社.
- 肖景全·鄭辰, 2007, 「撫順地區高句麗考古的回顧」, 『東北史地』 2007-2.
- 國家文物局, 2009, 『中國文物地圖集』 遼寧分冊, 西安地圖出版社.

---

[5] 이에 대해 佟達(1993)은 南陜을 특정 성곽의 명칭으로 보아 鐵背山城으로 비정했음.

3
기타 유적

01 무순 달자영유적
撫順 達子營遺址

1. 위치와 자연환경(그림 1)

撫順市 望花區 李石街道 靑臺村 남쪽 300m 지점에 위치함.

2. 유적의 현황

면적은 1,500m²임.

3. 출토유물

회색토기편, 홍색·회색의 승문기와, 민무늬기와 등이 출토됨.

4. 역사적 성격

고구려 유적으로 보고되었지만(國家文物局, 2009), 조영시기나 그 성격을 정확하게 파악하기는 힘든 상태임.

참고문헌

- 國家文物局, 2009, 『中國文物地圖集』 遼寧分冊, 西安地圖出版社.

그림 1 達子營遺址 위치도

02 무순 대서구유적
撫順 大西溝遺址

1. 조사현황

2003년 공사 도중에 무덤과 함께 발견됨.

2. 위치와 자연환경(그림 1)

撫順縣 救兵鄕 關門村 三組 북측에 위치함.

3. 유적의 현황

○ 유적지는 이미 파괴되었음.
○ 면적은 1,500m²임.

4. 출토유물

모래혼입 홍갈색·홍색 토기, 토기 손잡이, 扁平錐 형태의 鼎足, 가락바퀴 등이 출토됨.

5. 역사적 성격

유적지의 축조연대는 商末周初로 추정됨(國家文物局, 2009).

참고문헌

· 國家文物局, 2009, 『中國文物地圖集』 遼寧分冊, 西安地圖出版社.

그림 1 大西溝遺址 위치도

제5부

신빈현(新賓縣) 지역의 유적

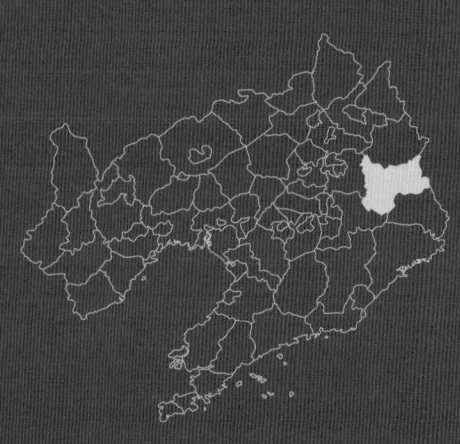

1
고분군과 고분

01 신빈 도독고분군
新賓 都督古墳群

1. 조사현황

1) 1979년 조사
1979년 발견되었으나 당시 조사가 체계적이지 못하여 발굴 성과는 없었음.

2) 2007년 조사[1]
○ 조사기관 : 撫順博物館.
○ 조사내용 : 제3차 전국문물 일제 현지조사(全國文物普查田野調査)를 실시. 신빈 경내 소자하, 태자하, 부이강 연안의 여러 곳에서 積石墓地를 발견. 해당 묘지를 XB22-0311로 편호, 고분은 약 70여 기 잔존. 석실적석묘(연접묘)와 석개묘 확인.

2. 위치와 자연환경(그림 1)

○ 新賓縣 楡樹鄕 都督村 서쪽의 樣子溝河 서안의 평지에 자리하고 있음. 현지 촌민들은 河西高麗墳이라 칭함.
○ 유적지 서남쪽은 樣子溝村 花店子組와 약 700m 떨어져 있으며, 동쪽으로는 楡樹에서 都督을 거쳐 桓仁 鏵尖子로 나가는 도로가 있음.

---
[1] 肖景全·鄭辰·金輝(2014) 참조. 肖景全·鄭辰(2009)에는 2008년 가을조사로 소개됨.

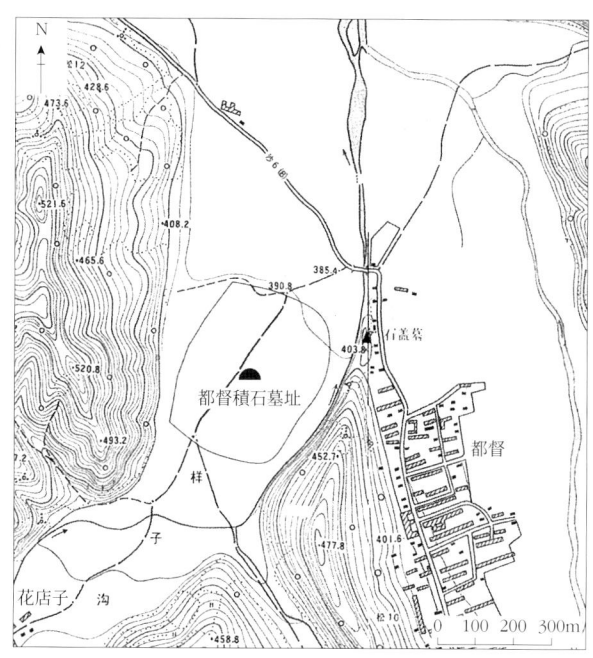

그림 1 도독고분군의 위치도(『東北史地』 2014-5)

○ 1980년대 초 밭을 논으로 바꾸었다가 근래 다시 밭으로 바꾸면서 무덤들이 크게 파괴되었음.
○ 유적지 중심좌표는 북위 41°34′10.0″, 동경 124°52′18.0″이며, 해발고도는 398m임.

3. 고분군의 현황

1) 고분군 분포
○ 유적은 넓은 충적평지(河漫堆)에 자리하고 있음. 서쪽으로 험준한 높은 산이 인접해 있으며, 동남쪽의 낮은

산 아래로 항상 마르지 않은 樣子溝河가 흐르고 있음.
○ 고분은 산기슭에서 동남으로 이어져 강변에서 멀지 않은 곳까지 분포하며, 대체로 하천 방향을 따라 열을 지어 배열됨.

2) 고분 구조
○ 초보적 조사에 의하면, 많은 무덤이 서로 이어져 연접묘와 흡사하지만 독립 고분일 수도 있음.
○ 축조방식은 파괴되어 노출된 무덤을 보면, 먼저 큰 돌 또는 길쭉한 돌로 방단을 쌓은 후 석광을 축조하고, 자갈(卵石)과 돌(塊石)로 정상부를 봉함. 集安 楡林鎭 地溝門고분군의 연접묘와 유사함.
○ 어떤 적석무지는 길이 15m, 너비 8m, 잔존 높이 1.6m이며, 노출된 판석 가운데 하나가 길이 1.5m, 너비 0.8m, 두께 0.28m 등으로 석재의 크기는 고르지 않음.
○ 마을 주민에 의하면 고분군 동쪽, 즉 고분군과 마을 사이에 자리한 낮은 산의 북단에 석개묘 1가 있었다고 함. 그러나 이 석개묘의 대개석은 파괴되어 절벽 아래 강물 속에 빠진 것으로 추측되며 현재 지표에서는 유구 흔적을 찾을 수 없음.
○ 2015년 현지답사에서 수기가 연접된 무덤이 확인됨. 석실, 석개적석, 방단석광 등으로 추정되는 구조를 확인. 고분군 내에 대형 석개석이 확인되며, 특히 하나의 대형 석개석 인근에 넓은 잔돌무지가 있어 대석개적석묘의 가능성을 상정해 볼 수도 있음.

4. 역사적 성격

조사자는 고분군의 석개묘를 고구려 초기무덤형식으로 파악함. 한편 孫仁杰과 遲勇의 견해(2007, 205~207쪽)에 의하면 고구려 연접묘의 대다수가 길림 집안지구에서 출현하였고, 집안지구의 연접묘 등장의 상한 시기를 4세기로 보고 있음. 신빈지역 연접묘도 집안지구에서 전파되었을 것으로 추측되므로, 신빈지역 연접묘의 등장은 5세기 초엽 또는 이보다 늦은 시기로 추정됨.

신빈현은 태자하, 소자하와 부이강 유역을 아우른 지역으로 이 일대에서는 이른 시기부터 적석묘가 자리하였음. 다만, 그 연대와 성격을 추정할 만큼의 자료가 축적되어 있지 못하여서 이 일대 적석묘의 시간적 위치를 판단하기 어려움.

도독고분군도 정식 조사가 이루어지 않아서 자세한 상황을 알 수 없지만, 지표조사 보고 내용과 현지조사를 통해 볼 때 적석석개묘일 가능성이 있고, 그러한 무덤 형식은 환인 풍가보자나 무순 산룡의 무덤 예와 유사함.

李新全(2009)은 풍가보자나 무순 산룡의 적석석개석실묘를 환인의 고구려 석광적석묘의 연원으로 보고 있기도 함. 따라서 이신전의 견해에 따르자면 도독고분군은 고구려 이전부터 지속적으로 조성되었을 개연성이 있음. 다만, 그 시기를 구체화할 증거가 확보되어있지 않아서 하한 시기를 상정할 수 없음.

참고문헌
• 孫仁杰·遲勇, 2007, 『集安高句麗墓葬』, 香港亞州出版社.
• 李新全, 2009, 「遼東地區積石墓的演變」, 『東北史地』 2009-1.
• 肖景全·鄭辰, 2009, 「三十年來撫順地區的高句麗考古發現與相關問題研究」, 『高句麗與東北民族研究』, 吉林大學出版社.
• 肖景全·鄭辰·金輝, 2014, 「新賓滿族自治縣近年來發現的高句麗積石墓」, 『東北史地』 2014-5.

02 신빈 석인구고분군
新賓 石人溝古墳群 | 馬家堡子古墳群

1. 조사현황 : 2007년 조사[1]

○ 조사기관 : 撫順博物館.
○ 조사내용 : 제3차 전국문물 일제 현지조사(全國文物 普查田野調查)를 실시. 신빈 경내 소자하, 태자하, 부이강 연안의 여러 곳에서 積石墓地 발견. 해당 묘지를 XB22-0083으로 편호, 10여 기가 연접한 석실적석연접묘 확인.

2. 위치와 자연환경(그림 1)

○ 新賓縣 木奇鎮 下灣子村 馬家堡組에서 동북으로 약 2km 떨어진 石人溝 골짜기 입구(溝口)의 북쪽 높은 산 아래 안만한 비탈에 위치.
○ 골짜기(溝)의 남북 양쪽에는 높고 험한 산봉우리가 이어져 있음. 유적 남쪽으로 40m 되는 곳에 소자하 지류인 下灣子河를 따라 가면 馬家堡組에 이름. 동쪽으로는 골짜기 입구로 나아가 500m 되는 곳이 木奇鎮 大洛村 關門山組이며, 木奇-大洛 도로가 골짜기 입구 下灣子河 동안에서 남북으로 지나감.
○ 유적지 중심 좌표는 북위 41°42′24.0″, 동경 124°38′12.6″이며, 해발고도는 255.8m임.

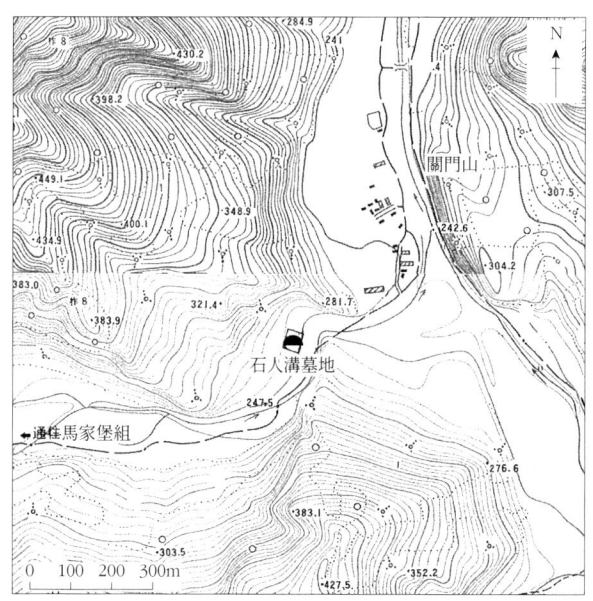

그림 1 석인구고분군의 위치도(『東北史地』 2014-5)

3. 고분군의 분포현황

○ 유적지는 높은 산 남쪽 산기슭 비탈에 위치하며, 무덤은 下灣子河가 흐르는 방향을 따라 동북에서 서남방향으로 열상 배치되어 있음. 길이 약 50m, 남북 너비 약 30m 범위임.
○ 10여 기가 연접한 석실적석연접묘로, 평면은 장방형을 이룸.
○ 무덤 방향은 130°임.
○ 묘실은 판석을 세워 네 벽을 만들고, 묘실 가운데는 강자갈(河卵石)과 돌(塊石)로 채워져 있음. 대략 무

---

[1] 肖景全·鄭辰·金輝(2014) 참조. 肖景全·鄭辰(2009)에는 2008년 가을조사로 소개됨.

덤 1기의 판석은 길이 1.9m, 높이 0.9m, 두께 0.2~0.3m로 추정되며, 판석은 모두 동북쪽으로 기울어져 있으며 묘실은 다수 파괴된 상태임.

○ 2015년 조사에서 산기슭의 완만한 구릉부에서 산재한 고분, 자연 대형돌들을 확인, 강의 흐름에 따라 4기 정도 병렬 배치된 연접묘가 확인되나, 잔존 상태만으로 구조와 성격을 판단하기 어려움.

4. 역사적 성격

조사자는 고분군의 석개적석묘를 고구려 초기 무덤 형식으로 파악함. 그러나 연접묘의 경우 孫仁杰과 遲勇에 견해(2007, 205~207쪽)에 따르면 길림 집안지구에서 먼저 출현하였고, 그 상한연대를 4세기로 보고 있음. 신빈지역 연접묘도 집안지구에서 전파되었을 것으로 추측되므로 신빈지역 연접묘의 등장은 5세기 초엽 또는 이보다 늦은 시기로 추정됨.

신빈현은 태자하, 소자하와 부이강 유역을 아우른 지역으로 이 일대에서는 이른 시기부터 적석묘가 자리하였음. 다만, 그 연대와 성격을 추정할 만큼의 자료가 축적되어 있지 못해 이 일대 적석묘의 시간적 위치를 판단하기 어려움.

석인구고분군도 정식 조사가 이루어지 않아서 자세한 상황을 알 수 없지만, 지표조사 보고 내용과 현지조사를 통해 볼 때 도독고분군과 마찬가지 양상을 띠며, 판석조의 묘실인 점으로 미루어 석개적석석실묘일 가능성이 있음. 그러한 무덤 형식은 환인 풍가보자나 무순 산룡의 무덤 예와 유사함.

李新全(2009)은 풍가보자나 무순 산룡의 적석석개석실묘를 환인의 고구려 석광적석묘의 연원으로 보고 있음. 따라서 이신전의 견해에 따르자면 석인구고분군은 고구려 이전부터 지속적으로 조성되었을 개연성이 있음. 다만, 그 시기를 구체화할 증거가 확보되어있지 않아서 하한 시기를 상정할 수 없음.

참고문헌

- 孫仁杰·遲勇, 2007, 『集安高句麗墓葬』, 香港亞州出版社.
- 李新全, 2009, 「遼東地區積石墓的演變」, 『東北史地』 2009-1.
- 肖景全·鄭辰, 2009, 「三十年來撫順地區的高句麗考古發現與相關問題研究」, 『高句麗與東北民族研究』, 吉林大學出版社.
- 肖景全·鄭辰·金輝, 2014, 「新賓滿族自治縣近年來發現的高句麗積石墓」, 『東北史地』 2014-5.

03 신빈 이도하자고분군
新賓 二道河子古墳群

1. 위치와 자연환경(그림 1)

新賓縣 永陵鎭 二道河村 동남 1.5km에 자리하고 있음.

2. 고분군 현황

고분군 면적은 약 18만 m²이며, 적석묘 10여 기가 있음. 토기(灰陶罐)가 출토됨.

3. 역사적 성격

신빈현은 태자하, 소자하와 부이강 유역을 아우른 지역으로 이 일대에서는 이른 시기부터 적석묘가 자리하였음. 다만, 그 연대와 성격을 추정할 만큼의 자료가 축적되어 있지 못하여서 이 일대 적석묘의 시간적 위치를 판단하기 어려움.

이도하자고분군은 도독이나 석인구고분군과 유사할 것으로 추정되지만, 정식 조사가 이루어지 않아서 자세한 상황을 알 수 없음.

참고문헌

- 國家文物局 主編, 2009, 『中國文物地圖集』 遼寧分冊(上·下), 西安地圖出版社.

그림 1 이도하자고분군 위치도

04　신빈 입외자고분군
新賓 砬崴子古墳群

1. 조사현황

○ 1981년 陳大爲가 '長方形堆石墓' 보고(『遼海文物學刊』 1989-1).
○ 2000년대 肖景全·鄭辰 등이 조사.

2. 위치와 자연환경

新賓縣 下營子鄕(현재 木奇鎭에 병합) 洞上村 砬崴子 生産組 남쪽 산중턱에 위치.

3. 고분군 현황 (1981년 조사내용)

○ 고구려 적석묘 여러 기를 발견하였으나 대다수 파괴당한 상태임.
○ 큰 무덤은 적석 길이 약 8~9m, 너비 4m 정도, 잔존 높이 1m 정도.
○ 묘실 벽은 자연 판석을 뉘어서 아래에서 위로 갈수록 안으로 들여쌓았음.
○ 기초석은 두껍고 크며, 천정돌은 약간 작음.
○ 고구려 무덤 가운데 드문 사례임.
○ 발굴을 하지 않아 내부구조는 아직 불명확함.

4. 역사적 성격

○ 陳大爲(1989)는 고구려 적석묘로 파악함.
○ 肖景全·鄭辰(2009)는 이 지역을 조사하고 적석묘 유적이 아니라고 판단함. 유적지에는 돌로 만든 주거지가 가까이 배열되어 있고, 그 범위는 근 1,000평방미터에 달함. 아직 학술 발굴조사가 이루어지지 않았으므로 그 문화적 성격과 의미는 판단하기 어려우나 고구려 보다 늦은 시기의 유적지로 추정함.
○ 다만, 신빈현은 태자하, 소자하와 부이강 유역을 아우른 지역으로 이 일대에서는 이른 시기부터 적석묘가 자리하였음을 감안해 볼 때 적석묘일 가능성을 배제할 수는 없음. 1981년도 조사 내용으로 미루어 석실적석묘일 가능성이 있으나, 보고내용만으로는 그 시기를 가늠하기는 어려움.

참고문헌

· 陳大爲, 1989, 「遼寧境內高句麗遺蹟」, 『遼海文物學刊』 1989-1.
· 肖景全·鄭辰, 2009, 「三十年來撫順地區的高句麗考古發現與相關問題硏究」, 『高句麗與東北民族硏究』, 吉林大學出版社.

05 신빈 장경고분군
新賓 章京古墳群

1. 조사현황 : 2007년 조사[1]

○ 조사기관 : 撫順博物館.
○ 조사내용 : 제3차 전국문물 일제 현지조사(全國文物普查田野調査) 실시. 신빈 경내 소자하, 태자하, 부이강 연안의 여러 곳에서 積石墓地를 발견. 해당 묘지를 XB22-0084로 편호, 방단적석연접묘를 확인함. 대략 30여 기임.

2. 위치와 자연환경(그림 1)

○ 新賓 木奇鎭 穆家村 章京 10組 동남 700m의 소자하 서안 작은 산 북단 비탈 아래 평지에 위치.
○ 소자하는 유적의 동쪽에서 멀지 않으며 남에서 북으로 흘러감.
○ 穆奇-章京 도로는 소자하 동안에서 소자하를 지나 유적의 동북쪽을 통과함.
○ 유적 중심 좌표는 북위 41°45'36.4", 동경 124°32'55.7"이며, 해발고도는 215m임.

3. 고분군의 분포현황

○ 현존하는 고분은 주로 동서 너비 약 90m, 남북 길이 약 100m의 범위 내에 분포. 마을 주민이 보고한 바

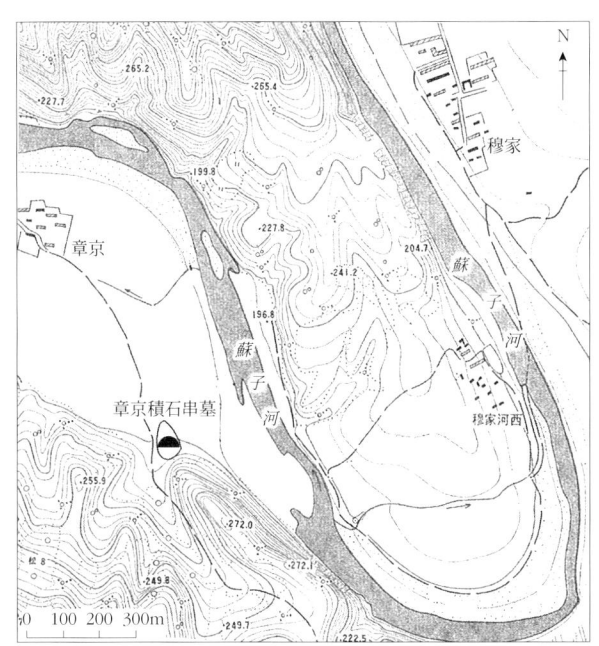

그림 1 장경고분군의 위치도(『東北史地』2014-5)

에 따르면, 이외에도 서북 평지에서 장경 10組에 이르는 마을 안에서 과거 적석묘가 드물게 발견되었으며, 적석묘에 인골과 단지(陶罐)가 있었다고 함. 원래 비교적 큰 규모의 고분군이었을 것으로 추정됨.
○ 연접묘와 단실묘가 확인됨. 연접묘는 4組 확인. 제1組 연접묘는 동서 방향으로 고분 6기가 서로 연접. 제2·3·4組 연접묘는 남북 방향으로 각기 7~12호묘, 13~23호묘, 24~34호묘가 3행으로 배열되어 있음.

---

[1] 肖景全·鄭辰·金輝(2014) 참조. 肖景全·鄭辰(2009)에는 2008년 가을조사로 소개됨.

○ 무덤은 약간의 가공을 거친 큰 돌을 사면에 둘러 방단을 이룸. 방단의 한변 길이는 약 6m임. 방단 안에는 돌과 강자갈(河卵石)을 채우고 덮어 무지를 이룸. 일부 자갈(卵石)에는 불에 탄 흔적이 있음. 각 방단 중간의 얕은 함몰갱이 묘실자리로 추정됨. 연접묘는 열을 지어 분포하며 그중 2줄의 연접묘는 비교적 상태가 양호. 각 줄은 십 여기의 무덤으로 이루어짐. 무덤과 무덤이 연결되는 중간에는 격벽(隔墻)이 있고, 틈은 남아 있지 않음.

○ 2015년 현지답사에서 상당수가 훼손되어 구조와 정확한 양상을 파악하기 어려웠음. 기단석과 석실 벽석 등으로 추정되는 대형석재가 있는 단독분을 확인했는데, 기단석실묘로 추정됨.

4. 역사적 성격

신빈현은 태자하, 소자하와 부이강 유역을 아우른 지역으로 이 일대에서는 이른 시기부터 적석묘가 자리하였음. 다만, 그 연대와 성격을 추정할 만큼의 자료가 축적되어 있지 못해 이 일대 적석묘의 시간적 위치를 판단하기 어려움.

장경고분군은 연접묘와 단독의 석실묘가 있었다고 하고, 2015년 현지 조사때 지표에 파괴, 훼손된 채 석재가 일부 노출되어 있는 것이 확인됨. 그러나 분구 기단석이나 묘실 벽석으로 추정되는 대형 석재만으로는 그 성격이나 시기를 판단할 수 없음.

다만, 연접묘의 경우 孫仁杰과 遲勇의 견해(2007, 205~207쪽)에 따르면 길림 집안지구에서 먼저 출현하였고, 그 상한연대를 4세기로 보고 있음. 신빈지역 연접묘도 집안지구에서 전파되었을 것으로 추측되므로 신빈지역 연접묘의 등장은 5세기 초엽 또는 이보다 늦은 시기로 추정됨.

참고문헌

- 孫仁杰·遲勇, 2007, 『集安高句麗墓葬』, 香港亞州出版社.
- 肖景全·鄭辰, 2009, 「三十年來撫順地區的高句麗考古發現與相關問題研究」, 『高句麗與東北民族研究』, 吉林大學出版社.
- 肖景全·鄭辰·金輝, 2014, 「新賓滿族自治縣近年來發現的高句麗積石墓」, 『東北史地』 2014-5.

06 신빈 하만자고분군
新賓 河灣子古墳群

1. 조사현황 : 2007년 조사[1]

○ 조사기관 : 撫順博物館.
○ 조사내용 : 제3차 전국문물 일제 현지조사(全國文物普查田野調査) 실시. 신빈 경내 소자하, 태자하, 부이강 연안의 여러 곳에서 積石墓地를 발견. 해당 묘지를 XB22-0082로 편호, 약 30여 기 확인. 석실적석묘(연접묘)도 있음.

2. 위치와 자연환경(그림 1)

○ 新賓縣 木奇鎭 下灣子村에서 동북으로 약 1km 떨어진 강에 접한 둔덕(崗地)에 위치. 동북으로 약 800m에 馬家堡子組가 있으며, 下灣子-木奇鎭 도로가 고분군의 북쪽을 통과함.
○ 지세가 넓고 평평한 분지에 속하며, 주위는 산들로 둘러싸여 있음. 고분군 남쪽에는 소자하 지류인 下灣子河가 흐름.
○ 유적의 중심좌표는 북위 41°41'43.8", 동경 124°36'38.3"이며, 해발고도는 277.7m임.

그림 1 하만자고분군의 위치도(『東北史地』 2014-5)

3. 고분군의 현황

○ 유적지는 서남에서 동북으로 길이 약 300m, 너비 약 100m의 범위 내에 분포하고 있음. 무덤은 강변보다 조금 높은 곳에 위치하지만 고분군 주위가 논으로 개간되고, 경작되면서 파괴됨.
○ 하만자 4組 마을 주민에 의하면 1980년대 농지개간으로 고분군이 크게 파괴되었으며, 일찍이 금귀고리(金耳環), 청동팔찌(銅手鐲), 토기(陶罐) 등의 기물이 출토되었다고 함.
○ 2007년 조사 당시에 대략 고분 30여 기가 확인되었

---

[1] 肖景全·鄭辰·金輝(2014) 참조. 肖景全·鄭辰(2009)에는 2008년 가을조사로 소개됨.

으나, 대다수 파괴되어 온전한 고분은 비교적 적었음. 많은 고분이 석실적석묘에 속하며, 다수 고분은 연접묘임. 모래혼입 홍갈도(夾沙紅褐色)와 회색 토기편 채집. 일부 토기편에는 滑石이 섞여 있었고, 橋狀의 豎耳와 橫耳 등이 있음.

○ 2015년 현지조사에서 석개적석묘 또는 석실적석묘로 추정되는 무덤 3기가 연접 또는 병렬한 것을 확인. 곳곳에 대형 판석이 다수 확인되나 잔존상태만으로는 판별하기 어려움. 기단적석묘는 1~2기 정도이며, 나머지 무덤들은 강돌들만 확인되어서 석실 가능성은 커 보이지 않음.

4. 역사적 성격

신빈현은 태자하, 소자하와 부이강 유역을 아우른 지역으로 이 일대에서는 이른 시기부터 적석묘가 자리하였음. 다만, 그 연대와 성격을 추정할 만큼의 자료가 축적되어 있지 못해 이 일대 적석묘의 시간적 위치를 판단하기 어려움.

하만자고분군의 경우 적석석개석실묘 또는 석실적석묘로 추정되는 무덤과 함께 금고리와 교상 손잡이 및 활석이 혼입된 태토로 빚은 토기 등이 출토되었다고 함. 적석석개석실묘는 李新全의 견해(2009)에 따르면 환인일대 고구려 석광적석묘의 연원이 되는 무덤 형식이며, 환인일대의 이른 시기 토기에 활석이 혼입되어 있는 점을 미루어 볼 때 무덤 조성은 고구려 초기로 소급될 가능성이 있음.

그러나 이 일대에 대한 정식 발굴조사가 이루어지지 않았으므로, 2007년도의 보고 내용이나 2015년도의 지표에 드러난 현상만으로는 그 구체적인 내용을 가늠하기 어려움. 다만, 滑石이 혼입된 토기나 橋狀의 豎耳와 橫耳 등은 고구려 초기 유적에서 출토된 토기에서도 확인되므로, 고구려와의 관련은 배제할 수 없음.

참고문헌

- 李新全, 2009, 「遼東地區積石墓的演變」, 『東北史地』 2009-1.
- 肖景全·鄭辰, 2009, 「三十年來撫順地區的高句麗考古發現與相關問題研究」, 『高句麗與東北民族研究』, 吉林大學出版社.
- 肖景全·鄭辰·金輝, 2014, 「新賓滿族自治縣近年來發現的高句麗積石墓」, 『東北史地』 2014-5.

07 신빈 요가산고분군
新賓 姚家山古墳群

1. 조사현황 : 2007년 조사[1]

○ 조사기관 : 撫順博物館.
○ 조사내용 : 제3차 전국문물 일제 현지조사(全國文物普査田野調査)를 실시. 신빈 경내 소자하, 태자하, 부이강 연안의 여러 곳에서 積石墓地 발견. 해당 묘지를 XB22-0038로 편호. 적석묘 11기 발견, 무단석광묘와 석실적석묘 확인.

2. 위치와 자연환경(그림 1)

○ 新賓縣 上夾河鎭 上夾河村 河北組 姚家山 남쪽 비탈에 위치.
○ 유적지 최남단은 소자하와 약 100여 m 떨어져 있음.
○ 상협하촌 하북조는 댐 건설로 인해 고분군 서쪽의 높은 곳으로 이미 옮김.
○ 유적지의 중심 좌표는 북위 41°47′58.8″, 동경 124°28′19.1″이며, 해발고도는 175.4m임.

3. 고분군의 분포현황

○ 姚家山 남쪽 비탈의 고분군 분포범위는 동서 길이 약 100m, 남북 너비 약 150m임. 이곳에서 적석묘 11기 발견.

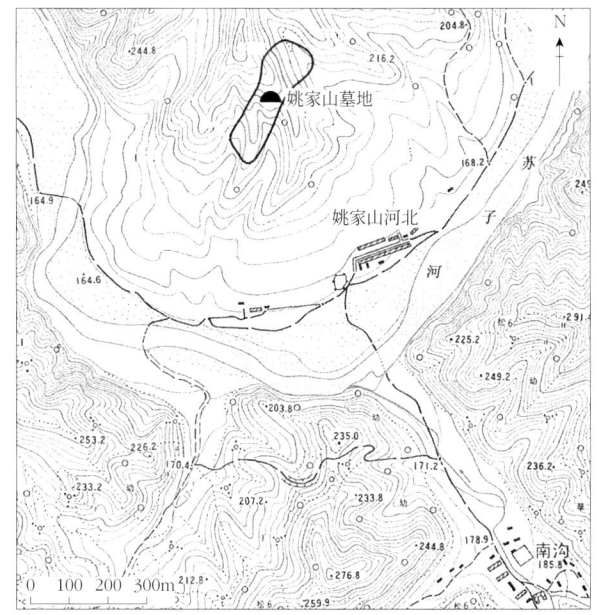

그림 1 요가산고분군의 위치도(『東北史地』 2014-5)

○ 1호묘(M1)는 1980년 제2차 전국문물 일제 현지조사(全國文物普査田野調査) 당시에 발견됨. 이미 파괴되어 무덤 상부 적석은 존재하지 않음. 지표에 서·북·동벽 등으로 사용되었을 것으로 보이는 묘실 벽석 3매가 확인. 무덤방향 200°. 묘실 바닥에는 손바닥 크기의 편평한 강자갈(河卵石)을 한 층 깔았으며, 그 아래는 생토임. 부장품은 발견되지 않음. 1980년 조사 당시는 石棚으로 인식하였으나, 현재 분석에 의하면 석개적석

---

1 肖景全·鄭辰·金輝(2014) 참조. 肖景全·鄭辰(2009)에는 2008년 가을조사로 소개됨.

묘로 추정됨.

○ 지표상 드러난 각 무덤의 돌들을 보면, 다수가 무단석광묘이며, 무단석실묘도 있고, 일부는 석개적석묘임.

○ 2015년 현지 조사 당시에는 대부분 원형을 잃었으며, 석붕의 벽석으로 추정되는 석재가 지표에서 확인되었으나, 그 구조를 추정하기는 어려웠음.

4. 역사적 성격

조사자는 고분군의 석개적석묘에 주목하고, 이를 고구려 초기무덤형식으로 파악함.

신빈현은 태자하, 소자하와 부이강 유역을 아우른 지역으로 이 일대에서는 이른 시기부터 적석묘가 자리하였음. 특히 李新全의 견해(2009)에 따르면 환인일대의 고구려 초기 석광적석묘의 연원이 되는 적석석개석실묘로 추정되는 유적들이 도독고분군, 석인구고분군, 하만자고분군 등 여러 곳에서 확인된 바 있음.

요가산고분군은 정식 발굴조사를 거치지 않았을 뿐 아니라 파괴와 훼손으로 잔존 상황만으로는 그 구조와 연대를 가늠하기 어려움. 다만, 적석석개묘로 미루어 볼 때 고구려 건국 이전으로 올라갈 가능성도 배제할 수 없으며, 이신전의 견해를 존중하자면 고구려 초기에 해당되는 유적으로 볼 여지도 있음.

참고문헌

- 李新全, 2009, 「遼東地區積石墓的演變」, 『東北史地』 2009-1.
- 肖景全·鄭辰·金輝, 2014, 「新賓滿族自治縣近年來發現的高句麗積石墓」, 『東北史地』 2014-5.

08 신빈 남대지고분
新賓 南大地古墳

1. 조사현황 : 2007년 조사[1]

○ 조사기관 : 撫順博物館.
○ 조사내용 : 제3차 전국문물 일제 현지조사(全國文物普查田野調查)를 실시. 신빈 경내 소자하, 태자하, 부이강 연안의 여러 곳에서 積石墓地 발견. 해당 묘지를 XB22-0097로 편호. 방단석실적석묘 1기 확인.

2. 위치와 자연환경(그림 1)

○ 新賓縣 紅升鄉 關家村 남쪽으로 약 500m 떨어진, 마을 주민들이 南大地라 부르는 곳에 위치.
○ 지세는 개활 평탄지로 삼면이 산으로 둘러싸여 있음. 고분 남쪽으로는 산골짜기에서 소자하 水源이 흘러 무덤 서쪽을 지나 북류함. 동쪽 약 1,100m에는 紅升鄉-紅廟子鄉 도로가 통과함.
○ 유적의 중심좌표는 북위 41°38′52.0″, 동경 125°08′05.0″이며, 해발고도는 428m임.

3. 고분군의 분포현황

○ 무덤 1기가 현존하지만, 마을 주민에 의하면 과거 이곳에는 '高麗墓子(고구려무덤)'가 다수 있었다고 하는데 토지 개간과정에서 모두 파괴됨.

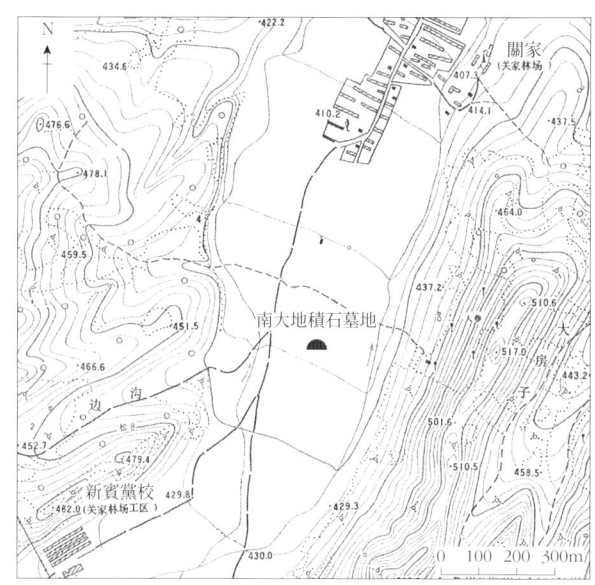

그림 1 남대지고분의 위치도(『東北史地』 2014-5)

○ 현존하는 무덤은 큰 돌로 층층이 쌓아 방단을 조성함. 방단은 길이 약 8m, 너비 약 5m이며 내부는 돌(塊石)과 강자갈(河卵石)로 메우고 봉하여 무지를 이루었음.

4. 역사적 성격

보고자(肖景全·鄭辰·金輝, 2014)는 해당 고분의 유형

---

[1] 肖景全·鄭辰·金輝(2014) 참조. 肖景全·鄭辰(2009)에는 2008년 가을조사로 소개됨.

은 방단석실적석묘로 파악했으나, 석실의 벽석이나 천장석 등으로 사용되었을만한 대형돌이 없고 잔돌만 확인되어 방단석광묘의 가능성도 고려해야 함.

한편, 신빈현의 소자하 수계에 분포하는 무덤으로 미루어 남대지고분의 무덤이 적석석개석실묘일 가능성도 고려할 필요가 있음.

신빈현은 태자하, 소자하와 부이강 유역을 아우른 지역으로 이 일대에서는 이른 시기부터 적석묘가 자리하였고, 신빈현의 소자하 수계에는 적석석개석실묘로 추정되는 무덤이 도독고분군, 석인구고분군, 하만자고분군, 요가산고분군 등 여러 곳에서 확인된 바 있음. 따라서 남대지고분도 적석석개석실묘의 존재 가능성을 생각해 볼 수 있으며, 적석석개석실묘는 李新全의 견해(2009)에 따르면 환인 일대의 고구려 초기 석광적석묘의 연원이 되는 무덤 형식임.

참고문헌

- 李新全, 2009,「遼東地區積石墓的演變」,『東北史地』 2009-1.
- 肖景全·鄭辰·金輝, 2014,「新賓滿族自治縣近年來發現的高句麗積石墓」,『東北史地』2014-5.

2
성곽

01 신빈 백기보고성
新賓 白旗堡古城

1. 조사현황

縣文物保護單位로 지정됨.

1) 1960년대 조사
높이 3m의 성벽이 남아 있었음.

2) 1978년 조사
○ 조사기간 : 1978년 6월.
○ 조사내용 : 성터는 生産隊가 불도저로 평평하게 밀어 논으로 개간하면서 파괴되었지만, 성의 윤곽은 뚜렷하게 남아 있었음.

3) 1985년 조사
○ 조사자 : 王綿厚, 孫力, 佟家國.
○ 조사내용 : 前漢시기 토기편을 발견하였음. 漢代古城임을 명확하게 확인함.

2. 위치와 자연환경(그림 1 ~ 그림 3)

1) 지리위치
○ 新賓縣에서 동쪽으로 5km 떨어진 紅升鄕 白旗村 서쪽 蘇子河 강변에 위치함.
○ 白旗堡古城 옆으로는 新賓 – 通化를 잇는 간선도로가 지나가고 있음. 이 도로를 따라 서쪽으로 가면 新賓縣 소재지와 永陵鎭을 거쳐 渾河 연안의 遼東平原으로 나아갈 수 있음. 동쪽으로 가면 通化와 集安으로 나아갈 수 있고, 紅升이나 旺淸門에서 남쪽으로 갈라지는 지방도로를 따라 내려가면 桓仁이나 集安으로 나아갈 수 있음.

2) 자연환경
○ 白旗堡古城이 위치한 蘇子河·富爾江 유역은 토양이 비옥하고 水源이 풍족하여 논으로 경작되어 왔음. 蘇子河는 蘇子河 합류 지점에서 상류로 거슬러 오면서 河西 부근에서 소분지를 이룬 다음, 河西 – 木奇鎭 구간에서는 험준하고 만곡이 심한 협곡을 이루게 됨. 木奇鎭 부근에서 비교적 넓은 충적평지를 형성하였다가 다시 하천의 만곡이 심해짐. 그러다가 永陵鎭 서쪽 10km 지점에서 만곡이 거의 없어지고 하천 좌우로는 비교적 넓은 충적평지가 펼쳐짐. 이 충적평지는 新賓縣 소재지를 지나 白旗堡古城 일대까지 약 30km 정도 이어지다가 紅升鎭 소재지로 진입하는 도로 부근에서 끝나고 험준한 산간지대로 진입하게 됨. 紅升鎭 소재지를 지나면 渾江의 지류인 富爾江 유역으로 진입하게 됨.
○ 고성은 산을 기대면서 蘇子河를 두고 있고 높은 곳에서 아래를 굽어다 볼 수 있는 등, 탁월한 입지조건을 갖추고 있다고 볼 수 있음.

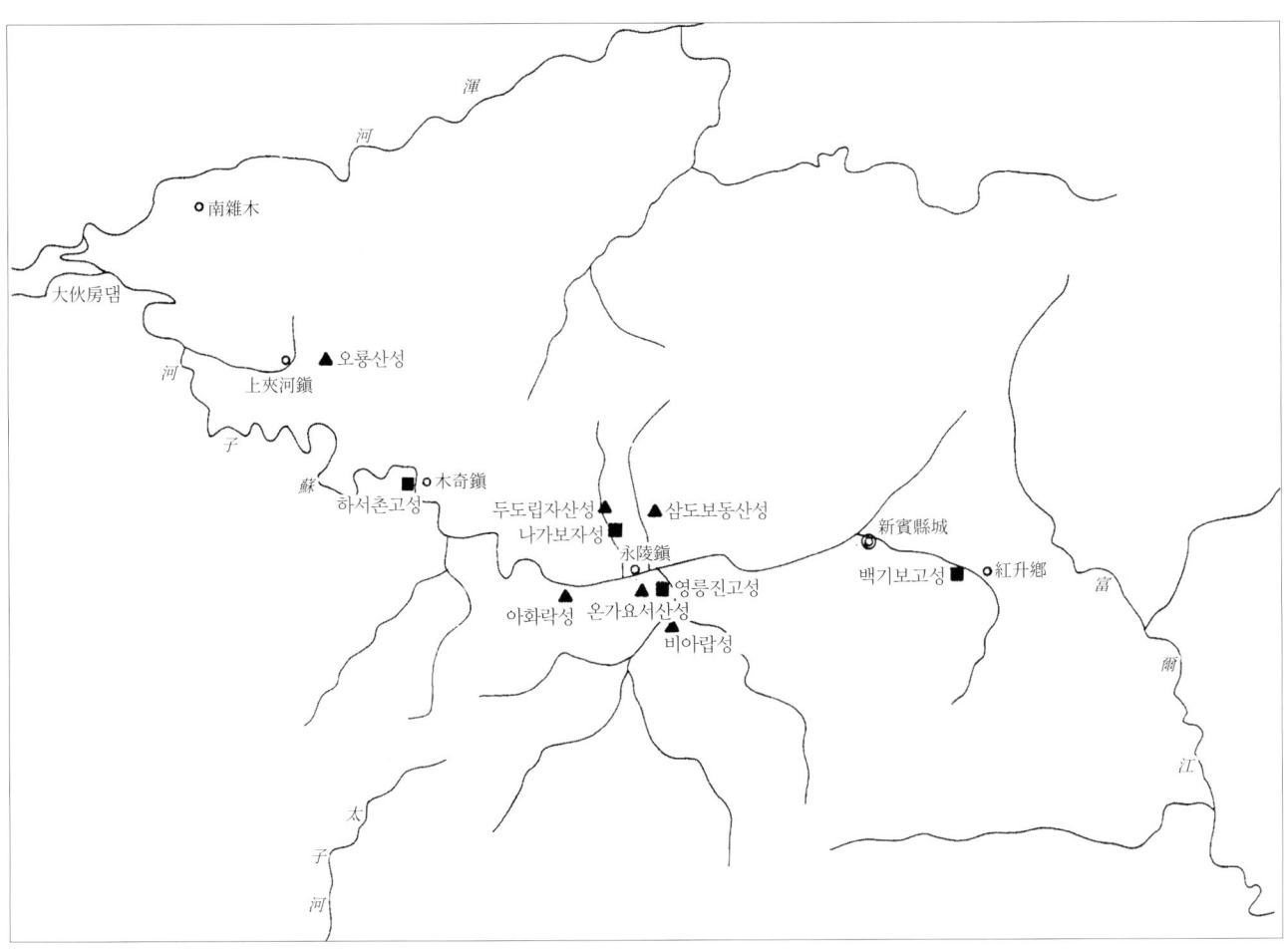

그림 1   白旗堡古城 위치도 1(여호규, 1999, 74쪽)

3. 성곽의 전체현황

○ 성지는 논으로 개간하면서 파괴되었지만, 윤곽은 뚜렷하게 남아 있음. 성은 지표면보다 1m 높은 대지 위에 있는데, 평면은 거의 방형이고, 방향은 남북향임.
○ 현존하는 성벽 길이는 동서 118m, 남북 110m로 면적은 만 5,000m²임. 지면에 남아 있는 漢代 文化層의 퇴적 두께는 40여 cm임.

4. 성벽과 성곽시설

성벽 등 성곽시설은 파괴되어 자세한 모습을 알 수 없음.

5. 출토유물

漢代 銅鏡, 漢代 승문의 홍색·회색 수키와와 암키와, 권운문 와당, 漢代 토기편, 초석(礎石), 배수관편, 소토(紅燒土), 木炭, 漢 五銖錢 등이 출토됨.

6. 역사적 성격

白旗堡古城은 출토유물상 漢代의 평지성으로 파악됨(徐家國, 1984 ; 田中俊明, 1994). 다만 고구려시기 유물이 출토되지 않았고, 규모도 작으며, 방어상 취약한 소형 평지성이라는 점에서 고구려인들이 재사용했을 가

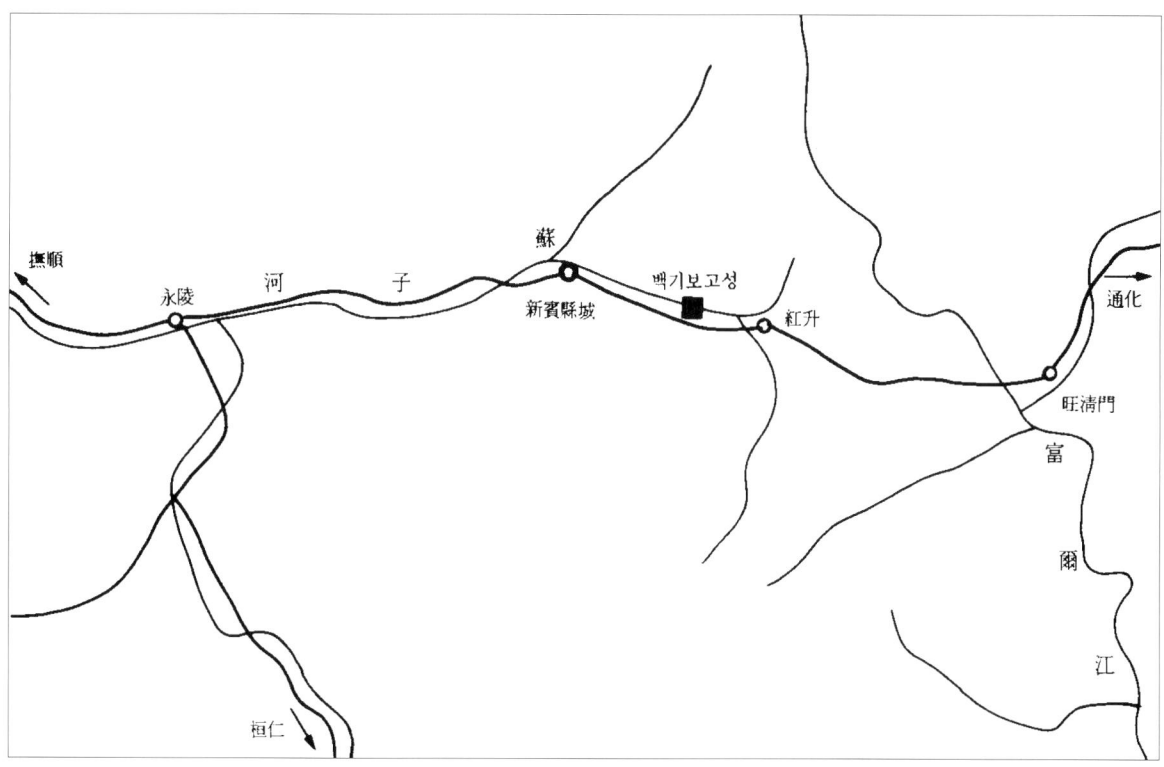

그림 2 白旗堡古城 위치도 2(40만분의 1)(여호규, 1999, 109쪽)

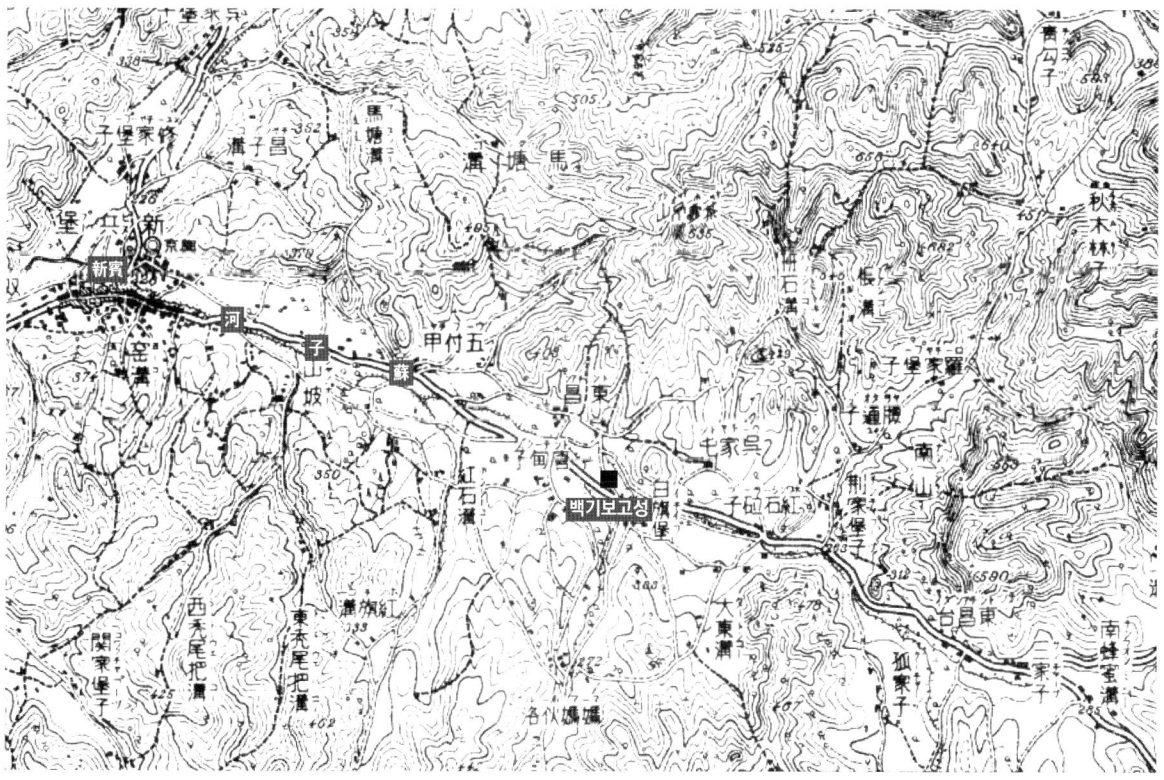

그림 3 白旗堡古城 주변 지형도(滿洲國 10만분의 1 지형도)

제5부 신빈현(新賓縣) 지역의 유적 233

능성은 없다고 추정됨(田中俊明, 1994 ; 여호규, 1999).

　白旗堡古城 일대는 蘇子河와 渾江 지류인 富爾江의 分水嶺지대로 遼東平原에서 蘇子河 상류를 거쳐 渾江 유역으로 진입하거나, 渾江 유역에서 蘇子河 상류를 거쳐 遼東平原으로 나아갈 때 반드시 거쳐야 하는 지역임. 고구려 발상지인 渾江 연안의 桓仁地域과 蘇子河 사이의 교통로로는 六道河→橫道河子 隘口→岔路溝의 桓仁 서북로와 富爾江-蘇子河 상류의 桓仁 동북로 등을 설정할 수 있는데, 白旗堡古城은 바로 桓仁 동북로의 전략적 요충지에 해당한다고 볼 수 있음(여호규, 1999).

　이에 백기보고성은 제2현도군의 속현인 上殷臺縣(徐家國, 1984)이나 高句麗縣(潭其驤, 1988) 등의 치소로 비정됨. 또한 제2玄菟郡의 郡治인 永陵鎭古城에서 동쪽 방향에 위치하였다는 점에서 第2玄菟郡의 '東界'에 위치한 최전방 縣治로 추정되는데, 제2현도군이 "동쪽 경계(東界)에 작은 성인 城을 구축하고, 朝服衣幘을 두었다"는 幘溝婁城으로 비정하기도 함(孫進己·馮永謙, 1989 ; 王綿厚, 2002 ; 王綿厚, 2008).

참고문헌

- 徐家國, 1984, 「漢玄菟郡二遷址考略」, 『社會科學輯刊』 1984-3.
- 潭其驤, 1988, 『中國歷史地圖集』 釋文匯編 東北卷.
- 孫進己·馮永謙, 1989, 『東北歷史地理』(제1권), 黑龍江人民出版社.
- 田中俊明, 1994, 「高句麗の興起と玄菟郡」, 『朝鮮文化研究』 1.
- 여호규, 1999, 『高句麗 城』 Ⅱ, 國防軍史研究所.
- 王綿厚, 2002, 『高句麗古城研究』, 文物出版社.
- 王綿厚, 2008, 「西漢時期的玄菟郡"幘溝婁"城與高句麗早期"南北二道"的形成-關于高句麗早期歷史文化的若干問題之六」, 『東北史地』 2008-5.
- 國家文物局, 2009, 『中國文物地圖集』 遼寧分冊, 西安地圖出版社.

02 신빈 영릉진고성
新賓 永陵鎭古城

1. 조사현황

省文物保護單位로 지정됨.

1) 1939년 조사
○ 조사기간 : 1939년 가을.
○ 조사자 : 稻葉巖吉.
○ 조사내용 : 성이 발견됨.

2) 1941년 조사
○ 조사자 : 高橋匡四郎, 渡邊三三.
○ 조사내용 : 성의 전체 윤곽을 정확하게 파악하지 못하고 북쪽 일부만 조사함. 남북 길이 150m, 동서 길이 110m라고 실측함. 동측 붕괴면의 높이는 약 3m임. 漢式 기와와 벽돌을 발견함.
○ 발표 : 高橋匡四郎, 1941, 「蘇子河流域に於ける高句麗と後女眞の遺跡」, 『建國大學硏究院硏究期報』 2, 建國大學硏究院.

3) 1944년 조사
○ 조사기간 : 1944년 6월 2일.
○ 조사자 : 三上次男.
○ 조사내용 : 성의 북쪽뿐만 아니라 남쪽까지 확대 조사하여 성의 전체적인 면모를 파악함. 南城·北城 두 개의 성이 있음이 확인됨.
○ 발표 : 三上次男, 1990, 「東滿風土雜記」, 『高句麗と渤海』, 吉川弘文館.

4) 1979년 조사
○ 조사기간 : 1979년 9월 27일~10월 7일.
○ 조사기관 : 撫順市博物館.
○ 조사내용 : 安陽考古隊의 시굴 기술자들과 함께 전면적인 시굴을 진행함. 남·북 2개의 성이 있음이 확인됨.
○ 발표 : 徐家國, 1984, 「漢玄菟郡二遷址考略」, 『社會科學輯刊』 1984-3.

5) 1983년 조사
○ 조사기간 : 1983년 4월.
○ 조사기관 : 撫順市博物館.
○ 조사자 : 徐家國, 張正巖, 佟達 등.
○ 조사내용 : 북쪽 소형 도성의 문지와 성벽 일부를 시굴·조사하여 성의 범위와 형태를 밝혀냄. 1979년 시굴과 동일한 결과를 얻었음.

6) 2004년 조사
○ 조사기간 : 2004년 10~11월.
○ 조사기관 : 遼寧省文物考古硏究所, 新賓縣赫圖阿拉城文物管理所.
○ 조사내용 : 북쪽 소형 토성에 대한 실측과 탐사와 함께 동벽 남북 兩端에 대한 절개를 실시함.

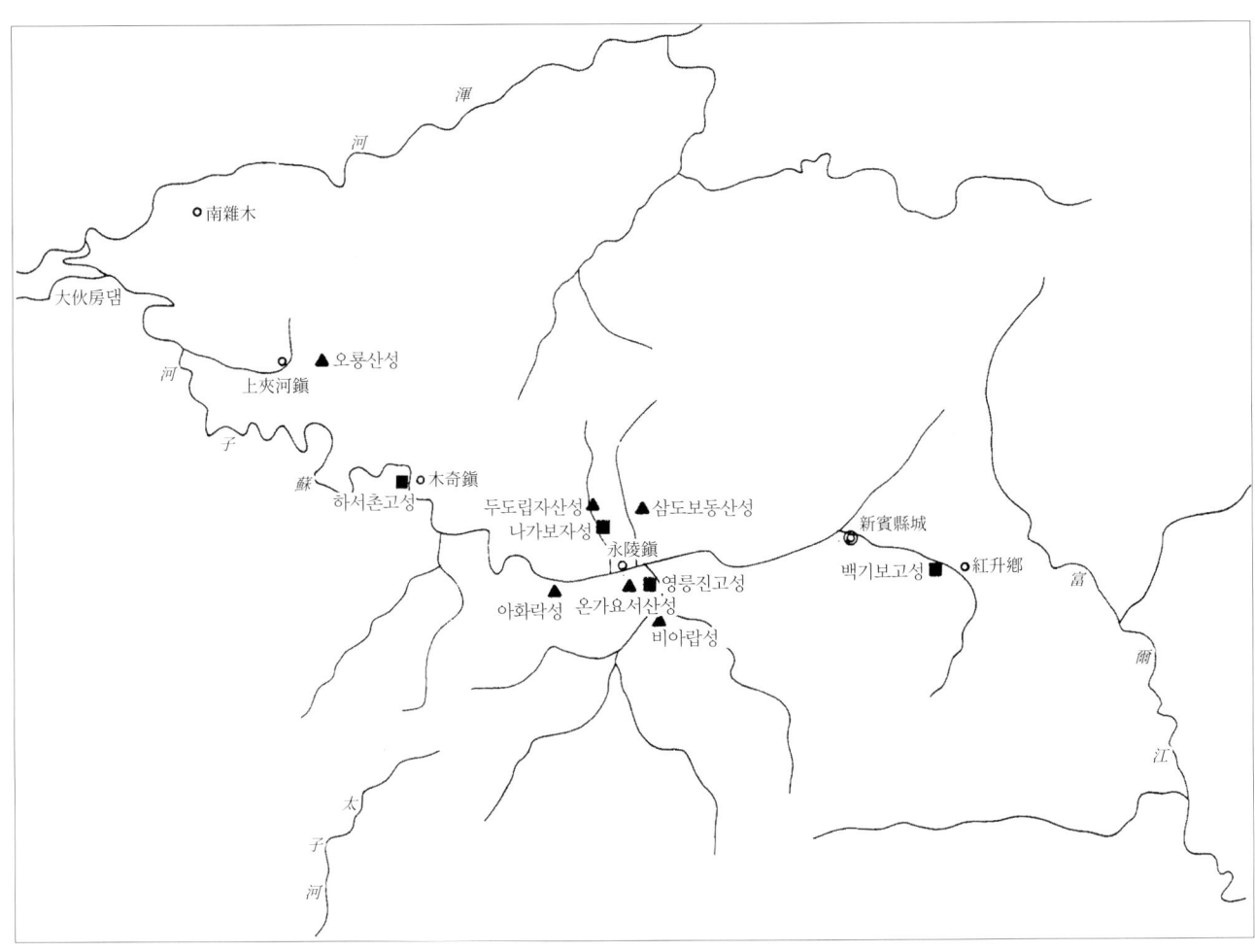

그림 1 永陵鎭古城 위치도 1(여호규, 1999, 74쪽)

7) 2005년 조사
- 조사기간 : 2005년 9~11월.
- 조사기관 : 遼寧省文物考古硏究所.
- 조사내용 : 북쪽 소형 토성의 성벽에 대한 조사와 절개를 실시함. 1,500m² 정도 발굴함. 동벽 북쪽 끝에 동서방향의 트렌치를 파고, 동벽에 대해 절개를 진행함. 동북부 발굴을 통해 성내 지층퇴적, 유적, 유물의 정황을 이해.

8) 2006년 조사
- 조사기간 : 2005년 5~11월.
- 조사기관 : 遼寧省文物考古硏究所, 撫順市博物館, 新賓縣赫圖阿拉城文物管理所.
- 조사내용 : 永陵鎭古城의 범위, 분포, 성내 문화 내용과 연대, 高句麗縣과 漢의 관계, 漢문화와 고구려문화와의 관계 등을 명확하게 파악하기 위해 북쪽 소형 토성에 대한 대규모 발굴을 진행함. 성 내부에 5×5m의 피트 98개를 설치하였는데, 발굴면적은 2,450m²임.

9) 2007년 조사
- 조사기간 : 2005년 5~11월.
- 조사기관 : 遼寧省文物考古硏究所.
- 조사내용 : 북쪽 소형 토성의 대형 건물지 범위를 파악하기 위해 발굴을 진행함. 발굴면적은 400m²임. 건

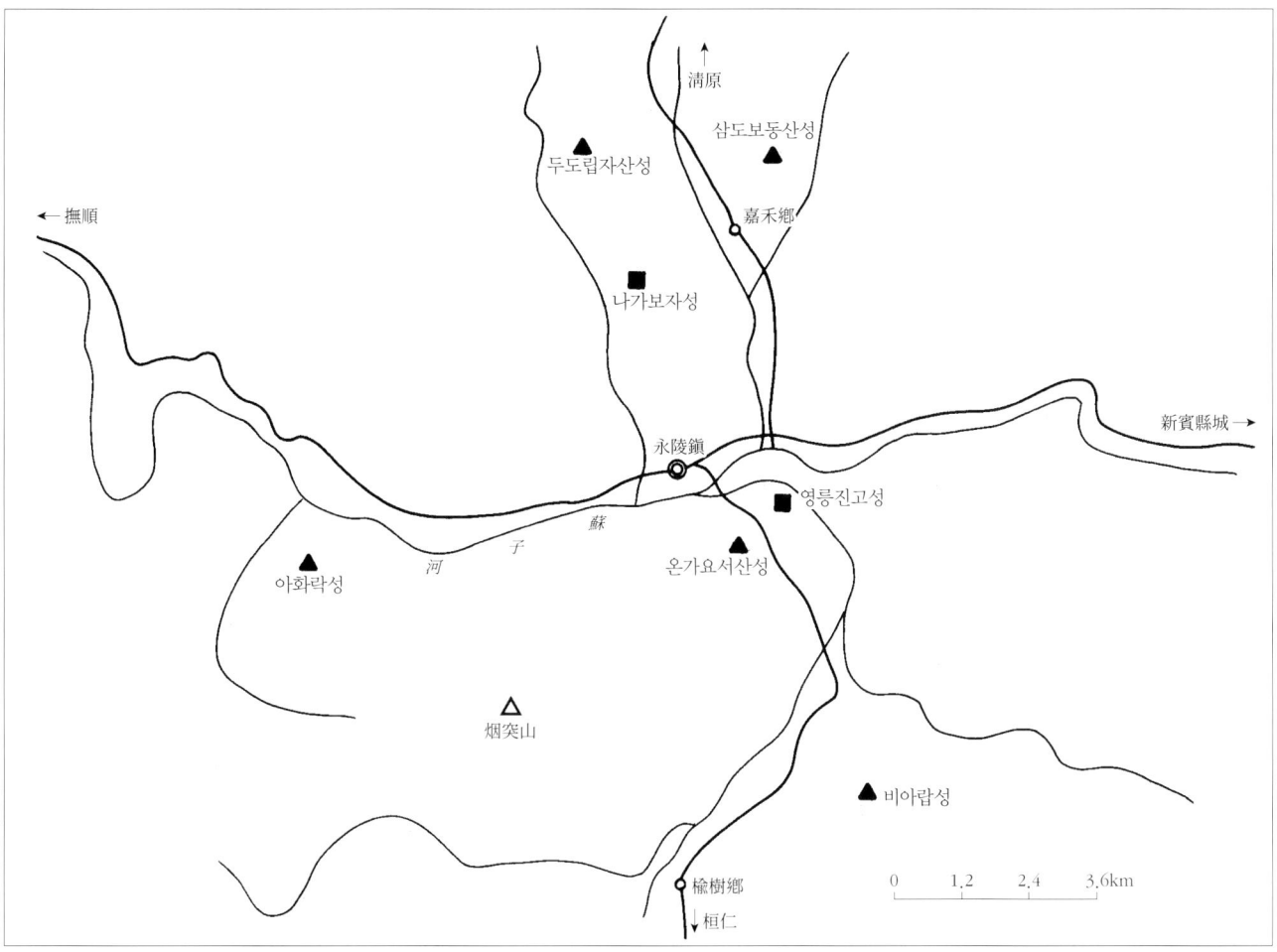

그림 2 永陵鎭古城 위치도 2(여호규, 1999, 77쪽)

축기단부, 房址, 灰坑 등의 중요 건물과 암키와, 수키와, 와당, 생활유물을 대량 발견함.

10) 2008년 조사
○ 조사기간 : 2008년 4월 9일~4월 12일.
○ 조사기관 : 遼寧省文物考古研究所, 新賓縣赫圖阿拉城文物管理所.
○ 소사내용 : 북쪽 소형 토성에 대한 발굴을 통해 성의 배치, 구조, 시축 연대, 폐기 연대 등을 파악함. 동문과 서문을 발견함.

2. 위치와 자연환경(그림 1~그림 3)

1) 지리위치
○ 遼寧省 新賓縣 서쪽 23km 永陵鎭 동남쪽 1km[1] 의 하곡평지에 위치함. 蘇子河 南岸에서 500~600m 떨어진 평탄한 대지에 자리 잡고 있음.
○ 古城이 위치한 永陵鎭 일대는 蘇子河 연안 교통로에서도 중요한 위치를 차지함. 이곳에서 蘇子河 하류를 따라 내려가면 渾河를 거쳐 遼東平原에 도달할 수

---
1 혹은 500m(田中俊明, 1994), 1.5km(國家文物局, 2009) 등으로 조사됨.

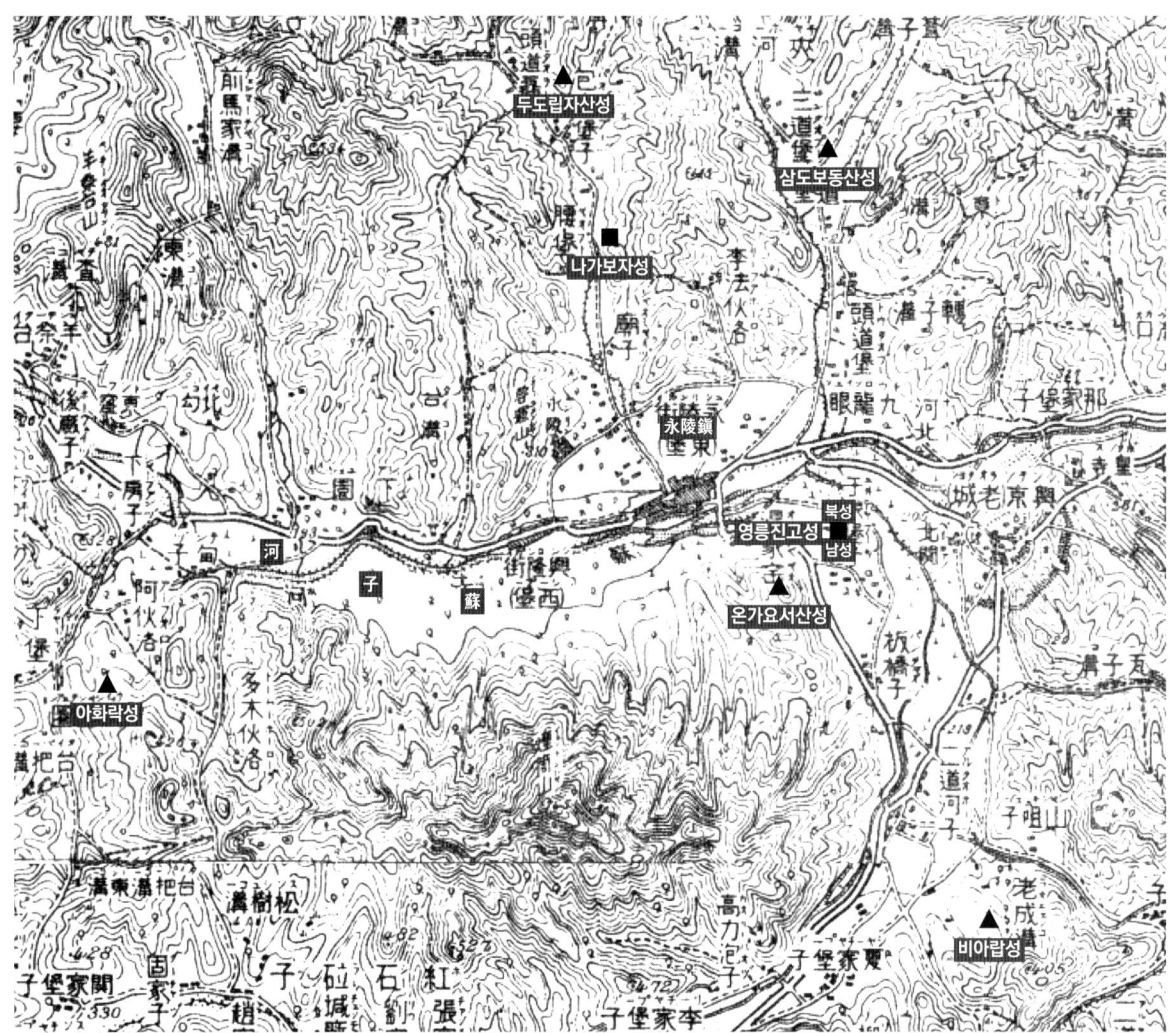

그림 3 永陵鎭古城 주변 지형도(滿洲國 10만분의 1 지형도)

있고, 蘇子河 상류를 거슬러 올라가면 富爾江이나 喇咕河 등을 거쳐 桓仁이나 通化 일대로 나아갈 수 있음. 또한 남쪽으로는 二道河를 거슬러 橫道河子 關隘를 통과하여 桓仁으로 진입할 수 있고, 二道河의 楡樹에서는 太子河 상류로 나아가는 산간로가 갈라짐. 永陵鎭 일대는 고구려 초기 중심지인 압록강 중류일대에서 蘇子河-渾河를 통해 遼東平原으로 나아갈 때 또는 遼東지역에서 압록강 중류일대로 진입할 때 반드시 거쳐야 하는 전략적 요충지였음.

○ 고성 북쪽으로는 蘇子河 북안을 따라 新賓-瀋陽 도로가 동서로 길게 뻗어 있고 永陵鎭 시가지가 도로를 따라 길게 펼쳐져 있음. 고성 서쪽에는 桓仁-永陵鎭 도로가 지나가고 있음. 고성 남쪽에는 二道河子 골짜기를 따라 桓仁-永陵鎭 도로가 지나가고 있음. 고성 동쪽 二道河子 건너편에 淸代 초기 도성이었던 赫圖阿拉城(老城)이 있음. 성 남쪽으로 3.5km 떨어진 지점에 後金의 費阿拉城이 있음. 성 서쪽으로 2km 떨어진 지점에 後金의 永陵이 있음.

2) 자연환경

○ 永陵鎭古城이 위치한 永陵鎭 일대는 사방이 산으로 둘러싸여 있고, 蘇子河 兩岸에는 좁고 기다란 충적

평지가 펼쳐져 있음.

○ 고성 동쪽에는 二道河子가 북류하다가 동벽 북단 부근에서 서쪽으로 흘러 서북단을 지난 다음 蘇子河로 유입되고 있음. 고성 북쪽으로 二道河子 건너편에 蘇子河가 서쪽으로 흐르고 있고, 蘇子河 건너편 북쪽에는 新賓縣과 淸原縣의 분수령에서 발원한 草蒼北溝와 夾河溝가 남류하여 蘇子河로 흘러 들고 있음. 이처럼 고성이 위치한 永陵鎭 일대는 蘇子河와 그 지류들이 만나면서 비교적 넓은 충적평지를 이루고 있음.

○ 고성 서쪽 桓仁-永陵鎭 도로 서쪽으로 煙突山 산줄기가 동서로 길게 가로놓여 있음. 성의 동변과 북변은 二道河에 접해 있는데, 성 북쪽에서 二道河가 蘇子河와 합류함.

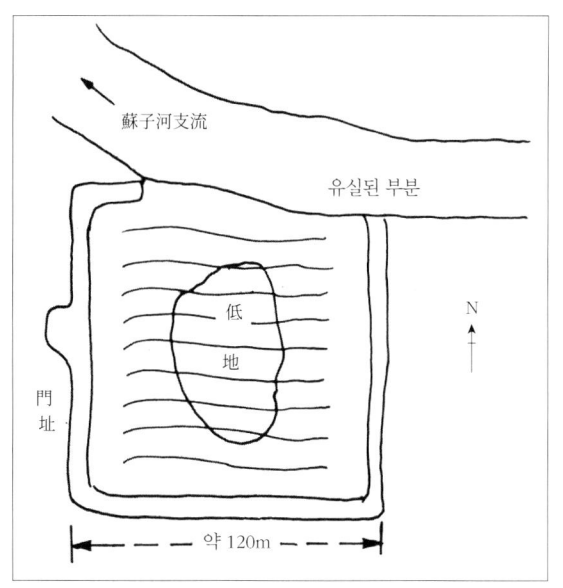

그림 4 1944년 조사 때의 북쪽 소성 평면도(三上次男, 1990, 69쪽)

3. 성곽의 전체현황

○ 1944년과 1979년 조사 때에는 북쪽의 소형 토성과 남쪽의 대형 토성 2개의 성곽으로 이루어졌다고 보았음(그림 4~그림 5).

○ 1944년 조사결과를 보면, "북쪽 소형 토성은 한 변의 길이가 120m인 방형으로, 방위는 거의 남북향임. 북벽 대부분은 二道河로 인해 유실되었는데, 보존이 양호한 성벽의 높이는 약 3m 정도임. 서벽 중앙에만 성문터가 남아 있음. 내부는 콩밭으로 경작되고 있었는데, 漢代 기와, 고구려시기 기와와 토기편이 흩어져 있었고, 북벽의 무너진 단면에도 다수의 유물이 출토되었음. 북쪽 작은 토성에서 논을 사이에 두고 남쪽 300~400m 지점에 규모가 훨씬 큰 漢代 토성이 있음. 남쪽의 대형 토성은 낮은 대지에 있는데, 평면은 조금 불규칙한 方形이고, 방향은 동남쪽으로 약간 기울어졌음. 북벽은 길이 약 350m, 높이 1.5m임. 바깥에 작은 개울이 있는데, 해자로 볼 수 있음. 동벽은 지형을 따라 동남이 약간 확대되면서 불규칙하고, 길이는 북벽

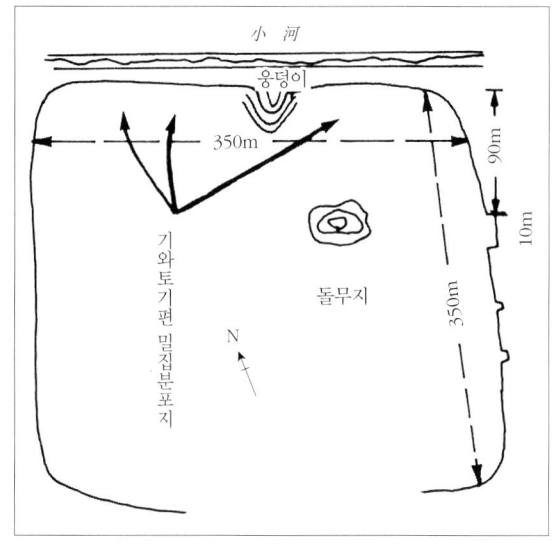

그림 5 1944년 조사 때의 남쪽 대성 실측도(三上次男 1990, 69쪽)

과 마찬가지로 약 350m임. 북벽 동쪽 모서리에서 약 130m 가장자리에 낮은 지대가 있고, 동벽에서 남쪽 100m 가장자리에 돌출한 네모난 평대가 있는데, 양자 모두 성문터로 추정됨. 성 내에는 漢式 기와 및 토기 등의 파편이 고구려의 적색 기와편과 함께 흩어져 있는데, 북부에서 집중 출토되었고, 일부는 밭 한 쪽에 높게 쌓여져 있었음"이 기록되어 있음(三上次男, 1990).

○ 1979년의 조사결과를 보면, "북쪽 소형 토성은 밭으로 개간되고 흙을 파내면서 파괴되었지만, 성지의 윤곽은 명확히 볼 수 있음. 평면은 방형이고 성의 방향은 남동 20°임. 길이는 남벽 104m, 동벽 200m, 서벽 147m임. 성벽은 기단부 너비 10m, 윗너비 3m, 높이 1~2m임. 남벽 중앙의 개구부는 성문터로 추정되고, 너비는 8m임. 성에서는 배면은 승문, 내면은 격자문인 漢式 암키와와 수키와, 고구려 특유의 옅은 홍색 승문 암키와편, 漢代 토기, 漢 오수전 등이 출토되었음. 성지 서쪽에 불도저로 흙무더기를 쌓았던 흔적이 있음. 성지에서 밭을 갈 때 많은 토기 파편이 발견되어 현재 지표면에 남아 있는 토기 파편은 많지 않음. 수해를 입어 드러난 북벽의 漢代 文化層은 두께가 30cm임. 남쪽의 대형 토성은 소형 토성에서 210m 떨어져 있음. 벽돌공장이 흙을 채취해 가면서 파괴가 심함. 동벽의 殘長 345m, 서벽의 殘長 75m, 북벽의 殘長 315m임. 남벽은 파괴되어 측정할 수 없음. 평면은 대략 장방형이고 방향은 남북향임. 성에서는 漢式 승문 수키와, 암키와, 권운문 와당, 漢式 토기편, 漢 오수전, 철기편, 建築卵石, 紅燒土 등이 발견되었음(徐家國, 1984).

○ 다만 1979년 이후 조사는 주로 북쪽의 소형 성곽을 대상으로 이루어짐. 북쪽의 소형 토성은 지면보다 1~2m 높은 대지에 위치하는데, 성곽 방향에 대해서는 동쪽으로 약간 치우친 남향으로 140°(徐家國, 1989), 남쪽에서 서쪽으로 2° 정도 치우친 남향(呂學明, 2005), 북쪽에서 동쪽으로 5° 정도 치우친 방향(李新全·李龍彬, 2006) 등으로 조사됨.

○ 소형 토성의 성벽은 모두 직선 형태인데, 북벽은 二道河子의 범람으로 훼손되었음. 만약 북벽도 직선 형태라면, 성의 평면은 남북이 동서보다 약간 넓은 장방형일 것으로 추정됨(徐家國, 1989).

○ 소형 토성의 규모 : 1979년에는 남벽 104m, 동벽 200m, 서벽 147m로 조사됨(徐家國, 1984). 2004년에는 동벽의 殘長 83.5m, 남벽 길이 108m, 서벽의 殘長 151m로 조사됨(呂學明, 2005). 2005년에는 동서 너비 136m, 남북 길이 166m, 동벽은 80.5m, 남벽은 136m, 서벽은 166m로 조사됨(李新全·李龍彬, 2006).

○ 1979년과 1983년에 조사한 소형 토성의 문화층 : 성곽 내부의 지층이 3층으로 이루어졌다고 조사됨. 제1층은 갈황색의 耕土層인데, 토질은 비교적 부드럽고, 두께는 25~30cm임. 현대 기와편이 출토되었음. 제2층은 갈색토인데, 토질은 단단하며 두께는 30~35cm임. 고구려시기의 붉은색 승문 수키와와 암키와가 출토되었음. 제3층은 회갈색인데, 토질은 단단하며 두께는 30~37cm임. 회색승문의 암키와와 수키와, 무늬가 없는 회색토기편, 雲文와당, 卵石 등이 출토됨.

○ 2004년에 조사한 소형 토성의 문화층 : 성 내부의 북쪽 200m²를 발굴했는데, 퇴적두께는 1~1.6m이고, 4층으로 나눌 수 있음. 1층은 황갈색 耕土層로 두께는 0.3cm이며, 細沙를 많이 포함하고 있고, 근현대 유물이 포함되어 있음. 2층은 흑회색 토층으로 두께는 0.2~0.4m이며, 토양이 푸석푸석하고, 遼·金시기 벽돌 및 기와와 漢代와편이 출토됨. 3층은 회황색 토질로 두께는 0.2~0.5m이며, 비교적 단단하고, 많은 漢代 瓦片을 포함하고 있음. 제4층은 회갈색 토층으로 두께는 0.4m이며, 토질은 단단하고, 출토유물은 비교적 적음. 그 아래는 생토층임.

○ 2005년에 조사한 소형 토성의 문화층 : 문화층은 모두 3시기로 나뉘는 것으로 조사되었는데, 1시기는 漢代, 2시기는 고구려시기, 3시기는 遼·金시기임.

4. 성벽과 성곽시설

1) 성벽

○ 성벽은 갈색토를 판축하여 쌓았음.
○ 1941년 조사 당시 동측 붕괴면의 성벽 높이는 약 3m(高橋匡四郎, 1941). 1944년 조사 당시 북벽의 높

이는 1.5m(三上次男, 1990). 1979년 조사 때 성벽은 기단부 너비 10m, 윗너비 3m, 높이 1～2m(徐家國, 1984) 등으로 조사됨.

○ 1979년과 1983년의 소형 토성 조사 : 성 북반부의 동·서 양벽이 비교적 잘 남아 있었음. 성벽은 지면보다 약간 높음. 비록 적지 않은 구간이 결실되었지만, 지하에 성 기단부가 남아 있음. 성 북부 동벽의 殘長은 100m, 서벽의 殘長은 147m임. 동·서벽은 지면에서 1.7～2.3m 정도 융기되어 있음. 기단은 남은 너비 6m, 윗너비 3m임.

○ 2004년의 소형 토성 조사 : 동벽 양단에 대한 절개를 실시하였는데, 성벽의 기단부 너비 15m, 정상부 너비 11m, 높이 4.4m임. 단면의 구조로 보아 성벽은 두 차례에 걸쳐 축조된 것으로 추정됨(呂學明, 2005).

○ 2005년의 소형 토성 조사 : 동벽 북쪽 끝에 동서방향의 트렌치를 파고, 동벽에 대해 절개를 진행함. 성벽은 하단 너비 18m, 상단 너비 9.7m, 남은 높이 4.3m임. 단면은 전체적으로 사다리꼴임. 안쪽에서 바깥쪽으로 세 종류의 다른 토질·토색의 다져진 흙이 있었음. 흙이 다져진 방식, 토질, 토색, 다져진 흙 안에 포함된 유물을 볼 때, 3차례에 걸쳐 보축된 것으로 보임. 첫 번째 다져진 성벽은 가장 내측에 있음. 바닥의 남은 너비는 6.5m, 정상부 남은 너비는 1.8m, 남은 높이는 3.3m임. 순수한 黃沙土와 황색 점토를 번갈아가며 쌓았고, 간혹 깬돌이 혼입되어 있음. 상부 다져진 층은 명확하고 고르며 두께는 일반적으로 5～10cm이고, 부분적으로 다져진 흔적이 보임. 다져진 토질은 밀도가 높고 견고함. 하부의 토질은 상부와 같음. 다진 두께는 10～20cm 정도로 비교적 두꺼움. 성벽 기단부는 河沙石 위에 축조하였음. 홈(槽)을 파서 기초를 한 흔적은 보이지 않음. 다져진 토층 내부에서 유물은 발견되지 않았음. 두 번째 다져진 성벽은 첫 번째 성벽 외측에 있음. 기단부 너비는 3.5m, 상단부 너비는 2.8m, 남은 높이는 4m임. 외측은 경사진 구릉 모양으로 보축한 것으로 추정됨. 첫 번째 성벽과 긴밀하게 결합됨. 토질에는 비교적 큰 黃沙土가 포함되어 있음. 다진 층은 명확한데, 두께는 10～20cm이고, 간혹 다진 흔적이 보임. 첫 번째 성벽의 다져진 흙에 비해 약간 굵음. 다져진 층은 비교적 순수한데, 소량의 泥質 승문기와편과 목탄이 포함되어 있음. 세 번째 다져진 성벽은 두 번째 성벽 외측에 있음. 기단부 너비는 8m, 윗 너비는 5m, 남은 높이는 4m임. 외측 상부는 2단 계단형이고, 하부는 완만한 구릉 모양임. 다져진 흙은 황갈색 沙土이고, 흑갈색 진흙이 포함되어 있음. 다진 토층은 두 번째 성벽보다 굵고 단단하지 않음. 그 안에는 비교적 많은 유물이 포함되어 있는데, 주로 기와편과 철기 잔편임.

2) 성문

○ 1944년 조사 : 북쪽 작은 토성 동쪽 모서리에서 약 130m 가장자리에 있는 낮은 지대와 북쪽 작은 토성 동벽에서 남쪽 100m 가장자리에 돌출한 네모난 평대를 성문터로 추정한 바 있음(三上次男, 1990).

○ 1979년과 1983년 소형 토성 조사 : 남벽 정중앙의 길이 29m, 너비 8m의 트인 곳을 성문으로 추정함. 트인 곳에는 토층 두께 5cm의 길이 있는데, 남벽의 문길(門道)유적으로 추정하고 있음(徐家國, 1989).

○ 2005년의 소형 토성 조사 : 성문을 발견하지 못함. 성지 북쪽에 개활한 하곡지대가 있는 것으로 볼 때, 성문은 북쪽에 있었을 가능성이 높으며, 남문이 있었을 가능성은 적다고 추정함(李新全·李龍彬, 2006).

○ 2008년의 소형 토성 조사 : 동문과 서문을 발견함. 동문은 동벽 중부에서 북쪽으로 치우친 지점에 위치함. 남은 길이 10.2m, 너비 2.35m, 깊이 1.16m임. 문지 바닥 양측에는 두 줄의 석렬이 있는데, 너비는 0.4m 정도임. 동문 문길에서 문지도리석(門樞石)과 철제 문지도리(鐵門樞套)가 발견됨. 서문지는 서벽 중부에서 남쪽으로 치우친 지점에 위치함. 서문은 길이 10.2m, 너비 3.9m, 깊이 1.85m임. 문지 바닥 양측에는 두 줄

의 석렬이 있는데, 너비는 0.6m임. 성문지 발굴을 통해 성벽의 너비가 10.2m 정도임을 알 수 있었음.

5. 성내시설과 유적

성 내부에서 漢代 및 고구려 기와가 대량으로 출토되고 있는 것으로 보아 건물지가 있었던 것으로 추정됨. 특히 1944년 조사 때 남쪽 큰 토성의 북쪽에 기와편이 집중적으로 분포되어 있었다는 것으로 보아, 그 일대에 중요한 건물터가 있었던 것으로 추정됨(여호규, 1999).

1) 2005년의 북쪽 소형 토성 조사

(1) 온돌(灰坑)만 있는 건물지(H3)
○ 대형 건물지는 발견되지 않고, 온돌(灰坑)만 보임.
○ T1927 남부에 위치함.
○ 입구는 제3층 아래에 있음.
○ 평면은 불규칙한 원형임.
○ 長徑 120cm, 短頸 90cm, 깊이 35cm임.
○ 고래 벽면(坑壁)은 조잡하게 가공되었는데, 폐기된 고래로 추정됨.
○ 암키와 등 건축자재, 시루·분(盆)·호(壺) 등 생활용기가 출토됨.
○ 漢代 건물지로 추정됨.

(2) 성내 동남부 건물지(F1)
○ 입구는 제3층 아래에 있음.
○ 파괴로 인해 동북부만 남아 있는데, 장방형의 반지하식 주거지임.
○ 길이 약 7m, 너비 6m, 깊이 약 20여 m, 방향 176°임.
○ 실내 동북 측에 꺾임식 온돌이 있음. 두 줄의 구들(烟道)은 지면을 직접 파서 고래(溝槽)를 만들었는데, 너비 30cm, 깊이 24cm 정도임. 고래(炕) 위에 깔았던 석판이 일부 남아 있음. 지면은 황갈색이고 약간 단단함.
○ 문은 파괴되어 명확하지 않음.
○ 발(鉢), 호(罐), 철제화살촉이 출토됨.
○ 고구려시기의 건물지로 추정됨.

(3) 성내 중앙에서 동쪽으로 치우친 지점의 건물지(F2)
○ 입구는 제3층 아래에 있음.
○ 장방형으로 동서 길이 9.6m, 남부 너비 4.4~4.7m, 방향 275°임.
○ 북측에 장방형의 온돌이 있고, 온돌 아래에는 두 줄의 구들(烟道)이 있음. 구들 바닥은 서쪽에서 동쪽으로 갈수록 점차 높아짐. 구들은 原地面에 열려져 있음. 구들 西端에는 자갈이 깔려 있는데, 평면은 대체로 타원형에 가깝고, 길이 1.8m, 너비 1.4m, 높이 0.2cm임. 아궁이로 추정됨.
○ 문지는 서벽 중부에 위치하는데, 너비는 1.5m임.
○ 지면은 흑갈색이고, 약간 단단함.
○ 주거지 내부에서는 호(壺), 호(罐), 돌구들(石珠), 철제경(鋌), 동제화살촉 등이 출토됨. 지층에서는 호(壺)·호(罐)·분(盆) 등 토기, 화살촉·못·허리띠고리(帶扣)·문지도리(門樞)·살포(鏟) 등의 철기, 화살촉·帶口·장식구 등의 청동기가 출토됨. 건축자재로는 와당·암키와·수키와 등이 출토되었는데, 와당은 주로 四瓣格界彩繪蓮花文이 주를 이룸.
○ 고구려시기의 건물지로 추정됨.

(4) 성내 북부 건물지(J1)
○ 입구는 제1층 아래에 있는데, 지표까지 10~30cm임.
○ 坐北朝南의 형세를 보여주고, 방향은 5°이고, 평면은 장방형임.
○ 길이 17.3m, 너비 11m임.
○ 동·서·북벽은 벽돌로 벽을 쌓았는데, 현재는 기단부만 남아 있음. 남은 벽돌은 1~2층, 너비는 40cm, 높이는 15cm 정도임.

○ 동벽 길이 11m, 서벽 길이 10.85m, 북벽 길이 17.3m임.
○ 건물지 남부에는 벽이 없는데, 문이 있었던 것으로 추정됨. 북벽 중앙의 길이 1.76m 구간에도 벽돌을 쌓은 흔적이 보이지 않는데, 후문이 있었던 것으로 추정됨.
○ 건물지 안에 두 줄의 돌무지가 배열되어 있는데, 각 줄마다 일정한 간격으로 4개의 돌무지가 있음. 두 줄 사이의 거리는 5.8~6.1m이고, 각 줄의 돌무지와 돌무지 사이의 거리는 3~4m임. 이러한 돌무지는 기둥 초석의 基部로 추정됨.
○ 북벽 외측에는 대량의 기와가 퇴적되어 있는데, 암키와, 수키와, 수면문 와당, 암막새 등이 출토됨. 서벽 부근에서는 獸首形 건축자재가 발견됨. 건물지 내에서는 유물이 발견되지 않았음.
○ 건물지의 면적이 넓고 남부에 벽을 쌓지 않는 것으로 보아, 주거지가 아닌, 사당과 같은 건물로 추정됨(李新全·李龍彬, 2006).
○ 건물지는 遼·金시대에 축조된 것으로 추정됨(李新全·李龍彬, 2006).

2) 2006년의 북쪽 소형 토성 조사
○ 제3층 아래에서 대형 건물지와 주위가 통로(甬路)로 조성된 高臺 건물지를 발견하였는데, 모두 제4층을 파괴함.
○ 통로(甬路)는 모두 6개 구간이 발견됨. 5구간은 강자갈을 깔아 만들었고, 나머지 한 구간은 깬 기와를 세워서 만듦. 너비는 최대 60~70cm임. 모두 황토로 다졌고 양 가장자리는 편평하고 잘 다듬은 막돌 혹은 깨진 기와를 둘렀음. 노면은 평평하고 정연하게 깔아져 있음.
○ 성내 동남부 제2층 아래에는 건물지와 재구덩이(灰坑)가 있음. 건물지는 온돌 설치 방법에 따라 두 종류로 나눌 수 있음. 첫 번째는 석판을 세워 구들(烟道)을 2줄 또는 3줄로 설치한 건물지임. 이러한 종류의 온돌은 6개가 발견되었는데, 주로 성 내부 동남쪽에 분포함. 두 번째는 흙고래구들(土炕烟道)로 지면에 고래를 파서 2줄 설치한 것임. 건물지 평면은 장방형이고, 반지하식임. 이러한 형태의 건물지는 주로 성내 동남부에 분포하고 있음. 그 외 북부에도 약간 분포함. 판석을 세워서 만든 구들을 갖춘 건물지가 흙고래구들을 갖춘 건물지보다 이른 것으로 추정됨(熊增瓏, 2007). 재구덩이(灰坑)는 모두 12기가 발견되었는데, 圓角方形, 원형, 타원형 등이 있음.

(1) 2호 대형 건물지(J2)
○ 다져진 土臺 위에 위치한 高臺 건물지로 평면은 장방형임.
○ 파괴로 인해 전체범위가 명확하지 않은데, 길이 13.6m, 너비 8.5m, 황토벽 너비 1.1m임.
○ 土臺를 조성하기 위해 다진 흙은 황색이고, 재질은 비교적 단단하며, 다져진 층위가 명확하게 남아 있음.
○ 土臺 위에 4열의 건물초석(柱礎)이 발견되었음. 보존이 양호한 열에는 7개의 초석이 있고, 초석의 간격은 1.1m 정도임. 현재 1열이 남아 있는데, 파괴되고 풍화되면서 높이가 다름. 모두 다져진 흙 속에 묻혀 있는데, 暗礎로 추정됨.
○ 土臺 위에는 자갈을 깔아 만든 통로(甬路)가 있음.
○ 남벽 중앙에서 서쪽으로 치우친 지점에 3개의 立石이 있는데, L4와의 거리는 1m임. 立石은 길이 1.2m, 너비 0.2m임. L4에서 건물로 통하는 계단으로 추정됨.
○ 건물지 주위에 대량의 기와편이 흩어져 있는데, 연화문 와당과 '千秋萬歲'명 와당도 발견됨.
○ 模製의 泥質 회색 四界格蓮花文 와당이 출토되었는데, 윗면에 朱色이 칠해져 있음. 魏·晉시기의 유구에서 출토되었는데, 모두 다져진 土臺 범위 내에서 나옴.

(2) F5 건물지
○ 평면은 圓角方形으로 반지하식 건물지임.
○ 석판을 세워 구들(烟道)을 만들었음.

○ 호(罐), 호(壺), 옹(瓮), 동제화살촉, 철기 등이 출토됨.

(3) F7 건물지
○ 평면은 장방형으로 반지하식 건물지임.
○ 흙고래구들(土炕烟道)을 갖추고 있는데, 지면에 고래(溝槽)를 파서 설치함. 炕면에는 석판을 깔았는데, 비교적 정연함.
○ 호(壺), 호(罐), 돌구슬(石株), 철제鋌, 동제화살촉 등이 출토됨.

3) 2007년의 소형 토성 조사
官署 건물은 성내의 서북부에 분포되어 있고, 생활건물은 성내의 동남부에 분포하고 있음. 魏·晋시기의 건축 배치를 이해하는데 중요한 자료를 제공함.

(1) 대형 판축(夯土) 건물지
○ 성내 동북부에 위치함.
○ 기단부의 잔존 상태가 양호하지 않음.
○ 건물지는 황색점토로 다졌는데, 토질은 단단함.
○ 건물지 남·서·북 3면에서 강자갈을 깔아 설치한 배수(散水) 유구를 발견하였는데, 보존상태는 양호하지 않음. 이 유구를 통해 건물지의 남북 너비는 8m이고, 동서 노출된 길이는 18m이며, 건물지가 배수 유구보다 10~20cm 정도 높음을 알 수 있음.
○ 북단의 배수 시설은 內·外 2줄로 이루어져 있음. 서측 배수 시설은 후대의 유적에 의해 파괴되면서 南端만 남아 있는데, 남은 길이는 2.5m임. 남측 배수시설의 東端은 결실되었고, 남은 길이 3.5m, 남은 너비 0.4m 정도임. 서·남 양측 배수시설은 臺基 서남 모서리에서 수직으로 연결되어 있음.
○ 건물지 가장자리와 중간 부분에 礎石이 분포하고 있는데, 대부분 자연석임.
○ 건물지의 남부 가장자리 중간에는 동서 길이 5m, 남북 너비 1.5m의 방형 벽돌이 깔아진 바닥이 남아 있는데, 벽돌에는 무늬가 없음.
○ 건물지 가장자리와 배수시설 내측에는 대량의 기와와 와당이 흩어져 있음. 북부는 두께가 10여 cm에 달하고, 배수시설은 주로 무너진 기와퇴적 아래에서 발견됨.

(2) 주거지(房址)
○ 주거지는 주로 성내 동남부에 분포되어 있음.
○ 평면은 圓角 方形으로 모두 반지하식임.
○ 주거지 안에는 온돌시설이 있음. 온돌의 고래는 두 가지 형태가 있음. 첫 번째는 土洞式으로 위에는 석판을 덮었고, 일반적으로 房址 북쪽에 설치됨. 두 번째는 석판을 세워서 만든 구들로 위에는 석판을 덮었고, 일반적으로 주거지의 동부나 남부에 있음.
○ 거주면은 灰土를 편평하게 깔았는데, 지면은 비교적 견고함.
○ 문은 명확하지 않음.
○ 호(罐), 호(壺), 옹(瓮), 철기 등이 출토됨.

4) 2008년의 소형 토성 조사

(1) 天井式 건물지
○ 성 내부의 중부에 위치함.
○ 건물지는 평면이 장방형으로 길이 14.2m, 너비 11.3m임.
○ 건물지 주위에는 강자갈이 깔려진 배수(散水) 시설이 설치되어 있음. 배수 시설은 너비 0.65~0.8m임. 배수 시설은 세 차례에 걸쳐 축조한 흔적이 있고, 겹겹이 쌓여 있거나 평행하게 분포하고 있음. 강자갈을 깔아 만든 배수 시설은 성내 북부 여러 곳에 분포하고 있음.
○ 배수 시설 바깥쪽에서 거칠게 다듬은 형태의 柱礎石이 발견되었는데, 파괴가 심하여 건축의 구조를 명확하게 알 수 없음.
○ 건물지 부근에서 기와편, 연화문 와당, '千秋萬歲'

명 와당이 발견됨.

(2) 우물

天井式 건물지의 서남 모서리에서 우물이 발견됨.

6. 출토유물

1941년 이래 漢代 토기편, 와당, 기와편을 비롯하여 고구려시기의 붉은색 기와편이 많이 발견되었음.

1) 1944년 조사
1944년 조사 때에는 기와편이나 토기편을 쌓아 놓은 더미가 성 내부에서 확인되었는데, 남쪽 큰 토성 북쪽에 조밀하게 분포되어 있었고, 일부는 밭귀퉁이에 높이 퇴적되어 있었음.

2) 1979년·1983년 조사
1979년 4월, 벽돌공장에서 성 남부 양측의 흙을 파서 가져갈 때, 많은 암·수키와 잔편, 운문와당, 무늬가 없는 회색의 호(罐)·발(鉢)·분(盆)·시루(甑)·솥(鼎)·두형토기(豆) 잔편, 紅燒土, 木炭, 建築卵石, 五銖錢 잔편, 부식이 심한 철기잔편 등이 출토됨.

(1) 토기

성 안에서 출토된 토기는 물레로 제작함. 대부분 회색이고, 泥質로 제작함. 수성온도는 높음. 동체부(腹部)가 둥그스름하고 바닥이 평평한 형태의 토기가 가장 많이 출토됨.

① 호 1 (罐)
○ 출토지 : 新賓 永陵鎭古城 북벽 바깥.
○ 크기 : 口 직경 21cm, 높이 36cm, 바닥 직경 20cm.
○ 형태 : 口는 작음. 구순은 외반됨. 頸은 짧음. 肩은

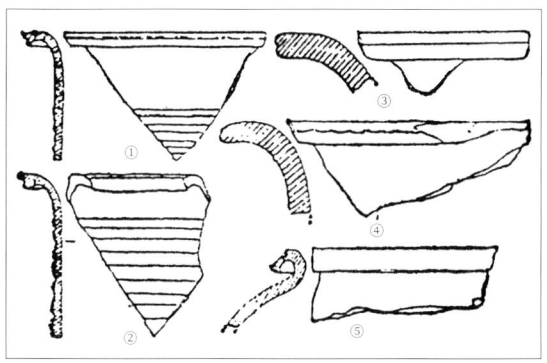

그림 6 永陵鎭古城 출토 토기(徐家國, 1989, 1050쪽)
1·2. 분(盆)   3·4. 옹(瓮)   5. 호(罐)

둥그스름함. 깊은 바리(深腹)임. 바닥은 평평함. 肩部에는 水波文이 있음.
○ 태토 및 색깔 : 泥質의 회색토기.

② 호 2 (罐, 그림 6-5)
○ 출토지 : 新賓 永陵鎭古城.
○ 크기 : 口 직경 21cm, 높이 36cm, 바닥 직경 20cm.
○ 형태 : 구순은 꺾이고 둥그스름함. 頸은 짧음.
○ 태토 및 색깔 : 泥質의 회색토기.

③ 옹 1 (瓮, 그림 6-3·4)
○ 출토지 : 新賓 永陵鎭古城.
○ 형태 : 구연은 평평하고 밖으로 외반됨. 肩部에 旋文 혹은 가는 승문이 있는 옹이가 있고, 무늬 없는 옹도 있음.

④ 옹 2 (瓮)
○ 출토지 : 新賓 永陵鎭古城.
○ 형태 : 2006년 조사 때 글자가 새겨져 있는 옹이 출토되었는데, 예서체로 '徐道林甕'이라고 새겨져 있음.

⑤ 반 (盤, 그림 6-1·2)
○ 출토지 : 新賓 永陵鎭古城.
○ 형태 : 구순은 대체로 외반됨.

○ 태토 및 색깔 : 泥質의 회색토기.

(2) 기와

○ 漢式 및 고구려계의 기와가 출토됨.
○ 북벽 바깥에서 二道河子의 수해로 말미암아, 적지 않은 옅은 홍색의 승문 암·수키와편이 출토되었음.
○ 와당은 複線을 구획한 고구려의 연화문 와당과 차이가 있고 漢式의 특징이 있음(高橋匡四郞, 1941).

① 雲文 半瓦當
○ 출토지 : 新賓 永陵鎭古城.
○ 형태 : 12점이 출토됨. 보존이 양호한 와당은 드물고 대부분 파손됨. 두 형식으로 나눌 수 있음. 1式은 三旋韻文이 있는 와당임. 當面 윤곽은 비교적 너비가 넓음. 當心에는 둥근 乳頭가 돌출되어 있음. 雙線이 當面을 두 구역으로 나누고 있는데, 각 구역마다 각각 三旋韻文 두 송이가 있음. 직경은 17cm임(그림 7-2). 2式은 羊首雲文이 있는 와당임. 文式은 1식과 같으나, 각 구역에 각각 羊首雲文 1송이가 있다는 점에서 다름. 직경은 15cm임. 半瓦當에 딸려 있는 수키와의 전체 길이는 약 43cm임(그림 7-1).

② 雲文 瓦當
○ 출토지 : 新賓 永陵鎭古城.
○ 크기 : 직경 16cm.
○ 형태 : 5점이 출토됨. 파손됨. 當面 윤곽은 비교적 너비가 좁음. 雙線으로 瓦當面을 네 구역으로 나누고 있는데, 각 구역에는 두 송이의 운문이 대칭하고 있음. 두 송이의 운문 사이에는 花葉이 있음.

③ 花瓣文 瓦當
○ 출토지 : 新賓 永陵鎭古城.
○ 크기 : 직경 12.2cm.
○ 형태 : 6점이 출토됨. 파손됨. 當面 윤곽은 비교적

그림 7 永陵鎭古城 출토 와당(徐家國, 1989, 1049쪽)

너비가 좁음. 當心에는 둥근 乳頭가 돌출되어 있음. 쌍선이 와당면을 네 구역으로 나누고 있고, 각 구역에는 花瓣이 있음.

④ 文字 瓦當
○ 출토지 : 新賓 永陵鎭古城.
○ 형태 : 1점이 출토됨. 파손됨. 當面 윤곽은 비교적 너비가 좁음. 雙線이 瓦當面을 네 구역으로 나누고 있음. 글자흔적이 희미하여 정확히 어떤 글자인지 알 수 없음.

⑤ 수키와
○ 출토지 : 新賓 永陵鎭古城.
○ 크기 : 길이 38cm.
○ 형태 : 바깥에는 얇은 승문이 펼쳐져 있고, 안에는 포문이 박혀져 있음.

⑥ 암키와
○ 출토지 : 新賓 永陵鎭古城.
○ 형태 : 10점이 출토됨. 바깥에는 굵은 승문이 펼쳐져 있고, 안에는 포문이 박혀져 있음. 완형인 암키와는 길이 37cm, 너비 25cm임. 集安과 撫順지역의 산성에서 출토된 기와와 같은 계열인 고구려식 평기와임(高

高橋匡四郞, 1941).

(3) 벽돌

① 벽돌
○ 출토지 : 新賓 永陵鎭古城.
○ 크기 : 길이 44cm, 남은 너비 27cm, 두께 4.5cm.
○ 형태 : 3점이 출토됨. 模製임. 벽돌면은 매끄러움. 회색의 벽돌은 譽ヶ岡에서 출토된 漢式 벽돌과 같은 계열임(高橋匡四郞, 1941).

3) 2004년 조사
○ 건축자재와 생활용구가 주로 출토됨.
○ 건축자재로는 암키와, 수키와, 와당이 출토됨. 수키와는 정면에 대부분 壓印雲雷文, 릉격문이 있고, 배면에는 대부분 승문이 있음. 수키와는 정면이 승문이고, 배면에는 포문이 펼쳐져 있음. 와당은 비교적 적게 출토되었는데, 연화문과 수면문이 있음.
○ 토기로는 호(壺), 분(盆), 시루(甑), 호(罐), 구슬(球) 등이 출토됨.
○ 출토된 장경호는 부여의 호(壺)와 일치하고 있음(呂學明, 2005).

4) 2006년 조사
○ 제3층에서 출토된 유물이 비교적 풍부한데, 기와·토기·철기·청동기 등이 출토됨.
○ 청동기로는 銅錢范이 출토됨.
○ 출토된 와당은 주로 채색된 四界格連花文와당이고, 그 외에 권운문 와당, '千秋萬歲'명 와당 등이 있음. 암키와는 주로 泥質의 홍색·회색임. 수키와는 대부분 泥質의 회색임.

5) 2007년 조사
성내 동북부 대형 판축(夯土)건물지 가장자리와 배수(散水)시설 내측에서 기와와 와당이 출토됨. 암키와는 비교적 큰데, 길이 50cm, 너비 37cm임. 제작방법에는 두 가지가 있음. 첫 번째는 手製로, 안에는 무늬가 없거나 혹은 정격자문·릉격문·斜方格文 등이 보이고, 배면은 2/3가 凸稜文이고, 나머지는 繩文임. 두 번째는 模製로, 배면에는 승문을 장식한 후 약 2/3는 손가락을 문질러 음각선문을 만들었고, 내측에는 拍印方格文, 릉격문, 斜方格文 등이 조합됨. 수키와의 경우 내면은 포문, 외면은 승문 혹은 素面임. 와당은 문자와당과 도안와당으로 나눌 수 있음. 문자와당은 雙線이 와당을 네 부분으로 나누고 있고, 篆書體로 '千秋萬歲'라는 글자가 새겨져 있음. 當心에는 원형 乳突이 있음. 일부 '千'자의 새부리에 작은 물고기가 있는데, 비늘이 명확하게 보임. 도안와당은 雙線으로 와당을 네 부분으로 나누고, 當心에 원형 乳突이 있는 연화문 와당임. 와당표면에는 모두 朱色이 칠해져 있음.

6) 2008년 조사
○ 연화문 와당, '千秋萬歲'명 와당, 토기, 철기 이외에 漢代와 청동기시대의 유물이 발견됨.
○ 청동기시대의 유물로는 주로 모래혼입 홍갈색 토기가 출토됨. 구연이 삼각형이고 橫橋耳가 있는 두형토기(鬲), 橫橋耳斜直腹假圈足의 호(罐), 假圈足의 折腹罐 등이 있음. 이러한 토기들은 撫順지역 청동기문화의 특징들을 갖추고 있음.
○ 철기로는 주로 생산도구가 출토되었는데, 보습(犁鏵)·철제자귀(锛), 철제삽(鍤), 철제낫(鎌) 등이 있음. 아울러 鐵锛窖藏도 발견됨
○ 청동기로는 鐵鋌銅鏃이 주로 출토되었고, 일부 銅鏡 잔편이 출토됨.
○ 漢代 토기는 분(盆), 시루(甑)가 주를 이루고 있음. 토기 구연부에는 승문, 동체부 상부에는 瓦楞文, 동체부 하부와 저부에는 승문이 있음. 와당은 주로 雲文이 있는 半瓦當임.

○ 前漢시기의 五銖錢과 王莽시기의 화폐가 출토됨.
○ '高句驪丞'이라고 적힌 것으로 추정되는 封泥가 발견됨.

7. 역사적 성격

1) 축조시기와 역사지리 비정

영릉진고성 일대는 遼東平原에서 蘇子河를 거쳐 渾江 유역으로 진입하거나, 渾江 유역에서 蘇子河를 거쳐 遼東平原으로 나아갈 때 반드시 거쳐야 하는 지역임. 영릉진고성의 형태나 규모, 출토유물로 보아 북쪽과 남성 모두 漢代城임은 명확함. 이에 영릉진고성은 20세기 전반 이래 한의 第2玄菟郡 치소로 비정함(高橋匡四郞, 1941).

특히 북쪽 토성은 규모가 작다는 점에서 第2玄菟郡의 首縣인 高句麗縣의 縣治로 비정하고, 남쪽 토성은 규모가 크고 유물은 종류와 양 모두 많이 출토되었으며 와당과 수키와가 출토되었다는 점에서 第2玄菟郡의 郡治로 추정함(徐家國, 1984 ; 三上次男, 1990). 2008년에 부쪽의 소형 토성에서 '高句驪丞'이라 적힌 것으로 추정되는 封泥가 발견된 사실은(李新全·蘇鵬力, 2008) 이러한 가능성을 더욱 높여줌.

그런데 1979년과 1983년의 발굴 결과를 종합하면서 永陵鎭古城은 2개의 성이 아닌 하나의 성이라고 보기도 함. 즉 성터가 경작지로 개간되는 과정에서 중앙 부분이 210m 정도 절단되었기 때문에 남북 2개의 성으로 보였다는 것임(徐家國, 1989). 이에 대해 북쪽 부분과 남쪽 부분의 동서 너비가 너무 달라 양자를 연결하기 어렵고, 남벽의 開口部가 북벽에 보이는 낮은 지대를 가리킨다고 하면 성벽의 위치 전체에 대한 이해가 어긋나게 된다는 의문을 갖고, 小城과 大城이 별도로 존재했을 가능성, 小城이 확장되어 大城이 되었을 가능성도 남겨 두어야 한다고 보기도 함(田中俊明, 1994).

영릉진고성의 축조시점에 대해서는 대체로 前漢시기에 축조되어, 고구려 혹은 그 이후까지 개축되며 사용된 것으로 파악됨(徐家國, 1989 ; 呂學明, 2005). 玄菟郡의 변천과정을 고려할 때, 永陵鎭古城은 第1玄菟郡이 句驪의 서북방면 곧 永陵鎭 일대로 쫓겨난 시점인 기원전 75년경에 第2玄菟郡의 治所로 축조되어, 1세기 말~2세기 초경 第2玄菟郡이 渾河 방면으로 쫓겨날 때까지 사용되다가, 2세기 이후에는 고구려가 재사용한 것으로 추정됨(田中俊明, 1994 ; 여호규, 1999).

2) 지정학적 위치와 성곽의 성격

고구려의 발상지인 桓仁과 蘇子河 사이의 교통로는 六道河 - 橫道河子 隘口 - 岔路溝의 桓仁 서북로와 富爾江 - 蘇子河 상류의 桓仁 동북로 등을 설정할 수 있는데, 두 갈래의 교통로는 永陵鎭 일대에서 합쳐져서 蘇子河 하류를 거쳐 遼東平原으로 나아가게 됨. 永陵鎭 일대는 고구려의 발상지인 압록강 중류일대의 서북방면에 위치해 있으면서 蘇子河 연안 전체에서 중요한 전략적 요충지인 것임. 전략적 요충지인 永陵鎭 일대에 위치한 永陵鎭古城의 문화층을 분석해 볼 때 永陵鎭古城은 漢이 축조하였고, 고구려가 장기간 재사용하였던 것으로 추정됨.

다만 永陵鎭古城은 漢代의 평지성으로서 방어상 상당한 취약점을 안고 있었음. 특히 第2玄菟郡이 渾河 방면으로 쫓겨난 다음, 중국의 군현세력은 渾河 南岸의 第3玄菟郡을 출발하여 渾河·蘇子河 연안로를 따라 고구려를 침공하였는데, 이 때 고구려 중심부로 들어가는 진입로에 해당하는 蘇子河 연안이 주요 격전지가 되었을 것으로 추정됨. 3세기 중반 魏 毌丘儉 침공시나 4세기 중반 前燕 慕容皝 침공시의 전황은 이를 잘 보여줌. 고구려 후기의 唐軍도 渾河 북안의 新城(撫順 高爾山城)을 점령한 다음 南蘇城, 木底城, 蒼巖城 등 蘇子河 연안의 고구려성을 공격하였던 것으로 파악됨.

　이에 고구려는 1세기 말~2세기 초경 第2玄菟郡을 渾河방면으로 구축한 뒤, 郡治였던 永陵鎭古城을 蘇子河 연안의 거점성으로 계속 사용하는 한편, 방어상의 취약점을 보완하기 위해 다양한 대책을 수립하였을 것으로 추정됨. 당시 고구려와 대적하던 중국측 세력은 주로 서북방면에서 蘇子河를 거슬러 고구려를 공격하였음. 그런데 永陵鎭古城은 蘇子河 南岸에 위치하여 蘇子河를 서북방면에서 침공하던 적군을 저지하는 천연해자로 이용할 수 있었지만, 二道河子는 동쪽에 위치하여 천연해자로 활용할 수 없었을 뿐 아니라, 오히려 방어상 불리한 측면을 제공하였음.

　이러한 점에서 永陵鎭古城 동남쪽 二道河子 東岸에 위치한 費阿拉城이 주목됨. 즉 고구려는 第2玄菟郡의 郡治였던 永陵鎭古城을 점령한 다음, 방어상의 취약점을 보완하기 위해 왕도였던 卒本지역이나 國內지역에서처럼 평지성·산성의 방어체계를 구축하였을 가능성이 높다고 추정됨. 또한 永陵鎭古城 북쪽인 草蒼河溝 골짜기의 羅家堡山城과 頭道砬子山城, 夾河溝골짜기의 三道堡東山城, 서쪽인 煙筒山 북사면에 위치한 溫家窯山城과 阿伙洛村山城 등은 永陵鎭古城에서 불과 5~10km 정도 거리일 뿐 아니라 둘레가 200m 안팎인 소형산성이라는 점에서, 永陵鎭古城 또는 費阿拉城의 위성산성으로 추정됨(여호규, 1999).

참고문헌

- 稻葉巖吉, 1939, 「興京二道河子舊老城」, 『滿洲史學』 3-2.
- 高橋匡四郎, 1941, 「蘇子河流域に於ける高句麗と後女眞の遺跡」, 『建國大學研究院研究期報』 2, 建國大學研究院.
- 徐家國, 1984, 「漢玄菟郡二遷址考略」, 『社會科學輯刊』 1984-3.
- 徐家國, 1989, 「遼寧新賓縣永陵鎭漢城址調査」, 『考古』 1989-11.
- 三上次男, 1990, 「東滿風土雜記」, 『高句麗と渤海』, 吉川弘文館.
- 田中俊明, 1994, 「高句麗の興起と玄菟郡」, 『朝鮮文化研究』 1.
- 여호규, 1999, 『高句麗 城』 Ⅱ, 國防軍史研究所.
- 呂學明, 2005, 「新賓縣永陵漢代城址」, 『中國考古學年監』, 文物出版社.
- 李新全·李龍彬, 2006, 「新賓縣永陵漢城址」, 『中國考古學年監』, 文物出版社.
- 熊增瓏, 2007, 「新賓縣永陵南城址」, 『中國考古學年監』, 文物出版社.
- 李新全·蘇鵬力, 2008, 「新賓縣永陵南城址」, 『中國考古學年監』, 文物出版社.
- 國家文物局, 2009, 『中國文物地圖集』 遼寧分冊, 西安地圖出版社.
- 李新全·蘇鵬力, 2009, 「撫順市新賓永陵南城址」, 『中國考古學年監』, 文物出版社.

03 신빈 비아랍성
新賓 費阿拉城 | 佛阿拉城 | 二道河子舊老城

1. 조사현황

省文物保護單位로 지정됨.

1) 1939년 조사
○ 조사자 : 稻葉巖吉, 高橋匡四郎 등.
○ 조사내용 : 淸太祖 누르하치가 赫圖阿拉城으로 도성을 옮기기 전 費阿拉城에 거주했던 때 조선의 申忠一이 費阿拉城을 방문하고 남긴 原文原圖를 기본으로, 탐사·발굴하고 그 개략적 보고서를 작성함. 原文原圖의 해설은 稻葉巖吉, 실제 발굴보고는 高橋匡四郎이 담당함.
○ 발표 · 稻葉巖吉, 1939, 「興京一道河子舊老城」, 『滿洲史學』 3-2.

2) 1941년 조사
○ 조사자 : 高橋匡四郎, 渡邊三三 등.
○ 발표 : 高橋匡四郎, 1941, 「蘇子河流域に於ける高句麗と後女眞の遺跡」, 『建國大學研究院研究期報』 2, 建國大學研究院.

3) 1979년 조사
○ 조사자 : 鐵玉欽, 瀋長吉(이상 瀋陽故宮博物院).
○ 조사내용 : 시굴 등 여러 차례 조사를 진행함.

4) 1986년 조사
○ 조사기간 : 1986년 8월 15일.
○ 조사자 : 細谷良夫 등.
○ 조사내용 : 현지를 답사하고 간략한 보고서를 작성함.

5) 1987년 조사
○ 조사기간 : 1987년 10월 13일.
○ 조사자 : 細谷良夫 등.
○ 조사내용 : 현지를 답사하고 간략한 보고서를 작성함.

6) 2000년대 조사
○ 조사자 : 肖景全, 鄭辰.
○ 조사내용 ; 성 안에서 고구려시기의 유적과 유물을 찾지 못함.

2. 위치와 자연환경 (그림 1 ~ 그림 4)

1) 지리위치
○ 新賓縣 永陵鎭 二道河村 동남쪽 1km 지점에 위치함. 永陵鎭 일대는 동부 산간지대의 협곡 작은 평지 안에 위치하고 있는데, 사방이 산으로 둘러싸여 있고 蘇子河 양안에는 좁고 기다란 충적평지가 펼쳐져 있는 등, 蘇子河 일대에서는 전략적으로 매우 중요한 요충지임. 費阿拉城은 바로 작은 평원의 남단에 위치함.
○ 산성 서북쪽에 二道河子村이 있고, 산성 서쪽 아래

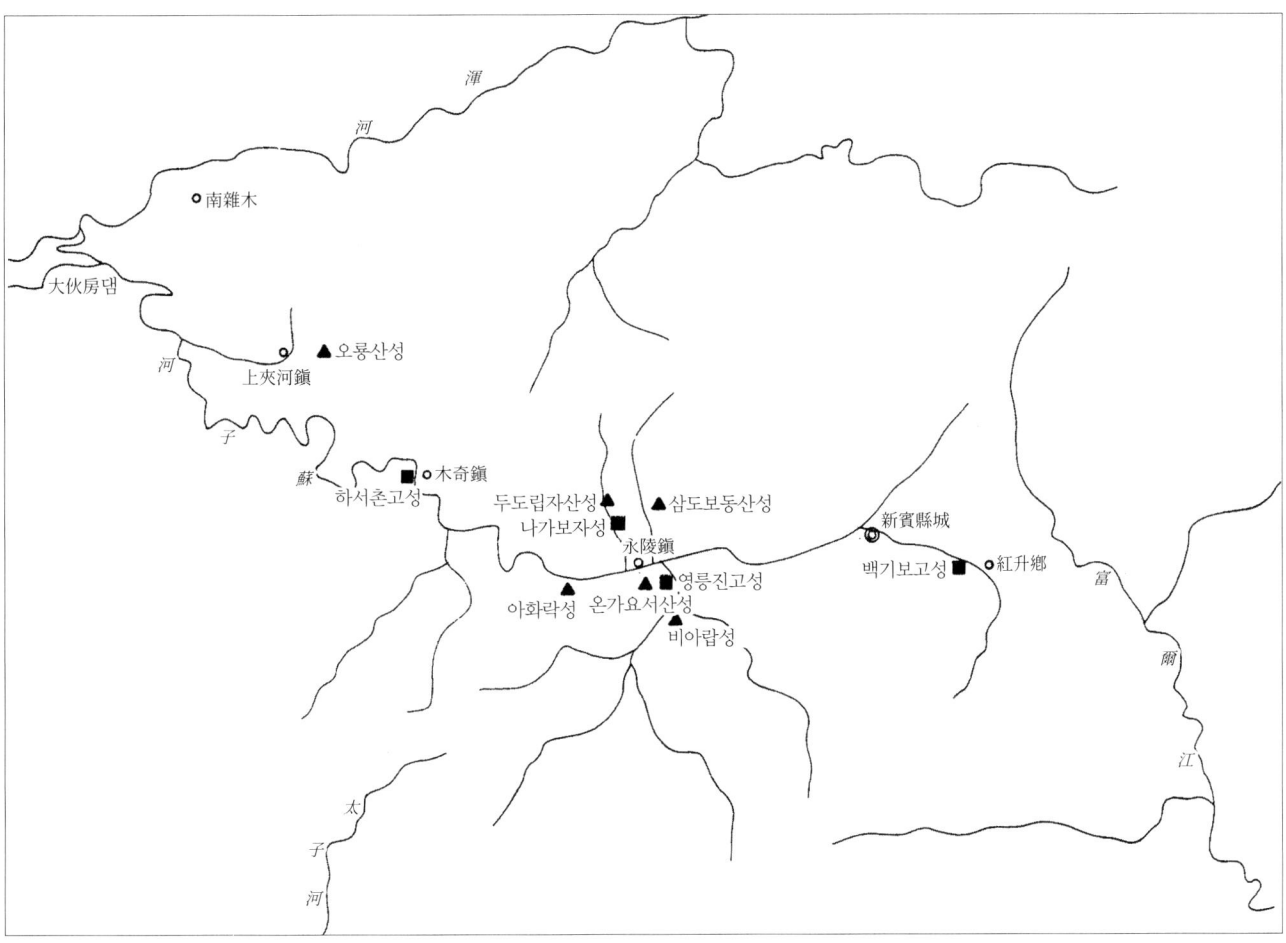

그림 1 費阿拉城 위치도 1(여호규, 1999, 74쪽)

도 相仁-永陵鎭 노로가 지나가고 있음. 성의 서남쪽으로 약 2.5km 지점에 楡樹鄕이 있는데, 이곳에는 고구려 적석묘가 많이 분포함.

○ 북쪽으로 4km 떨어진 지점에 赫圖阿拉城이 있고, 다시 북쪽 蘇子河 건너편에는 新賓 潘陽 도로가 지나가고 있음.

○ 서북쪽으로 4km 떨어진 二道河子 西岸에 永陵鎭 古城이 있음.

2) 자연환경

○ 성 남쪽으로는 哈爾薩山이 접해 있고, 동쪽으로는 鷄鳴山이 접해 있으며, 서쪽으로는 呼蘭哈達(지금의 煙筒山)이 있는 등 3면이 天然屛障으로 둘러싸여 있음. 동북 기슭에는 黃土崗子河(옛 명칭은 首里口河)가 북쪽으로 흐르고, 서쪽에는 二道河(옛 명칭은 夾哈河)가 동북쪽으로 흐름. 二道河는 산성 북쪽 약 2km 지점에서 黃土崗子河와 합류하여 蘇子河로 유입됨. 산성의 남쪽-동남쪽 기슭에는 夏家河(옛 명칭은 里加河)가 동북쪽으로 흘러 黃土崗子河로 유입됨. 費阿拉城은 동·남·서 세 면이 산으로 둘러싸여 있고, 서북 방면이 개울과 강으로 가로막힌 천혜의 요새지임.

○ 성의 동남쪽은 3개의 높은 봉우리가 있는 산등성이임. 여기에서부터 서북·서·북·동북쪽에 네 줄기의 支脈이 뻗어 있음. 외측의 支脈 두 줄기는 급하고 가파른

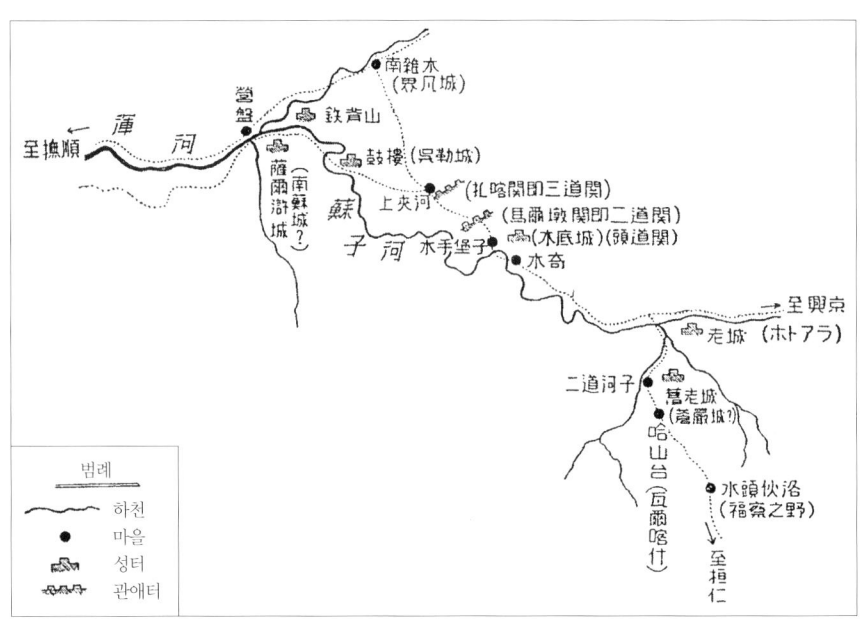

그림 2 費阿拉城 위치도 2
(高橋匡四郎, 1941, 55쪽)

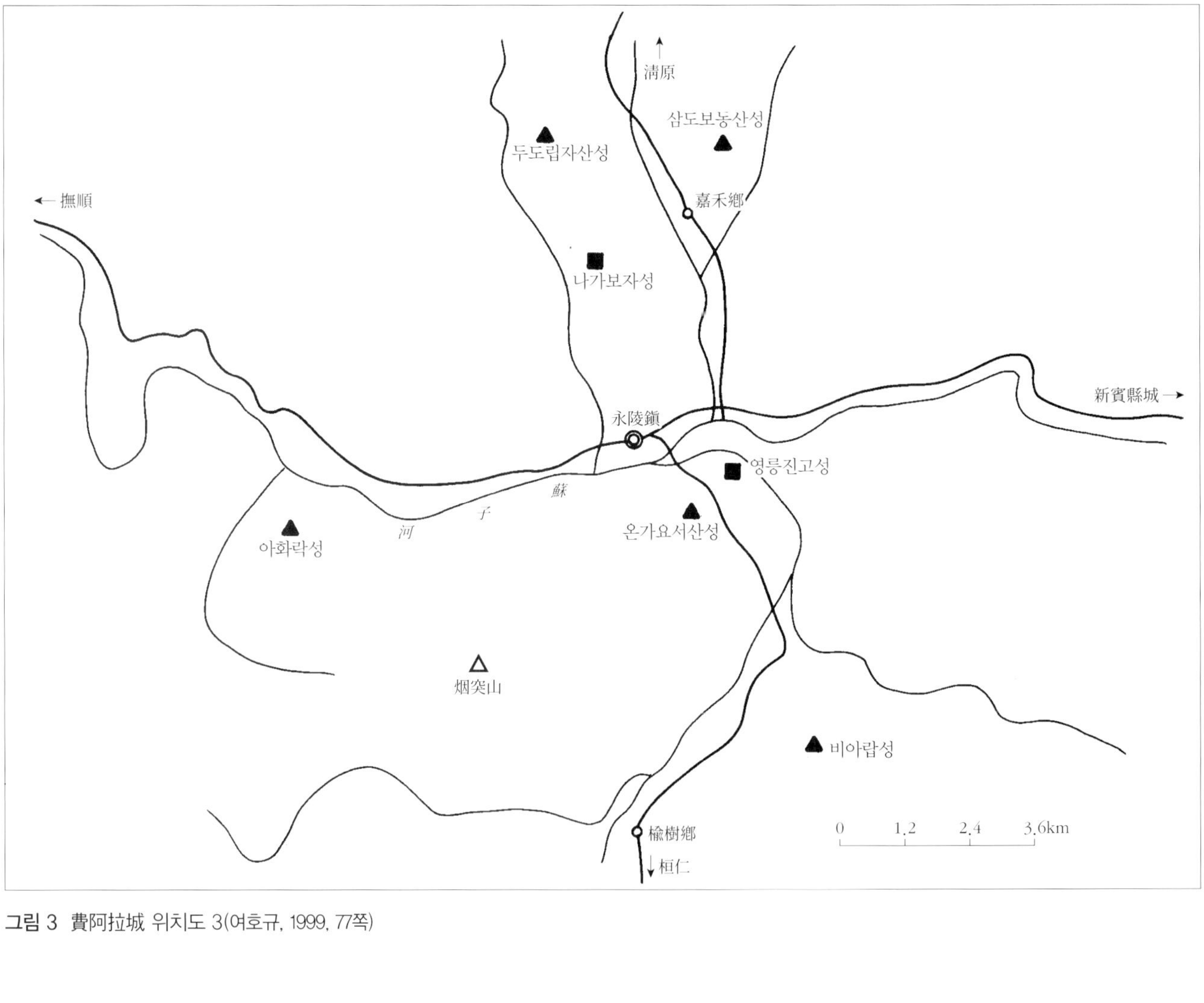

그림 3 費阿拉城 위치도 3(여호규, 1999, 77쪽)

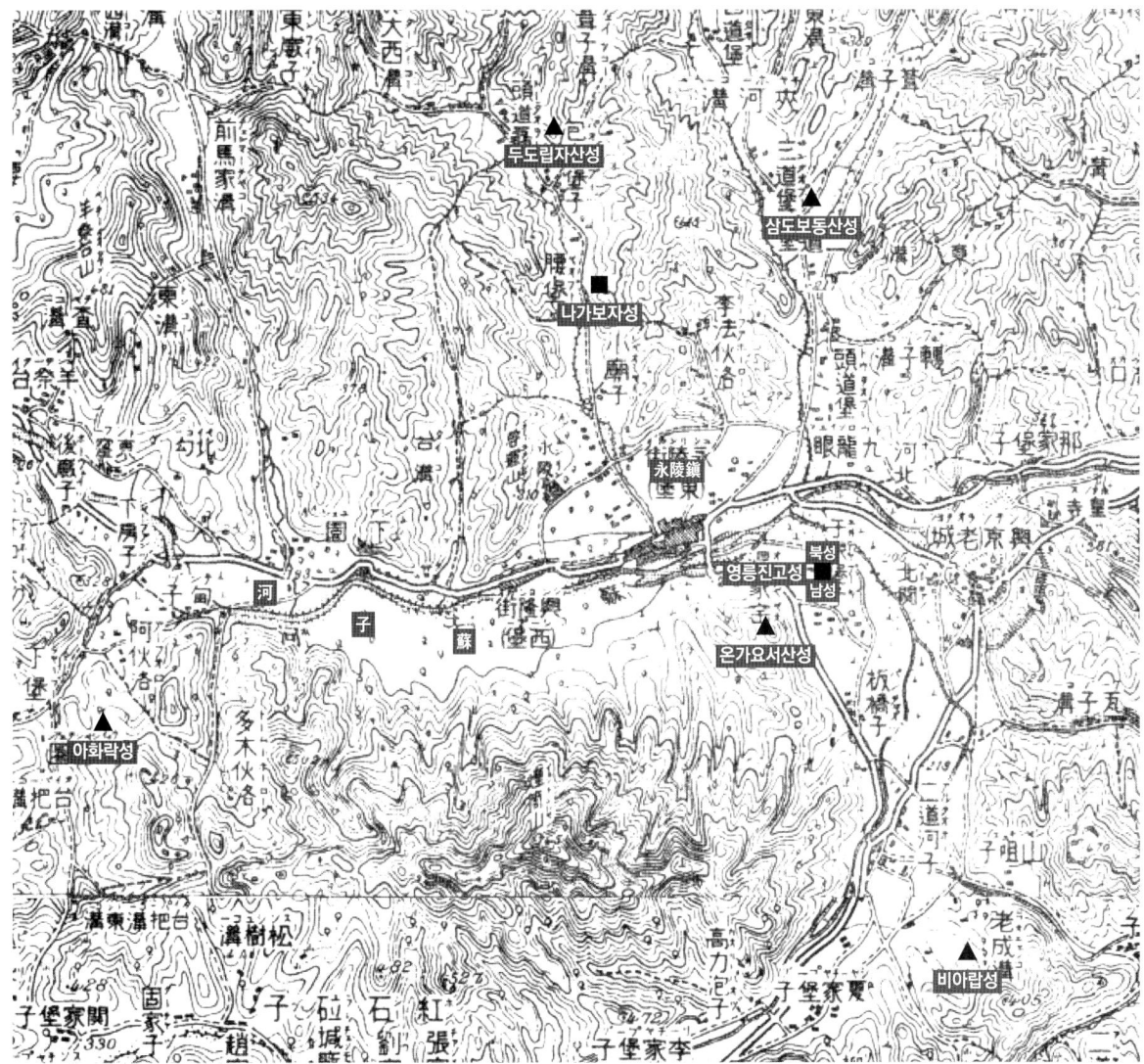

그림 4 費阿拉城 주변 지형도(滿洲國 10만분의 1 지형도)

반면, 내측의 支脈 두 줄기는 완만하고 넓어서 궁전 혹은 주택지가 자리 잡기에 적합함. 각 支脈의 골짜기는 넓어서 지역주민이 통로로 이용되고 있음.

3. 성곽의 전체현황(그림 5~그림 7)

○ 費阿拉城은 佛阿拉城이라고도 부름. '佛阿拉'은 滿洲語인데, '佛'은 漢語로 '陳舊'라는 뜻이고, '阿拉'은 낮은 혹은 평평한 山崗을 의미함. 즉 佛阿拉城은 '舊城'이란 의미를 가지고 있음. 1621년 4월 後金은 遼陽으로 천도하였고, 8월에는 東京城을 축조하였는데, 그 이후부터 赫圖阿拉城은 舊城, 佛阿拉城은 老城이라고 불렀음.

○ 費阿拉城은 外城과 內城으로 이루어져 있음(撫順市社會科學院, 1994;國家文物局, 2009). 外城은 서문에서 南衛壁에 이르고, 內城은 外城의 동벽 중단에서 시작하여 外城 북벽과 哈爾薩山 서북쪽 산등성이를 따라 外城 남벽 중단에 이르는 구간에 축조되었음. 한편 일본측 보고서에서는 外城과 內城 외에 外城 서북

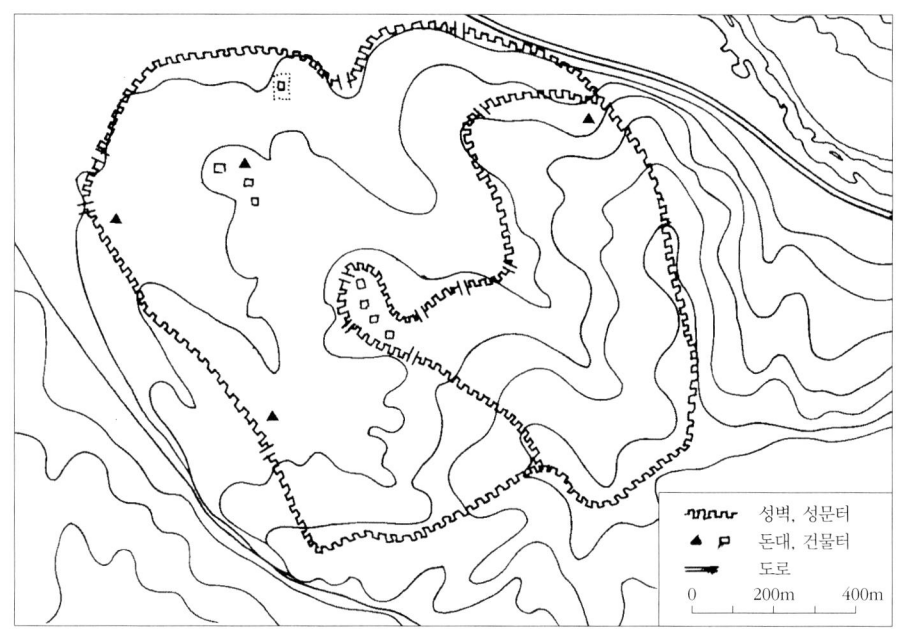

그림 5 費阿拉城 평면도 1
(撫順市社會科學院, 1994, 16쪽)

벽 안쪽에 外城 북벽 중단과 서벽 중단을 잇는 동북-서남 방향의 차단벽을 中城으로 설정하고 있음(建國大學硏究院, 1939 ; 東潮·田中俊明, 1995). 朝鮮의 사신이었던 申忠一이 1595년에 費阿拉城을 방문한 후 기록한 『建州紀程圖記』에는 內城, 外城, 木柵城이 있음. 外城에는 雉堞·射臺·隔臺·壕子, 內城에는 雉堞·隔臺가 있었고, 성 위에는 망을 보는 板屋이 설치되어 있는데, 지붕은 없고 사다리가 있었다고 함(撫順市社會科學院, 1994).

○ 內·外城 두 줄기 성벽의 基礎는 모두 산세를 따라 축조하였기 때문에 평면은 불규칙함.

○ 규모 : 外城 둘레 5,660m, 內城 둘레 960m(撫順市社會科學院, 1994). 『盛京通志』에는 '성 북쪽에서 성의 서남쪽까지 9리 90步'라고 함. 『建州紀程圖記』에는 外城 주위는 10里, 內城 주위는 馬場 2개 정도라고 함.[1]

○ 外城壁에는 회곽도가 있음. 자연적인 산등성이를 이용한 구간은 단지 보행할 수 있을 뿐임.

---

[1] 성곽의 둘레가 5,000m라고 하기도 함(國家文物局, 2009).

4. 성벽과 성곽시설

1) 성벽

○ 해발 375m인 哈爾薩山에서 동북과 서북방향으로 뻗어 내린 산등성이의 자연 지세에 따라 성벽을 축조함. 성벽의 구조는 내부에 자연석을 쌓고, 그 위에 흙을 쌓은 토석혼축임(建國大學硏究院, 1939 ; 國家文物局, 2009).

○ 外城 성벽의 총 길이는 5,660m인데, 순수 인공벽 3,390m, 高山險牆 900m, 자연 峭壁牆 1,370m임. 남벽은 남쪽 산등성이를 따라 축조되어 있는데, 자연적인 험준함을 이용한 山險牆 외에 土石牆이 축조되어 있음. 성벽은 높이 0.5~1m, 너비 1.2~1.5m 사이임. 이후 북쪽으로 뻗어 나가는데, 완만한 산등성이에 축조된 성벽의 구간 길이는 1,370m임. 그 아래에 접해 있는 土石築 북벽은 길이가 1,100m이고, 남쪽으로 꺾여서 서벽과 연접됨.

○ 費阿拉城 內城壁의 基礎는 기본적으로 계곡의 자연형세를 따라 축조되었는데, 모두 土石으로 축조함. 전체 길이는 960m임.

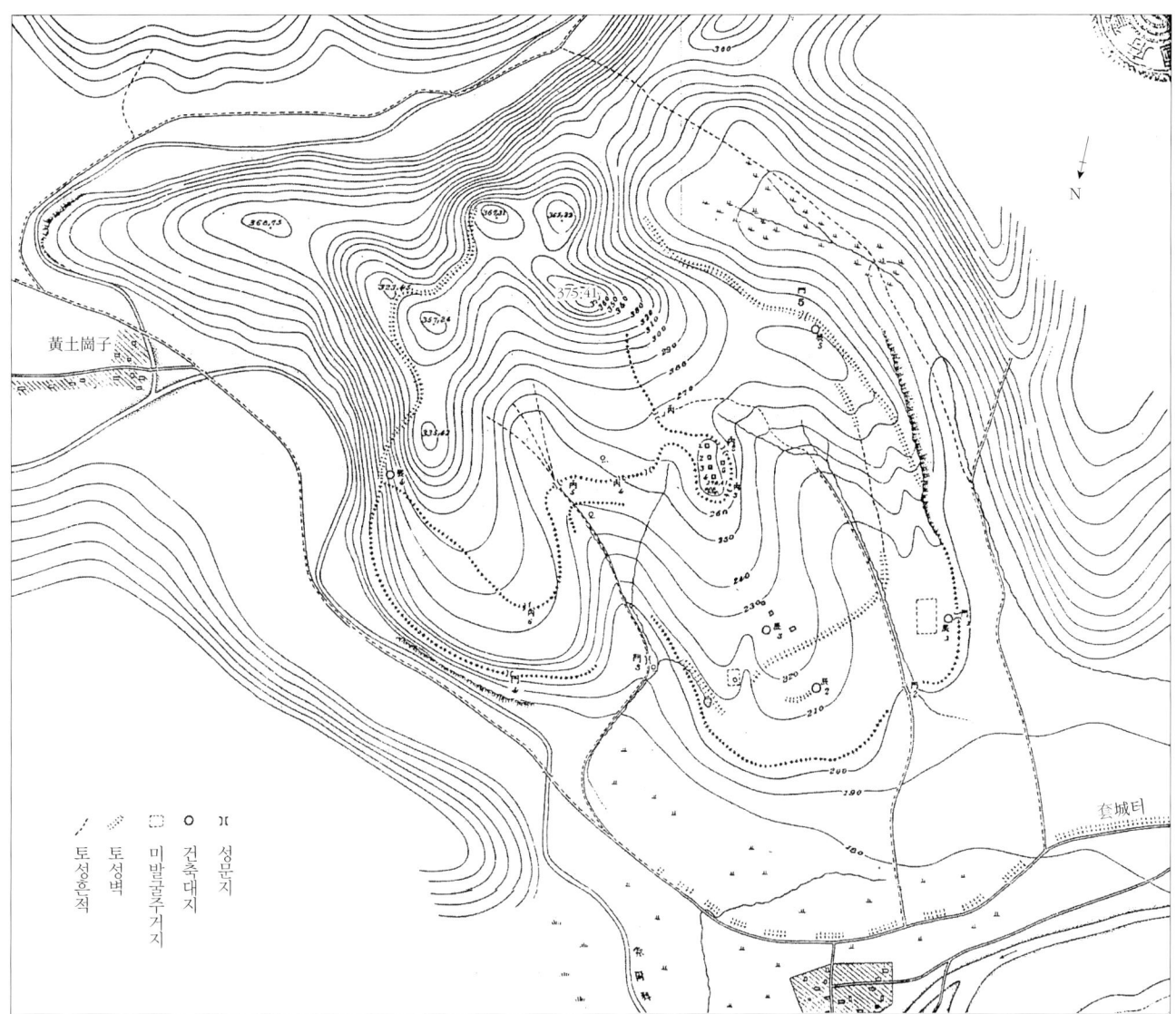

그림 6 費阿拉城 평면도 2(建國大學研究院, 1939)

○ 1939년 조사 때에는 성 서북쪽, 二道河子 部落에 인접했던 외벽이 잘 남아 있다고 함. 아울러 內城, 中城, 外城으로 이루어졌다고 기록함. 外城壁은 견고하고, 높이는 35m이며, 基底의 폭은 7~11m라고 함. 中城壁은 外城壁에 비하여 견고하지 않고, 높이와 폭 모두 외성벽의 반 밖에 되지 않는다고 함. 內城壁은 中城壁에 비하여 견고하고, 파괴된 부분도 적어 양호한 상태를 보여준다고 함(建國大學研究院, 1939).

○ 『建州紀程圖記』에 의하면, 外城은 먼저 돌로 3尺 높이 정도 쌓은 후 그 위로 나무를 까는 방식을 반복하여 10여 尺 높이의 성벽을 구축하였고, 외벽에는 진흙을 발랐다고 함. 內城 또한 外城과 같은 방식으로 성벽을 축조하였다고 함. 外城 아래 너비는 최대 4~5尺, 윗너비는 1~2尺, 內城 아랫너비는 최대 7~8尺, 윗너비는 1~2尺이었다고 함. 위와 같은 성벽 축조방법을 費阿拉城에서는 발견하지 못했지만, 興京 부근의 민가 牆壁에서는 볼 수 있었다고 함(建國大學研究院, 1939). 費阿拉城에 보이는 土石으로 기초를 다지

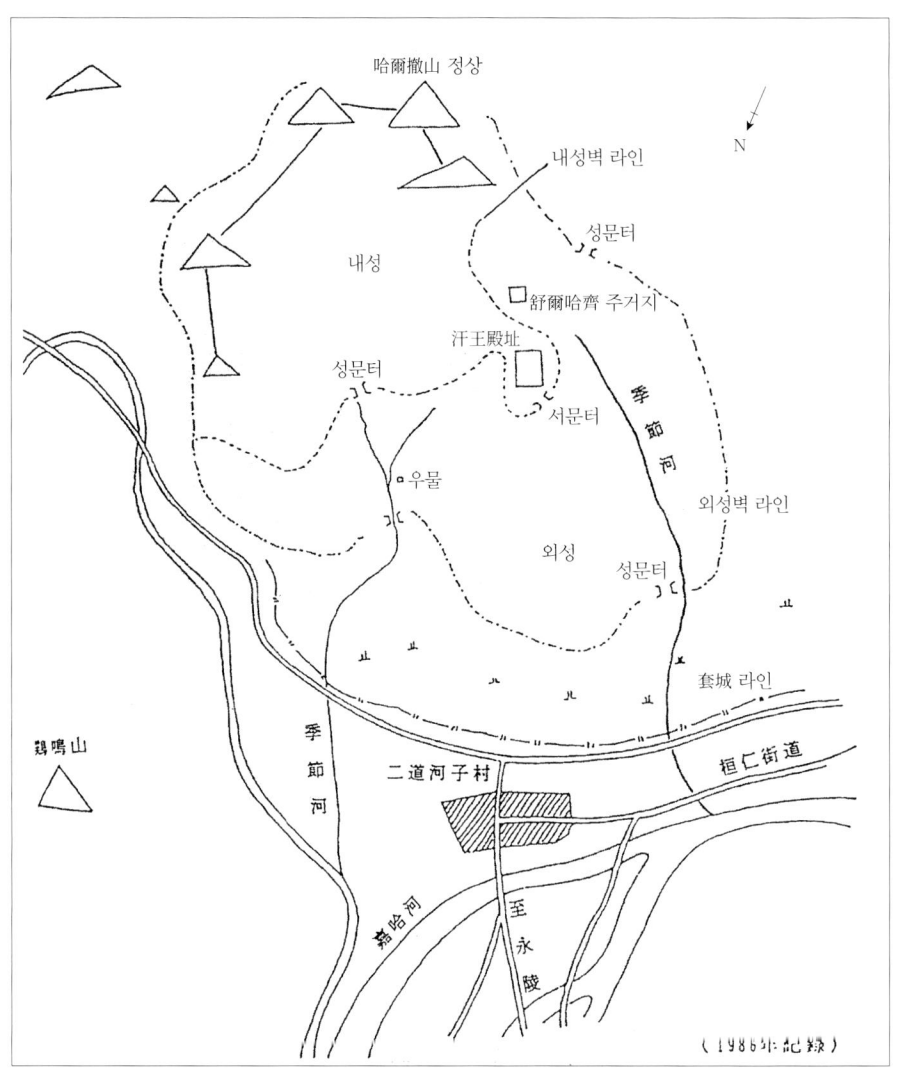

그림 7 曹阿拉城 평면도 3
(細谷良夫 편, 1991, 63쪽)

고 나무를 교대로 쌓아 올리는 축성방식은 '夯築布椽式築法'이라고 부름. 다진 흙 사이에 나무를 쌓으면 연접을 더욱 견고하게 하는 작용을 하면서 성벽의 견고함을 증강시킴. 해당지역의 자연자원조건을 이용하여 그 지역의 실정에 맞는 알맞은 재료로써 성을 쌓는 방법은 建州女眞 축성방법 가운데 하나임(撫順市社會科學院, 1994).

2) 성문

○ 外城에는 북동쪽에 2개, 서북쪽·서쪽·남쪽에 각각 1개, 모두 5개의 문지가 있음. 이 가운데 서쪽과 남쪽 문지는 옹성을 갖추고 있음.

○ 內城에는 북쪽에 2개, 서북쪽·서쪽·서남쪽·동북쪽에 각각 1개, 모두 6개의 문지가 있는데, 모두 옹성을 갖추고 있음(建國大學研究院, 1939).

○ 성문 부근의 성벽을 골짜기 안쪽 방향으로 비스듬하게 축조한 다음, 성벽 라인보다 안쪽에 성문을 설치하여 'U'자형의 천연 옹성구조를 마련하였음(여호규, 1999).

○ 『建州紀程圖記』에 의하면, 外城門은 木板으로 만들었고 자물쇠가 없었다고 함. 문을 닫은 후 나무를 가로로 놓았는데, 조선의 將軍木 만드는 방법과 같다고 함. 위에는 敵樓를 두었는데, 풀로 덮었다고 함. 內城

門은 外城과 같고, 門樓는 없었다고 함.

3) 望臺

○ 1939년 조사 때 성 안에서 5개의 望臺 확인. 서북쪽 望臺는 外城 안, 북쪽 望臺는 外城 안과 中城 안, 동북쪽 望臺는 內城壁과 外城壁의 교차점, 남쪽 望臺는 中城壁과 外城壁의 교차점에 있음(建國大學硏究院, 1939).

○ 外城 안쪽 서남쪽에 望臺가 축조되어 있음. 望臺는 원형으로, 남은 높이 3.65m, 둘레 65m임. 候望屋·봉화대와 서로 호응하면서, 적의 정황이 포착되면 모든 성에 알릴 수 있음.

4) 候望屋

○ 外城壁 동쪽에서 세 번째 봉우리는 지세가 매우 험준한데, 그 산봉우리 위·아래로 여러 개의 候望屋이 축조되어 있음. 그 건물지는 아직도 남아 있음.

○ 윗층 候望屋유적지 한 곳은 산 정상에 위치함. 평면은 타원형으로, 너비 1.5~1.8m, 길이 2.3m임. 돌로 쌓은 基礎 앞부분 높이는 0.45m이고, 뒷부분 초벽장을 따라 돌로 쌓은 부분은 높이 1.5m, 깊이 0.67m임.

○ 아래층 候望屋은 윗층 候望屋에서 2.8~5m 떨어진 거리에 빙사선 모양으로 6곳이 있음. 규모는 윗층 候望屋보다 작음.

○ 候望屋는 군사방어시설로, 전체 성을 내려다 볼 수 있고, 동·남·북 세 길을 관찰할 수 있음.

○ 內城 汗王殿에서 候望屋까지 작은 길이 나 있음.

5) 봉화대

外城壁 동쪽에서 두 번째 산봉우리 위에 봉화대가 설치되어 있는데, 현재 불을 놓았던 坑이 남아 있음. 봉화대에서 신호를 보낼 때는 연기를 사용하지 않고 목통을 쳐서 인근 봉화대에 알렸음. 봉화대 위에 서면, 呼蘭路·鴉鶻路·建州 三關 세 방향을 볼 수 있음.

그림 8 費阿拉城 건물 배치도(建國大學硏究院, 1939)

5. 성내시설과 유적

1) 건물지

『建州紀程圖記』에 의하면 內城에는 100여 家, 外城에는 300여 가, 外城 바깥에는 400여 가가 있었고, 내성에는 親近族, 외성에는 장수들과 族黨, 외성 바깥에는 군인들이 살고 있었다고 함.

(1) 1939년 조사

○ 8개의 건물지를 발견함. 이 가운데 5개의 건물지는 內城 서북 모서리에 위치하는데, 경관상 가장 좋은 위치를 차지하고 부락민 사이에 '汗王殿'라고 전해 내려오는 것으로 보아, 누르하치 일가의 거처지로 추정됨(그림 8). 이러한 추정이 맞다면 그 동남쪽에 동생 일가의 거처지가 있었을 것으로 추정되는데, 땅이 평평하고 礎石·벽돌·기와가 흩어져 있다는 점에서 이 같은 추정을 뒷받침할 수 있음.

○ 건물지들은 모두 흙 속에서 발굴되었고, 礎石部의 높이는 온돌(炕部)에 도달함. 각 건물지들은 넓이는 다르지만, 구조에는 큰 차이가 없음. 礎石部는 4~5cm 전후의 돌을 쌓았는데, 대부분 높이는 30~35cm, 폭

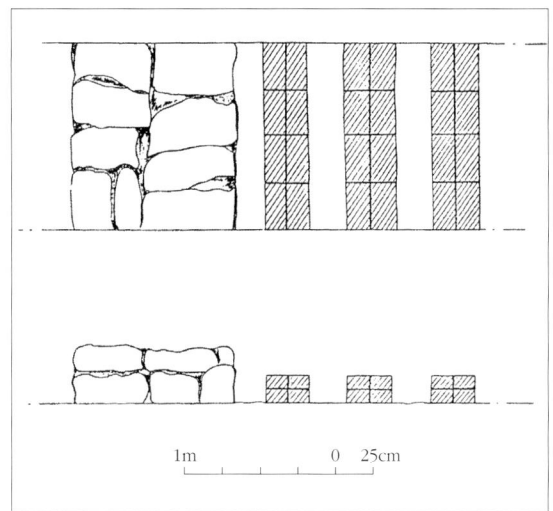

그림 9 費阿拉城 1호 건물지 초석부 온돌 일부분(建國大學硏究院, 1939)

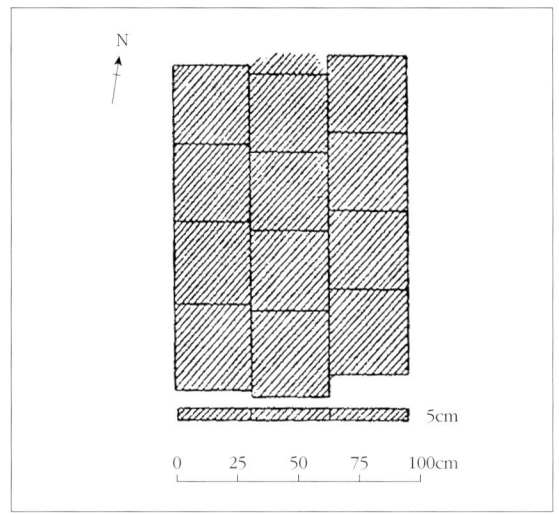

그림 11 費阿拉城 1호 건물지 동북부 벽돌이 깔아진 부분(建國大學硏究院, 1939)

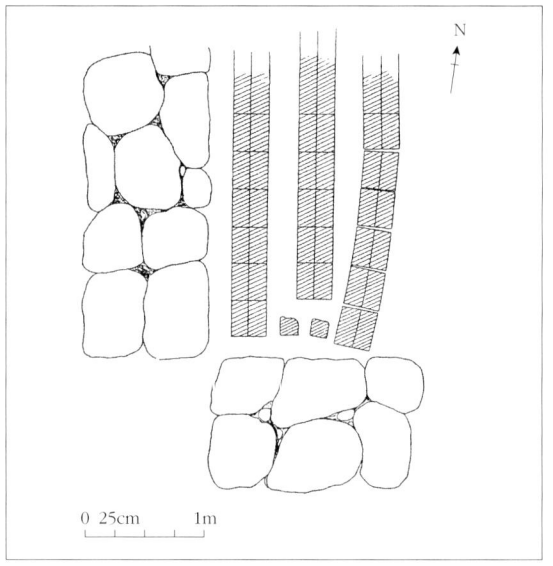

그림 10 費阿拉城 1호 건물지 서남 모서리 평면도(建國大學硏究院, 1939)

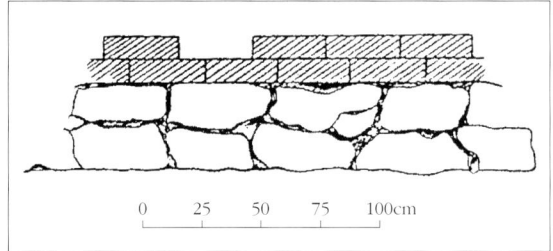

그림 12 費阿拉城 1호 건물지 동북 모서리 동벽 남아 있는 부분(建國大學硏究院, 1939)

은 1m 전후임(그림 9~그림 10). 基礎部에는 벽돌로 만든 벽이 계속되고 있음(그림 12). 炕部는 벽돌로 제작되있는데, 가로방향으로 쌓아 사용한 벽돌은 32×15×8.5cm²의 흑색임. 고래(烟道)는 건물지마다 그 수가 다르지만, 1줄의 폭은 모두 25cm 정도임. 坑壁의 두께는 벽돌 한 개인 것(15cm), 벽돌 두 개인 것(32cm), 양자를 혼용한 것 세 종류가 있음. 현재 남아 있는 것은 基底部의 2~3열 뿐임. 벽돌과 벽돌 사이에는 진흙이 붙어 있는데, 회반죽을 사용한 것임. 출토된 벽돌과 기와는 無文無釉가 대부분을 차지하고 일부 彩瓦가 있음. 토기편은 대부분 明代의 것임.

① 1호 건물지(그림 9~그림 12)

○ 臺崗에 위치하고, 주민들 사이에서 汗王殿이라고 불리고 있음.
○ 네 주위의 礎石部와 그 내면에 이어지는 온돌(炕部)이 모두 노출되었고, 남북 너비 약 150cm, 깊이 약 70cm에 달하는 도랑(溝) 두 줄이 일정한 간격으로 굴토되었음.
○ 礎石部는 동서 길이 18m 60cm, 남북 너비 14m

60cm, 높이 35cm, 폭 1m 10cm임.

○ 온돌(炕部)은 礎石部의 內面과 평행하고 동·남·서쪽에 있음. 坑壁의 폭은 32cm(벽돌 2개 정도)이고, 고래(烟道)는 2줄임. 아궁이(焚口)는 파괴되어 명확하지 않음(그림 9 ~ 그림 10).

○ 건물지 동북부 중앙에 십수 개의 벽돌이 깔아져 있는데, 건물지 전체에 깔아져 있던 벽돌이 일부 남은 것인지, 혹은 특별한 용도가 있는 것인지 알 수 없음. 벽돌 한 개는 크기가 32cm이고, 두께는 약 5cm임. 남북은 바르게, 동서는 어긋나게 깔아져 있음(그림 11).

② 2호 건물지(그림 13)

○ 주위의 礎石部를 확인할 수 있는 정도 남아 있음.

○ 동서 길이 11m 30cm, 남북 너비 12m 60cm임.

○ 礎石部는 높이 38cm, 폭 94cm 정도임.

○ 동면에서 3m 13cm, 남면에서 1m 49cm 되는 지점은 礎石이 결실됨. 아마도 入口部에 해당하는 곳으로 추측됨.

③ 3호 건물지

○ 네 주위의 礎石部를 발굴하였고, 서쪽에 이어진 온돌(坑部)도 노출됨.

○ 평면은 장방형으로, 동벽 11m 55cm, 서벽 11m 60cm, 남벽 11m 40cm, 동벽 11m 88cm임.

○ 礎石部는 높이 80cm, 폭 1m 27cm로, 다른 건물지에 비해 큼.

○ 온돌(坑)은 폭이 매우 짧고, 고래(烟道)는 한 줄임.

④ 4호 건물지(그림 14)

○ 礎石部는 남·서·북 세 면이 발굴되었고, 동면은 파괴됨.

○ 동서 길이는 약 10m, 礎石部는 높이 35cm, 폭 98cm로, 비교적 작은 건축물임.

○ 서남 모서리 부분을 발굴할 때, 온돌(坑)의 일부가

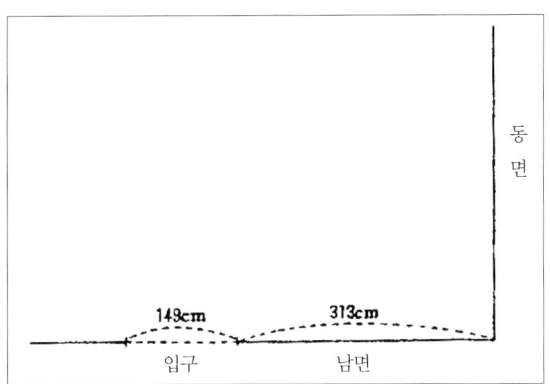

그림 13 費阿拉城 2호 건물지 입구 약도 (建國大學硏究院, 1939)

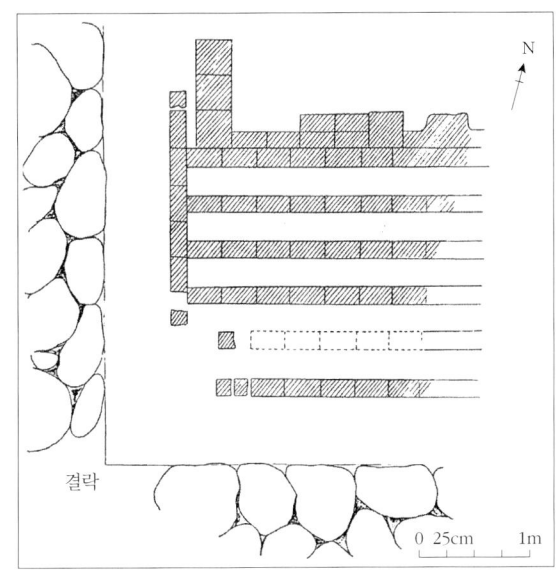

그림 14 費阿拉城 4호 건물지 서남 모서리 온돌 부분 평면도(建國大學硏究院, 1939)

계속 이어지면서 벽돌을 쌓은 부분을 확인할 수 있음. 벽돌을 쌓은 부분은 온돌(炕)의 아궁이(焚口)로 볼 수 있음. 온돌(炕)의 구조는 다른 건물지와 약간 다르게 고래(烟道)가 많은데, 모두 5줄임. 坑壁 두께는 벽돌 한 개(15cm)임.

⑤ 5호 건물지(그림 15 ~ 그림 16)

○ 남·서·북 세 면의 礎石을 발굴했고, 동면은 초목과 돌덩이가 쌓여 있음.

○ 동서 길이 17m 60cm, 남북 너비 13m 60cm임.

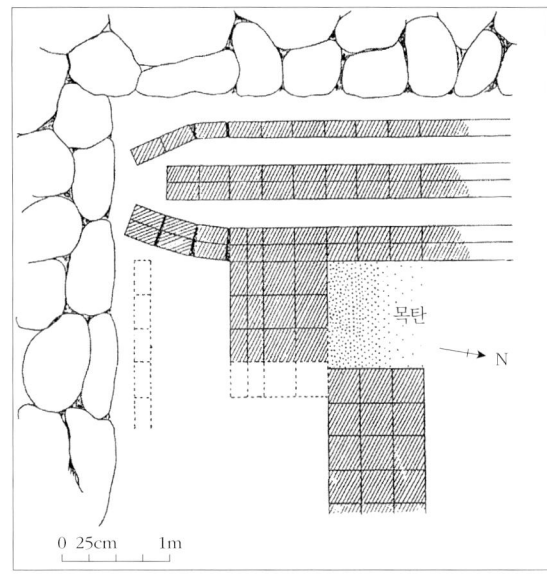

그림 15 費阿拉城 5호 건물지 서남 모서리 온돌, 아궁이 부분 벽돌이 깔아진 부분(建國大學硏究院, 1939)

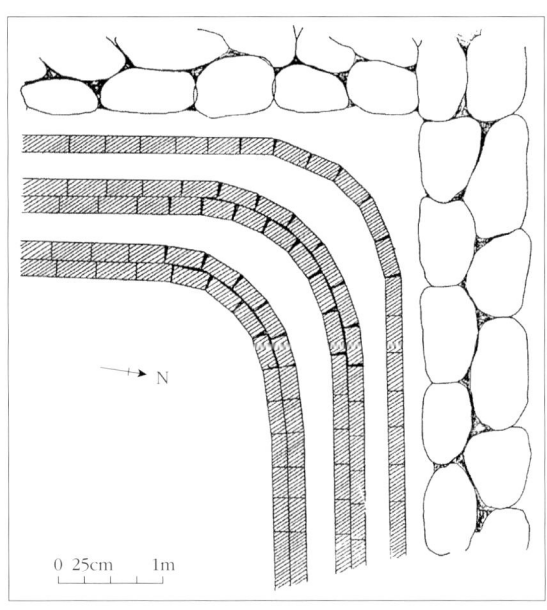

그림 16 費阿拉城 5호 건물지 서북 모서리 온돌(建國大學硏究院, 1939)

○ 礎石部는 높이 30cm 정도, 폭 1m 전후임.
○ 礎石部의 내면에 온돌(炕部)이 노출되어 있는데, 그 남아 있는 형태는 비교적 양호하고, 구조도 대부분 명확하게 남아 있음.

⑥ 6호 건물지

○ 礎石部의 중·남면과 동서 양 면의 남반을 발굴하였고, 북면과 동서 양 면의 북반은 발굴하다가 도중에 중지하였음.
○ 건물 중앙부에 폭 약 1m의 도랑(溝)이 남북으로 놓여 있는데, 남북 양면의 초석부에 이르면서 건물지의 넓이를 알 수 있음. 동서 길이 12m 80cm, 남북 길이 9m 70cm이고, 초석부는 높이 35cm 정도, 폭 1m 50cm 전후인데, 초석의 폭이 다른 건물지의 초석에 비해 큼.

(2) 1994년 조사

① 누르하치 주거지

申忠一의 기록과 고고학 발굴을 보았을 때, 內城 목책 안에 주요 주거지 2곳이 있었던 것으로 추정되는데, 한 곳은 '奴酋' 누르하치의 주거지, 다른 한 곳은 '小酋' 舒爾哈齊 주거지로 추정됨. 누르하치의 주거지는 費阿拉城 臺地 정 가운데 가장 높은 곳에 위치함. 목책 정 가운데에는 벽돌로 쌓은 담 한 줄기가 있어, 목책성을 東·西院으로 나누고 있음. 磚墻 정 가운데에는 一道大門이 있음. 문루 위는 靑瓦가 덮고 있음. 북담 중심에는 문 1개가 있는데, 역시 靑瓦가 덮고 있음. 목책성의 東院에는 房屋 6棟이 있고, 20여 間이며, 대부분 磚瓦房인데, 지붕에 이엉을 올린 것도 있음. 건물 용도는 客廳으로, 東院에 정 가운데에 있고, 그 서북은 鼓樓임. '行廊'은 두 곳이 있음. 한 곳은 客廳 동쪽에 있는데, 8間임. 다른 한 곳은 남쪽에 있는데, 3間임. 客廳은 누르하치가 공무를 처리하는 곳으로, 賓客을 가까이 접대하고 天神에게 제사를 지내는 장소임. 鼓樓는 아침과 저녁을 알리고, 禮樂으로 누르하치의 책성 출입을 환송하는 곳임. 行廊은 신하들을 소집하여 공무를 논의하고 연회를 베푸는 장소임. 西院에는 9곳의 건물지가 있고, 20여 間임. 樓는 세 곳이 있음. 西院의 주요 건물지는 누르하치가 항상 있는 寢宮으로, 西院 중앙에 있고, 모두 3間이며, 磚瓦房이고, 기둥과 대들보는 채색하여 화려하게 장식함. 이 외에 神殿, 閣臺, 樓閣 등이 있음. 樓宇의 최고 높이는 3층이고, 위는 丹靑鴛鴦瓦이었으며, 담장에는 백회를 발랐고, 벽에는 아름다운 것들을 그렸으며, 서까래는 채색을 함. 이들 건물지는 누르하치 최초의 大內宮闕임. 동부는 정무를 처리하는 '殿'이고, 서부는 기거하는 '宮'임.

② 舒爾哈齊 주거지

外城 안의 舒爾哈齊 주거지는 十자형 담으로 쌓아 院落을 네 곳으로 나눔. 舒爾哈齊은 서부 南院에 거주하였음.

2) 校兵場

성에는 後金代 旗兵이 훈련하던 비교적 큰 校兵場이 있었다고 함(撫順市社會科學院, 1994).

3) 샘

『建州紀程圖記』에 의하면, 성 안에는 샘 4~5곳이 있었다고 함. 源流는 그리 길지 않아서, 성 안의 사람들은 하천에서 물을 길러 왔다고 함(撫順市社會科學院, 1994).

6. 출토유물

○ 費阿拉城에서 출토된 유물들은 비교적 많은데, 明代 벽돌, 와당, 청화자기편, 자기편, 백색 절구 등이 출토됨. 그 가운데 舒爾哈齊 주거지에서 출토된 明代 접시에는 아름다운 도안이 그려져 있고, 얇은 鐵鍋子鍋으로 갈라진 부분을 붙였음. 鍋솜공예는 매우 정교함. 수공업 기술수준은 전반적으로 매우 높음. 바닥에 '大明宣德八年'이라고 적힌 자기가 출토되었는데, 明代 官窯産品임. 벽돌 가운데 연화문 벽돌도 출토됨.

○ 고구려시기의 유물이 출토되었다고 함(撫順市社會科學院, 1994).

7. 역사적 성격

1) 성곽의 연혁과 초축 시기

종래 二道河子舊老城으로 불리던 費阿拉城은 後金의 누르하치가 1587년부터 1603년까지 16년 동안 거주하였던 성임. 1424년 建州衛 首領 李滿柱는 자신이 이끄는 部를 이끌고 婆猪江(현재 桓仁縣 渾江 유역 중류)으로 옮겨와서 瓮村 등 兀拉山城(오녀산성) 남쪽 기슭(지금의 桓仁縣 渾江댐 수몰지구의 原長崗村)에 거주하였음. 1433년 4월 조선이 建州女真人이 국경에 들어온다는 구실로 토벌에 나서고, 명도 建州衛를 세 차례나 토벌하자, 建州衛는 큰 타격을 입었음. 그뒤 李滿住는 瓮村에서 북쪽의 兀彌部(桓仁縣 東古城子)로 옮겼음. 1437년 9월 조선은 建州衛 李滿住를 상대로 두 차례 토벌전을 전개했는데, 李滿住는 조선의 공격을 피하기 위해 新賓縣 蘇子河 상류의 呼蘭哈達山(지금의 煙筒山) 아래로 근거지를 옮김. 이때 누르하치의 조상인 董山이 費阿拉城을 축조함.

費阿拉城은 明 成化 연간에(1465~1487) 두 차례 훼손되었음. 1466년에는 董山이 遼東지역을 공격하다가 살해되었고, 1467년 2월과 9월에는 建州三衛와 명과의 관계가 더욱 악화되면서 전투가 벌어짐. 이후 1473년과 1479년에도 잇달아 침입을 받았음. 이러한 전쟁 등을 통해 費阿拉城은 폐허가 되었고, 오랜 동안 사용하지 않게 되었음. 후에 누르하치가 군사를 일으켜 建州女眞을 통일하던 와중인 1587년 정월에 성곽과 궁실을 조영함.

費阿拉城과 관련하여『興京縣志』에는 "舊老城은 二道河 南山에 있는데, 누르하치가 赫圖阿拉城을 도성으로 삼기 전까지의 도성이었다. 흙으로 축조하였는데, 故址가 완연히 남아있다"라고 기록되어 있음. 『滿洲實錄』 卷2 7項에는 "太祖가 碩里口 呼蘭哈達 아래 동남쪽의 二道河 부근 平臺에 3층으로 성을 쌓고 樓臺를 축조하였다"라고 기록되어 있음. 費阿拉城에서 누르하치는 법제를 정립하고, 사회질서를 정리하였으며, 군대를 부설하고, 경제를 발전시켰으며, 明·조선과 互市貿易을 함. 이를 바탕으로 스스로 왕을 칭하면서 後金의 기초를 다지게 됨. 즉 費阿拉城은 建州女眞 초기의 큰 本營과 首府로 建州女眞人들의 정치, 군사, 경제, 문화의 중심지였음(撫順市社會科學院, 1994).

費阿拉城은 포곡식 산성이고, 성벽 축조방식은 자연석을 쌓은 다음 그 위에 성토함. 그리고 성벽 라인보다 안쪽에 성문을 설치하여 'U'자형 옹성구조를 갖추고 있음. 또한 지리적으로도 蘇子河 연안의 永陵鎭에서 고구려 초기 중심지인 桓仁지역으로 진입하는 교통로의 길목에 자리잡고 있음. 성내에서 고구려 유물이 발견되었다고 하고(撫順市社會科學院, 1994), 서남쪽으로 2.5km 떨어진 지점에서 고구려 적석묘가 대량으로 발견된 점 등을 고려해 볼 때 費阿拉城은 본래 고구려 산성으로 추정됨.

거대한 산성을 축조한 경험이 거의 없던 建州女眞族이 조선군에게 쫓겨 蘇子河 방면으로 피신한 급박한 상황에서 거대한 산성을 축조하였다고 보기도 어려움(여호규, 1999). 즉 15세기 중반 조선군에 쫓겨 蘇子河으로 피신한 建州女眞族이 고구려 산성을 개축하여 자신들의 근거지로 삼았던 것으로 추정됨(渡邊三三, 1940; 高橋匡四郎, 1941; 張正巖·王平魯, 1994; 東潮·田中俊明, 1995; 여호규, 1999). 반면 성 안에서 고구려시기의 유적과 유물이 보이지 않으므로 고구려성이 아니라고 보기도 함(肖景全·鄭辰, 2007).

2) 역사지리 비정

費阿拉城 서북쪽으로 4km 떨어진 지점에 위치한 永陵鎭古城에서 漢代의 문화층과 뚜렷이 구별되는 고구려시기 문화층이 확인되었는데, 이는 고구려가 第2玄菟郡을 渾河방면으로 몰아낸 다음 郡治였던 永陵鎭古城을 재사용하였음을 보여줌. 그런데 永陵鎭古城은 평지성일 뿐 아니라 二道河子의 西岸에 위치하여 서북 방면에서 침공하던 중국 측 세력을 방어하는데 상당한 취약점을 안고 있었음.

永陵鎭古城의 취약점과 거리나 위치관계로 볼 때, 費阿拉城은 永陵鎭古城의 방어용 산성이었을 가능성이 높음. 규모가 큰 대형산성이라는 점에서 방어용 산성 이상의 역할을 수행하였다고 추정됨. 즉 慕容鮮卑와 각축전을 벌이던 4세기 내지 唐이 渾河 연안의 新城을 거쳐 蘇子河 연안의 南蘇城·木底城·蒼巖城 등을 침공하던 660년대에는 蘇子河 연안에서 주요한 거점성으로 기능하였다고 추정됨(여호규, 1999).

이에 비아랍성을 일찍부터 고구려 蒼巖城으로 비정함(渡邊三三, 1940). 특히 南蘇城·木底城·蒼巖城 등은 혼하-소자하 유역에 차례로 위치했다면서 新城은 무순 高爾山城, 南蘇城은 撫順 동북 35km 거리의 薩爾滸城, 木底城은 木奇 일대로 각각 비정한 다음, 木奇 동쪽 25km 거리의 費阿拉城을 창암성으로 비정하기도 함(高橋匡四郎, 1941). 또한 南蘇城은 得勝堡山城, 木底城은 河西村古城으로 비정한 다음, 費阿拉城을 蒼巖城으로 비정하기도 하는데, 성 서남쪽 2.5km 거리의 楡樹 고구려 적석묘를 창암성과 연관된 것으로 보기도 함(張正巖·王平魯, 1994).

참고문헌

- 建國大學研究院, 1939, 『興京二道河子舊老城』, 建國大學.
- 稻葉巖吉, 1939, 「興京二道河子舊老城」, 『滿洲史學』 3-2.
- 渡邊三三, 1940, 『增訂 撫順史話』, 撫順新報社.
- 高橋匡四郎, 1941, 「蘇子河流域に於ける高句麗と後女眞の遺跡」, 『建國大學研究院研究期報』 2, 建國大學研究院.
- 李鳳民, 1985, 「淸入關前都城述略」, 『瀋陽故宮博物館文集』.
- 細谷良夫 편, 1991, 『中國東北部における淸朝の史跡』.

- 撫順市社會科學院, 1994,「佛阿拉城」,『撫順地區淸前遺迹考察紀實』, 遼寧人民出版社.
- 張正巖·王平魯, 1994,「新城道及新城道上諸城考」,『遼海文物學刊』1994-2.
- 東潮·田中俊明, 1995,『高句麗の歷史と遺跡』, 中央公論社.
- 여호규, 1999,『高句麗 城』Ⅱ, 國防軍史硏究所.
- 이성제 편, 2006,『高句麗城 사진자료집』, 동북아역사재단.
- 國家文物局, 2009,『中國文物地圖集』遼寧分冊, 西安地圖出版社.
- 肖景全·鄭辰, 2007,「撫順地區高句麗考古的回顧」,『東北史地』2007-2.

04 신빈 삼도보동산성
新賓 三道堡東山城

1. 조사현황 : 1990년 초반 조사

○ 조사기관 : 撫順市社會科學院.
○ 조사자 : 傅波 등.
○ 조사내용 : 赫圖阿拉城을 중심으로 그 주위의 二磚廠平地城, 溫家窯西山城, 阿伙洛城, 永陵後堡東山城, 頭道砬子城, 羅家堡子城, 魏家堡城, 驛馬道班城, 珠子山城, 達子營城, 頭道堡城, 點將臺城, 그리고 三道堡東山城 등 10여 개의 後金시기의 성(漢, 고구려시기에 축조되어 後金시기에 계속 사용된 성 포함)

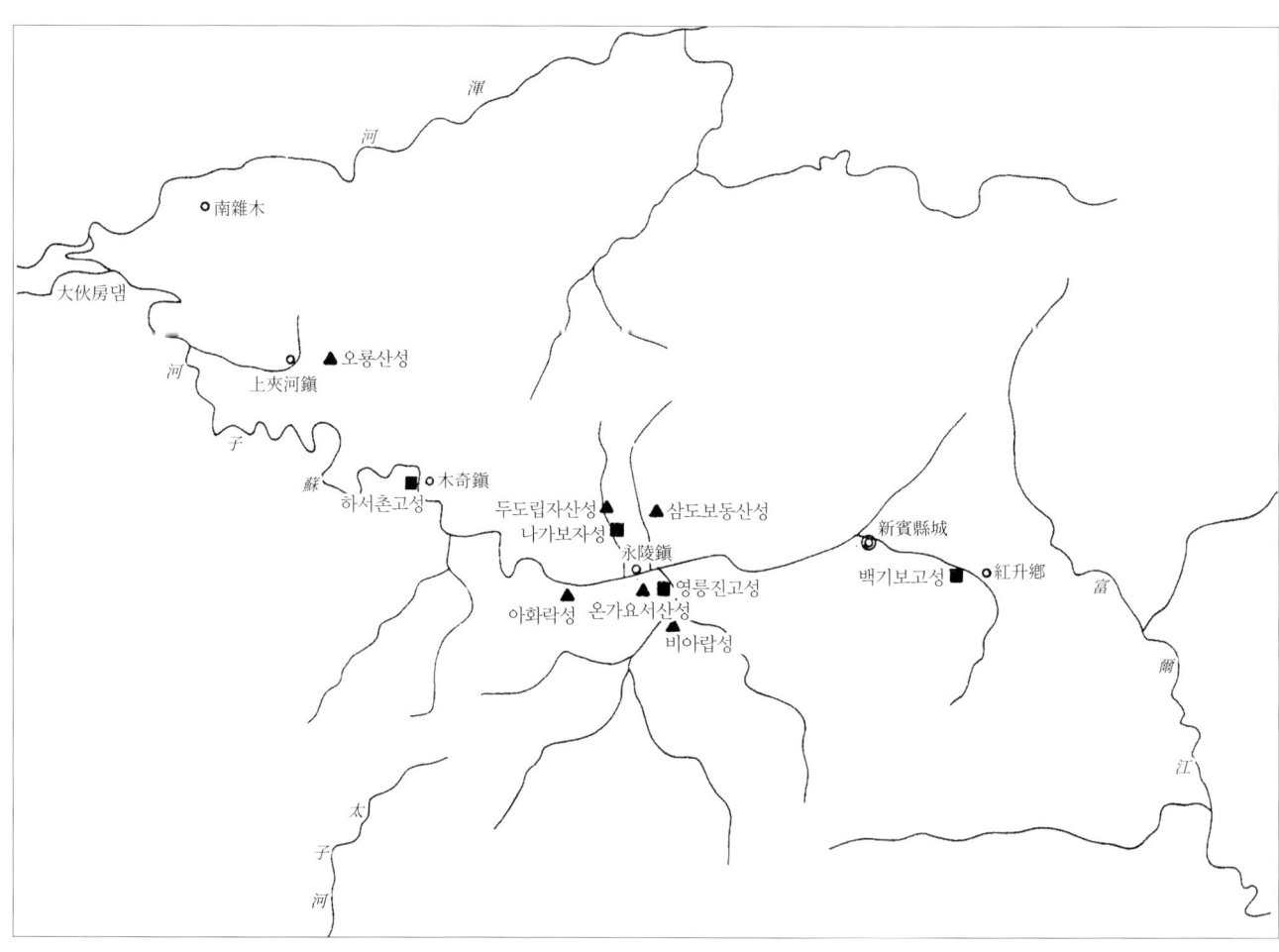

그림 1 三道堡東山城 위치도 1(여호규, 1999, 74쪽)

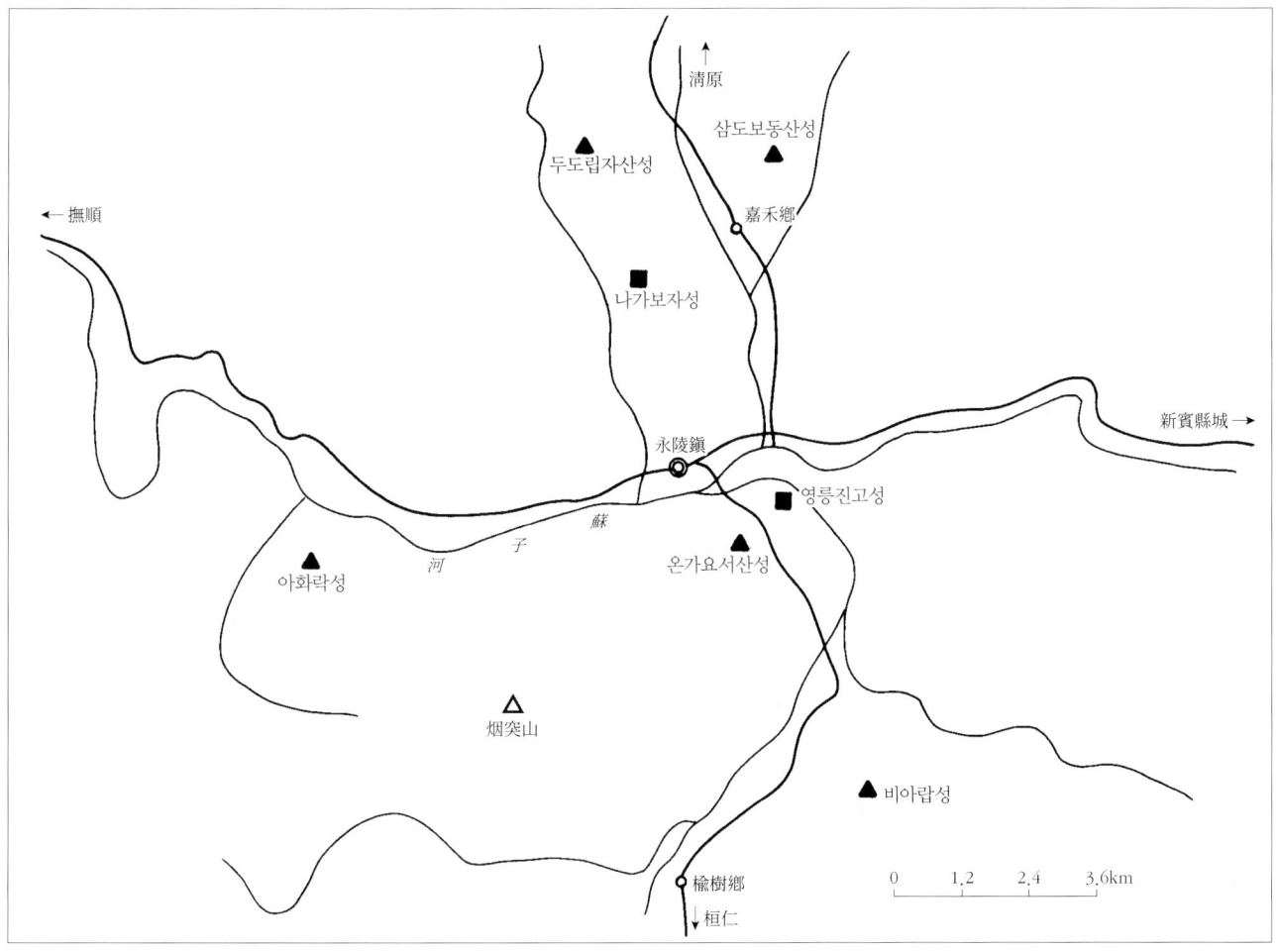

그림 2 三道堡東山城 위치도 2(여호규, 1999, 77쪽)

을 조사함. 이들 성들은 赫圖阿拉城에서 가까우면 2.5km, 멀어도 10km 안에 위치하고 있음.
○ 발표: 傳波, 1994, 『撫順地區淸前遺跡考察紀實』, 遼寧人民出版社.

2. 위치와 자연환경(그림 1~그림 3)

1) 지리위치

○ 新賓縣에서 서쪽으로 23km 떨어진 永陵鎭 북쪽의 嘉禾鄕 三道堡子村 東山에 위치함. 三道堡子村은 新賓縣 嘉禾鄕의 鄕政府 소재지임. 三道堡子村에는 永陵鎭에서 新賓-淸原 분수령을 넘어 淸原縣으로 들어가는 지방도로가 지나가고 있음.
○ 남쪽으로 1km 거리에 二道堡와 頭道堡가 있고, 남쪽으로 5km 떨어진 蘇子河 남안에는 永陵鎭古城, 동남쪽에는 費阿拉城이 각각 자리 잡고 있음. 성에서 남쪽으로 7.5km 거리에 赫圖阿拉城이 있음.

2) 자연환경

산성의 서남쪽으로 펼쳐지는 夾河溝는 작은 개울의 범람에 의해 형성된 충적대지로, 남북으로 좁고 기다랗게 자리 잡고 있음. 夾河口를 따라 남쪽으로 5km 내려가면 永陵鎭과 蘇子河가 나옴. 永陵鎭 일대는 사방이 산

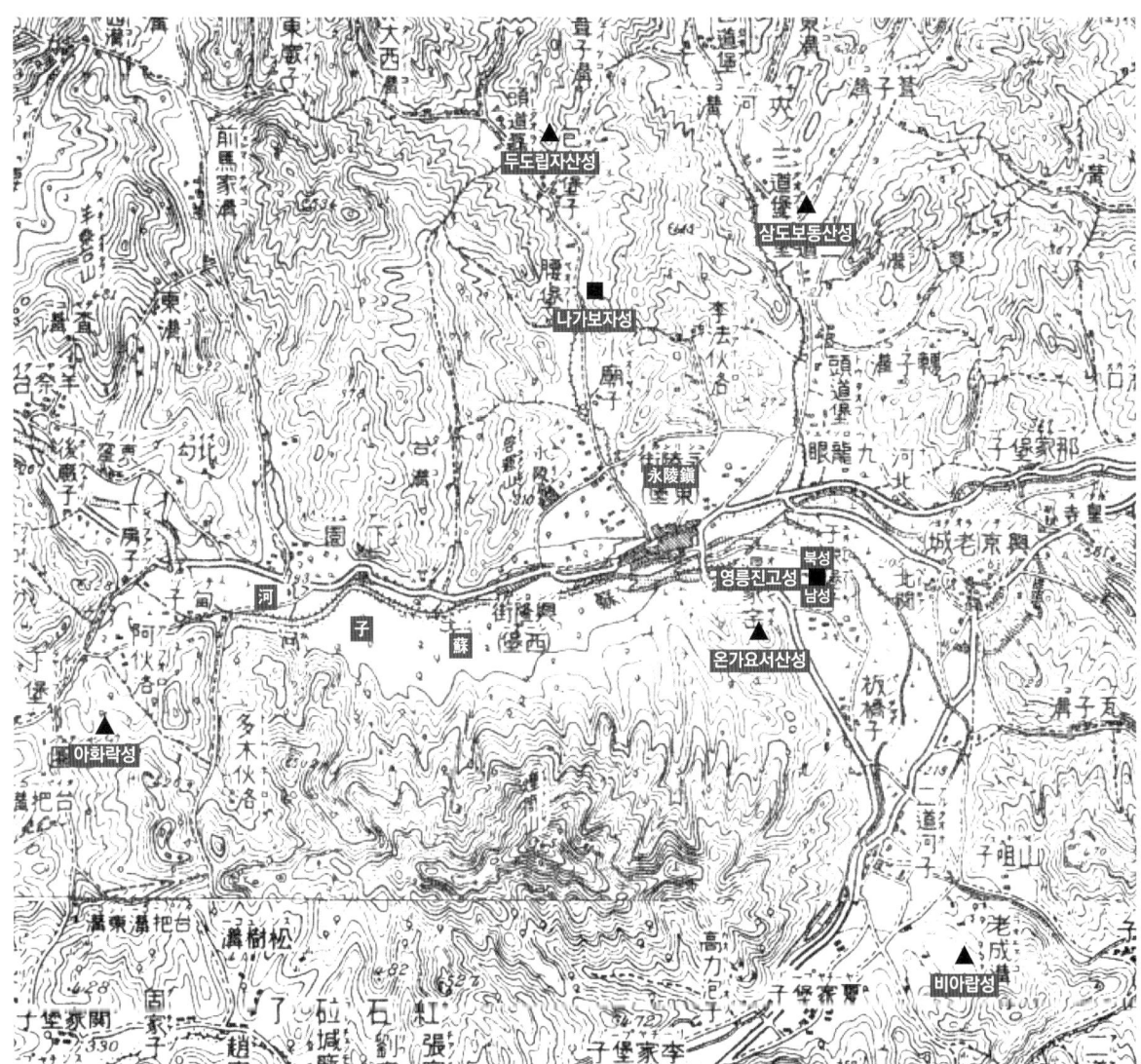

그림 3 三道堡東山城 주변 지형도(滿洲國 10만분의 1 지형도)

으로 둘러싸인 작은 분지이지만, 북쪽의 草蒼河·夾河口, 남쪽의 二道河가 蘇子河와 합류하면서 비교적 넓은 충적평지를 형성하고 있음.

3. 성곽의 전체현황

○ 산성은 三道堡子村 東山 북부 큰 臺地의 돌출지점에 위치함. 서쪽 구릉의 높이는 약 40m임. 臺地 상에는 大東溝·東溝·小東溝라고 불리는 세 줄기의 작은 골짜기가 있는데, 이 세 줄기는 '瓜'자형을 이루고 있음. 동쪽으로는 산줄기가 연결되어 있고, 북쪽은 골짜기이며, 남쪽으로는 구릉과 연접됨. 대체적으로는 동쪽이 높고 서쪽이 낮음.

○ 지역 주민들은 '高麗城子' 혹은 '古城子'로 부르고 있음.

○ 산성의 평면은 불규칙한 원형인데, 면적은 1,000m²임.

4. 성벽과 성곽시설

성벽은 비교적 명확하게 남아 있는데, 토석혼축임.

5. 출토유물

○ 산성 안에서는 戰國 – 明·淸대의 유물이 출토됨. 모래혼입 회색 三角環耳陶片, 토기바닥, 구연부 등이 발견됨. 아울러 모래혼입 갈색토기편도 일부 발견됨.
○ 戰國시기의 철제괭이(钁)가 발견되었는데, 장방형의 구멍이 있고, 신부에는 돌대선 두 줄이 있음.
○ 靑花瓷片이 출토됨.

6. 역사적 성격

산성에서 戰國 – 明·淸대의 유물이 출토된 것으로 보아, 고구려시기에 축조 혹은 사용되었고, 後金대에도 계속 사용한 것으로 추정됨(王禹浪·王宏北, 2007). 반면 산성에서 고구려 유물이 발견되지 않았고, 성의 위치선택과 성벽구조 모두 고구려와 다르기 때문에 고구려산성으로 볼 수 없다고 보기도 함(肖景全·鄭辰, 2007).

성곽 규모나 위치로 보아 주요 거점성으로 보기는 힘들고, 거점성의 소형 위성산성으로 추정됨. 永陵鎭 분지에 위치한 永陵鎭古城·費阿拉城, 이들의 북쪽에 위치한 羅家堡山城·頭道砬子山城·三道堡東山城, 서쪽에 위치한 溫家窯山城·阿伙洛村山城 등의 위치 관계와 규모를 고려하면, 三道堡東山城이 고구려 성곽이라면 대체로 永陵鎭古城·費阿拉城의 소형위성으로 추정됨.

특히 夾河溝 연안이 오래 전부터 新賓 – 淸原 분수령을 넘나드는 통로였고, 永陵鎭 – 淸原縣 지방도로가 개설된 것으로 보아, 대체로 淸原縣 방면에서 永陵鎭 분지로 진공하는 적군을 방어하기 위해 축조된 것으로 보이고, 서쪽에 위치한 蘇子河 지류인 草蒼河 연안의 羅家堡山城과 頭道砬子山城 등과는 보완관계에 있었을 것으로 추정됨(여호규, 1999).

참고문헌

- 傳波, 1994, 「六祖城」, 『撫順地區淸前遺跡考察紀實』, 遼寧人民出版社.
- 여호규, 1999, 『高句麗 城』 II, 國防軍史硏究所.
- 王禹浪·王宏北, 2007, 『高句麗·渤海古城址硏究匯編』(上), 哈爾濱出版社.
- 肖景全·鄭辰, 2007, 「撫順地區高句麗考古的回顧」, 『東北史地』 2007-2.

05 신빈 온가요서산성

新賓 溫家窯西山城 | 覺爾察阿拉城 | 河南山城

1. 조사현황

1) 1930년대 조사
○ 조사자 : 渡邊三三, 高橋匡四郎.
○ 조사내용 : 성곽을 발견함.
○ 발표 : 高橋匡四郎, 1941, 「蘇子河流域に於ける高句麗と後女眞の遺跡」, 『建國大學研究院研究期報』 2, 建國大學研究院.

2) 1990년 초반 조사
○ 조사기관 : 撫順市社會科學院.
○ 조사자 : 傅波 등.
○ 조사내용 : 赫圖阿拉城을 중심으로 그 주위의 一磚廠平地城, 阿伙洛城, 永陵後堡東山城, 頭道砬子城, 羅家堡子城, 魏家堡城, 驛馬道班城, 珠子山城, 達子營城, 頭道堡城, 三道堡東山城, 點將臺城, 그리고 溫家窯西山城 등 10여 개의 後金시기의 성(漢, 고구려시기에 축조되어 後金시기에 계속 사용된 성 포함)을 조사함. 이들 성들은 赫圖阿拉城에서 가까우면 2.5km, 멀어도 10km 안에 위치하고 있음.
○ 발표 : 傅波, 1994, 『撫順地區淸前遺跡考察紀實』, 遼寧人民出版社.

3) 1998년 조사
○ 조사기관 : 撫順市博物館.
○ 조사내용 : 撫順市博物館이 발굴조사 함. 발굴을 통해 泥質의 홍색 호(壺), 호(罐), 철제찰갑편, 철제화살촉 등이 출토됨.

2. 위치와 자연환경 (그림 1 ~ 그림 3)

1) 지리위치
○ 新賓縣 소재지에서 약 23km 떨어진 永陵鎭 남쪽 溫家窯屯의 西山(覺爾察阿拉山) 위에 위치함. 산성이 위치한 永陵鎭 일대는 사방이 산으로 둘러싸인 작은 분지이지만, 북쪽의 草蒼河·夾河口, 남쪽의 二道河가 蘇子河와 합류하면서 비교적 넓은 충적평지를 형성하고 있음.
○ 산성 동북쪽 구릉 아래는 溫家窯屯堡임. 동쪽 구릉 아래에는 桓仁 - 永陵鎭 도로가 지나가고, 新賓滿族自治縣 第二벽돌공장(塼廠)이 있음. 도로 동쪽의 평지 한복판에는 永陵鎭古城이 있음.
○ 산성 북쪽 약 500m 지점에 蘇子河가 있고, 蘇子河 건너편에는 新賓 - 瀋陽 도로가 동서 방향으로 길게 뻗어 있음. 永陵大橋를 통해 蘇子河를 넘어가면 永陵鎭임.
○ 동쪽 3km 거리에 赫图阿拉城이 있고, 동남쪽에 費阿拉城이 있음.
○ 산 정상에 서면 서북쪽으로 夏園과 淸 永陵, 북쪽으로 永陵鎭 市街, 동북쪽으로 嘉禾, 동쪽으로 赫图阿拉城(老城), 동남쪽으로 費阿拉城 등을 볼 수 있음.

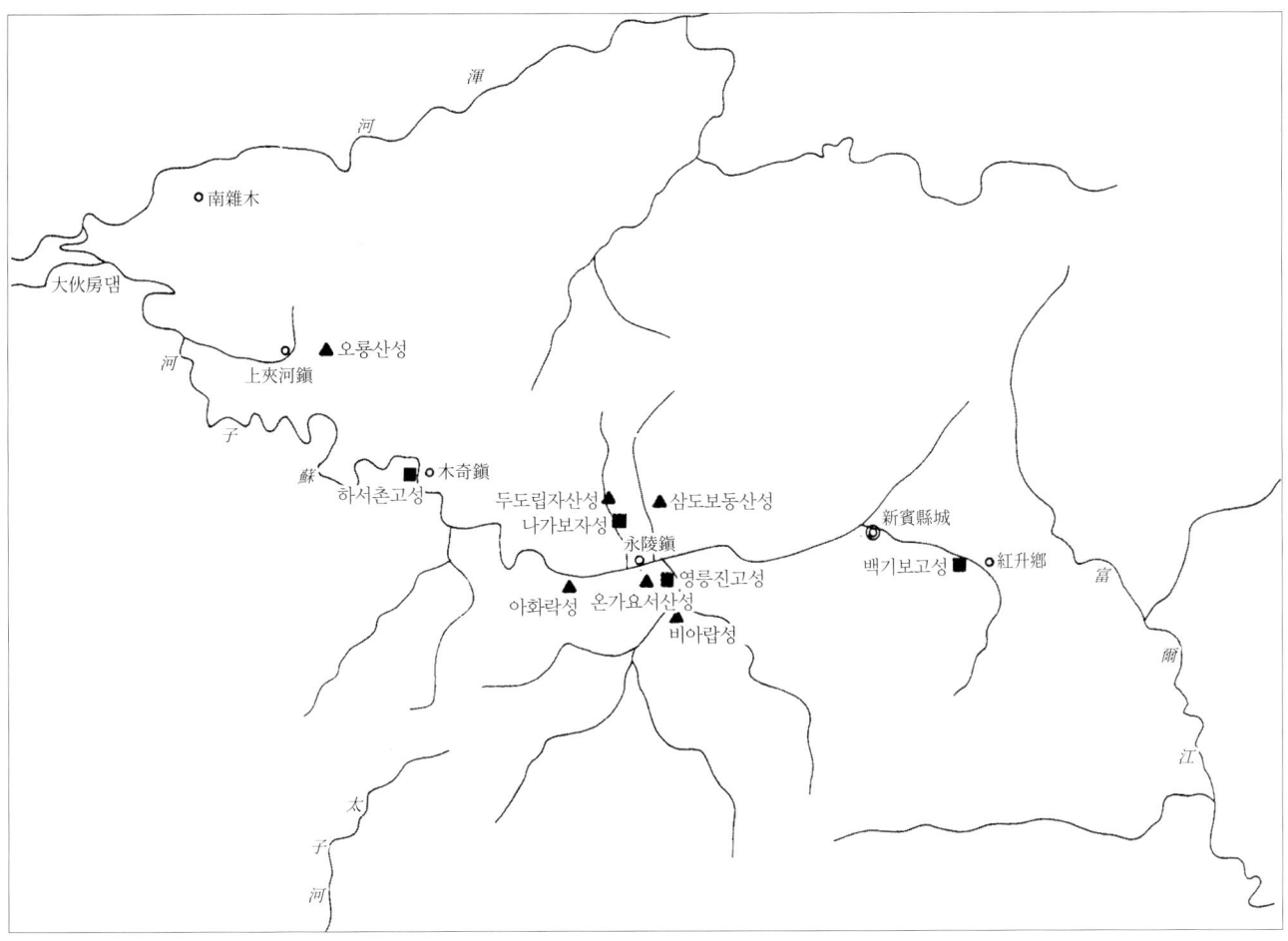

그림 1 温家窯西山城 위치도 1(여호규, 1999, 74쪽)

2) 자연환경

○ 산성은 동서로 길게 뻗은 烟突山 산줄기의 동북 끝자락에 자리잡고 있는데, 서북 끝자락에 위치한 阿伙洛村山城과 좌우대칭을 이루고 있음.

○ 산성에서 북쪽으로 약 500m 지점에 동쪽에서 서쪽으로 흐르는 蘇子河가 있는데, 그 兩岸에는 좁고 기다란 충적대지가 펼쳐져 있음.

○ 성 동쪽은 비교적 가파른 낭떠러지임. 성 남면은 烟突山 산줄기가 펼쳐져 있어 험준하고 가파름. 서쪽에는 낮은 산(山崗)이 연이어 있는데, 이 낮은 산과 烟突山이 서로 접해 있음. 북쪽은 완만한 구릉으로 점차 개활해짐. 전체적으로 동북과 서북 방면은 개활지로 이어지는 반면, 서남방면은 烟突山 산줄기가 천연장벽을 이루고 있음.

3. 성곽의 전체현황

○ 산성 내부는 동·남·서 세 면이 높은 반면, 개활지로 이어지는 북쪽은 비교적 낮음. 북측에서 산성을 바라보면, 포곡식 산성임을 확인할 수 있음.

○ 평면은 표주박형으로 內城과 外城으로 이루어져 있음.

○ 규모 : 外城의 규모는 동벽 길이 235m, 남벽 길이

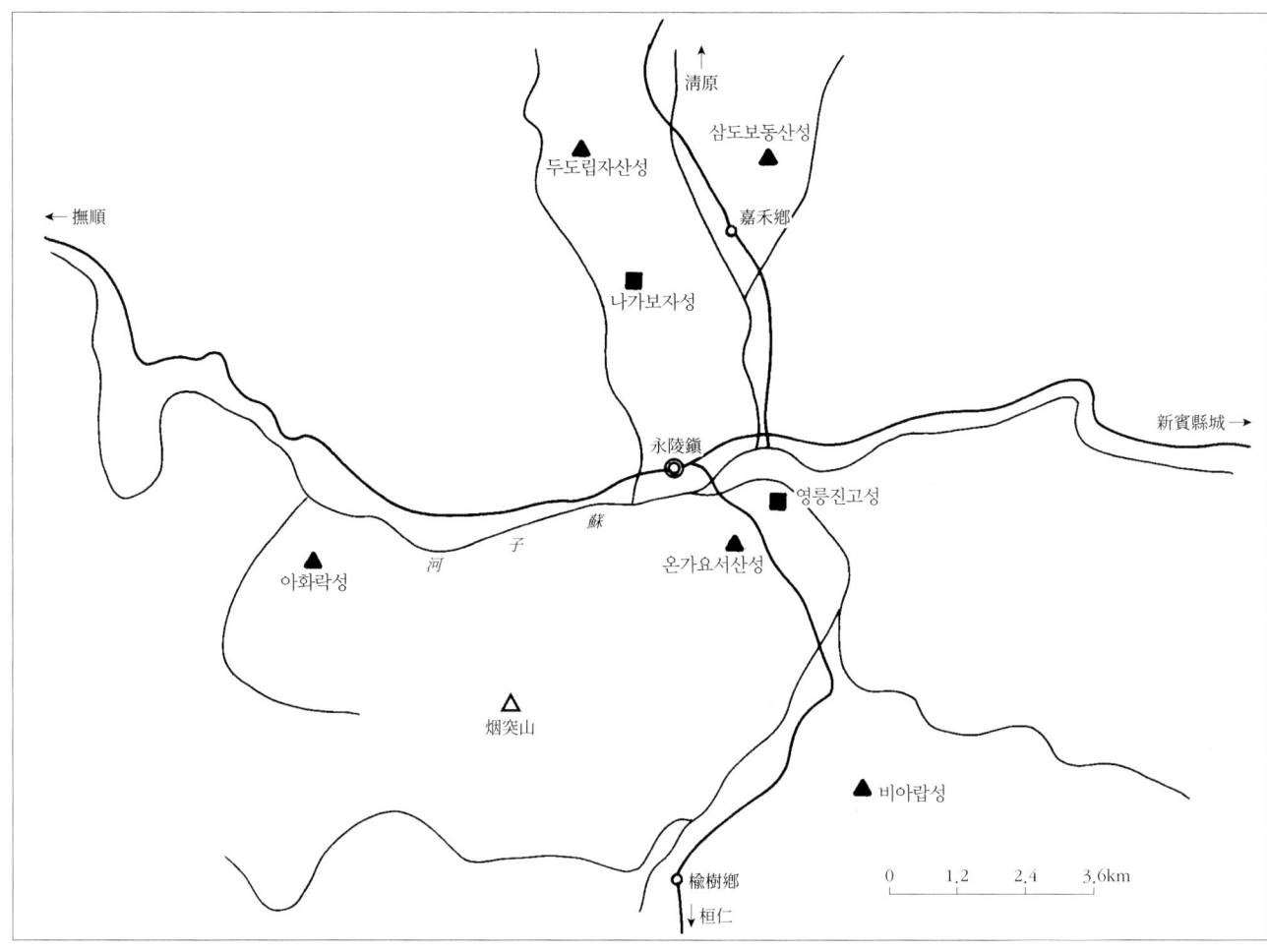

그림 2 温家窯西山城 위치도 2(여호규, 1999, 77쪽)

53m, 서벽 길이 238m, 북벽 서단의 평대와 모서리를 합하여 전체 둘레 715m(傅波, 1994) 또는 북벽 길이 220m, 동벽 길이 236m, 남벽 길이 58m, 서벽 길이 248m, 전체 둘레 760여 m(張德玉·張正巖·李榮發·單鈴, 1996) 등으로 파악됨.

4. 성벽과 성곽시설

1) 성벽
○ 성벽은 기복이 있는 산등성이를 따라 축조함.
○ 성벽의 축조방식에 대해서는 토축(高橋匡四郞, 1941), 토석혼축(張德玉·張正巖·李榮發·單鈴, 1996), 북벽 인공 축조구간은 토축이고 나머지는 토석혼축(傅波, 1994), 대부분 토석혼축이고 일부는 석축(王禹浪·王宏北, 2007), 高爾山城처럼 흙을 쌓고 그 위에 돌을 쌓은 토석혼축(肖景全·鄭辰, 2007) 등의 견해가 있음.

(1) 外城
○ 外城 성벽은 자연산세를 이용하여 內城 북측을 감싸면서 축조하였는데, 內城을 감싼 부분의 평면은 '凹'형을 띠고 있음. 성벽 길이는 113m임.
○ 外城 북문 서단은 성벽이 없는 平臺임. 平臺는 길이 21m, 바깥 높이 2m임. 문 동쪽에는 흙과 돌을 섞어

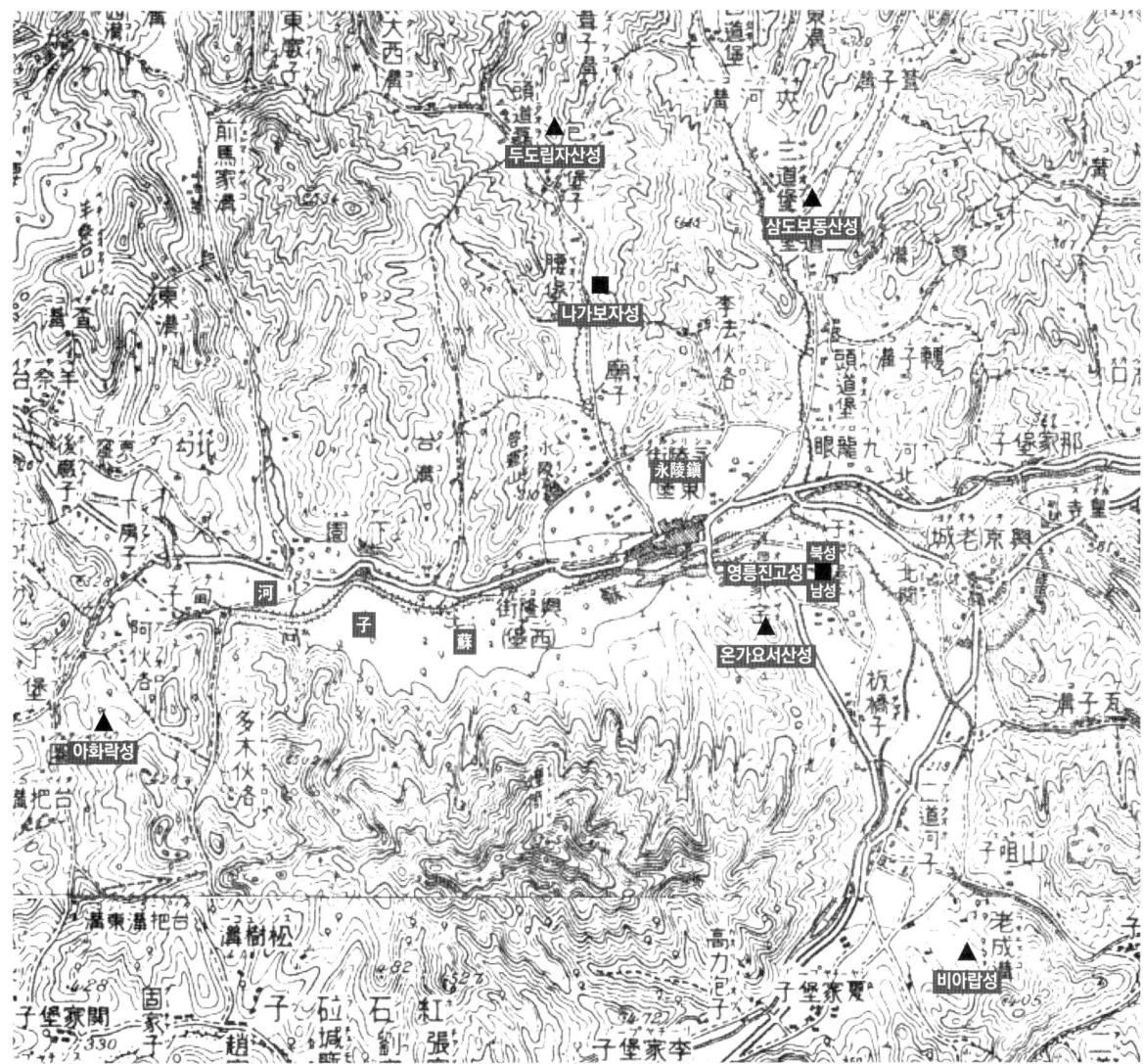

그림 3 温家窯西山城 주변 지형도(滿洲國 10만분의 1 지형도)

서 쌓은 벽이 있는데, 남은 높이는 1.5m임. 북문 동쪽에 남북방향의 벽이 있는데, 북벽 동단의 27m 지점에서 북벽과 만남. 성문 안쪽이 성벽은 半弧形인데, 성벽은 길이 88m, 높이는 2m, 외측 높이 7m임.

○ 서벽은 남북으로 150m 구간에 바깥으로 둥근 형태로 축조하였는데, 성벽 안측 높이 2m, 외벽 높이 3m, 정상부 너비 1~1.5m임. 서벽은 남쪽이 높고 북쪽이 낮음. 서벽 북단에서 남단으로 80m 지점 성벽 바깥에서는 흙을 파서 성벽을 축조한 흔적을 명확하게 볼 수 있음.

○ 남벽은 산등성이 위에 축조됨.

○ 동벽은 산등성이 위에 축조됨. 남아 있는 높이는 1~1.5m임.

(2) 內城

○ 內城은 산성 남부의 높은 臺地 위에 축조함.
○ 서벽은 半弧形임.
○ 內城의 길이는 북벽 60m, 동벽 46m, 남벽 30m, 서벽 74.5m로 전체 둘레는 210.5m임(傳波, 1994 ; 여

호규, 1999 ; 王禹浪·王宏北, 2007).[1]
○ 성 안 동부에는 흙에 돌이 들어가 있는(草梓泥) 紅燒土가 많이 쌓여 있음. 성 바깥 북쪽 구릉 동부에도 紅燒土가 많이 쌓여 있음.
○ 성 안의 'U'자형 골짜기는 북문과 연결됨.

2) 성문
성문은 外城 북벽 중간에 있는데, 북벽에서 성벽이 없는 21m의 平臺 동단과 인공적으로 축조된 구간이 연결된 부분에 북문이 있음. 성문은 자연산세를 이용하여 축조함. 북문 동측에는 남북방향의 반원형 성벽이 있는데, 옹성 유적으로 추정됨(王禹浪·王宏北, 2007).

3) 참호
○ 외성 서벽 남단에 참호가 있는데, 길이 14m, 너비 2m, 깊이 1.5m임.
○ 내성 바깥에 참호가 있음. 길이는 동쪽 26.7~27m, 남쪽 21m, 서쪽 22m임. 안쪽 깊이 2m, 바닥 너비 1.5~2.5m, 위쪽 너비 4m로 'U'자형이 드러남.

4) 회곽도
외성 서벽 남단 참호 아래에 회곽도가 있음. 너비는 2~3m임.

5. 성내시설과 유적

1) 건물지
일정한 배열을 갖추고 있고, 동그란 돌로 구축한 基壇形 건물지가 발굴됨. 기단의 직경은 10m 정도임. 기존의 고구려유적에서는 이 같은 유형의 건물지가 발견되지 않았음. 용도도 알 수 없으나, 祭祀와 관계있는 건축물로 추정됨(肖景全·鄭辰, 2007).

2) 우물
산성 外城 동벽 중앙 내측에 원형 우물이 있음. 우물은 입구 직경 2.5m, 깊이 0.6m임. 현재는 물이 말라 있음.

6. 출토유물

○ 內城 바깥 북쪽 구릉 동부 부근 지표아래 0.3m(張德玉·張正巖·李榮發·單鈴, 1996) 혹은 0.7m(傅波, 1994) 지점에서 靑花瓷碗이 발견됨. 靑花瓷碗의 보존상태는 비교적 양호. 靑花瓷碗 바닥에는 '大明宣德八年'이라는 명문이 있음. 산성 안에서 추가로 靑花瓷碗 3점을 발견하였음. 이러한 靑花瓷碗은 官窯産品임.
○ 泥質의 홍색 호(壺), 호(罐), 철제찰갑편, 철제화살촉 등이 출토됨.

7. 역사적 성격

산성이 위치한 지세와 성벽 축조방법이 고구려의 특징을 갖추고 있으므로 고구려시기에 축조되어 明·淸代에도 계속 사용되었다고 파악함(王禹浪·王宏北, 2007). 출토된 토기를 근거로 고구려 후기에 축조했다고 추정하기도 함(肖景全·鄭辰, 2007). 또한 桓仁地域에 거주하던 建州女眞이 1433년과 1437년 조선의 침략을 받고 1438년 蘇子河 방면으로 피신하여 阿伙洛村 동쪽의 呼蘭哈達(지금의 烟突山) 아래에 거주했는데, 이 무렵에 사용되었을 가능성이 높음(傅波, 1994).

　溫家窯西山城을 고구려의 蒼巖城으로 비정하기

---

[1] 서벽의 길이를 75m로 보아 전체 둘레를 211m로 파악하기도 함(張德玉·張正巖·李榮發·單鈴, 1996). 한편 高橋匡四郎은 성의 규모에 대하여 동서 길이 약 60m, 남북너비 40m라고 했는데(高橋匡四郎, 1941), 內城을 가리키는 것으로 추정됨.

도 함(佟達, 1993). 그렇지만 성곽 규모로 볼 때, 永陵鎭 일대 전체를 관장하는 핵심 성곽으로 보기는 어렵고, 거점성 주변의 위성산성으로 추정됨. 永陵鎭 분지에 위치한 永陵鎭古城·費阿拉城, 이들의 북쪽에 위치한 羅家堡子城·頭道砬子山城·三道堡東山城, 서쪽에 위치한 溫家窯西山城·阿伙洛城 등의 위치관계와 규모를 고려하면, 溫家窯西山城이 고구려 성곽이라면 대체로 永陵鎭古城·費阿拉城의 소형 위성으로 추정됨(여호규, 1999).

한편 溫家窯西山城에서는 '大明宣德八年' 명문이 적힌 출토된 靑花瓷碗이 출토된 바 있음(傳波, 1994). 이에 溫家窯西山城을 後金의 六祖城 가운데 하나인 覺爾察城으로 비정하기도 함(高橋匡四郎, 1941 ; 肖景全·鄭辰, 2007).[2] 六祖城은 赫图阿拉城을 지키기 위해 축조한 建州左衛의 衛星城임. 5개의 성은 赫图阿拉城으로 통하는 골짜기의 요충지를 통제하고 있는데, 험준함을 이용하여 쌓았고 수렵 및 농경생활을 영위하는데도 유리함. 또한 각 지역을 차지하면서, 성들끼리 서로 호응하고 지원함으로써 방어력을 더욱 강화하였음. 주위의 나머지 10여 개 後金 城은 '六城十二處' 가운데 '十二處'가 된다고 함(張德玉·張正巖·李榮發·單鈴, 1996).

참고문헌

- 渡邊三三, 1938, 『增訂 撫順史話』, 撫順新報社.
- 高橋匡四郎, 1941, 「蘇子河流域に於ける高句麗と後女眞の遺跡」, 『建國大學研究院研究期報』 2, 建國大學研究院.
- 佟達, 1993, 「關于高句麗南北交通道」, 『博物館研究』 1993-3.
- 傳波, 1994, 「六祖城」, 『撫順地區淸前遺跡考察紀實』, 遼寧人民出版社.
- 張德玉·張正巖·李榮發·單鈴, 1996, 「"寧古塔"與六祖城考辨」, 『遼海文物學刊』 1996-1.
- 여호규, 1999, 『高句麗 城』 Ⅱ, 國防軍史研究所.
- 이성제 편, 2006, 『高句麗城 사진자료집』, 동북아역사재단.
- 王禹浪·王宏北, 2007, 『高句麗·渤海古城址研究匯編』 (上), 哈爾濱出版社.
- 肖景全·鄭辰, 2007, 「撫順地區高句麗考古的回顧」, 『東北史地』 2007-2.

---

2 다만 傳波(1994)는 覺爾察城을 二磚廠平地城址로 비정함.

06 신빈 나가보자성
新賓 羅家堡子城

1. 조사현황 : 1990년 초반 조사

○ 조사기관 : 撫順市社會科學院.
○ 조사자 : 傳波 등.
○ 조사내용 : 赫圖阿拉城을 중심으로 그 주위의 二磚廠平地城, 溫家窯西山城, 阿伏洛城, 永陵後堡東山城, 頭道砬子城, 魏家堡城, 驛馬道班城, 珠子山城, 達子營城, 頭道堡城, 三道堡東山城, 點將臺城, 그리고 羅家堡城 등 後金시기의 성 10여 개(漢, 고구려시기에 축조되어 後金시기에 계속 사용된 성 포함)을 조사함.

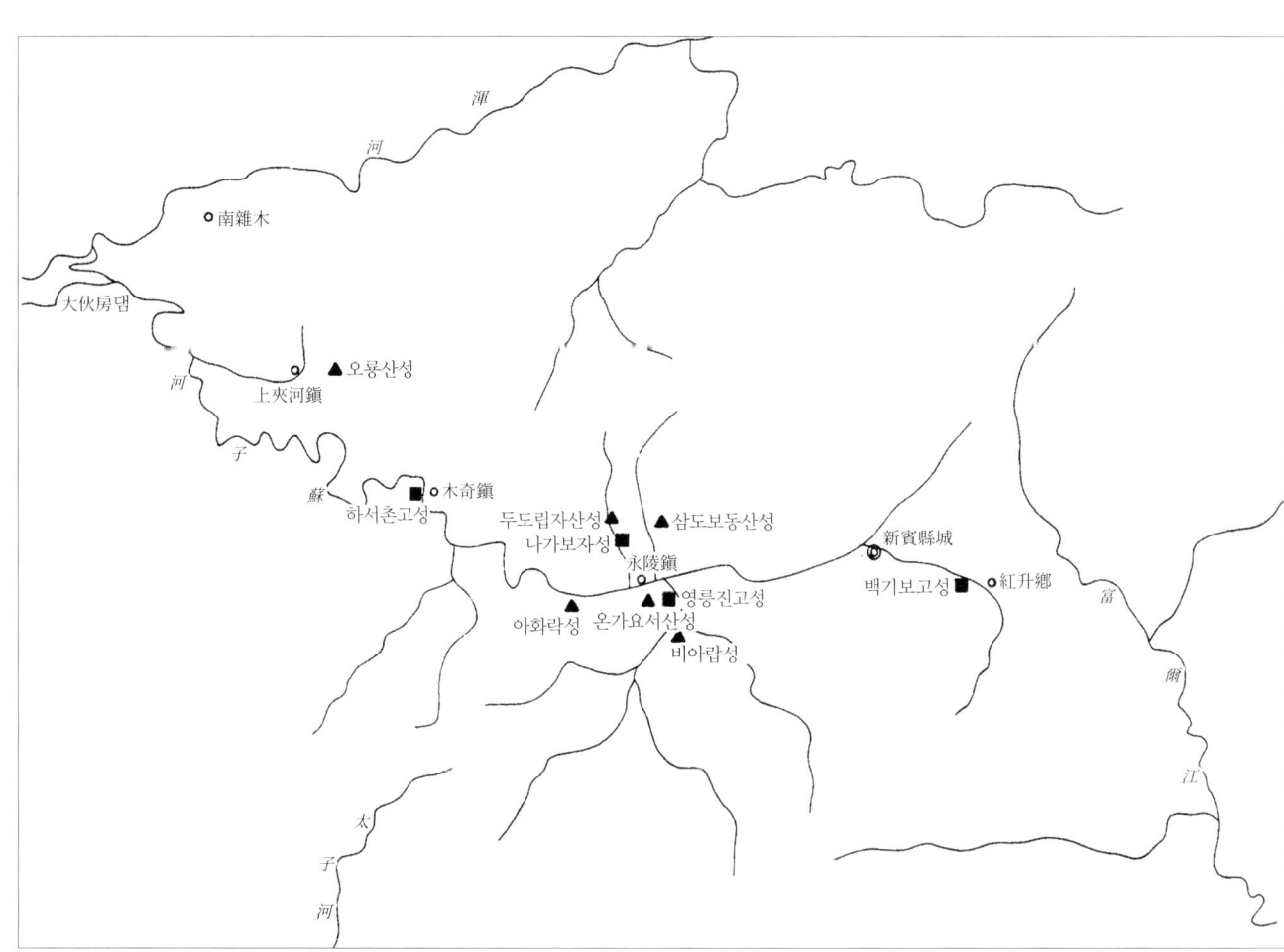

그림 1 羅家堡子城 위치도 1(여호규, 1999, 74쪽)

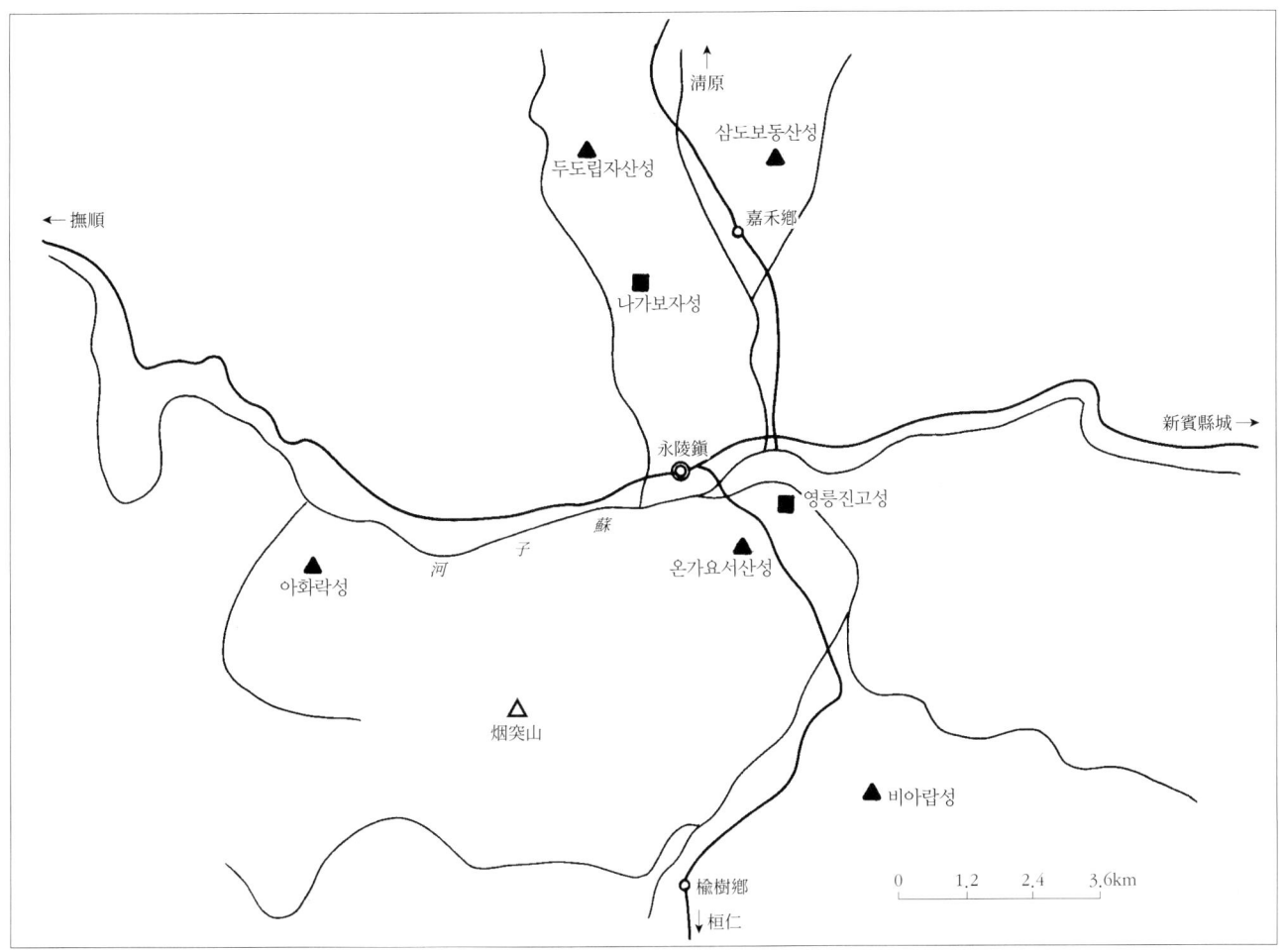

그림 2 羅家堡子城 위치도 2(여호규, 1999, 77쪽)

이들 성은 赫圖阿拉城에서 가까우면 2.5km, 멀어도 10km 안에 위치하고 있음.
○ 발표 : 傳波, 1994, 『撫順地區淸前遺跡考察紀實』, 遼寧人民出版社.

2. 위치와 자연환경(그림 1 ~ 그림 4)

1) 지리위치

○ 羅家堡子城은 新賓縣 永陵鎭 북쪽 草蒼北溝 골짜기 羅家堡子村 북쪽(뒤쪽)에 인접한 東山 구릉에 위치함. 草蒼北溝 골짜기는 전체 길이가 약 14km로 永陵鎭에서 비교적 큰 남북 방향의 산골짜기임. 그 북쪽에는 新賓과 淸原 두 縣의 경계산인 龍崗山이 있음. 羅家堡子는 이 골짜기의 중간부분 낮은 평지에 위치함. 永陵鎭이 기점인 草蒼北溝 골짜기 연안의 도로를 통해 新城 - 淸原 분수령을 넘어 淸原縣으로 들어갈 수 있음.

○ 북쪽 1km 거리에 朴家堡子가 있음. 또한 북쪽 1.5km 거리에 頭道砬子村이 있는데, 이곳에 頭道砬子山城이 있음.

○ 남쪽으로 3km 떨어진 지점에 永陵鎭과 蘇子河가 있음. 蘇子河 남안에는 永陵鎭古城, 동남쪽으로는 費阿拉城이 있음. 永陵鎭 일대는 사방이 산으로 둘러싸

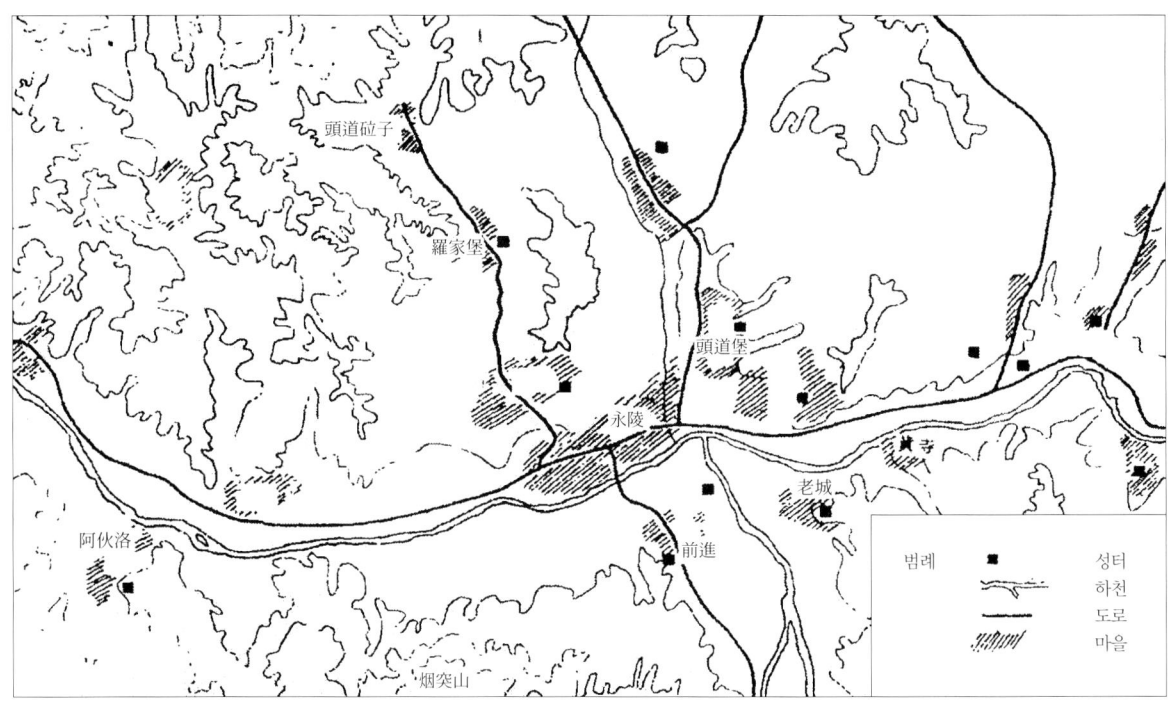

그림 3 羅家堡子城 위치도 3(傅波, 1994, 4쪽)

인 작은 분지지만, 북쪽의 草蒼河·夾河溝와 남쪽의 二道河가 蘇子河와 합류하면서 비교적 넓은 충적평지를 형성하고 있음.
○ 동남쪽으로 8km 떨어진 지점에 赫圖阿拉城이 있음.

2) 자연환경
○ 草蒼河가 남쪽으로 흘러 蘇子河로 유입됨.
○ 성 동쪽으로는 산 구릉이 이어짐. 구릉지에는 산이 있고, 남북 방향임.

3. 성곽의 전체현황

○ 지역 주민들은 성을 '東古城子'라고도 부르고 있음.
○ 성의 동·북·서쪽 모두 경작지이고, 과수원도 있음.
○ 성의 보존상태는 비교적 양호함.
○ 羅家堡子城의 평면은 정방형임.

○ 성의 규모 : 동벽 길이 37m, 남벽 길이 42m, 서벽 길이 35m, 북벽 길이 40m(傅波, 1994 ; 張德玉·張正巖·李榮發·單鈴, 1996 ; 여호규, 1999).[1]

4. 성벽과 성곽시설

1) 성벽
○ 성벽은 土石으로 쌓음(傅波, 1994).
○ 하부는 돌을 쌓았고 상부는 흙을 다져서 쌓음(여호규, 1999 ; 王禹浪·王宏北, 2007).
○ 성 동남 모서리에서는 지역 주민들이 채토하면서 2m 정도 돌로 쌓은 성벽이 명확하게 드러남.
○ 성벽은 내측 높이가 0.2m임. 외측 높이는 1m임(傅

---

1   전체 둘레가 160m라고 파악하기도 함(王禹浪·王宏北, 2007).

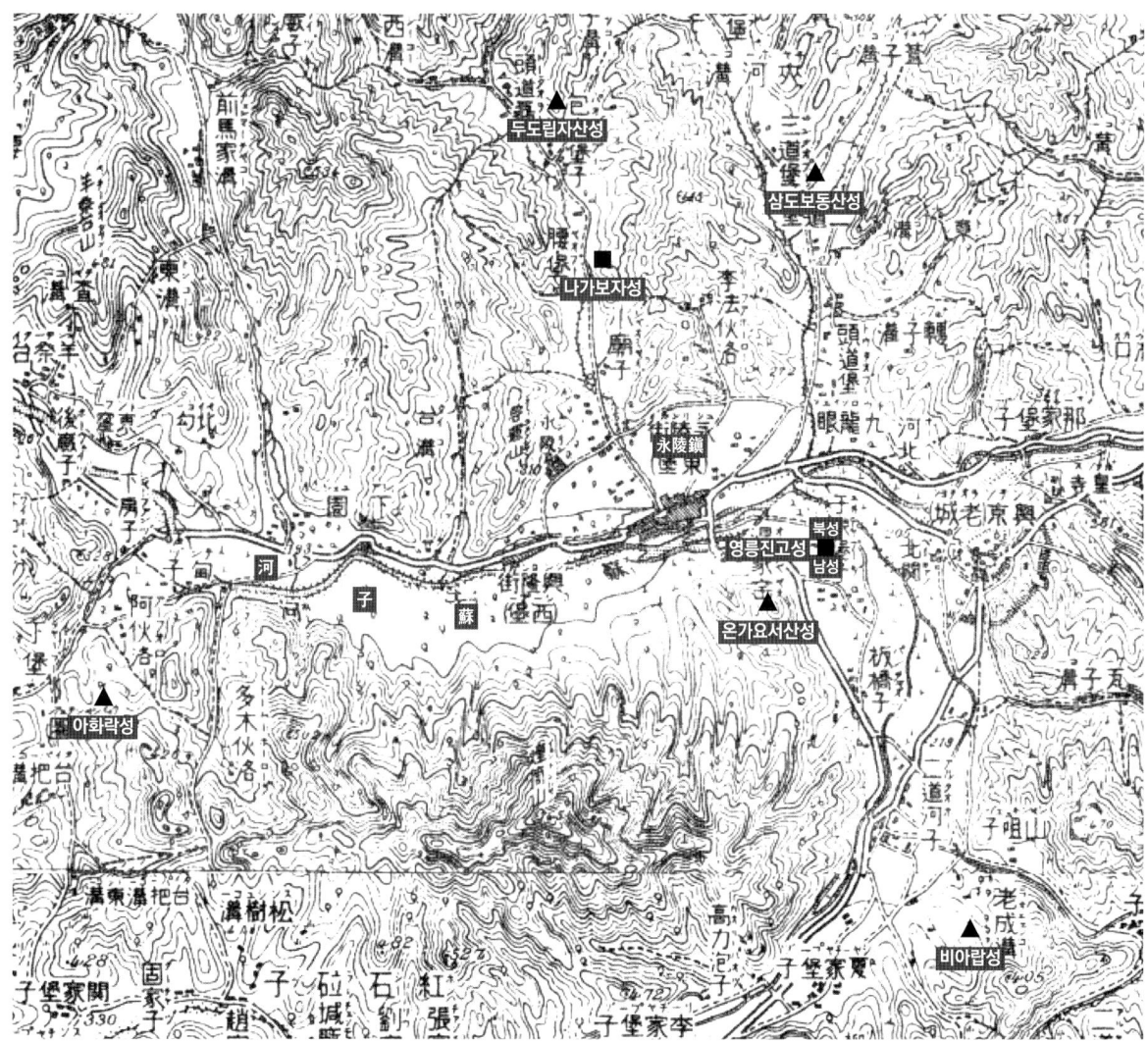

그림 4 羅家堡子城 주변 지형도(滿洲國 10만분의 1 지형도)

波, 1994 ; 張德玉·張正巖·李榮發·單鈴, 1996 ; 여호규, 1999).[2]

○ 동남 모서리에 남아 있는 성벽의 높이는 1.7m임.
○ 성벽 일부 구간은 평평해졌음.

2) 성곽 시설

조사 당시 羅家堡子城이 위치한 대지 남쪽 구릉 아래

---

[2] 혹은 1.5m라고 기록(王禹浪·王宏北, 2007).

에 張同有라는 노인이 살고 있었는데, 그 노인과 대화를 나눈 후에 성을 발견함. 張同有는 그가 羅家堡子로 이주했을 때, 이 마을을 '東古城了'라고 불렀다는 이야기를 들었다고 함. 그는 느릅나무가 여러 그루 있던 남쪽 구릉 아래에 집을 지었는데, 집 뒤에는 아직도 오래된 느릅나무 1그루가 있었음. 그가 집을 지을 당시 느릅나무 북쪽의 성벽은 현재보다 1尺 정도 높았다고 함. 성곽의 동북 모서리에는 봉분이 비교적 높은 무덤이 여러 기 있었는데, 밭으로 일구기 위해 봉분을 평평하게 하여 평지를 만들었다고 함. 조사 당시에는 성 북쪽 가운데에 무덤 1기만 남아 있었음(傅波, 1994).

5. 출토유물

성 안에서 많은 靑花瓷片이 발견됨.

6. 역사적 성격

나가보자성은 고구려시기에 축조되어 後金이 계속 사용하였던 것으로 추정하기도 하지만(王禹浪·王宏北, 2007), 고구려 유물이 발견되지 않았고, 성의 입지선택과 성벽구조 모두 고구려와 다르다는 점을 근거로 고구려산성으로 보지 않기도 함(肖景全·鄭辰, 2007).

물론 현전하는 나가보자성이 후금의 성곽임은 거의 명확함. 청 태조 努爾哈赤의 曾祖 福滿(興祖)에게서 태어난 여섯 아들 곧 6祖가 여섯 곳에 각각 城池를 세워 六王을 칭하였다고 하는데(『靑太祖武皇帝實錄』권1 2항), 六祖가 조영한 여섯 개의 성채인 六祖城은 모두 蘇子河 연안이 永陵 일대로 비정됨. 이에 나가보자성을 六祖城 가운데 福滿의 三子 索長阿가 살았던 河洛噶善城으로 추정하기도 함(傅波, 1994).

다만 永陵鎭 분지에 위치한 永陵鎭古城·費阿拉城, 이들의 북쪽에 위치한 羅家堡子城·頭道砬子山城·三道堡東山城, 서쪽에 위치한 溫家窯西山城·阿伙洛村山城 등의 위치관계와 규모를 고려하면, 羅家堡子城이 고구려 성곽이라면 대체로 永陵鎭古城·費阿拉城의 소형위성으로 추정됨. 특히 草蒼北溝 골짜기 연안이 오래전부터 新賓-淸原 분수령을 넘나드는 통로로 사용되었고, 永陵鎭-淸原縣 지방도로가 개설된 것으로 미루어 볼 때, 淸原縣 방면에서 永陵鎭 분지로 진공하는 적군을 방어하기 위해 축조된 것으로 추정됨. 북쪽의 頭道砬子山城과는 보완관계로 추정됨(여호규, 1999).

참고문헌

- 高橋匡四郎, 1941, 「蘇子河流域に於ける高句麗と後女眞の遺跡」, 『建國大學研究院研究期報』 2, 建國大學研究院.
- 傅波, 1994, 「六祖城」, 『撫順地區淸前遺跡考察紀實』, 遼寧人民出版社.
- 張德玉·張正巖·李榮發·單鈴, 1996, 「"寧古塔"與六祖城考辨」, 『遼海文物學刊』 1996-1.
- 여호규, 1999, 『高句麗 城』 Ⅱ, 國防軍史研究所.
- 王禹浪·王宏北, 2007, 『高句麗·渤海古城址硏究滙編』(上), 哈爾濱出版社.
- 肖景全·鄭辰, 2007, 「撫順地區高句麗考古的回顧」, 『東北史地』 2007-2.

07 신빈 두도립자산성
新賓 頭道砬子山城

1. 조사현황 : 1990년 초반 조사

- 조사기관 : 撫順市社會科學院.
- 조사자 : 傅波 등.
- 조사내용 : 赫圖阿拉城을 중심으로 그 주위의 二磚廠平地城, 温家窯西山城, 阿伙洛城, 永陵後堡東山城, 羅家堡子城, 魏家堡城, 驛馬道班城, 珠子山城, 達子營城, 頭道堡城, 三道堡東山城, 點將臺城, 그리고 頭道砬子城 등 10여 개의 後金시기의 성(漢, 고구려시기에 축조되어 後金시기에 계속 사용된 성 포함)을 조

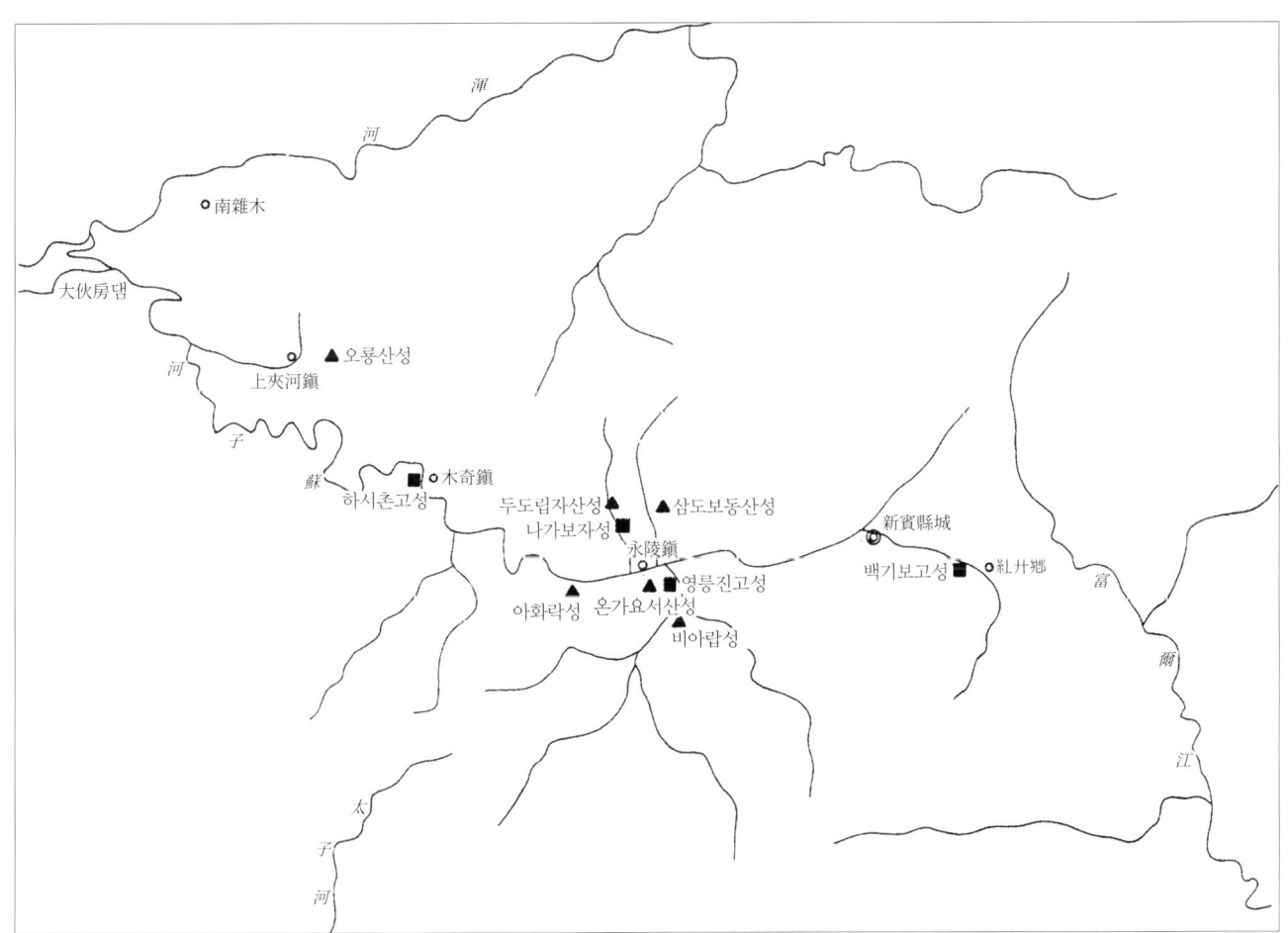

그림 1 頭道砬子山城 위치도 1(여호규, 1999, 74쪽)

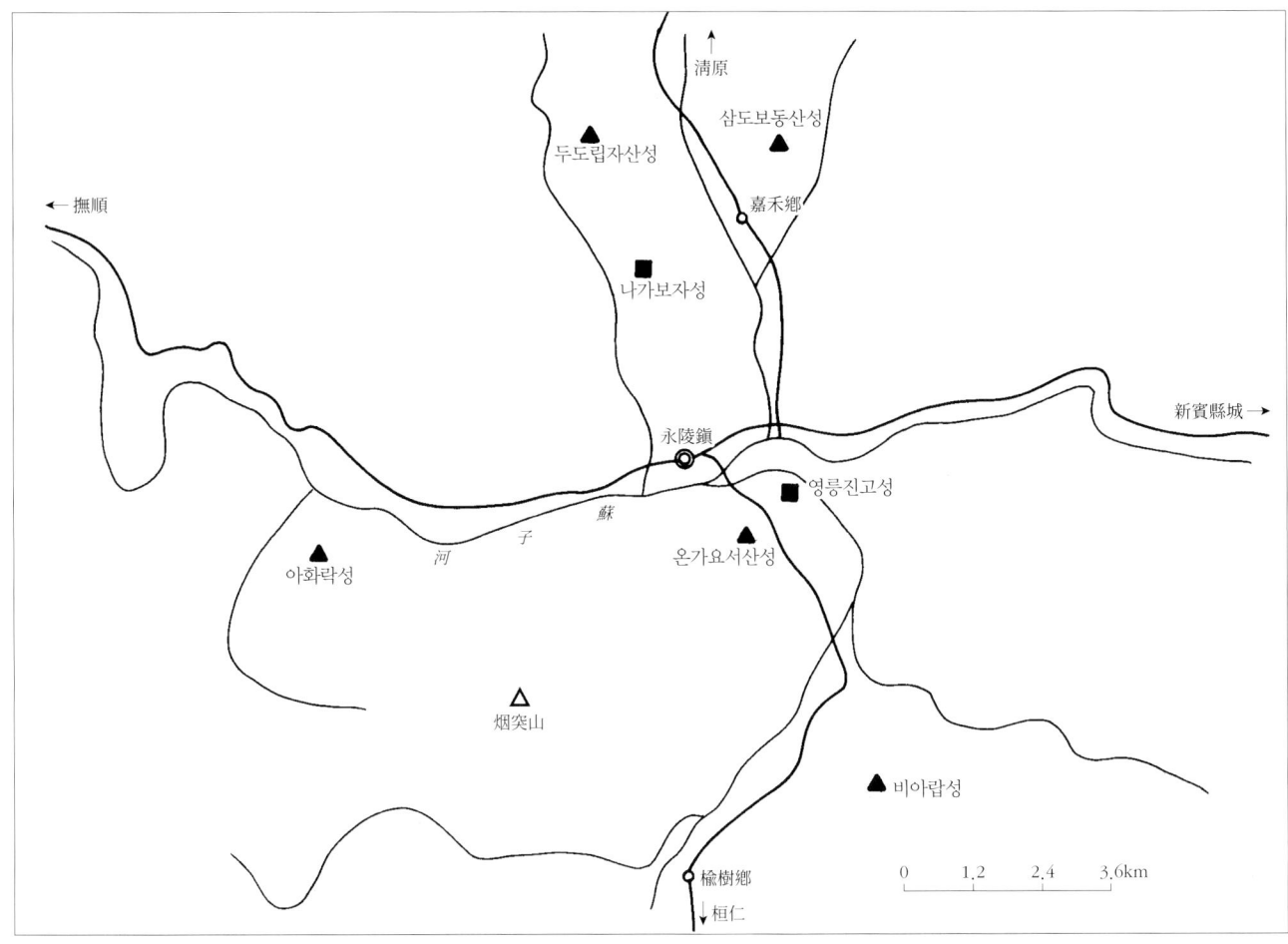

그림 2 頭道砬子山城 위치도 2(여호규, 1999, 77쪽)

사함. 이들 성들은 赫圖阿拉城에서 가까우면 2.5km, 멀어도 10km 안에 위치하고 있음.
○ 발표 : 傅波, 1994, 『撫順地區淸前遺跡考察紀實』, 遼寧人民出版社.

2. 위치와 자연환경(그림 1~그림 4)

1) 지리위치

○ 新賓縣에서 서쪽으로 23km 떨어진 永陵鎭 북쪽 草蒼北溝 골짜기의 頭道砬子村 안에 위치함. 永陵鎭 일대는 사방이 산으로 둘러싸인 작은 분지이지만, 북쪽의 草蒼河·夾河口, 남쪽의 二道河가 蘇子河와 합류하면서 비교적 넓은 충적평지를 형성하고 있음. 산성의 동남쪽으로 펼쳐지는 草蒼北溝골짜기는 永陵鎭 북쪽의 큰 골짜기로, 草蒼河를 따라 남북으로 좁고 길게 자리 잡고 있는데, 草蒼河가 충적되어 형성되었음. 草蒼河는 북쪽에서 남쪽으로 흘러 蘇子河로 유입됨.
○ 草蒼北溝 골짜기를 따라 남쪽으로 가면 朴家堡子村과 羅家堡村이 차례로 나오고, 羅家堡村 뒷산에는 羅家堡山城이 있음.
○ 산성에서 草蒼北溝 골짜기를 따라 남쪽으로 6km[1] 정도 가면 蘇子河가 나오는데, 蘇子河 남안에 永陵鎭

---

[1] 5km라고도 함(王綿厚·李建才, 1990 ; 王綿厚, 2002).

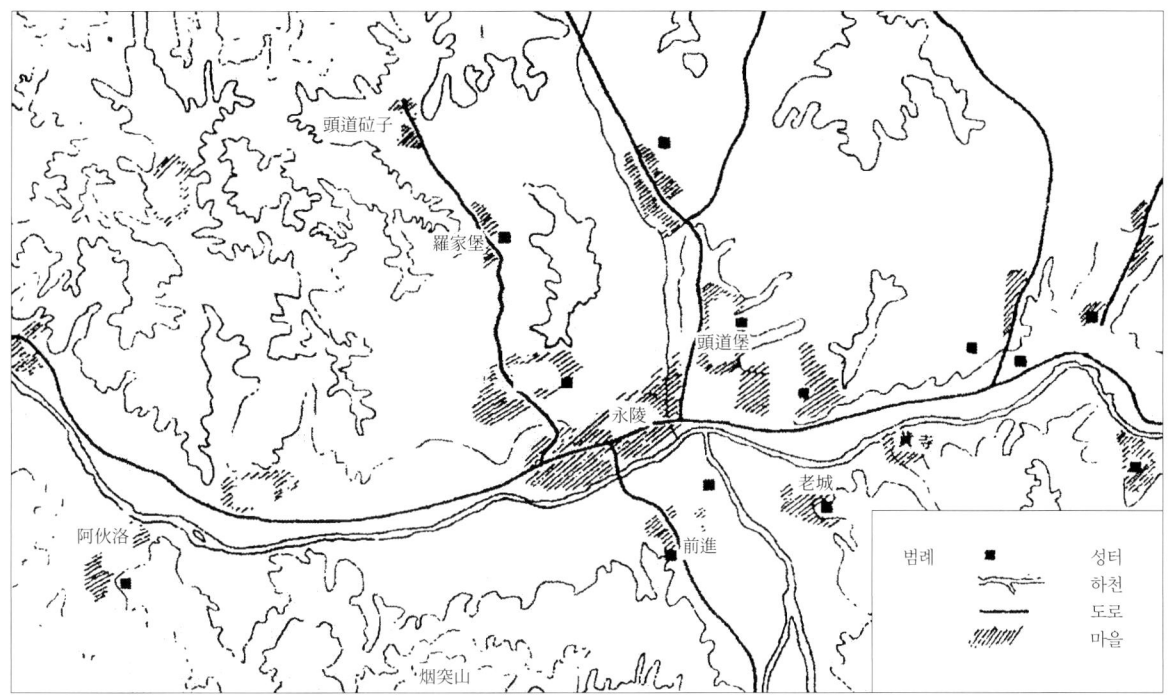
그림 3 頭道砬子山城 위치도 3(傳波, 1994, 4쪽)

古城, 동남쪽에 費阿拉城이 있음. 頭道砬子村에서 동남쪽 10km 거리에는 赫图阿拉城이 있음.
○ 서북쪽으로 40km 떨어진 지점에 五龍山城이 있음.
○ 永陵鎭을 기점으로 하는 草蒼北溝골짜기 연안의 지방도로를 따라 북쪽으로 가면 新賓-淸原 분수령을 넘어 淸原縣으로 들어갈 수 있음.

2) 자연환경
○ 산성에서 草蒼北溝 골짜기를 따라 남쪽으로 6km 정도 가면 蘇子河가 있음. 산성은 蘇子河 중류에 위치함.
○ 동남쪽으로 30km 지점에 桓仁 경내 고구려시기 橫道河子 협곡 입구(隘口)가 있음. 橫道河子 협곡 입구는 新賓縣 동남 蘇子河 支流인 岔路溝와 桓仁縣 渾江의 支流인 橫道河子 사이의 交通陜口에 위치함. 이 협곡입구와 그 서쪽에 위치한 해발 1,041m의 羅圈溝 主峰과의 거리는 불과 5km임. 예전부터 蘇子河 상류 岔路溝의 산간로는 蘇子河 하곡에서 渾江 하곡으로 진입하는 중요한 교통로였음(王綿厚·李建才, 1990).

○ 頭道砬子村 북쪽에는 龍崗山이 있고, 동쪽과 서쪽 모두 龍崗山의 支脉이 뻗어 있음.

3. 성곽의 전체현황
○ 현지주민들은 '城子地'라고 부르고 있음.
○ 성은 정방형에 가까움.
○ 성은 동서 길이 40m, 남북 너비 35m임.
○ 성 안에는 趙氏 무덤 2기가 있음.
○ 성은 현재 채소밭으로 개간되어 있음.

4. 성벽과 성곽시설
1) 성벽
○ 성벽은 토석을 다져서 축조함.
○ 성벽은 높이 1m, 너비 2m임.

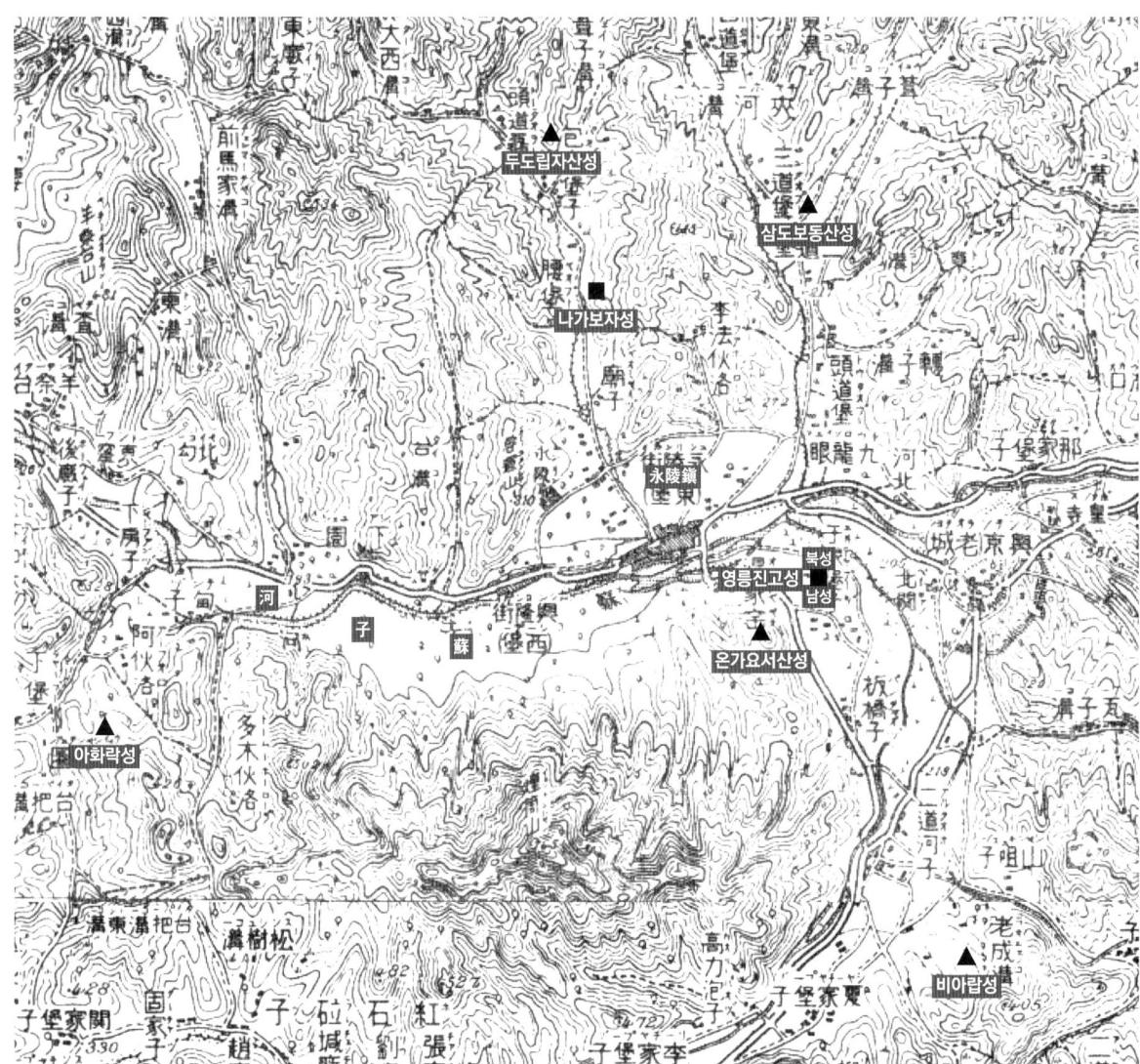

그림 4 頭道砬子山城 주변 지형도(滿洲國 10만분의 1 지형도)

2) 성문

남문이 있는데, 상세한 실측은 이루어지지 않음.

5. 출토유물

성 안에서 비교적 많은 양의 靑花瓷器片이 발견됨.

6. 역사적 성격

頭道砬子山城은 木底에서 丸都로 가는 교통로에 위치한 고구려시기의 중요한 산성으로(王綿厚·李建才, 1990), 後金 시기에도 建州女眞이 계속 사용한 것으로 추정하기도 함(傳波, 1994). 이에 대해 산성에서 고구려 유물이 발견되지 않았고, 성의 입지와 성벽구조가 고구려와 다르기 때문에 고구려 산성으로 볼 수 없다는 견해도 있음(肖景全·鄭辰, 2007).

물론 현전하는 頭道砬子山城이 후금의 성곽임은 거의 명확함. 永陵鎭 분지에 위치한 永陵鎭古城·費阿拉城, 이들의 북쪽에 위치한 羅家堡子城·頭道砬子山城·三道堡東山城, 서쪽에 위치한 溫家窯西山城·阿伙洛村山城 등의 위치관계와 규모를 고려하면, 頭道砬子山城이 고구려 산성이라면 대체로 永陵鎭古城·費阿拉城의 소형 위성으로 추정됨. 특히 草蒼北溝 골짜기 연안이 오래전부터 新賓-淸原 분수령을 넘나드는 통로였고, 현재 永陵鎭-淸原縣 지방도로가 개설된 것으로 보아, 대체로 淸原縣 방면에서 永陵鎭 분지로 진공하는 적군을 방어하기 위해 축조된 것으로 보이고, 남쪽의 羅家堡子城과는 상호 보완관계에 있었을 것으로 추정됨(여호규, 1999).

한편 『舊唐書』 권111 薛仁貴전을 비롯해 고구려 멸망 직전의 당과의 전투 기사에는 新城, 南蘇城, 木底城, 蒼巖城 등이 渾河에서 蘇子河 방면으로 나아가면서 차례로 위치한 것으로 나옴. 이에 新城을 撫順 高爾山城, 木底城을 新賓 五龍山城으로 비정한 다음, 頭道砬子山城을 蒼巖城으로 비정하기도 함(王綿厚, 2002). 다만 『舊唐書』 薛仁貴전 등에 따르면 南蘇城, 木底城, 蒼巖城 등은 新城에서 國內城으로 향하는 주요 교통로에 위치한 것으로 나오는데, 蘇子河 연안로에서 6km나 떨어진 頭道砬子山城을 주요 간선로에 위치했다고 보기는 어려움. 蒼巖城은 일반적으로 영릉진 남쪽의 費阿拉城(이도하자구노성)으로 비정됨.

참고문헌

- 王綿厚·李建才, 1990, 『東北古代交通』, 瀋陽出版社.
- 傳波, 1994, 「六祖城」, 『撫順地區淸前遺跡考察紀實』, 遼寧人民出版社.
- 여호규, 1999, 『高句麗 城』 II, 國防軍史硏究所.
- 王綿厚, 2002, 『高句麗古城硏究』, 文物出版社.
- 王禹浪·王宏北, 2007, 『高句麗·渤海古城址硏究匯編』 (上), 哈爾濱出版社.
- 肖景全·鄭辰, 2007, 「撫順地區高句麗考古的回顧」, 『東北史地』 2007-2.
- 國家文物局, 2009, 『中國文物地圖集』 遼寧分冊, 西安地圖出版社.

08 신빈 아화락성
新賓 阿伙洛城

1. 조사현황

1) 1930년대 조사
- 조사자 : 渡邊三三, 高橋匡四郎.
- 발표 : 高橋匡四郎, 1941, 「蘇子河流域に於ける 高句麗と後女眞の遺跡」, 『建國大學研究院研究期報』 2, 建國大學研究院.

2) 1990년 초반 조사
- 조사기관 : 撫順市社會科學院.

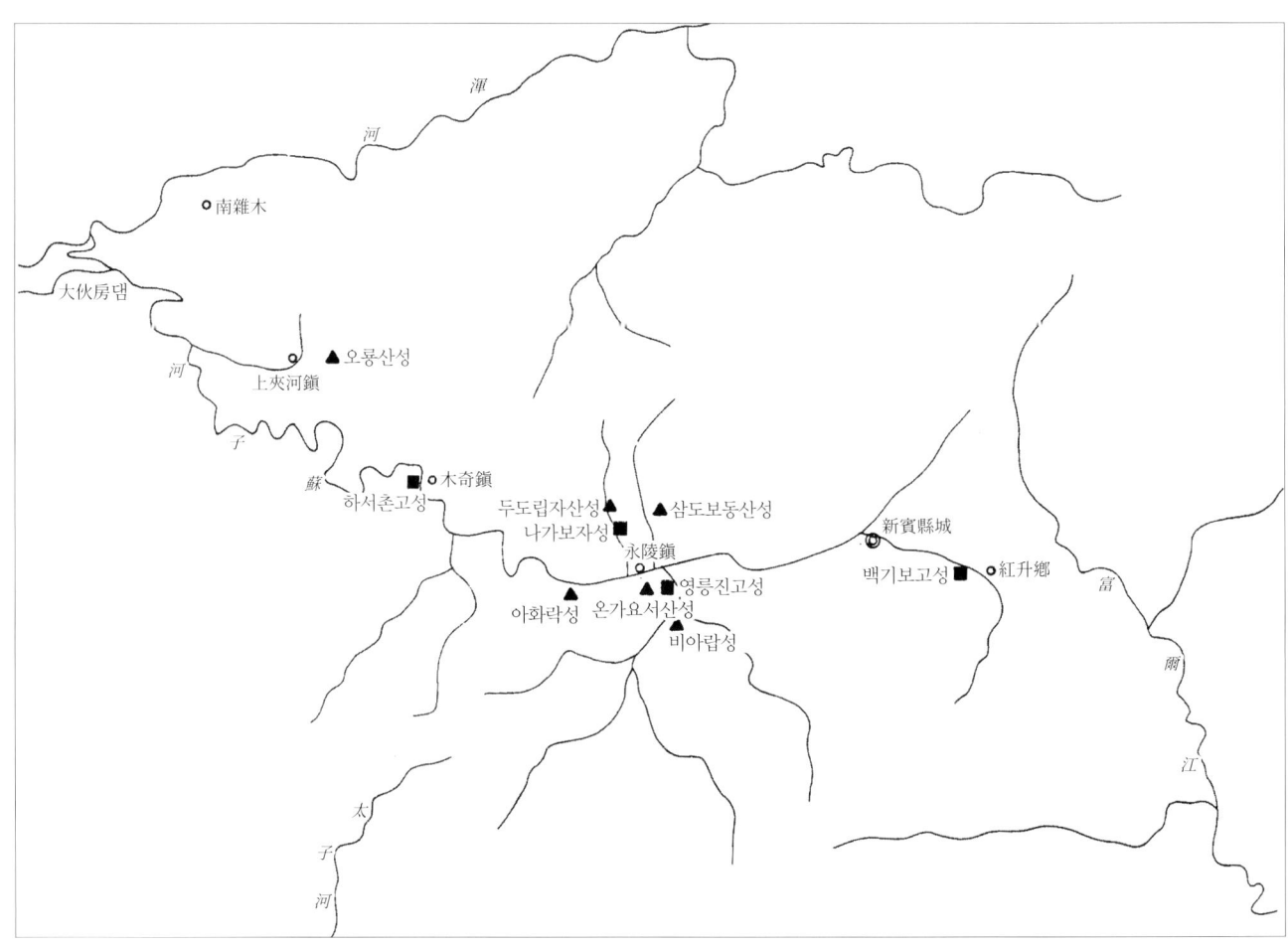

그림 1 阿伙洛城 위치도 1(여호규, 1999, 74쪽)

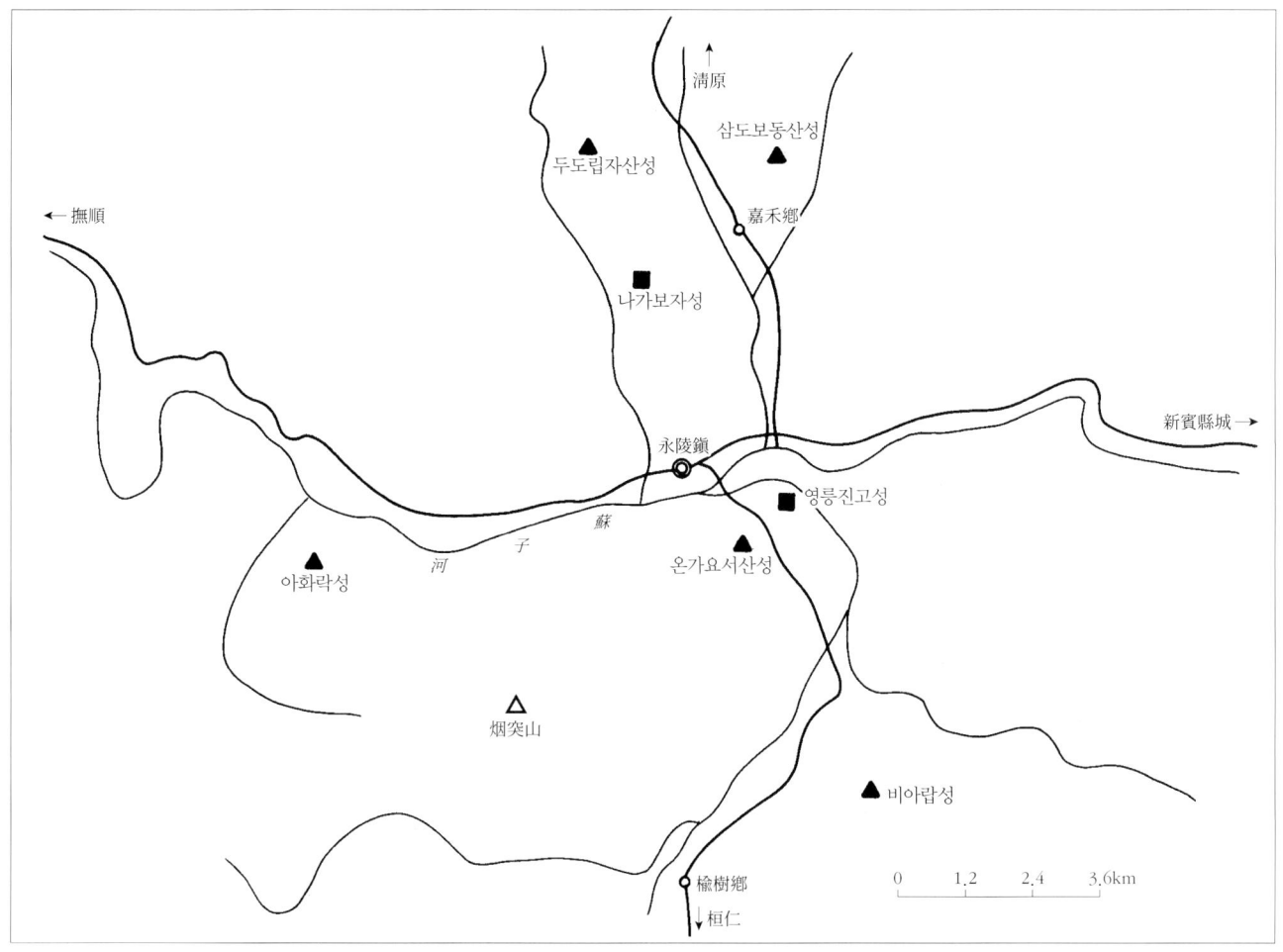

그림 2 阿伙洛城 위치도 2(여호규, 1999, 77쪽)

○ 조사자 : 傳波 등.
○ 조사내용 : 赫圖阿拉城을 중심으로 그 주위의 二磚廠平地城, 溫家窯西山城, 永陵後堡東山城, 頭道砬子城, 羅家堡子城, 魏家堡城, 驛馬道班城, 珠子山城, 達子營城, 頭道堡城, 三道堡東山城, 點將臺城, 그리고 阿伙洛城 등 10여 개의 後金시기의 성(漢, 고구려시기에 축조되어 後金시기에 계속 사용된 성 포함)을 조사함. 이들 성들은 赫圖阿拉城에서 가까우면 2.5km, 멀어도 10km 안에 위치하고 있음.
○ 발표 : 傳波, 1994, 『撫順地區淸前遺跡考察紀實』, 遼寧人民出版社.

2. 위치와 자연환경(그림 1~그림 4)

1) 지리위치

○ 新賓縣 永陵鎭 阿伙洛村 남측 鳳凰山 西端의 산허리 臺地에 위치함. 산성이 위치한 永陵鎭 일대는 사방이 산으로 둘러싸인 작은 분지이지만, 북쪽의 草蒼河·夾河溝와 남쪽의 二道河가 蘇子河와 합류하면서 넓은 충적평지를 형성하고 있음.
○ 북쪽으로 0.5km 떨어진 지점에 阿伙洛村이 있음. 阿伙洛村의 원래 이름은 阿哈伙洛임. 阿哈夥洛은 滿洲語인데, 漢語로 '奴隸山溝' 혹은 '窮山溝'를 의미함.
○ 阿伙洛村 남쪽은 臺寶溝라는 골짜기이고, 골짜기

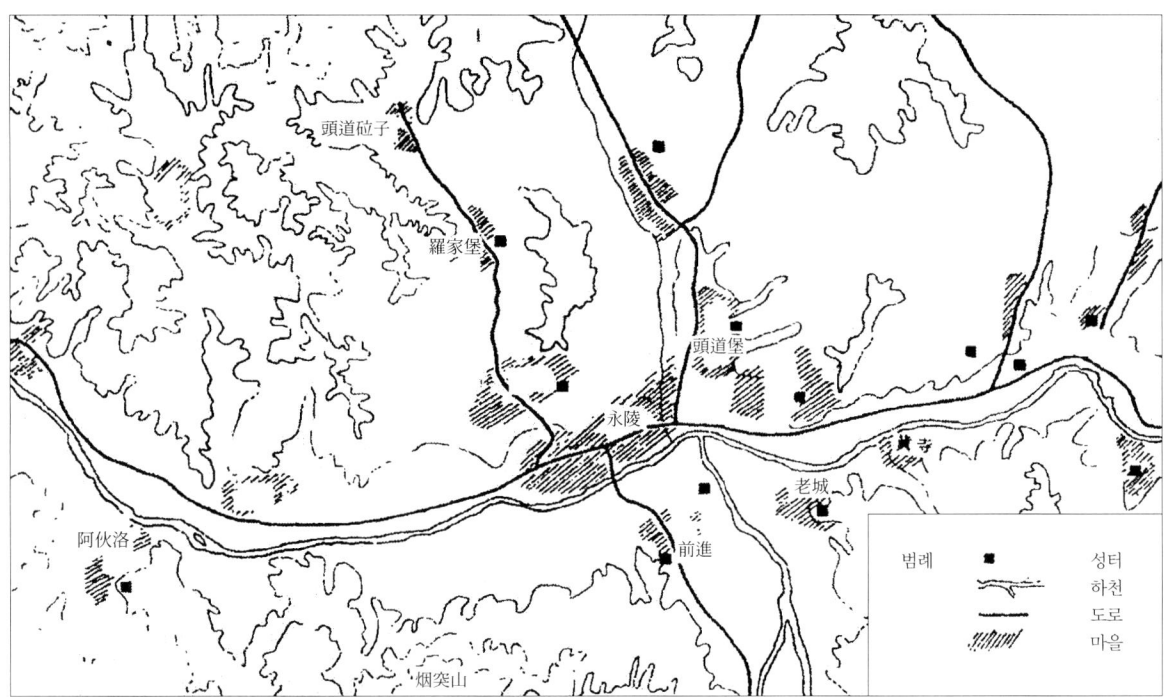

그림 3 阿伙洛城 위치도 3(傳波, 1994)

바깥 서쪽 산 아래는 下房子村인데, 下房子村에서 阿伙洛村까지 거리는 1km임. 臺寶溝의 작은 개울은 두 촌 사이에서 북쪽으로 흘러 蘇子河로 유입됨.

○ 阿伙洛村에서 북쪽으로 1.5km 떨어진 蘇子河 건너편에는 新賓-瀋陽 도로가 동서 방향으로 길게 뻗어 있고, 이 도로를 따라 10km 정도 가면 永陵鎭 시가지가 나옴.

○ 동쪽으로 10km 떨어진 지점에 赫图阿拉城이 있음.

2) 자연환경

○ 성에서 1.5km 떨어진 지점에 蘇子河가 동쪽에서 서쪽으로 흐르고 그 양안에는 좁고 기다란 충적대지가 펼쳐져 있음.

○ 산성 동쪽으로는 烟突山 북사면의 구릉지와 蘇子河 남안의 충적평야가 펼쳐지며, 동남쪽 산등성이를 따라 가면 烟突山 정상이 나옴. 산성은 동서로 길게 뻗은 烟突山 산줄기의 서북단에 자리 잡고 있는데, 동북단의 溫家窯山城과 좌우 대칭을 이루고 있음. 그 동쪽으로

桓仁-永陵鎭 도로, 영릉진고성, 蘇子河 지류인 二道河가 있음.

○ 산성의 서쪽 臺寶溝 골짜기 건너편에는 험준한 산줄기가 계속 이어지고 있음. 산성의 동·서·남 세 방면은 烟突山 산줄기가 천연장벽을 이루고 있음. 오직 북문을 통해 蘇子河 연안으로 내려간 다음, 하곡을 따라 蘇子河 通道로 진입할 수 있음.

3. 성곽의 전체현황

○ 阿伙洛城은 보존상태가 비교적 양호한데, 동부가 높고 서부가 낮음. 평면은 동서가 길고 남북이 좁은 타원형인데, 外城과 內城으로 구성됨(傳波, 1994 ; 여호규, 1999 ; 王禹浪·王宏北, 2007).

○ 阿伙洛城은 蘇子河 남쪽에 위치하고 있어 북부는 비교적 개활함. 동쪽과 서쪽은 산들로 막혀 있고, 북쪽으로는 蘇子河 연안이 펼쳐짐. 烽火나 墩臺 등의 시설

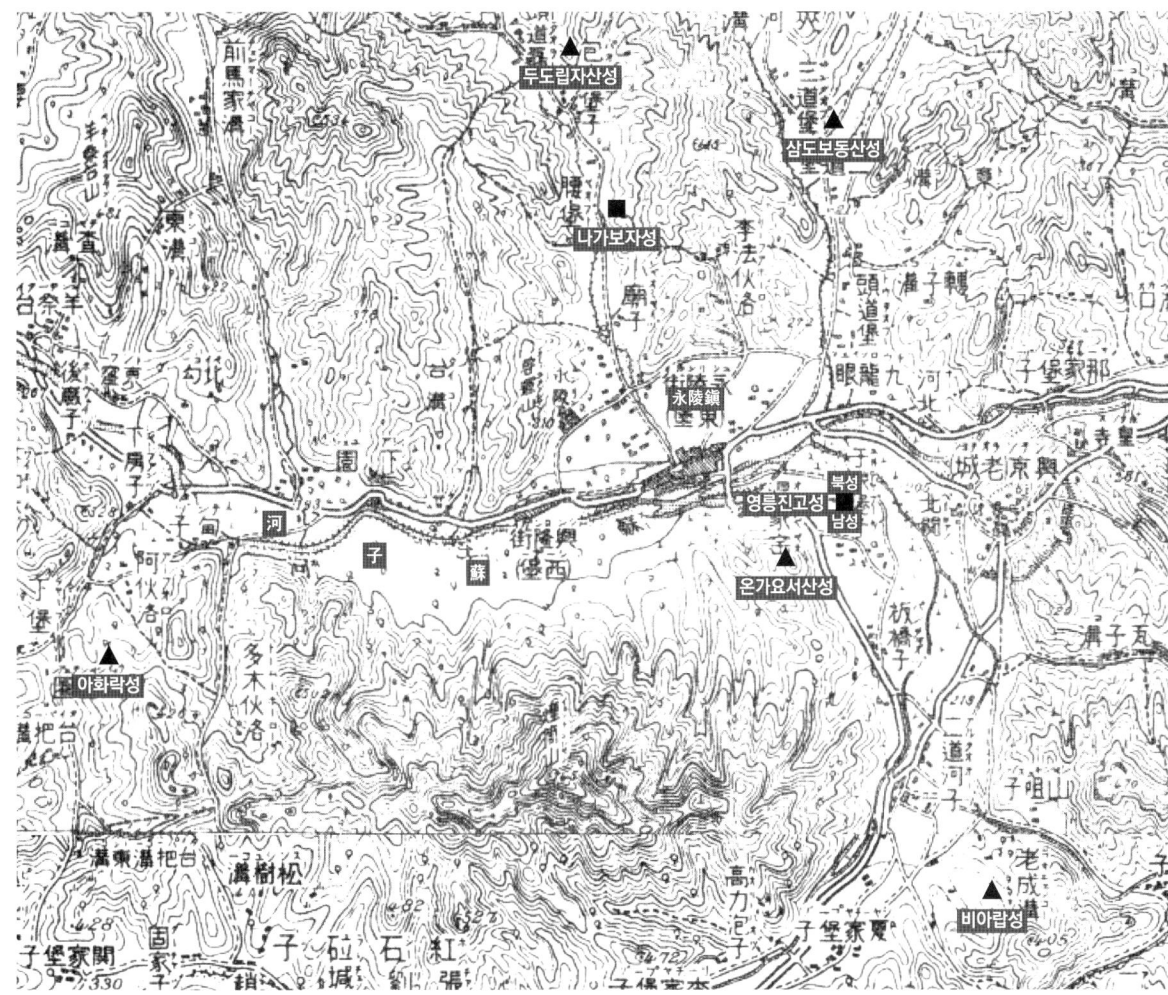

그림 4 阿伙洛城 주변 지형도(滿洲國 10만분의 1 지형도)

은 확인되지 않음.

4. 성벽과 성곽시설

1) 성벽

(1) 外城

○ 外城 성벽은 보존상태가 비교적 양호함.
○ 성벽은 토석혼축임. 현재 높이는 1~3m임.
○ 규모는 동서 길이 51m, 남북 너비 42m, 전체 둘레 146m임(傳波, 1994 ; 張德玉·張正巖·李榮發·單鈴,

1996 ; 工禹浪·工宏北, 2007).[1]

(2) 內城

○ 內城은 동서 길이 23m, 남북 너비 18m, 전체 둘레 84m임.
○ 平臺는 상하 2층으로 이루어져 있음. 上臺는 길이 20m, 너비 15m임. 上臺와 下臺 구릉 길이는 11m임.
○ 정상 중심부에는 지역 주민들이 보물을 찾는다고 파내면서 구덩이가 형성됨.

---

1 동서 길이 60m 남북 너비 40m(高橋匡四郞, 1941), 길이 30m 너비 25m(國家文物局, 2009) 등으로 파악하기도 함.

2) 성문

○ 外城에는 남·북 2개의 문이 있음.

○ 內城에는 남·북 2개의 문이 있음. 남문은 외벽 중앙에 있는데, 문에서 나와 남쪽으로 가다가 서쪽으로 꺾으면 골짜기를 빠져나올 수 있음. 북문은 동북 모서리에 있는데, 원형 高臺 동측 문으로 빠져나온 후 북쪽으로 가다가 다시 서쪽으로 언덕을 내려가면 阿伙洛村이 나옴. 이 길은 兵馬大道임. 북문 아래에는 옛날 길이 있는데, 阿伙洛村을 거쳐 蘇子河 강변까지 이어짐.

3) 望臺

內城과 外城 동쪽이 연결된 작은 산에는 돌로 쌓은 원형의 高臺가 있는데, 높이 11m, 정상부 너비 7m임. 望臺로 추정됨(張德玉·張正巖·李榮發·單鈴, 1996).

5. 출토유물

성 안에서 明代 靑花瓷片이 발견됨.

6. 역사적 성격

성은 고구려시기에 축조되어 後金을 건국한 女眞이 중수한 후 계속 사용되었던 것으로 추정됨(王禹浪·王宏北, 2007). 특히 桓仁지역에 거주하던 建州女眞이 1433년과 1437년 조선의 토벌로 인해 1438년 蘇子河 방면으로 피신하여 阿伙洛村 동쪽의 呼蘭哈達(지금의 烟突山) 아래에 거주하였다고 하는데, 이 무렵에 사용되었을 가능성이 높은 것으로 파악됨(高橋匡四郎, 1941). 다만 阿伙洛城에서 고구려 유물이 발견되지 않았고, 성의 입지와 성벽구조가 고구려 성곽과 다르기 때문에 고구려산성으로 볼 수 없다는 견해도 있음(肖景全·鄭辰, 2007).

阿伙洛城의 입지나 구조로 보아 後金 시기에 사용한 성곽임은 거의 명확함. 청 태조 努爾哈赤의 曾祖 福滿(興祖)에게서 태어난 여섯 아들 곧 6祖가 여섯 곳에 각각 城池를 세워 六王을 칭하였다고 하는데(『淸太祖武皇帝實錄』권1 2項), 六祖가 조영한 여섯 개의 성채인 六祖城은 모두 蘇子河 연안의 永陵 일대로 비정됨. 實錄 圖記에는 六祖城의 위치가 표기되어 있는데, 阿伙洛城은 지리상의 위치나 명칭으로 보아 興祖의 次子 劉闡이 조영한 城寨인 阿哈伙洛城寨로 비정됨. 阿伙洛이라는 명칭도 阿哈伙洛에서 바뀐 것으로 파악됨(高橋匡四郎, 1941 ; 傅波, 1994 ; 張德玉·張正巖·李榮發·單鈴, 1996).

한편 永陵鎭 분지에 위치한 永陵鎭古城·費阿拉城, 이들의 북쪽에 위치한 羅家堡子山城·頭道碰子山城·三道堡東山城, 서쪽에 위치한 溫家窯西山城·阿伙洛城 등의 위치관계와 규모를 고려하면, 阿伙洛城이 고구려 성곽이라면 대체로 永陵鎭古城·費阿拉城의 소형위성으로 추정됨. 특히 阿伙洛城은 蘇子河 하류 방면에서 永陵鎭 일대의 분지로 진입하는 입구에 위치했다는 점에서 蘇子河 하류에서 상류 방면으로 진격하는 적군의 동향을 관찰하던 추수의 역할을 수행했을 것으로 추정됨(여호규, 1999).

참고문헌

- 高橋匡四郎, 1941, 「蘇子河流域に於ける高句麗と後女眞の遺跡」, 『建國大學研究院研究期報』2, 建國大學研究院.
- 傅波, 1994, 「六祖城」, 『撫順地區淸前遺跡考察紀實』, 遼寧人民出版社.
- 張德玉·張正巖·李榮發·單鈴, 1996, "寧古塔"與六祖城考辨」, 『遼海文物學刊』1996-1.
- 여호규, 1999, 『高句麗 城』 Ⅱ, 國防軍史研究所.
- 王禹浪·王宏北, 2007, 『高句麗·渤海古城址硏究匯編』(上), 哈爾濱出版社.
- 肖景全·鄭辰, 2007, 「撫順地區高句麗考古的回顧」, 『東北史地』2007-2.
- 國家文物局, 2009, 『中國文物地圖集』 遼寧分冊, 西安地圖出版社.

09 신빈 하서촌고성
新賓 河西村古城

1. 조사현황

1) 1982년 조사
○ 조사자 : 徐家國, 徐琰.
○ 조사내용 : 玄菟郡의 위치를 비정하기 위해 撫順縣 鐵背山 아래 渾河와 蘇子河가 합쳐지는 지점부터 新賓縣 紅升鄕 白旗村 50km의 蘇子河 兩岸까지 답사하던 도중에 발견함.

2) 1986년 조사
王綿厚가 조사.

3) 1988년 조사
○ 조사기관 : 撫順市博物館.
○ 조사내용 : 新賓縣 木奇鎭 河西村에서 동쪽으로 멀지 않은 蘇子河 西岸의 구릉에서 고구려시기 토기를 발견함.

4) 2000년대 조사
○ 조사자 : 肖景全, 鄭辰 등.
○ 조사내용 : 新賓縣文物管理所 직원과 함께 여러 차례 조사함. 고구려시기의 유물이 출토된 지점은 蘇子河 근처 언덕인데, 기와와 와당이 100m² 안에 분포함.

2. 위치와 자연환경(그림 1 ~ 그림 3)

1) 지리위치
○ 新賓縣 木奇鎭 서쪽 500m 지점에서 北流하는 蘇子河 건너편의 二道溝村 맞은편 구릉에 위치함.

○ 新賓縣 木奇鎭 河西村에서 동쪽으로 250m 떨어진 蘇子河 西岸의 구릉에 위치함. 木奇鎭 일대는 蘇子河 연안 전체에서 전략적으로 아주 중요한 지역임. 蘇子河는 渾河·蘇子河 합류지점에서 상류로 거슬러 오면서 河西 부근에서 소분지를 이루었다가, 河西－木奇鎭 구간에서 만곡이 심하고 험준한 협곡을 형성함. 이 구간을 빠져 나오면 木奇鎭 부근에서 다시 비교적 넓은 충적평지를 형성하게 됨. 그리하여 大伙房댐이 건설되기 이전 新賓－撫順 구도로의 경우, 渾河·蘇子河 합류지점에서 下夾河鄕 구간은 蘇子河 연안을 따라 도로가 이어지지만, 河西－木奇鎭 구간은 더 이상 蘇子河 연안을 따라 이어지지 못하고 上夾河鎭을 우회하여 구릉성 산지를 따라 도로를 개설하였음. 따라서 木奇鎭 일대는 蘇子河 하류에서 상류 방면으로 나아갈 때 전략적으로 중요한 요충지라고 할 수 있음. 永陵鎭 일대를 놓고 볼 때 木奇鎭은 동일한 방어권역으로서 최전방 요해처라고 할 수 있음. 한편 木奇鎭에서는 남쪽으로 蘇子河 지류를 따라 太子河 상류로 나아가는 산간로가 갈라지고 있음. 현재 이 산간로변의 太子河 상류지역도 蘇子河 연안과 함께 新賓縣 관내에 속해 있으며, 이 도로는 新賓縣 관내의 주요 지방도로

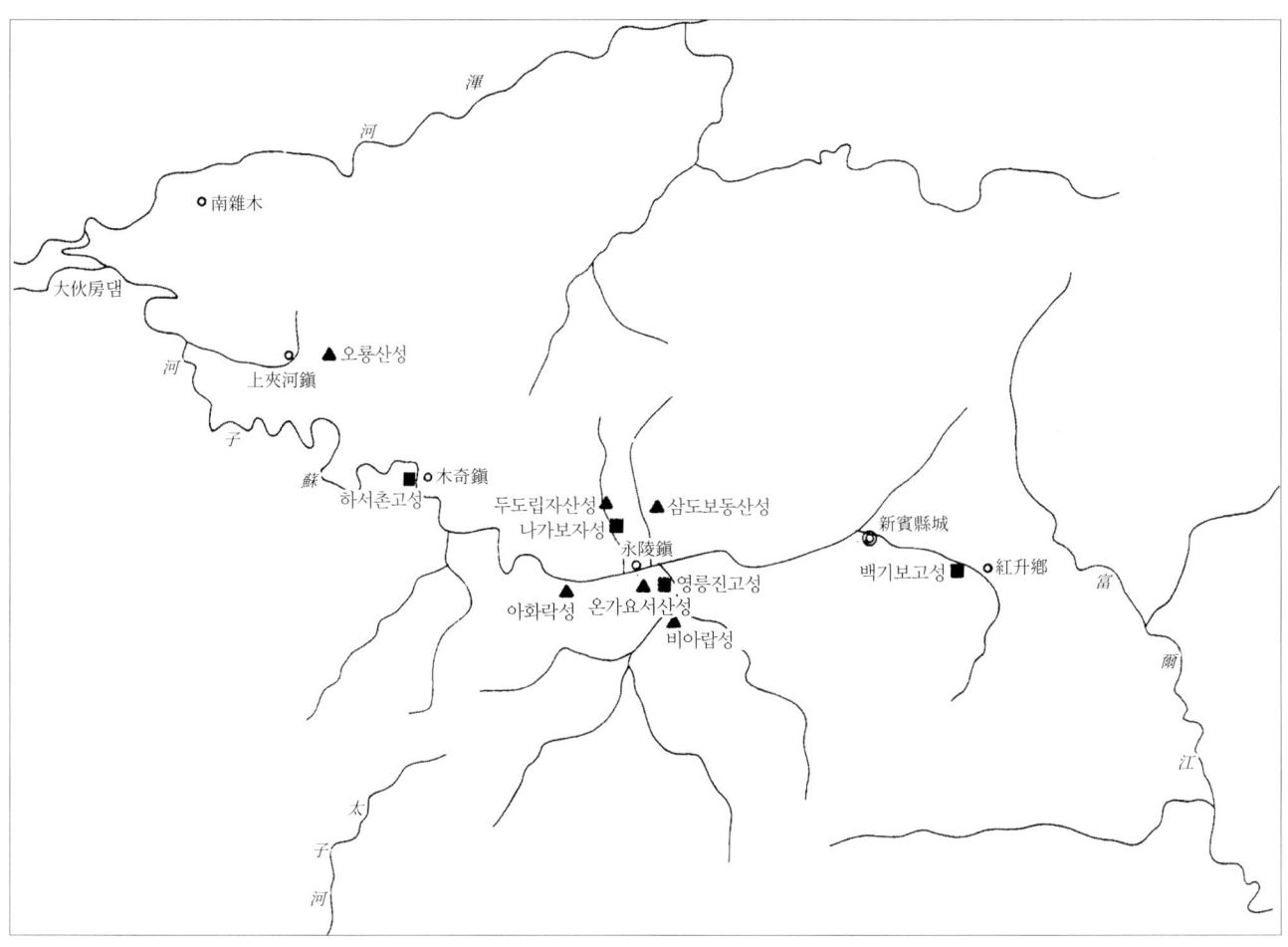

그림 1 河西村古城 위치도 1(여호규, 1999, 74쪽)

로 이용되고 있음. 太子河 상류일대는 蘇子河 연안과 함께 두 유역 사이의 산간로를 통해 하나의 생활권역을 이루고 있는데, 木奇鎭은 이 산간로를 기점으로 양 지역을 잇는 주요 거점인 것임(여호규, 1999).

○ 성에서 서북쪽으로 10여 km 떨어진 지점에는 五龍山城, 약 15km 떨어진 지점에는 得勝堡山城이 있음.

○ 성 북쪽에는 고구려시기에 瀋陽으로 통하는 길인 南道가 있음(徐家國·徐琰, 1994).

2) 자연환경

○ 성은 蘇子河가 꺾어지는 지점의 구릉에 위치하고 있는데, 북류하는 蘇子河가 동북쪽을 휘감아 돌다가 북쪽에서 流路를 서쪽으로 바꾸어 흘러가고 있음.

○ 고성은 높은 곳에서 아래를 내려다 볼 수 있는 지점에 위치하는데, 서남쪽으로는 산과 접해 있음.

3. 성곽의 전체현황

○ 지역 주민들은 유적지를 大臺子라고 부르고 있었음.
○ 평면은 불규칙형임.
○ 성의 규모에 대해서는 길이 100m, 너비 약 50m(徐家國·徐琰, 1994 ; 여호규, 1999), 전체 둘레 1km(孫進己·馮永謙, 1989 ; 田中俊明, 1994) 등으로 조사됨.

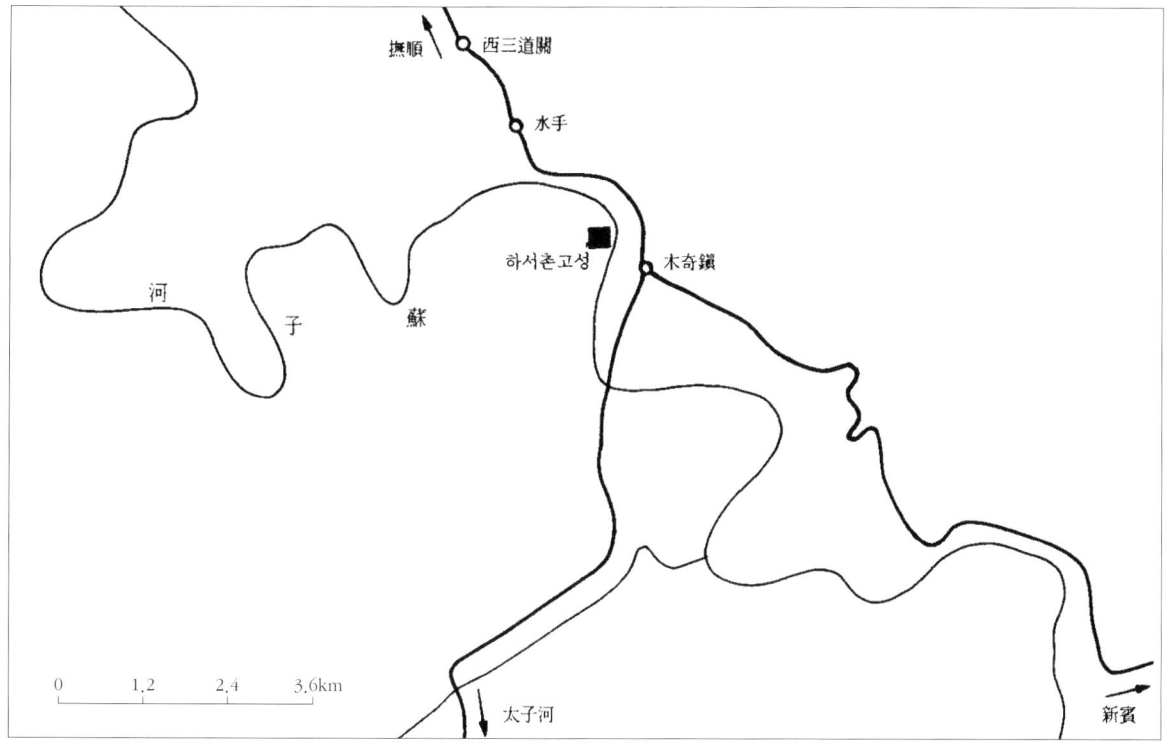

그림 2 河西村古城 위치도 2(12만분의 1)(여호규, 1999, 113쪽)

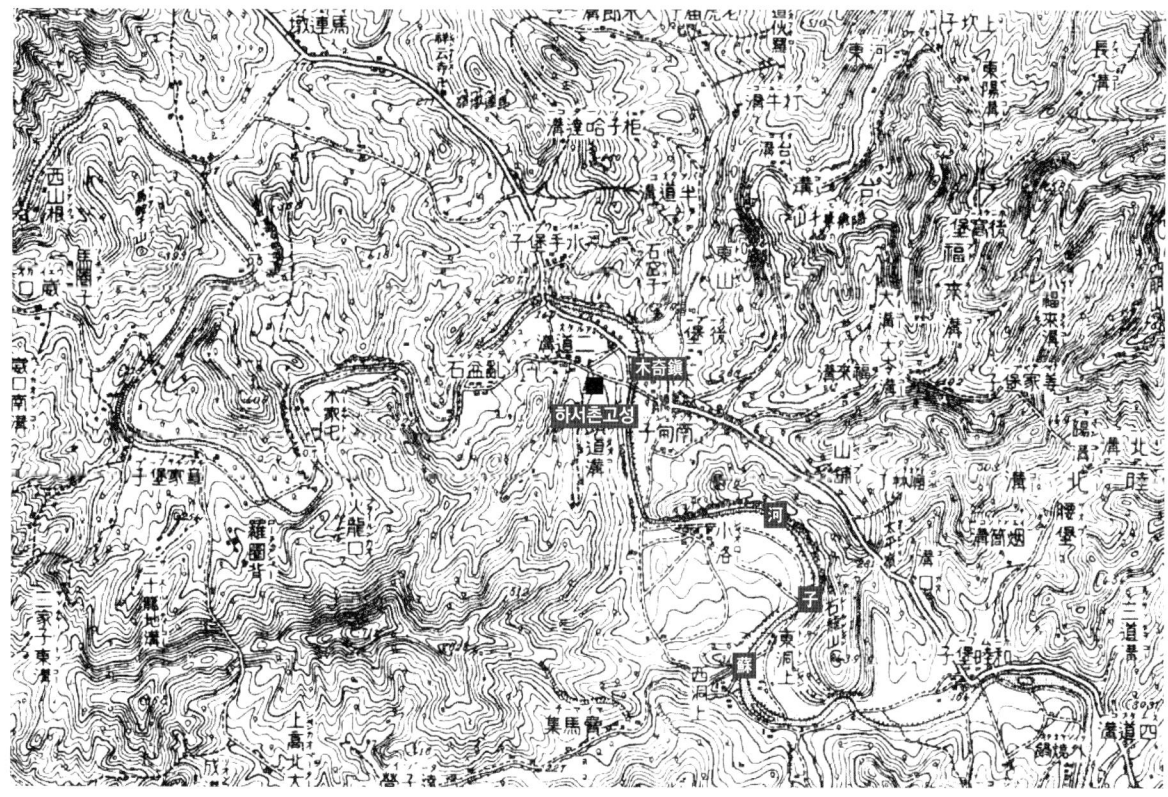

그림 3 河西村古城 주변 지형도(滿洲國 10만분의 1 지형도)

○ 유적지 단면에 드러난 문화층의 두께는 50cm 정도임.

4. 성벽과 성곽시설

토축성벽이 남아 있다고 하지만(孫進己·馮永謙, 1989), 성벽을 찾을 수 없었다는 기록도 있음(徐家國·徐琰, 1994 ; 肖景全·鄭辰, 2007).

5. 출토유물

○ 고구려, 遼·金·元대의 유물들이 출토됨.
○ 고구려시기의 유물이 출토된 지점은 蘇子河가의 언덕인데, 유물은 100m² 안에 분포됨. 소토층(紅燒土)이 비교적 두텁게 쌓여 있는데, 암키와, 수키와, 연화문 와당 등이 발견됨. 이 범위 밖의 구릉에서는 고구려 유적과 유물이 발견되지 않았음(肖景全·鄭辰, 2007).

1) 철기
철제수레바퀴굿대축(車輨), 철제화살촉(慢圓鋒 扁葉形), 철제찰갑편 등이 출토되었음.

2) 토기
고구려시기 홍갈색 모래혼입 토기편이 출토됨.

3) 기와
○ 유적지 지층에서 홍색 연화문 와당이 수습되었음. 와당은 소성온도가 높고 재질은 단단함. 직경은 13.5cm임.
○ 홍색 수키와, 홍색 사정격자 암키와 등이 출토됨.
○ 기와편과 와당은 그을려져 변형됨.

4) 기타
唐代의 開元通寶가 출토됨.

6. 역사적 성격

1) 축조시기와 성곽의 성격
河西村古城은 면밀한 조사가 시행되지 않아 성곽의 실체나 축조시기를 둘러싸고 논란이 분분함. 가령 유적지에서 성벽이 발견되지 않았으므로 성곽으로 볼 수 없다는 견해가 있고(徐家國·徐琰, 1994), 유적지에 쌓여 있는 紅燒土에서 암키와·수키와·연화문 와당 등만 발견되었다면서 고구려의 성이 아닌 가마터로 파악하기도 함(肖景全·鄭辰, 2007).

평지 토성이라는 점을 근거로 漢代의 성곽일 가능성도 제기되었지만(田中俊明, 1994), 漢代 유물이 발견되지 않으므로 면밀하게 검토할 필요가 있다는 신중론이 제기되었음(여호규, 1999). 또한 성곽에서 출토된 유물 양상으로 보아 高句麗 – 元代까지 사용되었을 것으로 보기도 함(張正巖·王平魯, 1994).

2) 지정학적 위치와 역사지리 비정
4세기 경 고구려와 前燕·後燕의 전쟁로 및 7세기 후반 고구려와 唐軍의 전쟁로를 종합하면, 渾河·蘇子河 일대에는 遼東 방면에서 新城→南蘇城→木底城→蒼巖城 등의 순서로 고구려의 주요 성곽이 위치하였음을 알 수 있음. 특히 342년 전연의 고구려 침공 루트를 기술한 『資治通鑑』 咸康 8年條에는 "고구려에는 南道·北道 2道가 있는데, 北道는 평탄하고, 南道는 험준하다"고 하며, 『진서』 권109 모용황재기나 『위서』 고구려전에는 "전연의 정예병이 南陝에서 진입하여 木底城에서 고구려 군대와 싸웠다"는 내용이 기술되어 있음. 이에 대해 元代의 胡三省은 "北道는 北置에서 나아가고, 南道는 南陝에서 木底城으로 나아가며, 南

陝의 동쪽에 南蘇城이 있다"라고 주석했음.

이 가운데 新城은 거의 모든 연구자가 渾河 北岸의 撫順 高爾山城으로 비정하고 있음. 또한 신성과 목저성 사이에 위치한 南蘇城의 명칭이 南蘇水 곧 지금의 蘇子河에서 유래했다는 것도 거의 명확함. 이에 일찍부터 河西村古城이 위치한 木奇鎭 일대가 소자하 연안에서 중요한 전략적 요충지라는 점에 주목하여 고구려의 木底城으로 비정했는데(箭內亘 1913 ; 今西春秋, 1935), 河西村古城이 발견된 이후에는 河西村古城을 목저성으로 비정하는 견해가 점차 늘고 있음.

가령 佟達(1993·1994)은 남소성을 신빈 오룡산성으로 비정한 다음 하서촌고성을 목저성으로 비정했고, 張正巖·王平魯(1994)는 남소성을 신빈 得勝堡山城으로 비정한 다음 하서촌고성을 목저성으로 비정했음. 특히 張正巖·王平魯(1994)은 유물 출토양상으로 보아 성곽의 사용시기가 길다는 점에서 唐이 고구려를 멸망시킨 다음 설치한 기미주인 木底州, 나아가 발해의 木底城으로 계속 사용했을 것으로 파악함.

또한 여호규(1999)는 "南陝의 동쪽에 南蘇城이 위치했다"는 胡三省의 주석에 주목해 남소성을 蘇子河·渾河 합류지점 동쪽의 鐵背山城으로 비정한 다음, 木底城과 蒼巖城은 南蘇城 동쪽의 蘇子河 연안에 위치했을 것으로 추정함. 그리고 蘇子河 연안의 지형상 木奇鎭과 永陵鎭 일대가 각각 하나의 권역을 형성하는데 점에 유의하여 木底城과 蒼巖城을 木奇鎭과 永陵鎭에 비정함. 특히 河西村古城은 北流하던 蘇子河가 西流하기 시작하는 지점 안쪽에 위치하여 上夾河鄕 - 木奇鎭 구간의 통로를 따라 南進하였을 중국 측 세력을 방어하기에 아주 적합한 지점이라는 점을 근거로 河西村古城을 木底城으로 비정함.

이처럼 河西村古城을 木底城으로 비정하는 견해가 다수 제기되고 있지만, 이를 부정하는 견해도 있음. 가령 徐家國·徐琰(1994)은 제반 사료를 종합하면 木底城이 新城에서 國內城으로 나아가는 소자하 연안에 위치한 것은 맞고, 河西村 유적지도 唐代 木底州의 治所로 추정되지만, 河西村 유적지에서는 성벽이 확인되지 않았다는 점에서 목저성으로 보기는 힘들다고 파악함. 王綿厚(2002)도 河西村 유적지를 고구려의 木底城으로 비정하기에는 험준한 지리조건을 갖추지 않았고, 규모도 너무 작다고 파악함. 유적지에서 발견된 고구려 유물과 유적의 상황으로 보아 木底城과 관련된 小城이나 가마터일 것으로 추정함.

참고문헌

- 箭內亘, 1913, 「南北朝時代の滿洲」, 『滿洲歷史地理(제1권)』, 南滿洲鐵道株式會社.
- 今西春秋, 1935, 「高句麗の南北道と南蘇·木底」, 『青丘學叢』 22.
- 孫進己·馮永謙, 1989, 『東北歷史地理』 2, 黑龍江人民出版社.
- 佟達, 1993, 「關于高句麗南北交通道」, 『博物館研究』 1993-3.
- 佟達, 1994, 「新賓五龍高句麗山城」, 『遼海文物學刊』 1994-2.
- 徐家國·徐琰, 1994, 「唐代木底州治今地考」, 『遼海文物學刊』 1994-2.
- 張正巖·王平魯, 1994, 「新城道及新城道上諸城考」, 『遼海文物學刊』 1994-2.
- 田中俊明, 1994, 「高句麗の興起と玄菟郡」, 『朝鮮文化研究』 1.
- 馮永謙, 1997, 「高句麗城址輯要」, 『高句麗渤海研究集成』 高句麗 卷3, 哈爾濱出版社.
- 여호규, 1999, 『高句麗 城』 Ⅱ, 國防軍史研究所.
- 王綿厚, 2002, 『高句麗古城研究』, 文物出版社.
- 肖景全·鄭辰, 2007, 「撫順地區高句麗考古的回顧」, 『東北史地』 2007-2.

10 신빈 오룡산성
新賓 五龍山城 | 下崴堡山城

1. 조사현황

市文物保護單位로 지정됨.

1) 1980년 조사
○ 조사기관 : 撫順市 文物調査隊.
○ 조사내용 : 撫順市가 市 전체 유적에 대한 조사를 진행할 때 발견함.

2) 1986년 조사
王綿厚, 孫力이 조사.

3) 1988년 조사
산성 내 개울을 가로지르는 돌무지 7곳을 발견함.

4) 1993년 조사
○ 조사시간 : 1993년 2월.
○ 조사내용 : 산성 내 개울을 가로지르는 돌무지 가운데 일부가 1988년 조사 때와 비교해서 약간 바뀐 모습을 확인함.

2. 위치와 자연환경(그림 1 ~ 그림 3)

1) 지리위치
○ 新賓縣 서북쪽 上夾河鎭 북쪽 五龍村 동남 下崴(崴)子屯 남쪽의 高麗城山 위에 위치함. 지리 좌표는 북위 41°52′, 동경 124°35′임.
○ 산성에서 서쪽으로 1.3km 떨어져 있는 지점에 南雜木鎭-新賓縣城 간 도로가 서북-동남 방향으로 지나가고 있음.[1] 이 도로를 따라 서북쪽으로 2.5km 정도 가면 得勝堡村이 있고, 다시 서북쪽으로 3.3km 정도 가면 上夾河鎭이 있음. 도로를 통해 동남쪽으로 12km[2] 가면 木奇鎭에 이를 수 있음. 산성 북쪽에는 五龍村으로 향하는 도로가 있고, 서쪽 3km 거리에 得勝水댐, 서북쪽 15km 거리에 南雜木鎭이 있음.
○ 산성은 南雜木-新賓縣城 도로 동쪽의 험준한 골짜기에 자리잡고 있음. 南雜木-新賓縣城 도로는 得勝堡村을 가나 남쪽으로 邊墻山에 이르는데, 도로가 邊墻山을 파괴하였음. 도로는 邊墻山의 능선을 따라 동남쪽으로 향하는데, 능선으로 오르기 직전 지점에서 동북쪽으로 산간도로가 갈라짐. 산간도로를 따라 0.45km 정도 거슬러 올라가면 갈림길이 나오는데, 여기에서 북쪽의 五龍河 연안 關門砬子 골짜기를 따라 가면 山城과 五龍村이 나오고, 남쪽으로 0.8km 정도 나아가면 下崗子村에서 南雜木-新賓縣城 도로와 합류하게 됨. 갈림길 남쪽의 산간로 좌우에는 大西山과

---

[1] 王禹浪·王宏北은 南雜木鎭-新賓縣城 간 도로가 산성 남측 2km 지점에 있다고 기록함(王禹浪·王宏北, 2007).

[2] 王綿厚와 王禹浪·王宏北은 동남쪽으로 10km 떨어진 지점에 木奇鎭이 있다고 기록함(王綿厚, 2002 ; 王禹浪·王宏北, 2007).

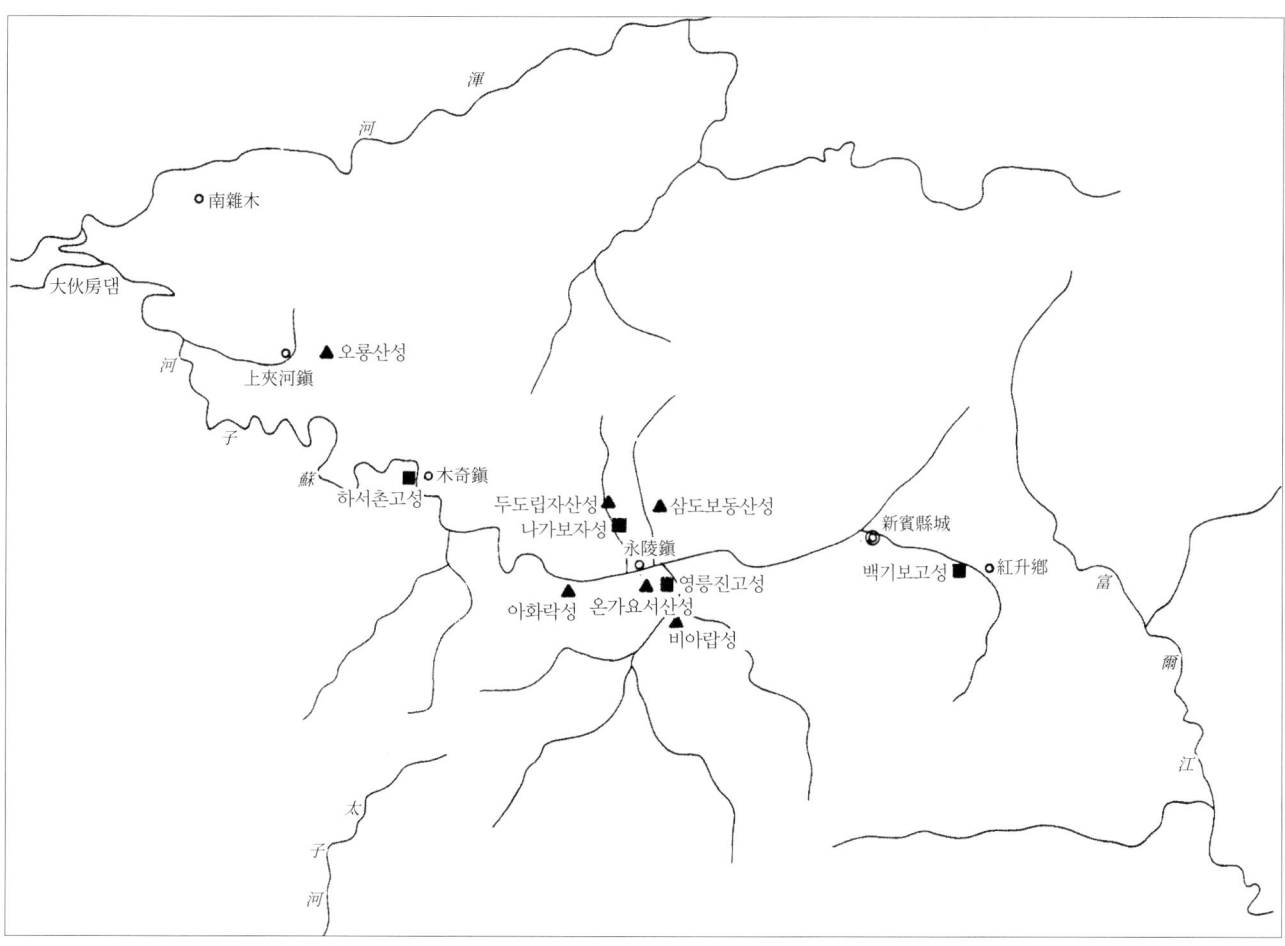

그림 1 五龍山城 위치도 1(여호규, 1999, 74쪽)

關門砬子山이 솟아 있는데, 두 산 사이의 협곡로에 차단벽이 있음. 차단벽을 지나 북쪽으로 0.5km 가면 關門砬子山 골짜기 입구에 이르게 됨. 여기에는 세 갈래 길이 있는데, 서쪽으로는 得勝堡댐, 남쪽으로는 도로를 통해 下崗子에서 木奇鎭에 이를 수 있으며, 동쪽으로는 關門砬子山을 거쳐 산성과 五龍村에 이를 수 있음. 關門砬子에서 동쪽으로 나아가면, 양측에는 수직절벽이 우뚝 솟아 있고 산골짜기는 길고 좁으며 구불구불 돌아가는 등 지세가 험해서, 수비하기는 쉽고 적군이 공격하기는 어려운 입지를 갖추고 있음. 골짜기에는 得勝堡댐으로 흘러가는 五龍河가 있고, 산성은 關門砬子 내측 五龍村에서 2.8km 떨어진 곳에 있음.

○ 산성 남쪽 5km 지점에서 동남-서북쪽으로 흐르는 蘇子河는 본래 營盤에서 渾河로 유입되어 서남쪽으로 流向을 바꾸었는데, 1950년대 大伙房댐의 건설로 蘇子河·渾河 합류처가 수몰되었음. 大伙房댐 건설 이전 渾河에서 新賓縣으로 들어가는 도로는 두 갈래가 있었음. 하나는 營盤에서 출발하여 蘇子河 연안-河西-蘇子河 지류인 五龍河-上夾河鎭을 거친 다음 구릉성 산지를 따라 木奇鎭으로 진입하는 길이고, 다른 하나는 南雜木에서 渾河를 건너 구릉성 산지를 따라 上夾河鎭을 거쳐 木奇鎭으로 나아가는 길임. 즉 두 갈래의 도로는 蘇子河 연안이 아닌 五龍河 상류인 上夾河鎭에서 합류하여 木奇鎭으로 진입하였음. 두 갈래의

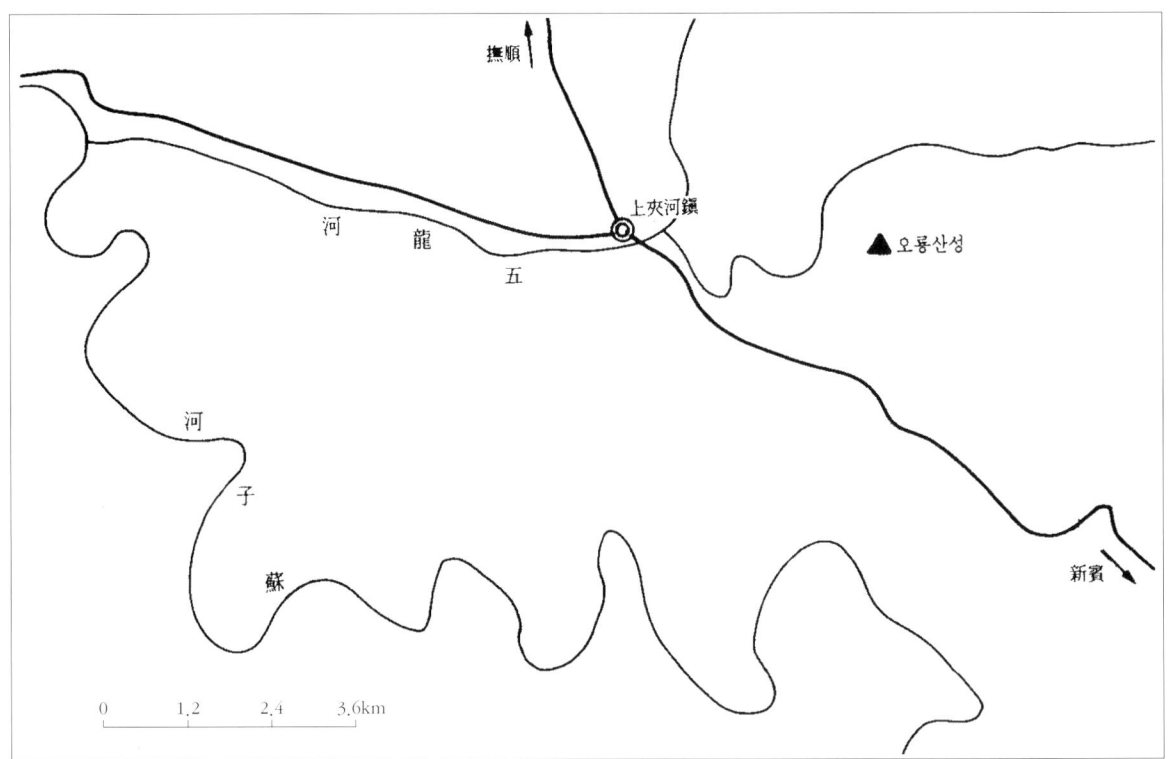

그림 2 五龍山城 위치도 3(12만분의 1)(여호규, 1999, 120쪽)

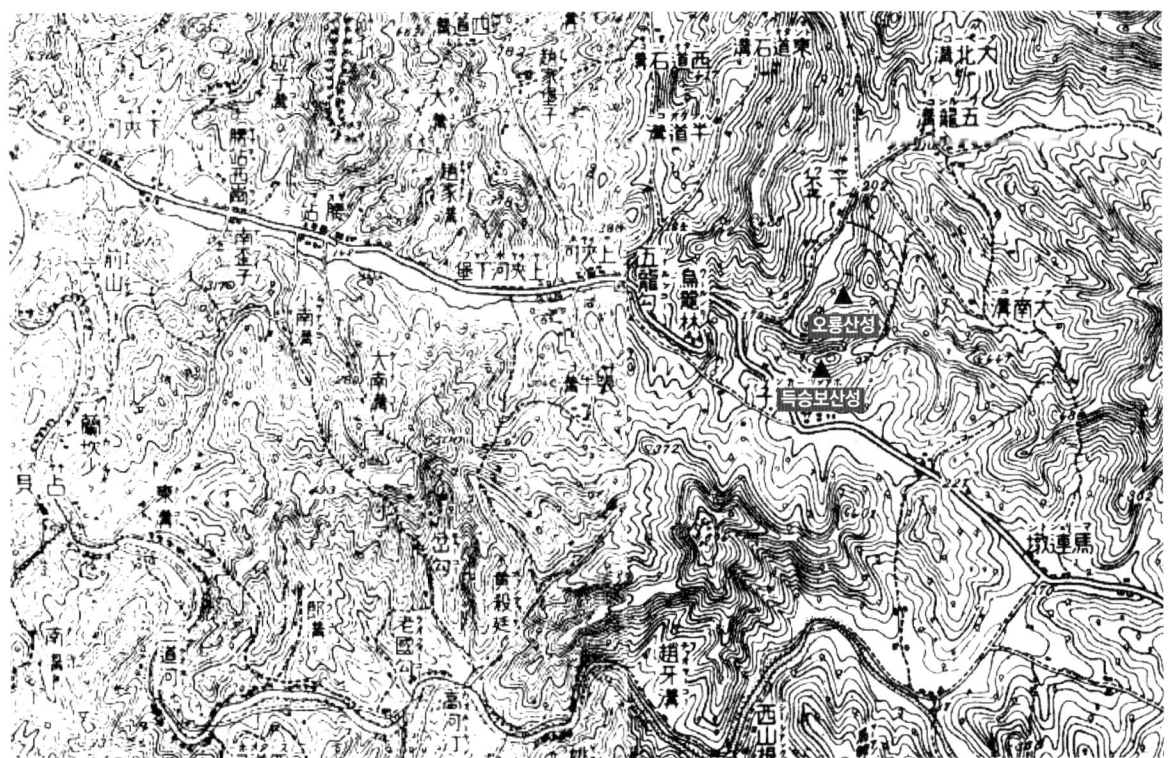

그림 3 五龍山城 주변 지형도(滿洲國 10만분의 1 지형도)

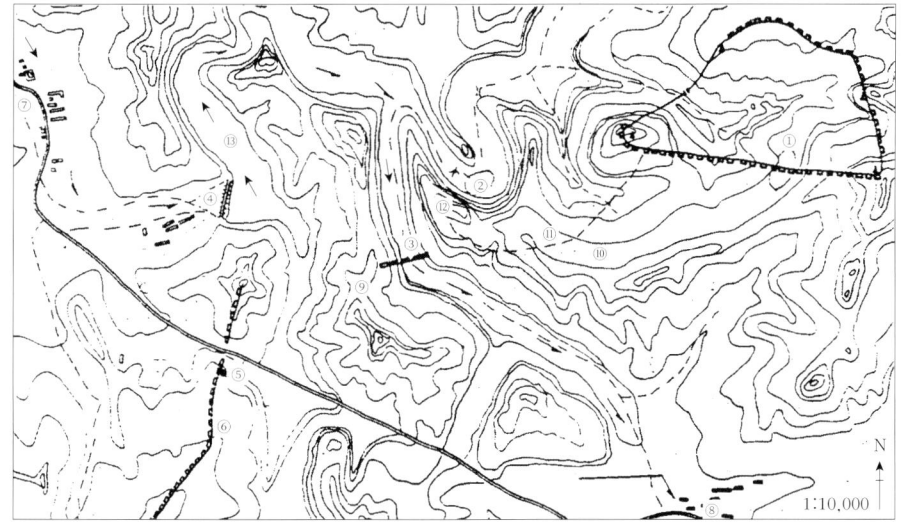

그림 4 五龍山城 주변 및 평면도
(佟達, 1994, 19쪽)
1. 五龍山城 2. 關門砬子溝 골짜기
3. 차단벽 4. 댐제방 5. 봉화대
6. 邊墻山 성벽 7. 得勝堡村
8. 下崗子村 9. 大西山
10. 荒樹排子溝 골짜기
11. 關門砬子山 등산로
12. 關門砬子山 13. 得勝堡댐

도로가 上夾河鎭에서 합류한 이유는 蘇子河 연안의 지형조건으로 인해 하천변을 따라 더 이상 진입할 수 없기 때문임. 즉 하류쪽인 營盤－河西 구간은 하천 연안을 따라 도로를 개설할 수 있지만, 河西－木奇鎭 구간은 만곡이 심하고 험준한 협곡이어서 더 이상 진입하기가 곤란함. 그리하여 河西에서 五龍河 연안과 구릉성 산지를 따라 木奇鎭으로 진입하였던 것임. 이상과 같이 蘇子河 하류방면의 지형조건으로 인해 渾河에서 蘇子河 연안의 新賓지역으로 진입할 때 上夾河鎭 일대를 반드시 거쳐야 했음. 上夾河鎭 일대는 渾河에서 蘇子河 연안으로 진입하는 두 갈래 도로가 만나는 교통로상의 요충지인 것임(여호규, 1999).

2) 자연환경
○ 산성에서 남쪽으로 5km 지점에 蘇子河가 있음.
○ 산성 북쪽은 五龍河 연안의 경작지임. 동면 절벽 아래 산골짜기에는 과수원이 있음. 남쪽은 개활한 荒樹排子溝 골짜기임. 서쪽으로는 荒樹排子溝 골짜기 입구를 사이에 두고 關門砬子山과 마주 보고 있음.

3. 성곽의 전체현황(그림 4)

○ 산성은 세 면이 산으로 둘러싸여 있는데, 북면에는 산줄기가 서남에서 동북으로 뻗어 있음. 한 면은 하천과 접해 있는데, 蘇子河 지류인 五龍河임. 五龍村이란 이름은 이 산에서 유래한 것임. 또한 산성이 위치한 高麗城山도 五龍山이라고도 불리고 있음.
○ 산성의 북쪽과 동쪽은 높이가 수십 미터에 달하는 수직절벽임. 서쪽은 높고 가파른 감제고지(製高點)임. 남쪽 산비탈도 높고 험준하여 오르기 어려움. 성 바깥은 험준하고, 성 안은 대부분 산등성이에서 경사가 완만하게 펼쳐져 있는 구릉과 대지임.
○ 산성은 해발 438.3m의 동남쪽 산봉우리에서 남북 양측으로 뻗은 산등성이를 따라 둥글게 감싸 안은 형태로 축조된 포곡식 산성임. 산세를 따라 성벽을 축조했는데, 평면이 이등변삼각형에 가까움.
○ 성곽의 전체 둘레는 2,107m임(佟達, 1994).[3]

---

3 성곽의 규모에 대해서는 동서 길이 500m, 남북 너비 1km(東潮·田中俊明, 1995), 동서 길이 700m, 남북 너비 300m, 전체 둘레 약 2,000m(王綿厚, 2002), 동서 길이 1km, 남북 너비 0.5km(여호규, 1999 ; 王禹浪·王宏北, 2007), 전체 둘레 1km(孫進己·馮永謙, 1989 ; 陳大爲, 1995 ; 馮永謙, 1997), 전체 둘레 2km(王禹浪·王宏北, 2007 ; 國家文物局, 2009) 등으로 파악하기도 함.

4. 성벽과 성곽시설

1) 성벽

○ 감제고지(製高點)인 4개의 角臺·望臺를 기준으로 동·남·서·북벽으로 나눌 수 있음. 각 성벽의 길이는 동벽 292m, 남벽 854m, 서벽 354m, 북벽 607m이고, 전체 둘레는 2,107m임.

○ 성벽은 대부분 斷崖의 벽을 이용하였는데, 인공성벽의 축조방식은 석축으로(孫進己·馮永謙, 1989 ; 張志立, 1994 ; 東潮·田中俊明, 1995 ; 馮永謙, 1997 ; 王綿厚, 2002), 鐵嶺 催陳堡山城이나 瀋陽 石臺子山城 등과 유사함(王綿厚, 2002).[4]

○ 산성 축조에 사용된 성돌은 정연하지 않고, 대부분 잡석임. 납작한 방추형의 쐐기형돌이 일부 사용되었으나, 대부분 크기가 다르고 모서리가 분명하지 않으며 조잡하게 가공되었음. 이러한 모습은 黑溝山城, 轉水湖山城, 杉松山城 등 비교적 이른 시기의 산성과 차이가 있음(佟達, 1994).

○ 성벽은 바깥이 가파르고 안쪽이 완만한 구릉인 산등성이에 축조함. 산등성이에는 천연성벽으로 이용할 수 있는 좁고 기다랗게 우뚝 솟은 수직절벽이 거의 없음. 산등성이는 따로 떨어져 분포하는 양상을 띠고 있음(點式分布). 이 때문에 산등성이 위에 긴 구간의 석벽을 구축하는 공사가 필수적이었는데, 감제고지 4곳에 위치했던 角臺·望臺에 연접한 가파른 산등성이 구간을 제외하고 모든 구간에 성벽을 축조함. 이러한 모습은 우뚝 솟은 기다란 수직절벽을 천연성벽으로 이용했던 黑溝山城, 轉水湖山城, 杉松山城, 覇王朝山城, 五女山城, 丸都山城 등 비교적 이른 시기에 축조된 산성들과 차이가 있음. 五龍山城의 축조방식은 산등성이 위에 예외 없이 석벽이 구축된 太子城과 대부분의 산등성이 위에 성벽을 축조한 羅通山城과 유사하다고 볼 수 있음. 이로 볼 때 축조시기가 약간 늦은 산성은 수직절벽을 천연성벽으로 이용한 구간이 적고, 대부분 인공성벽을 축조한 것으로 보임. 인공성벽은 낮은 산등성이 위 혹은 골짜기 입구나 트인 곳에 축조하였기 때문에 높고 넓게 축조하는 것이 필수적이었고, 지세가 낮아질수록 더 높게 쌓았음. 일반적으로 너비가 넓은 성벽기단을 축조한 후, 성벽기단 위에 각 층마다 안으로 들어서 체성을 축조하였음.

○ 성 바깥 산등성이와 협곡에 석축 혹은 토석혼축의 성벽이 있음(魏存成, 2002).

(1) 동벽

○ 동벽은 길이 292m로 동쪽 望臺(해발 387.3m)에서 동남쪽 角臺(해발 438.3m)까지 이르는 구간임. 북면은 아래쪽으로 뻗어나가는 가파른 산등성이와 인공성벽으로 구성됨.

○ 인공성벽은 외벽 높이 3∼4m, 내벽 높이 1m, 정상부 너비 1m임.

(2) 남벽

○ 남벽은 길이 854m로, 동남쪽 角臺에서 산세를 따라 아래로 서쪽 角臺(해발 353m)에 이르는 구간임. 모두 인공성벽임.

○ 남벽 아래에 평탄한 내리막길이 있는데, 지역 주민들은 '馬道'라고 부르고 있음. 성벽 아래 내리막길이 끝나는 지점에 트인 곳이 있음. 성문의 흔적이 없는 것으로 보아, 후대에 산 위에 오르기 위해 팠던 통로로 파악됨(佟達, 1994). 트인 곳 부근에는 길이 약 10m, 너비 약 9m의 경작지가 있음.

○ 성벽은 외벽 높이 3∼4m, 내벽 높이 1∼3m임. 트인 곳에서 산등성이를 따라 아래를 향해 축조된 성벽은 외벽 높이 2∼3m, 내벽 높이 1∼1.5m, 정상부 너비 1m임. 남문 양측의 돌로 쌓은 성벽은 나무들로 가려져

---

[4] 토석혼축으로 보기도 함(陳大爲, 1995 ; 魏存成, 2002).

있는데, 성벽의 남은 높이는 약 1m임.

(3) 서벽

○ 서벽은 길이 354m로 서쪽 角臺에서 북쪽 角臺(해발 381.1m)에 이르는 구간임.

○ 서벽은 서문[5] 문길을 기준으로 동·서 두 구간으로 나눌 수 있음. 서쪽 구간은 문길에서 서쪽 角臺에 이르는 구간임. 서쪽 角臺는 둥근 형태의 감제고지인데, 지표면의 토양 유실과 적이 타고 오르는 것을 방지하기 위해 일부 구간에 보축석벽(護坡石墻)을 축조하였음. 성벽은 角臺 정상부에만 축조되어 있는데, 직경이 5m인 반원형의 석벽임. 동쪽 구간은 문길에서 북쪽 角臺에 이른 구간임. 이 구간은 오르기 힘들 정도로 가파르며 위쪽으로 비스듬히 올라가는 형태로 자연 상태의 산등성이를 이용하여 만듦. 동·서 양 구간의 산등성이는 산세가 가파르고 험준하기 때문에 인공성벽이 없음.

(4) 북벽

○ 북벽은 길이 607m로, 북쪽 角臺에서 동쪽 望臺에 이르는 구간임. 북쪽 角臺에서 동쪽으로 465m 정도 가면, 성벽은 직각으로 꺾여 동쪽 望臺에 이르게 됨.

○ 성벽은 외벽 높이 2~3m, 내벽 높이 1~1.5m, 정상부 너비 1m임.

(5) 大西山-關門砬子山의 차단벽

○ 산성 서쪽 大西山과 關門砬子山 사이의 협곡로에 차단벽이 있음.

○ 협곡의 낮은 지대에는 도로 개설과 농지 개간으로 10m 정도만 남아 있는데, 기단부 너비 3m, 위쪽 너비 1.5m임.

○ 大西山과 關門砬子山 두 산기슭에는 각각 25m 정도의 성벽이 남아 있음.

(6) 邊墻山 성벽

○ 大西山 서남쪽의 邊墻山에 남북향의 산등성이를 따라 수백 미터 길이의 석축성벽을 축조함.

○ 성벽 중간 도로로 파괴된 지점의 南段에는 봉화대로 추정되는 구조물이 있음.

○ 邊墻山 성벽은 아래쪽인 得勝堡댐 일대의 통제 및 적이 邊墻山 언덕을 넘어 下崗子村으로 곧바로 나아가는 것을 방어하기 위해 구축한 것으로 추정됨(여호규, 1999).

2) 성문

(1) 서문

○ 서쪽 角臺와 북쪽 角臺 사이 V자 형태의 골짜기 입구에 서문이 있음. 골짜기 입구 바닥이 문길임.

○ 문의 너비는 5m임(佟達, 1994).[6] 單人獨馬가 지나갈 수 있는 정도의 폭이어서 '一夫當關, 萬夫莫開'의 지세라고 할 수 있음.

○ 서문은 U자형의 옹성을 갖추고 있고, 서쪽 角臺와 북쪽 角臺가 위치한 감제고지를 이용해서 서문 입구를 통제하고 있음.

○ 성 안으로 진입하는 도로와 개울이 나란히 위치하는데, 도로는 동쪽, 개울은 서쪽에 위치함. 개울은 문을 통해 밖으로 나감. 도로와 개울의 길이는 약 150여 m임. 개울은 너비 약 2~4m, 깊이 1~4m임.

○ 1988년 조사 당시, 성 위로 올라가면서 개울을 가로지르는 돌무지들이 차례로 배열된 것을 볼 수 있었다고

---

[5] 이 문에 대하여 북문(佟達, 1994 ; 溫秀榮·張波, 1996 ; 魏存成, 2002) 혹은 서문(陳大爲, 1995 ; 馮永謙, 1997 ; 王綿厚, 2002 ; 王禹浪·王宏北, 2007 ; 國家文物局, 2009)이라고 부르고 있는데, 성문 명칭은 일반적으로 소재한 성벽 방향에 따르므로 서문이라고 명명하고자 함(여호규, 1999).

[6] 4m로 보기도 함(王綿厚, 2002).

함. 돌무지는 모두 7개였다고 함. 1993년 2월 조사 때에는 일부 돌무지의 모습이 변화하였다고 함. 돌무지들이 모두 개울을 가로지른 방향으로 놓여 있었다는 점에서 산성 성벽에서 흘러 내려온 것이 아니라, 인공적으로 쌓은 것이라고 볼 수 있음. 7개의 돌무지는 층층이 차단하는 모습을 갖추고 있음. 그 기능은 옹성과 같다고 볼 수 있음. 개울은 서문의 위험요소이므로 물을 스며들게 하거나 통과시킬 수 있는 시설이 필수적이었음. 예컨대, 高爾山城에는 수구문이 남아 있음. 五龍山城에 있는 7개의 돌무지는 이미 무너져 있어, 형체를 판별하기 어렵지만, 수문시설로 볼 수 있음(佟達, 1994).

(2) 남문
○ 남문은 남벽 중간 트인 지점에 위치하는데, 성문의 측벽은 이미 붕괴되어 파괴됨. 문의 너비 1m임(佟達, 1994).[7]
○ 성문 바깥에는 성벽 양측과 수직방향으로 축조하여 평행한 모습을 보이는 문길이 있는데, '儿'형으로 길이 10m, 너비 3m, 높이 1m임. 밖으로 돌출시켜 문길을 만들었던 축조기술은 일찍이 新賓에 위치한 黑溝山城에서도 보이는데, 성문을 은폐하는 방법 가운데 하나로 추정됨(佟達, 1994).

(3) 암문
남문 근처의 은폐된 곳에 작은 문이 있는데, 암문으로 추정됨.

3) 角臺, 望臺
○ 角臺는 서쪽·북쪽·동남쪽 등 3곳, 望臺는 동쪽에 1곳이 있음. 모두 감제고지에 위치하면서 사방을 통제·감시할 수 있음.

○ 동북 모서리에서 약 95m 떨어진 동쪽 望臺는 주변 死角地帶의 제약을 받으므로 엄밀한 의미에서 角臺라 볼 수 없음(佟達, 1994).
○ 동쪽 望臺와 북쪽 角臺는 감제고지의 천연 암반을 이용함.
○ 서쪽 角臺는 감제고지에 흙을 쌓아 축조하였는데, 정상부 직경은 1.5m임.
○ 동남쪽 角臺는 성 전체에서 가장 높은 지점에 있음. 角臺 위에는 흙으로 쌓은 2층 臺가 있는데, 평면은 타원형에 가까움. 아래층 臺는 긴 쪽 직경 12m, 짧은 쪽 직경 5m, 높이 1.5m임. 위층 臺는 긴 쪽 직경 5m, 짧은 쪽 직경 3m, 높이 1.5m임. 角臺 위의 흙으로 쌓은 2층의 平臺는 인공적으로 쌓은 흔적이 명확함. 集安 覇王朝山城의 角臺에 보이는 보수 흔적을 角樓와 연관시키는 견해를 참고하고, 산성 남벽에서 角臺로 이어진 넓은 회곽도를 고려해 볼 때, 동남 角臺에 角樓와 같은 건축물이 있었다고 추정됨. 한편 角臺에서 성 전체와 성 바깥의 여러 하천까지 볼 수 있다는 점에서 將臺로서의 기능도 하였던 것으로 추정됨(佟達, 1994).

4) 수구문
서문 바깥에 수구문이 있음.

5) 회곽도
남벽 바깥 기슭에 길이 262m, 너비 3~5m의 평탄한 내리막길이 있는데, 지역주민들은 '馬道'라고 부르고 있음. 회곽도는 그 위의 있는 나무가 가지런하지 못하고 들쭉날쭉하며, 지세가 높고 험준하며, 황무지를 개간하고 농지를 경작한 흔적이 없음.

---

[7] 2~3m(王綿厚, 2002), 3m(王禹浪·王宏北, 2007) 등으로 보기도 함.

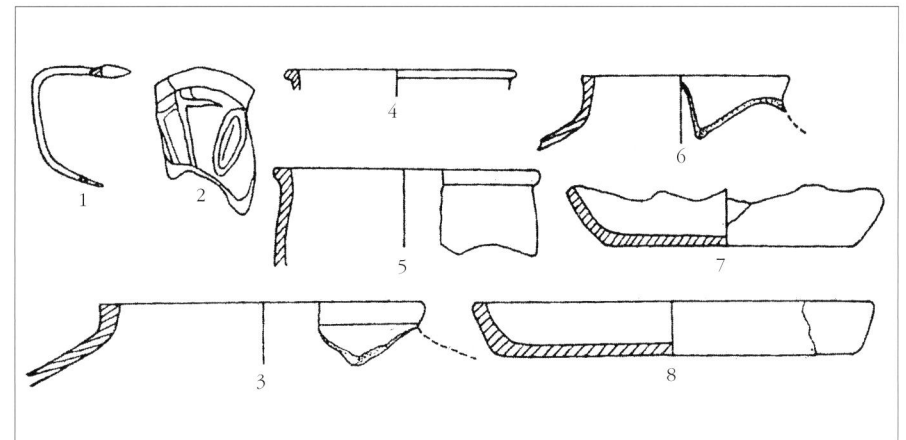

그림 5 五龍山城 출토유물
(佟達, 1994, 67쪽)
1. 철제화살촉 2. 연화문 와당
3. 옹 4~6. 호 7. 분 8. 반

5. 성내시설과 유적

1) 건물지

○ 산성 안 동부와 동북부에 3~4층의 平臺 건축이 있음. 건물초석(基石)과 고구려시기의 기와와 벽돌이 출토됨. 홍색 승문기와편이 발견되는 것으로 보아 중요한 건물지가 있었던 것으로 추정됨(王綿厚, 2002).

○ 산성 동부 산기슭의 작은 산언덕 위에 철찌꺼기가 쌓여 있었는데, 이곳에서는 당시 제련 혹은 병기를 주조했던 것으로 추정됨.

○ 산성 서부 대지와 성내 중심부에는 건물지가 있음.

2) 우물

1980년 조사 때, 개울 끝 윗부분의 평지에서 우물 1개를 발견함. 이후 진흙이 덮여져 현재는 정확한 위치를 알 수 없음. 한편 주요 성문에서 가까운 곳에 있다는 우물이 기록이 있음.

3) 샘

성 가운데의 샘물과 雨水가 한데 모여 형성된 小河가 북문을 통해 밖으로 나가고 있음.

6. 출토유물

1) 철기

수레바퀴긋대축(車輨), 화살촉, 찰갑편, 철찌꺼기 등이 발견됨.

(1) 철제수레바퀴긋대축(車輨)

○ 출토지 : 新賓 五龍山城.

○ 크기 : 남은 길이 9.2cm, 너비 5cm, 두께 4cm.

(2) 철제화살촉(그림 5-1)

○ 출토지 : 新賓 五龍山城.

○ 크기 : 길이 24.6cm, 너비 5cm, 두께 4cm.

○ 형태 : 발견 당시에는 돌로 축조된 성벽에 끼워져 있었는데, 구부려져 있었음. 화살촉 끝은 四棱形이고, 경부(铤)는 납작한 네모형태임.

2) 토기

주로 구연부와 바닥편이 출토됨. 대부분 홍색의 泥質 혹은 모래혼입토기이고, 간혹 회색토기편도 보임. 물레를 이용하여 제작함. 소성온도는 비교적 높음. 옹(瓮), 호(罐), 분(盆), 반(盤) 등이 출토됨.

(1) 옹(瓮, 그림 5-3)
- 출토지 : 新賓 五龍山城.
- 크기 : 口徑 25.5cm.
- 형태 : 구연부는 모아져 있음. 구순부는 편평함. 肩은 높고 둥그스름함(豊肩).

(2) 호 1(罐, 그림 5-6)
- 출토지 : 新賓 五龍山城.
- 크기 : 口徑 16.5cm.
- 형태 : 구연부는 곧고 약간 모아짐. 동체부는 둥그스름함.

(3) 호 2(罐, 그림 5-5)
- 출토지 : 新賓 五龍山城.
- 크기 : 口徑 14cm.
- 형태 : 구연부는 곧음. 구순부는 끝이 바깥으로 말려 들어감. 동체부는 원통형임.

(4) 호 3(罐, 그림 5-4)
- 출토지 : 新賓 五龍山城.
- 크기 : 口徑 48cm.
- 형태 : 구연부가 큼. 구순부는 끝이 바깥으로 말려 들어감. 동체부는 곧음.

(5) 분(盆, 그림 5-7)
- 출토지 : 新賓 五龍山城.
- 크기 : 바닥 직경 26cm.
- 형태 : 바닥은 평평함. 동체부는 비스듬히 경사짐.

(6) 반(盤, 그림 5-8)
- 출토지 : 新賓 五龍山城.
- 크기 : 口徑 31cm, 바닥 직경 28cm, 높이 4cm.
- 형태 : 구연부는 외반됨(敞口). 동체부 높이는 낮음. 바닥은 평평함.

3) 기와

(1) 연화문 와당(그림 5-2)
- 출토지 : 新賓 五龍山城.
- 크기 : 와당 가장자리 두께 3.5cm.
- 형태 : 파손됨. 高浮彫의 연화문 와당임.
- 색깔 : 홍색.

(2) 암키와편
- 출토지 : 新賓 五龍山城.
- 형태 : 출토된 암기와편은 비교적 많음. 배면에는 주로 정격자문, 사정격자문, 혹은 세밀한 정격자문이 펼쳐져 있음. 일부 기와편에는 승문이 있음. 내면에는 포문이 펼쳐져 있음.
- 색깔 : 홍색.

(3) 수키와편
- 출토지 : 新賓 五龍山城.
- 형태 : 출토된 수키와편은 적음. 무늬는 없음.
- 색깔 : 홍색과 회색.

4) 석기
연자방아와 절구 등이 출토됨.

7. 역사적 성격

1) 지정학적 위치와 성곽의 방어체계
五龍山城이 위치한 上夾河鎭 일대는 渾河에서 蘇子河 연안으로 진입하는 두 갈래의 도로가 만나는 교통로상의 요충지임. 특히 淸代 舊街道로서 주요 교통로로 사용되었을 營盤→河西→五龍河→上夾河鎭 루트는 五龍河 연안을 따라오다가 上夾河鎭 일대에서 방향을 바꾸어 구릉성 산지로 접어들게 됨. 이러한 지형조건으로 보아 五龍山城은 渾河에서 蘇子河 연안으로 진입하는 적군을 방어하기 위해 구축되었다고 추정됨. 五龍山城의 지형이나 성곽시설도 이를 반영함. 五龍山城은 북쪽에 五龍溝, 동쪽에 小山溝, 서남쪽에 荒樹排子溝 등의 골짜기가 자리 잡고 있어 주위 산맥과 완전히 끊겨 있음. 그리고 다른 산줄기와 이어지는 동남 角臺방면도 지세가 높아 오르기 힘듦. 전체적으로 五龍山城은 주변의 산줄기와 차단되어 있는데, 이는 산성의 방어력을 극대화하기 위한 조건으로서 고구려산성에서 보이는 일반적인 특징임. 그런데 동남 角臺 아래쪽의 산등성이에 특별한 방어시설이 없는 것으로 보아 이 방면은 적의 침공로가 아니었다고 추정됨. 즉 五龍山城은 주로 서북쪽에서 침공하는 적군을 방어하기 위해 축조되었던 것임.

五龍山城 서쪽의 도로는 邊墻山을 비롯하여 동북-서남 방향의 산등성이 여러 개를 가로질러 지나가고 있음. 그런데 1930년대의 지형도를 보면 당시에는 개설되지 않았고, 河西에서 五龍河를 거슬러 올라갈 경우, 五龍河 상류를 따라 得勝堡댐 협곡을 거쳐 關門砬子 골짜기 입구를 지나 大西山-關門砬子山 사이의 협곡로를 통해 下崗子村으로 향했던 것으로 그려져 있음. 즉 적군은 五龍山城의 서변을 지나쳐서 蘇子河 방면으로 진공한 것임. 五龍山城 자체민으로는 충분힌 방어벽을 형성할 수 없었음. 이러한 점에서 大西山-關門砬子山 협곡로의 차단벽과 邊墻山의 성벽이 주목됨. 得勝堡村을 지난 적군이 五龍河 상류와 大西山-關門砬子山 협곡로를 통해 蘇子河 방면으로 진입할 경우, 得勝堡협곡 입구가 제1방어선, 關門砬子溝 골짜기 입구와 大西山-關門砬子山의 차단벽이 제2·3방어선을 형성하였을 것으로 추정됨. 그리고 邊墻山의 성벽은 邊墻山 산줄기를 가로질러 곧바로 下崗子村으로 향하는 적군을 막는 방어선으로 기능하였을 것임. 五龍山城은 지형조건상 산성 자체만으로는 방어체계에 결함이 있었기 때문에 邊墻山의 성벽을 비롯하여 得勝堡峽谷 입구, 關門砬子溝 골짜기 입구, 大西山-關門立子山 협곡로 등에 차단벽을 축조하여 총체적인 방어체계를 구축한 것임(여호규, 1999).

後金시기의 札喀關 혹은 札喀城이 이곳에 축조되었는데, 시설물과 산성은 후금시기에도 계속 사용되었음. 札喀關은 정확히 五龍山城과 峽谷阻斷城에 위치하였음. 군사적인 지리적 조건은 쉽게 변하지 않기 때문에 역대 왕조들이 계속 사용하였는데, 특히 山川은 군사적으로 이용 가치가 예나 지금이나 크기 때문에 더욱 중요시됨(佟達, 1994).

2) 축조시기

五龍山城의 축조 시기는 대체로 4세기 이후로 추정됨. 佟達(1994)은 산성 축조에 사용된 성돌은 정연하지 않고, 대부분 잡석인데, 이는 黑溝山城, 轉水湖山城, 杉松山城 등 비교적 이른 시기의 고구려 산성과 차이가 있는 파악함. 또한 수직절벽을 성벽으로 이용한 구간이 적고 대부분의 구간에 인공성벽을 축조하였다는 점에서 수직절벽을 천연성벽으로 이용했던 黑溝山城, 轉水湖山城, 杉松山城, 覇王朝山城, 五女山城, 丸都山城 등 이른 시기의 산성과도 차이가 있다고 파악함. 또한 五龍山城에서는 고구려 초기 산성의 축조방법이 보이지 않고, 시대가 약긴 늦은 산싱에서 보이는 식벽과 성가퀴를 구축하는 방식을 채용하였으며, 석재와 성벽 가공기술은 太子城 및 羅通山城과 다르다는 점에서 고구려 중기 혹은 약간 늦은 시기에 축조했을 것으로 파악함.

특히 佟達(1994)은 오롱산성에서 출토된 철제화살촉은 高爾山城 출토품과 유사하며, 토기편은 고구려 중·후기에 속하며, 연화문 와당은 集安지역 출토 와당과(林至德·耿鐵華, 1985) 기본적으로 같다고 파악함. 이에 고구려가 5세기 이후 요동지역을 장악했고, 유적에서 출토된 유물의 연대가 성곽 축조연대보다 늦은 정황을 고려할 때, 산성의 축조연대를 4세기 중엽~

唐代로 추정함. 나아가 五龍山城을 南蘇城으로 비정한 다음, 문헌사료를 근거로 축조의 상한연대는 늦어도 345년, 축조 하한시기는 고구려 멸망기로 파악함.

또한 溫秀榮·張波(1996)는 고구려 초기 산성은 대부분 가파른 절벽을 천연성벽으로 삼았고, 성돌은 주로 쐐기형돌로 외벽을 구축하고 안에는 잡석을 채웠으며, 성문 옹성의 평면은 대부분 장방형이고, 각대와 망대는 명확히 구분되는 것으로 파악함. 또한 초기 산성에서 유물은 극히 적게 보이는데, 모래혼입 홍갈색 토기편이 출토되지만 기와류는 보이지 않는다고 파악함. 이러한 양상이 확인되는 太子城 內城, 黑溝山城, 轉水湖山城, 杉松山城 등을 초기 산성으로 분류함. 이에 비해 고구려 중기 산성은 산등성이와 초벽장 위에 모두 인공성벽을 축조하였고, 성문은 대부분 안으로 오므라드는 U형 옹문이며, 성돌은 쐐기형돌과 雜石이 대부분을 차지하며, 외벽은 초기 산성의 외벽과 달리 정연한 것으로 파악함. 또한 성돌 가운데 쐐기형돌이 발전한 短條石이 출현한 것으로 파악함. 다만 더욱 정교하게 가공된 頭大尾細의 쐐기형돌은 여전히 남아 있는 것으로 파악함. 성에서 출토된 유물은 초기 산성보다 풍부해 수키와, 암키와, 녹색유약 자기편, 철제화살촉, 분(盆)·반(盤)·옹(瓮)·호(罐) 등의 회색토기편이 출토되는 것으로 파악됨. 이러한 중기 산성의 연대는 魏·晉 이후에 해당하는데, 五龍山城이 성벽 축조양사이나 출토품으로 보아 중기 산성에 속하는 것으로 파악함.

王綿厚(2002)도 五龍山城은 입지가 험하고 성 안에서 출토된 유물이 풍부하며 煉鐵유적지를 갖추고 있는 점 등을 근거로 고구려 중기의 전형적인 수비산성으로 파악함.

한편 여호규(1999)는 고구려의 요동방면 진출양상을 통해 오룡산성의 축조시기를 추정함. 즉 고구려는 1세기 말~2세기 초경 永陵鎭 일대의 第2玄菟郡을 渾河방면으로 축출하고 蘇子河 연안으로 진출하였으나, 後漢代에 蘇子河를 넘어 渾河방면으로는 진출하지 못하였다고 파악함. 後漢이 미약해진 뒤에도 3세기 중반까지 公孫氏나 曹魏의 침공을 받아 이 지역으로 진출하지 못하다가, 西晉의 세력이 약해진 3세기 말부터 본격적으로 渾河방면으로 진출하기 시작한 것으로 파악함. 그런데 蘇子河 연안 교통로를 보면 永陵鎭에서 木奇鎭까지는 蘇子河 연안을 따라 도로가 이어지지만, 木奇鎭-上夾河鎭 구간의 蘇子河는 험준하고 만곡이 심하기 때문에 木奇鎭-上夾河鎭 산간로와 五龍河를 우회하여 蘇子河 하류로 나아가게 된다고 함. 고구려가 渾河방면까지 진출하지 못하였을 시기에는 木奇鎭 일대가 전방 요충지였을 가능성이 높다는 것임. 따라서 五龍山城은 3세기 후반 이후에야 비로소 축조되었을 것으로 추정됨. 특히 문헌기록상 4세기 전반부터 渾河 연안의 新城을 비롯하여 蘇子河 연안에 南蘇城, 木底城 등이 등장하는 것으로 보아 대체로 4세기 전반 이후에 축조되었을 것으로 파악함.

3) 역사지리 비정

4세기 경 고구려와 前燕·後燕의 전쟁로 및 7세기 후반 고구려와 唐軍의 전쟁로를 종합하면, 오룡산성이 자리한 渾河·蘇子河 일대에는 遼東 방면에서 新城 → 南蘇城 → 木底城 → 蒼巖城 등의 순서로 고구려의 주요 성곽이 위치하였음을 알 수 있음. 특히 342년 전연이 고구려를 공격한 루트에는 각 성의 상대 위치가 비교적 명확하게 나타남.

가령 『資治通鑑』咸康 8年條에는 "고구려에는 南道·北道 2도가 있는데, 北道는 평탄하고, 南道는 험준하다"고 하며, 『진서』 권109 모용황재기나 『위서』 고구려전에는 "전연의 정예병이 南陝으로부터 들어가서 木底에서 고구려 군대와 싸웠다"고 기술되어 있음. 342년 전연과 고구려가 전투를 벌인 木底城은 遼東 방면에서 新城-南蘇城 다음에 위치하며, 南陝에서 시작되는 교통로상에 존재했다는 것임.

이러한 여러 지명과 성곽의 위치에 대해 元代의 胡

三省은 '南道는 南陜을 따라 木底城으로 들어간다 (『資治通鑑』 卷97 咸康 8년 10월조)', '南蘇城은 南陜 동쪽에 있다(『資治通鑑』 卷97 永和 원년 10월조)', '木底城은 南蘇의 동쪽에 있다(『資治通鑑』 卷114 義熙 2년 2월조)'라고 주석함. 南陜은 南道의 출발점이고, 南蘇城은 '南陜'의 동쪽, 木底城은 南蘇城의 동쪽에 위치했고, 南道는 南陜에서 木底城으로 나아가는 길이라는 것임.

이러한 성곽과 지명 가운데 新城은 거의 모든 연구자가 渾河 北岸의 撫順 高爾山城으로 비정하고 있음. 또한 신성과 목저성 사이에 위치한 南蘇城의 명칭이 南蘇水 곧 지금의 蘇子河에서 유래했다는 것도 거의 명확함. 그러므로 342년 고구려와 전연의 전투에 등장하는 南蘇城, 南陜, 木底城 등은 기본적으로 종전에 南蘇水로 불리던 지금의 蘇子河 연안에 위치했다고 볼 수 있음. 다만 각 성곽과 지명의 구체적 위치에 대해서는 다양한 견해가 제기되었고, 이로 인해 오룡산성의 역사지리 비정에 대한 견해도 분분한 상황임.

가령 孫進己·馮永謙(1989)은 '南陜'을 특정 성곽의 명칭으로 상정한 다음, 南陜城은 蘇子河 - 富爾江 연안로로 비정되는 南道에 위치했을 뿐 아니라 木底(新賓縣 木奇鎭)의 서북방에 위치했다며 五龍山城으로[8] 비정함. 한편 『資治通鑑』 卷97 穆帝 永和 원년조에 대한 '南蘇城은 南陜의 동쪽에 있다'는 胡三省의 注를 상기한 다음, 만약 南蘇城을 撫順 鐵背山城으로 비정하면 南陜=五龍山城의 서북에 해당하므로 胡三省의 注와 부합하지 않게 된다고 파악함. 이에 1956년 撫順 大伙房댐으로 수몰된 渾河 북안 前屯·轄子伙洛·窪子伙洛 등지에서 고구려 고분이 조사된 사실을 상기하며 이 일대가 南陜일 가능성을 상정한 다음, 이곳에서는 성곽이 발견되지 않았고 南道와 北道가 함께 지나가는 곳이므로 南陜이 위치할 수 있다고 파악함. 이에 '南蘇城은 南陜의 동쪽에 있다'는 胡三省 注는 '南陜은 南蘇城의 동쪽에 있다'의 오기일 것으로 추정함. 그렇지만 관련 사료를 종합하면 南陜은 특정 성곽이 아니라 남·북도의 갈림길에서 '南道로 진입하는 陜谷의 입구'로 파악하는 것이 타당하다고 생각됨.

佟達(1993, 1994)은 '南蘇城은 南陜의 동쪽에 있고, 木底城은 南蘇의 동쪽에 있다'는 胡三省의 注에 주목해 南陜을 蘇子河와 渾河가 합류하는 薩爾滸地區, 木底城을 新賓縣 木奇鎭 동남쪽의 하서촌고성 등으로 각기 비정한 다음, 南蘇城은 蘇子河口와 木奇鎭 사이에서 찾아야 한다고 파악함. 이에 五龍山城에서 蘇子河口(南陜)까지 약 10km이고, 동쪽으로 木底城까지 거리가 약 15km라며, 오룡산성을 南蘇城으로 비정함. 물론 新城과 木底城 사이에는 五龍山城 이외에 南陜之口의 界藩城(鐵背山城)과 薩爾滸城도 있지만, 양자 모두 모두 後金의 산성이므로 南蘇城으로 비정할 수 없다고 파악함.

佟達(1993, 1994)은 南蘇城을 五龍山城으로 비정하면 문헌상의 전쟁기사와도 부합한다고 봄. 가령 339년 전연의 慕容皝이 新城에서 승리하면서 木底城이 前燕의 兵鋒之下에 노출되었고, 342년에 木底에서 전투가 벌어짐. 그 이후 南蘇城이 황급하게 증건되었을 것으로 추정되는데, 345년 慕容恪이 南蘇城에서 전투를 벌였음. 이후 고구려는 新城과 南蘇城을 회복하였으나, 400년에 후연의 慕容盛이 新城과 南蘇城을 다시 빼앗음. 후연의 모용성은 두 성에서 승리한 후, 406년에 木底城을 공격하였는데, 이기지 못하고 돌아왔음. 647년 唐軍은 新城道로 나아가 南蘇와 木底로 진격한 바 있고(『新唐書』 권220 열전145 고려전), 667년에는 新城에서 승리한 후 南蘇·木底·蒼巖 3성을 차지하였음(『資治通鑑』 卷201 唐紀17). 이처럼 蘇子河 일대에는 遼東 방면에서 南蘇城→木底城→蒼巖城 등의 순서로 고구려 성곽이 위치했는데, 소자하의 가장 하류

---

[8] 孫進己·馮永謙은 五龍山城과 得勝堡山城을 동일하게 보고 있음 (孫進己·馮永謙, 1989).

방면에 위치한 오룡산성이 바로 남소성이라는 것임.

張正巖·王平魯(1994)도 고구려와 당의 전쟁 기사를 통해 新城道에는 新城·南蘇城·木底城 등이 위치했는데, 이 南蘇城은 南蘇水 곧 지금의 蘇子河 연안에 위치했으므로 五龍山城[9]으로 비정할 수 있다고 파악함.

또한 張志立(1994)도 『大淸一統志』 卷36 興京 山川 蘇子河조에 나오는 "蘇子河는 (興京)성 북쪽 半里에 있다. 邊外 呼倫嶺에서 나온다. 또한 북쪽으로 界藩 서남을 거쳐, 渾河로 들어간다. 『漢志』에 高句麗縣에는 南蘇水가 있다고 하는데, 蘇子河로 의심된다"는 기록 및 『舊唐書』 契苾何力傳의 "乾封 元年에 고구려군 15만명이 遼水에 머물렀고, 靺鞨 수만을 이끌고 南蘇城에 웅거하였는데, 契苾何力이 모두 격파하였다" 등을 근거로 遼水는 지금의 渾河, 南蘇水는 渾河의 지류인 蘇子河로 비정함. 그런 다음 제반 문헌사료를 통해 南蘇城이 新城과 木底城 사이에 위치한 것으로 파악한 다음, 『翰苑』 卷30 蕃夷部 고려전에 인용된 高麗記의 "南蘇城이 新城 북쪽 七十里 산 위에 있다"라는 기록의 北자는 '東'자의 誤脫이라며, 남소성은 新城으로 비정되는 撫順 高爾山城의 동쪽에 위치했다고 파악함. 이에 五龍山城을 南蘇城으로 비정함.

이처럼 오룡산성을 남소성으로 비정하는 견해가 다수 제기되었음. 다만 『翰苑』에 인용된 高麗記의 南蘇城이 '雜城 북쪽 70里 산 위'에 위치했다는 기사 가운데 '雜城北'에는 오기와 누락이 있다고 보이지만, 70리라는 거리까지 오기라고 보기는 어려움. 이 기록의 70리는 唐代의 里數로 환산하면 31~37km가 되는데, 오룡산성은 신성으로 비정되는 무순 고이산성에서 50여 km로 70리보다 훨씬 멂. 이에 많은 연구자들이 撫順에서 32km 떨어진 渾河·蘇子河 합류 지점 동쪽의 鐵背山城을 南蘇城으로 비정하고 있는데, 南道의 출발점인 '南陜'의 동쪽에 南蘇城이 위치했다는 胡三省의 주석과도 일치함('무순 철배산성' 항목 참조).

이에 오룡산성을 목저성으로 비정하기도 함. 王綿厚·李健才(1990)는 종래 木底城의 위치를 新賓縣 木奇鎭 일대로 보는 견해가 많았지만, 木奇鎭 지역에서는 晋-唐 시대의 古城이 없고, 明·淸 驛站이 있을 뿐이라며 五龍山城을 木底城으로 비정함.[10]

王綿厚(1990·2002)도 342년 전연의 慕容皝이 고구려를 침공할 때, "南陜으로 진입하여 木底에서 싸웠다"라고 한 사실에 주목하여 木底城은 新城에서 南陜으로 진입하는 교통로 상에서 가장 가깝고 중요한 곳에 위치하였을 것으로 파악함. 즉 木底城은 新城道에서 南陜으로 진입한 이후의 首鎭으로 볼 수 있는데, 南陜은 南道의 앞부분이고, 木底城은 渾河의 지류인 蘇子河 下流에 있다고 파악함. 이상의 지리조건을 고려해 볼 때, 五龍山城이 木底城의 가장 유력한 후보라고 파악함.

그렇지만 대부분의 연구자는 여전히 木奇鎭 일대를 목저성으로 비정하고 있는데, 木奇鎭 서쪽의 하서촌고성에서는 고구려시기의 기와편이 출토되고 있음. 특히 蘇子河 연안의 전체적인 지형으로 보아 342년에 고구려 군대는 蘇子河·渾河 합류 지점으로 비정되는 南陜을 통해 蘇子河 연안으로 진입한 전연의 군대를 木奇鎭 일대에서 방어했을 가능성이 가장 높음. 즉 오룡산성을 목저성으로 단정하기는 쉽지 않은 상황임.

이에 南蘇城을 蘇子河·渾河 합류지점 동쪽에 위치한 鐵背山城으로 비정한 다음, 철배산성이 좁고 높다란 산마루에 위치하여 지역 거점성으로서의 기능을 수행하기에 취약점이 많고, 五龍山城과의 거리가 그렇게 멀지 않다고 보아, 두 성이 상호 보완적 관계에 있었을 가능성을 상정하기도 함(여호규, 1999).

---

[9] 張正巖·王平魯은 得勝堡山城이라고 기록하고 있으나, 정황상 五龍山城을 가리키는 것으로 추정됨(張正巖·王平魯, 1994).

[10] 張德玉(1989)도 오룡산성을 고구려시기의 木底城으로 비정함.

참고문헌

- 今西春秋, 1935, 「高句麗的南北道和南蘇·木底」, 『青丘學叢』 22.
- 吉林省文物志扁委會, 1983, 『集安縣文物志』.
- 林至德·耿鐵華, 1985, 「集安出土的高句麗瓦當及其年代」, 『考古』 1985-7.
- 孫進己·馮永謙, 1989, 『東北歷史地理』 2, 黑龍江人民出版社.
- 張德玉, 1989, 『東北地方史研究』 1998-4.
- 王綿厚·李健才, 1990, 『東北古代交通』.
- 佟達, 1993, 「關于高句麗南北交通道」, 『博物館研究』 1993-3.
- 佟達, 1994, 「新賓五龍高句麗山城」, 『遼海文物學刊』 1994-2.
- 徐家國·徐琰, 1994, 「唐代木底州治今地考」, 『遼海文物學刊』 1994-2.
- 辛占山, 1994, 「遼寧境內高句麗城址的考察」, 『遼海文物學刊』 1994-2.
- 張正巖·王平魯, 1994, 「新城道及新城道上諸城考」, 『遼海文物學刊』 1994-2.
- 張志立, 1994, 「高句麗南北道和有關城址的考證」, 『高句麗渤海研究集成』 高句麗 卷2.
- 東潮·田中俊明, 1995, 『高句麗の歷史と遺跡』, 中央公論社.
- 王禹浪, 1995, 「中國東北地區古城文化遺跡概述」, 『黑龍江民族叢刊』 1995-4.
- 陳大爲, 1995, 「遼寧高句麗山城再探」, 『北方文物』 1995-3.
- 溫秀榮·張波, 1996, 「關于撫順地區的高句麗山城」, 『博物館研究』 1996-1.
- 馮永謙, 1997, 「高句麗城址輯要」, 『高句麗渤海研究集成』 高句麗 卷3, 哈爾濱出版社.
- 여호규, 1999, 『高句麗 城』 Ⅱ, 國防軍史研究所.
- 王綿厚, 2002, 『高句麗古城研究』, 文物出版社.
- 魏存成, 2002, 『高句麗遺跡』, 文物出版社.
- 이성제 편, 2006, 『高句麗城 사진자료집』, 동북아역사재단.
- 王禹浪·王宏北, 2007, 『高句麗·渤海古城址研究匯編』 (上), 哈爾濱出版社.
- 肖景全·鄭辰, 2007, 「撫順地區高句麗考古的回顧」, 『東北史地』 2007-2.
- 國家文物局, 2009, 『中國文物地圖集』 遼寧分冊, 西安地圖出版社.
- 魏存成, 2011, 「中國境內發現的高句麗山城」, 『社會科學戰線』 2011-1.

11 신빈 득승보산성
新賓 得勝堡山城

1. 조사현황 : 1999년 조사

○ 조사자 : 肖景全, 鄭辰 등.
○ 조사내용 : 1999년 撫順 경내의 燕·秦·漢 長城을 조사하던 중에 발견.

2. 위치와 자연환경(그림 1)

○ 新賓 上夾河鎭 得胜堡村 동쪽의 江沿–南雜木 간 도로 부근에 위치.
○ 산성의 동북쪽 맞은편에 골짜기를 사이에 놓고 오룡산성이 있음.
○ 남쪽으로 5.5km 떨어진 지점에 蘇子河가 있음.

3. 성곽의 전체현황

○ 산성이 위치한 지세는 매우 험함.
○ 전체 둘레는 약 1,000여 m임.

4. 성벽과 성곽시설

1) 성벽
○ 성벽은 거칠게 다듬은 깬돌과 쐐기형돌을 섞어서 축조함.
○ 성벽은 성의 남북 양측에서 산 아래 골짜기로 이어져 축조됨. 남측으로는 新南公路를 지난 후 계속해서 작은 산으로 뻗어나가며, 북쪽으로는 五龍村으로 통하는 길에 의해 가로막혀 있음. 마치 산성에서 양쪽으로 팔을 뻗고 있는 형세인데, 양측 골짜기의 교통을 통제하고 있음.

2) 성문
서남쪽의 낮은 곳에 문지가 있음.

5. 출토유물

성 안에서는 고구려시기의 홍색 암키와, 수키와, 토기편, 철제 수레바퀴 줏대 축(軎) 등이 출토됨.

6. 역사적 성격

得勝堡山城이 위치한 上夾河鎭 일대는 渾河에서 蘇子河 연안으로 진입하는 교통로상의 요충지임. 특히 淸代 舊街道로서 주요 교통로로 사용되었을 營盤→河西→五龍河→上夾河鎭 루트는 五龍河 연안을 따라오다가 上夾河鎭 일대에서 방향을 바꾸어 구릉성 산지로 접어들게 됨. 이러한 지형조건으로 보아 得勝堡

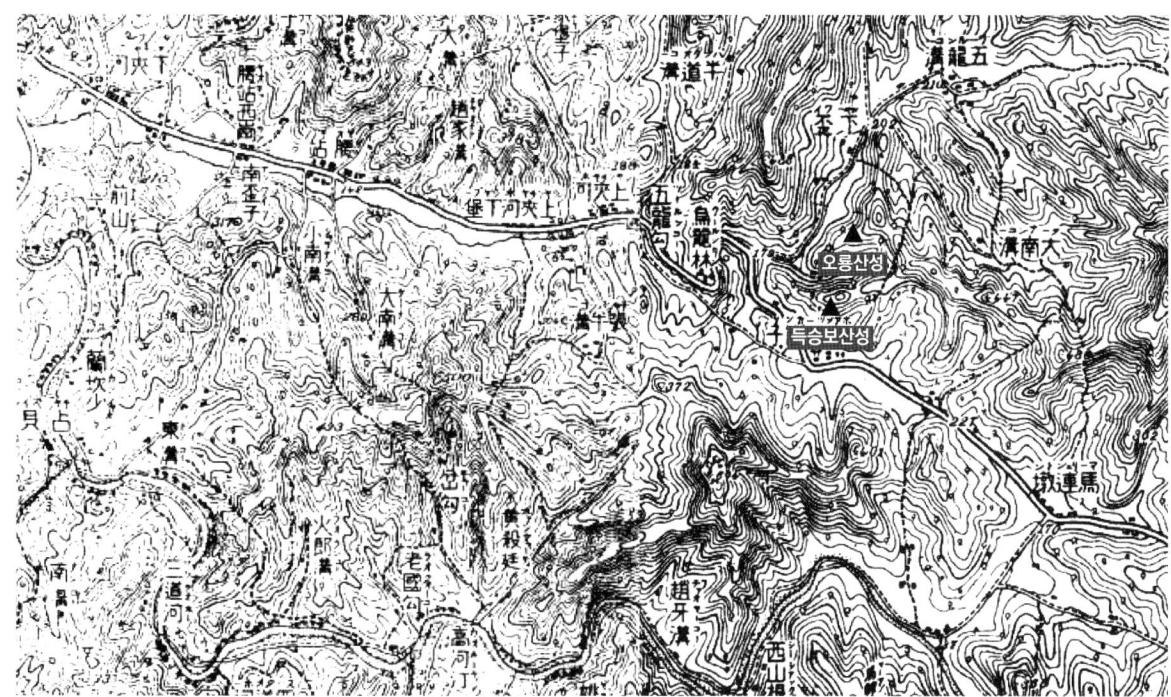

그림 1 得勝堡山城 주변 지형도(滿洲國 10만분의 1 지형도)

山城은 渾河에서 蘇子河 연안으로 진입하는 적군을 방어하기 위해 구축되었다고 추정됨.

실제 산성이 위치한 곳은 後金의 三道關 가운데 하나인 '紮喀關'으로 비정됨(1922년 『興京縣志』의 고적조). 이에 고구려시기에도 이 일대에 關隘를 축조했을 것으로 추정하고, 得勝堡山城이 이 關隘와 함께 방어체계를 이루었을 것으로 파악하기도 함(肖景全·鄭辰, 2007).

또한 342년 고구려와 전연의 전투에 등장하는 '南陝'이라는 지명을 특정한 성곽의 명칭으로 상정한 다음, 南陝之城은 新城을 지나 고구려의 중심부로 들어가기 전 '南道'상에 위치한 첫 번째 관문으로 파악하기도 함.[1] 즉 南陝之城은 신성을 지나 목저성에 당도하기 이전에 위치했는데, 木底城은 新賓 五龍山城으로 비정되며, 五龍山城 서남쪽의 五龍河口 산 위에 위치한 득승보산성이 '南陝之城'의 지리적 조건에 부합된다며 남협으로 비정함. 산성 소재지는 蘇子河와 五龍河가 만나는 '關門砬子' 골짜기의 '南陝' 關口에 위치하고 있는 것임(王綿厚, 2002).

득승보산성의 동북쪽 맞은편에는 골짜기를 사이에 놓고 오룡산성이 위치하고 있음. 두 산성 사이에는 본래 혼하-소자하 합류 지점에서 上夾河鎭을 서쳐 蘇子河 연안으로 나아가는 간선 도로가 지나갔는데, 도로가 지나갔던 골짜기에는 차단벽도 있었음. 이로 보아 득승보산성이 고구려시기의 성곽이라면 규모상 오룡산성이 방어체계를 보완하는 보조성이었을 것으로 파악됨.

참고문헌

- 王綿厚, 2002, 『高句麗古城研究』, 文物出版社.
- 肖景全·鄭辰, 2007, 「撫順地區高句麗考古的回顧」, 『東北史地』 2007-2.
- 魏存成, 2011, 「中國境內發現的高句麗山城」, 『社會科學戰線』 2011-1.

---

[1] 342년 고구려와 전연의 전쟁로에 대한 개관은 '신빈 오룡산성' 항목의 역사적 성격 참조.

3
기타 유적

01 신빈 하하북유적
新賓 下河北遺址

1. 위치와 자연환경(그림 1)

新賓縣 楡樹鄕 楡樹村 下河北屯 서쪽 500m 지점에 위치함.

2. 유적의 현황

면적은 2,000m²임.

3. 출토유물

홍색·회색 승문 암키와편이 출토됨.

4. 역사적 성격

고구려시기의 유적으로 추정되는데(國家文物局, 2009), 楡樹村 일대에는 고구려 적석묘가 다수 분포함. 이로 보아 下河北 유적은 유수촌 일대의 적석묘와 관련된 유적으로 추정됨. 특히 승문 암키와편이 출토되었다는 것으로 보아 건물지를 비롯한 생활유적이 있었을 것으로 추정되지만, 구체적인 상황을 파악하기는 어려움. 한편 新賓 永陵鎭 일대에는 영릉진고성과 비아랍성(이노하자구노성) 등 고구려시기의 성곽이 다수 분포하고 있음.

참고문헌

- 國家文物局, 2009, 『中國文物地圖集』 遼寧分冊, 西安地圖出版社.

그림 1 下河北遺址 위치도 (國家文物局, 2009)

제6부

청원현(清原縣) 지역의 성곽

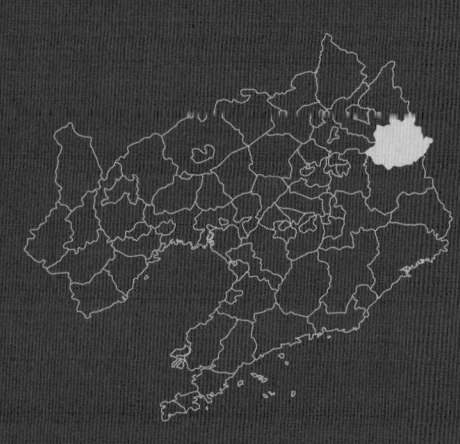

| 유적 분포도 |

- △ 산
- ▲ 산성
- ■ 평지성
- ━ 관애
- ᴫ 장성
- ⌒ 고분
- ● 기타 유적

01 청원 쌍립산성

清原 雙砬山城 | 英額門山城 | 長春屯山城 | 山城子山城 | 城子山山城山城

1. 조사현황

1) 1963년
○ 조사기간 : 1963년 여름과 가을 사이.
○ 조사기관 : 淸原縣 英額門公社.
○ 조사내용 : 淸原縣 英額門公社가 邊門유적을 조사할 때, 長春屯大隊를 방문하였는데, 현지 주민이 산성의 존재를 알려 주면서 발견함.

2) 1963년
○ 조사자 : 陳大爲(遼寧省博物館).
○ 조사내용 : 현지 조사 진행, 유물 발견.
○ 발표 : 陳大爲, 1982, 「淸原縣英額門山城子調査記」, 『遼寧文物』 1982-3.

2. 위치와 자연환경(그림 1)

1) 지리위치
○ 淸原縣 英額門鎭(鄕) 동쪽 長春屯村 서쪽 1.5km 지점의 城子山(山城子山) 위에 위치함. 산성의 동쪽 약 4km 거리에 英額門鎭(鄕)이 있음.
○ 산성 서북쪽에 瀋陽-吉林 철도가 지나가고 있고, 남쪽 구릉 아래로는 淸原-海龍 도로가 지나가고 있음.
○ 산성 정상부에 올라가면 동·남·북 세 면은 먼 곳까지 선명하게 보임. 동쪽으로는 長春屯과 멀리 英額門公社를 볼 수 있음. 북쪽으로는 渾河 河谷과 맞은편의 小五城溝屯을 볼 수 있음. 동북쪽으로는 구릉지대에 위치한 北堡村이 보이는데, 산성과의 거리는 약 1.5~2km임.

2) 자연환경
산성은 渾河 상류의 左岸(南岸)에 위치함. 渾河 상류 남부 兩岸에는 龍崗山脈의 서북 지맥과 吉林哈達嶺 山脈의 동남 지맥이 가파른 산줄기를 이루는데, 서로 마주하면서 동서 방향으로 길게 뻗어 있음. 渾河가 두 산줄기 사이의 골짜기를 따라 서쪽으로 흘러가면서 좁고 기다란 하곡평지를 형성하고 있음.

3. 성곽의 전체현황

○ 산성 정상부는 비교적 평탄함. 성의 동·남·북 세 면은 가파른 절벽이라 오르기가 힘듦. 서면의 남북 두 구릉은 비교적 완만하고, 서문으로 내려갈 수 있는 작은 길이 있음. 성 북쪽은 높은 곳에서 아래를 내려다 볼 수 있는 지형인데, 지세가 매우 험준함.
○ 평면은 서쪽이 넓고 동쪽이 좁은 표주박 형태에 가까움(陳大爲, 1982 ; 馮永謙, 1997).[1]

---

[1] 王綿厚(2002)는 불규칙형이라고 기록함.

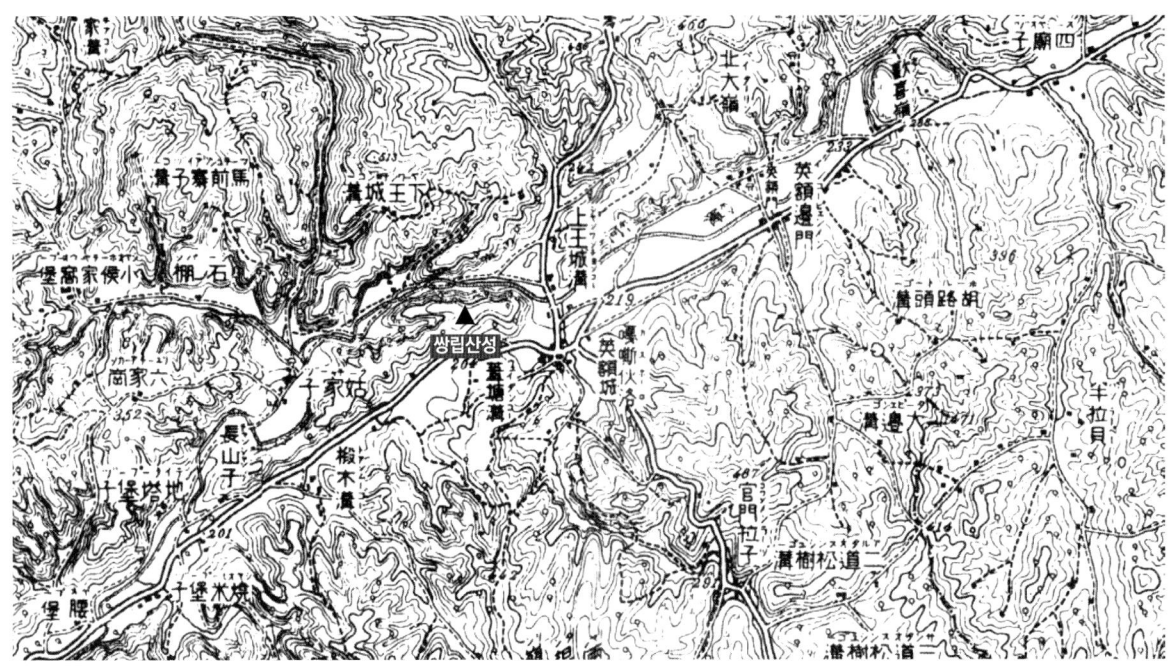

그림 1 雙砬山城 주변 지형도(滿洲國 10만분의 1 지형도)

○ 동서 길이 220m, 남북 너비 약 100m임(陳大爲, 1982 ; 李殿福, 1994 ; 여호규, 1999 ; 王綿厚, 2002 ; 王禹浪·王宏北, 2007 ; 國家文物局, 2009).[2]

4. 성벽과 성곽시설

1) 성벽
○ 성벽은 기복이 있는 산등성이(낭떠러지 가장자리)에 축조하였음.
○ 축조방식은 토축(陳大爲, 1982·1995 ; 孫進己·馮永謙, 1989 ; 李殿福, 1994 ; 東潮·田中俊明, 1995 ; 馮永謙, 1997 ; 王綿厚, 2002 ; 魏存成, 2002) 또는 토석혼축으로(溫秀榮·張波, 1996 ; 國家文物局, 2009) 파악됨.

---

2   전체 둘레에 대해 500m(魏存成, 2002) 또는 600여 m(孫進己·馮永謙, 1989 ; 東潮·田中俊明, 1995 ; 馮永謙, 1997) 등으로 파악하기도 함.

○ 성벽의 기단 너비는 4~6m이며, 잔고가 가장 높은 곳은 2.5m에 달함.

2) 성문
○ 남문과 서문이 있음
○ 산성 서문 근처 은폐된 곳에 비교적 작은 문이 있음. 일반적인 통로라기보다는 기습공격이나 퇴각 시에 사용된 문으로 추정됨(여호규, 1999).

3) 참호
성벽 내측에 참호 1개가 있음. 너비는 약 2.5m, 깊이는 약 80cm임. 지역 주민에 따르면 國民黨軍이 퇴각하기 전 구축한 방어시설이라고 함.

4) 회곽도
서문에서 남문에 이르는 토축벽 바깥 가장자리에 비교적 평탄한 길이 남아 있는데, 지역 주민은 '馬道'라고 부르고 있음.

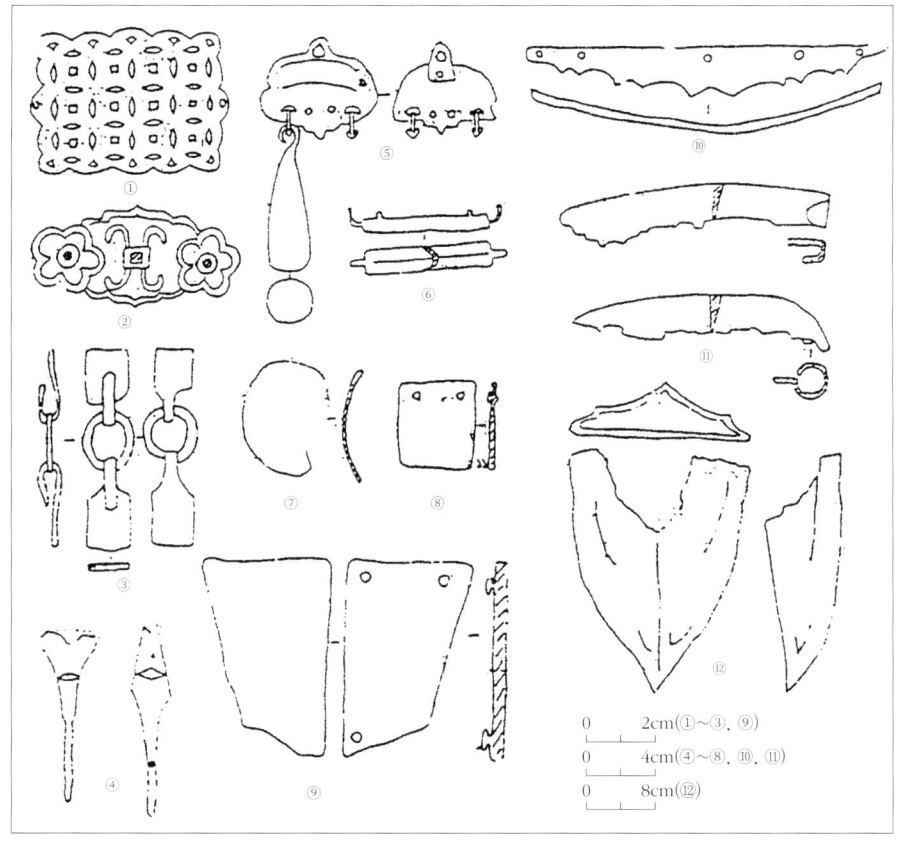

그림 2 雙碓山城 출토유물
(陳大爲, 1982, 34쪽)
1. 철제장식판 2. 금동제매화형판
3. 철제장식판 4. 철제화살촉
5. 철제쌍방울 6. 철제장식
7. 철제심엽형장식판
8. 철제방형장식판 9. 철제장식판
10. 철제五出雙尖형장식판
11. 철제낫 12. 철제보습

5. 성내시설과 유적

성내 서부 중앙에서 건물지가 발견됨.

6. 출토유물

○ 성 남면 구릉의 과수원에서 땅을 팠을 때 유물들이 일괄적으로 출토되었음.
○ 벽돌과 기와는 매우 적게 보임.

1) 금동기

(1) 금동제매화형판(그림 2-2)

○ 출토지 : 淸原 雙碓山城 남면 구릉의 과수원.
○ 크기 : 길이 6.2cm, 너비 2.4cm, 두께 0.1cm.
○ 형태 : 철로 만든 매화형 판에 도금함.

2) 철기

(1) 철제장식판(連環錢文, 그림 2-1)

○ 출토지 : 淸原 雙碓山城 남면 구릉의 과수원.
○ 크기 : 길이 5.6cm, 너비 4.2cm, 두께 0.1cm.
○ 형태 : 고리와 돈모양의 문양이 연이어져 있음. 표면은 볼록하게 튀어나왔고, 뒷면은 평평함. 양측에는 못이 남아 있음.

(2) 철제장식판(活環折葉, 그림 2-3)

○ 출토지 : 淸原 雙碓山城 남면 구릉의 과수원.
○ 크기 : 길이 5.8cm, 너비 1.3cm, 두께 0.5cm.

○ 형태 : 둥근 고리로 양 끝의 방형 철판을 연결함. 표면은 볼록하게 튀어나왔고, 뒷면은 평평함. 양측에는 못이 남아 있음.

(3) 철제화살촉(그림 2-4)
○ 출토지 : 淸原 雙砬山城 남면 구릉의 과수원.
○ 형태 : 2점이 출토됨. 그 가운데 1점은 平頭鏃임. 한 점은 길이 9.5cm, 다른 한 점은 11cm임.

(4) 철제쌍방울(雙鈴佩, 그림 2-5)
○ 출토지 : 淸原 雙砬山城 남면 구릉의 과수원.
○ 크기 : 가로 길이 6.7cm, 높이 5.5cm.
○ 형태 : 방울이 두 개 달림.

(5) 철제장식(그림 2-6)
○ 출토지 : 淸原 雙砬山城 남면 구릉의 과수원.
○ 크기 : 전체 길이 7.5cm.
○ 형태 : 등날이 도드라짐. 양끝이 뾰족함.

(6) 철제심엽형장식판(그림 2-7)
○ 출토지 : 淸原 雙砬山城 남면 구릉의 과수원.
○ 크기 : 길이 6.4cm, 너비 5.2cm, 두께 0.2cm.

(7) 철제방형장식판(그림 2-8)
○ 출토지 : 淸原 雙砬山城 남면 구릉의 과수원.
○ 크기 : 길이 5cm, 너비 4.7cm, 두께 0.2cm.
○ 형태 : 위쪽 가장자리에 작은 구멍 두 개가 뚫어져 있음.

(8) 철제장식판(活環折葉, 그림 2-9)
○ 출토지 : 淸原 雙砬山城 남면 구릉의 과수원.
○ 크기 : 길이 5.7cm, 너비 3.7cm, 두께 0.5cm.
○ 형태 : 정면에는 도금이 되어 있음. 배면에는 3개의 못이 있음.

(9) 철제五出雙尖형장식판(그림 2-10)
○ 출토지 : 淸原 雙砬山城 남면 구릉의 과수원.
○ 크기 : 길이 21.6cm, 너비 2.4cm, 두께 0.6cm.
○ 형태 : 윗면은 일직선이고, 아랫면은 둥그스름함. 雙尖 5개가 튀어나옴.

(10) 철제낫(鎌, 그림 2-11)
○ 출토지 : 淸原 雙砬山城 남면 구릉의 과수원.
○ 형태 : 두 점이 출토됨. 모두 윗면이 약간 둥그스름함. 한 점은 길이 16cm, 나머지 한 점은 길이 14.6cm임. 너비는 모두 3cm임.

(11) 철제보습(犁, 그림 2-12)
○ 출토지 : 淸原 雙砬山城 남면 구릉의 과수원.
○ 크기 : 길이 27cm, 너비 20cm, 口 두께 6cm.

7. 역사적 성격

1) 축조시기

雙砬山城은 성곽 내부에서 출토된 유물을 통해 대체로 고구려 성곽으로 파악하고 있음(陳大爲, 1982 ; 王綿厚, 2002). 그 축조시기에 대해 雙砬山城을 처음 조사한 陳大爲(1982)는 성곽 내부에서 출토된 철제보습(犁)이 高爾山城에서 출토된 것과 거의 비슷하다며, 늦어도 晉代 이후에 축조되었을 것으로 파악했음. 또한 李殿福(1994)는 성 안에서 출토된 금동장식, 철제낫(鎌)·보습(犁)·화살촉 등이 高爾山城 출토품과 유사하다며 성의 구조 및 축조방식으로 보아 고구려 후기에 해당한다고 파악했음.

또한 溫秀榮·張波(1996)은 입지조건과 축조방식 등을 기준으로 고구려 성곽을 초기, 중기, 후기 등으로 구분했음. 초기 산성은 가파른 절벽을 천연성벽으로 삼은 것이 특징이고, 중기 산성은 산등성이뿐 아니라 초벽장 위에도 석축성벽을 축조한 것이 특징인데 비해, 후기 산성은 산등성이를 따라 토축이나 토석혼축의 성벽을 쌓은 것이 특징이라고 함. 이와 함께 성문이나 방어상의 취약 지점에는 흙을 다진 성벽을 크고 높게 쌓았고, 석축성벽은 볼 수 없다고 파악함. 또한 각대와 망대는 일률적으로 흙을 다져서 축조한 봉화대로 변화했다고 파악하며, 출토유물도 초기와 중기보다 풍부하다고 파악함. 雙立山城은 바로 高爾山城과 함께 후기의 성곽에 속하는데, 晋–唐代에 축조된 것으로 추정된다고 파악함.

2) 지정학적 위치와 역사지리 비정

雙立山城이 자리잡은 혼하 상류 일대는 길림합달령산맥과 용강산맥 사이의 골짜기라는 지형 조건으로 인해 예로부터 주요 교통로로 활용되었음. 가령 2~3세기경 부여인들은 松花江–輝發河–渾河의 河谷道를 통해 제3玄菟郡과 교통하였고, 발해인들도 牧丹江–輝發河–渾河를 거쳐 大凌河 중류의 營州(朝陽)에 이르렀음. 그리고 고구려의 경우, 342년 前燕과의 전쟁로인 南道·北道 가운데 北道는 渾河·蘇子河 합류지점에서 출발하여 혼하 상류와 휘발하 일대를 거쳐 혼강유역으로 진입하는 루트로 추정됨. 산성자산성이 위치한 혼하 상류일대는 요동평원에서 혼하 상류와 휘발하를 거쳐 압록강 중류일대의 고구려 초기 중심지나 송화강 유역의 부여지역으로 나아갈 경우 거쳐야 하는 전략적 요충지였던 것임(여호규, 1999).

이에 342년 전연이 고구려를 침공했던 南道와 北道[3] 가운데 北道에 위치한 산성으로 파악하기도 함(佟達, 1993). 특히 南道와 北道에 대해 元代의 胡三省이 "北道는 北置에서 나아가고, 南道는 南陝에서 木底城으로 들어간다"라고 주석했는데, 北置를 北道에 위치했던 특정한 성곽의 명칭으로 상정해 雙砬山城을 北置城으로 비정하기도 함(孫進己·馮永謙, 1989).

다만 雙砬山城은 규모로 보아 소형 軍事城堡로서 撫順 鐵背山城, 柳河 羅通山城 등과 긴밀한 연관 아래 군사적 기능을 담당하였다고 추정됨. 또한 지형조건으로 보아 遼河 지류인 柴河나 淸河의 상류를 거슬러 혼하 방면으로 넘어오는 적군을 방어하는 기능도 수행하였을 것임. 이에 雙砬山城은 대체로 대형산성의 衛星으로 추정되는데(陳大爲, 1982), 구체적으로 撫順 高爾山城과 柳河 羅通山城의 위성으로 추정하기도 함(王綿厚, 2002).

참고문헌

- 陳大爲, 1982, 「淸原縣英額門山城子調査記」, 『遼寧文物』 1982-3.
- 孫進己·馮永謙, 1989, 『東北歷史地理』 2, 黑龍江人民出版社.
- 佟達, 1993, 「關于高句麗南北交通道」, 『博物館硏究』 1993-3.
- 李殿福 著, 차용걸·김인경 역, 1994, 『中國內의 高句麗 遺蹟』, 學硏出版社.
- 東潮·田中俊明, 1995, 『高句麗の歷史と遺跡』, 中央公論社.
- 陳大爲, 1995, 「遼寧高句麗山城再探」, 『北方文物』 1995-3.
- 溫秀榮·張波, 1996, 「關于撫順地區的高句麗山城」, 『博物館硏究』 1996-1.
- 馮永謙, 1997, 「高句麗城址輯要」, 『高句麗渤海硏究集成』 高句麗 卷3, 哈爾濱出版社.
- 여호규, 1999, 『高句麗 城』 Ⅱ, 國防軍史硏究所.
- 王綿厚, 2002, 『高句麗古城硏究』, 文物出版社.
- 魏存成, 2002, 『高句麗遺蹟』, 文物出版社.
- 王禹浪·王宏北, 2007, 『高句麗·渤海古城址硏究匯編』 (上), 哈爾濱出版社.
- 肖景全·鄭辰, 2007, 「撫順地區高句麗考古的回顧」, 『東北史地』 2007-2.
- 國家文物局, 2009, 『中國文物地圖集』 遼寧分冊, 西安地圖出版社.

---

3 342년 전연의 고구려 침공로인 남도와 북도에 대해서는 "무순 철배산성" 및 "신빈 오룡산성" 항목의 역사적 성격 참조.

제7부

철령시·현(鐵嶺市·縣) 지역의 유적

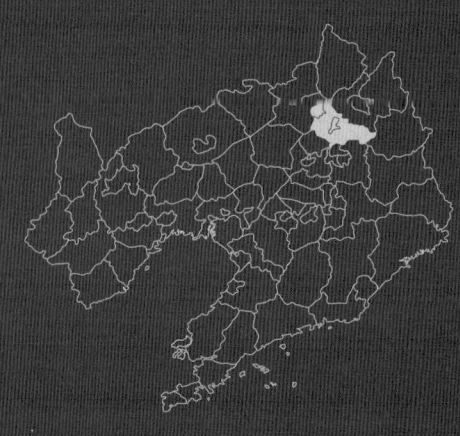

유적 분포도

- △ 산
- ▲ 산성
- ■ 평지성
- ━ 관애
- � 장성
- ◠ 고분
- ● 기타 유적

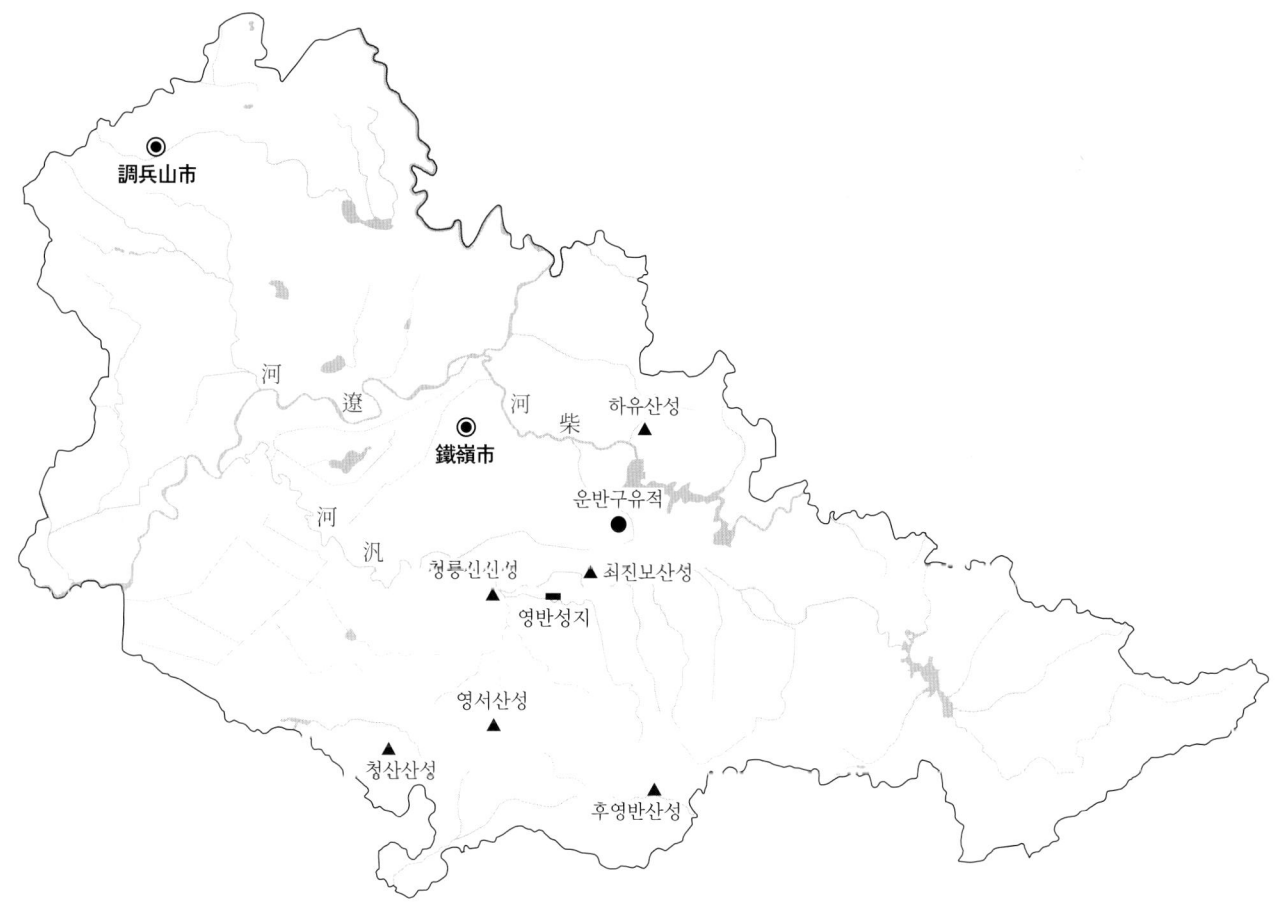

1
성곽

01 철령 하유산성
鐵嶺 下裕山城

1. 위치와 자연환경(그림 1)

하유산성은 鐵嶺縣 熊官屯鄕 下裕村 남쪽 2km 거리에 위치함.

2. 성곽의 전체현황

○ 산 위에 위치하며, 평면은 방형임.
○ 규모 : 면적 약 300m².
○ 성벽은 돌로 쌓았으나, 이미 무너졌음.

3. 역사적 성격

성곽의 규모로 보아 소형 보루에 해당하는데, 고구려시기 성곽이라면 위치상 遼河 유역에서 그 지류인 柴河 연안으로 진입하던 적군을 방어했을 것으로 추정됨.

참고문헌
• 國家文物局, 2009, 『中國文物地圖集』 遼寧分冊, 西安地圖出版社.

그림 1 하유산성 위치도

02 철령 최진보산성
鐵嶺 催陣堡山城 | 催陣堡觀音閣山城

1. 조사현황

1985년 7월 15일 鐵嶺市 文物保護單位로 지정되었다가 1988년 12월 20일 遼寧省 文物保護單位로 공포됨.

1) 1980년대 초반
○ 조사자 : 鐵嶺市博物館.
○ 조사내용 : 여러 차례 지표조사를 실시하였음.
○ 발표 : 曹桂林·裵躍軍, 1983, 「鐵嶺東南部的兩座古代城址」, 『遼寧文物』 1983-4.

2) 1992년 4월~1993년 11월
○ 조사자 : 周向永, 王兆華.
○ 조사내용 : 여러 차례 조사 진행. 기존 조사를 바탕으로 비교적 중요한 유구를 새로 발견하였음.
○ 발표 : 周向永·王兆華, 1996, 「遼寧鐵嶺市催陣堡山城調査」, 『考古』 1996-7.

2. 위치와 자연환경(그림 1~그림 3)

1) 지리위치
○ 遼寧省 鐵嶺市 동남쪽 17km(남쪽 20km) 거리의 鐵嶺縣 李千戶鄕 西催村(催陣堡鄕 정부 소재지)에서 북쪽 1.5km에 위치.
○ 催陣堡鄕 汎河 북안의 觀音溝 골짜기에 위치.
○ 汎河의 북안에 동서 방향으로 뻗어 있는 靑雲山山脈 중부에 위치함.
○ 서남쪽 5km에 靑龍山古城이 있는데, 汎河 연안의 충적평지를 사이에 두고 서로 마주보고 있음. 남쪽 36km 거리에 撫順市 高爾山山城이 있음.

2) 자연환경
○ 催陣堡山城의 남문 바깥쪽에 汎河가 동에서 서로 흘러가다가 遼河에 유입됨. 汎河는 吉林合達嶺산맥 서남단의 鐵嶺·遼源 경계지역에서 발원함.
○ 산성이 위치한 觀音溝 골짜기는 단지처럼 생겼는데, 觀音閣이라는 사찰에서 골짜기 이름이 유래하였음. 골짜기는 汎河 북안에 동서 방향으로 길게 뻗은 산줄기에 자리잡고 있는데, 남북 방향의 중앙 계곡과 그 좌우 계곡 등 3개로 이루어져 있음. 계곡 곳곳에서 샘물이 솟아나고 있으며, 이들이 골짜기 입구에서 모여 작은 물줄기를 이룬 다음 남쪽으로 흘러 汎河로 흘러듦.
○ 산성 남쪽으로는 汎河 연안의 넓은 충적평지가 동서 방향으로 길게 펼쳐져 있으며, 북쪽에도 汎河 지류 연안의 좁고 기다란 평지가 펼쳐져 있음. 동쪽과 서쪽으로는 汎河 북안의 험준한 산줄기가 이어지고 있음. 특히 산줄기의 남쪽 사면은 험준한 절벽이며, 절벽 아래로 汎河가 서쪽으로 흐르고 있는데 마치 천연 垓字와 같음. 북쪽 사면도 경사가 아주 가파른 편임. 최진보산성은 사방이 험준한 요새지에 자리잡고 있음.

그림 1 최진보산성 지리 위치도 1

그림 2 최진보산성 지리 위치도 2(崔向永·王兆華, 1996, 60쪽)

3. 성곽의 전체현황(그림 4)

1) 曹桂林·王鐵軍(1994)의 조사내용
○ 산성은 해발 260m인 산등성이에 있음.
○ 지세는 북쪽이 높고 남쪽이 낮고, 평면은 불규칙한 장방형.

○ 성벽은 가파른 절벽을 충분히 이용하여 산세를 따라 돌로 축조하였는데, 산등성이 바깥의 지세가 약간 낮아진 곳에 축조하였음.
○ 성곽 규모 : 동서 길이 2km, 남북 너비 1.5km, 전체 길이 5,032m.
○ 성돌 : 산돌을 이용했는데, 크기는 같지 않으며 일부분은 표면을 가공하였음.
○ 성벽 기초는 가장 넓은 곳이 약 3m이고, 잔고는 약 5m.
○ 성의 내측에 5~8m 너비의 회곽도(馬道)가 성벽을 따라 돌고 있음.
○ 네 모퉁이 약간 높은 곳에 흙을 쌓은 것이 있는데, 망대시설로 추정됨.
○ 성문 : 남쪽과 북쪽에 2개의 성문을 축조하였음. 북문은 북쪽 산마루 서측에 위치하고 남문은 골짜기 서부에 위치.
○ 토벽(關門山) : 남문 동측 골짜기는 성내에서 지세가 가장 낮은 곳으로서 높이 약 12m, 길이 약 40여 m

제7부 철령시·현(鐵嶺市·縣) 지역의 유적 325

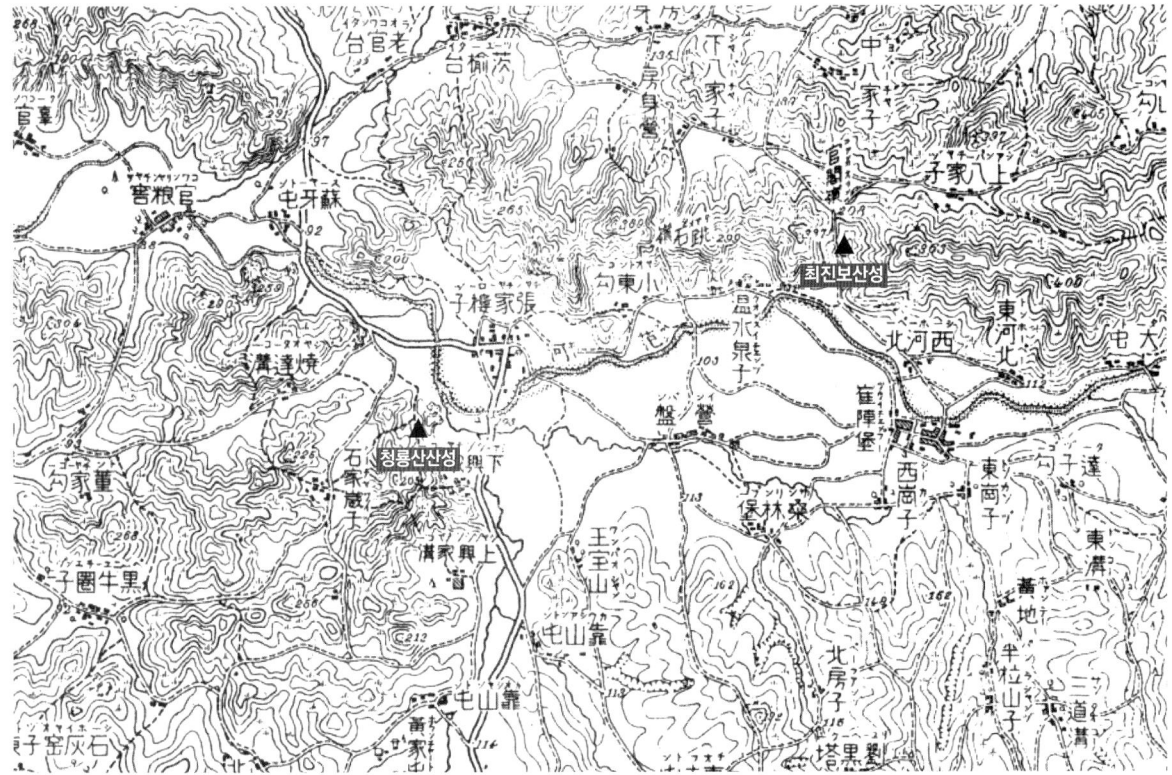

그림 3 최진보산성 주변 지형도(滿洲國 10만분의 1 지형도)

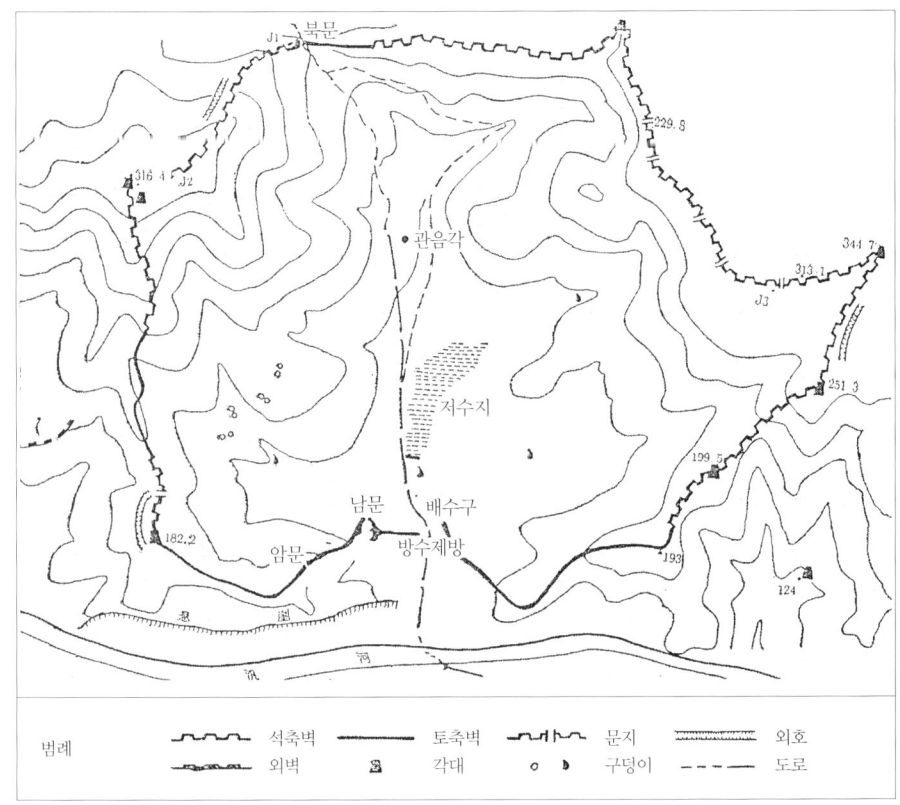

그림 4 최진보산성 평면도
(周向永·王兆華, 1996, 61쪽)

의 인공토벽을 쌓아 가로막았음. 현지인들은 '關門山'이라고 칭함.
○ 흙구덩이(高麗坑) : 성내의 頭道溝, 二道溝의 양지쪽 산비탈과 산마루에 방형이나 솥바닥 모양의 큰 흙구덩이가 많이 있음. 구덩이는 직경 5～10m, 깊이 약 1m임. 현지인들은 보통 '高麗坑'이라고 칭하며, 군사용도의 반수혈식 건축유적으로 추정됨.
○ 출토유물 : 붉은색 方格文 수키와 잔편과 泥質의 붉은색 토기편 및 토기 손잡이 등이 출토되었음.

2) 周向永·王兆華(1996)의 조사내용
○ 규모와 평면 : 동서 길이 1,500m, 남북 너비 1,100m로 전체 둘레 5,202m. 평면은 불규칙한 장방형으로 엄지손가락을 편 손바닥 모양과 흡사함.
○ 성문 2곳(남문과 북문), 방수 제방(攔水堤壩)과 배수구(洩水口), 돌구멍(石洞), 저수지, 각대 8개, 건물지, 성벽 바깥의 참호와 석벽 등이 확인됨(그림 4).
○ 성내에 남문과 북문을 연결하는 통로가 있어 이 길을 경계로 동부와 서부로 나뉘며, 양 측에 산언덕이 동서 대칭으로 분포한 모양을 띔.
○ 성내에 샘이 여러 곳 있으며, 모두 언덕(골짜기) 사이의 웅덩이(窪地)에서 발원하여 저수지를 경유, 배수구(洩水口)를 지나 남쪽으로 汎河에 유입됨.
○ 성내 중앙부의 북쪽으로 치우친 곳에 淸代의 '觀音閣'이 있음. 이 때문에 '觀音閣山城'이라고도 부름.

4. 성벽과 성곽시설

1) 성벽
○ 성벽은 토축 성벽과 석축 성벽 두 종류가 있음. 토축 성벽 구간은 산성의 남쪽에 대부분 분포해 있으며, 대체로 뚜렷이 잘 남아 있음. 석축 성벽 구간은 북벽만 보존상태가 좋으며, 나머지 대부분은 허물어졌음.

○ 북벽 외측, 일부 성벽 구간에서 석괴더미가 흩어져 있는 것이 산견되며, 석괴 돌더미와 돌을 사용하여 쌓은 석벽은 성돌의 규격이 서로 유사. 원래 벽체가 허물어진 곳이기 때문에 치(馬面)의 흔적으로 추정됨. 다만 보존상태가 비교적 좋은 성벽 구간 아래에서 이러한 흔적이 보임.
○ 성벽은 모두 산등성이 바깥 측에 축조하였으며 성벽 꼭대기의 높이가 산등성이와 같거나 혹은 산등성이보다 약간 높음. 토축 성벽은 대체로 완만한 비탈이나 혹은 비교적 낮은 산정에 다져 축조하였음. 석벽은 비교적 가파르고 험준한 산등성이에 쌓아 올렸음.

(1) 남벽
○ 모두 토축임.
○ 서쪽 기점 해발 182.2m부터 동쪽으로 해발 193m까지에 이름.
○ 남벽의 남쪽은 험준하고 가파른 벼랑에 닿아있으며, 벼랑 아래는 汎河인데, 현재 성벽의 높이와 너비는 평균 1m 정도임.
○ 남쪽이 汎河와 닿아 있는 까닭에 맞은편의 강 연안은 개활한 지대이며, 또 전체 성곽에서 가장 낮은 곳에 속함.
○ 남문과 암문, 배수구(洩水口) 등 중요한 유적이 이 구간에 분포해 있음.

(2) 동벽
○ 전체 길이는 1,600m임.
○ 남쪽의 해발 193m 지점에서부터 북쪽으로 해발 229.8m 지점까지, 다시 북으로 200m 더 간 모퉁이까지가 동벽에 해당됨.
○ 동벽에서 남쪽 100m 길이의 성벽 구간은 토축 성벽이며, 나머지는 모두 돌을 쌓아 올린 석벽임.
○ 산세의 기복이 심하고 구불구불하여 벽체의 뻗어나간 모양 역시 율동적임. 산세로 인해 동벽의 중부 벽체

구간은 동쪽 해발 344.7m의 가장 높은 지점까지 뻗어 있고, 이곳에서 북쪽으로 꺾여 성벽이 삼각형의 돌출(凸) 부분을 형성함.
○ 축조방식 : 성벽이 무너진 단면을 통해 체성의 면석 부분은 장방형 돌이나 작은 쐐기형돌을 쌓아 올린 것을 볼 수 있음. 면석이 떨어져나간 성벽 구간에는 체성의 벽심(墻芯)이 드러나 있음. 벽체 내벽은 산의 몸체를 의지하였으며, 내외 벽체 사이에는 규격이 동일하지 않은 산돌(山石)을 채워 넣었으며, 干揷방식을 채용하여 석벽의 겉과 안이 일체가 되게 하였음.
○ 拉結石 : 해발 251~313.1m 사이의 길이 300m 성벽 구간에는 산세가 가파르고 험함에 따라 벽체가 무너지는 것을 방지하기 위해 석벽 중간에 길쭉한 拉結石을 끼워 넣었음. 5m 정도 간격으로 설치하였는데, 拉結石과 벽체의 각도는 90도이며, 벽체 기단부터 꼭대기까지 켜켜이 쌓았음.
○ 石溝 유적 : 북문에서 1,311m 떨어진 동벽 북쪽 구간의 성벽 안쪽에 石溝 유적이 있음. 도랑은 성벽과 회곽도 사이에 굴착되어 있으며, 회곽도 가장자리에 기대여 있음. 성벽과 평행되게 뻗어 있음. 石溝는 자연암석을 이용해 溝壁을 조성했는데, 커다란 암석을 만나면 건너뛰면서 石溝를 간헐적으로 조영함. 산등성이가 비교적 좁거나 암석이 들쭉날쭉하여 도랑을 다듬기 어려울 경우에는 성벽 내측 가까이에 도랑을 만들었음. 가장 긴 도랑 구간은 43.5m, 가장 넓은 곳은 1.7m, 깊이는 0.5~0.8m임. 石溝는 동벽 북단의 끝에서 성 바깥으로 뻗으며 성벽에 트인 곳(豁口)을 만들었는데, 이러한 트인 곳은 동벽 두 곳에서 발견되었음.
○ 트인 곳(豁口) : 동벽 중간 구간에서 트인 곳이 3곳 보이는데 트인 곳의 너비는 5~8m, 트인 곳 바깥 양측에 석괴 더미가 흩어져 있음.
○ 석벽 바깥측의 참호(外壕) : 해발 344.7m와 251.3m 봉우리 사이 석벽 바깥측에서 한 줄기의 外壕유적이 발견됨.

○ 건물지(J3) : 해발 313.1m 지점 서측 성벽 트인 곳에 돌을 쌓아 만든 건물지 한 곳이 있음(J3).

(3) 북벽

○ 동북 모퉁이에서 서쪽으로 해발 316.4m의 角臺까지로 북문을 기점으로 동서 두 구간으로 나눌 수 있음.
○ 보존상태 : 북벽 서단은 보존상태가 좋으며, 현존 성벽의 높이 8m.
○ 축조방식 : 북문 가까이 한 구간의 성벽은 겉면에는 돌을 쌓아 올렸고, 안에는 흙을 채워넣었음.
○ 건물지(J2) 및 참호 : 북문에서 180m 떨어진 서단의 성벽 내측에 석축 건물지(J2)가 있으며, 서북 각대 바깥 측에서 참호(外壕) 유적이 발견됨.
○ 회곽도 : 북벽 안쪽 서북 각대에서 J2 건물지까지 구간에 회곽도가 뚜렷이 남아 있음.
○ 돌구멍(石柱洞) : 북벽의 동단 중부 성벽 꼭대기에 돌구멍(石柱洞) 하나가 남아 있음. 길이 0.4m, 깊이 0.5m.

(4) 서벽

○ 해발 316.4와 해발 182.2m인 두 산봉우리 사이의 성벽 구간임.
○ 전체 길이 700m.
○ 석축 성벽 구간이 대부분이며, 성벽이 허물어진 정황이 비교적 심함.
○ 성벽의 기초가 남아 있지 않으며, 다만 산발적으로 남아 있는 잔돌(碎石)로 보아 서벽 방향임을 판단할 수 있음.
○ 보존상태 : 남단의 보존상태가 비교적 좋은데, 길이 130m, 현존 높이 1.2m, 너비 1m가 남아 있음.
○ 산등성이가 낮은 곳에는 석벽을 비교적 높게 쌓아 양측 성벽의 높이가 같도록 하였음.
○ 트인 곳(豁口)과 참호 : 서남 각대에서 북쪽 100m 되는 곳에 성벽이 트인 곳이 하나 있음. 트인 곳의 바깥

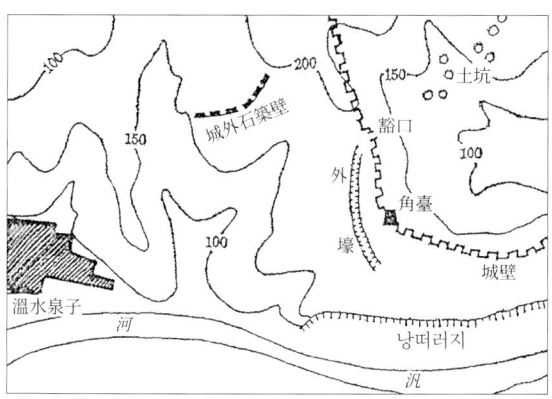

그림 5 최진보산성 서남 모서리의 방어시설 관계도(周向永·王兆華, 1996, 63쪽)

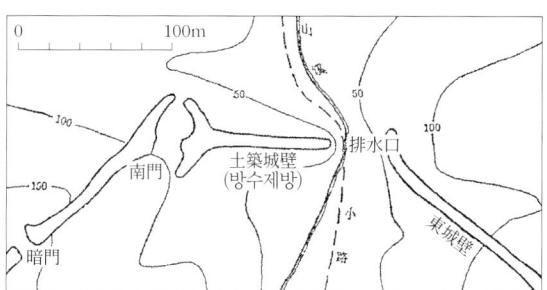

그림 6 최진보산성의 배수구, 남문, 암문 평면도(周向永·王兆華, 1996, 61쪽)

으로 각대의 참호(溝壕)가 접해 있고, 안으로는 회곽도와 접해 있음. 이 구간의 성벽 남단 외측에서 석벽 유적이 발견됨(그림 5).

2) 성곽시설

(1) 성문

① 남문과 암문(그림 6)
○ 남문은 골짜기를 가로지른 토축성벽(제방 : 攔水大壩) 서단에 위치하며, 동쪽 배수구(洩水口)와 73m 떨어져 있음. 남문은 동측의 토벽과 서측의 만곡한 산세를 이용해 비상 시 성으로 들어오는 은폐된 통로를 만들었음.
○ 치(馬面) : 남문의 동쪽 툭 튀어나온 부분(東垛)에 치(馬面)가 있는데, 토축성벽의 서단에 접해 추조하였음.
○ 外甕城 : 남문지 서측은 팔모양의 언덕 형태를 띠며, 언덕 동쪽의 굽은 지형과 남문의 동쪽에 툭 튀어나온 치가 합쳐져 外甕城을 이룸.
○ 內甕城과 치(馬面) : 성문 내측에는 별도로 축조한 內甕門垛가 있음. 동쪽 측벽(東垛)은 토축성벽 서단의 치(馬面)에 접해서 축조하였는데 성 안쪽을 향해 곧게 뻗어 있음. 서쪽 측벽은 산 아래에 축조하였는데, 언덕 상의 성벽과 연결되어 일체를 이루며 동쪽 측벽과 합해 내옹성을 껴안는 형상을 이룸. 문 하나에 옹성 두 개가 연결되어 일체를 이루었음.
○ 동쪽 측벽의 길이 18m, 너비 5.2m, 잔존 높이 2.5m.
○ 서쪽 측벽의 길이 29.5m, 너비 4.8m, 잔존 높이 2m.
○ 암문 : 남문 서측의 甕垛와 접해 축조된 성벽을 지나 서남쪽으로 37m 가면 문 하나가 있는데, 문 사이 통로가 성 내부의 회곽도(盤道)와 서로 이어져 산성을 출입하는 또 하나의 중요한 길이 됨. 문지의 위치가 비교적 남문을 다시 은폐하게 만들며, 형태가 남문 외옹성의 角門과 닮았음. 이곳은 암문이라 칭할 수 있음. 암문 너비 5m.

② 북문
○ 북벽의 중부에 위치하며, 북문 양측에 꽤 높은 측벽(墻垛)이 있음. 흙 및 잔돌(碎石)을 섞어 다져 만들었음.
○ 성문 양측의 측벽(門垛)은 각 면의 기단 너비 31m, 높이 18m, 꼭대기 너비 2~3m.
○ 양측 측벽 사이의 간격은 34m, 중간의 문길 너비 5m.
○ 방어벽(護墻) : 성문 내측 통로 양 곁에 돌로 쌓은 방어벽(護墻)이 있음. 방어벽 길이 약 20m, 높이 1~2m, 너비 1m.
○ 토대(土臺) : 북문 바깥쪽 8.5m 지점에 토대(土臺)가 있는데 불규칙한 삼각형을 띰. 토대의 한 각이 북문

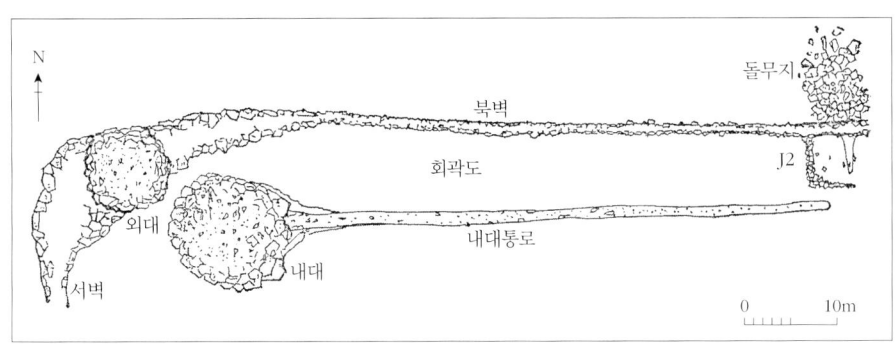

그림 7 최진보산성 서북각대 시설 평면도(周向永·王兆華, 1996, 63쪽)

을 마주하고 있어 성의 통로를 두 갈래로 갈라놓았음. 토대는 인공적으로 다져 축조한 것이 아니라 북문을 낼 때 북문 앞의 자연방어물이 되도록 의도적으로 남겨둔 것임. 이로써 성 밖에서 북문으로 들어오는 길이 더 좁고 험해짐.

○ 치(馬面) : 북문 동단 외측에 치(馬面)를 축조하였는데, 치는 혀 모양(舌形)이며, 동서 길이 20m, 남북 너비 8m.

○ 성문 양측의 측벽(門垛) 아래에도 성벽 기초 한 구간이 짧게 남아 있는데, 통로의 지면과 높이가 같으며 성문의 기초와 유사함. 길이 4m, 너비 1m.

○ 석축 건물지(J1) : 서쪽 측문 바깥의 성벽 아래의 가파른 산비탈에 석축 건물지(J1)가 있는데, 반원형으로 북쪽을 향해 돌출해 있음.

(2) 각대

○ 각대는 모두 8개 있음. 그중 7개는 성벽 위에 있으며, 1개는 산성 바깥 동남 측 汎河에 닿아있는 해발 124m 고지대에 위치함.

○ 각대의 위치는 모두 성벽의 모퉁이 혹은 해발 고도가 비교적 높은 산 꼭대기에 자리하고 있음.

○ 형태는 기본적으로 같은데, 뾰족한 끝이 잘려나간 원추 모양임. 기단부는 돌로 쌓았으며, 위로 반은 흙으로 축조하였음.

○ 서북 각대 : 서북 각대에서 성 안으로 2m가 안 되는 곳에도 각대를 축조하였는데, 양자를 각기 外臺와 內臺라 칭할 수 있음. 外臺 서북각에 이어서 성벽을 축조하였는데, 성벽 모퉁이에서 남쪽과 동쪽 양방향으로 꺾임. 內臺 동측 아래에 길이 60m, 너비 1m의 臺에 오르는 통로를 축조하였음. 통로는 점차로 높아져 臺 아래에서는 높이가 2m가 됨. 이 구간의 통로는 북벽 서단과 평행하며, 중간에 회곽도를 설치했는데, 통로와 회곽도(盤道) 동단에서 건물지(J2)가 발견되었음. 서북 각대는 성곽 전체의 8개 각대 중에서 보존상태가 가장 좋으며, 기단부에서 臺 중간까지 돌을 쌓은 부분의 높이는 2m, 그 위에 토축 부분의 높이는 6m임. 각대 직경 14m(그림 7).

(3) 토축성벽(방수제방 : 欄水堤壩)과 배수구(洩水口)

○ 위치 : 산성의 남쪽에 위치하는데, 전체 성곽에서 가장 낮은 곳임.

○ 토축성벽(방수제방)은 남부 골짜기 입구를 봉쇄하는 벽체를 이룸.

○ 토축성벽의 동단은 높이 우뚝 솟은 자연 산등성이를 이용하였는데, 너비 12.5m의 할구를 남겨둔 다음, 길이 73m의 큰 제방을 축조하여 골짜기 입구를 봉쇄하였음. 이 할구가 배수구(洩水口)임.

○ 배수구 동측의 산등성이에는 북쪽으로 꺾이는 곳까지 남벽 벽체가 있는데, 너비와 두께가 토축성벽 東端과 함께 입구를 틀어막는 형세를 띰.

○ 토축성벽 동단의 斷面은 규칙적인 사다리 모양(梯形)이며, 꼭대기 너비 3m, 바닥 너비 19m, 현존 높이

9.2m.

○ 토축성벽의 서단에 접해서 남문의 치(馬面)를 축조했음. 토축성벽은 골짜기 입구를 가로로 끊는 형태여서 빗장(管鑰)과 같음. 현지 주민이 땅의 형상을 지칭하여 '關門山'이라 함(그림 5).

○ 긴 도랑(長溝) 유적 : 성벽 아래에 있는 긴 도랑(長溝) 유적은 배수 용도임. 그 끝점은 성벽을 지나 성 바깥까지인데, 빗물이 흘러서 성내로 들어오는 것을 방지하기 위해 특별히 빈틈없이 설계하였음.

(4) 돌구멍(石洞)

○ 위치 : 북벽 동쪽 구간 중부에서 돌구멍이 발견됨.

○ 기능 : 弩弓을 설치했던 곳일 가능성이 있으며, 그 형태와 기능은 집안 환도산성 성벽상의 기둥구멍(柱洞)과 같음.

(5) 치(馬面)

○ 토축성벽의 서단에 접해서 남문의 치(馬面)를 축조했음.

○ 북벽 동쪽 구간 중부 돌구멍(石洞) 바깥에 일정하지 않은 간격으로 석괴 더미가 열 지어 있는데, 허물어진 치(馬面) 시설일 가능성이 있음. 이러한 종류의 형태는 집안 국내성의 성벽에서도 발견됨.

5. 성내시설과 유적

1) 성내시설

(1) 건물 유적 : 3곳

성벽 내외에서 3곳의 건물 유적이 발견되었는데 모두 석축으로, J1~J3으로 편호하였음.

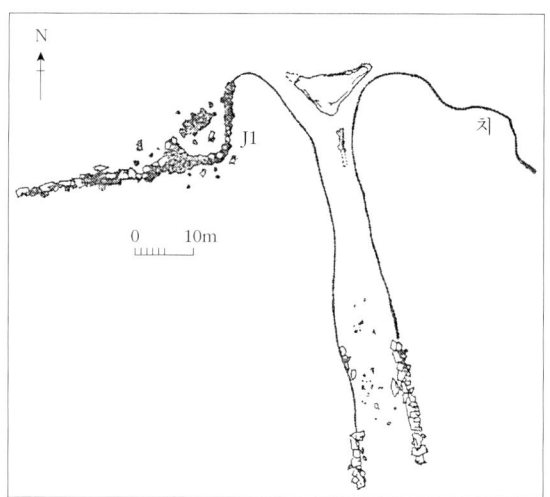

그림 8 최진보산성 북문 및 건물지 J1 평면도(周向永·王兆華, 1996, 61쪽)

① 건물지 J1 (그림 8)

○ 위치 : 북문 바깥 서측 성벽 아래에 위치.

○ 성벽 외벽에 접해서 축조한 보루식 건물임. 동벽은 북문 서측의 치(馬面)에 연접하며, 남측은 성벽에 기대어 있음. 건물지의 가장 넓은 곳은 북문 서측 치(馬面)의 뒤에 있으며, 너비는 12m.

○ 정북방향으로 두 곳의 작은 문이 있는데, 동문 너비 2m, 서문 너비 1.5m, 동문과 서문의 간격은 9m.

○ 석축벽은 전체 길이 24m, 벽체의 평균 두께 5m, 잔고 3.7m.

② 건물지 J2 (그림 9)

○ 북문의 서쪽 측벽(西垛)에서 180m 떨어진 북벽 안쪽에 위치.

○ 석축으로 조영했는데, 평면은 방형임. 동서 너비 7m, 남북 너비 6m. 벽체 두께 1.5m, 문의 너비 1.3m.

○ 건물지의 동측 벽체는 북벽의 기초 산체와 연결된 흙언덕을 이용하여 만들었는데, 흙언덕의 두께 1.4m, 높이 1.6m. 북측 벽체는 북벽을 활용해 만들었음. 남쪽 벽체 동단에는 모퉁이가 없으며, 동쪽 벽체와의 사이에 문이 남아 있는데, 문의 방향은 100도임. 석벽의

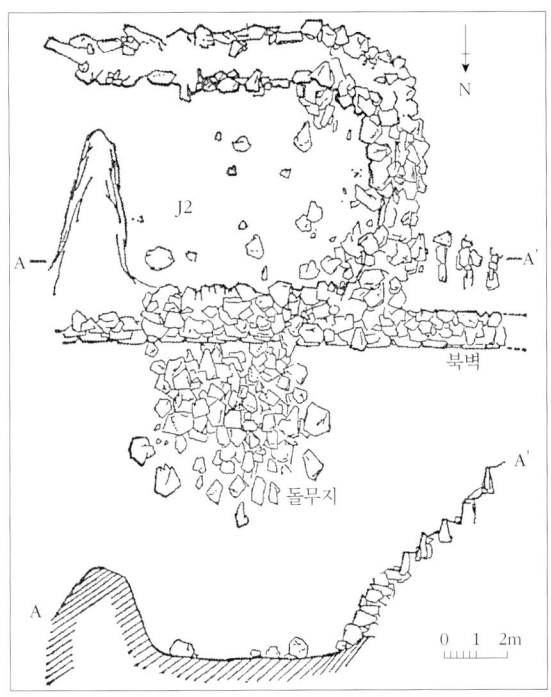

그림 9 최진보산성 건물지 J2 평면도(周向永·王兆華, 1996, 66쪽)

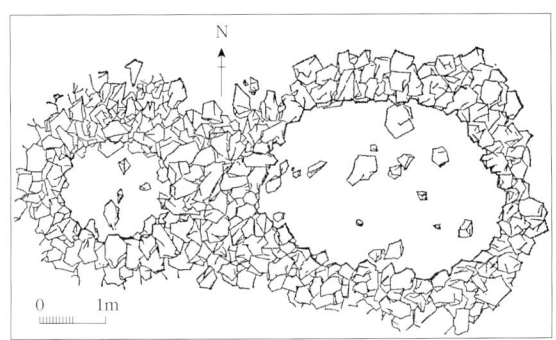

그림 10 최진보산성 건물지 J3 평면도(周向永·王兆華 1996, 66쪽)

곳에 자리하고 있으며, 성벽 바깥에도 석괴 더미가 흩어져 있음. 동측 건물지의 남벽과 서측 건물지의 동벽에 각각 선돌(立石)이 하나씩 보이며, 선돌의 높이는 각각 0.5m와 0.7m로 동일하지 않음. 선돌에는 가공한 흔적이 보이지 않음. 건물지에는 문이 없는데, 허물어졌기 때문에 보이지 않은 것으로 추정됨.

잔고가 가장 높은 곳은 2.3m임.

○ 건물의 서쪽 벽체는 가파른 비탈을 등지고 있는데, 산의 흙이 아래로 흘러 석벽을 압박하는 것을 방지하기 위한 것임. 비탈에 4층 계단 모양의 石臺를 쌓았는데, 각 층의 높이는 약 0.5m, 길이 0.6∼0.8m.

○ 건물지와 마주한 북벽 바깥에 돌더미가 있음.

③ J3 (그림 10)

○ 건물지 3은 동벽 중간 구간에서 동쪽 방향으로 꺾인 곳의 동서 방향 벽체 구간의 내측에 위치함. 서쪽으로 북문과 1,445m 떨어져 있음.

○ 두 개의 건물이 서로 연결된 석축 건물임. 동측 건물지는 비교적 크고, 타원형인데, 직경 4m, 잔존 깊이 0.9m. 서측 건물지는 다소 작으며 원형인데, 직경 1.6m, 잔존 깊이 1m. 두 건물지 벽체의 평균 높이는 0.7m.

○ 두 건물지의 벽체는 허물어졌으나 윤곽을 뚜렷이 추출할 수 있음. 건물지는 북벽 동쪽 구간의 낮고 완만한

(2) 흙구덩이(土坑群) : 8개

○ 성내 유적으로 흙구덩이(土坑群)가 다수 발견됨.

○ 흙구덩이(土坑) 유적은 모두 8곳 발견되었음.

○ 성내 해발 174.4m인 고지대 부근에 열 지어 분포해 있음.

○ 흙구덩이는 모두 원형이며 직경은 10∼12m, 현존 깊이 1.7∼2m.

○ 2개의 구덩이가 하나의 조를 이루어 톱니 형태(鋸齒形)로 열 지어 분포함. 각 조의 구덩이의 간격은 3m 정도이고, 각 조 간 거리는 50∼100m임.

○ 현지 주민들은 이 구덩이를 '窖坑子'라고 칭함.

(3) 저수지(그림 11)

○ 저수지는 산성 중부 남쪽에 위치하며, 자연적으로 형성된 물도랑이(水溝)가 확장되어 형성된 것인데, 평면은 불규칙한 방형(矩形)임.

○ 저수지 북측에 골짜기가 접해 있는데 골짜기 가운데로 샘물(泉)이 흐름. 저수지 주변부는 특히 가지런한

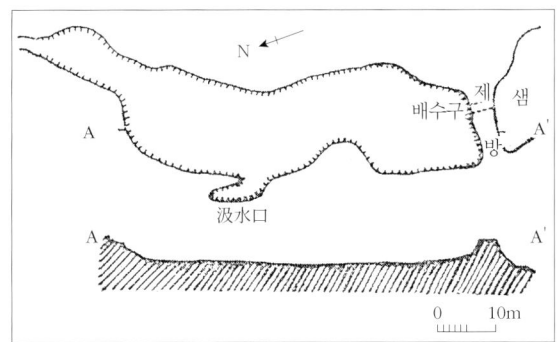

그림 11 최진보산성 저수지 평면 및 단면도(周向永·王兆華, 1996, 62쪽)

데, 원래 석벽이었을 것으로 추정됨. 저수지 남단에 돌로 쌓은 제방(壩)이 있고, 제방 아래 동쪽 부근에 배수로(洩水孔道)가 있음. 저수지 물은 제방(壩) 아래에서 제방 바깥으로 유출 가능함.

○ 석축 제방(石壩)의 남측 3m 되는 지점에도 샘물(山泉)이 한 곳 있음. 청대 관음각이 축조될 때 샘 가장자리에 우물 하나를 뚫었는데, 이 우물의 위치가 바로 제방 아래임. 저수지 물이 배수로를 지나 우물로 들어감.

○ 저수지의 남북 최대 길이는 62m, 동서 최대 너비는 16m, 현존 깊이는 약 2.5m임. 석축 제방의 방향은 120도, 길이 14.5m, 기초 너비 6m, 꼭대기 너비 1.3m, 잔존 높이 2m임.

○ 급수구 ; 저수지 서북각의 성 가운데로 통하는 길 한 측면에 임시로 물을 끌어올려 사용하는 汲水口가 남아 있음. 급수구의 평면은 양의 젖 모양이며, 저수지와 연결되어 일체를 형성함. 급수구 길이 9.5m, 너비 3.3m, 잔존 깊이 1.8m.

2) 유적

(1) 참호(外壕)와 석벽 유적

○ 서벽의 남쪽 구간과 중간 구간의 성벽 바깥에 참호(外壕)와 석벽 유적이 발견됨. 참호는 서남 각대 바깥 비탈에서 시작해 각대를 둘러싸면서 산세를 따라 북쪽으로 뻗어나가다가 臺 아래 북측의 성벽 트인 곳에서 성문 회곽도와 서로 만남. 참호의 길이 82m, 너비 1.2m, 깊이 1~1.5m.

○ 유사한 참호가 북벽 서쪽 구간에 있으며, 동벽 중간 구간의 성벽 바깥에서도 발견됨. 북벽 바깥 참호의 길이는 50여 m, 동벽 바깥 참호의 길이는 200m, 너비는 약 1m 정도임.

○ 산성 바깥 석벽은 서벽 남쪽 구간의 벽체 바깥 300m 지점에서 발견됨. 이 구간의 석벽 가운데에 빈틈이 있어 동서 두 구간으로 갈라놓고 있음. 동쪽 구간의 석벽은 벽체 아래의 골짜기 방향을 따라 축조되어 있는데, 약간 偏東北 방향임. 서쪽 구간의 벽체는 동서 방향으로 축조하였음. 서쪽 구간의 석벽 중부 북측에 원형의 臺址가 하나 있음. 臺面은 다져서 정리하여 평평한데, 병사가 주둔하는 基址를 수호하는 기능을 하였을 것으로 추정됨.

○ 석벽 유적(外墻)과 참호(外壕)는 골짜기(溝谷)의 양측에 위치해 있는데, 분포양상을 볼 때 골짜기에서 성을 공격하는 적을 방어하기 위해 설치하였을 것으로 추정됨.

6. 출토유물

아직 발굴을 하지 않았지만, 지표에서 내면에 마포흔이 있는 붉은색 격자문(方格文) 기와편, 니질의 붉은색 토기편, 토기 손잡이, 철제화살촉, 홍갈색 호(罐) 등이 발견되었음(曹桂林·裵躍軍, 1983).

7. 역사적 성격

1) 지정학적 위치와 축조시기

최진보산성이 위치한 汎河·柴河 하류의 鐵嶺 지역은

요하 중상류 일대에서 전략적으로 중요한 지역임. 요하 상류의 流路를 보면 철령 북방에서는 동남류하다가 철령 서쪽에서 방향을 꺾어 서남쪽으로 흘러가는데, 마치 철령을 중심으로 휘어진 활모양을 이루고 있음. 더욱이 吉林哈達嶺산맥에서 서남으로 뻗어내린 여러 지맥 가운데 철령 부근의 산줄기는 다른 산줄기와 달리 요하 직전까지 뻗어 있음.

이러한 지형조건으로 인해 철령 일대는 요하 동안의 松遼大平原 가운데 일종의 병목구간으로서 요동평원과 그 북쪽의 자연경계를 이루게 되었음. 漢代 요동지역의 군현 가운데 가장 북쪽의 望平縣이 철령 지역에 비정되고, 연·진·한대의 요동장성이 맞은편 法庫市 일대를 통과한다는 사실 등은 이러한 지형조건과 관련되어 있음. 따라서 漢代까지 철령 일대는 요동평원의 중국 군현지역에서 북쪽으로는 요하 상류 방면으로 나아갈 수 있을 뿐 아니라, 서쪽으로는 요하를 건너 法庫를 거쳐 대릉하 중상류나 서요하 일대로 나아갈 수도 있는 요충지였음.

최진보산성은 汎河 연안의 충적평지와 松遼大平原의 접경지대 안쪽에 위치하였는데, 松遼大平原에서 汎河 연안으로 진입하든가 汎河 연안에서 송요대평원으로 나아갈 경우, 반드시 거쳐야하는 전략적 요충지임. 또한 최진보산성에서 汎河를 거슬러 吉林哈達嶺산맥을 넘어가면 渾河상류의 淸原 南雜木이 나오는데, 南雜木에서는 소자하 및 渾河 상류-輝發河를 거쳐 압록강 중류일대로 나아갈 수 있음. 반대로 汎河 하류를 따라 내려가면 松遼大平原을 거쳐 요동평원을 비롯하여 요서지역, 송화강 유역 등 각 방면으로 통함. 최진보산성은 고구려가 요동평원을 거치지 않고, 요하 상류 일대나 요서 지역으로 곧바로 진출할 수 있는 전략적 요충지에 해당함(여호규, 1999).

이처럼 최진보산성은 전략적 요충지에 위치했을 뿐 아니라, 규모도 5km를 상회하는 대형 성곽임. 이에 많은 연구자들이 최진보산성을 고구려 성곽으로 비정하는데, 고구려 발상지인 渾江 연안의 성곽과 함께 초기 산성으로 분류하기도 하고(陳大爲, 1995), 심양 석대자산성이나 서풍 성자산산성과 함께 무순 고이산성 직후에 축조한 산성으로 분류하기도 함(王綿厚, 2002).

또한 고구려의 영역 확장 양상을 통해 4세기 중반을 전후해 최진보산성을 축조했을 것으로 추정하기도 함. 고구려는 4세기 초에 渾河 연안으로 진출해 新城·南蘇城을 축조했고, 333~336년경에는 前燕의 내분을 틈타 길림방면의 부여지역을 점령하였다고 추정되므로, 이 무렵 渾河와 松花江의 중간지역인 요하 상류의 동안일대에 진출했을 가능성이 높다는 것임. 특히 고구려는 346년에 길림방면의 옛 부여지역으로 진공한 前燕軍을 물리쳤는데, 이로 보아 遼河 상류의 동안 일대에 대한 군사방어력을 강화하며 최진보산성 등을 축조했을 가능성이 높다는 것임(여호규, 1999).

2) 역사지리 비정

이처럼 최진보산성은 전략적 요충지에 위치했을 뿐 아니라, 규모도 5km를 상회하는 대형 성곽임. 이에 일찍부터 많은 연구자의 주목을 받았는데,『翰苑』蕃夷部 고려전에 인용된 高麗記의 "雜城 북쪽 70里 山上에 南蘇城이 있었다"라는 기록에 주목하여 雜城은 新城의 오기로 撫順 高爾山城으로 비정한 다음, 汎河를 南蘇水, 催陣堡山城을 南蘇城으로 비정하기도 했음(王綿厚, 1986 ; 王綿厚, 1994 ; 陳大爲, 1995). 다만 高麗記의 기록은 '新城 동북 70리'의 誤記로 南蘇城은 新城(撫順 高爾山城)에서 동북 방면인 蘇子河 유역에 위치하였다고 추정됨. 현재까지의 고고조사나 문헌자료를 볼 때 催陣堡山城을 남소성에 비정하는 것은 다소 무리라고 하겠음.[1]

또한 666~667년경 薛仁貴가 이끄는 당군이 고구

---

[1] 구체적인 논증은 '무순 철배산성'의 역사적 성격 항목 참조.

려의 新城에 이르러 고구려 군을 격파하고 수백급을 참수했는데, 방동선이 金山 방면으로 진격했다가 오히려 고구려군에게 패배하자 설인귀가 역습하여 고구려 군을 격파한 다음, 南蘇城, 木底城, 蒼巖城 등 3성을 빼앗아 國內城 방면에 주둔하던 男生의 군대와 회합했으며, 계속 부여성 방면으로 진공했다고 함.[2] 이 전투에 나오는 金山을 신성(무순 고이산성)의 북쪽, 부여성을 서풍 성자산산성으로 각각 비정한 다음, 양자 사이에 위치한 철령 최진보산성을 金山으로 비정하기도 함(周向永, 1994 ; 周向永·王兆華, 1996 ; 李龍彬, 2008 ; 周向永·許超, 2010). 다만 당시 전투 양상을 보면 설인귀는 新城을 출발해 金山 일대에서 고구려 군대를 격파한 다음, 蘇子河 연안 일대에 위치한 남소성, 목저성, 창암성 등을 함락시켰다고 하므로 금산의 위치를 신성의 북쪽으로 비정하기는 힘듦.

3) 성곽의 성격

이처럼 최진보산성을 남소성이나 금산으로 비정하기는 힘들지만, 지정학적 위치나 규모로 보아 고구려시기의 중요한 성곽임은 틀림없음. 특히 최진보산성 서남쪽 5km에는 청룡산산성(張樓子山城)이 위치했음. 이에 최진보산성은 골짜기에 자리하고 있어 건물을 짓기에 불편할 뿐 아니라 생활도구도 거의 출토되지 않았다는 점에서 방어용 산성으로 추정하는 반면, 청룡산산성은 내부가 평탄하고 기와편이 성내에 산포해있어 평지성의 면모가 강하다고 추정해, 양자의 관계를 방어용 산성과 주거용 평지성으로 파악하기도 함(曹桂林·裵躍軍, 1983).

최진보산성이 군사방어적 성격이 강한 전시의 주요 방어거점이라면, 청룡산산성은 평상시에 생산과 생활에 주력하다가 전시에 최진보산성의 외위성의 역할을 담당했을 것이라는 것임. 이에 최진보산성과 청룡산산성의 관계를 요동성총 벽화에 보이는 요동성과 그 동북 외곽에 위치한 소형 성곽과 유사한 관계로 파악하기도 함(周向永·王兆華, 1996).

그렇지만 최진보산성은 청룡산산성처럼 내부가 평탄하고 넓을 뿐 아니라 건축자재인 기와편 등이 출토되었다는 점에서 평상시 거점성으로서의 기능을 수행하였을 가능성이 높음. 청룡산산성도 언덕산으로 둘러싸여 있다는 점에서 기본적으로 산성으로 분류됨. 더욱이 두 성의 규모와 입지조건을 고려하면 최진보산성이 主城이고, 청룡산산성은 최진보산성의 군사방어상의 취약점을 보완하기 위해 축조한 보조성이었을 가능성도 배제할 수 없음.

催陣堡山城 앞쪽 汎河 연안에는 너비 수 km의 광활한 충적평지가 펼쳐져 있어 催陣堡山城만으로는 汎河 연안 전체를 控制할 수 없음. 이에 汎河 하류방면에서 충적평지가 좁아졌다가 다시 넓어지는 병목지점에 靑龍山山城을 구축하여 방어상의 취약점을 보완하였다고 추정됨. 催陣堡山城을 먼저 축조한 다음 靑龍山山城을 축조했다고 추정되는데, 입지조건과 축성법에 있어서 催陣堡山城이 압록강 중류일대의 초기 산성과 깊이 관련된 반면, 靑龍山山城은 遼河 상류 일대의 다른 성과 유사하다는 사실은 이를 반영한다고 여겨짐.

최진보산성은 둘레 5km 이상으로 대형산성으로 분류됨. 더욱이 성 내부에는 평탄한 대지가 넓게 펼쳐져 있고 곳곳에서 샘물이 솟아나 수원도 풍부함. 성 내부에서는 반지하식 주거지로 추정되는 대형 원형 구덩이가 다수 발견되었고 붉은색 기와편 등 고구려시기의 건축자재도 출토되었음. 따라서 최진보산성은 다른 고구려산성처럼 군사방어뿐 아니라 지방지배를 위한 거점성의 기능도 수행하였다고 추정됨. 최진보산성은 송요대평원에서 汎河 연안으로 진입하는 전략적 요충지를

---

2 『新唐書』契苾何力傳, "乾封初, 高麗泉男生內附, 遣將軍龐同善·高侃往慰納, 弟男建率國人拒弗納, 乃詔仁貴率師援送同善. 至新城, 夜爲虜襲, 仁貴擊之, 斬數百級. 同善進次金山, 虜不敢前, 高麗乘勝進, 仁貴擊虜斷爲二, 衆卽潰, 斬首五千, 拔南蘇·木底·蒼巖三城, 遂會男生軍. 手詔勞勉. 仁貴負銳, 提卒二千進攻扶餘城."

방어하는 군사중진이면서 汎河 연안일대를 지배하기 위한 지방거점성으로 추정됨. 이에 최진보산성을 『삼국사기』 지리지 4의 未降城 가운데 하나인 豊夫城으로 비정하고, 處閭近支級 지방관이 파견되었다고 추정하기도 함(余昊奎, 1999 ; 여호규, 2002).

참고문헌

- 曹桂林·裵躍軍, 1983, 「鐵嶺東南部的兩座古代城址」, 『遼寧文物』.
- 王綿厚, 1986, 「漢晉隋唐之南蘇水與南蘇城考」, 『歷史地理』 4.
- 王綿厚, 1986, 「隋唐遼寧建置地理述考」, 『東北地方史研究』 1986-1.
- 陳大爲, 1988, 「遼寧高句麗山城初探」, 『中國考古學會第五次年會論文集』, 文物出版社.
- 陳大爲, 1989, 「遼寧境內高句麗遺蹟」, 『遼海文物學刊』 1989-2.
- 辛占山, 1994, 「遼寧境內高句麗城址的考察」, 『遼海文物學刊』 1994-2.
- 王綿厚, 1994, 「鴨綠江右岸高句麗山城研究」, 『遼海文物學刊』 1994-2.
- 王禹浪·王宏北, 1994, 『高句麗渤海古城址研究匯編』(上), 哈爾濱出版社.
- 曹桂林, 王鐵軍, 1994, 「鐵嶺境內五座高句麗山城簡介」, 『遼海文物學刊』 1994-2.
- 周向永, 1994, 「高句麗金山城考」, 『博物館研究』 1994-3.
- 馮永謙, 1994, 「高句麗城址輯要」, 『北方史地研究』, 中州古籍出版社.
- 田中俊明, 1995, 『高句麗の歷史と遺蹟』, 中央公論社.
- 陳大爲, 1995, 「遼寧高句麗山城再探」, 『北方文物』 1995-3.
- 周向永·王兆華, 1996, 「遼寧鐵嶺市催陣堡山城調査」, 『考古』 1996-7.
- 余昊奎, 1999, 『高句麗 城』 Ⅱ(遼河流域篇), 國防軍史研究所.
- 余昊奎, 2002, 「요하 중상류 동안지역의 고구려 성과 지방지배」, 『역사문화연구』 17.
- 王綿厚, 2002, 『高句麗古城研究』, 文物出版社.
- 李龍彬, 2008, 「鐵嶺境內高句麗山城的幾個問題」, 『東北史地』 2008-4.
- 趙俊傑, 2008, 「試論高句麗山城城墻上石洞的功能」, 『博物館究硏』 2008-1.
- 國家文物局, 2009, 『中國文物地圖集』 遼寧分冊, 西安地圖出版社.
- 鄭元喆, 2009, 「高句麗山城甕城的類型」, 『博物館究硏』 2009-3.
- 周向永·許超, 2010, 『鐵嶺的考古與歷史』, 遼海出版社.
- 魏存成, 2011, 「中國境內發現的高句麗山城」, 『社會科學戰線』 2011-1.
- 周向永, 2011, 「西豊城子山·鐵嶺催陣堡兩山城中戍卒營地的相關問題」, 『東北史地』 2011-1.

03 철령 청룡산산성
鐵嶺 靑龍山山城 | 張樓子山城

1. 조사현황

○ 1980년대 이래 철령시 박물관에서 여러 차례 조사함.
○ 2007년 遼寧城 성급보호문화재로 지정됨.

2. 위치와 자연환경(그림 1~그림 3)

1) 지리위치
○ 산성은 철령시에서 남쪽 18km 催陣堡鄉(현재는 李家堡鄉으로 통합됨) 張樓子村 서남쪽 1.5km 떨어진 汎河 南岸(左岸)의 靑龍山에 위치함. 張樓子村이 바로 산성 옆에 있으므로 張樓子山城이라고도 부름.
○ 청룡산산성의 동북쪽으로는 汎河를 사이에 두고 청룡산산성의 2배 규모에 해당하는 최진보산성과 5km 정도 떨어져 있음.
○ 산성의 소재 위치는 동경 123°59', 북위 42°11'임.

2) 자연환경
○ 청룡산산성의 동편 아래로는 동쪽에서 흘러들어온 汎河가 북류하다가 동벽 북단 근처에서 방향을 바꾸어 서북쪽으로 흘러나가고 있으며, 汎河 건너편 동북쪽

그림 1 청룡산산성 위치도 1

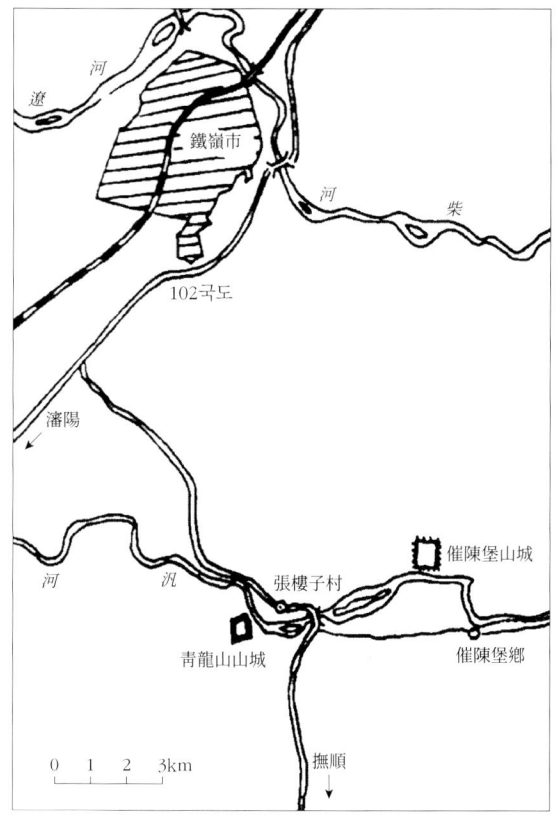

그림 2 청룡산산성 위치도 2

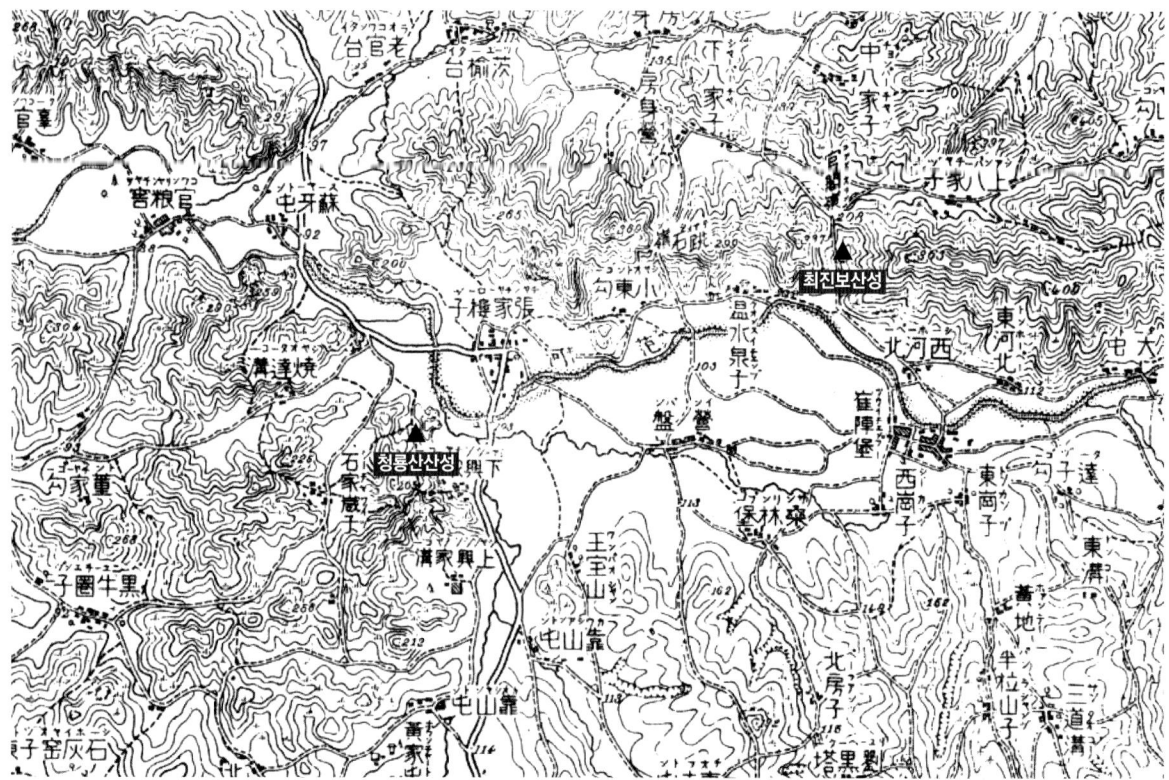

그림 3 청룡산산성 주변 지형도(滿洲國 10만분의 1 지형도)

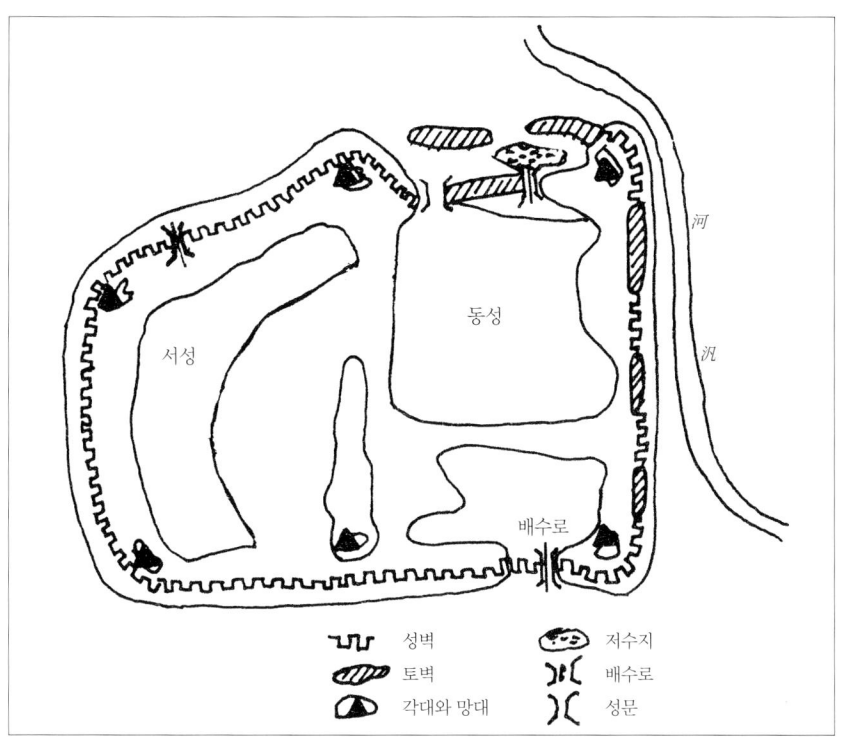

그림 4 청룡산산성 평면도 1
(曹桂林·王鐵軍, 1994, 16쪽)

충적대지에 장루자촌이 자리잡고 있음.
○ 汎河는 청룡산산성의 북벽에서 700m 떨어져 있는데, 산성의 동, 북 양면에서 반원형을 띠며 동에서 서로 흘러가고 있어 성을 보호하는 천연 해자 역할을 함.

3. 성곽의 전체현황(그림 4~그림 5)

○ 청룡산산성은 6개의 작은 산봉우리를 성벽으로 연결해 이루어졌음.
○ 지세는 남쪽이 높고 북쪽은 낮으며, 성 안에 남북 방향의 작은 언덕산이 있어 성내를 자연적으로 동서 두 부분으로 나누고 있는데, 현지 주민들은 '東城', '西城'이라고 부름.
○ 성내 지세는 비교적 평탄함. 비록 산중에 있지만, 성 바깥쪽 평지에 비해 10여 m 높을 뿐이어서 평지성으로 여길 수 있을 정도임.
○ 보존상태 : 청룡산산성은 비교적 잘 보존되었음. 성

벽은 토축으로 산등성이에 연결하여 축조했음. 자연적으로 낮고 오목한 곳은 인공적으로 평평하게 메웠는데, 성벽은 비교적 평평하고 완만하며, 起伏이 심하지 않음.
○ 성벽 기초 너비는 약 8m, 윗너비 약 2m, 잔고 약 3~4m임.
○ 西城 구역은 남북방향의 기다랗고 좁은 골짜기임. 골짜기의 너비는 약 20m이며 길이는 서벽과 내략 같음. 골짜기 내 지세는 평탄하며 입구 북단은 비교적 좁아 상대적으로 폐쇄적인 '성 안의 성(城中之城)'을 이루고 있음. 그 위치가 은폐되어 있고 골짜기 형태는 비교적 규정적인데, 현지인들은 고구려의 목축장이라고 하면서 땅의 형상을 따라 '馬圈溝'라 부름.
○ 東城 구역은 상대적으로 넓은데 현재 대부분 밭으로 개간되어 경작되고 있음. 동성 구역 중부에는 동서방향의 말안장 모양의 산등성이(山梁)가 있어 골짜기를 다시 남과 북 두 부분으로 양분하고 있음. 남부는 약간 작고 북부는 약간 큼.
○ 산성에는 남, 서, 북 3개의 성문이 있으며, 성벽에

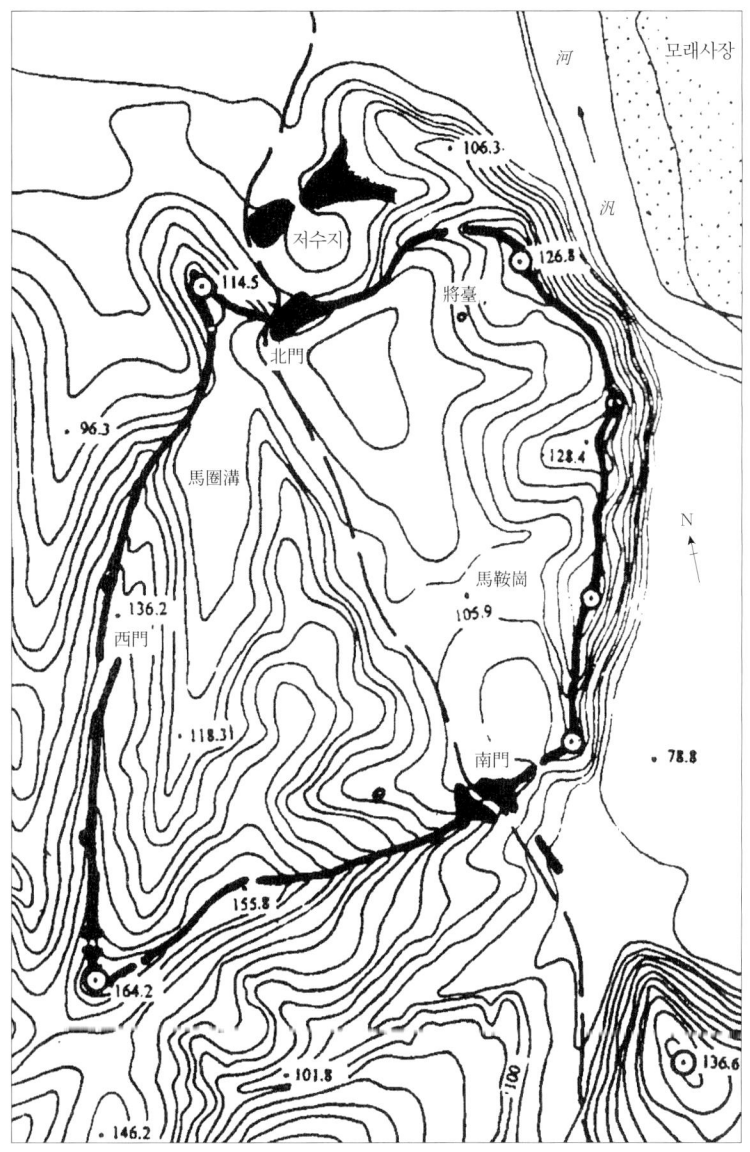

그림 5 청룡산산성 평면도 2
(周向永·王兆華, 2001, 41쪽)

6개의 트인 곳(豁口)이 보임. 트인 곳은 K1-K6으로 편호하였음. 이와 함께 망대, 장대, 저수지, 회곽도(馬道; 盤道), 高麗坑 등의 유구가 있음.

○ 산성의 평면은 대체로 타원형임(周向永·王兆華, 2001).

○ 성벽의 둘레는 2,213m임(周向永·王兆華, 2001).[1]

---

1 남북과 동서 너비 각 1km(曹桂林·裵躍軍, 1983 ; 曹桂林·王鐵軍, 1994), 둘레 2km(曹桂林·裵躍軍, 1983 ; 王禹浪·王宏北, 1994), 전체 둘레 약 4km(余昊奎, 1999) 등으로 파악되기도 함.

4. 성벽과 성곽시설

1) 성벽

○ 성벽은 언덕산의 산등성이나 가장자리, 언덕산 사이의 평탄지 등에 축조하였는데, 보존상태는 비교적 양호한 편임.

○ 성벽의 축조방법 : 성벽은 겉모습만 보면 토성처럼 보이지만, 위치에 따라 다양한 축성법을 사용하였음(여호규, 1999). 토벽은 판축기법을 사용한 경우와 盛土

만 한 경우로 분류됨. 동성 북벽이나 서성 북벽의 동단처럼 언덕산 사이의 평탄지에는 판축기법을 이용하여 토벽을 축조한 반면, 동성 남벽처럼 가장자리가 평탄한 언덕산에는 황갈색 사질토로 盛土하여 성벽을 축조하였음. 특히 汎河 연안으로 이어지는 동성 북벽은 청룡산산성에서 방어상 가장 취약한 곳이기 때문에 성벽을 튼튼하게 구축하기 위해 다양한 노력을 기울였음. 3~4단의 계단상으로 성벽을 축조한 것, 성벽 가장자리에 막돌을 한 두겹 깔아 성벽을 보강한 것 등은 이를 보여줌. 동성 북벽 중간에는 배수시설을 만들기 위해 성벽을 판 절단면이 있는데, 흙을 층층이 다져 쌓은 층위가 명확하게 드러나 있음.

○ 언덕산의 산등성이에는 대체로 토석혼축법으로 성벽을 축조한 것으로 추정됨. 그렇지만 이 경우도 순수한 토석혼축성벽과 아래쪽에 돌로 성벽을 쌓은 다음 그 위에 성토를 한 석축·토축 성벽으로 나누어짐. 동성의 동북 모서리처럼 산등성이가 경사진 곳에는 성벽 윗면 곳곳에 성돌이 드러나 있는데, 대체로 돌과 흙을 섞어서 축조한 순수한 토석혼축성벽으로 추정됨. 반면 서성 북벽 서단의 경우, 성벽 하단부 가장자리에는 성돌이 드러나 있지만 윗면에는 성돌이 보이지 않음. 이로 보아 서성 북벽 서단은 석축·토축 성벽일 가능성이 높은데, 실제 서성 북벽 서단과 이어지는 서벽 북단에서 석축·토축의 성벽 단면을 확인할 수 있음.

○ 한편, 서성 북벽 안쪽에는 너비 5m 전후의 회곽도(馬道)가 둘러져 있음. 안쪽 가장자리 하단부에 돌이 흩어져 있는 것으로 보아 안쪽 경사면에 돌로 기초부를 다진 다음 일정한 너비의 평탄한 회곽도를 조성한 것으로 추정됨. 이와 같이 성벽의 입지조건에 따라 다양한 축성법을 활용하여 성벽을 구축하였음.

① 북벽
○ 북벽은 언덕산 양쪽에 나란히 축조하여 '凹'자 형태의 벽체를 형성하였음. 북벽의 전체 길이는 386m, 잔고는 약 8m.

○ 성벽 기초부 : 석축임. 성돌은 일반적으로 약간 다듬었으며, 규격은 대체로 30×15×20cm 정도임. 틈새는 마사토(山皮土)와 작은 깬돌을 채워 넣었음. 성벽 기단부의 너비 11.7m, 높이 0.7m.

○ 성벽 : 석축 기초부 위는 판축토벽으로 사다리꼴을 띰. 판축한 흙은 황갈색의 마사토이며, 안쪽에는 대량의 깬돌(碎石)이 섞여 있음.

○ 북벽 문길 : 북벽 서단 부근의 성벽은 서남방향으로 약간 굽었는데, 북벽 서단 북쪽의 언덕산 구간의 성벽과 서로 맞물려 북문 문길(門道)을 형성하고 있음. 북벽 동단 부근에 트인 곳(豁口)이 한 곳 있음(K1).

○ 북벽의 트인 곳 : 성 안에서 저수지로 출입하기 위해 개설하였음. 이곳을 통해 출입함으로써 山門을 경유하지 않고 물을 쓸 수 있는 곳에 접근할 수 있음. 또한 이 트인 곳(K1)은 성내 동북부의 平臺시설(속칭 장대)과도 관련이 있음. 트인 곳(K1)의 위쪽 너비 11m, 바닥 너비 1.5m.

○ 배수시설(泄水涵洞) : 북벽 중간 구간의 벽체 기초부에는 원래 저수지배수시설이 있었는데, 1972년에 훼손되었고, 그 뒤 빗물에 침식되어 너비 10여 m로 확대되었음. 바닥에는 배수 암거(涵洞) 축조에 사용된 돌이 산재해 있는데, 석괴는 단단하고 크며 잘 다듬있고 대부분 납작하고 길쭉한 모양임.

○ 샘(泉水) : 배수시설 북단의 벽체 기초 아래에 샘이 한 곳 있음. 샘 위에는 대량의 석괴가 퇴적되어 있는데, 샘물은 돌무지를 지나 저수지에 유입됨. **북벽 벽체**는 배수시설 및 샘 위를 경유하여야만 했음.

② **동벽**
○ 산성 성벽 가운데 가장 험준한 구간임. 절벽에 잇닿아있기 때문에 동벽 벽체는 기타 삼면의 벽체에 비해 비교적 낮음. 평균 높이는 1m가 안되며, 전체 길이는 554m임.

○ 해발 128.4m 지점 부근에 트인 곳이 있는데, 고압 선로를 깔 때 확장되었음. 너비는 약 5m. 이 트인 곳의 단면상에서 다진 층이 선명하게 확인됨. 다진 흙은 황갈색의 마사토로 깬돌이 섞여 있음. 각 층의 두께 11cm. 벽체 기단부 너비 2.5m, 윗너비 0.7m.

○ 성 내부 통로(盤道)와 트인 곳(K2) : 이곳의 트인 곳을 지나 남쪽으로 50m 가면 성 내부 통로가 있는데, 동벽을 따라 성 바깥으로 왕래할 수 있음. 통로 종점에 천연의 탁자 모양 암석이 하나 있는데, 동벽 중부의 벽체 바깥에 위치하여 성벽을 등지고 아래로는 절벽에 잇닿아있음. 강을 사이에 두고 하곡 평지를 마주 바라보고 있어 시야는 개활함. 천연 암석 아래에 약 4m²에 달하는 평탄지가 있는데, 인공적으로 다듬은 흔적이 역력함. 성벽 아래에 있지만 멀리 감시하는 기능을 갖추고 있음.

○ 회곽도(馬道 ; 盤道) : 성내 언덕(馬鞍崗) 남측의 평지 가장자리를 경유해 동남 망대를 통과한 후 남문으로 연결됨. 회곽도의 너비는 약 3m, 길이는 86m.

③ **남벽**

○ 남벽은 해발 108.8m인 동남 망대를 기점으로 서쪽의 해발 164.2m인 서남 망대까지의 구간임. 남문 있는 곳은 약간 안으로 오목하며, 그 나머지 벽체 구간은 모두 평탄하며 곧음. 남벽의 전체 길이는 547.5m,[2] 잔고 1.6m, 윗 너비 0.5m.

○ 배수시설 : 동남 망대에서 서쪽 38m 거리에 물이 넘쳐 형성된 트인 곳(豁口)이 한 곳 있는데, 트인 곳 저부에는 대석괴를 쌓아 만든 평평하고 가지런한 臺面이 확인됨. 이곳은 남문 동측의 배수시설로 지금은 너비가 10여 m에 이름. 성내 지표에서 트인 곳 바닥 石臺面까지의 고도차는 12m임.

○ 트인 곳(K3) : 배수시설 서쪽 65m 거리에 성벽이 트인 곳(K3)이 있는데, 윗 너비 7.5m. K3 바깥은 비교적 낮고 완만한 산비탈인데, 이곳을 통해 산비탈 아래의 하곡 평지로 나아갈 수 있음.

○ 트인 곳(K4) : K3에서 서쪽 143m 거리에 또 트인 곳(K4)이 있는데, 서남 망대 아래에 위치하며 망대로 가는 통로로 생각됨. 너비는 10m임.

○ 회곽도 : 남문 서측 내벽에서 서남 망대에 이르는 남벽 내측에 회곽도가 있으며 너비 약 2.5m, 길이 390m임.

④ **서벽**

○ 서벽은 남쪽 해발 164.2m의 가장 높은 지점인 서남 망대에서 북쪽의 해발 114.5m인 서북 망대까지 구간으로 전체 길이는 725.5m임.[3]

○ 보존상태 : 산성의 벽체 가운데 보존상태가 가장 좋은 구간임. 잔고는 약 5m, 기단부 너비 약 7m, 윗너비 1.5m.

○ 성벽과 회곽도 : 서벽은 비교적 평평하고 곧은 산등성이상에 축조. 서벽 내 회곽도는 평탄하며, 처음부터 끝까지 서벽과 나란히 있음.

○ 투석용 석환 : 회곽도 가장자리에는 현재 매우 많은 석괴가 남아 있는데, 투석용 석환으로 사용하였을 것으로 추정됨.

○ 트인 곳(豁口 K5) : 서벽 남단에서 36.5m 거리에 트인 곳이 한 곳 있는데, 남벽의 트인 곳(豁口 K4)과 회곽도로 서로 통함. 上口 너비 7m, 底口 너비 1m. 트인 곳(豁口 K5) 양단에 바깥으로 돌출한 '凸'자 모양의 시설물이 있는데, 모두 치와 유사함. 남쪽 측벽(南垛)의 기단 너비 12m, 북쪽 측벽(北垛)의 기단 너비 8m.

○ 치 2곳 : K5에서 북쪽 100m, 340m 되는 곳에서 각각 치(馬面)가 하나씩 발견되었는데, 모두 반원형으

---

2 周向永·許超(2010)에는 549m로 나옴.

3 周向永·許超(2010)에는 730m로 나옴.

로 벽체에 연결하여 축조하였음. 남쪽 치의 길이 7.5m, 너비 2.5m. 북쪽 치의 길이 6m, 너비 1.8m.

○ 트인 곳(K6) : 북쪽의 치에서 북쪽 287.7m 거리에서 또 하나의 트인 곳(豁口 K6)을 발견하였음. 이 트인 곳의 북쪽에서 서북 망대까지는 30.4m이고, K6의 윗너비 5m, 바닥 너비 0.6m.

○ 서벽은 서북 망대에서 동남쪽으로 급격히 꺾여 북벽에 이르고, 양 벽체에 끼인 성내 銳角 부분은 가늘고 길쭉한 형태의 엄폐된 부분을 이룸.

2) 성곽시설

(1) 성문

성문은 남문, 북문, 서문 3곳임(周向永·王兆華, 2001).[4]

① 남문

○ 남문지는 남벽 동쪽 구간의 벽체가 동남 망대에서 서쪽으로 99m 뻗은 다음, 벽체가 성 안쪽을 향해 약간 만곡한 후 다시 남쪽 방향으로 급격히 꺾이며 만들어졌음.

○ 남쪽으로 꺾인 벽체는 남문 동측의 옹벽을 이룸. 옹벽의 길이 36m, 너비 2m, 높이 2.7m임. 양변의 옹벽이 합쳐져 둘러싸는 형태를 갖추면서 하나의 안전한 옹문 구조를 이룸. 가장 좁은 곳의 너비는 2m에 불과함.

○ 남문 바깥의 통로 동측에서 성벽 단면을 발견하였는데, 산기슭을 깎아내는 '切山皮'법으로 축조하였음. 벽체의 길이 23m, 너비 1.5m, 높이 0.8m.

○ 벽체 아래는 현재 배수구인데, 원래 성으로 통하는 도로였음. 현재의 통로는 최근에 개설된 것임.

② 북문

○ 산성의 정문으로 북벽 서단에 위치함.

○ 서북 망대가 위치한 언덕산이 북벽의 바깥으로 돌출하여 있고, 저수지 북벽이 이곳에 근접하여 있어서 'S'자형의 도로를 통과하여야 성문에 접근할 수 있음. 이 통로의 양 측에 원래 석축 벽체가 있었는데 훼손되었음.

○ 동측벽과 적대 : 북문 동측 벽에는 높고 큰 적대(馬面)를 설치하였음. 바닥 한 변의 길이 44m, 너비 약 10m, 높이 7m. 동측벽 남단을 따라가면 성내로 들어갈 수 있고, 서북 망대 아래의 벽체와 더불어 내옹성을 이룸.[5]

③ 서문

○ 위치 : 서벽의 남북 양 구간이 해발 136.2m 지점에서 서로 交錯해서 이룬 성문지임.[6]

○ 성으로 들어가는 통로는 서벽 북쪽의 서남 방향으로 경사진 짧은 옹성을 지나 성문으로 곧바로 진입함.

○ 옹벽 길이 11m, 높이 1m, 벽체 너비 3m, 문길 가장 좁은 곳 1m.

(2) 망대(각대)

○ 산성에서 망대 7곳을 발견함. 그중에서 성벽에 6개, 남문 부근에서 1개를 확인하였음.

○ 성벽에 있는 6개의 망대 중에서 4개는 성벽의 네 모서리에 분포해 있으므로 角臺에 해당함. 망대는 모두 언덕산의 가장 높은 곳에 위치하며 망대 아래에는 출입하거나 연락하기에 편리한 트인 곳(豁口)이 있음.

○ 남문 바깥의 망대는 골짜기를 사이에 두고 남문과

---

4 曹桂林·王鐵軍(1994)에서는 너비 약 2~3m인 남문과 북문이 있는데, 북문 밖에 옹성이 있으며, 성벽 높이는 약 10m라고 파악함.

5 청룡산산성 동성의 북문도 최진보산성 남문처럼 내옹과 외옹이 일체를 이룬 옹성 구조라고 할 수 있음(여호규, 1999)

6 西城 북벽의 서단 부근에 위치한 성문도 어긋문식 옹성구조를 갖추고 있음(여호규, 1999).

마주보고 있는데, 요망 기능 외에 방어와 더불어 남문의 병력을 배합하여 작전을 수행하는 작용을 함.
○ 7곳의 망대 형태는 기본적으로 같으며 모두 원형의 臺 모양임. 남문 및 서북 두 곳의 망대 보존상태가 가장 좋은데, 서남 망대의 높이 4.3m, 윗지름 3m, 바닥 지름 약 5m임.
○ 동성 동벽의 북단 안쪽에 위치한 망대는 원형 구덩이처럼 생겼는데, 가장자리는 석축을 한 다음 흙을 쌓아 올렸음. 원형 구덩이의 직경은 7.5m, 석축·토축 벽의 너비는 1.5m 전후임. 이곳에 서면 동성의 내부뿐 아니라 북벽과 동벽 바깥쪽의 汎河 연안 충적대지를 한 눈에 조망할 수 있음(여호규, 1999).

5. 성내시설과 유적

1) 원형구덩이 유적과 장대
성내에서 원형구덩이 2곳, 파손된 석축성벽 한 구간, 장대 한 곳을 발견하였음.

① 원형구덩이
○ 장대 위 및 남벽 중간 지점의 성벽 안측 산비탈에서 발견하였음.
○ 2개의 원형 구덩이는 모두 직경 5m, 깊이 0.5m.
○ 남벽 중간 지점 안측의 원형구덩이에 파괴된 석축시설이 있음. 드러난 짧은 벽체는 원형구덩이 내 석축 건축물의 서북 모퉁이에 축조한 것임. 벽체의 남은 길이 1m, 너비 0.65m, 잔고 0.4m. 벽체는 다듬은 방형의 커다란 돌덩이로 축조하였고, 평평하지 않은 곳은 작은 판석을 메워 채웠음.

② 장대
장대는 동북 모서리에 위치하며 삼각형 臺地로 조성하였는데, 각 변의 길이는 약 20m임.

2) 저수지와 배수시설
○ 북벽 바깥에 위치함. 고구려 산성의 저수지가 일반적으로 성내에 위치한 것과 비교해 특수한 형식에 속함.
○ 저수지 서측은 성으로 진입하는 통로임. 동측에는 넓고 두터운 토벽이 있는데, 토벽의 현존 길이 35m, 너비 20m, 높이 약 6m임.
○ 토벽 아래에는 원래 돌로 축조한 배수시설(泄水涵洞)이 있으며, 북벽 아래의 배수시설과 남북으로 대응하여, 현재는 11.7m의 트인 곳을 이룸.
○ 저수지 평면은 타원형으로 긴지름 너비 97m, 짧은 지름 너비 5.5m.
○ 저수지의 중심에는 항상 물이 고여 있음.
○ 排水溝 및 배수로(泄水道) : 마을 사람들이 排水溝를 판 곳에서 흙으로 다져 축조한 성벽 단면과 길쭉한 돌로 쌓은 배수로를 볼 수 있음(曹桂林·王鐵軍, 1994).

3) 건물지와 도로유적
○ 東城의 높은 지대에 건물지가 있었고, 주변에는 기와편이 널리 산포되어 있다고 함. 또한 동성의 북벽 동단에 붉은색 方格文 기와편이 흩어져 있고, 북벽 바깥쪽 저수지에 건물초석이 있는 것으로 보아 북벽 근처에도 건물지가 있었다고 추정됨(여호규, 1999).
○ 중앙의 언덕산 동쪽 기슭 아래에는 동성의 북문과 남문을 연결하는 폭 4m 전후의 도로가 일직선으로 나 있음. 두 성문을 일직선으로 연결한다는 점에서 축성 당시에도 사용되었을 가능성이 높다고 추정됨(여호규, 1999).
○ 건물지는 주로 성의 동부, 비교적 높은 곳에 분포함 (曹桂林·王鐵軍, 1994)

6. 출토유물

○ 현지 주민에 의하면 일찍이 철제솥(鐵鍋), 철제보

습(鐵鏶), 철제등자(鐵馬鐙), 철제칼(鐵刀), 철제전촉(鐵箭頭) 및 동제거울(銅鏡) 등의 유물이 출토되었다고 함. 또한 성 내부에는 기와편과 토기편이 널리 산포되어 있음. 주요 기와편으로 양면을 拍印한 격자문(方格文), 罔格文과 붉은색의 민무늬 수키와편(素面紅筒瓦)과 암키와편(板瓦殘片)이 있는데 소성온도는 비교적 높음(曹桂林·王鐵軍, 1994).

○ 남문, 북문 측벽(門樑)의 기초부와 문길(門道)에서 소량의 불에 탄 붉은색 흙퇴적을 발견하였는데, 그 가운데 내면에 마포흔이 있으면서 군데군데는 무늬가 없는 홍갈색 기와가 있음. 마을 주민에 따르면 성문에서 일찍이 호(大口陶罐)가 출토된 바 있음. 조사 도중 건축재료 혹은 생활 토기 잔편 등이 남문 안쪽의 비탈지에서 집중 발견되었음. 菱格文, 격자문(方格文) 기와가 다량 보이며, 채집 표본으로 泥質 홍갈색 혹은 회갈색의 토기 구연부(卷沿口沿), 대상파수(橋狀器耳)가 있으며, 철제수레바퀴 굿대축(車輻) 등도 있음(周向永·王兆華, 2001)

7. 역사적 성격

청룡산산성은 汎河를 끼고 동부쪽으로 최진보산성과 지척으로 마주보며 자매성을 이루고 있음. 두 성은 서로 가깝기 때문에 전쟁 시 일단 적이 쳐들어오면 밀접하게 연락하며 공동 방어태세를 취하였을 것임. 또 두 성의 중간에는 頭道墻, 二道墻, 高墻子 등이라 불리는 세 겹의 토성벽이 있고, 평화로울 때는 농사를 지으면서 군사를 주둔했던 영반성이 있어 서로 긴밀하게 연락하고 호응할 수 있었을 것. 이곳에서는 동남쪽에 위치한 무순 지역의 신성(현재의 고이산성)과도 빠른 연락을 취할 수 있어 방어에 유리했을 것임. 이에 청룡산산성은 최진보산성과 함께 남쪽의 신성과 북쪽의 부여성을 잇는 중요한 군사방어성의 역할을 했을 것으로 파악함.

이러한 청룡산산성의 성격에 대해 중국학계에서는 주로 동북 5km에 위치한 최진보산성과 관련하여 검토해 왔음. 최진보산성은 계곡에 자리잡고 있어 건물을 짓기에 불편할 뿐 아니라 생활도구도 거의 출토되지 않았다는 점에서 방어용 산성으로 추정되는 반면, 청룡산산성은 내부가 평탄하고 기와편이 곳곳에 흩어져 있는 등 평지성의 성격이 강하다는 것임. 이에 두 성은 방어성과 거점성의 관계로 보아 청룡산산성을 최진보산성의 주거용 평지성으로 파악함(曹桂林·裵躍軍, 1983; 王綿厚, 1994).

이에 대해 최진보산성도 청룡산산성처럼 내부가 평탄하고 넓을 뿐 아니라 건축자재인 기와편 등이 출토되었다는 점에서 평상시 거점성으로서의 기능을 수행하였을 가능성이 높고, 청룡산산성도 언덕산으로 둘러싸여 있다는 점에서 기본적으로 산성으로 분류된다고 파악하기도 함. 두 성의 규모와 입지조건을 고려하면, 오히려 최진보산성이 主城이고, 청룡산산성이 보조성이었을 가능성이 높다는 것임. 최진보산성은 입지조건과 축성법 등에서 압록강 중류일대의 초기 산성과 유사한 점이 많은데, 이는 고구려가 이 지역으로 진출한 가장 초기에 최진보산성을 축조하고, 그 뒤 청룡산산성을 축조했을 가능성이 시사한다고 파악함.[7] 즉 汎河 연안의 충적평지는 너비 수 km로 상당히 광활한데, 최진보산성만으로 汎河 연안 전체를 공제하기에는 방어상 많은 취약점을 지닐 수밖에 없었음. 이에 汎河 하류방면에서 충적평지가 좁아졌다가 넓어지는 병목지점에 청룡산산성을 구축하여 최진보산성이 안고 있는 방어상이 취약점을 보완하였다고 파악함. 汎河 연안의 충적평지를 사이에 두고 청룡산산성과 최진보산성이 마주보고 있는 것은 이러한 보완관계 때문이라는 것임. 따라서

---

[7] 李龍彬(2008)에서도 철령지역의 고구려산성 가운데 최진보산성이 가장 이른 시기에 축조되었고, 청룡산산성은 후기의 성곽으로 분류함.

최진보산성이 主城으로 먼저 축조되었고, 청룡산산성은 보조성으로 조금 늦게 축조되었을 것으로 추정된다는 것임(余昊奎, 1999).

한편 고구려 부여성을 서풍 성자산산성, 金山을 최진보산성으로 비정한 다음, 청룡산산성을 고구려 銀城, 곧 唐이 고구려를 멸망시키고 나서 설치한 羈縻州의 하나인 延津州로 비정하기도 함. 延津州는 당이 고구려를 멸망시킨 후 안동도호부의 관할 하에 설치한 14개 羈縻州 가운데 하나인데, 그 뒤 거란이 요를 건국하고 遼北地域을 점령한 다음 '銀州'를 설치했음. 『遼史』 지리지 銀州조에 따르면 銀州는 3개 현을 통괄하였는데, 그중 하나가 延津縣으로 연진이라는 명칭은 唐代의 연진성에서 유래했다는 것임. 청룡산산성은 지리상 요대의 은주로 비정되는 철령과 18km 떨어져 있어 매우 가까우므로 은주 경내에 있었다는 연진성 곧 고구려의 은성으로 비정할 수 있다는 것임(周向永·王兆華, 2001 ; 李龍彬, 2008 ; 周向永·許超, 2010).

참고문헌

- 曹桂林·裵躍軍, 1983, 「鐵嶺東南部的兩座古代城址」, 『遼寧文物』 1983-4.
- 陳大爲, 1988, 「遼寧高句麗山城初探」, 『中國考古學會第五次年會論文集』, 文物出版社.
- 陳大爲, 1989, 「遼寧境內高句麗遺蹟」, 『遼海文物學刊』 1989-1.
- 辛占山, 1994, 『中國考古集成』 東北卷 兩晉至隨唐(二), 北京出版社.
- 王綿厚, 1994, 「鴨綠江右岸高句麗山城硏究」, 『遼海文物學刊』 1994-2.
- 王禹浪·王宏北, 1994, 『高句麗渤海古城址硏究匯編』(上), 哈爾濱出版社
- 曹桂林·王鐵軍, 1994, 「鐵嶺境內五座高句麗山城簡介」, 『遼海文物學刊』 1994-2.
- 馮永謙, 1994, 「高句麗城址輯要」, 『北方史地硏究』, 中州古籍出版社.
- 陳大爲, 1995, 「遼寧高句麗山城再探」, 『北方文物』 1995-3.
- 余昊奎, 1999, 『高句麗 城』 Ⅱ(遼河流域篇), 國防軍史硏究所.
- 周向永·王兆華, 2001, 「遼寧鐵嶺張樓子山城調査」, 『北方文物』 2001-2.
- 王綿厚, 2002, 『高句麗古城硏究』, 文物出版社.
- 李龍彬, 2008, 「鐵嶺境內高句麗山城的幾個問題」, 『東北史地』 2008-4.
- 國家文物局, 2009, 『中國文物地圖集』 遼寧分冊, 西安地圖出版社.
- 鄭元喆, 2009, 「高句麗山城甕城的類型」, 『博物館究硏』 2009-3.
- 周向永·許超, 2010, 『鐵嶺的考古與歷史』, 遼海出版社.
- 魏存成, 2011, 「中國境內發現的高句麗山城」, 『社會科學戰線』 2011-1.

04 철령 영서산성
鐵嶺 嶺西山城

1. 위치와 자연환경(그림 1)

영서산성은 鐵嶺縣 李千戶鄕 嶺西臺村 남쪽 2km 거리에 위치함.

2. 성곽의 전체현황

- 산성은 대지상에 위치함.
- 면적은 약 300m²임.
- 성벽은 토석혼축임.
- 성벽 기초 흔적이 남아 있음.

3. 역사적 성격

성곽 규모로 보아 소형 보루로 추정됨. 보루 동쪽으로 철령 청룡산산성(장루자산성)과 무순 고이산성을 잇는 도로가 지나감. 이로 보아 고구려시기 성곽이라면 汎河와 渾河 사이의 산간로를 방어하던 군사 보루로 추정됨.

참고문헌

- 國家文物局, 2009, 『中國文物地圖集』 遼寧分冊, 西安地圖出版社.

그림 1 영서산성 위치도

05 철령 청산산성
鐵嶺 靑山山城

1. 위치와 자연환경(그림 1)

청산산성은 鐵嶺縣 李千戶鄕 靑山村 동남쪽 100m 거리에 위치함.

2. 성곽의 전체현황

○ 산 위에 위치하며, 평면은 방형으로 한 변의 길이는 20m임.
○ 보존상태 : 주거지는 覆蓋되었음.
○ 출토유물 : 석괴, 방형의 벽돌(方磚), 회색의 마포흔이 있는 기와편이 발견되었음. 벽돌은 두께 11cm, 너비 16cm.

3. 역사적 성격

규모로 보아 보루로 추정됨. 고구려시기 성곽이라면 요하 방면에서 汎河 남쪽의 구릉지대로 진입하던 적군을 방어하던 군사보루로 추정됨.

참고문헌

国家文物局, 2009, 『中國文物地圖集』, 遼寧分冊, 西安地圖出版社.

그림 1 청산산성 위치도

06 철령 후영반산성
鐵嶺 後營盤山城

1. 위치와 자연환경(그림 1)

鐵嶺縣 橫道河子滿族鄉 後營盤村 동남 1km 거리에 위치함.

2. 성곽의 전체현황

○ 산 위에 위치함.
○ 평면은 반원형으로 남북 길이 약 100m, 동서 너비 약 50m임.
○ 석축 성벽의 기초 흔적이 남아 있음.

3. 역사적 성격

규모로 보아 보루로 추정됨. 보루 남쪽으로 철령에서 최진보산성을 경유해 혼하-소자하 합류지점으로 향하는 도로가 지나감. 이로 보아 고구려시기 성곽이라면 요하 연안에서 汎河를 경유해 渾河 중상류 방면으로 나아가는 적군을 방어하던 군사보루 추정됨.

참고문헌
· 國家文物局, 2009, 『中國文物地圖集』 遼寧分冊, 西安地圖出版社.

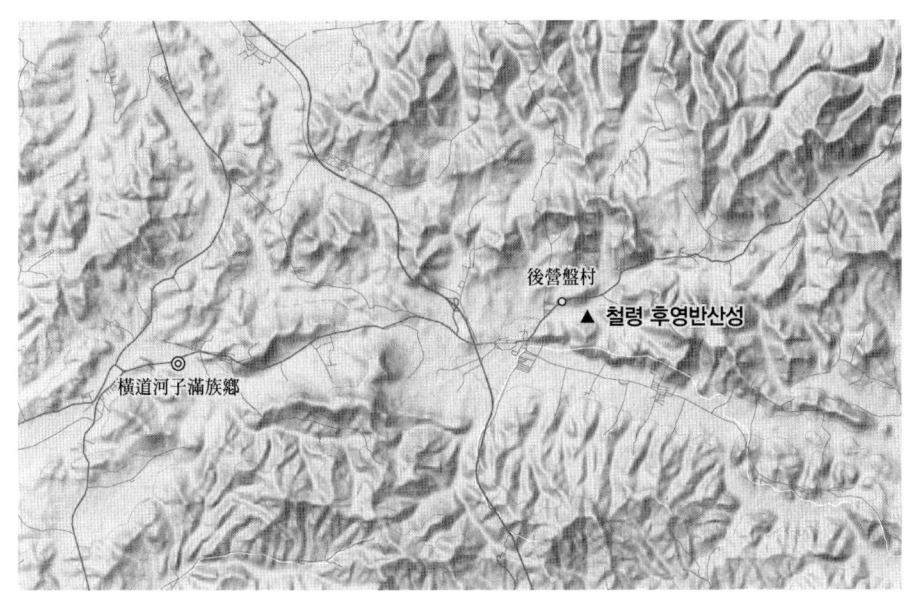

그림 1 후영반산성 위치도

07 철령 영반성지
鐵嶺 營盤墻址

1. 위치와 자연환경(그림 1)

○ 鐵嶺縣 李千戶鄕 營盤村 동쪽 400m 거리에 위치함.
○ 영반성지 북쪽 500m에 최진보산성이 있음.

2. 성곽의 전체현황

○ 성벽은 평지에 위치하며, 남북 방향의 토벽 세 갈래로 이루어져 있는데, 頭道墻, 二道墻, 高墻子라 부름. 토벽의 간격은 약 300~400m임.
○ 보존상태 : 잔존 길이 1,500m, 높이 약 1m.

3. 역사적 성격

영반성지는 철령 최진보산성 남쪽 500m에 위치함. 성지는 최진보산성 남쪽에 펼쳐진 汎河 연안의 충적평지를 가로질러 축조하였음. 성지가 고구려시기에 축조된 것이라면, 遼河 방면에서 汎河 연안으로 진입하여 최진보산성 방향으로 진격하는 적군을 방어하던 차단성으로 추정됨.

참고문헌

• 國家文物局, 2009, 『中國文物地圖集』 遼寧分冊, 西安地圖出版社.

그림 1 영반성지 위치도

2
기타 유적

01 철령 운반구유적
鐵嶺 雲盤溝遺址

1. 위치와 자연환경(그림 1)

운반구유적은 鐵嶺縣 熊官屯鄉 雲盤溝村 서쪽 1km 거리에 위치함.

2. 성곽의 전체현황

○ 산 위에 위치하며, 면적은 약 1,000m²임.
○ 석괴가 대량 산포해 있는데, 성벽을 축조하는 데 사용된 성돌과 유사함.

3. 역사적 성격

대량의 석괴가 산포해 있다는 점에서 채석장으로 추정되지만, 더 이상 정확한 성격을 파악하기 어려움.

참고문헌

· 國家文物局, 2009, 『中國文物地圖集』 遼寧分冊, 西安地圖出版社.

그림 1 운반구유적 위치도

제8부

개원시(開原市) 지역의 유적

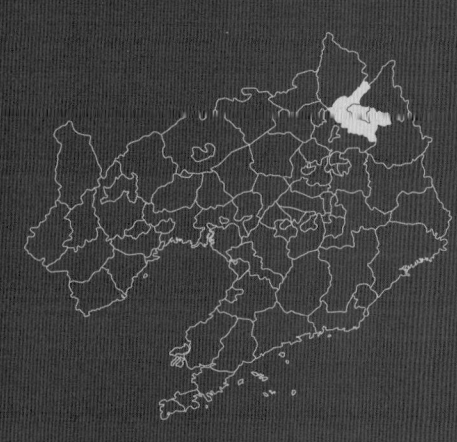

1
고분군과 고분

01 개원 건재북고분군
開原 建材北古墳群

1. 위치와 자연환경(그림 1)

開原市 八棵樹鎭 建材廠村 북쪽 400m에 위치.

2. 고분군 현황

○ 고분군 면적이 약 15만 m²임.
○ 봉토 높이는 1~1.2m이며, 바닥에 잔돌(碎石)이 깔려 있으며 지면에는 거석이 있음.

3. 역사적 성격

발굴조사가 안되어 보고된 현상만으로는 시기와 성격을 판단하기 어려움.

인근에 서주-춘추시기 석관묘(建材 古墳群)가 있음.

참고문헌

· 國家文物局 主編, 2009, 『中國文物地圖集』 遼寧分冊(上·下), 西安地圖出版社.

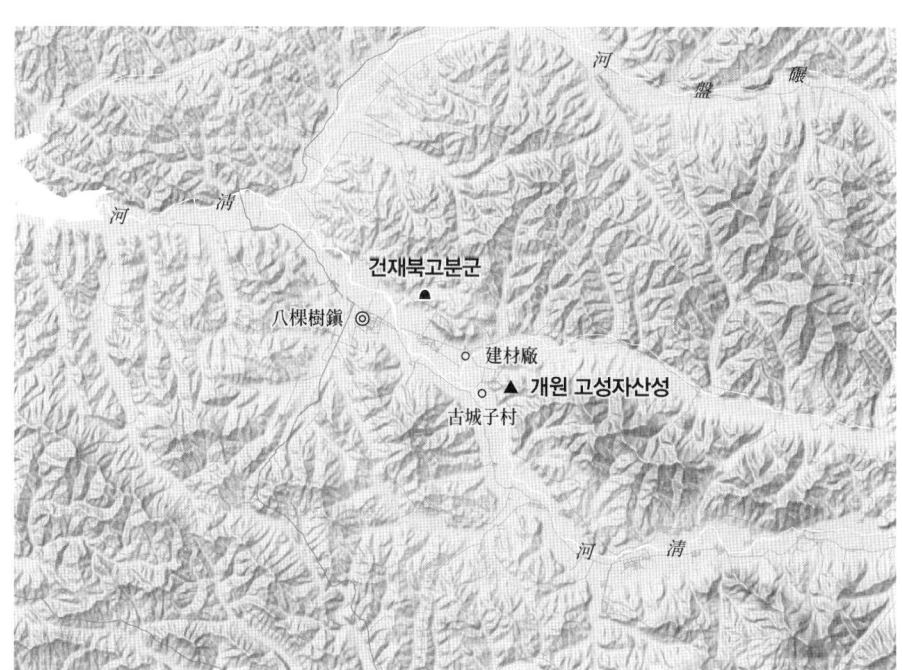

그림 1 건재북고분군 위치도

02 개원 남구고분군
開原 南溝古墳群

1. 위치와 자연환경(그림 1)

開原市 靠山鎭 南溝村 동쪽 300m에 위치.

2. 고분군 현황

○ 고분군 면적이 약 2,000m²임.
○ 지표에서 적석 무지 20여 기를 볼 수 있는데 높이 0.5~1.5m, 직경 4~6m임.

3. 역사적 성격

발굴조사가 안되어 보고된 현상만으로는 시기와 성격을 판단하기 어려움.

참고문헌

• 國家文物局 主編, 2009, 『中國文物地圖集』 遼寧分冊(上·下), 西安地圖出版社.

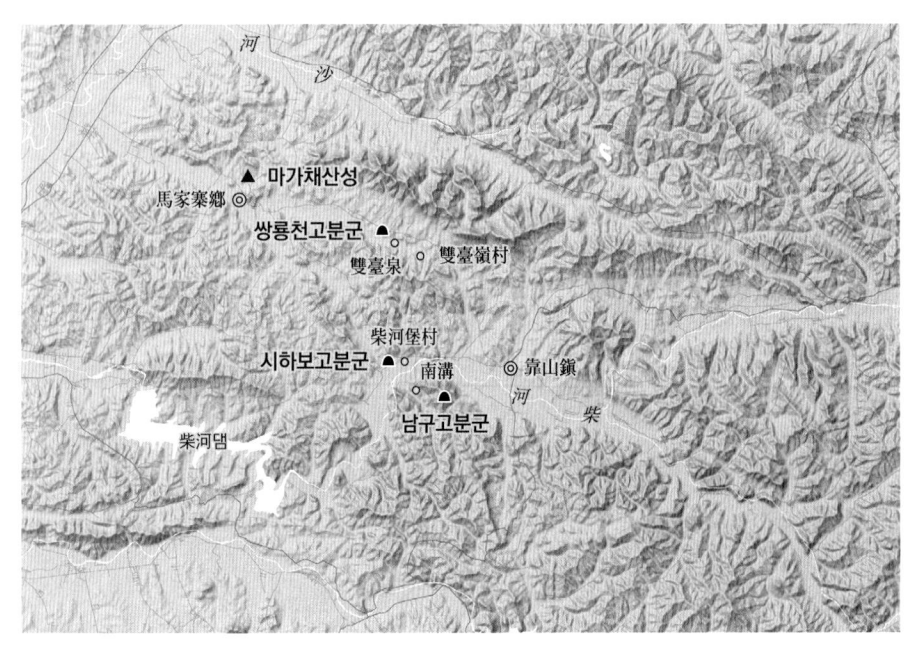

그림 1 남구고분군 위치도

03 개원 시하보고분군
開原 柴河堡古墳群

1. 위치와 자연환경(그림 1)

開原市 靠山鎭 柴河堡村 서쪽 1km에 위치.

2. 고분군 현황

○ 고분군 면적이 약 1,500m²임.
○ 지표에서 封石을 볼 수 있으며 모래혼입 홍도(夾砂紅陶) 잔편과 석제 도끼(石斧) 등이 채집됨.

3. 역사적 성격

발굴조사가 안되어 보고된 현상만으로는 시기와 성격을 판단하기 어려움.

지표에서 수습된 석기와 토기로 미루어 선사시대 유적일 가능성이 있음.

참고문헌

• 國家文物局 主編, 2009, 『中國文物地圖集』 遼寧分冊(上·下), 西安地圖出版社.

그림 1 시하보고분군 위치도

04 개원 쌍룡천고분군
開原 雙龍泉古墳群

1. 위치와 자연환경(그림 1)

開原市 馬家寨鄉 雙臺嶺村 雙龍泉 서북 200m에 위치.

2. 고분군 현황

○ 고분군 면적이 약 300m²임.
○ 지표에는 묘실 벽의 판석이 보이며, 적석 무지 여러 기가 확인됨.

3. 역사적 성격

발굴조사가 안되어 보고된 현상만으로는 시기와 성격을 판단하기 어려움.

참고문헌

· 國家文物局 主編, 2009, 『中國文物地圖集』 遼寧分冊(上·下), 西安地圖出版社.

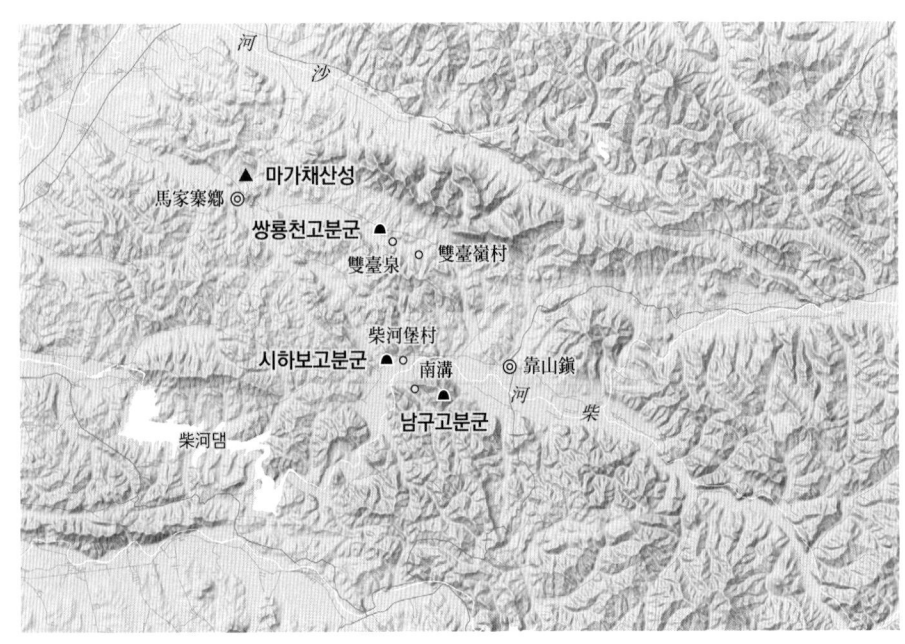

그림 1 쌍룡천고분군 위치도

2
성곽

01 개원 마가채산성
開原 馬家寨山城

1. 조사현황

○ 1980년대 이래 철령시 문물관리소에서 여러 차례 조사함.
○ 1985년 9월 1일 철령시 문물보호단위로 공포됨.

2. 위치와 자연환경(그림 1 ~ 그림 3)

1) 지리위치

○ 開原市 동남쪽 27km 떨어진 마가채촌 북쪽 약 100m의 凹자형 산골짜기에 위치.

○ 마가채산성 내부에는 본래 마가채중학교가 있었는데, 2006년에 九鼎龍泉寺라는 사원이 들어섰음.

2) 자연환경

○ 마가채산성은 서북에서 동남 방향으로 길게 뻗은 산줄기의 끝자락에 자리하고 있음. 산줄기로 이어지는 서북을 제외한 나머지 방면은 하천이나 충적 평지와 잇닿아 돌출지형을 이루고 있음.
○ 동쪽과 남쪽으로는 沙河가 구불구불한 流路를 따라 산성의 서쪽으로 흘러가고 있으며 강 연안에는 폭 1~2km의 충적평지가 기다랗게 펼쳐져 있음. 산성의 서쪽으로는 担子山에 접해 있으며, 동벽 아래에는 마가

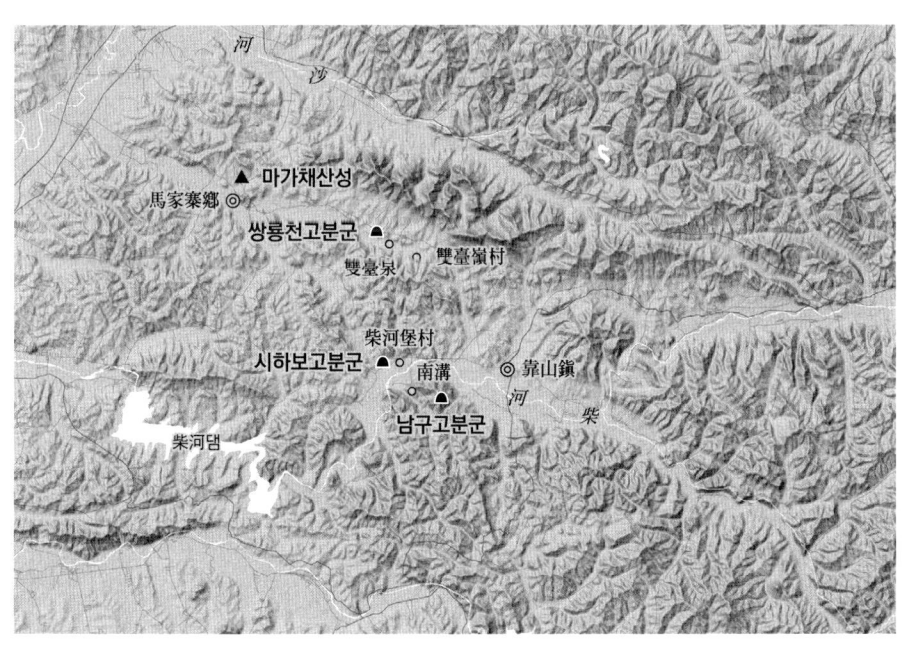

그림 1 마가채산성 위치도 1

그림 2 마가채산성 위치도 2(25만분의 1)(여호규, 1999, 369쪽)

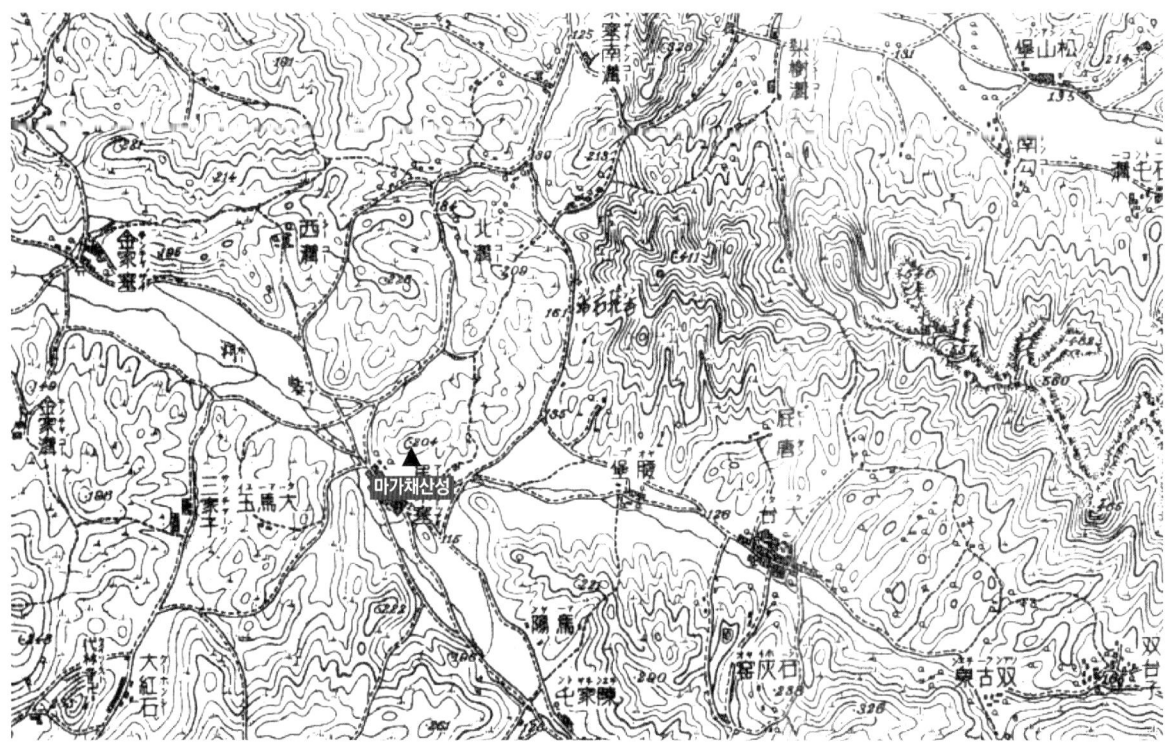

그림 3 마가채산성 주변 지형도(滿洲國 10만분의 1 지형도)

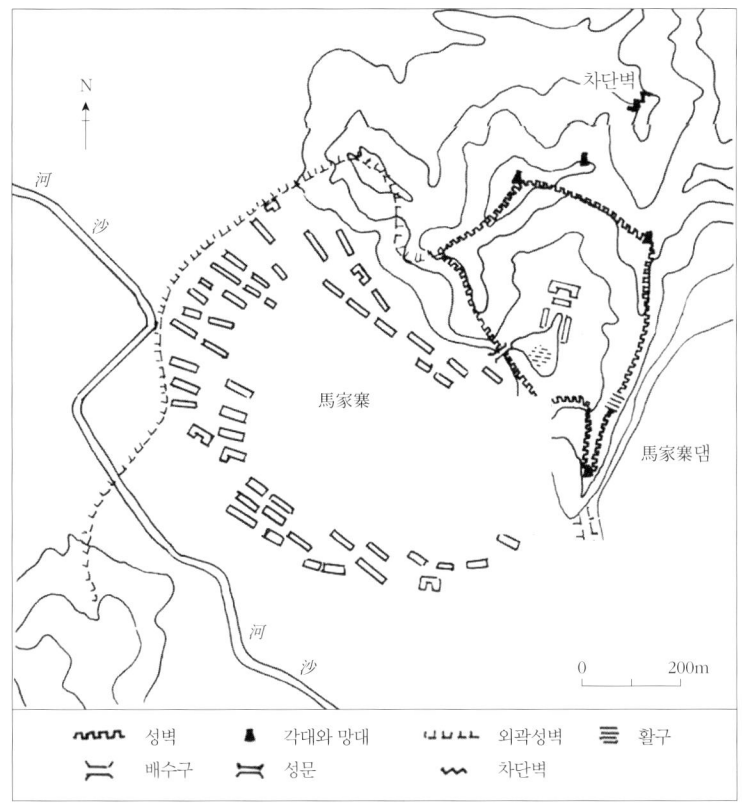

그림 4 마가채산성 평면도
(周向永·趙俊偉·李亞冰, 1996, 37쪽)

채댐이, 남쪽으로는 마가채촌이 있음.

○ 沙河는 소규모 하천으로 서쪽으로 10km 정도 흘러 가다가 개원·철령 경계지점에서 沙河 본류와 합류한 다음 곧바로 요하로 유입됨. 그리하여 沙河 연안을 따라 서쪽으로 나아가면 송료대평원에 도달하며, 송료대평원을 통해 요하 하류나 상류 방면으로 나아갈 수 있음. 또 동쪽으로 沙河 상류를 따라 10km 정도 가면 紫河 연안이 나옴.

○ 紫河는 吉林哈達嶺山脈 서쪽 사면에서 발원한 요하의 지류 가운데 비교적 큰 하천으로 각 방면으로 통하는 교통로가 잘 발달하였음. 특히 마가채산성을 기준으로 볼 때, 동쪽으로 紫河 상류를 거슬러 渾河 상류나 휘발하 방면으로 나아갈 수 있음. 마가채산성은 송료대평원에서 沙河를 거쳐 紫河 연안으로 진입하는 전략적 요충지에 자리 잡고 있음.

3. 성곽의 전체현황 (그림 4)

○ 마가채산성의 지세는 험준하며, 산성의 북쪽은 높고 남쪽이 낮으며, 말발굽 모양의 산세를 따라 성벽을 축조하였음.

○ 전체 둘레는 약 1,488m. 네 성벽의 보존상태는 비교적 양호함. 성벽이 비교적 잘 남아 있는 구간은 남벽의 동단, 동벽의 중단, 북벽의 서단, 서벽의 남쪽 구간 등임.

○ 산 정상에서 하천변까지 외곽 성벽(토벽)을 쌓았음.

4. 성벽과 성곽시설

1) 성벽

성벽은 산등성이를 따라 축조하였고, 성벽의 축조는 두

유형이 보임. 남벽과 동벽은 마사토와 깬돌(쇄석)을 혼합하여 다져 축조하였음. 벽체는 대부분 허물어졌으며 산등성이와 일체를 이루어 구별하기 어려움. 북벽과 서벽은 대부분 쐐기형돌로 축조하였는데, 벽체를 마사토로 다져 축조한 곳도 있음. 돌로 쌓은 벽체를 확인할 수 있음.

① 동벽
○ 동벽 바깥은 마가채댐임. 댐 건설 전 그 아래는 紫河 지류인 沙河가 흐르고 있었으며, 성벽은 높은 곳에 임해 아래에 잇닿아있는데 수직 고도가 약 30m에 가까움. 지세가 매우 험함.
○ 동벽 부분의 벽체 구간은 돌출한 암벽을 이용한 천연 벽체임. 다만 연결해서 쌓은 곳은 현재 선명하지 못함.
○ 트인 곳(豁口) : 동벽의 남단 벽체 위에 4개의 서로 연결된 트인 곳이 남아 있음. 트인 곳의 평균 너비는 2~3m.
○ 회곽도(盤道) : 동벽 내측은 성을 둘러싼 회곽도이며, 회곽도의 너비는 3~6m로 균일하지 않음. 남벽 구간의 성문 통로와 서로 연결되어 비상시에 통로를 이용하였을 것임.

② 북벽
북벽의 보존상태는 비교적 양호한데, 특히 서쪽 구간이 잘 남아 있음. 기단부 너비 2.5m, 잔고 2m이며, 성벽 최대 잔존 높이는 약 5m.

③ 서벽
○ 서벽은 대부분 산등성이 바깥쪽에 축조하였음.
○ 성벽 내측의 산등성이에서 돌과 흙을 채취하여 성벽을 축조하였는데, 이로 인해 외측 벽체가 비교적 높음. 내벽 또한 취토로 인하여 높게 할 수 있었음. 또한 흙을 채취하면서 형성된 도랑은 통신 연락용 회곽도 및 방어 진지로 사용할 수 있었음. 다만 성 내측의 도랑 조성 시기는 면밀하게 검토할 필요가 있음.
○ 1990년대 조사 당시 성벽과 산등성이 사이 도랑(溝)의 너비는 약 10m, 깊이 2m, 길이 34m.

④ 남벽
○ 남벽 서쪽과 동쪽 구간은 산등성이 바깥쪽 또는 산등성이를 따라 성벽을 축조하였음.
○ 골짜기 입구인 남벽 중단의 평탄지에는 황갈색 砂質土와 회갈색 泥土를 번갈아가며 판축하였음. 외벽의 허물어진 단면을 통해 사질토층(7~8cm), 점토층(2.5~3cm), 간층(0.5cm) 등을 번갈아 판축한 층위를 명확하게 확인할 수 있음. 성벽 단면은 사다리꼴로 기단부 너비 8m, 높이 4.6m, 윗면 너비 1.5m, 전체 길이 40m 전후임.
○ 종래 마가채중학교 정문이 있던 자리에도 높이 5m, 길이 10m의 토축성벽이 있었다고 함.

⑤ 차단벽(墙外墙)
○ 위치 : 북벽 동단의 바깥쪽 비탈 아래에 남북 방향의 골짜기 입구에 토벽을 가로로 구축해 놓았는데, '차단벽(墙外墙)'임.
○ 차단벽은 산성의 성벽과 연결하여 구축한 것이 아님.
○ 남북 방향의 골짜기 길이는 약 300m이고, 차단벽의 규모는 높이 15m, 길이 80m 정도임.

⑥ 외곽 성벽과 참호(溝 ; 高麗壕)
○ 산성 서벽과 남벽이 만나는 곳에 서향으로 뻗어 있는 벽체 하나가 있고, 벽체의 양측에 마을 주민들이 '高麗壕'라 부르는 깊은 참호(溝)가 파여 있음.
○ 성벽의 서남 모서리에서 시작된 토벽은 동서방향의 산등성이를 따라 가다가 'V'자형으로 꺾여 해발 187.9m의 산봉우리 정상까지 이어짐. 그런 다음 이 산봉우리의 남측 산비탈을 따라 내려와 마가채촌 소학교

서벽 외측을 지나 계속 남향으로 沙河까지 이어짐. 沙河의 남안에서 토벽(土墻)이 다시 출현하여 서남 방향으로 뻗어가다 三家村 북산의 서쪽 산비탈까지 이어짐.
○ 마가채 소학교 서쪽 바깥에 성벽 기초부와 벽체가 남아 있는데, 잔고는 1.6m, 기초 너비 2m, 윗너비 0.5m. 재료나 구축방법은 산성 남벽 중단의 토축성벽과 유사함.

2) 성곽시설

(1) 성문
○ 남쪽에 성문이 하나 있는데 골짜기 입구임. 배수구(泄水口) 동쪽 28m 지점에 있음. 성문 바깥쪽 통로(通道)는 경사도가 매우 급해 가파르며, 안쪽은 3층의 계단으로 이루어져 있음.
○ 성문 기초부의 너비 15m, 양측 성벽의 높이 1.5~1.8m. 성문의 너비 12.5m.
○ 성문을 통해 성 안으로 들어가는 통로는 일찍이 폐기됨. 통로와 연결된 성 안쪽의 회곽도(盤道)가 성벽 내벽 아래에서 선명하게 확인됨.

(2) 배수구(泄水口)
○ 위치 : 현재 성 안팎을 출입하는 통로(과거 마가채중학교 교문, 현재는 용천사 정문)는 산성의 배수로(泄水孔道)이며, 남벽 구간의 중간에 위치함.
○ 배수구는 원래 인공적으로 판축한 토벽을 절단하여 만들었음.
○ 벽체 중간 부분에 장방형의 배수구 구멍이 있으며 구멍(孔洞) 간 거리는 4~5m, 구멍 입구(洞口)의 길이는 12cm, 너비 8cm.

(3) 망대
○ 성벽이 산등성이를 따라 완연하게 만곡하는 곳에 망대를 설치하였는데, 모두 4곳이 확인되었고, 보존상태는 양호함.
○ 대체로 원형으로 정상부는 평탄하며, 일반적으로 직경 5m, 높이 3~5m.

5. 성내시설과 유적

1) 건물지
○ 남벽의 성문지 부근 및 성내부의 동측 대지 등에서 고구려시기의 기와편이 출토되었다는 것으로 보아 건물지가 있었을 것으로 추정됨.
○ 과거 마가채중학교가 위치한 중앙의 평지에 주요 건물이 있었을 가능성이 높음. 그리고 중학교 서쪽 산비탈에 평탄한 대지가 있는데, 남벽에서 대지로 올라가는 오솔길에 원형 주춧돌이 노출되어 있음.
○ 산성을 둘러싼 산등성이 안쪽의 산비탈은 경사가 가파른 편인데, 여러 단의 계단상의 대지를 기다랗게 조성하여 놓았음. 특히 중학교 뒤쪽 산비탈에는 폭이 비교적 넓은 계단상의 대지가 동서 방향으로 기다랗게 놓여 있음.
○ 무순 고이산성 등 다른 고구려 산성에도 계단상의 대지를 많이 조성하였는데, 대체로 주거시설과 관련된 것으로 추정됨.

2) 흙구덩이(土坑)
○ 서벽 내벽을 따라 원형 흙구덩이 6개가 분포해 있으며 현지 주민들은 이를 '高麗坑'이라고 부름.
○ 구덩이의 크기는 균일하지 않음. 큰 것은 직경 7~8m, 깊이 약 1m, 작은 것은 직경 2~5m, 깊이 0.5m.
○ 성벽 안쪽에 참호를 조성하면서 만들었을 가능성이 있고, 조성 시기는 면밀하게 검토할 필요가 있음.

3) 연못(水潭)
○ 산성내 평지 중앙에 연못이 하나 있는데, 원래 성 안

에서 물을 얻던 곳으로 예전에는 마가채중학교 교정의 荷花池였고, 2013년에는 龍泉寺의 蓮花池로 바뀜.
○ 연못의 외형은 불규칙한 타원형인데, 직경은 약 20m. 원래 연못의 네 벽을 돌로 쌓았다고 하는데 중학교를 건립하는 과정에서 원 모습을 많이 잃었다고 함.

4) 회곽도(盤道)

동벽의 남단에 서로 연결된 트인 곳(豁口) 4곳이 남아 있고 그 내측에 성을 둘러싼 회곽도가 있음. 회곽도의 너비는 3~6m로 균일하지 않음. 남벽 구간의 성문과 서로 연결되어 비상시에 통로로 이용하였을 것임.

6. 출토유물

○ 출토유물로는 능형격자문(菱形格文)이나 격자문(方格文) 붉은색 암키와(板瓦)가 있음.
○ 산성 내에서 고구려시기의 격자문 암키와편이 산견되며, 마을 주민이 일찍이 성내에서 철제화살촉 등의 유물을 발견하였다고 함.

7. 역사적 성격

마가채산성은 철령 청룡산산성, 개원 용담사산성, 개원 고성자산성 등 요하 상류 일대의 고구려산성과 여러 측면에서 유사함. 입지조건에서 보면 마가채산성을 비롯한 요하 상류 일대의 고구려성들은 송료대평원에서 요하 지류로 진입하는 길목에 위치하였을 뿐 아니라, 하천과 나란히 달리던 산줄기에서 하천 연안의 충적평지 쪽으로 돌출한 지형에 자리잡고 있음. 축성방식에 있어서도 산성으로 진입하는 입구에는 제방과 같은 거대한 토축성벽을 구축한 반면, 성을 둘러싼 산등성이에는 대체로 흙을 盛土한 토벽 혹은 토석혼축성벽을 쌓았음. 그러므로 마가채산성은 요하 상류 일대의 다른 고구려산성과 비슷한 시기에 축조되었고, 성격과 기능도 유사하였다고 추정됨.

입지조건을 볼 때 마가채산성은 송요대평원에서 沙河 연안으로 진입하는 전략적 요충지를 방어하기 위해 축조하였다고 추정됨. 더욱이 마가채산성에서 沙河 상류를 따라가면 渾河 상류나 휘발하 일대로 통하는 柴河 연안이 나온다는 점에서 전략적으로 아주 중요함. 그리고 산성 서쪽 산등성이와 沙河 연안의 토벽이나 북벽 바깥쪽 골짜기의 토벽 등은 마가채산성이 沙河 하류에서 상류로 진입하는 적을 방어하기 위해 축조되었다는 사실을 보여줌(여호규, 1999).

다만 마가채산성은 요하 상류 동안에 위치한 철령 최진보산성이나 서풍 성자산산성과 같은 대형산성에 비하면 소형임. 이에 마가채산성이 개원 고성자산성이나 용담사산성과 마찬가지로 최진보산성과 성자산산성 사이에 위치하면서 방어체계상 밀접한 연관관계를 맺었을 것으로 추정하기도 함. 즉 마가채산성은 대형산성을 보조하는 위성이었을 가능성이 높다는 것임(周向永·趙俊偉·李亞冰, 1996).

또한 당은 고구려를 멸망시킨 다음 고구려 옛 땅에 안동도호부가 관할하는 羈縻州의 하나로 延津州를 설치했는데,『遼史』地理志에는 東京道 銀州 延津縣(발해의 富壽縣) 경내에 延津故城이 있었다고 나옴. 이에 遼代의 銀州는 철령이므로 철령 동북방 10km 거리에 위치한 마가채산성이 延津州에 해당한다고 파악하기도 함(王綿厚, 1986 ; 王綿厚, 1994 ; 馮永謙, 1994).[1]

한편 마가채산성은 둘레 1.5km로 서풍 성자산산성, 철령 최진보산성 등의 대형산성보다 한 등급 아래인 중형산성으로 분류되지만 주거용 공간은 비교적 넓

---

[1] 周向永·王兆華, 2001 ; 李龍彬, 2008 ; 周向永·許超, 2010 등은 철령 청룡산산성을 연주주의 치소로 파악함. '철령 청룡산산성' 항목의 역사적 성격 참조.

은 편임. 성 중앙에는 학교나 사찰이 들어설 정도로 평탄한 대지가 있으며, 산등성이 안쪽 경사면에도 계단상 대지를 만들어 주거용 공간으로 활용하였던 것으로 추정됨. 따라서 마가채산성도 다른 고구려산성처럼 군사방어뿐 아니라 지방지배를 위한 거점성으로 기능하였다고 추정됨. 마가채산성은 송료대평원에서 사하·시하로 진입하는 전략적 요충지를 방어하는 군사적 기능과 함께 沙河·紫河 연안 일대를 지배하기 위한 지방거점성의 기능을 동시에 수행하였다고 추정됨(余昊奎, 1999).

참고문헌

- 王綿厚, 1986, 「隋唐遼寧建置地理述考」, 『東北地方史研究』 1986-1.
- 王綿厚, 1994 「鴨綠江右岸高句麗山城硏究」 『遼海文物學刊』 1994-2.
- 王禹浪·王宏北, 1994, 『高句麗渤海古城址硏究匯編』(上), 哈爾濱出版社.
- 曹桂林·王鐵軍, 1994, 「鐵嶺境內五座高句麗山城簡介」, 『遼海文物學刊』 1994-2.
- 馮永謙, 1994, 「高句麗城址輯要」, 『北方史地硏究』, 中州古籍出版社.
- 陳大爲, 1995, 「遼寧高句麗山城再探」, 『北方文物』 1995-3.
- 周向永·趙俊偉·李亞冰, 1996, 「遼寧開原境內的高句麗城址」, 『北方文物』 1996-1.
- 余昊奎, 1999, 『高句麗 城』 Ⅱ(遼河流域篇), 國防軍史硏究所.
- 周向永·王兆華, 2001, 「遼寧鐵嶺張樓子山城調査」, 『北方文物』 2001-2.
- 李龍彬, 2008, 「鐵嶺境內高句麗山城的幾個問題」, 『東北史地』 2008-4.
- 國家文物局, 2009, 『中國文物地圖集』 遼寧分冊, 西安地圖出版社.
- 周向永·許超, 2010, 『鐵嶺的考古與歷史』, 遼海出版社.
- 魏存成, 2011, 「中國境內發現的高句麗山城」, 『社會科學戰線』 2011-1.

02 개원 용만산성
開原 龍灣山城

1. 조사현황

2009년 춘계 전국 제3차 문물조사기간에 開原市 靠山鎭 龍灣村 용만소학교에서 소형 산성 유적을 발견하였음.

2. 위치와 자연환경

○ 開原市 靠山鎭 龍灣村 동쪽 용만소학교에 위치함.
○ 柴河 연안 충적평원의 북측 하안 대지에 위치함.

3. 성곽의 전체현황

산성의 규모는 동서 너비는 80m, 남북 길이 약 210m로 아주 작음.

4. 성벽과 성곽시설

1) 성벽
성지는 토축인데, 남, 서, 북 3면의 성벽은 보존상태가 비교적 좋으며, 동벽은 이미 허물어졌음.

2) 성곽시설
성문은 서벽의 남부 쪽에 하나 있음.

5. 성내시설과 유적

성내 서남 모서리에서 저수지 흔적이 확인됨.

6. 출토유물

성내에서 고구려시기의 승문 기와편이 발견되었음.

7. 역사적 성격

용만산성은 송요대평원에서 沙河 유역을 경유해 柴河 연안으로 진입하는 길목에 위치. 더욱이 柴河 상류를 통해서는 남쪽의 汎河나 북쪽의 淸河뿐 아니라 渾河 상류나 휘발하 일대로도 나아갈 수 있음. 이러한 점에서 용만산성은 송요대평원에서 沙河와 柴河 연안을 거쳐 고구려 경내로 신입하는 전략적 요충지에 위치했다고 할 수 있음. 용만산성 내부에서는 고구려시기의 승문 기와편이 발견되었다고 하므로 고구려 성곽임은 분명함.

이에 용만산성의 성격을 鐵嶺 경내 고구려 산성의

분포양상을 통해 파악하기도 함. 즉 철령 경내의 고구려 산성은 동북에서 서남 방향으로 배열되어 있는데, 가장 동쪽에 서풍 성자산산성이 포진해 있고, 서남 방향으로 개원 고성자산성, 마가채산성, 최진보산성과 청룡산산성(장루자산성) 등이 차례로 배치되어 있음. 다만 용만산성을 발견하기 전에는 고성자산성과 마가채산성의 거리가 다소 멀었으나, 용만산성의 발견으로 이를 메꾸게 되었다고 함. 즉 용만산성의 발견으로 인해 遼北지역 고구려 산성이 거의 비슷한 간격으로 균일하게 배치된 양상을 파악할 수 있게 되었다는 것임.

한편 용만산성과 같은 고구려시기의 소형 성곽은 종전에도 많이 발견된 바 있음. 桓仁 四道河子鄕 馬鞍山城은 전체 둘레 약 400m인 석축 산성인데, 용만산성과 비교하면 구조 및 축조 재료와 차이가 있음. 이는 축조 연대와 관련이 있을 가능성이 큼. 그렇다면 용만산성처럼 규모가 작은 소형 성곽도 존재했을 것으로 상정할 수 있다는 것임. 용만촌에서 멀지않은 肖家崴子村에서 일찍이 적석묘 여러 기와 석관묘 한 기가 발견된 적이 있는데 이 일대에 거주했던 고구려인과 관련된 것인지 여부는 계속 탐구해야할 문제임.

용만산성은 마가채산성과 함께 沙河–柴河 유역에 배치된 소형 산성으로서 남쪽의 철령 최진보산성과 마주하며 마치 세발 솥(鼎足)의 형세로 배열되어 있다는 점에서 최진보산성을 배후에서 방어하던 성곽이었을 것으로 파악함. 즉 고구려 후기에 서남 방면에서 진격해오던 당군을 방어하기 위해 축조한 성곽이라는 것임(周向永·許超, 2010).

참고문헌

• 周向永·許超, 2010, 『鐵嶺的考古與歷史』, 遼海出版社.

03 개원 용담사산성
開原 龍潭寺山城 | 龍潭山城

1. 조사현황

○ 1927년 10월, 일본인 八木奘三郞이 威遠堡 일대의 유적과 함께 龍潭寺와 烽火臺를 조사한 바 있음.
○ 1962년 4월 開原縣 문물보호단위로 지정됨.
○ 1980년대 이래 철령시 문물관리소에서 여러 차례 조사한 바 있음.
○ 1984년 철령시 문물보호단위로 공포됨.
○ 1988년 12월 요령성 문물보호단위로 공포됨.

2. 위치와 자연환경(그림 1~그림 3)

1) 지리위치

○ 개원시 동북쪽 威遠堡鄕 陳家村에서 남쪽으로 0.5km 떨어진 용담산에 위치하는데, 威遠堡鄕의 소재지인 龍王嘴村 북쪽에 해당함.
○ 성 안에는 현재 '七鼎龍潭寺'가 있음.

2) 자연환경

○ 산성 동측에서 약 1.5km인 곳에서 寇河가 동북쪽에서 서남쪽으로 흘러 淸河에 유입됨. 寇河는 大黑山脈과 吉林哈達嶺山脈 산간지대에서 발원하여 서풍과 위원보 일대를 지나 노성진에서 淸河와 합류한 다음, 개원시 북쪽을 에돌아 요하에 유입됨.
○ 산성의 동, 서, 북쪽 3면은 7개의 산봉우리에 둘러싸여 있으며, 남쪽은 寇河 하곡 평원지대로 지세가 비교적 개활함. 용담사산성에 올라서면 서남쪽으로는 광활하게 펼쳐진 송료대평원, 동북쪽으로는 寇河 연안을 따라 기다랗게 이어진 충적평지가 한눈에 들어옴. 寇河

그림 1 용담사산성 위치도 1

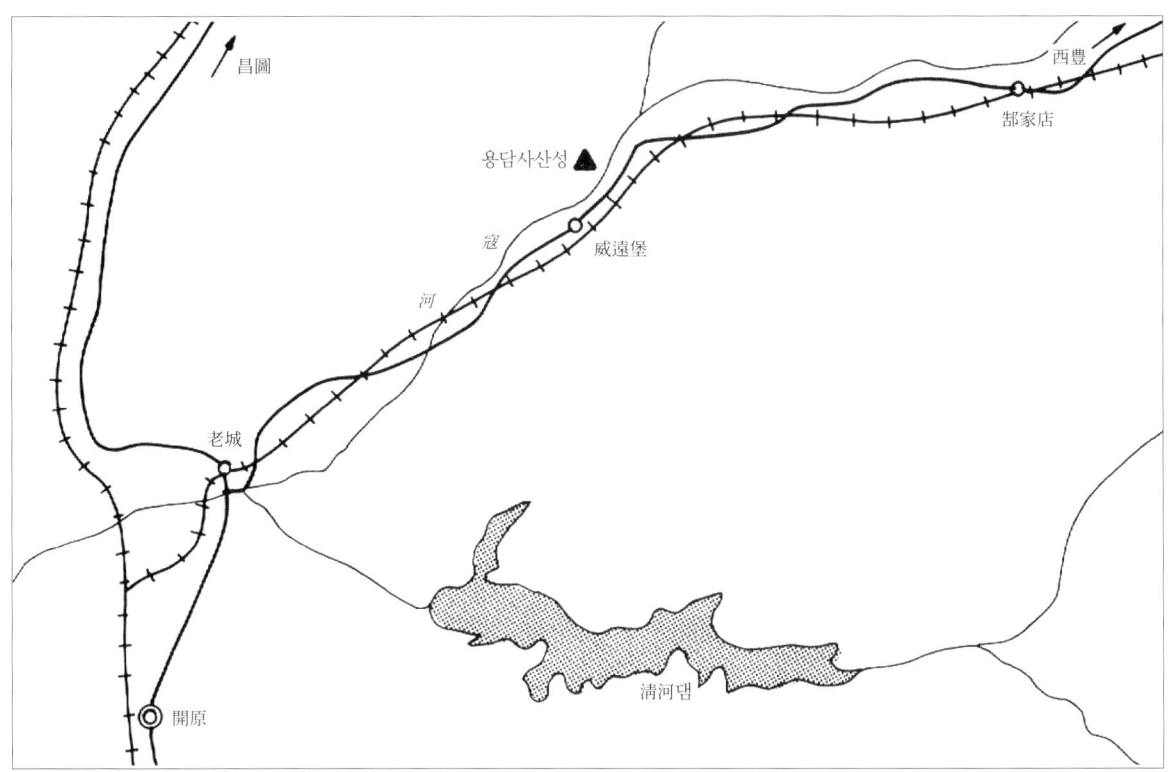

그림 2 용담사산성 위치도(35만분의 1)(여호규, 1999, 385쪽)

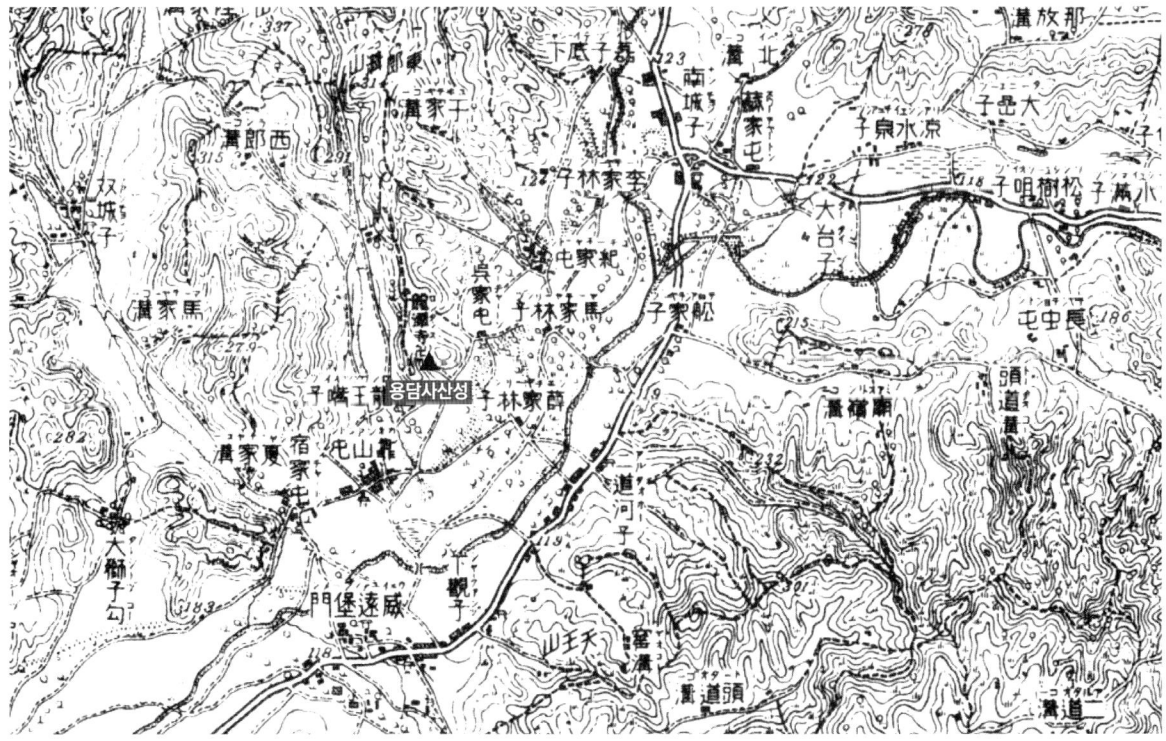

그림 3 용담사산성 주변 지형도(滿洲國 10만분의 1 지형도)

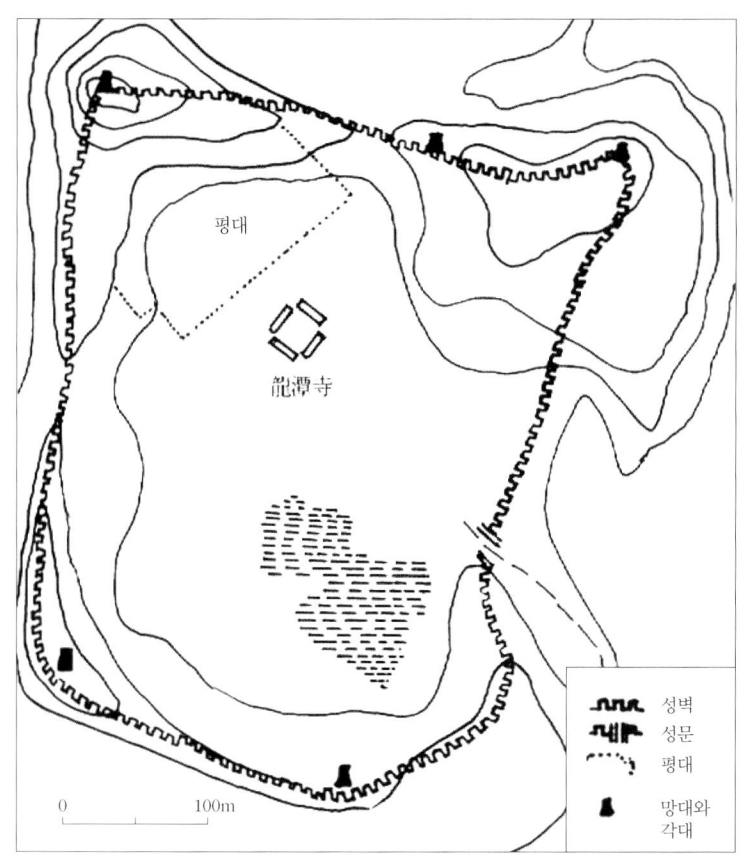

그림 4 용담사산성 평면도
(周向永·趙俊偉·李亞冰, 1996, 38쪽)

중상류의 충적평지는 東遼河와의 분수령 직전까지 이어져 있으며, 또한 동남쪽으로 소지류와 야트막한 구릉을 통해 淸河 연안의 충적평지와 이어져 있음. 淸河 연안의 충적평지는 다시 남쪽으로 柴河·汎河 연안의 충적평지와 종횡으로 연결되어 있음.

○ 위원보 일대는 송료대평원에서 吉林哈達嶺山脈으로 나아가는 여러 교통로 가운데 가장 북쪽 진입로의 길목으로, 동요하 방면뿐만 아니라 남쪽의 淸河·柴河·汎河 연안으로도 나아갈 수 있는 요충지임.

3. 성곽의 전체현황(그림 4)

○ 산성은 성곽 내부를 감싼 7개 산봉우리와 산등성이를 연접해서 축조했음. 또한 산줄기로 이어지는 서북쪽을 제외한 사면 전체가 寇河와 그 지류 연안의 충적평지와 잇닿아 있음.

○ 산성의 바깥쪽은 절벽에 가까울 정도로 경사가 가파르고, 산등성이 안쪽 경사면은 완만한 편이며, 성 중앙에는 평탄한 평지가 비교적 넓게 자리 잡고 있음.

4. 성벽과 성곽시설

1) 성벽

○ 성벽은 성 내부를 감싼 7개 산봉우리와 그것을 잇는 산등성이를 따라 축조했는데, 전체 둘레는 약 1,450m 임(周向永·趙俊偉·李亞冰, 1996).[1]

---

1   전체 둘레 약 1.2km(王禹浪·王宏北, 1994), 동벽 길이 약 150m, 서벽 길이 약 150m, 남벽 길이 210m, 북벽 길이 약 490m로 전체 둘레는 약 1,000m(曹桂林·王鐵軍, 1994) 등으로 파악하기도 함.

○ 성벽 잔고는 약 2.5m, 윗너비는 1.5m 전후임.
○ 무너진 성벽 구간을 보면 성벽은 깬돌(碎石)과 마사토(山皮土)를 섞어 축조하였음. 다만 서벽 남쪽의 허물어진 단면에는 깬돌(碎石)은 없고 황색의 사질토만 노출된 것으로 보아 흙만 盛土하여 쌓은 것으로 추정되며, 동문 양측에는 원래 석벽이 있었다고 함.
○ 성벽 축조방식은 기본적으로 마사토와 잡석을 섞어 쌓은 토석혼축이지만, 지형조건에 따라 토벽이나 석벽을 축조하기도 하였던 것으로 파악됨.[2]

2) 성곽시설

(1) 성문
○ 성문은 산성의 동쪽 입구(계곡 입구)에만 하나 있는데, 너비는 약 7m.
○ 성문은 자연적으로 뻗어나간 산줄기를 따라 만들었음. 원래 성문 양측에 돌로 축조한 높은 성벽이 있었으나, 지금은 남아 있지 않고 흙으로 다진 벽심(墻心)만 남아 있음.
○ 동문은 산성 내부를 감싸는 두 갈래의 산줄기가 합쳐졌다가 나팔관처럼 다시 벌어지는 병목 지점에 위치하였음. 즉 동문 남북의 산봉우리에서는 동문과 동문의 바깥을 향해 각각 두 갈래의 산등성이가 뻗어 있는데, 동문으로 뻗은 산등성이는 동문 양측에서 만나 협곡을 이루고 있으며, 바깥쪽으로 뻗은 산등성이는 동문 앞쪽의 골짜기 입구를 감싸고 있음. 그리하여 동문은 자연지세상 옹성 구조를 이루게 되었음. 실제 동벽 남단에서 바깥쪽으로 뻗은 산등성이에 토석혼축 성벽을 축조한 것으로 보아 자연지형을 이용하여 동문의 방어력을 증강하였던 것으로 추정됨.

---

2 성벽의 축조방식에 대해 土城(王禹浪·王宏北, 1994), 石城(周向永, 1994), 토석혼축(曹桂林·王鐵軍, 1994 ; 周向永, 1994 ; 周向永·趙俊偉·李亞冰, 1996) 등으로 파악하기도 함.

(2) 망대
○ 성벽 모서리 안쪽의 산봉우리에 6개의 망대 시설이 남아 있음.
○ 망대는 대체로 원형 또는 타원형인데, 동남 모서리의 망대가 직경 28m로 가장 크고, 그 밖에 다른 망대는 직경 10~16m 전후임.
○ 망대가 위치한 곳은 모두 특별히 험요한 곳임.

5. 성내시설과 유적

1) 회곽도(盤道)
○ 성벽의 안쪽에는 회곽도가 둘러져 있음(曹桂林·王鐵軍, 1994).
○ 산세가 험준한 곳에는 축조하지 않았음.
○ 회곽도의 너비는 균등하지 않지만, 평균 너비 약 4m 임(周向永·趙俊偉·李亞冰, 1996).

2) 平臺
○ 서벽 안쪽 산비탈에 5개의 계단상 평대를 축조하였음. 각 층의 臺面은 모두 평평하고 가지런함. 인공적으로 다듬은 흔적이 역력함.
○ 평대 아래는 낮은 산과 성 내부의 평지이며, 가장 높은 평대에서는 성내 모서리까지 한눈에 들어옴. 평대 각 층의 길이는 약 30m, 너비는 약 10m.
○ 평상시에는 兵馬를 훈련시키는 곳으로 사용하였을 것으로 추정됨.

3) 저수지
○ 성내 동남쪽 가까이에 저수지 2곳이 있는데, '龍潭'이라고 부름(曹桂林·王鐵軍, 1994).
○ 조롱박 모양을 띠며 동서로 서로 연결되어 있음. 동측 저수지는 동벽 가까이 있는데 원래 배수로(泄水孔道)가 있어 성 바깥으로 바로 통함(周向永·趙俊偉·李

亞冰, 1996).

4) 배수로(排水涵洞; 水道)
성문(동문) 아래에 돌로 쌓은 水道가 있어 성내의 고인 물을 성 바깥으로 배출함. 배수로 입구(洞口)는 3매의 판석을 연결해서 만들었는데, 입구의 너비 1m, 높이 1.2m임. 성문 바깥의 'S'자형 산길 서단 북측에 배수로가 있음(曹桂林·王鐵軍, 1994).

5) 참호
동벽 남단 성벽 안쪽에 참호와 비슷한 시설이 기다랗게 파여 있음.

6. 출토유물

용담사산성 내에서 출토한 유물로는 붉은색의 능형격자문 암키와편이 있고, 배수로에서 철제칼(鐵刀; 鐵削), 철제화살촉(鐵鏃) 등이 출토됨(曹桂林·王鐵軍, 1994).

7. 역사적 성격

용담사산성은 철령 청룡산산성, 개원 마가채산성, 개원 고성자산성 등 요하 상류 일대 고구려산성과 여러 측면에서 유사함. 입지조건을 보면 이들은 송료대평원에서 요하 지류로 진입하는 길목에 위치하였을 뿐 아니라, 하천과 나란히 달리던 산줄기에서 하천 연안의 충적평지 쪽으로 돌출한 지형에 자리잡고 있음. 그리고 축성방식에 있어서도 지형조건에 따라 토벽과 토석혼축성벽 등을 다양하게 구사하였음. 그러므로 용담사산성은 요하 상류 일대의 다른 고구려산성과 비슷한 시기에 축조되었고, 성격과 기능도 유사하였을 것으로 추정됨.

입지조건을 볼 때 용담사산성은 송료대평원에서 寇河 연안으로 진입하는 전략적 요충지를 방어하기 위해 축조되었다고 추정됨. 용담사산성이 위치한 위원보 일대는 大黑山脈 서남단과 吉林哈達嶺山脈 서북단의 교차지점으로서 송료대평원에서 吉林哈達嶺으로 나아가는 교통로 가운데 가장 북쪽 진입로의 길목임. 이곳에서 寇河 연안로를 거슬러 東遼河 방면으로 나아갈 수 있을 뿐 아니라, 소지류에 의해 종횡으로 연결된 충적평지를 따라 남쪽의 清河·柴河·汎河 연안으로도 진입할 수 있음. 따라서 용담사산성은 요하 상류의 송료대평원에서 寇河로 진입하는 전략적 요충지를 방어하기 위한 군사방어성이었다고 추정됨. 실제 위원보 일대는 명·청대에도 요하 상류 일대에서 가장 중요한 군사중진이었음(여호규, 1999).

이에 용담사산성은 철령, 개원, 서풍 등 요하 좌안에 남북으로 분포한 고구려 산성과 함께 한 줄의 전략방어선을 구성하는 것으로 파악함(曹桂林·王鐵軍, 1994). 특히 용담사산성은 寇河와 葉赫河가 만나는 곳에 위치하는데, 중소형 성곽으로 주변의 대형성곽과 상호 호응하며 군사적 지원을 주고받았을 것으로 추정하기도 함. 즉 용담사산성은 규모가 비슷한 마가채산성이나 고성자산성 등과 함께 요하 상류 동안의 대형 성곽인 철령 최진보산성이나 서풍 성자산산성과 밀접한 방어체계를 이루었을 것이라는 것임(周向永·趙俊偉·李亞冰, 1996).

한편 용담사산성은 둘레 1,450m로 서풍 성자산산성, 철령 최진보산성 등의 대형산성보다 한 등급 아래인 중형산성으로 분류할 수 있지만, 주거용 공간은 비교적 넓은 편임. 성 중앙에는 사찰이 건립될 정도로 평탄한 대지가 있으며, 산등성이 안쪽 경사면에도 계단상 대지를 만들어 주거용 공간으로 활용하였음. 따라서 용담사산성도 다른 고구려산성처럼 군사방어뿐 아니라 지방지배를 위한 거점성으로 기능하였다고 추정하기도 함. 용담사산성은 송료하대평원에서 寇河로 진입하는 전략적 요충지를 방어하는 군사중진이자 寇河 연안 일대를 지배하기 위한 지방 거점성이라는 것임(余昊奎, 1999).

참고문헌

- 八木奘三郎, 1929, 「開豊線の龍潭寺及威遠山邊門地」, 『續滿洲舊蹟志』, 南滿洲鐵道株式會社.
- 陳大爲, 1988, 「遼寧高句麗山城初探」, 『中國考古學會 第五次年會論文集』, 文物出版社.
- 王綿厚, 1994, 「鴨綠江右岸高句麗山城硏究」, 『遼海文物學刊』 1994-2.
- 王禹浪·王宏北, 1994, 『高句麗渤海古城址硏究匯編』(上), 哈爾濱出版社.
- 曹桂林·王鐵軍, 1994, 「鐵嶺境內五座高句麗山城簡介」, 『遼海文物學刊』 1994-2.
- 周向永, 1994, 「龍潭寺及龍潭山城」, 『文化博覽』 1994-9.
- 周向永, 1994, 中國考古集成編委會, 『中國考古集成』 東北卷 兩晉至隋唐(二), 哈爾濱出版社.
- 馮永謙, 1994, 「高句麗城址輯要」, 『北方史地硏究』, 中州古籍出版社.
- 陳大爲, 1995, 「遼寧高句麗山城再探」, 『北方文物』 1995-3.
- 周向永·趙俊偉·李亞冰, 1996, 「遼寧開原境內的高句麗城址」, 『北方文物』 1996-1.
- 余昊奎, 1999, 『高句麗 城』 Ⅱ(遼河流域篇), 國防軍史硏究所.
- 王綿厚, 2002, 『高句麗古城硏究』, 文物出版社.
- 李龍彬, 2008, 「鐵嶺境內高句麗山城的幾個問題」, 『東北史地』 2008-4.
- 國家文物局, 2009, 『中國文物地圖集』 遼寧分冊, 西安地圖出版社.
- 周向永·許超, 2010, 『鐵嶺的考古與歷史』, 遼海出版社.
- 魏存成, 2011, 「中國境內發現的高句麗山城」, 『社會科學戰線』 2011-1.

04 개원 고성자산성
開原 古城子山城 | 八棵樹城子山城 | 八棵樹高力城

1. 조사현황

○ 1951년 대홍수시에 서쪽 골짜기 입구 배수구 부근 성벽이 허물어짐.
○ 1980년대 이래 철령시 문물관리소에서 여러 차례 조사함.
○ 1984년 7월 22일 개원현 문물보호단위로 공포됨.
○ 1985년 9월 1일 철령시 문물보호단위로 공포됨.

2. 위치와 자연환경(그림 1~그림 3)

1) 지리위치

○ 開原市 八棵樹鄕(舊 八棵樹鎭) 동쪽 7.5km 古城子村 동북쪽 100m의 산에 위치함. 남쪽으로 淸河와 1.5km 떨어져 있으며, 북쪽으로 淸河의 지류인 阿拉河와 2.5km 떨어져 있음.
○ 阿拉河는 동에서 서로 흐르다가 淸河에 유입되며, 고성자산성은 두 하천이 만나는 곳의 구릉산지 서단에 있어 중요한 위치에 자리하고 있음.

2) 자연환경

○ 고성자산성의 서쪽으로는 충적평원이 펼쳐져 있는데, 남북 양쪽의 淸河와 그 지류인 阿拉河 연안에도 충적평지가 기다랗게 펼쳐져 있음.
○ 淸河와 阿拉河는 산성이 위치한 동서 방향의 산줄기를 휘감으면서 나란히 서류하다가 산성 서쪽 3~4km 지점에서 합류한 다음 서쪽으로 흘러나감. 그리

그림 1 고성자산성 위치도 1

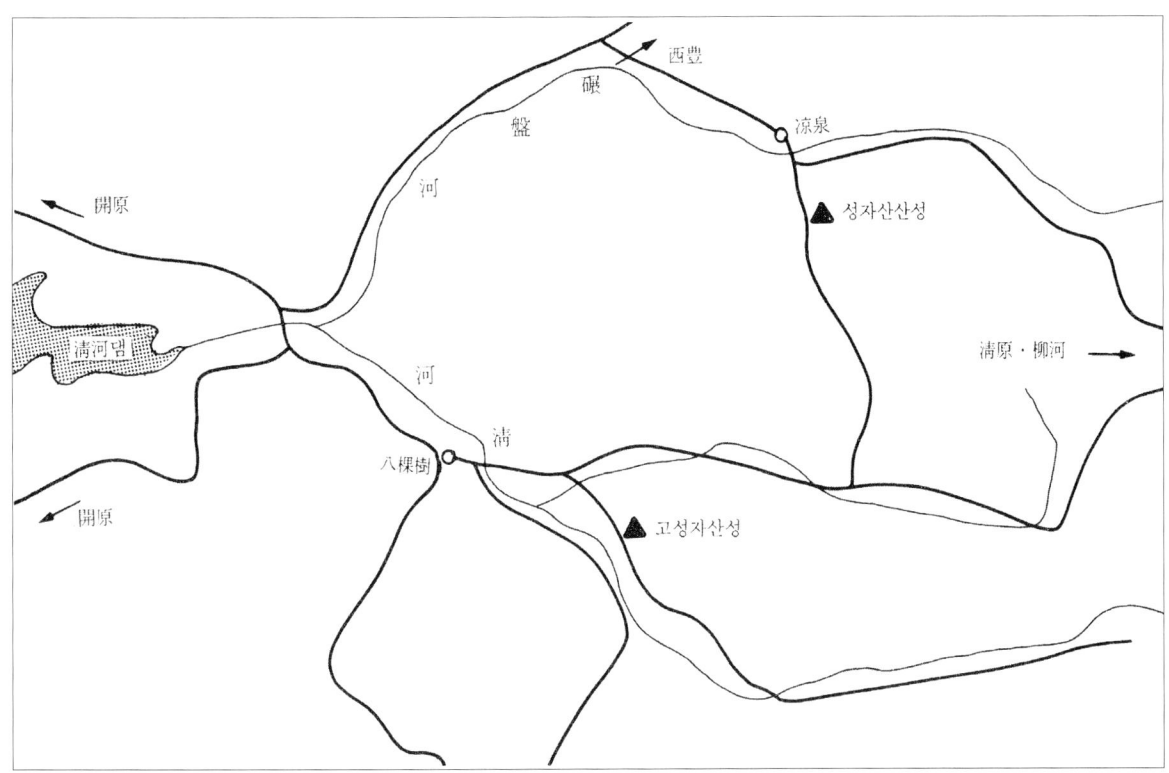

그림 2 고성자산성 위치도 2(35만분의 1)(여호규, 1999, 377쪽)

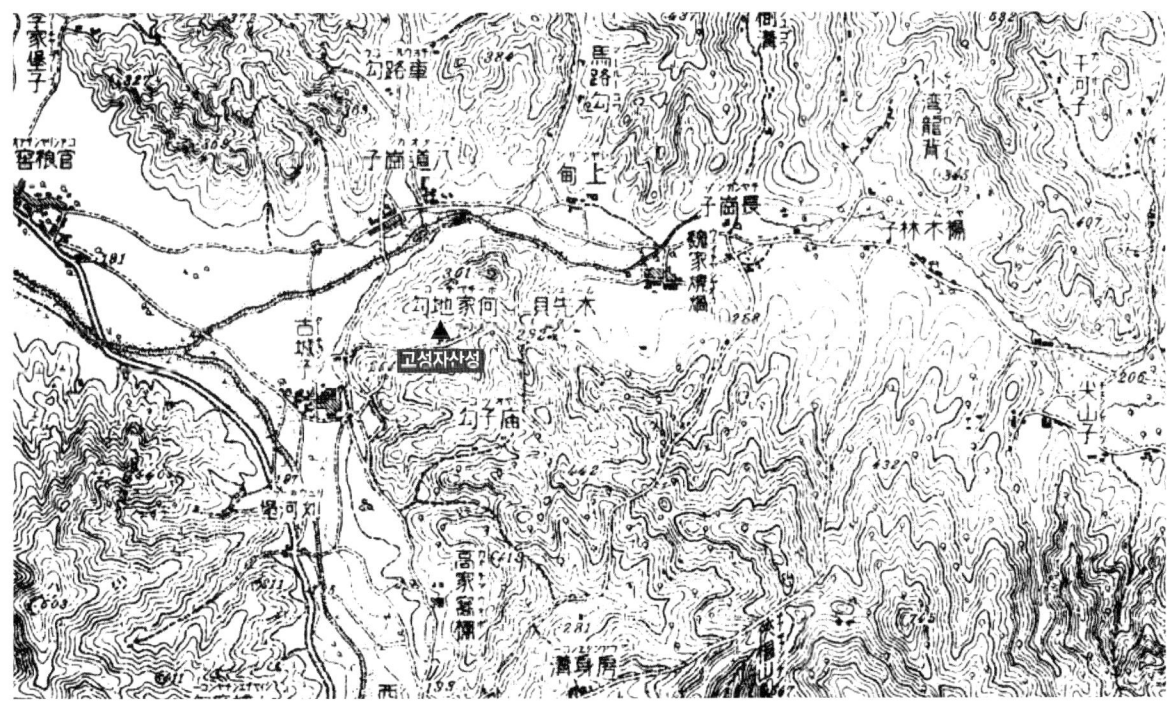

그림 3 고성자산성 주변 지형도(滿洲國 10만분의 1 지형도)

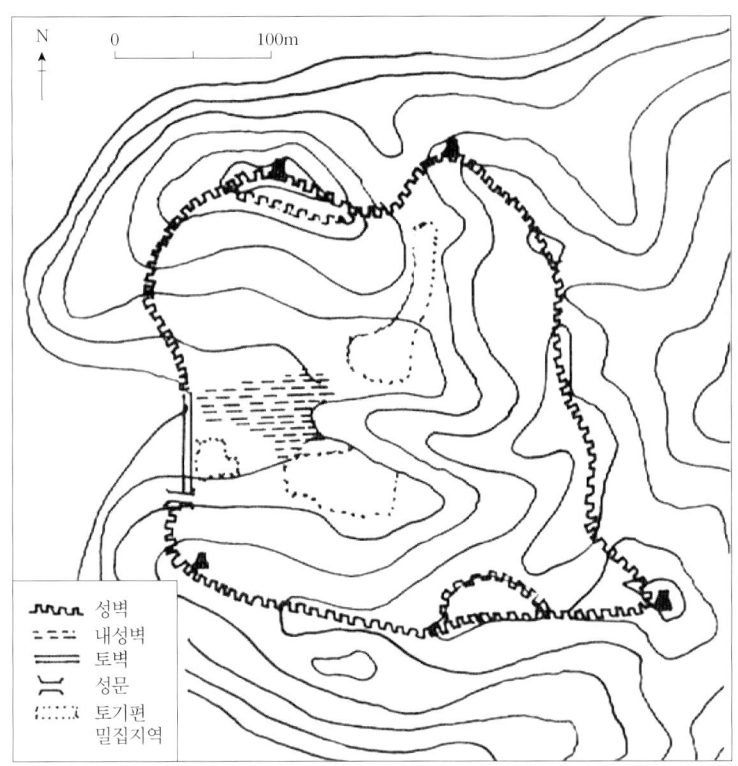

그림 4 고성자산성 평면도
(周向永·趙俊偉·李亞冰, 1996, 37쪽)

고 팔과수향 소재지 서쪽 7km 지점에서 서남류하던 碾盤河와 합류하여 큰 하천을 이룬 다음 다시 서쪽으로 흘러나가고 있음. 현재 淸河와 碾盤河 합류 지점 서쪽에는 개원-청원 간 도로의 소피둔 다리가 있음. 淸河 하류에는 淸河댐이 건설되었는데, 소피둔 다리 직전 지점까지 수몰되었음.

○ 고성자산성 서쪽 일대는 淸河와 阿拉河, 淸河와 碾盤河의 합류지점으로서 淸河 중상류 일대 가운데 충적평지가 가장 넓게 발달한 지역임. 그리고 송요대평원에서 淸河를 거슬러오다가 淸河 본류를 비롯하여 碾盤河와 阿拉河 등 여러 방면으로 교통로가 갈라지는 분기점이기도 함. 특히 고성자산성에서 淸河 상류를 거쳐 동남쪽으로 나아가면 渾河·揮發河·淸河의 분수령인 淸原·柳河의 경계지역이 나옴.

3. 성곽의 전체현황(그림 4)

○ 고성자산성의 모습은 멀리서 조망하면 覆頭 같고, 정상부는 평탄함.
○ 성벽은 산등성이를 따라 구축하였는데, 서쪽이 트인 반원형의 산골짜기를 감싸 안고 있음. 전체 둘레는 약 1,100m임.

4. 성벽과 성곽시설

1) 성벽

○ 성벽은 골짜기를 감싼 산등성이를 따라 축조하였는데, 전체 길이는 약 1,100m임. 움푹 패인 곳에는 흙을 채워 평평하게 다지는 등 여러 산봉우리를 연이어 성벽을 축조하였음.
○ 성벽 축조방식은 일반적으로 마사토(山皮土)와 깬돌(碎石)을 섞어 축조한 토석혼축으로 보지만, 토축으

로 파악하기도 함(王禹浪·王宏北, 1994).

2) 내성(小城 ; 花園)
○ 남벽과 북벽의 안측에는 각기 작은 내성(小城)이 있는데, 현지 주민들은 '南·北 花園'이라고 부름. 내성은 산등성이 바깥으로 돌출한 자연 산세를 이용해 바깥으로 돌출한 성벽 내측에 내벽(內墻)을 보축하여 만들었음. 이는 지형을 최대한 이용하기 위해 산봉우리 안팎에 모두 성벽을 축조한 것임. 이러한 종류의 시설은 산성의 방어와 관련 있음.
○ 남측의 내성은 동서 길이 56m, 남북 최대 너비 14m임.

3) 성곽시설

(1) 성문
서쪽 골짜기 입구에 위치한 제방의 남단과 남측 골짜기 입구의 산기슭 사이에 성문(서문)이 남아 있음. 성문 폭은 약 5m이고 방향은 265도임.

(2) 인공제방(攔水壩)
○ 서쪽 골짜기 입구에 인공적으로 커다란 제방을 쌓았는데, 길이 60m, 높이 12m에 달함. 제방은 남북방향의 골짜기 입구를 횡단하고 있음.
○ 1951년 대홍수가 발생했을 때 골짜기 입구에 있는 제방이 유실되었는데, 2000년대 초까지도 약 10m의 트인 곳이 남아 있었음. 2013년에 범람으로 유실된 부분을 메우고, 원제방의 내외벽을 덧쌓아 원형을 많이 상실함.
○ 제방의 구조 : 트인 곳(豁口)에서 제방의 구조를 선명하게 확인할 수 있는데, 황살색 사질토와 흑갈색 泥土를 번갈아가면서 층층이 축조했음. 제방 단면은 사다리꼴로 기초부 너비는 15m, 트인 곳의 높이는 5m.
○ 대홍수로 제방이 유실된 후 인공제방 아래에서 잘 다듬은 커다란 石條를 발견하였는데, 제방 아래에 배수로를 만들 때 사용한 석재로 추정됨.

(3) 성벽 안쪽의 구덩이
○ 성벽 안쪽에는 8~10m 간격으로 얕은 원형구덩이(淺坑)가 배열되어 있는데, 長條形으로 깊이는 0.5~0.7m, 직경은 1m 정도임.
○ 소성의 내벽을 제외한 모든 성벽에서 발견되었는데, 북벽의 것이 보존상태가 가장 좋음.

(4) 배수로(孔涵), 배수구, 수도
○ 골짜기 입구를 가로막고 있는 큰 제방 아래에 물이 흘러가는 배수로(孔涵)가 있으며 큰 제방 안팎 양측에 인공적으로 축조한 배수구가 있음.
○ 성내의 배수구(水道口)는 현지에서 나오는 산돌로 쌓아 만들었음. 배수구는 장방형으로 길이 40cm, 너비 37cm.
○ 성벽 외측 배수구는 돌로 쌓았는데, 성내 배수구와 직선으로 연결되지 않고 약간 북측에 위치함. 배수구의 너비 0.7m, 높이 1m. 1990년대 조사 당시에도 성내의 샘물이 이 배수로를 통해 성 바깥으로 흘러나갔음.

(5) 망대
○ 성벽 모서리 4곳에 망대를 설치하였음.
○ 많이 허물어져 작은 흙무더기(土包)로 남아 있음.
○ 규모 : 잔고 0.5~0.8m, 직경 1.5~2m.

5. 성내시설과 유적

1) 건물지
산성 내부에서 기와편이 다량 출토되는 것으로 보아 건물이 있었을 것으로 추정됨. 특히 서쪽 골짜기 인공제방 안쪽 대지에 기와편이 다량 산포되어 있는 것으로 보아 이 부근에 주요 건물지가 있었을 것으로 추정됨.

2) 저수지

○ 서벽 안쪽에 위치함. 1990년대 조사 당시에는 말라 있었음.

○ 평면은 불규칙한 타원형임. 못 가장자리를 돌로 쌓은 흔적은 발견되지 않았음. 저수지에 형성된 웅덩이 흔적으로 보아 원 면적은 약 400m² 정도였을 것으로 추정됨.

○ 2013년 서쪽 제방을 보수하고 저수지 가장자리에 시멘트로 호안시설을 축조하여 깊이 5m 내외의 인공 저수지를 새롭게 조성함.

3) 회곽도(盤道)

○ 성벽 안쪽을 따라 회곽도를 한 바퀴 조영하였는데, 성문과 연결됨.

○ 현재는 흔적만 확인할 수 있을 뿐이지만, 길이 약 40m, 너비 8~10m의 한 구간이 남아 있음. 현재는 허물어져서 농지로 사용되고 있음.

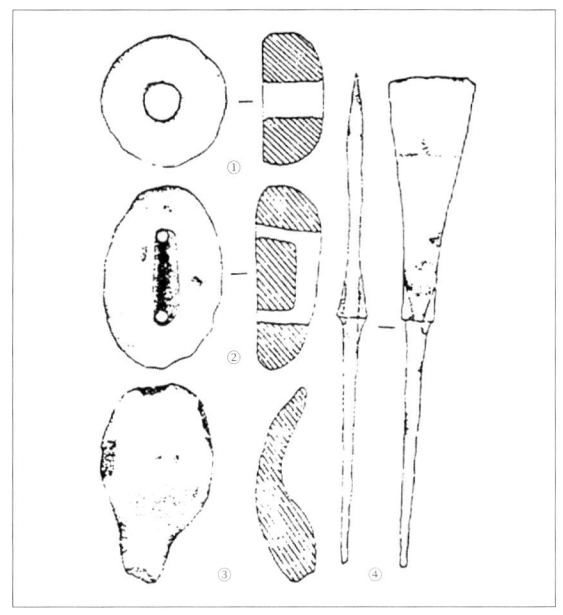

그림 5 고성자산성 출토유물(周向永·趙俊偉·李亞冰, 1996, 38쪽)
1. 가락바퀴 2. 어망추 3. 숟가락 4. 화살촉(축척 1/2)

6. 출토유물

1) 철기

(1) 철제화살촉(鐵鏃, 그림 5-4)

○ 크기 : 전체 길이 14.2cm, 날 너비 2.6cm, 마디(節) 직경 0.9cm.

○ 형태 : 머리는 평평한 삽(도끼날) 모양(鏟形)이고 꼬리는 圓錐形. 머리와 꼬리가 서로 연결되는 곳에 凸모양의 마디(節)가 있음. 원추형의 꼬리는 경부(箭鋌)와 연결되어 있음.

2) 토제품

(1) 숟가락(陶匙, 그림 5-3)

○ 크기 : 숟가락 길이 5.5cm, 최대 너비 3.4cm, 손잡이 직경 1cm.

○ 형태 : 타원형의 짧은 손잡이가 있음. 손잡이의 단면은 원형임.

○ 태토 및 색깔 : 모래혼입 황갈색.

(2) 그물추(網墜, 그림 5-2)

○ 크기 : 최대 직경 5.3cm, 최소 직경 3.4cm, 구멍 직경 0.4cm, 홈 깊이 0.7cm.

○ 형태 : 타원형. 추의 몸체에 2개의 구멍이 뚫려있으며, 2개의 구멍 사이에 움푹 패인 홈이 있음.

○ 태토 및 색깔 : 모래혼입 황갈색.

(3) 가락바퀴(紡輪)(그림 5-1)

○ 크기 : 직경 3.8cm, 구멍 직경 1.2cm, 높이 1.8cm.

○ 형태 : 원형으로 중간에 구멍이 뚫려 있음.

○ 태토 및 색깔 : 모래 섞인 홍갈색 태토.

3) 기와

○ 고구려시기의 전형적인 붉은색 기와편이 다량 출토

되었음.
○ 능형격자문(菱格文), 승문(繩文)이 있는 암키와 편이 출토되었는데, 대부분 홍갈색 혹은 회갈색임.
○ 遼·金시기의 마포흔(布文)이 있는 기와가 출토됨.

4) 자기
遼金시기의 瓷片이 출토됨.

5) 석기

(1) 돌절구(石臼)
○ 출토지 : 고성자산성 성내 저수지 가까운 곳.
○ 크기 : 최대 길이 70cm, 너비 53cm. 중간에 함몰된 홈 직경 18cm, 깊이 11cm.
○ 형태 : 불규칙한 장방형.

7. 역사적 성격

고성자산성은 요하 상류 일대의 다른 고구려 산성에 비해 지류 안쪽으로 상당히 들어온 지점에 자리 잡고 있음. 철령 최진보산성과 청룡산산성을 비롯해 개원 마가채산성과 용담사산성 등이 송료대평원에서 요하 지류 연안으로 진입하는 길목에 위치한 반면, 고성자산성은 淸河에서 약 40km 정도로 들어온 중상류 지역에 자리 잡고 있는 것임. 그렇지만 이점만 제외하면 고성자산성은 요하 상류 일대 고구려산성과 여러 측면에서 유사함.

입지조건을 보면, 이들은 송료대평원에서 요하 지류로 진입하는 길목에 위치하였을 뿐 아니라, 하천과 나란히 달리던 산줄기에서 하천 연안의 충적평지 쪽으로 돌출한 지형에 자리 잡고 있음. 그리고 축성방식에 있어서도 지형조건에 따라 토벽과 토석혼축성벽 등을 다양하게 구사하였음. 그러므로 고성자산성은 요하 상류 일대의 다른 고구려산성과 비슷한 시기에 축조되었고, 성격과 기능도 유사하였을 것으로 추정됨.

입지조건을 볼 때 고성자산성은 송료대평원에서 요하의 지류로 진입하는 길목은 아니지만, 淸河의 여러 지류가 갈라지는 분기점 바로 안쪽에 자리잡고 있음. 특히 고성자산성에서 淸河 상류를 따라 동남쪽으로 가면 渾河, 輝發河의 분수령이 나오며, 이곳을 통해 압록강 중류일대로 나아갈 수 있음. 따라서 고성자산성은 송료대평원에서 淸河를 거쳐 渾河나 輝發河 일대로 나아가는 전략적 요충지를 방어하기 위해 축조하였다고 파악됨. 삼면이 淸河와 阿拉河라는 천연해자로 둘러싸여 있고, 산줄기에 잇닿은 동쪽을 제외하면 삼면이 급경사인 돌출지형이라는 사실 등은 고성자산성이 군사방어성임을 단적으로 보여줌(여호규, 1999).

특히 고성자산성은 阿拉河와 淸河 두 하천이 만나는 곳의 구릉산지 서단의 전략적 요충지에 위치하며, 주변의 대형성곽과 상호 호응하며 군사적 지원을 주고받았을 것으로 추정하기도 함. 즉 고성자산성은 규모가 비슷한 마가채산성이나 용담사산성 등과 함께 요하 상류 동안의 대형 성곽인 철령 최진보산성이나 서풍 성자산산성과 밀접한 방어체계를 이루었을 것이라는 것임(周向永·趙俊偉·李亞冰, 1996).

한편 고성자산성은 둘레 1.1km로 중소형산성으로 분류되지만 주거용 공간은 비교적 넓은 편임. 성 내부에는 동서 방향의 평탄한 골짜기가 두 갈래로 기다랗게 놓여 있고, 산등성이 안쪽 경사면도 완만하여 주거용 공간으로 활용할 수 있음. 성벽 안쪽 거의 전 구간에 병사용 주거지를 마련한 것으로 보아 내부 공간 가운데 상당 부분은 일반 주거용으로 활용하였을 것으로 추정됨. 연못을 중심으로 주변의 산비탈에서 토기편이 집중적으로 분포되어 있는 것은 이를 반영함. 특히 서벽 안쪽 대지에서 기와편이 대량 발견되는 것으로 보아 이 부근에 상당히 중요한 건물이 있었을 것으로 추정됨. 따라서 고성자산성은 송료대평원에서 淸河 상류 일대의 여러 소지류로 진입하는 전략적 요충지를 방어하는 군사적 기능과 함께 淸河 연안 일대를 지배하기 위한 지방 거점성의 기능을 동시에 수행하였다고 추정됨(余昊奎, 1999).

참고문헌

- 陳大爲, 1988, 「遼寧高句麗山城初探」, 『中國考古學會第五次年會論文集』, 文物出版社.
- 陳大爲, 1989, 「遼寧境內高句麗遺積」, 『遼海文物學刊』 1989-2.
- 王綿厚, 1994, 「鴨綠江右岸高句麗山城硏究」, 『遼海文物學刊』 1994-2.
- 王禹浪·王宏北, 1994, 『高句麗渤海古城址硏究匯編』(上), 哈爾濱出版社.
- 曹桂林·王鐵軍, 1994, 「鐵嶺境內五座高句麗山城簡介」, 『遼海文物學刊』 1994-2.
- 馮永謙, 1994, 「高句麗城址輯要」, 『北方史地硏究』, 中州古籍出版社.
- 陳大爲, 1995, 「遼寧高句麗山城再探」, 『北方文物』 1995-3.
- 周向永·趙俊偉·李亞冰, 1996, 「遼寧開原境內的高句麗城址」, 『北方文物』 1996-1.
- 余昊奎, 1999, 『高句麗 城』 Ⅱ(遼河流域篇), 國防軍史硏究所.
- 李龍彬, 2008, 「鐵嶺境內高句麗山城的幾個問題」, 『東北史地』 2008-4.
- 國家文物局, 2009, 『中國文物地圖集』 遼寧分冊, 西安地圖出版社.
- 周向永·許超, 2010, 『鐵嶺的考古與歷史』, 遼海出版社.
- 魏存成, 2011, 「中國境內發現的高句麗山城」, 『社會科學戰線』 2011-1.

제9부

서풍현(西豊縣) 지역의 성곽

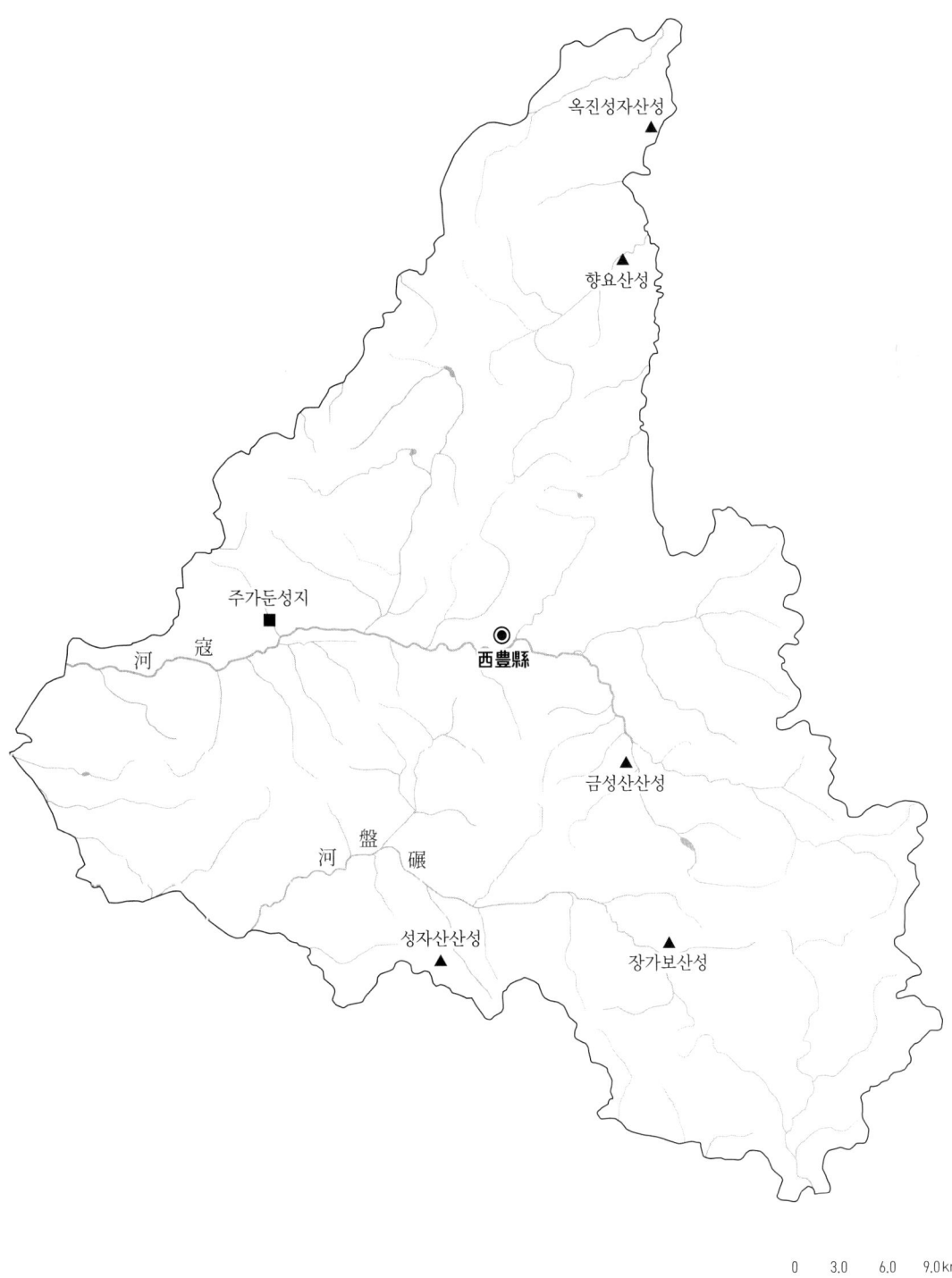

01 서풍 금성산산성
西豊 金星山山城 | 金星城址

1. 위치와 자연환경(그림 1)

西豊縣 동남쪽 金星鄕 金星村 북쪽 3里[1] 거리의 金星山에 위치.

2. 성곽의 전체현황

○ 평면은 정방형으로 둘레는 200m임.[2]
○ 성벽의 잔고는 2m이고, 북쪽에 성문이 하나 있음.

3. 출토유물

성내에서 泥質의 홍갈색 토기의 대상파수(橋狀耳), 마포흔이 있는 기와 등이 출토되었음.

4. 역사적 성격

金星山山城의 축조시기에 대해서는 고구려 성곽으로 보는 견해(馮永謙, 1994, 184쪽) 및 遼·金代 성곽으로

그림 1 금성산산성 위치도

---

[1] 國家文物局(2009), 343쪽에는 '1km'로 나옴.
[2] 國家文物局(2009), 343쪽에는 "평면은 방형으로 한 변의 길이 50m이고, 성벽은 토축으로 잔고 2m, 너비 3m이며, 북문이 있는데 성문 곁에는 길이 8m인 치성이 있다"고 나옴.

분류하는 견해(國家文物局, 2009, 343쪽) 등이 있음. 고구려시기의 성곽이라면 규모상 소형 보루로 추정됨. 성곽 내부에서 출토된 기와가 고구려시기에 해당한다면 지방지배의 역할도 담당하였을 가능성이 높음.

참고문헌

- 馮永謙, 1994, 「高句麗城址輯要」, 『北方史地研究』, 中州古籍出版社.
- 國家文物局, 2009, 『中國文物地圖集』 遼寧分冊(下), 西安地圖出版社.

02 서풍 성자산산성
西豊 城子山山城 | 凉泉子山城

1. 조사현황

1963년 9월 30일 遼寧省 文物保護單位로 지정됨.

1) 1973년 5월
遼寧省 文物調査隊에서 조사.

2) 1991년 9월
○ 조사자 : 鐵嶺市와 西豊縣 文物管理所의 周向永, 趙守利, 邢傑 등.
○ 조사내용 : 1970년대의 조사를 바탕으로 정밀조사를 실시하였음.
○ 발표 : 周向永·趙守利·邢傑, 1993, 「西豊城子山山城」, 『遼海文物學刊』 1993-2.

3) 1993년 10월
○ 조사기간 : 10월 5~7일.
○ 조사자 : 孟祥忠, 趙守利(西豊縣 文物管理所), 邢傑(西豊縣 文物管理所).
○ 조사내용 : 성자산산성 서남쪽의 토벽을 조사하였음.
○ 발표 : 孟祥忠, 1993, 「西豊城子山山城考」, 『瀋陽文物』 1993-2.

4) 2007~2008년
○ 조사기관 : 遼寧省 文物考古研究所.
○ 조사내용 : 서문, 수구문, 망대 등 발굴조사.

○ 발표 : 周向永, 2009, 「西豊城子山山城始建年代再考」, 『東北史地』 2009-2 ; 周向永·許超, 2010, 『鐵嶺的考古與歷史』, 遼海出版社.

2. 위치와 자연환경(그림 1~그림 3)

1) 지리위치
○ 遼寧省 西豊縣 凉泉鎭에서 남쪽으로 7.5km 떨어진 城子山에 위치하는데, 산성의 서북쪽 58km 거리에 西豊縣 소재지가 있음.
○ 산성이 위치한 城子溝 골짜기 입구에는 사슴농장이 있으며, 골짜기를 따라 남쪽으로 2km 정도 가면 성자산산성의 서쪽 입구가 나옴. 그리고 골짜기에 개설된 지방도로를 따라 남쪽으로 가면 開原市 林豊鄕을 거쳐 八棵樹鄕 古城子山城으로 나아갈 수 있음.
○ 성자산산성은 하천 연안로를 따라 淸河 유역, 북쪽으로 寇河, 남쪽으로 柴河·汎河 일대까지 나아갈 수 있음. 특히 碾盤河 상류 쪽으로는 吉林哈達嶺山脈을 넘어 輝發河·渾河의 분수령 일대로 진입 가능함. 성자산산성은 비록 험준한 산줄기에 자리 잡고 있지만, 하천 연안로를 통해 사방으로 나아갈 수 있는 교통로상의 요충지에 위치.

2) 자연환경
○ 산성이 자리 잡은 성자산은 해발 760.3m로 상당히

그림 1 성자산산성 위치도 1

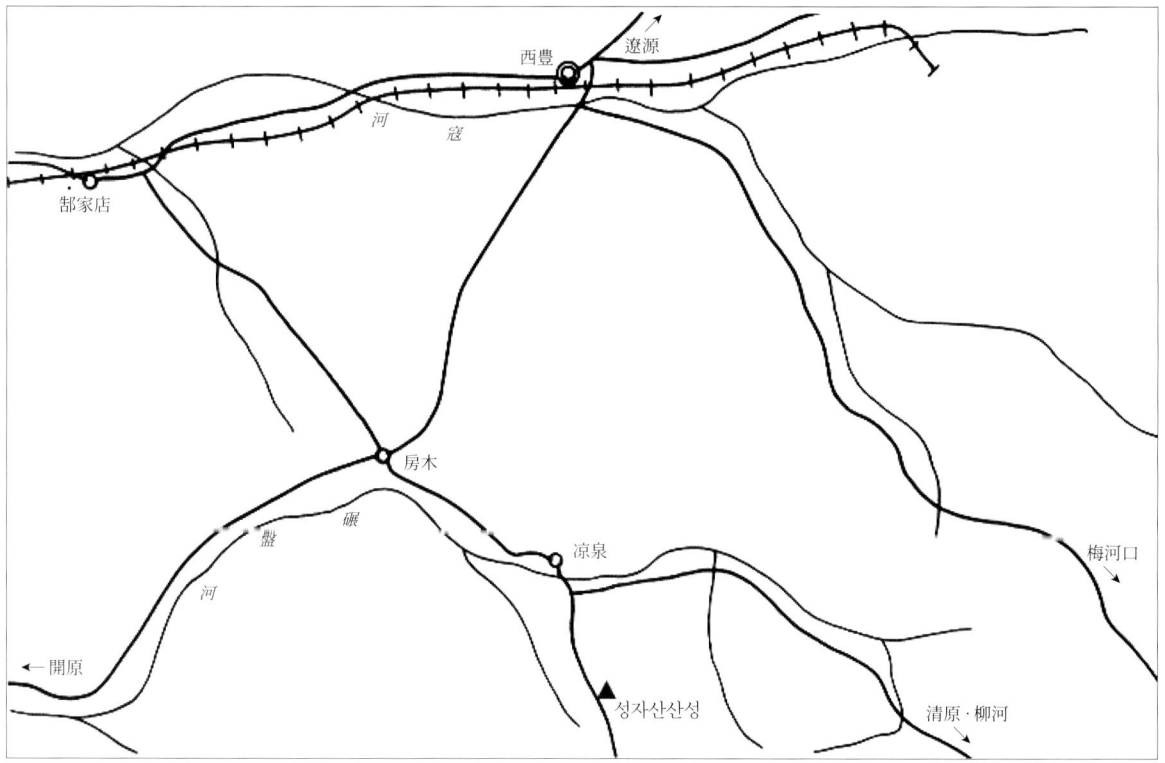

그림 2 성자산산성 위치도 2(35만분의 1, 1999, 392쪽)

험준함. 성자구 건너편에는 18개의 봉우리로 이어진 산등성이가 남북으로 기다랗게 뻗어 있음.
○ 산성의 동·남·서 삼면으로는 험준한 산줄기가 이어짐. 산성의 동쪽과 서쪽에는 楡樹川과 城子溝라는 골짜기가 남북 방향으로 길게 놓여 있고, 골짜기 안에는 계절성 하천이 북류하여 碾盤河로 흘러들고 있음.

○ 성자산산성이 자리한 곳은 淸河의 지류인 碾盤河 중류 연안임. 성자산산성의 북쪽을 지나가는 碾盤河 중류 연안에는 폭 1~2km, 길이 수십 km의 충적평지가 하천을 따라 길게 펼쳐져 있음. 이 충적평지는 하류 방면으로 淸河 연안으로 이어지며, 상류로는 발원지 직전까지 펼쳐져 있음.

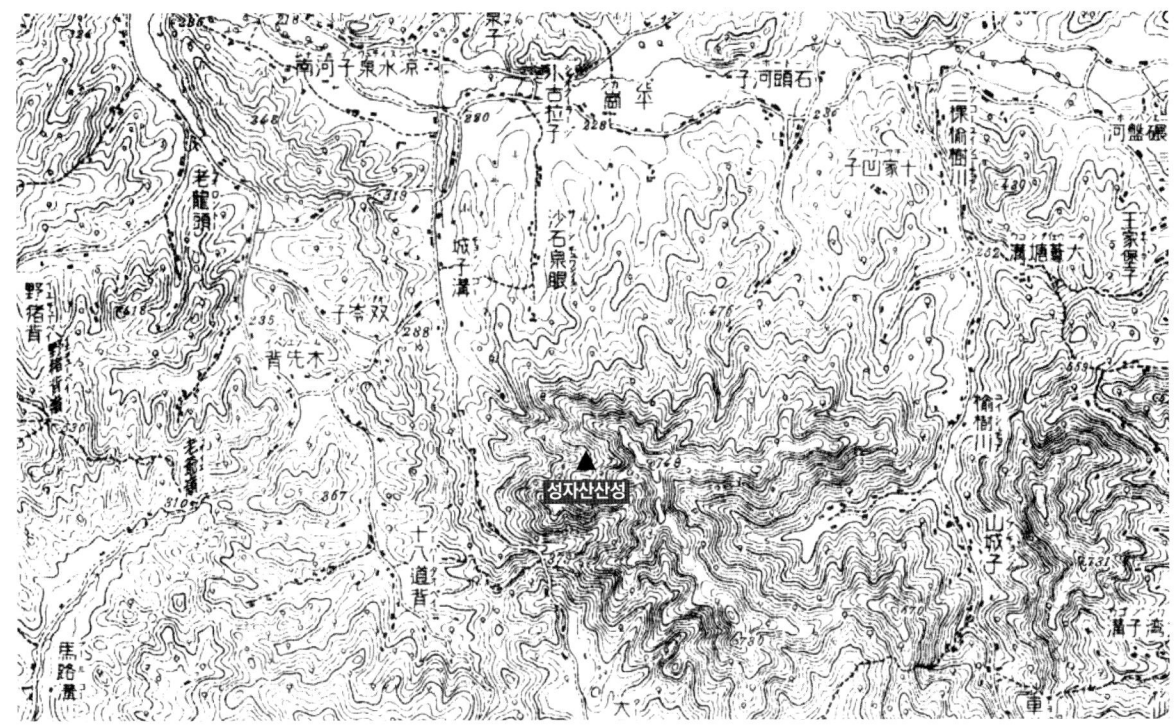

그림 3 성자산산성 주변 지형도(滿洲國 10만분의 1 지형도)

3. 성곽의 전체현황(그림 4)

○ 산성의 평면은 동서가 약간 길고 남북이 좁은 불규칙한 타원형을 띰. 산성은 동쪽이 높고 서쪽이 낮음. 산등성이 안팎의 경사면은 모두 가파름. 남벽과 북벽의 안쪽은 비교적 완만하지만, 평지는 규모에 비해 협소함.

○ 성자산산성 동측의 주봉은 해발 760.3m이며 성내에서 가장 높은 봉우리임. 주봉에서 남북 방향으로 양측에 각각 산줄기(지맥)가 뻗어 있는데, 반원형(半環狀)을 띠며 주봉 서측에서 만나 골짜기 입구를 형성함. 주봉에서 골짜기 입구까지 동서 거리는 약 1,500m, 양측 산줄기의 남북 거리는 800~900m. 산줄기를 따라 성벽을 축조했는데, 전체 둘레는 4,393.4m임(성문과 수구문의 너비는 미포함).[1]

○ 산성은 성벽, 성문, 수구문, 망대, 외위성 등으로 이루어져 있음.

○ 고구려시기의 八瓣 연화문 와당, 붉은색 수키와, 방격문 및 능격문 기와편이 대량 출토됨. 遼金시대의 철제화살촉(鐵箭頭), 등자(馬蹬), 재갈(馬銜), 병(缾), 삽(鍤) 등 철기류도 출토되었음(國家文物局, 2009).

4. 성벽과 성곽시설

1) 성벽

○ 성벽은 산등성이를 따라 축조했는데, 모두 석축임. 천연성벽(峭壁墻)의 길이는 322.8m, 인공성벽의 길이는 4,070.6m임.

---

1 동서 길이 1,350m, 남북 길이 975m, 둘레 4,409m라는 기록(馮永謙, 1994), 동서 길이 1,350m, 남북 너비 875m라는 기록이 있음(國家文物局, 2009).

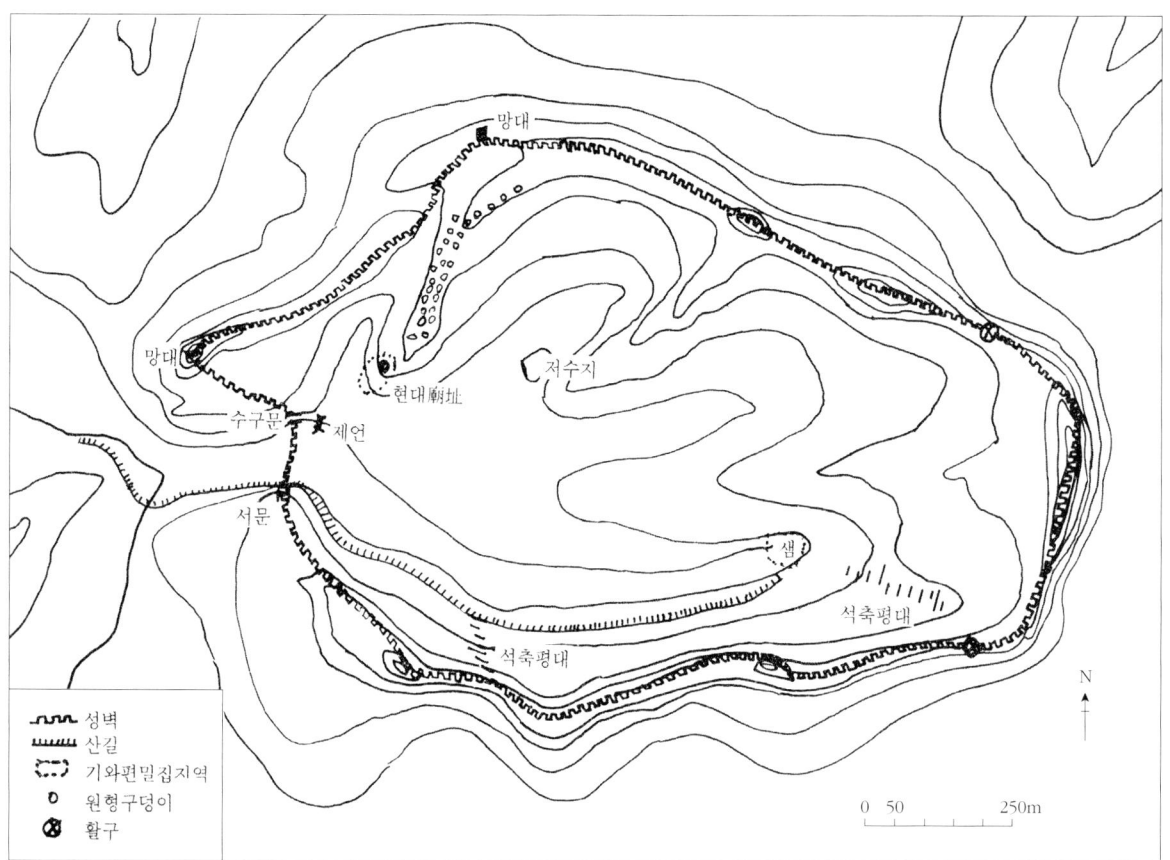

그림 4 성자산산성 평면도(周向永 외, 1993, 23쪽)

○ 인공성벽과 천연성벽(峭壁墻)이 결합하는 곳이 모두 10부분인데, 견고하게 축조하여 오늘날까지도 잘 보존되어 있음.

○ 성벽은 산세가 뻗어나간 방향을 따라 축조하였는데, 산등성이나 산등성이 외측에 축조했음. 천연성벽(峭壁墻)을 병풍으로 삼거나 천연암벽 위에 석벽을 증축하기도 함. 천연성벽 사이의 빈틈에도 전부 성돌을 쌓아 인공성벽과 천연성벽이 일체를 이루도록 함.

○ 성벽의 보존상태는 대부분 완전하지만, 일부분 성벽에 나무가 자라서 파괴된 부분이 있음. 수구문의 외벽 표면은 부근 주민들이 채취해가서 파손되었음. 보존상태가 비교적 양호한 곳은 남벽 중간 구간, 서벽 남쪽 구간과 중간 구간, 북벽의 중간 구간과 서쪽 구간, 동벽의 남쪽 구간임.

○ 성벽의 높이는 일반적으로 안쪽이 낮고 바깥쪽이 높은데, 지세가 동일하지 않기 때문에 성벽의 높이가 균일하지 않음. 외벽의 높이는 최저 1.3m에서 최고 5m에 달함. 성벽의 두께는 평균 0.8~1.5m인데, 성문과 수구문의 외벽은 약간 두터움.

○ 축조방식 : 파괴된 성벽의 단면을 통해 석벽의 내외 벽체는 비교적 잘 다듬은 방형 혹은 장방형의 석괴를 쌓아 축조했음을 알 수 있음. 성돌은 바깥면만 약간 다듬었는데, 바깥쪽이 크고 안쪽이 작은 쐐기형임. 벽체 중간은 불규칙하게 다듬은 깬 돌로 채웠으며, 엇물림식 축조방법(干揷的方法)을 채용하여 석벽이 일체가 되도록 견고하게 축조하였음. 성벽의 단면은 사다리꼴(梯形)이며, 기초 너비는 평균 2~3m.

○ 또한 성벽의 인장력을 강화하기 위해 천연성벽 부근

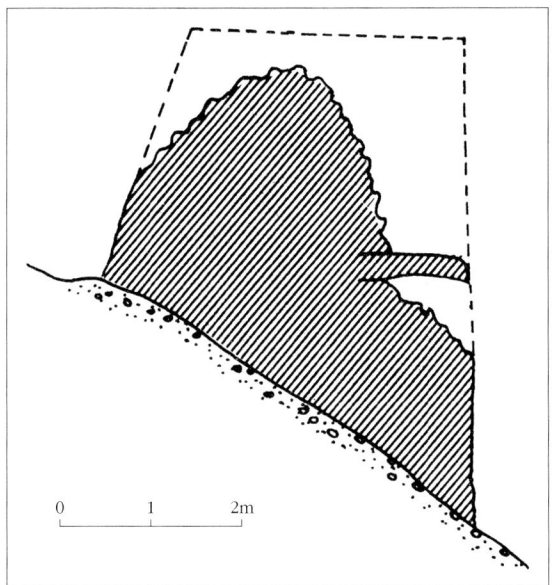

그림 5 성자산산성 성벽 단면도(周向永 외, 1993, 24쪽)

의 험준한 곳에 길쭉한 돌을 설치하여 벽체를 견고하게 만들었음. 이러한 종류의 설치물은 서문에서 수구문 사이의 성벽 구간에서 확인할 수 있음(그림 5).

2) 성곽시설

(1) 성문과 트인 곳(豁口)

① 서문지(그림 6) : 1991년 조사

○ 위치와 규모 : 서벽의 남측 산기슭 구간에 있으며 방향은 서편남 35도. 주요 출입구임. 북쪽의 수구문과 87.7m 떨어져 있음. 너비는 5.2m.
○ 양 측벽(門垛) : 서문 남북에 2개의 측벽이 양측 성벽에 연결되어 있음. 남쪽 측벽은 성벽과 구별이 불명확하고, 성벽이 성 안쪽을 향해 뻗어 있는 부분과 유사함. 북쪽 측벽은 성벽을 조금 넓게 축조하여 조성하였음. 남쪽 측벽(南垛)은 잔고 1.6m, 기초 너비 5m, 윗너비 1.5~2m이고, 6단의 벽체가 남아 있음. 북쪽 측벽(北垛)은 잔고 1.9m, 기초 너비 11.2m, 윗너비 1.5~2m이고, 8단의 벽체가 남아 있음. 이곳의 외벽

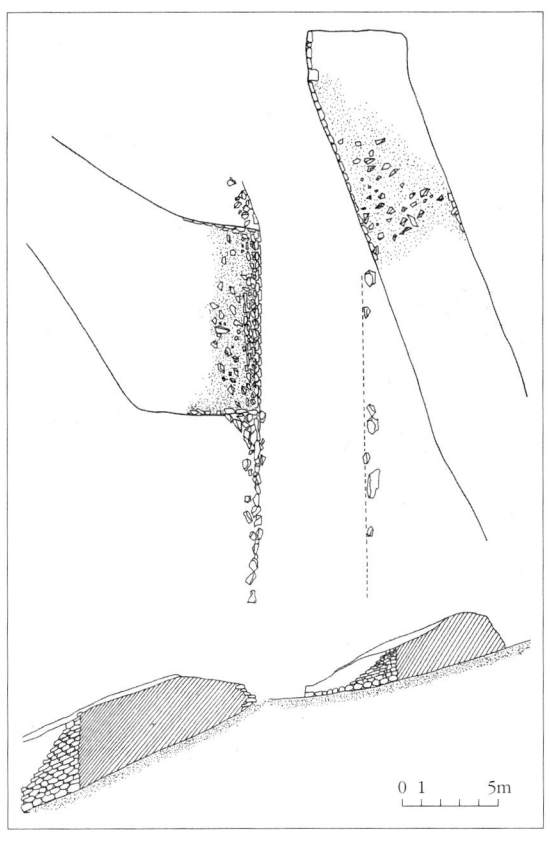

그림 6 성자산산성 서문 평·단면도(周向永 외, 1993, 25쪽)

은 보존상태가 비교적 양호함.
○ 성문 사이의 산길(盤道)을 통해 성 안의 샘과 왕래할 수 있음. 산길은 바깥으로 城子溝에 이르는데, 이 길은 산기슭 중간쯤에 있으며, 노면은 평탄하고 완만함.

② 서문: 2007~2008년 조사

○ 위치 : 수구문(水門) 남쪽 약 80m. 해발 고도는 399m(오차 5m), 지리좌표는 북위 42°31'20.5", 동경 124°42'46.6".
○ 양측 성벽, 부속 건물지, 측벽(門垛), 지면, 내외 보호석(護坡石) 등으로 이루어져 있는데, 성벽과 내외 보호석 및 수구문의 현황은 대체로 비슷함. 서문은 수구문 남쪽 측벽을 기점으로 하는 서벽 북쪽 구간과 남쪽에서 뻗어온 서벽 남쪽 구간은 교차 지점임.
○ 서문의 북쪽 성벽 끝단 안쪽에 잇대어 방형 석대를

축조했는데, 이 방형 석대는 서문의 남쪽 측벽과 평행을 이루며 외형상 서문의 옹성구조를 이룸. 옹성구조의 평면은 굽은 자 모양(折尺形)을 이루는데, 그와 상대하는 서벽 남단은 이곳에서 동쪽으로 약간 꺾여 약간 넓은 燕尾形의 끝단을 이루며, 양 측면이 상대적으로 좁은 문길(門道)을 형성함. 외측 성벽은 약간 안으로 둥근 형태이며, 경사도가 약간 가파름. 내측 성벽은 곧고 가지런하며, 경사도는 비교적 완만함. 벽체 상단에는 계단 모양의 臺 흔적이 남아 있음. 서문의 북쪽 측벽(北垛)은 외측 너비 6.5m, 내측 너비 3.3m, 길이 5.3m, 잔고 1.3m. 현재 6~12단의 성돌이 남아 있음.

○ 서문의 남쪽 측벽(南垛)은 안쪽으로 굽은 성벽 바깥의 부속건물과 북쪽으로 뻗은 부분으로 이루어져 있음. 성벽 기초 너비는 4.9~5m로 균일하지 않음. 외측의 벽면은 가지런하며, 내측은 산체의 기복을 이용해 축조하였음. 성벽의 잔고는 1.5~3.5m. 외측 벽면은 7~16단으로 균일하지 않음. 체성 아래에 서쪽이 넓고 동쪽이 좁은 사다리꼴 평면의 부속 건물을 축조하였는데, 안쪽으로 굽은 성벽 바깥에 위치하며, 역시 2차례에 걸쳐 축조하였음. 높이는 체성보다 낮은데, 잔고는 0.7~1.6m로 균일하지 않음. 이 부속건물 아래에 북쪽을 향해 일부 돌출한 부분이 있는데 성문의 남쪽 측벽(南垛)임. 측벽의 평면은 장방형이며, 서쪽의 너비는 3.6m, 동쪽의 너비는 2m(체성까지 전체 너비는 2.9m임). 길이 4.2m, 잔고 0.55m. 돌을 쌓은 층수는 1~5단으로 균일하지 않음. 남쪽 측벽의 석대는 북쪽 측벽과 상대하며 옹성구조의 성문을 이루며, 협착한 통로를 만들어 성문의 방어력을 강화시킴.

○ 서문은 바깥은 넓고 안쪽이 좁은 남북방향이며, 문길 너비 2.9m, 방향 235도, 양 측벽의 거리는 1.9m. 문길 지면에는 자연석괴를 깔았는데 그다지 가지런하지는 않음. 석괴의 틈은 흰색의 가는 모래로 채웠고, 저부는 기초 암석임. 문길 지면과 남쪽 측벽의 경계에서 문확돌(門軸石)을 하나 발견하였음. 문확돌은 화강암이며, 길이 40cm, 너비 20cm, 두께 18cm, 홈 지름 13cm, 홈 깊이 10cm임. 문기둥 초석과 동시에 출토되었음. 石臺 벽체 틈새에 붉은색의 암키와가 다량 섞여 있었는데, 기와에는 모두 마포흔이 있고 瓦面에는 민무늬, 사격문(菱格), 승문 등 몇 종류가 있음.

○ 2008년 조사 때 원래의 성문 형태를 확인하기 위해 북쪽 측벽(北垛)을 절개하였는데, 측벽의 일부에서 원래의 성벽 벽면이 드러났음. 서문지 일부분은 쐐기형돌을 이용하여 축조한 것이 아니며 장대석으로 축조된 교란된 석퇴층이 있는 것으로 확인됨. 북쪽 측벽 아래에서 遼代의 회색 포문 기와 잔편이 대량 출토되었음. 북쪽 측벽을 제거한 서문의 너비는 5.1m임.

③ 트인 곳(豁口) : 2007~2008년 조사

○ 성벽의 트인 곳은 남벽 동단에서 355m 지점, 북벽 동단에서 260m 지점에 한 곳씩 있음. 남쪽 트인 곳의 너비는 3.6m, 북쪽 트인 곳의 너비 5m.

○ 북쪽의 트인 곳 바깥 산비탈은 비교적 완만하며, 산 아래 平崗村까지 이를 수 있음. 남쪽 트인 곳의 바깥 비탈은 비교적 가파름. 여기서부터 성내를 통과하는 개울을 따라 서문까지 도달할 수 있음.

○ 두 트인 곳은 모두 성벽을 축조할 당시에 의도적으로 남겨둔 빈 구간으로 산성을 지키는 사람들이 비상시 출입구로 사용했을 것으로 추정됨. 남쪽의 트인 곳 부근에는 흙구덩이가 밀집해 있으며 기와편도 대량 출토되고 있으므로, 비상시 출입구로 사용되었을 것이라는 추정을 뒷받침해 줌.

(2) 방형 돌구멍(方孔) : 2007~2008년 조사

성벽 바깥의 경사가 비교적 가파른 남벽 중간에서 방형 구멍 7개를 발견하였음. 보존이 양호한 것은 3개임. 방형 구멍은 성벽을 쌓을 당시에 의도적으로 남겨둔 것으로 규모에 따라 두 종류가 있는데, 큰 것은 길이와 너비가 평균 30cm, 깊이 60cm, 작은 것은 길이와 너비가

평균 20cm, 깊이 45cm임. 방형 구멍은 석벽 가장자리에서 0.7m 떨어져 있고 간격은 1.5~1.8m임.

(3) 수구문(水門)

① 1991년 조사

○ 위치와 규모 : 남쪽의 서문에서 87.7m 떨어져 있으며, 골짜기 입구 가장 낮은 곳에 위치함. 현재 산성을 출입하는 길임. 방향은 서편남 20도. 산등성이 남북 양쪽의 성벽이 만나는 지점에 위치함. 수구문의 너비는 10.5m.

○ 수구문의 남북 양측에 측벽(垛壁)이 있는데, 일부가 파손되었으나 기본 형태를 확인할 수 있음. 북쪽 측벽(北垛)은 기초 너비 8.2m, 잔고 4.5m이고, 돌로 16층 쌓음. 북쪽 측벽의 정상부에 계단상의 평면이 있는데, 너비는 약 40cm. 이로 보아 남쪽 측벽(南垛)에도 계단상의 평면이 있었을 것으로 추정됨. 성문의 빗장(橫梁)을 걸쳐 놓았던 시설물로 추정하기도 함.

○ 북쪽 측벽(北垛)의 동측 산자락에 돌을 쌓은 벽면이 일부 남아 있는데, 방수벽(防水護石 ; 축대)으로 길이 12.6m, 잔고 1.2m임.

② 2007~2008년 조사

○ 수구문은 서벽 중간 북부에 위치하며 해발 고도는 383m임. 지리좌표는 북위 42°31′24.9″, 동경 124°42′47.2″임.

○ 양측 성벽(兩翼城墻), 성문 측벽(門垛), 지면에 쌓은 돌과 내외 보호석(護坡石) 등 4부분으로 조성되어 있음.

○ 수구문은 산성에서 가장 낮은 서벽 북부에 위치하는데, 동서방향 도랑(水溝) 양측에 남북 2개의 垛口를 만들었음. 산성 내부 여러 도랑의 물이 모두 이곳에서 모여 저수되었다가 성 밖으로 흘러나감. 남쪽 80m 거리에 바깥의 산길(盤道)과 연결된 서문이 있기 때문에 이곳은 수구문으로 볼 수 있음.

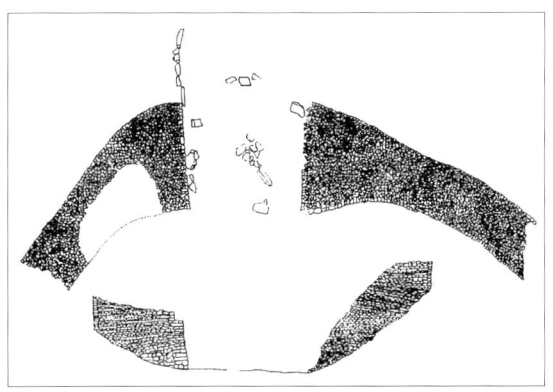

그림 7 성자산산성 수구문의 평면도와 단면도(周向永·許超, 2010, 114쪽)

○ 다만 지금은 산성에서 가장 낮은 곳에 위치해 출입 통로 기능을 함. 현재 수구문 물길(水道) 북측의 북쪽 측벽 아래에는 산돌을 깐 너비 약 6m의 통로가 있는데, 대체로 평탄함.

○ 수구문 북쪽 측벽 기초는 장방형의 대형 석괴로 쌓았는데, 석괴의 크기는 길이 약 1m, 너비 0.3~0.5m, 두께 약 0.3m임. 무너진 석벽 단면을 통해 석벽 내외 양측의 벽면은 비교적 잘 다듬은 방형 혹은 장방형의 석괴로 축조하였음을 알 수 있음. 석괴는 바깥쪽이 크고 안쪽은 작은 쐐기형돌로 바깥쪽으로 향하는 면을 조금 손질하였음. 벽체 중간은 거칠게 다듬은 깬돌로 채웠고, 엇물림식 축조방법(丁揷的 方式)을 채용하여 성벽이 일체가 되도록 축조하였음. 성벽 단면은 사다리꼴이며, 기초 너비 5m, 윗 너비 1.5~2m로 가장 높은 곳은 5m에 달함. 인장력(抗拉力)을 증가시키기 위해 초벽 근처 가파른 지점의 성벽에 길쭉한 돌을 설치하여 벽체의 견고함을 더하였음. 이러한 종류의 길쭉한 돌은 수구문에서 서문 사이의 벽체 구간 및 수구문 북쪽 측벽(北垛)에도 선명하게 드러나 있음.

○ 수구문이 위치한 곳은 지세가 가장 낮은 곳이며, 양측은 산세가 가팔라서 성벽은 양측의 산등성이를 따라 우뚝 솟아 있음. 북쪽으로는 서쪽 망대에 도달하며, 남쪽으로는 서문에 닿음. 수구문 북측 성벽은 성 바깥의

산 아래에서 위쪽을 우러러보았을 때 거대한 절벽으로 웅장한 모습을 띰.

○ 북쪽 측벽(北垛)은 기초 너비 9m, 높이 5m로 19층임. 지면에서 위로 4.25m 떨어진 곳에 계단 모양의 평면이 있는데, 평면의 너비는 약 0.4m임. 북쪽 측벽 지면에는 돌을 1층 깔았음. 그 아래에서 자연 암반 위에 깐 면석 2개를 발견했는데, 원위치에 있었던 것으로 파악됨. 모두 북쪽 측벽 가장자리에 있으며, 수구문 중부와 남쪽 측벽(南垛) 부근에 깐 面石은 모두 파괴되었음. 북쪽 측벽 가장자리 중부에 있는 면석의 크기는 길이 145cm, 너비 80cm, 두께 20cm임. 다른 면석은 길이 215cm, 너비 30cm, 두께 35cm로 잘 다듬었는데, 반은 측벽 동단에 드러나 있고, 반은 측벽 안쪽의 보호석(護坡石) 아래에 묻혀 있음. 보호석벽(護坡石墻)은 길이 12.6m, 잔고 0.8m로 동서방향으로 배치되어 있음. 북쪽 측벽 垛口 윗부분은 큰 나무가 자라서 벽체가 균열되었고, 경사도가 더 심해져 벽체의 면석이 탈락되었음. 또한 현지 주민들이 면석을 채취해 가서 길이 10m, 높이 약 20m의 성벽이 우묵한 모양을 띰. 이곳을 통해 엇물림식 축조방법(干揷石法)을 채용해 벽체의 장심(墻芯)을 축조하였음을 확인할 수 있음. 2009년에 이곳 성벽을 복원하였는데, 북쪽 측벽 옆의 이 구간의 성벽이 가장 높은데, 약 20m에 달함.

○ 수구문의 남쪽 측벽(南垛)은 서벽에서 이곳까지 두 배의 너비로 축조했는데, 형태는 제비꼬리에 가까움. 측벽의 垛口 아래는 水溝에 닿아있으며, 홍수로 인해 측벽 동측 기초가 무너져 약 6m의 단면이 형성되어 있음. 측벽 垛口 아래는 水溝에 닿아있고 水溝 중에는 잘 다듬은 큰 석괴가 다량 있음. 수구문 남북 垛口, 측벽 사이 도로와 水溝의 관계를 분석하면, 이 水溝 중의 석괴는 암거 시설(涵洞)의 재료로 추정됨. 산세로 인해 남쪽 측벽의 높이는 북쪽 측벽에 미치지 못함. 타구의 면석이 무너진 단면을 통해, 墻芯은 거칠게 다듬은 돌을 엇물림식 축조방법(干揷法)으로 축조하였고, 벽체의 면석은 잘 다듬은 쐐기형돌로 위로 갈수록 들여쌓는 방법으로 축조하였음을 알 수 있음. 북쪽 측벽과 마주보는 남쪽 측벽의 서측에도 臺基가 있는데, 측벽의 벽체(垛體)를 견고하게 하기 위한 것임. 남쪽 측벽은 기초 길이 3.6m, 잔고 0.7m임. 남쪽 측벽 가장자리의 地面에도 돌을 쌓았는데, 바깥측에서 2단 발견하였음. 나머지는 모두 파괴되었는데 기초 너비는 9m임. 높이는 북쪽 측벽과 같음. 地面 아래에도 돌을 4단 쌓았는데, 높이 0.8m임. 서로 맞물리게 쌓아 벽체에 견고함을 더했음. 모두 자연 암반 위에 축조하였으며, 아울러 외측에 보호석벽(護基石墻)을 3단 쌓았는데, 높이는 약 0.6m.

○ 남북 측벽의 외측간 거리는 9.9m, 내측간 거리는 10.7m임. 안쪽이 넓고 바깥쪽이 좁음. 수구문 지면은 남북방향으로 수평을 이루며, 동서방향으로는 산세에 따라 일정 정도 경사도가 있는데, 동쪽이 높고 서쪽이 낮음. 수구문의 너비 9.9m, 길이 9m, 높이 5m, 방향 257도임.

○ 이 구간의 성벽은 1900년대 초까지 보존상태가 비교적 양호하였으나 2013년 수구문의 남쪽 측벽은 거의 붕괴되어 있었고, 북쪽 측벽도 새롭게 복원하여 원형을 찾아볼 수 없게 되었음.

(4) 망대

망대는 북벽에 1곳, 서북 모서리에 1곳 있음. 臺1, 臺2로 편호함. 2007~2008년 조사 시에는 이를 치성으로 파악함(周向永·許超, 2010).

① 북벽 망대(臺1, 그림8)

○ 북벽 서단에 위치하며, 북벽 바깥에 연결하여 축조하였음. 방향은 북편서 35도이고, 평면은 사다리꼴(梯形)이고, 단면은 '凸'자형임.

○ 망대는 돌로 30층 쌓았으며, 가지런함. 정면에 15층 남아 있음. 상부의 12층은 안으로 약간 들여쌓은 직벽

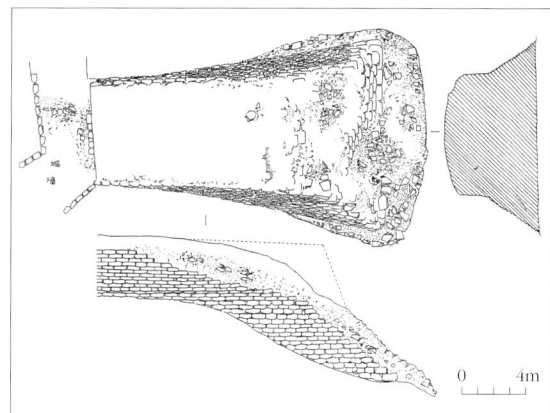

그림 8 성자산산성 북벽 망대 평·단면도(周向永 외, 1993, 27쪽)

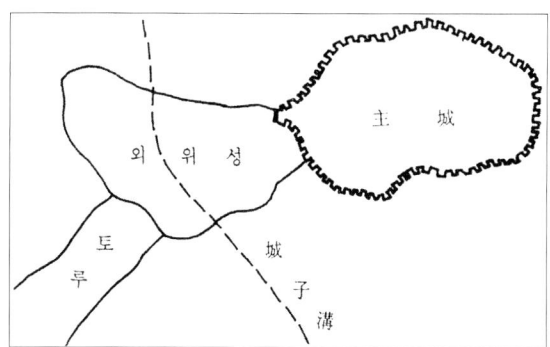

그림 9 성자산산성 외위성과 외곽 토벽(孫力, 1994, 273쪽)

이며, 하부의 12층은 계단식 臺壁임.
○ 동변 길이 18.2m, 서변 길이 18.4m, 망대 기초 너비 11.7m. 臺 윗면 내외 너비는 평균 6.3m, 대 높이 12m.
○ 망대가 위치한 북벽 중앙에 북쪽으로 산줄기가 뻗어 있으며 산줄기 동서 양측 아래는 골짜기(溝谷)가 있어 지세가 매우 험함.

② 서북 모서리 망대(臺 2)
○ 수구문의 서북측 봉우리 정상부에 위치하며, 방향은 서편남 25도.
○ 기본 형태는 북벽 망대와 대략 같음. 계단식의 장방형이며 현재 돌로 쌓은 27층이 남아 있음. 기단석에서 위로 20층은 층을 따라 5~8cm씩 안으로 들여쌓는 방법으로 축조하였으며, 20층 이상은 직벽으로 쌓았음.
○ 정면에서 단면을 바라보면 '凸'자형임.
○ 기초 너비 10.8m, 윗면 너비 7.2m, 망대 높이 5m, 전체 길이 15.6m.
○ 서북 모서리의 망대는 남쪽으로 성에 들어오는 통로를 공제할 수 있으며, 북벽 망대와 서로 호응하여 서, 북 양측에서 城子溝 및 동북 방향의 산골짜기를 제압할 수 있는 요충지에 위치.

(5) 외위성(外圍城, 그림 9)
○ 산성 서벽 바깥에는 토축 외위성이 있는데 서벽 바깥의 골짜기와 평지를 가로질러 축조하였음. 산성의 연결 지점은 남과 북 두 곳이 있음. 남측의 연결 지점은 남벽 서단의 '松峰' 돌 아래이며, 북측의 연결 지점은 북벽 말단의 서북 모서리 망대 아래의 산비탈임.
○ 토축 성벽은 잔고 1~2m, 기초 너비 6~9m, 윗너비 0.8~1.6m.
○ 토축 성벽은 북측 연결 지점인 서북 모서리 망대 아래의 산기슭에서 시작하여 '大東溝'라는 골짜기 입구를 횡단하여 서북방향으로 산등성이를 따라가다가 城子溝 평지로 방향을 바꾼 다음 城子溝 도로 약 120m 지점에서 중단됨. 그리고 도로 서쪽에서 다시 시작된 성벽은 서쪽 산꼭대기에 이르러 약 200m 계속 이어지다가 '十八道 능선'을 따라 정남으로 방향을 꺾어 三道山 산등성이를 가로질러 四道溝 골짜기 입구에 이름. 이곳에서 성벽은 여러 산봉우리 정상과 능선을 따라가며 이어지는데 현재 성벽 위는 小路로 이용되고 있음. 성벽은 수구문 서쪽 건너편의 산등성이에서 산 아래로 방향을 꺾어 동남쪽으로 이어지다가 서문 바깥의 松林을 통과하여 산길 남측 산등성이에서 남벽 서단의 '松峰' 아래 80m 지점에 이름. 북벽 서단 아래에서 시작되어 남벽 서단 아래까지 이어지는 토벽의 전체 길이는 약 5km에 이름. 이 지점에서 외위성의 성벽 기초 부분이 석축임을 발견하였으며 초석은 특별히 가지런히 쌓

앞음.

5. 성내시설과 유적

서풍 성자산산성 내에 골짜기가 종횡으로 분포하고, 평지는 매우 적음. 성 안의 완만한 산비탈이나 지대가 낮은 곳에 제방(攔水壩), 저수지, 건물지, 원형구덩이, 산길(盤道) 등의 유적이 있음.

1) 건물지
성 내에서 5곳, 성 바깥에서 1곳 등 모두 6곳의 건물지를 발견하였음.

(1) 1호 건물지
○ 성내 서부의 1900년대 초 건립된 廟址 북측에 위치함. 그 북쪽 가장자리 산비탈의 절벽에서 기와와 자갈 퇴적층이 확인되었는데, 두께 15cm.
○ 절벽의 기와와 자갈 퇴적층은 지표에서 약 30cm 떨어져 있기 때문에 위쪽에서 내려다보면 퇴적층이 더욱 깊이 보이는데, 건물지는 평기 혹은 경사도가 비교적 완만한 산비탈에 있었던 것으로 추정됨.
○ 건물지 위에 근현대 시기의 廟址를 세우면서 건물지의 일부가 훼손되었음. 현재 廟址도 허물어지고 낮은 건물 벽체만 남았는데, 건물 벽체를 쌓은 돌 사이에 고구려시기의 능형격자문(菱格文) 기와편이 산재해 있음.

(2) 2호 건물지
○ 저수지 남안 동단에 위치하며, 돌로 축조한 원형 거주지임.
○ 현재 북측 가장자리의 일부와 남향한 문지 하나가 남아 있음.
○ 거주지의 직경은 2.5m, 석벽의 잔고 0.67m인데, 위치로 보아 당시 저수지를 관리하던 건물유적으로 추정됨.

(3) 3호 건물지
서문에서 시작되는 산길 남측의 산비탈에 위치. 모두 11단의 제방(堤壩)을 축조했는데, 산비탈의 토사유실을 방지하기 위한 현대의 사다리밭과 유사함. 제방의 간격은 약 15m, 평균 殘長은 약 20m 정도.

(4) 4호 건물지
○ 산성 주봉의 남측 트인 곳(豁口) 부근에 위치.
○ 건물의 원래 모습은 알 수 없지만, 주변에 繩文, 능형격자문(菱格文), 격자문(方格文) 등의 기와편이 대량으로 흩어져 있음. 또한 건물지가 트인 곳 부근에 있고, 주변 40m 범위 내에 흙구덩이가 6개 밀집 분포해 있는 것으로 보아 방어시설과 관련된 것으로 추정됨.

(5) 5호 건물지

① 1991년 조사내용
○ 1900년대 초에 건립된 사당 건물지의 북측 언덕 정상에 위치하는데, 남쪽의 사당 건물지와 173m 떨어져 있음. 서쪽 산기슭 아래에 1호 건물지가 있음.
○ 석축의 方臺 건물로 方臺의 4벽 기초 아래에 돌더미(堆石)와 보호석이 있음. 돌로 쌓은 13층이 남아 있는데, 층을 따라 7~8cm씩 안으로 들여쌓았음. 각 변의 길이는 평균 9.3m, 잔고 2.2m임. 方臺 정상부에는 직경 약 4m 정도의 구덩이가 있음.
○ 1970년대 조사자료에 의하면 方臺의 서쪽 비탈에 다량의 붉은색 승문 격자문(方格文)과 소량의 민무늬 수키와, 극소량의 회색 기와, 연화문 와당 잔편 등이 있었다고 함. 또한 方臺의 정상부에서 회색의 호 구연부가 발견되었음. 1991년 재조사시 유물은 발견되지 않았음.
○ 方臺는 중요한 건물지 중 한 곳으로 지세가 상당히

높아 성내에서 주변을 조망할 수 있는 위치에 자리하므로 '망대'로 추정하기도 함.

② 2007~2008년 조사내용(그림 10)

○ 망대가 위치한 곳은 해발고도가 비교적 높아 이곳에 서면 성내가 한눈에 들어옴. 조사 이전에는 교란된 돌더미에 불과해 형태를 알아볼 수 없었으나, 조사를 통해 전체 형태가 方錐體이며, 금자탑 모양임을 확인함.

○ 기초는 장방형의 大石條로 쌓았고, 그 위는 쐐기형 돌로 축조하였음. 쐐기형돌은 잘 다듬어 가지런히 쌓았으며 층을 따라 안으로 들여쌓기 하였음. 일반적으로 들여쌓은 정도는 15%이며 경사도는 60도 정도를 유지함. 망대 소재지는 산마루의 남단으로 망대의 4면에 돌을 쌓았는데 基巖의 높이가 같지 않아서 돌을 쌓은 층수는 균등하지 않음. 서변이 가장 낮아서 돌을 쌓은 층수가 가장 많아 높으며, 동면은 돌을 쌓은 층수도 가장 적음.

○ 망대의 북측 중간 부분에는 방대에 오를 수 있도록 돌계단을 조영했음. 계단은 장방형의 길쭉한 돌로 축조하였는데, 預說法을 채용하여 쌓았음. 預說法은 벽체 외측에 잇대어 돌계단을 쌓는 방법으로 벽체 몸체에 돌계단을 끼어 넣어 축조해 망대와 돌계단이 일체를 이루는 방식임. 전체 너비 1.3m로 6층이며, 층마다 돌을 2~3단 쌓았고 층차는 평균 20cm임. 각 층의 계단 너비는 22cm임.

○ 망대 동측 중부에는 'V'자 형태의 할구(割口)가 있는데 벽체의 중심부까지 두달해 있음. 망대를 고분으로 오인해 훼손한 것으로 보이는데, 조사시에도 직경 약 5m, 깊이 1m의 큰 구덩이가 남아 있었음. 구덩이 서, 북 양측의 臺芯이 드러난 토석 더미에는 여러 그루의 나무가 있었는데, 직경이 30cm에 달하는 것도 있었음. 이로 보아 망대가 도굴된 시기는 적어도 100년 전후로 추정됨. 2008년 조사 시에 구덩이를 평평하게 메웠음.

○ 망대의 동·남·북 3면의 아래에서 깨진 기와 더미를

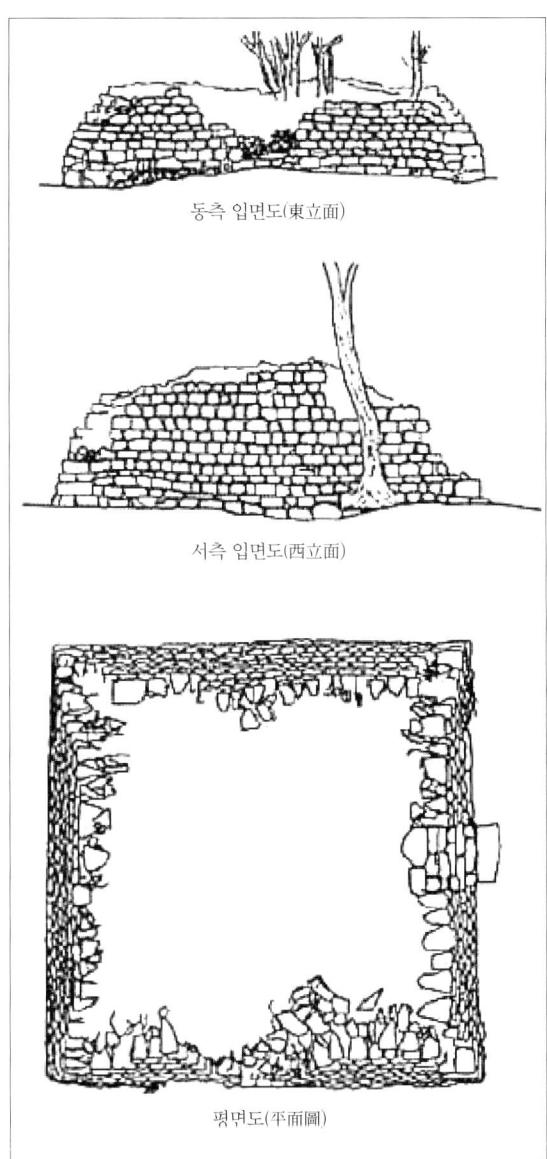

그림 10 성자산산성 5호 건물지 평면도와 단면도(周向永·許超, 2010, 115쪽)

발견하였는데, 퇴적 너비는 약 1m, 두께 약 5~10cm임. 깨진 기와의 표면에는 능형격자문(菱格文), 승문 등의 문양이 있음. 계단에서 와당 잔편 여러 점을 발견하였음. 망대에서 발견된 기타 와당도 모두 북벽 계단 부근에서 출토되었음.

○ 망대 4면의 층수는 동측은 9층, 잔고 1.8m, 서측은 12층, 잔고 2.9m, 남측은 10층, 잔고 2.2m, 북측은 9층, 잔고 2m임. 망대 각 면의 기초 너비는 약 9.5m임.

(6) 6호 건물지
○ 산성의 바깥, 城子溝 도로 서측 산언덕에 위치.
○ 작은 하천과 산성의 수구문을 사이에 두고 산성과 마주보고 있으며 서쪽에 언덕을 등지고 동쪽을 바라보는 대지임.
○ 건물지에서 일찍이 平頭 철제화살촉이 발견된 바 있으며, 지면에 붉은색의 능형격자문(菱格文) 기와편이 흩어져 있었음.

2) 흙구덩이(土坑)

(1) 1991년 조사내용
○ 흙구덩이는 모두 144개가 발견되었음.
○ 대체로 2개 구역에 분포. 망대(5호 건물지) 북측의 산등성이에 모두 24개가 있음. 성벽 안쪽 벽체를 따라 분포해 있는데, 남벽 안쪽에 70개, 북벽 안쪽에 47개가 있음. 또 성내 중심에서 주봉을 왕래하는 산길 양측에 3개가 띄엄띄엄 분포해 있음.
○ 망대 북측의 흙구덩이 : 비교적 밀집 분포해 있으며 흙구덩이 간격은 3.4~1m 사이임. 흙구덩이 사이에 벽이 이어진 경우도 있음. 칩납답에서부터 5개는 '之'자형, 5~14호는 매화꽃모양, 15~24호는 '之'자형으로 분포함. 원형으로 대다수를 차지하는 대형은 직경 8.5~10m, 깊이 1.55~1.75m. 소형은 직경 2~5m로 4개 있음. 가장 얕은 구덩이의 깊이는 0.5m 정도. 최북단의 구덩이는 북쪽을 등지고 남쪽을 바라보고 있는데, 구덩이 바닥은 평탄하며 북벽에는 너비 50~60cm, 높이 40cm의 돌무지가 있음.
○ 성벽 내측의 흙구덩이 : 원형이며 직경 10m, 깊이 1~2m 정도임. 성벽이 위치한 지세에 따라 흙구덩이의 간격은 일정치 않으며, 대체로 평탄한 곳에 구덩이가 밀집해 있음. 남벽 동단에는 80m 거리 내에 9개의 구덩이가 분포하는데, 평균 간격은 10m가 안됨. 성벽이 만곡한 곳이나 주요 통로의 양측, 지세가 비교적 높거나 바깥쪽 산비탈이 비교적 험준한 곳에는 구덩이가 드물게 분포해 있음.
○ 흙구덩이는 철령 최진보산성, 개원 고성자산성과 마가채산성 등에서도 발견되었는데, 대체로 병사들이 주둔하던 반지하식 주거지로 추정됨.

(2) 2007~2008년 조사내용
망대 북측의 산마루에서 연속적으로 접해서 축조한 원형 구덩이(圓坑) 총 27개를 발견하였음. 망대와 남북으로 서로 연결되어 있어 둘 사이의 상관관계를 주목할 필요가 있음. 2008년 조사 때 큰 구덩이 하나에 대한 발굴 조사를 진행하였는데, F1으로 편호하였음(그림 11).

① F1(그림 11)
○ 위치와 규모 : 병영지의 남반부에 위치하며 망대와는 직선거리로 약 50m 떨어져 있음. 직경 9m, 깊이 약 3m로 둥근 솥 바닥 모양(圓鍋底形).
○ 구덩이 바닥에는 낙엽이 가득 차 있음. 부식토 아래는 황갈색의 砂石土인데, 매우 딱딱함. 눅눅함을 방지하게 위해 깐 것임.
○ 구덩이 바닥의 서쪽과 북쪽에는 굽은 자 모양(折尺形)의 온돌(火炕)이 설치되어 있음. 고래(烟道) 위에 2개의 석판을 깔았고 그 아래에 2조의 고래를 만들었음. 연도를 덮은 석판의 크기는 같지 않으며, 두께는 5~7cm 정도임. 고래는 석판이 원래 자리를 벗어나 노출되면서 진흙으로 가득 차 있었음. 조사를 통해 고래격벽을 같은 돌로 쌓았음을 확인함. 석괴는 길이 20cm, 너비 9cm 정도이고 고래 한 면에는 그을음 흔적이 남아 있음. 고래격벽(烟道隔梁) 서부 굴뚝 부근에서 삼각형의 석괴를 이용해 고래를 둘로 나누고 있음. 고래의 너비 약 15~20cm, 높이 14~18cm임. 고래의 일부가 무너져 약간 만곡되었음. 고래와 아궁이(火址)는 굽은 자 모양을 띠며 서로 접해있고, 온돌면(炕面) 가장자리와 穴壁 사이는 깬돌로 가지런하게 괴

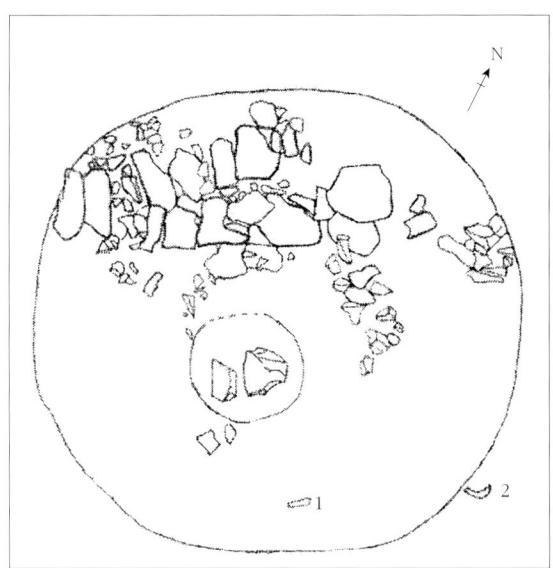

그림 11 성자산산성 F1 평면도(周向永, 2011, 36쪽)
1. 철제칼 2. 철제낫

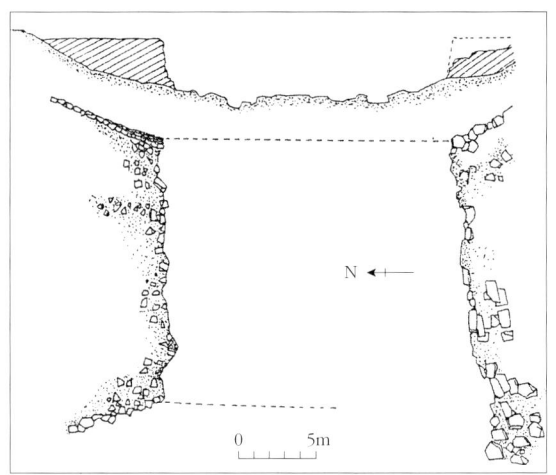

그림 12 성자산산성 제언 평·단면도(周向永 외, 1993, 28쪽)

었음.

○ 온돌(炕) 길이 215cm, 너비 76cm. 온돌(火炕) 높이는 지면보다 20cm 높음. 아궁이(竈址)는 구덩이 바닥 가운데 위치하며, 아궁이 평면은 원형에 가까운데, 바닥은 솥바닥과 비슷하며 직경 85cm, 깊이 27cm임. 아궁이 중앙에서 대석과 하나를 발견하였는데, 취사도구를 가설하기 위한 것임. 굴뚝은 고래 말단의 구덩이 벽면 서측에 있는데, 말단은 굴뚝과 서로 연결된 부위로 속칭 '개자리(狗窩)' 유적임. 개자리(狗窩) 중에서 다량의 목탄 알갱이를 발견하였음. 구덩이의 북측과 동북측은 모두 자연암석으로써 벽을 삼았으며 너비 2.8m, 높이 2.9m임. 문길은 확인되지 않음. 원형 구덩이 남벽 黃沙土層 가운데서 2점의 철기를 출토하였음.

3) 제언(攔水壩, 그림 12)

○ 성내 계곡의 서부에 위치하며 서쪽 수문과 109m 떨어져 있음. 물(山水)을 아래로 흘러 보내는 가장 마지막의 배수시설로 방향은 남편서 5도.

○ 현재는 허물어져 배수로 남북 양안의 제언만 겨우 남아 있음. 현지 주민에 따르면 제언의 보존상태가 양호할 때 제언과 수구문 사이의 도랑 바닥에 평평하게 다듬은 석판이 깔려있었다고 함.

○ 제언의 북측 구간에는 현재 돌을 쌓은 16층이 남아 있음. 제언 단면은 사다리꼴(梯形)로 잔고 2.7m, 잔장 7m, 기초 너비 0.9m, 윗너비 0.45m.

○ 제언의 남측 구간은 흔적이 분명하지 않으며, 제언의 殘石인 돌무지(堆石塊)만 남아 있음. 돌무지의 잔존 너비는 0.4m.

4) 저수지 (그림 13)

○ 성내 중앙의 북부에 위치했는데, 타원형으로 최대 직경은 37m, 최소 직경은 28.3m임. 저수지 서쪽에 배수구(出水口)가 하나 있으며, 바깥으로 '凸'자 모양을 띰. 북측에 역시 바깥으로 '凸' 부분이 있는데, 둘레는 조롱박 모양으로 끝 부분이 없는데, 물을 긷던 곳(提水地)으로 추정됨. 현재 길이 7.3m, 입구 너비 2.5m, 최대 폭 4.1m, 깊이 0.7m.

○ 남측 바깥의 '凸' 부분은 물이 넘쳐 흘러나가는 곳(溢水口)으로 너비는 5.4m, 길이는 11.2m임. 이곳에서 넘친 물은 성 안의 계곡으로 흘러가며, 제언(攔水壩)을 지나 수구문(水門)을 통해 성 바깥으로 배출됨.

○ 저수지의 동·북 양벽에는 석축벽면이 남아 있는데,

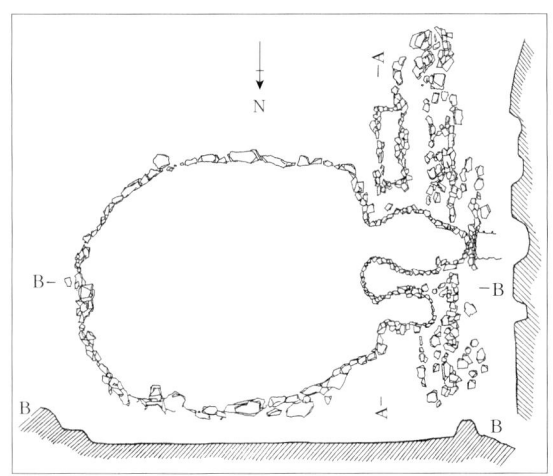

그림 13 성자산산성 저수지 평·단면도(周向永 외, 1993, 29쪽)

벽면은 솥바닥 모양을 띰. 저수지 서단에 길이 9.4m, 너비 2.4m, 높이 0.5m인 축대(石堤)가 있는데, 저수지의 석벽을 견고하게 하기 위해 축조한 것으로 추정됨. 현재 저수지 안은 부식토로 채워져 있으며, 깊이 1.5m 정도.

5) 샘(泉水)
○ 위치 : 성 내부의 동쪽 산비탈 중턱에 위치함.
○ 속칭 '黃酒館'으로 사계절 물이 흘러넘침.
○ 부근에 900m²에 달하는 평평한 대지가 있음.

6) 회곽도(盤道; 馬道)
○ 속칭 '馬道'로 당시 성 안팎의 주요 통로와 연결된 길임.
○ 성 내부의 산길 : 서문에서 시작해 남벽 안쪽 산비탈 기슭을 따라 계곡 남안을 돌아서 동쪽 산비탈 중턱에 위치한 샘까지 이름. 이 구간 산길의 너비는 3~4.8m, 길이는 약 1.5km.
○ 성 외부의 산길 : 서문에서 시작해 서문 바깥을 따라 산허리쯤에서 꺾어 서쪽으로 가다가 배수구(泄水口) 남쪽 가장자리의 溝道를 지나 松林 臺地를 통과해 토축 외위성을 횡단한 다음, 산 아래에 도달하여 서쪽 城子溝 내 평지에 이름. 이 구간의 회곽도(盤道)는 전체 길이 453m, 너비 3.4~6.6m임.

6. 출토유물

산성 내 채집 유물은 주로 건축재료인 기와와 와당임.

1) 1991년까지의 출토유물

(1) 평기와
○ 수키와와 암키와 2종류인데 암키와는 두께가 두껍고 단단함.
○ 크기 : 암키와 두께는 약 1.5~2cm.
○ 형태 : 배면 문양은 태승문(그림 14-1), 세승문(그림 14-2), 사격자문(그림 14-4), 凸格文(그림 14-3) 등이며, 민무늬도 있음.
○ 색깔과 태토 : 붉은색과 홍갈색, 회갈색이 있으며 泥質 태토임.

(2) 와당(그림 14~그림 15)
○ 수량 : 1점.
○ 크기 : 직경 17cm, 두께 1.5cm.
○ 형태 : 반만 남았음. 6판 연화문(6瓣變形蓮花文)임. 와당의 주연(邊沿)은 볼록하게 튀어나와 있음.
○ 색깔과 태토 : 짙은 붉은색의 니질토기.

2) 2007~2008년 출토유물
○ 서문지와 망대 2곳에서 기와편 퇴적더미와 와당이 출토되었으며, 주거지(房址) F1 내에서 철기 2점이 출토되었음. 기타 유물은 소량 산견됨.
○ 근대 시기에 축조된 廟址 북측의 고구려 건물지에서 수키와 1점이 채집되었음. 기와편은 모두 泥質임. 붉은색, 홍갈색, 회갈색이 있으며, 그중에 붉은색이 다

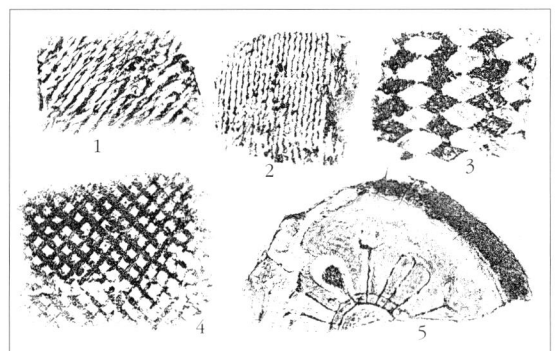

그림 14 성자산산성 출토 기와 및 와당 탁본(周向永 외, 1993, 30쪽)

그림 15 성자산산성 출토 연화문와당 탁본(周向永·許超, 2010, 117쪽)

수를 차지함. 그 다음으로 홍갈색, 회갈색 순임. 기와 문양의 종류는 비교적 많은데 대승문, 세승문, 크고 작은 사각문 등이 있음. 민무늬도 소량 보임.

○ 암키와는 붉은색이 비교적 많음. 안쪽에는 마포흔이 있고, 배면에는 사격문 혹은 태승문을 시문하였음. 길이 30cm, 너비 20cm 정도의 암키와도 있음. 수키와는 비교적 얇음. 암키와의 두께는 약 1.5~2cm로 두텁고 태토는 단단함. 수키와는 홍갈색, 회갈색이 비교적 많음. 안쪽에는 세승문을 시문하였으며, 배면에는 마포흔이 있음. 와당은 비교적 소량 발견하였고, 붉은색과 홍갈색이 주로 출토. 발견된 것은 모두 3판변형 연화문 와당임.

○ 2008년 가을, 요령성 문물고고연구소에서 서문지를 조사하였는데, 남쪽 측벽(南垛) 내측에서 완전한 형태의 둥근 와당을 1점을 발견하였음(그림 15). 와당의 직경은 17cm, 주연(輪)은 너비 1.8cm 높이 1.6cm, 전체 두께는 3.6cm임. 와당의 주연은 튀어나와 있고, 중심에 동심원 2줄이 있으며, 동심원 중앙에 원형의 乳突이 하나 있고 주연과 안쪽 동심원 사이에 주제 문양이 시문되어 있음. 주제 문양은 陽文으로 6판 연화문임. 그중 3개는 반원형 연잎임. 그 사이에 三角乳突形 연꽃 3개를 배치하였으며 연잎과 연꽃 사이에는 'Y'자형 꽃술(蓮蕊) 6개를 배치하였음. 泥質의 붉은색으로 당면에서 석회질이 스며든 흔적이 보임.

7. 역사적 성격

1) 지정학적 위치와 축조시기

城子山山城에 대해 현지주민 사이에는 淵蓋蘇文의 누이인 蓋蘇貞이 병사를 이끌고 주둔하였다는 전설이 전해진다고 하지만(吳長山, 1989), 城子山山城의 역사적 성격을 명확하게 밝혀줄 만한 문헌자료나 출토유물은 거의 없음. 따라서 城子山山城의 축조시기나 역사적 성격은 요하 상류일대의 다른 고구려 산성과 비교하여 검토할 수밖에 없음. 渾河 북쪽의 遼河 상류일대에는 현재까지 西豊 城子山山城을 비롯하여 10여 개의 고구려 산성이 확인되었음. 그런데 城子山山城은 鐵嶺 催陣堡山城과 함께 입지조건이나 축성법 등 여러 면에서 이 일대의 다른 고구려산성과 뚜렷이 대별됨.

遼河 상류 일대의 고구려산성이 대부분 송료대평원에서 요하 지류 연안의 하곡평지로 진입하는 길목에 위치한 반면, 성자산산성은 淸河의 지류인 碾盤河 상류의 산간지대에 위치함. 다만 성자산산성에서는 북쪽으로는 요하 상류 동안의 寇河, 남쪽으로는 柴河·汎河 일대까지 나아갈 수 있음. 특히 碾盤河 상류 쪽으로는 吉林哈達嶺山脈을 넘어 輝發河·渾河의 분수령 일대

로 진입할 수 있음. 고구려 중심지인 압록강 중류 일대에서 본다면, 요동평원을 경유하지 않고 곧바로 서요하 상류나 대흥안령산맥 방면으로 나아갈 수 있는 전략적 요충지에 위치했다고 볼 수 있음.

또한 遼河 상류 일대의 고구려산성이 대부분 토성 또는 토석혼축성인데 비해, 城子山山城은 철령 催陣堡山城과 함께 石城임. 다른 성들은 성벽 거의 전체를 인공성벽으로 구축한 반면, 城子山山城과 催陣堡山城은 경사가 가파른 산등성이나 절벽을 천연성벽으로 삼은 부분이 많음. 城子山山城과 催陣堡山城의 이러한 특징은 압록강 중류 일대의 고구려 초기 산성에서 많이 나타남. 절벽을 천연성벽으로 삼은 것이나 산줄기상의 험준한 요새지에 입지한 것 등은 集安 山城子山城이나 覇王朝山城 등에서 공통적으로 나타나는 현상임. 특히 城子山山城 西門은 어긋문식인데, 集安 國內城 서쪽 남문이나 桓仁 五女山城 동문과 동일한 구조임.

한편 催陣堡山城을 포함한 요하 상류 일대의 고구려산성은 대체로 충적평지에서 곧바로 산성 내부로 진입할 수 있음. 이에 비해 城子山山城은 충적평지에서 골짜기를 따라 깊숙이 들어온 다음 산성 입구로 진입해야 함. 더우이 둘레 5km인 催陣堡山城을 제외하면 요하 상류일대의 고구려산성은 대체로 둘레 1∼2km 전후로서 중형산성이지만(陳大爲, 1985), 내부에는 평탄한 평지가 비교적 넓으며, 산비탈에 계단상 대지를 조성하여 주거용 공간으로 활용함. 이는 요하 상류 일대의 고구려산성이 처음부터 군사방어와 함께 지방지배를 위한 거점성으로 구축되었음을 반영함.

이에 비해 城子山山城 主城은 총둘레 4km 이상의 대형산성이지만, 내부에는 평지가 협소하며, 안쪽 산비탈도 가파르기 때문에 주거용 공간으로 활용하기 힘듦. 이러한 취약점을 보완하기 위해 산성 서쪽에 大東溝와 城子溝 골짜기를 감싼 5km의 外圍城을 축조한 것으로 추정됨(周向永·趙守利·邢杰, 1993). 그런데 外圍城은 石城인 본성과 달리 土城으로서 본성보다 늦게 축조되었다고 추정됨(孟祥忠·潘國慶·鄭淑雲, 1993). 즉 城子山山城은 처음에는 군사방어성으로 구축되었다가 나중에 지방지배를 위한 거점성의 기능을 보완하였던 것임. 따라서 西豊 城子山山城은 요하 상류일대의 다른 고구려산성에 비해 상대적으로 이른 시기에 축조되었고, 처음에는 주로 군사방어성의 기능을 수행하였다고 추정됨(陳大爲, 1995 ; 王綿厚, 2002).

고구려가 요하 상류의 동안 일대로 진출한 것은 늦어도 4세기 중반경으로 추정됨. 고구려는 4세기 초에 渾河 연안으로 진출해 新城·南蘇城을 축조했고, 333∼336년경에는 前燕의 내분을 틈타 길림 방면의 부여지역을 점령한 것으로 파악됨. 이로 보아 늦어도 4세기 중반에는 渾河와 松花江의 중간지역인 요하 상류의 동안 일대로 진출했을 것으로 추정됨. 특히 고구려는 346년에 길림 방면의 옛 부여지역으로 진공한 前燕軍을 물리쳤는데, 前燕軍을 물리치기 위해서는 遼河 상류일대에 대한 군사방어력을 상당히 강화할 필요가 있었다고 보임. 이러한 점에서 城子山山城은 4세기 중반을 전후한 시기에 축조되었을 가능성이 높은데, 입지조건이나 축성법이 압록강 중류 일대의 고구려 초기 산성과 유사하며, 본래 군사방어적 기능을 강하게 지녔다는 점은 이를 반영함. 이로 보아 遼河 상류의 동안 일대에 대한 군사방어력을 강화하며 성자산산성을 축조했을 가능성이 높다고 파악됨(여호규, 1999).

한편, 2007∼2008년 조사에서 서문 남측 성벽 하단에서 고구려 기와를 대량으로 발견하였는데, 주로 성벽의 기초부에서 집중 출토됨. 이로 보아 고구려 시기 이후에 혼입되었을 가능성은 없고 성벽 축조 당시에 혼입된 것으로 파악됨. 또한 서문 안쪽의 북측 옹성벽을 발굴할 때 성벽 아래에서 요대의 회색 마포흔 기와편이 대량으로 출토됨. 이로 보아 옹성은 요·금대에 중건한 것으로 판단됨. 성자산산성에서는 완형 와당 1점, 와당 잔편 20점 등이 출토되었는데, 모두 6판 연화문 와당임. 그중 3개는 반원형 연잎이고, 그 사이에 三角

乳突形 연꽃 3개를 배치하였으며 연잎과 연꽃 사이에는 'Y'자형 꽃술(蓮蕊) 6개를 배치하였음. 이러한 와당은 늦은 시기의 것으로 발해 와당과도 상당히 유사함. 또한 망대(5호 건물지)도 本臺에 계단을 설치한 嵌筆法 축조방식보다 늦은 것임. 이에 성자산산성의 초축시기를 6세기 말~7세기 전반으로 상정하고, 천리장성의 기점인 부여성으로 비정하기도 함(周向永, 2009).

2) 역사지리 비정

1960년대 李文信 이래 遼寧省의 중국학자들을 중심으로 城子山山城을 고구려 중후기의 扶餘城으로 비정하는 견해가 많이 제기되었음(李文信, 1962 ; 王綿厚, 1990 ; 孟祥忠·潘國慶·鄭淑雲, 1993 ; 馮永謙, 1994 ; 周向永, 1994). 요령성의 중국학자들이 城子山山城을 扶餘城으로 비정하는 가장 주요한 근거는 성자산산성의 규모가 크고 내부에 대규모 건물터가 있으며, 668년 唐의 薛仁貴가 부여성을 공격하기 위해 출발하였다는 新城 곧 撫順 高爾山城에서 가깝다는 것임.

이처럼 城子山山城을 扶餘城으로 비정한 결과, 고구려 후기 千里長城의 동북단은 城子山山城이며(梁振晶, 1994 ; 王綿厚, 1994 ; 孫力, 1994), 산성 서쪽의 外圍城과 土壁은 千里長城의 일부라는 견해까지 제기되었음(孟祥忠·潘國慶·鄭淑雲, 1993). 또한 최근에는 城子山山城을 扶餘國의 주요 성지로 비정하고 後漢 이전에 축조되었을 것으로 추정하는 견해도 제기되었음(孟祥忠·潘國慶·鄭淑雲, 1993).[2]

다만 부여의 중심지는 일반적으로 北流 松花江 중류일대의 吉林地域으로 비정되며(李健才, 1982 ; 武國勛, 1983), 부여가 4세기 전반 고구려의 침공을 받고 서쪽으로 前燕 가까이로 옮겼다는 후기 부여도 대체로 伊通河 유역의 農安方面으로 비정됨(盧泰敦, 1989). 현재까지의 문헌사료와 고고자료만 놓고 본다면 성자산산성을 고구려 후기의 부여성으로 千里長城의 기점으로 보기는 힘든 상태임. 西豊 城子山山城은 압록강 중류 일대의 고구려 초기 산성과 여러 면에서 유사하며, 지리위치나 입지조건을 볼 때 王都라기보다는 군사방어성의 성격이 강함. 현재까지 성 내부에서 부여계라고 할 만한 유물이 출토된 바 없음. 따라서 별도의 논거가 제시되지 않는 한, 城子山山城을 고구려 중후기의 부여성으로 보기는 어렵다고 생각됨.

다만 성자산산성은 요하 상류의 동안 지역에서 규모가 가장 큰 대형성곽이므로 고구려시기에 중요한 역할을 담당했을 것으로 파악됨. 이러한 점에서 성자산산성 주성과 외위성의 관계가 주목됨. 성자산산성 주성은 총 둘레 4km 이상인 대형산성이지만 내부에는 평지가 협소하며, 안쪽 산비탈도 매우 가파르기 때문에 주거용 공간으로 활용하기 힘듦. 이러한 취약점을 보완하기 위해 산성 서쪽에 大東溝와 城子溝 골짜기를 감싼 5km에 달하는 外圍城을 축조한 것으로 추정됨. 성자산산성은 처음에는 군사방어성으로 구축되었다가 나중에 지방지배를 위한 거점성의 기능을 보완하였던 것임.

그러므로 고구려가 4세기 중반을 전후해 요하 상류 동안 지역으로 진출한 사실을 고려하면, 성자산산성은 4세기 중반경에 군사방어성으로 구축되었다가, 고구려가 이 일대에 대한 지배권을 확고히 다진 단계에서 지방지배를 위한 거점성이 기능을 보완하기 위해 外圍城을 축조하였다고 추정됨(여호규, 1999). 더욱이 성 내부의 건물지에서는 기와편과 함께 연화문와당이 다수 출토되었다는 점에서 상당히 고위급 지방관이 파견되었을 것으로 추정됨. 이에 성자산산성을 『삼국사기』 지리지 4의 未降城 가운데 하나인 節城으로 비정하고, 處閭近支級 지방관이 파견되었다고 추정하기도 함(여호규, 2002).

---

2 周向永·趙守利·邢杰(1993), 30~31쪽에서는 대무신왕대에 고구려가 이 지역을 점거하고 대규모로 개축한 다음 扶餘城으로 불렸으며, 고구려에서 이곳에 이르는 길도 부여도로 불렸을 텐데, 山城 동측의 楡樹川은 扶餘川의 와전일 것이라고 추정하였다.

참고문헌

- 李文信 편, 1962, 『遼寧史迹資料』, 遼寧省博物館.
- 李健才, 1982, 「扶餘的疆域和王城」, 『社會科學戰線』 1982-4.
- 武國勛, 1983, 「扶餘王城新考」, 『黑龍江文物叢刊』 1983-4.
- 陳大爲, 1988, 「遼寧高句麗山城初探」, 『中國考古學會 第五次年會論文集』, 文物出版社.
- 盧泰敦, 1989, 「扶餘國의 境域과 그 變遷」, 『國史館論叢』 3.
- 吳長山, 1989, 「西豊城子山山城」, 『遼寧大學學報』 1989-1.
- 陳大爲, 1989, 「遼寧境內高句麗遺跡」, 『遼海文物學刊』 1989-2.
- 王綿厚, 1990, 「東北古代夫餘部的興衰及王城變遷」, 『遼海文物學刊』 1990-2.
- 孟祥忠·潘國慶·鄭淑雲, 1993, 「西豊城子山山城考」, 『瀋陽文物』 1993-2.
- 周向永·趙守利·邢傑, 1993, 「西豊城子山山城」, 『遼海文物學刊』 1993-2.
- 孫力, 1994, 「遼寧的高句麗山城及其意義」, 『高句麗渤海研究集成』 高句麗 卷(三), 哈爾濱出版社.
- 辛占山, 1994, 「遼寧境內高句麗城址的考察」, 『遼海文物學刊』 1994-2.
- 梁振晶, 1994, 「高句麗千里長城考」, 『遼海文物學刊』 1994-2.
- 王綿厚, 1994, 「鴨綠江右岸高句麗山城硏究」, 『遼海文物學刊』 1994-2.
- 王禹浪·王宏北, 1994, 『高句麗渤海古城址研究匯編』 (上), 哈爾濱出版社.
- 李殿福(차용걸·김인경 역), 1994, 『중국내의 고구려 유적』, 학연문화사.
- 曹桂林·王鐵軍, 1994, 「鐵嶺境內五座高句麗山城簡介」, 『遼海文物學刊』 1994-2.
- 周向永, 1994, 「高句麗金山城考」, 『博物館研究』 1994-3.
- 馮永謙, 1994, 「高句麗城址輯要」, 『北方史地研究』, 中州古籍出版社.
- 陳大爲, 1995, 「遼寧高句麗山城再探」, 『北方文物』 1995-3.
- 余昊奎, 1999, 『高句麗 城』 Ⅱ(遼河流域篇), 國防軍史研究所.
- 李健才, 2000, 「再論唐高代句高麗的麗扶餘城和千里長城」, 『北方文物』 2000-1.
- 余昊奎, 2002, 「요하 중상류 동안지역의 고구려 성과 지방지배」, 『역사문화연구』 17.
- 王綿厚, 2002, 『高句麗古城研究』, 文物出版社.
- 李龍彬, 2008, 「鐵嶺境內高句麗山城的幾個問題」, 『東北史地』 2008-4.
- 趙俊傑, 2008, 「試論高句麗山城城墻上石洞的功能」, 『博物館究研』 2008-1.
- 國家文物局, 2009, 『中國文物地圖集』 遼寧分冊, 西安地圖出版社.
- 鄭元喆, 2009, 「高句麗山城甕城的類型」, 『博物館研究』 2009-3.
- 周向永, 2009, 「西豊城子山山城始建年代再考」, 『東北史地』 2009-2.
- 周向永·許超, 2010, 『鐵嶺的考古與歷史』, 遼海出版社.
- 魏存成, 2011, 「中國境內發現的高句麗山城」, 『社會科學戰線』 2011-1.
- 周向永, 2011, 「西豊城子山,鐵嶺催陣堡兩山城中戍卒營地的相關問題」, 『東北史地』 2011-1.

5. 역사적 성격

전체 둘레 500m 전후의 소형성곽임. 주가둔성지가 고구려 시기에 축조된 것이라면 寇河를 거슬러 올라오는 적군을 방어하면서 寇河 일대를 관할하는 지방통치의 거점 역할을 수행했을 것으로 추정됨.

참고문헌
- 國家文物局, 2009, 『中國文物地圖集』 遼寧分冊, 西安地圖出版社.

제10부

요원시(遼源市) 지역의 성곽

01 요원 용수산성
遼源 龍首山城

1. 조사현황

1) 1950년
용수산 정상부에서 산성을 발견하였음.

2) 1983년
서남 모서리에서 연화문 와당이 발견됨.

3) 1984년
남쪽 연못 부근에서 홍갈색 귀문 암키와(大板瓦)가 발견되는 등 1980년대 이후 유물이 간헐적으로 발견됨.

4) 1990년
요원시 문물관리소에서 여러 차례 조사하였는데, 1990년 7월 성 안 남북 골짜기 연못에서 도기편이 대량 출토됨.

2. 위치와 자연환경(그림 1 ~ 그림 2)

1) 지리위치
○ 吉林省 중남부의 遼源市 시내 동쪽 용수산 위에 위치.
○ 용수산성의 동남쪽으로 東遼河·渭津河가 합류하는 지점 건너편 2km에 工農山城이 위치함. 동북쪽 1.5km 거리에 요원 城子山山城이 있고, 남쪽 2km 거리에 黎明山이 있고, 서쪽으로는 요원시 시내와 이어져 있음.

2) 자연환경
○ 용수산은 한 마리의 거대한 용이 북에서 남으로 쭉 뻗어 있으면서 東遼河岸에 이르러 머리를 들고 멈춰있는 것 같은 형상을 하고 있음. 용수산은 현재 용산공원이며, 시가지 확장으로 인해 동남방면을 제외한 사방이 시가지에 둘러싸여 있음.
○ 龍首山城은 남북으로 길게 뻗은 산줄기의 남단에 위치. 산줄기로 이어지는 북쪽을 제외한 동·남·서 3면은 평탄한 개활지로서 전체적으로 요원분지를 향해 돌출한 지형을 이루고 있음.
○ 산성 남쪽으로 東遼河가 남단의 절벽과 150m 거리를 두고 西流하고 있고, 동남쪽에서 西北流하던 渭津河, 서남쪽에서 東北流하던 梨樹河가 東遼河에 유입됨. 東遼河는 요원시 동계의 伊通河와 東遼河 분수령에서 발원함.

3. 성곽의 전체현황(그림 3)

○ 산성은 동·남·서 3면의 지세가 개활하며, 북면은 산줄기로 이어져 있음. 북쪽을 제외한 삼면의 경사가 모두 가파름. 특히 동쪽은 깎아지른 듯한 낭떠러지이며, 남쪽도 높이 20m 이상의 절벽임. 경사가 비교적 완만한 서쪽도 끝부분은 급경사면임.

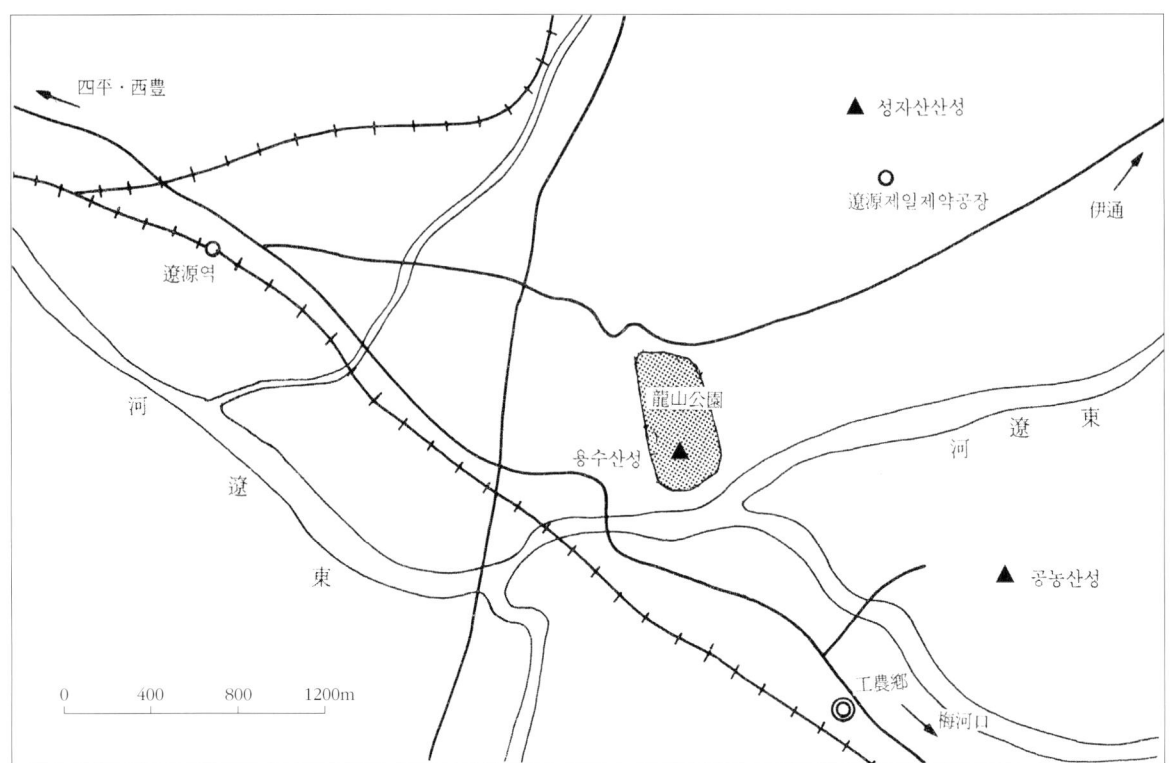

그림 1 용수산성 위치도(4만분의 1)(여호규, 1999, 416쪽)

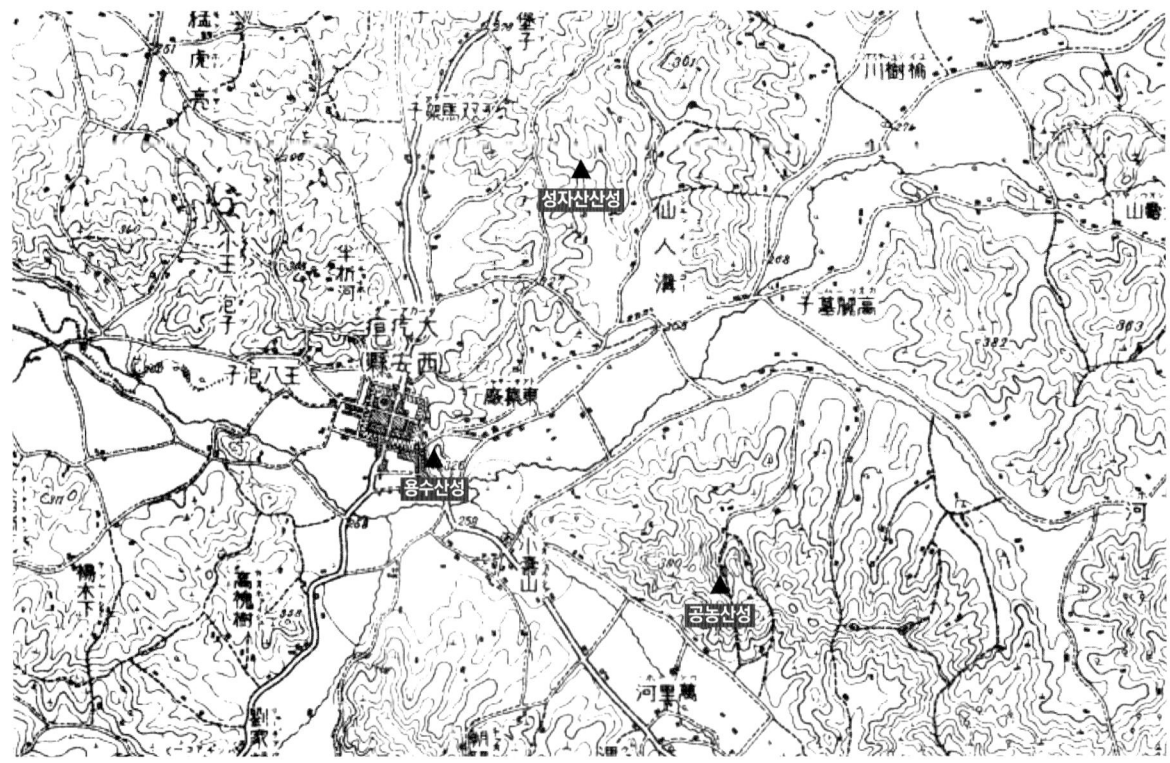

그림 2 용수산성 주변 지형도(滿洲國 10만분의 1 지형도)

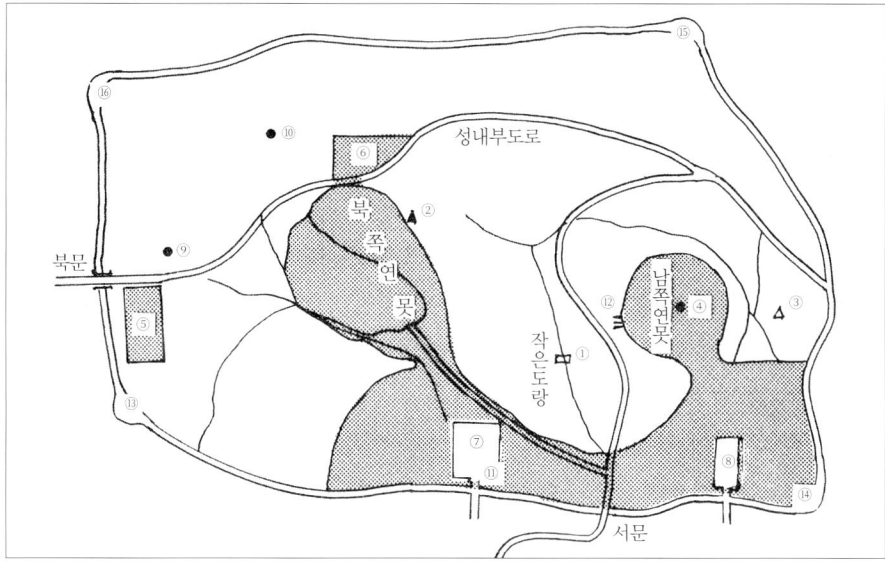

그림 3 용수산성 평면도(遼源市文物管理所, 1994, 222쪽)
① 시굴트렌치
② 남벽 문화퇴적층
③ 제련유적 ④ 우물
⑤·⑥ 건물터 ⑦·⑧ 저수지
⑨~⑪ 돌절구출토지점
⑫ 승문대판과 출토지점
⑬~⑯ 각루유적

○ 성곽의 평면은 대략 타원형을 이루는데,[1] 서벽 길이 290m, 남벽 길이 286m, 동벽 길이 300m, 북벽 길이 130m 등으로 전체 둘레는 1,006m임.[2]

○ 산성은 동북·동남·서북 세 모서리의 지세가 비교적 높은 반면, 서측의 중부와 서남 모서리는 낮음. 성 내부는 남북이 길고, 동서가 짧은데,[3] 높이가 일정하지 않지만 하나의 분지형 골짜기(盆谷)와 같음. 내부에 있는 평지는 협소한 편임. 서벽 부근의 남북 양단에 위치한 골짜기와 연못을 중심으로 약간의 평지가 형성되어 있음.

○ 성문, 각루 등의 성곽시설이 확인되었고, 고구려 및 발해 시대의 유물도 대량으로 산포해 있음.

4. 성벽과 성곽시설

1) 성벽

○ 성벽은 자연 산세를 따라 다진 흙으로 쌓았음. 북벽은 동북 모서리에서 서쪽으로 뻗은 산등성이를 따라 축조하였음. 안팎의 경사가 모두 급함. 나머지 세 성벽은 절벽과 낭떠러지 가장자리에 자리 잡고 있으며, 바깥쪽은 경사가 가파르지만 안쪽은 비교적 평탄함. 대체로 동쪽이 높고 서쪽이 낮은 산비탈에 위치하여 서벽에서 동벽으로 갈수록 경사가 급해짐.

○ 동벽 300m, 서벽 290m, 남벽 286m, 북벽 130m 등 총길이 1,006m.

○ 서쪽 성벽이 비교적 잘 보존되어 있음. 윗너비 1.5m, 기초 너비 7m, 잔고 약 2m. 서벽의 단면에서는 지금도 당시 흙을 다져 판축한 성벽 층위를 선명하게 볼 수 있음. 모래흙과 진흙을 번갈아가면서 층층이 다져 판축하였음. 서문 북측의 성벽 단면에는 황갈색 砂質土를 8~9cm, 흑회색 泥質土를 3cm 두께로 번갈아가면서 판축한 층위가 선명하게 노출되어 있음.

○ 남벽 서단의 성벽 높이는 10m이며, 황갈색 砂質土와 흑회색 泥質土를 5cm 두께로 번갈아가면서 판축한 층위를 확인할 수 있음. 성벽을 불에 구워 단단하게

---

[1] 불규칙한 나원형과 장방형의 중간 성노라고 보기노 함(여호규, 1999).

[2] 전체 둘레를 1,200m로 파악하기도 함(吉林省文物志編修委員會, 1988 ; 王禹浪·王宏北, 1994).

[3] 遼源市文物管理所(1994)에는 "동서가 길고 남북이 짧다"고 기술되어 있지만, 誤記로 보임.

한 부분도 확인됨.
○ 북벽의 서측 성벽도 비교적 잘 남아 있음. 동벽 중단도 보존상태가 비교적 양호함. 기단부의 너비 3m, 윗너비 1m, 잔고 1m 전후임. 동벽의 남북 양끝 및 북벽의 동단은 심하게 파괴되어 성벽의 흔적을 찾아보기 힘듦.
○ 산성 전체가 공원으로 조성되는 과정에서 많이 파괴되었으며, 특히 북벽 부근에 각종 시설이 들어서서 성벽이 많이 훼손되었음.

2) 성곽시설

(1) 성문
북문과 서문 2곳에서 문지가 발견됨. 현재 두 성문지는 공원 출입구로 이용되고 있으며, 옹성 등 특별한 성문시설은 발견되지 않음.

① 북문지
○ 위치 : 북벽 서단의 서북 각루 부근에 위치함.
○ 규모 : 너비 7m, 높이 4.5m.

② 서문지
○ 위치 : 서남 각루에서 85m 떨어진 서벽 남반부에 위치함.
○ 규모 : 너비 6m, 높이 4m.

(2) 각루
○ 산성의 네 모서리에 모두 각루 흔적이 선명히 남아 있음.
○ 동북 모서리 각루는 성내에서 가장 높은 지점으로 각루 퇴적도 상당히 선명함. 동북 모서리의 각루는 반원형으로 직경 약 8m, 퇴적 높이 약 6m.
○ 서북 각루도 동북 각루와 형태는 대체로 비슷하지만, 많이 파괴되었음.
○ 서남 및 동남 각루는 직경 약 6m, 높이 약 3m로 비교적 낮은 편임.

5. 성내시설과 유적

1) 성내시설

(1) 건물지
○ 요원시문물관리소에서 여러 차례 조사하여 건물지 6곳을 확인하였음.
○ 6곳 중에서 기와편이 가장 많이 드러나 있고 산포 면적이 큰 3곳은 북문 부근, 공원의 요술거울오락관 서측 10m 지점, 성내 남부 서쪽 비탈 臺地상임. 그 밖에 몇 군데에서도 기와편이 발견되었음.

① 건물지 1
○ 북문 부근으로 장방형이며, 면적은 약 40m² 정도.
○ 지면에 암키와와 수키와 잔편이 한 층 정도 밀집하여 드러나 있음.
○ 기와편 중에는 연화문와당과 비교적 다량의 모래가 혼입된 회색의 단단한 토기편이 발견되기도 함.
○ 북문 성벽터 옆에 거칠게 다듬어진 석괴가 드러나 있음.

② 건물지 2
○ 공원의 요술거울오락관 서측인데, 기와편의 퇴적 두께가 약 50cm임.
○ 지층과 단층에서 드러난 암키와 혹은 수키와 대부분은 모두 연기에 그을려진 검은 炭層 흔적이 확인됨.
○ 건물지 퇴적 가운데서 와당, 모래혼입 회색의 단단한 토기편과 선문(弦文)이 새겨진 泥質의 홍갈색 토기편이 발견되었음.
○ 성내 지표 및 배수구 내에서 흑색, 회색, 홍갈색과 황갈색의 모래혼입 혹은 泥質의 단단한 토기 잔편이

발견되었음.

③ 건물지 3
○ 성내 남쪽 골짜기 연못(溝塘) 남측의 서쪽 비탈지 중부 대지에 위치.
○ 대지상에 다량의 철찌꺼기(鐵渣)가 흩어져 있는데, 면적은 약 30m²임. 철찌꺼기 주위 지표에는 불에 노출되어 검게 탄 토층을 확인할 수 있음.
○ 시굴 결과 검게 탄 재층 퇴적이 비교적 두터운 것을 확인할 수 있었음. 또한 지층 내부에서 다량의 목탄, 불에 구워진 붉은색의 흙덩어리와 소량의 코크스찌꺼기가 붙어있는 모래혼입 회색의 단단한 토기편 등이 출토되었는데, 이러한 토기편은 기벽이 비교적 얇고 표면에 선문이 새겨져 있음.

(2) 연못과 우물
○ 서문 근처에 원형 언덕이 있고, 그 남북 양측에 자연 연못이 있음. 북쪽 연못이 남쪽 연못에 비해 조금 높은 편이며, 남쪽 연못은 대략 원형임. 두 연못은 공원 개발 과정에서 거의 메워졌고, 북쪽 연못에는 수상오락시설이 들어서 있음.
○ 남쪽 연못의 서쪽 10m 지점에 넓게 트인 곳(豁口)이 있고, 부근 평탄지에 폐기된 우물이 하나 있음. 또한 남북 연못과 서벽 사이에 저수지가 하나씩 있음. 서벽 중단에 위치한 북쪽 저수지는 방형으로 한 변의 길이가 18m. 서문과 서남 각루 사이에 위치한 남쪽 저수지는 장방형으로 동서 15m, 남북 10m. 두 저수지에 저장된 빗물은 서벽을 통해 성 바깥으로 배수됨.

2) 성내 유적 층위

(1) 성내 북쪽 연못(溝塘)의 퇴적 층위
○ 성내 북쪽 연못(溝塘)의 정상부 남벽 단층은 지표에서 40cm 떨어져 있는데, 여기에 비교적 큰 화강암 돌 절구(石臼) 하나가 선명히 노출되어 있음.
○ 돌절구(石臼)의 동·서 양측 단면에서 상, 하 2층의 문화층이 선명하게 확인됨.

① 상층 퇴적
○ 상층 퇴적층은 돌절구의 저부 약간 아래까지로 퇴적 두께는 약 1m 정도인데, 상층의 토층은 다시 3층으로 세분할 수 있음.
○ 제1층 : 토지 경작층. 黑土와 黃砂 2종류의 토질임. 두께 약 15~18cm.
○ 제2층 : 흑갈색의 砂土층. 두께 45cm 정도.
○ 제3층 : 황갈색의 砂土층. 두께 40cm. 제3층의 저부 아래는 모두 벽면 절단층 중의 하층문화 퇴적임.

② 하층 퇴적
○ 하층 퇴적층은 동서 양측 단면의 토질이 조금 다름. 동쪽은 토질이 비교적 단단하고, 흙의 색깔 변화도 선명하지 않은데, 황회색 사질층으로 두께는 약 40cm임.
○ 서쪽의 토층 변화는 비교적 선명함. 돌절구의 바닥 끝과 접하고 있는 토층은 흑회색의 사토층으로 두께 약 25cm임. 황사 생토층 부근은 회갈색 사토층으로 두께 약 30cm임(그림 4).

③ 출토유물
○ 상층의 제2층과 제3층 상단에서 다량의 홍갈색 승문 암키와 및 민무늬 수키와편이 발견됨. 어떤 것은 수키와 표면에 가늘게 문자가 새겨져 있음. 상층에서는 기와편 외에 회색, 황갈색, 흑회색의 모래혼입 또는 泥質의 단단한 토기 잔편이 발견됨.
○ 돌절구 동쪽 약 2m 지점인 황갈색 사토층 저부에는 길이 40cm, 두께 0.8cm의 숯 퇴적층이 있는데, 다량의 목탄, 불에 구워진 붉은색 흙덩이를 비롯해 접시, 외반된 구연부(敞口沿), 분(盆)의 구연부, 나팔입모양 호(壺)의 구연부(沿), 철제화살촉과 회색의 모래가 섞인

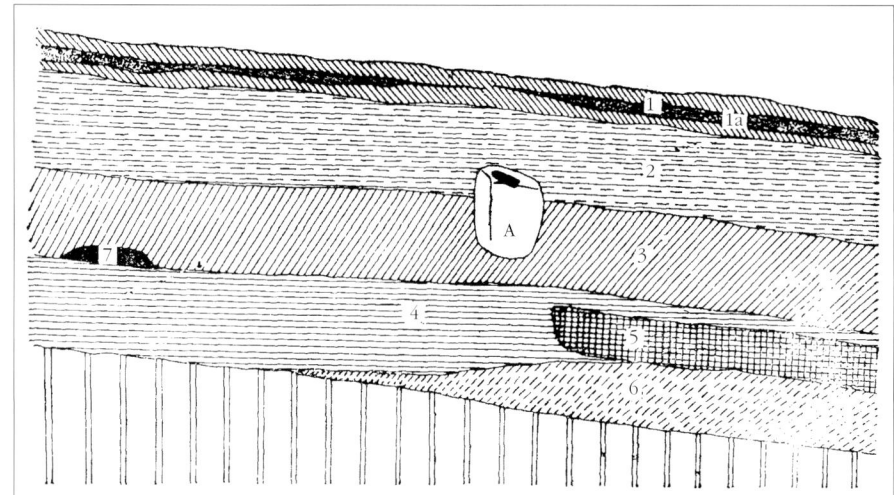

그림 4 용수산성 북쪽 연못 남벽 문화층 단면도(遼源市文物管理所, 1994, 223쪽)(여호규, 1999, 422쪽 참조)
1. 흑색토층 1a. 황색사질층
2. 흑갈색사질층 3. 황갈색사질층
4. 황회색사질층 5. 흑회색사질층
6. 황갈색사질층 7. 목탄소토퇴적층
A. 돌절구

토기편 등이 출토되었음. 돌절구 서쪽 약 60cm 지점의 황갈색 사토층에서는 소형의 철제칼(鐵刀)과 토기구연(陶碗口沿) 등이 출토되었음.

○ 상층에서 출토된 대량의 토기편은 일반적으로 모래혼입 토기가 泥質 토기보다 다수임. 다만 두 종류의 토기는 모두 단단한 토기류에 속함. 소성온도는 보편적으로 높으며, 손으로 빚었지만 회전대로 다듬은 흔적을 확인할 수 있음.

○ 하층 문화퇴적층에서 발견된 토기자편은 상층의 硬陶類와 비교하여 명확하게 구별됨. 하층에서 출토된 토기편은 기본적으로 흑, 홍갈과 황갈색의 모래 섞인 수제 토기가 대부분임. 모래 섞인 토기는 대체로 두 종류로 구분됨. 비록 이 두 종류의 토기도 소성온도는 비교적 높으나, 상층의 硬陶와 비교할 때 차이가 크게 남. 또한 토기 표면에 횡으로 그은 선문이 있는 것이 중요한 특징임.

(2) 성내 소형 시굴 트렌치의 퇴적 층위

○ 성내 남북 연못 사이의 언덕 서쪽 기슭 개울 양측에서 장방형의 소형 트렌치를 설치해 조사함. 트렌치는 비교적 소형으로, 남북 길이 1.6m, 동서 너비 1.3m, 깊이 50cm. 트렌치 동벽의 단면을 통해 토층이 3개 층

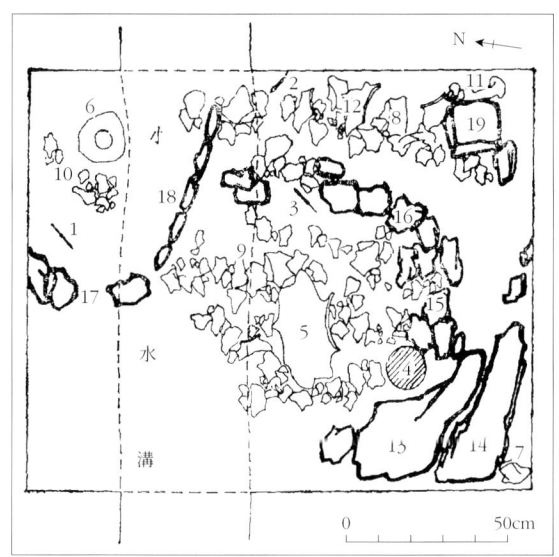

그림 5 용수산성 성내 소형 시굴 트렌치 평면도(遼源市文物管理所, 1994, 225쪽)(여호규, 1999, 423쪽 참조)
1~3. 철제화살촉 4. 기둥자리 5·12. 토기구연 6·8. 토기저부
7·11. 토기손잡이 9·10. 토기편 13·14. 대형석괴 15~19. 석괴열

으로 이루어져 있었음을 확인함.

○ 트렌치 남북 양단에서 거칠게 다듬은 석재로 축조한 석열이 발견되었음. 석열 사이에 토기편이 흩어져 있었고, 석열의 서남 모서리에서 직경 10cm 전후의 원형 기둥구멍(柱洞)이 발견되었음(그림 5).

○ 제1층 : 지표층. 황색 모래와 검은 흙으로 이루어져 있음. 두께 15cm.

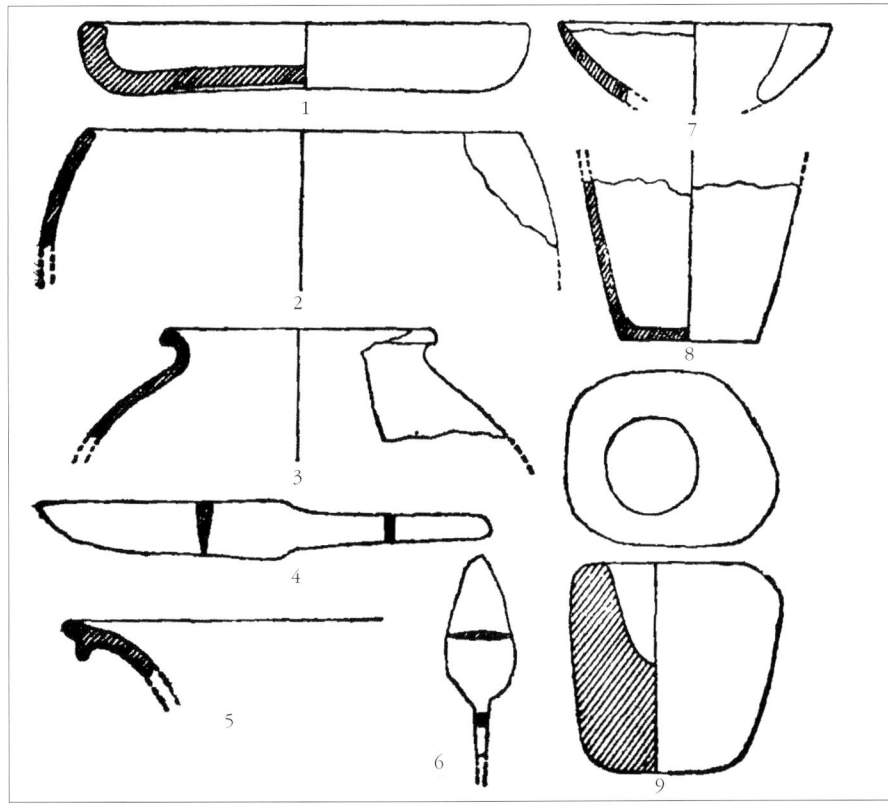

그림 6 용수산성 성내 북쪽 연못 남벽 상층 퇴적층 출토유물(遼源市文物管理所, 1994, 224쪽)(여호규, 1999, 434쪽 참조)
1. 반 2. 호 3. 호 4. 도자
5. 토기구연 6. 철제화살촉 7. 완
8. 토기저부 9. 돌절구(축척부동)

○ 제2층 : 문화층. 황갈색 모래흙층. 두께 35cm. 유물은 이 층에서 출토.
○ 제3층 : 비교적 단단한 황색 모래로 이루어진 생토층.

6. 출토유물

1) 성내 북쪽 연못(溝塘) 남벽 문화층 출토유물

(1) 상층 퇴적층의 출토유물

① 철기(鐵器)

㉠ 철제칼(鐵刀)
○ 수량 : 1점.
○ 크기 : 길이 11.8cm.

○ 형태 : 등이 곧고, 등마루는 각졌으며, 칼은 뾰족하고 아래의 날 부분은 弧形임. 칼자루는 약간 길고, 몸체와 자루 부분의 경계선은 명확함.

㉡ 철제화살촉(鐵鏃, 그림 6-6)
○ 수량 : 1점.
○ 크기 : 촉두 길이 3.7cm, 너비 1.8cm.
○ 형태 : 촉두 부분이 비교적 얇으며, 판자형태의 나뭇잎 모양을 띤 圓柱 형태의 경부(鏃鋌)는 이미 파손되었음.

② 토기

㉠ 소반(陶盤, 그림 6-1)
○ 수량 : 1점.
○ 크기 : 소반 직경 11.9cm, 바닥 직경 9.5cm, 높이

1.8cm.

○ 형태 : 대체로 완형임. 표면은 매끄러움.

○ 색깔 및 태토 : 검은색. 내부는 황갈색을 띠는 곳도 있음. 모래가 혼입되었으며 단단함. 태토에 가는 모래가 함유되어 있음.

ⓒ 호(敞口高腹罐, 그림 6-3)

○ 수량 : 1점.

○ 형태 : 구연은 외반하면서, 끝이 말렸음(卷沿). 구순은 둥글게 처리하였음(圓脣), 동체는 볼록함. 민무늬. 그릇 표면은 매끄러움.

○ 색깔 및 태토 : 회색, 모래가 혼입되었으며 단단함.

ⓒ 호(筒腹陶罐, 그림 6-8)

○ 수량 : 1점.

○ 형태 : 동체의 상부는 파손됨. 그릇 표면은 갈고 두드려 매끄럽고 광택이 남. 그릇의 형태는 비교적 작으며, 동체는 대롱모양임(筒), 바닥은 평평함. 동체는 약간 둥근 형태임(鼓腹).

○ 색깔 및 태토 : 검은색, 모래가 섞였으며 단단함. 태토에 거친 모래가 다량 함유되었음. 바닥 안쪽은 홍갈색을 띰.

ⓔ 호(斂口鼓腹罐, 그림 6-2)

○ 수량 : 1점.

○ 크기 : 기벽(胎壁) 두께 0.6cm.

○ 형태 : 구연은 내반하였으며, 구순은 각이 져 있음. 동체는 둥근 형태(鼓腹).

○ 색깔 및 태토 : 엷은 회색. 모래가 혼입되었으며 단단함.

ⓜ 토기구연(陶盆沿, 그림 6-5)

○ 수량 : 1점.

○ 형태 : 구연 끝 부분 아래에 높이 돌기한 띠가 있어 측면에서 보면 이중 구연처럼 보임.

○ 색깔 및 태토 : 짙은 회색. 모래가 혼입되었으며 단단함. 조금 조잡한 瓷器와 유사함.

ⓑ 완구연(陶碗口沿, 그림 6-7)

○ 수량 : 1점.

○ 형태 : 구연은 외반하였으며, 구순은 둥글게 처리하였음(圓脣). 바닥 부분은 파손됨. 표면은 매끄러움.

○ 색깔 및 태토 : 흑회색, 가는 모래가 혼입되었으며 단단함.

③ 석기(石器)

㉠ 돌절구(石臼. 그림 6-9)

○ 수량 : 1점.

○ 크기 : 높이 41cm.

○ 형태 : 흑백색의 화강암 재질임. 절구 형태는 비교적 크고 대략 方柱모양을 띰. 윗면은 비교적 평평하나 모양을 잘 다듬지는 않았음. 가운데에 원추형의 우묵한 홈(深窩)이 있음.

(2) 하층 퇴적층의 출토유물

① 토기

㉠ 호(斂口罐)

○ 수량 : 3점.

○ 형태 : 구연은 내반하였으며, 구순은 둥글게 처리하였음. 동체는 약간 둥근 형태(鼓腹).

○ 색깔 및 태토 : 3점 중 하나는 검은색이고 모래가 섞였음. 그릇 표면에는 황갈색을 띠는 부분도 있음(그림 7-1). 그 밖에 2점은 홍갈색이고 모래가 섞였음. 구순부가 각이 져 있는 것, 둥글게 처리한 것으로 구분됨(그림 7-2·4).

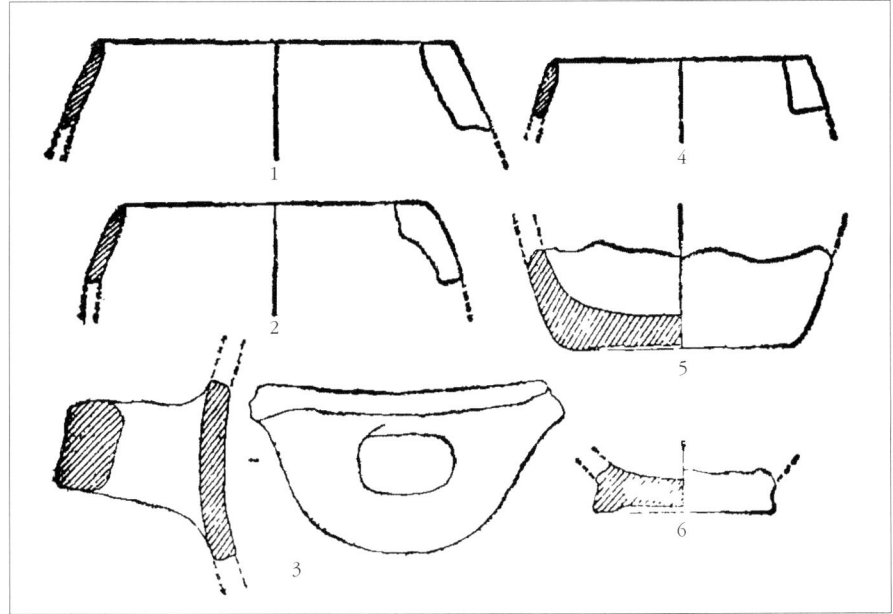

그림 7 용수산성 성내 북쪽
연못 하층 퇴적층 출토유물
(遼源市文物管理所, 1994, 224쪽)
(여호규, 1999, 435쪽 참조)
1·2·4. 호 3. 파수
5·6. 토기저부(축척부동)

ⓒ 솥다리(鼎足)
○ 수량 : 1점.
○ 크기 : 方棱 중간의 한 변 너비 2.4cm.
○ 형태 : 다리의 윗 표면에 여러 번 문지른 흔적이 있음. 다리의 밑은 方棱모양을 띔. 바깥쪽으로 약간 휜 상태임.
○ 색깔 및 태토 : 홍갈색이고 모래가 혼입.

ⓒ 파수(陶器橫耳, 그림 7-3)
○ 수량 : 2점.
○ 형태 : 파수의 형태는 횡대상파수(橫式橋狀耳)와 대체로 같음.
○ 색깔 및 태토 : 2점 중에 1점은 홍갈색의 모래가 혼입. 비교적 굵은 모래가 혼입. 태토의 기벽에 거친 모래가 다량 함유되어 있음. 다른 1점은 황갈색의 모래가 혼입되었으며, 표면이 매끄러움.

ⓔ 토기저부(陶器底, 그림 7-5·6)
○ 수량 : 2점.
○ 색깔 및 태토 : 황갈색이고, 모래가 섞였음.

ⓜ 토제가락바퀴(陶紡輪)
○ 수량 : 1점.
○ 크기 : 가락바퀴 높이 2.6cm. 구멍 직경 0.5cm.
○ 형태 : 파손품. 圓柱 형태로 중간 부분은 약간 둥그스름함. 윗면은 평평함. 중간에 원형의 구멍이 있음.

2) 성내 소형 시굴 트렌치 출토유물
소형 시굴 트렌치에서는 토기가 대량 출토되었으며, 철제화살촉, 철기파손품, 기와편과 馬牙齒 1점 등도 출토되었음.

(1) 철기

① 철제화살촉(鐵鏃)
○ 수량 : 3점.
○ 2형식으로 분류됨.

㉠ Ⅰ식(그림 8-10)
○ 수량 : 1점.
○ 크기 : 길이 2.8cm, 너비 0.9cm, 두께 0.5cm. 底部

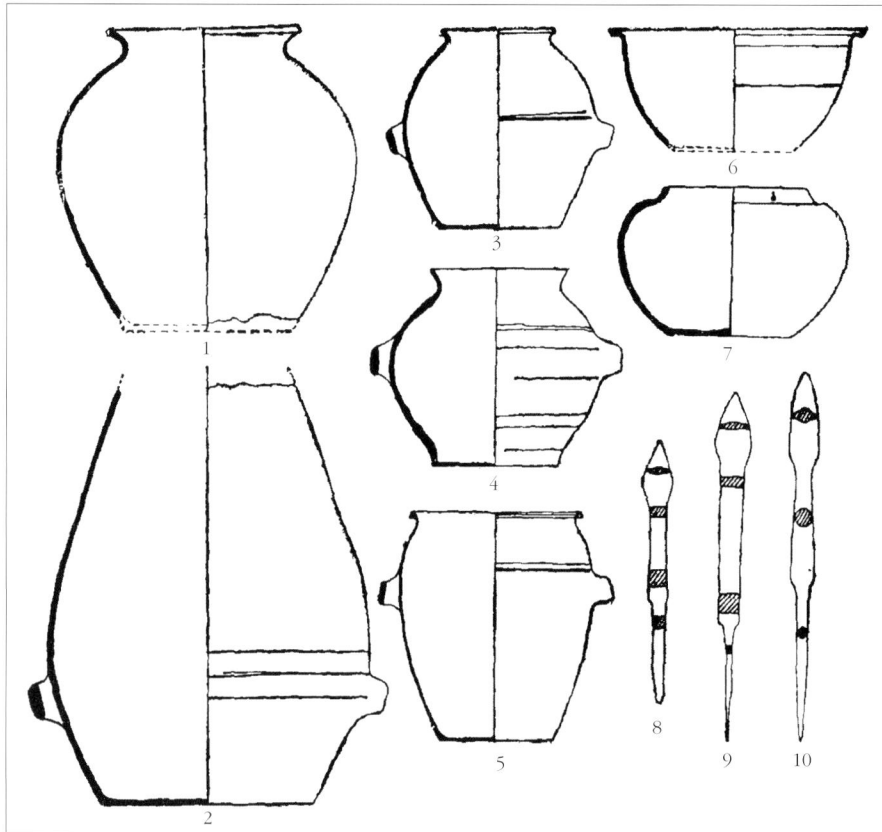

그림 8 용수산성 성내 소형 트렌치 출토유물(遼源市文物管理所, 1994, 226쪽)(여호규, 1999, 436쪽 참조)
1. 호 2. 옹 3. 호 4. 호 5. 호 6. 분 7. 호 8~10. 철제화살촉(축척부동)

직경 0.7cm, 길이 3.7cm, 경부(鋌) 너비 0.3cm 및 길이 4.6cm.
○ 형태 : 촉두(鐵鋒)는 창머리 형태이며, 등마루가 있음. 횡단면은 마름모꼴임. 몸체는 원주형으로 위가 좁고 아래가 넓음. 경부(鋌)는 方錐形임.

ⓒ Ⅱ식(그림 8-8·9)
○ 수량 : 2점.
○ 크기 : 전체 길이 각기 10.6cm, 7.9cm.
○ 형태 : 날 부분이 비교적 짧고, 창머리 형태임. 등마루가 있는데 그중에 한 면은 등마루의 돌기가 비교적 명확하며, 다른 한 면은 등마루 부분을 대략 확인할 수 있음. 몸체는 납작한 사각기둥(扁棱) 모양이며, 측면은 사다리꼴임. 경부(鋌)는 方錐形임.

(2) 토기

① 옹(陶瓮, 그림 8-2)
○ 수량 : 1점.
○ 크기 : 잔고 50.5cm, 동체 직경 36cm, 바닥 직경 26cm.
○ 형태 : 파손품. 기와편은 비교적 작음. 수키와의 표면에는 문자를 새긴 흔적이 남아 있음.
○ 색깔과 태토 : 모래가 섞인 짙은 회색. 수제품. 소성 온도는 균일하지 않음. 파수를 대칭되게 붙였음. 동체에는 평행한 음각선문(凹弦文)를 새겼음.

② 분(陶盆, 그림 8-6)
○ 수량 : 1점.
○ 크기 : 직경 40cm, 전체 높이 18.5cm.

○ 형태 : 구연부가 크며(大口沿), 구순은 뾰족함(尖脣). 바닥은 평평함. 구연 아래와 동체에 선문(弦文)을 한 줄 새겼음.

③ 호(陶罐)
○ 수량 : 8점.
○ 형태 : 대체로 완형.

㉠ 호(球腹罐, 그림 8-4)
○ 크기 : 口經 17cm, 높이 24cm, 바닥 직경 15.5cm.
○ 형태 : 구연은 외반하였으며, 구순은 둥글게 처리하였음. 동체는 공처럼 볼록하며 바닥은 평평함. 동체 중간에 파수를 대칭되게 붙였음. 동체 부분에 음각선문(凹弦文)을 7줄 새겼음. 손으로 빚은 다음 물레로 다듬었음.
○ 색깔과 태토 : 검은색 泥質임.

㉡ 호(斂口罐, 그림 8-7)
○ 크기 : 구경 9.3cm, 높이 10cm, 동체 직경 14.7cm, 바닥 직경 7.8cm.
○ 형태 : 구연은 내반하였으며, 구순은 각이 져있음. 목이 짧고 동체는 둥근 형태임. 민무늬이며, 바닥은 평평함. 구연 아래에 구멍이 뚫려 있음.
○ 색깔과 태토 : 옅은 회색의 泥質 토기임.

㉢ 호(雙耳圓腹罐, 그림 9-1)
○ 크기 : 전체 높이 30cm, 동체 직경 28cm, 바닥 직경 15.2cm, 두께 0.8cm.
○ 형태 : 구연은 외반하였고, 동체는 둥근 형태임. 바닥은 평평함. 동체에 파수를 2개 대칭되게 붙였으며 그 아래에 음각선문(凹弦文)을 2줄 새겼음. 표면과 동체 전체가 매끄러움. 소성온도는 균일하지 않음. 손으로 빚은 다음 물레로 다듬은 흔적이 명확함.
○ 색깔과 태토 : 모래가 혼입. 표면은 흑갈색이며 태토는 홍갈색인데 거친 모래가 비교적 다량 함유되었음.

㉣ 호(雙耳深腹罐, 그림 8-5)
○ 크기 : 구연 직경 27cm, 전체 높이 35cm, 동체 직경 30cm, 동체 두께 0.7cm.
○ 형태 : 구연은 외반하였고, 구순은 둥글게 처리하였음. 파수 2개. 동체가 길고 약간 둥근 형태임. 바닥 부분은 결실되었음. 납작하고 길쭉한 파수 위에 음각선문(凹弦文)을 2줄 새겼음. 윗줄의 선은 비교적 가늘며, 아랫줄의 선은 약간 굵음. 손으로 빚은 다음 물레로 다듬은 흔적이 명확함.
○ 색깔과 태토 : 홍갈색, 사질.

㉤ 호(鼓腹雙耳罐, 그림 8-3)
○ 크기 : 구경 17.5cm, 전체 높이 30cm, 동체 직경 28.5cm, 바닥 직경 19cm, 기벽 0.4cm.
○ 형태 : 구연은 외반하였고, 구순은 각이 져있음. 목이 짧고 잘록하며, 동체는 둥근 형태임. 파수 2개. 바닥은 평평함. 동체 파수위에 너비 0.2cm의 음각선문(凹弦文)을 새겼고 그 위에 또 한 줄의 가는 선문(弦文)을 새겼음. 손으로 빚은 다음 물레로 다듬었음.
○ 색깔과 태토 : 옅은 회색, 모래 혼입.

㉥ 호(素面鼓腹大罐, 그림 8-1)
○ 크기 : 구경 17.5cm, 전체 높이 30cm, 동체 직경 28.5cm, 바닥 직경 19cm, 기벽 0.4cm.
○ 형태 : 손으로 빚었음. 기형은 비교적 크며, 동체 아래는 결실됨. 표면이 매끄러움. 소성 온도는 균일하지 않음. 구연은 외반하였고, 구순은 둥글게 처리하였음. 목이 짧고 잘록함. 민무늬. 동체는 둥근 형태임.
○ 색깔과 태토 : 홍갈색이고 모래가 혼입. 부분적으로 회갈색과 황갈색인 곳도 있음.

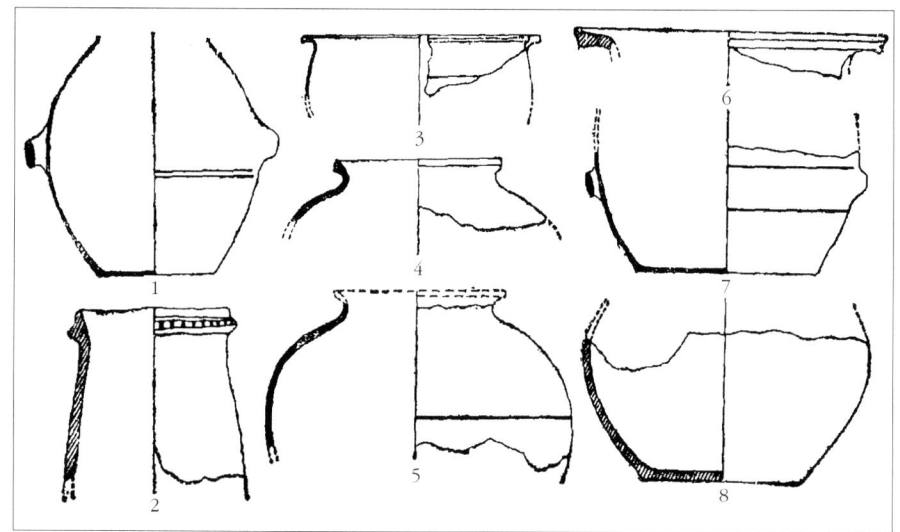

그림 9 용수산성 성내 소형 트렌치 출토 토기(遼源市文物管理所, 1994, 227쪽)(여호규, 1999, 437쪽 참조)
1. 호 2. 배구연 3. 분구연
4·5. 호구연 6. 호구연
7. 토기저부 8. 호저부(축척부동)

Ⓐ 호(鼓腹平底罐, 그림 9-8)
○ 크기 : 동체 직경 19cm, 동체 두께 0.3cm, 바닥 직경 10.5cm, 두께 0.6cm.
○ 형태 : 동체 윗부분은 결실되었으며, 동체 아래는 기본적으로 완형임. 동체부의 표면에는 연기에 그을려 까맣게 탄층이 있음. 동체가 둥근 형태임. 민무늬. 바닥은 평평함. 손으로 빚었음.
○ 색깔과 태토 : 황갈색. 모래혼입.

Ⓞ 호(雙耳鼓腹大罐, 그림 9-7)
○ 크기 : 동체 직경 44cm, 바닥 직경 30cm.
○ 형태 : 동체 윗부분은 결실되었음. 기형은 비교적 크며, 동체는 둥근 형태임. 파수 2개. 바닥은 평평함. 납작한 형태의 파수 위와 아래에 평행한 음각선문(凹弦文)을 2줄 새겼음. 손으로 빚었음. 토기 표면에 비스듬히 누르면서 문지른 흔적이 많음.
○ 색깔과 태토 : 회색. 모래가 혼입. 태토는 갈색.

④ 잔(陶杯, 그림 9-2)
○ 크기 : 구경 10cm, 동체 직경 11.6cm, 두께 0.7cm.
○ 형태 : 구연은 곧으며(直口) 구순은 각이 져 있음. 동체는 대롱(筒)모양이며 동체 아래는 결실됨. 구연부 아래쪽에 능형 덧띠를 붙이고 거치문을 시문하였음.

⑤ 호구연(陶罐口沿)
총 6점, 3개의 형식으로 분류됨.

㉠ I 식 : 3점
○ I 식의 1(그림 9-4) : 구연 직경 16.5cm, 동체 두께 0.6cm. 구연은 외반하였으며, 구순은 둥글게 처리하였음. 목이 짧고 잘록함. 동체는 둥근 형태임. 동체 위 토기 표면은 민무늬임. 검은색, 泥質. 태토에 모래입자가 약간 함유되어 있음.
○ I 식의 2(그림 9-5) : 동체 직경 30cm, 두께 0.8cm. 구연은 결실됨. 동체 위 표면에 음각선문(凹弦文)을 한 줄 새겼음. 검은색, 비교적 굵은 모래 혼입.
○ I 식의 3 : 목 높이 2.5cm, 구연 직경 31.8cm, 동체 두께 0.8cm. 목이 짧음. 동체 상부에 점모양의 戳刺文이 3개 보이며, 戳點文 곁에 선문(弦文) 2줄을 새겼으나 명료하지는 않음. 흑갈색, 모래 혼입.

㉡ II 식 : 1점
○ 형태 : 구연은 외반하였으며, 구순은 둥글게 처리하였음. 동체는 길고(深腹), 구연부는 약간 말렸음. 구순

아래는 비교적 평평함. 동체부는 약간 둥근 형태임. 토기의 구순부에 규정적이지 않은 음각선문(凹弦文)을 비스듬하게 새겼음.
○ 색깔과 태토 : 회갈색, 모래 혼입.

ⓒ Ⅲ식 : 2점.
○ Ⅲ식의 1 : 두께 0.7cm. 구연은 외반하였으며, 구순은 각이 져 있음. 동체는 둥근 형태임. 갈색. 모래가 혼입. 태토는 비교적 굵음.
○ Ⅲ식의 2 : 구순의 너비 1.7cm. 황갈색, 사질. 태토는 비교적 단단함.

⑥ **호구연(陶壺口沿) : 3점.**

㉠ 호구연 1(陶壺口沿)
○ 크기 : 목 두께 0.3cm.
○ 형태 : 구연은 외반하였으며, 구순은 둥글게 처리하였음. 목은 잘록함. 구연 아래에 능각문(凸棱文)을 시문하였음.
○ 색깔과 태토 : 황갈색. 모래가 혼입.

㉡ 호구연 2(陶壺口沿)
○ 크기 : 구연 두께 0.4cm.
○ 형태 : 구연은 곧으며(直口), 구순은 둥글게 처리하였음. 구연 아래에 철릉문을 시문하였음.
○ 색깔과 태토 : 검은색. 모래가 혼입.

㉢ 호구연 3(陶壺口沿, 그림 9-6)
○ 크기 : 두께 0.7cm
○ 형태 : 이중 구연. 나팔입 모양. 목이 긺. 구연은 비스듬하게 곧음(斜平口). 구순의 위, 아래가 凸 모양으로 도드라졌음.
○ 색깔과 태토 : 갈색. 모래가 혼입. 태토는 비교적 단단함.

⑦ **분구연(陶盆口沿, 그림 9-3)**
○ 수량 : 1점.
○ 크기 : 구연 두께 0.5cm.
○ 형태 : 구연은 외반하였으며, 구순은 둥글게 처리하였음. 목이 잘록하며, 동체는 길고 약간 둥근 형태임. 구순 부분에 현문을 한줄 새겼음. 구연 아래 동체부에도 음각선문(凹弦文)을 한 줄 새겼음. 구연의 구순은 약간 이중구순 형태. 구순부 위, 아래가 凸 모양으로 분명하게 도드라졌음. 손으로 빚고 물레로 다듬었음. 기벽(胎壁)은 약간 얇음.
○ 색깔과 태토 : 황갈색. 모래가 다량 혼입.

(3) 기와
○ 수량 : 2점.
○ 형태 : 파손품. 기와편은 비교적 작음. 수키와의 표면에는 문자를 새긴 흔적이 남아 있음.
○ 색깔과 태토 : 하나는 홍갈색의 모래가 혼입된 승문 암키와이고, 다른 하나는 홍갈색 泥質의 민무늬 수키와임.

3) 성내 채집 유물

(1) 철기

① **철제화살촉(鐵鏃)**
수량 : 2점. 2가지 유형으로 분류됨.

㉠ Ⅰ식(그림 11-7)
○ 크기 : 촉두 길이 2.7cm, 너비 1.2cm. 날의 등마루 전체 길이 1.5cm.
○ 형태 : 형태는 비교적 크고, 촉두(鐵鋒)는 뱀머리 모양임. 몸체는 약간 길고 마름모꼴임. 날은 뾰족하고 아주 예리함. 날의 등마루가 선명하게 돌출해있음.

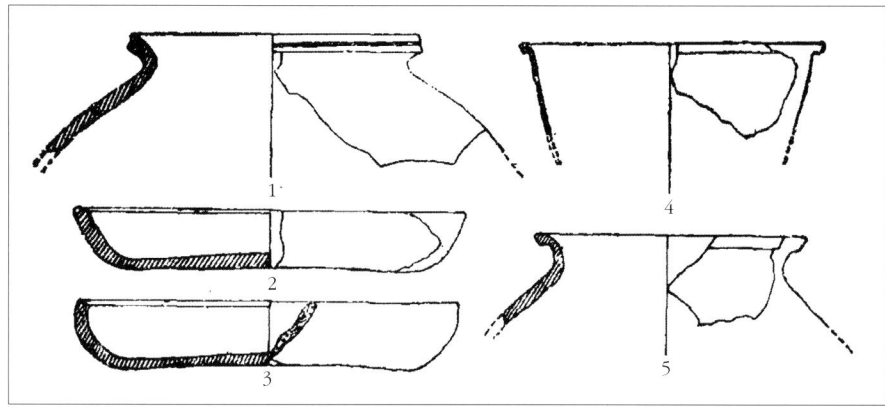

그림 10 용수산성 성내 채집 토기
(遼源市文物管理所, 1994, 228쪽)
(여호규, 1999, 433쪽 上 참조)
1. 호 2·3. 반 4. 분
5. 호(축척부동)

ⓒ II식
○ 크기 : 화살촉의 길이 3.4cm, 너비 0.6cm. 원추형의 경부 직경 0.4cm, 길이 1.5cm.
○ 형태 : 화살촉은 方錐形. 경부(鏃鋌)는 원추형으로 이미 휘었음.

② 보습(鐵鏵)
○ 수량 : 1점.
○ 크기 : 殘長 25cm, 너비 21.5cm, 높이(鏵頂中間) 5.5cm.
○ 형태 : 생철로 주조하였으며, 몸체는 삼각형을 띰. 보습의 끝은 뾰족하며 꼬리 부분은 이미 파손되었음. 표면(鏵面)은 이등변 삼각형이며, 가운데는 비어있고 바닥은 평평함. 바닥 부분의 정 가운데에 삼각형의 구멍이 있음.

③ 철제장식품
○ 수량 : 2점.
○ 크기 : 너비 5.5cm, 두께 0.7~0.9cm.
○ 형태 : 하나는 납작한 활모양으로, 器壁이 비교적 두껍고 바깥면은 평평함. 器壁의 두께 정도는 균일하지 않으며, 위, 아래의 가장자리는 뾰족하게 튀어나왔음. 다른 하나는 윗부분이 많이 파손되었으며, 아랫부분은 납작하게 모가 진 모양(扁棱形)임.

(2) 토기

① 소반(陶盤, 그림 10-2·3)
○ 수량 : 2점.
○ 크기 : 口徑 21.6cm, 두께(腹壁厚) 0.7cm.
○ 형태 : 형태는 대체로 같음. 기형은 원형으로 납작함. 구연은 곧으며(直口), 구순은 각이 져 있음. 바닥은 약간 凹자 모양임. 바닥 안쪽 중간에 두텁게 돌기한 부분이 있음.
○ 색깔과 태토 : 안색은 회색, 황갈색 2가지 종류로 구분됨. 모두 泥質. 단단함.

② 분(陶盆) : 3점.

㉠ 분 1
○ 크기 : 口徑 41.5cm, 구순의 너비 1.1cm.
○ 형태 : 구연부가 크고(大口), 평평하게 꺾였으며(平折), 구순은 각이 져있음. 구연 아래의 기벽이 조금 두텁고, 홀쭉한 동체(斂腹) 아래의 기벽은 얇은 편임.
○ 색깔과 태토 : 흑회색, 모래 혼입.

㉡ 분 2
○ 크기 : 기벽의 두께 0.5cm.
○ 형태 : 구연이 평평하게 꺾였으며(平折), 구순은 둥

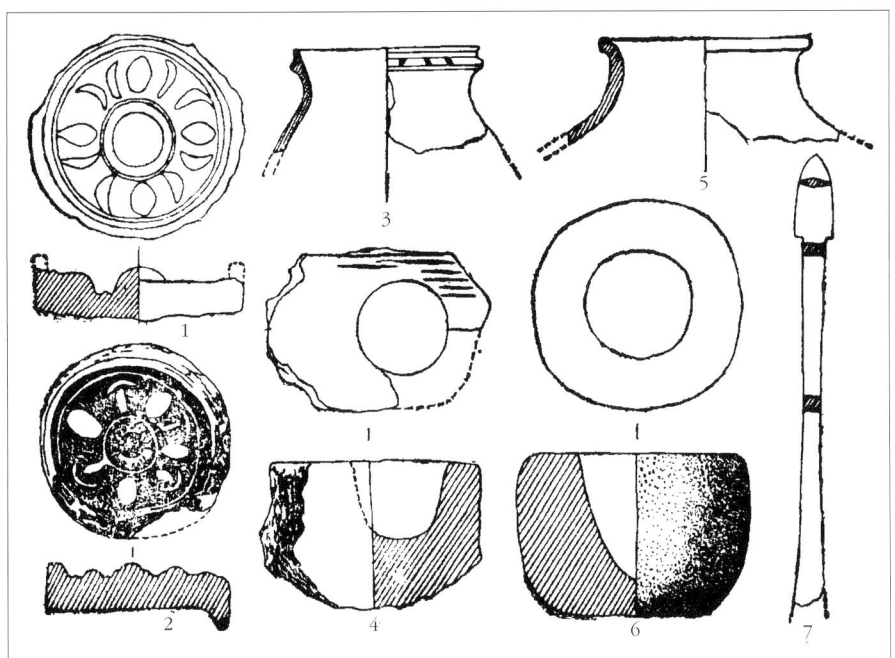

그림 11 용수산성 성내 채집 유물
(遼源市文物管理所, 1994, 229쪽)
(여호규, 1999, 433쪽 下 참조)
1. 연화문와당 2. 연화문와당
3. 호구연   4·6. 돌절구
5. 호구연   7. 鐵?(축척부동)

글게 처리하였음. 동체가 홀쭉하며(斂腹) 동체의 벽이 비교적 얇음.
○ 색깔과 태토 : 회색, 모래 혼입.

ⓒ 분 3(그림 10-4)
○ 크기 : 구연부 두께 0.6cm.
○ 형태 : 구연은 평평하게 꺾였으며 비교적 얇음. 구순은 각이 져 있음. 구순부에 음가선문(凹弦文)이 한 줄 새겨져 있으며 이중 구순 모양을 띰. 동체가 홀쭉함(斂腹).
○ 색깔과 태토 : 회색, 모래 혼입.

③ 호(陶壺) : 3점

㉠ 호(陶壺) 1
○ 크기 : 목 두께 0.8cm, 구순 너비 1.1cm.
○ 형태 : 구순은 각이 져 있음. 구연은 외반. 목이 잘록함.
○ 색깔과 태토 : 회색, 泥質.

㉡ 호(陶壺) 2(그림 11-3)
○ 크기 : 구연 두께 0.3cm. 동체 상부 기벽 두께 0.5cm.
○ 형태 : 구순은 둥글게 처리하였으며 구연은 외반하였음. 목이 잘록하며, 동체 부분은 약간 둥근 형태임. 구연 아래에 돌기한 무늬(堆文)를 부가한 흔적이 선명한데, 무늬는 회갈색이며, 돌기한 무늬 위에 타원형의 압문(壓文) 3개가 비스듬히 새겨져 있음.
○ 색깔과 태토 : 검은색, 모래가 혼입. 안팎의 표면이 매끄러움.

④ 호구연(陶罐口沿) : 18점.

㉠ 호구연(斂口罐)
○ 크기 : 구연 두께 0.7cm, 목 높이 3cm, 어깨 두께 0.5cm.
○ 형태 : 구연은 내반하였으며, 구순은 각이 져있음. 목이 짧고 동체는 둥근 형태임. 어깨가 있음. 짧은 목과 어깨 부분에 2개의 원형 구멍이 보임.
○ 색깔과 태토 : 회색, 모래혼입.

ⓛ 호구연(折肩罐)
ㅇ 크기 : 구순 너비 0.9cm, 목 높이 1.5cm, 두께 0.6cm.
ㅇ 형태 : 구연은 곧으며(直口), 구순은 각이 져있음. 목은 짧고, 어깨가 꺾였으며 동체는 만곡되었음.
ㅇ 색깔과 태토 : 회색, 泥質.

ⓒ 호구연(侈口罐)
ㅇ 크기 : 구연 두께 0.7cm, 동체 두께 0.8cm.
ㅇ 형태 : 구연은 외반하였으며, 구순은 둥글게 처리하였음. 동체가 깊고, 목이 잘록함.
ㅇ 색깔과 태토 : 황갈색, 泥質.

ⓔ 호구연(大口罐)
ㅇ 크기 : 구순 너비 1.8cm, 목 두께 0.8cm.
ㅇ 형태 : 구순은 각이 져있음. 구순 아래는 折角을 띰. 구연은 외반하였음(敞口). 구경은 비교적 큼. 목이 짧음. 동체는 둥근 형태임. 구순 아래 목 부분 윗면에 음각선문(凹弦文)이 한 줄 새겨져 있음.
ㅇ 색깔과 태토 : 황갈색, 모래혼입.

ⓜ 호구연(深腹罐)
ㅇ 크기 : 구순 너비 1.3cm, 동체 두께 0.6cm.
ㅇ 형태 : 구순은 뾰족하며 구연은 외반하였음. 구순 아래는 둥근 형태임. 목이 잘록하며 동체는 깊음. 동체 상부는 약간 둥근 형태임.
ㅇ 색깔과 태토 : 엷은 회색, 泥質.

ⓗ 호구연(卷沿罐, 그림 11-5)
ㅇ 크기 : 구순 너비 1.6cm, 목 두께 0.9cm.
ㅇ 형태 : 그릇 표면은 매끈함. 가장자리가 넓고 구순은 둥글게 처리하였음. 구연은 외반하였음(敞口). 구연은 약간 말렸음. 목이 잘록하며 동체는 둥근 형태임.
ㅇ 색깔과 태토 : 황갈색, 모래가 혼입.

ⓐ 호구연(直口罐)
ㅇ 크기 : 구순 너비 1cm, 목 높이 2cm, 동체 두께 0.5cm.
ㅇ 형태 : 구연은 곧으며, 구순은 각이 져있음. 목이 짧음. 동체는 둥근 형태임. 짧은 목 표면에 비교적 얕게 손으로 선문(弦文)을 몇 줄 새겼음.
ㅇ 색깔과 태토 : 검은색, 모래 혼입.

ⓞ 호구연(小口罐)
ㅇ 크기 : 구연 두께 0.7cm.
ㅇ 형태 : 기형은 비교적 작음. 구순은 각이 져있음. 구연은 곧음. 동체는 둥근 형태임.
ㅇ 색깔과 태토 : 검은색, 泥質. 부분적으로 황갈색을 띠는 곳도 있음.

ⓩ 호구연(大卷沿罐)
ㅇ 크기 : 구연 너비 1.8cm.
ㅇ 형태 : 구순은 둥글게 처리하였으며 구연은 크게 말렸음. 동체는 둥근 형태임.
ㅇ 색깔과 태토 : 회색, 泥質.

ⓧ 호구연(小卷沿罐)
ㅇ 크기 : 구순 너비 1.2cm.
ㅇ 형태 : 구순은 둥글게 처리하였으며 구연은 외반하였음. 구연은 약간 말렸음. 구순아래는 둥근 형태를 띰.
ㅇ 색깔과 태토 : 회색, 泥質.

ⓚ 호구연(重脣鼓腹大罐, 그림 10-1)
ㅇ 크기 : 구순 두께 1.7cm, 구연 직경 32cm, 동체 두께 0.7cm.
ㅇ 형태 : 기형은 비교적 크며 전제가 매끈함. 구연은 외반하였으며, 목이 짧음. 동체는 둥근 형태임. 민무늬. 구순 가운데에 오목한 형태의 橫槽 하나를 둘렀음. 이중 구순 형태를 띰.
ㅇ 색깔과 태토 : 짙은 회색, 모래혼입. 혼입된 모래 양

이 다소 많음. 안쪽은 황갈색. 표면이 부분적으로 회갈색을 띠는 곳도 있음.

ⓒ 호구연(短斜頸斂口罐)
○ 크기 : 구연과 어깨 부분의 두께 모두 0.8cm.
○ 형태 : 구순은 둥글게 처리하였고, 구연은 내반하였음. 목이 짧고 비스듬히 경사졌으며 어깨가 있음. 목과 어깨 부분이 서로 만나는 지점에 오목하게 들어간 모서리(窩棱)가 있음.
○ 색깔과 태토 : 회갈색, 모래 혼입. 태토에 굵은 모래 혼입.

④ 호(敞口鼓腹大罐, 그림 10-5)
○ 크기 : 구연 직경 29.2cm, 구순 너비 1.3cm, 목 높이 2cm, 동체 두께 0.9cm.
○ 형태 : 기형은 비교적 크며, 구순은 평평하며 각이 져있음. 구연은 외반하였음. 목이 짧고, 동체는 둥근 형태임. 구연은 바깥쪽으로 약간 말렸음.
○ 색깔과 태토 : 회색, 표면은 흑회색을 띰. 모래혼입. 태토에 굵은 모래가 비교적 많이 함유되어 있음.

ⓗ-1 호구연(短束頸鼓腹罐)
○ 크기 : 동체 기벽의 두께 0.6cm.
○ 형태 : 구순은 둥글게 처리하였으며, 구연은 외반하였음. 목이 짧고 잘록하며, 동체는 둥근 형태임. 구연은 바깥쪽으로 약간 말렸음.
○ 색깔과 태토 : 옅은 회색, 泥質, 가는 모래가 혼입.

ⓗ-2 호구연(圓脣敞口罐)
○ 크기 : 구연 두께 1.1cm.
○ 형태 : 기형은 비교적 크며, 구순은 둥글게 처리하였음. 구연은 외반하였으며, 목이 짧음.
○ 색깔과 태토 : 황갈색, 모래 혼입.

⑤ 시루 저부편(陶甑底殘片) : 2점.

㉠ 시루 저부편(陶甑底殘片) 1
○ 크기 : 큰 구멍 직경 5cm, 작은 구멍 직경 1.8cm, 두께 0.7cm.
○ 형태 : 시루 바닥에 크기가 다른 원형 구멍 2개가 뚫려 있는데 모두 매끈하게 뚫었음. 바닥 표면 주변에 활 모양의 음각선문(凹弦文)이 비교적 깊이 새겨져 있음. 음각선문(凹弦文) 주변에 원형의 병행 사선도 비교적 많이 새겨져 있음.
○ 색깔과 태토 : 엷은 회색, 泥質.

㉡ 시루 저부편(陶甑底殘片) 2
○ 크기 : 구멍의 직경 6.5cm, 두께 0.8cm.
○ 형태 : 바닥 부분의 양면에 모두 매끈하게 다듬은 원형 구멍이 하나 있으며, 구멍 주변에 활 모양의 선문(弦文)이 가늘게 새겨져 있음.
○ 색깔과 태토 : 엷은 회색, 泥質.

⑥ 시유 도기(鼓腹釉陶器)
○ 크기 : 두께 0.3cm.
○ 형태 : 동체 상부 및 바닥의 대부분은 결실됨. 동체는 비교적 둥근 형태이며, 기벽은 약간 얇은 편임.
○ 색깔과 태토 : 붉은색 태토에 泥質. 안팎에 황갈색의 녹유를 한 층 칠하였음.

(3) 기와류

① 연화문와당
○ 수량 : 6점.
○ 3가지 유형으로 분류됨.

㉠ 연화문 와당 Ⅰ식(그림 11-2)
○ 수량 : 1점.

○ 크기 : 직경 12.5cm.
○ 태토와 색깔 : 모래 혼입, 회색.
○ 문양 : 비교적 완형임. 와당의 형태는 원형임. 주연(邊緣)에 선명하게 원권을 한 줄 돌렸으며, 정 중앙에 연화 형태의 도안이 있음.

ⓒ 연화문 와당 Ⅱ식(그림 11-1)
○ 수량 : 3점.
○ 크기 : 직경 14cm, 두께 3cm.
○ 태토와 색깔 : 모래혼입, 홍갈색.
○ 문양 : 1점은 주연(邊緣)이 결실된 것을 제외하면 완전한 편임. 표면에 무늬를 부조하였음. 중간의 반원형 둥근 자방(芯)이 비교적 크며, 꽃잎은 반달모양임. 그 밖에 2점의 파손된 와당편은 문양이나 크기가 상술한 1점과 대체로 비슷함. 3점의 와당 부조 무늬로 볼 때, 어떤 것은 반달 모양의 작은 연화 꽃잎의 넓고 좁은 정도가 일정하지 않으며, 또 어떤 것은 반달 모양의 연화 꽃잎의 볼록한 凸면 간격이 상대적으로 원근 구분이 선명하게 있음.

ⓒ 연화문 와당 Ⅲ식
○ 수량 : 2점.
○ 태토와 색깔 : 굵은 모래가 소량 혼입. 홍갈색의 토제.
○ 문양 : 파손됨. 형태는 기본적으로 같음. 와당의 주연에 볼록하게 돌기한 띠를 한 줄 둘렀고, 단면은 직각을 띰. 비교적 큰 타원형 연화문 양측에 月牙 모양의 가늘고 작은 연화 꽃잎 2개가 큰 연화문 쪽으로 만곡되어 장식되어 있음.

② **암키와**(板瓦)
○ 수량 : 2점(그림 12-1·2·3).
○ 크기 : 길이 51.5cm, 너비 33.5cm, 두께 1.8cm. 다른 한 점은 비교적 작음.
○ 태토와 색깔 : 홍갈색의 니질 태토.

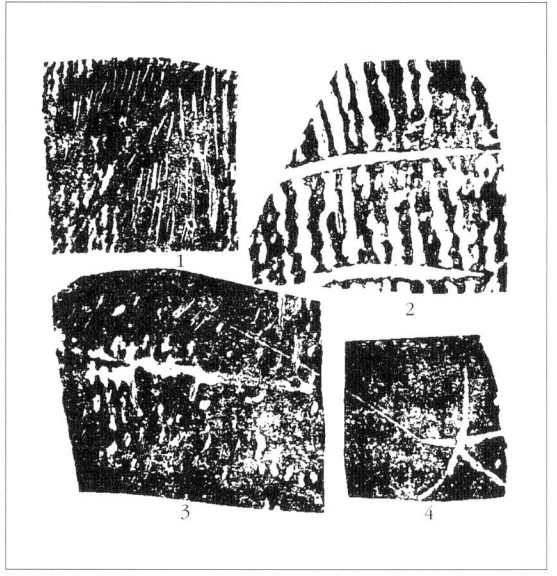

그림 12 용수산성 수키와 문양과 문자기와 탁본(遼源市文物管理所, 1994, 230쪽)

○ 문양 : 기본 형태는 장방형으로 대체로 같음. 위가 넓고 아래가 좁음. 양 모서리는 약간 둥근 형태임. 배면에 승문을 타날하였으며, 내면에 마포흔이 잔존함.

③ **수키와**(筒瓦)
○ 수량 : 1점.
○ 크기 : 두께 1cm.
○ 태토와 색깔 : 굵은 모래가 소량 혼입. 황갈색.
○ 문양 : 와편은 비교적 얇은 편으로 배면은 민무늬이고 내면은 마포흔임. 배면 중간부에 타원형의 와정공(瓦釘孔)이 있음.

④ **문자 기와**(刻劃文字符號瓦片, 그림 12-4)
○ 수량 : 14점.
○ 홍갈색 승문 암키와와 민무늬 수키와가 있음.
○ 문자 부호로는 '王'자 등이 있음(吉林省文物志編修委員會, 1988 ; 王禹浪·王宏北, 1994).

(4) 석기

① 돌절구(石臼)
  ○ 수량 : 3점.
  ○ 재질 : 화강암제 석질.

㉠ 청회색 돌절구
  ○ 크기 : 직경 21cm, 기벽의 두께 4.2cm, 높이 17.5cm, 통의 직경 14.5cm.
  ○ 형태 : 크기는 비교적 작으나 잘 다듬었음. 모양은 편평한 원형으로 윗면에 절구통을 둥글게 팠으며, 내벽은 윤기가 날 정도로 매끄러움. 표면에 쪼아 만든 흔적이 있음.

㉡ 회백색 돌절구(그림 11-4)
  ○ 크기 : 절구 길이 34.5cm, 너비 25.2cm, 높이 24cm.
  ○ 형태 : 크기는 비교적 작으며 약간 파손되었음. 모양은 장방형임.

㉢ 흑백색 돌절구(그림 11-6)
  ○ 크기 : 윗면의 직경 45cm, 높이 32cm, 가장자리의 너비 11.5cm. 절구통의 직경 22cm, 절구통의 깊이 24.5cm.
  ○ 형태 : 윗면의 평면은 원형이며, 단면은 오목한 '凹'자형임. 중간이 원추형님 절구통은 비교적 깊고, 바닥은 대략 평평함.

② 석제 건축 장식품
  ○ 수량 : 1점.
  ○ 옅은 회색의 화강암 석질.
  ○ 크기 : 홈(窩) 직경 9.5cm, 깊이 1.5cm.
  ○ 형태 : 윗부분에 '凹'자형의 원형 홈이 선명하게 있음.

4) 성내 채집 및 출토유물(『박물관연구』 2000-2)

(1) 청동기

① 동제팔찌(銅鐲, 그림 13-6)
  ○ 크기 : 원 직경 5.25cm, 너비 0.51cm, 두께 0.3cm.
  ○ 형태 : 원형고리 형태. 내면은 비교적 평평하며, 바깥면 중앙에 棱線 한 줄이 선명하게 돌출해 있음. 단면은 삼각형을 띔.

(2) 철기

① 철제칼(鐵刀)
  ○ 크기 : 길이 12cm, 너비 1.9cm.
  ○ 형태 : 단조품. 등마루는 비스듬하게 경사졌으며 평평함. 등은 곧고 칼날은 평평함. 날의 앞부분은 段이 져 있고 비스듬하게 경사진 활 모양임. 납작하고 모난 손잡이 뒤쪽 가장자리는 얇은 편임. 칼 끝은 꺾여 있음.

② 철제화살촉(鐵鏃)
  ○ 수량 : 9점.
  ○ 5가지 유형으로 분류됨.

㉠ Ⅰ식(그림 13-1)
  ○ 크기 : 전체 길이 28.4cm.
  ○ 형태 : 작은 촉두는 규정적이지 않은데, 횡단면은 유엽형(柳葉形)임. 촉신과 경부는 方棱 모양이 긴 몸체. 경부(鋌) 형태임.

㉡ Ⅱ식
  ○ 수량 : 3점.
  ○ 크기 : 2점은 길이 5.8cm, 1점은 길이가 10cm(그림 13-12·16·15).
  ○ 형태 : 촉두는 뱀머리 모양으로 납작하고 얇은데 촉

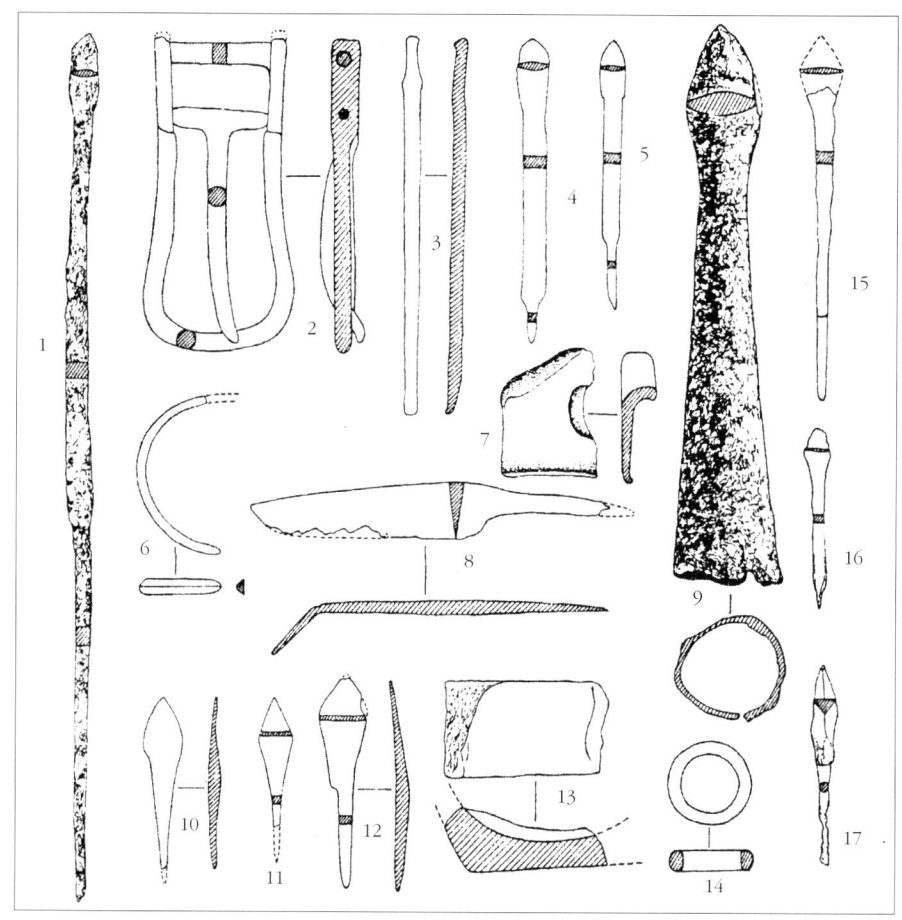

그림 13 용수산성 성내 출토 및 채집 유물(唐洪源, 2000, 49쪽)
1·4·5·10~12·15~17. 철제화살촉
2. 철제허리띠고리 3. 철제끌
6. 동제팔찌 7·13. 철제편 8. 철제칼
9. 철제모 14. 철제고리(축척부동)

신 근처는 약간 두터움. 경부는 方棱.

ⓒ Ⅲ식

○ 수량 : 2점.

○ 크기 : 1점은 길이 6cm, 1점은 길이 4.3cm(그림 13-10·11).

○ 형태 : 촉두(鋒)는 납작하고 모가 남. 경부는 方棱.

ⓔ Ⅳ식

○ 수량 : 2점.

○ 크기 : 길이 8.8~10cm(그림 13-4·5).

○ 형태 : 촉두(鋒)는 뾰족함. 등마루는 漫圓形으로 돌출해 있음. 횡단면은 柳葉形임. 납작하고 모난 촉신은 약간 길며, 方棱의 경부는 비교적 짧음.

ⓜ Ⅴ식

○ 크기 : 길이 6.4cm(그림 13-17).

○ 형태 : 형태는 비교적 작음. 촉두(鋒)는 三棱의 송곳 형태임. 몸체는 圓棱 모양의 촉신과 경부는 약간 가늘음.

③ 철제허리띠고리(鐵帶扣, 그림 13-2)

○ 크기 : 길이 10.2cm. 너비 4.2~5cm.

○ 형태 : 가운데 부분이 잘록한 긴 혀모양. 앞끝은 둥근 철사를 이용하여 만들었으며, 뒷면은 단조해서 扁棱形으로 제작. 윗부분 측면의 뚫어진 구멍은 鉚製임. 중간에 'T'자형의 띠고리(扣)가 있음. 고리 가운데는 약간 굽었으며, 끝은 위로 말렸음.

④ 철제모(鐵矛, 그림 13-9)
○ 크기 : 길이 18.4cm, 칼날 너비 2.5cm.
○ 형태 : 날개(矛葉)는 약간 짧고 뱀머리 모양임. 끝은 예리하고(尖鋒) 등은 보이지 않음. 단면은 柳葉形. 사다리형으로 위는 가늘고 아래는 넓음. 角口는 약간 둥근 형태임.

⑤ 철제끌(鐵鑿, 그림 13-3)
○ 크기 : 길이 12.4cm, 너비 0.5cm.
○ 형태 : 方棱모양의 꼭대기는 내리친 흔적이 있음. 저부는 한쪽만 비스듬히 경사졌으며 날은 무딤.

⑥ 철제고리(鐵環, 그림 13-14)
○ 크기 : 직경 2.7cm.
○ 형태 : 원형의 고리 모양임. 겉에 이은 흔적은 없음.

⑦ 철제편(鐵器殘件, 그림 13-13)
○ 수량 : 2점.
○ 형태 : 형태는 규정적이지 않음. 1점은 안쪽이 둥근 六角 줏대(輨) 파편임. 1점은 한 쪽 끝이 위쪽으로 꺾였고, 가운데는 반월형으로 돌기되었고, 아랫면은 꺾여서 짧음.

(3) 토기

① 호(陶罐)
○ 수량 : 3점.
○ 3가지 형식으로 분류됨.

㉠ Ⅰ식(그림 14-2)
○ 크기 : 口徑 14cm, 底徑 21cm, 높이 35.7cm.
○ 형태 : 기형은 비교적 큼. 구순은 각이 져 있으며 약간 외반하였음. 목은 짧고 잘록함. 동체는 둥근 형태임. 저부는 크고 평평함. 동체 중부에 음각선문(凹弦文)을 한 줄 시문하였는데, 문양가운데 일부분은 두 차례에 걸쳐 새겨 완성하였음.
○ 태토 및 색깔 : 니질의 옅은 회색.

㉡ Ⅱ식(그림 14-3)
○ 크기 : 口徑 15cm, 높이 28.8cm.
○ 형태 : 구순은 각이져 있으며 약간 외반하였음. 목은 짧고 잘록함. 구연은 약간 말렸음. 어깨는 넓으며, 동체는 둥근 형태임. 동체와 어깨에 가늘고 평평한 음각선문(凹弦文)을 2줄 시문하였음.
○ 태토 및 색깔 : 모래혼입 황갈색 토기.

㉢ Ⅲ식(그림 14-5)
○ 크기 : 口徑 10cm.
○ 형태 : 구순은 각이져 있으며 약간 외반하였음. 목은 짧으며, 동체는 둥근 형태. 구연 아래에 철릉모양의 톱니무늬(鋸齒文)를 한 줄 시문하였음. 목 아랫부분에는 크고 가지런한 원형의 패인 점을 가로로 2줄 배열하였음.
○ 태토 및 색깔 : 모래혼입 검은색 토기. 표면에 소량의 황갈색이 있으며, 얇은 炭黑層이 한 층 있음.

② 시루(陶甑)
○ 수량 : 3점.
○ 2형식으로 분류됨.

㉠ Ⅰ식(그림 14-1)
○ 크기 : 구경 17.4cm, 저경 16.5cm, 높이 39cm.
○ 형태 : 기형은 비교적 크며, 구순은 각이 져 있음. 구연은 약간 내반하였음. 목은 짧고 비스듬히 경사졌으며, 어깨가 있음. 동체는 깊고 둥근 형태임. 평저. 바닥에 3개의 타원형 구멍이 있으며 구멍 하나는 파손되었음. 목과 어깨 부분 사이에 음각선문이 한 줄 비교적 깊게 시문되어 있음.

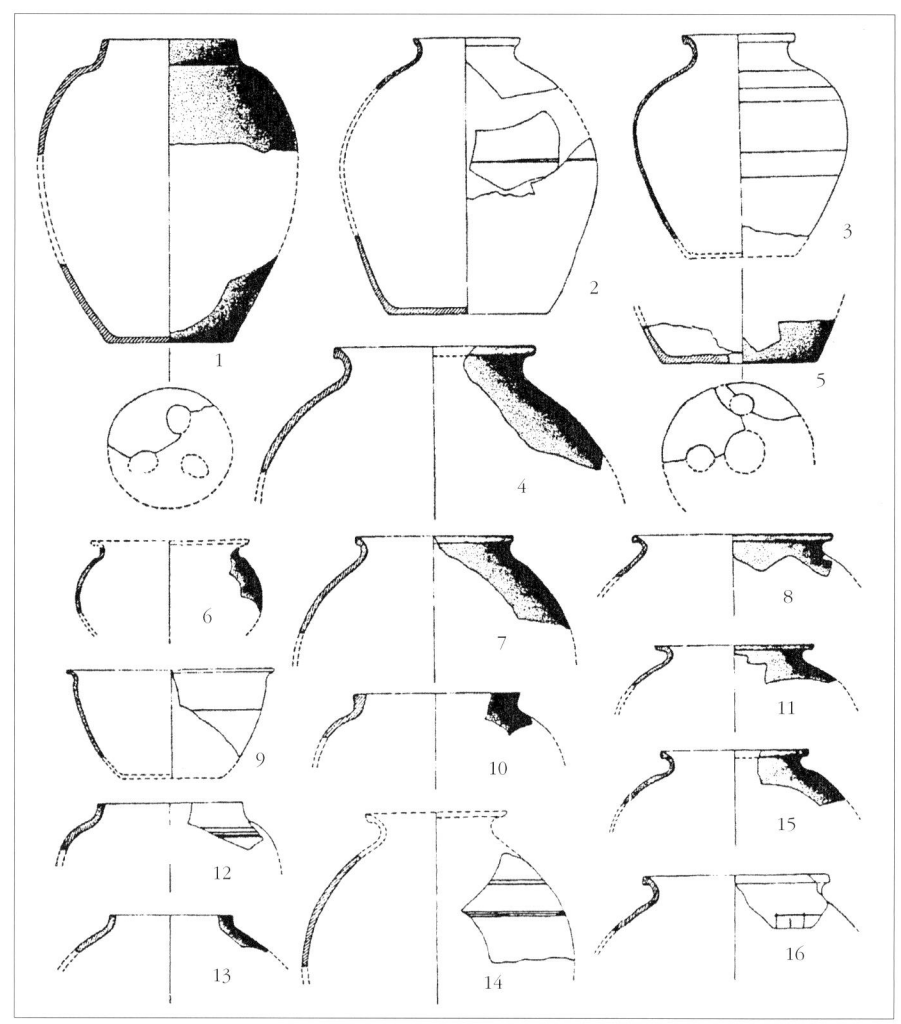

그림 14 용수산성 성내 출토 및 채집유물(唐洪源, 2000, 47쪽)
1·5. 시루 2·3. 호
4·6·8·10~16. 호구연 및 동체편
9. 분(축척부동)

○ 태토 및 색깔: 모래혼입 황갈색 토기.

ⓛ Ⅱ식(그림 14-5)
○ 수량: 2점.
○ 크기: 저경 20~25cm.
○ 형태: 저부에 있는 원형의 구명은 비교적 크며, 양 가장자리에 있는 구명은 약간 작음.
○ 태토 및 색깔: 모래혼입 흑갈색과 회갈색 토기로 분별됨.

③ 분(陶盆)
○ 수량: 3점.

○ 2형식으로 분류됨.

㉠ Ⅰ식(그림 14-9)
○ 크기: 구연 직경 36.7cm.
○ 형태: 기형은 비교적 크며, 구순은 각이 져 있음. 구연은 크게 외반하였으며, 구연 아래는 약간 오목함. 동체는 약간 비스듬하게 경사졌음. 동체 표면에 음각선문 한 줄을 깊게 시문하였음.
○ 태토 및 색깔: 모래혼입 검은색 토기.

ⓛ Ⅱ식(그림 15-14)
○ 수량: 2점.

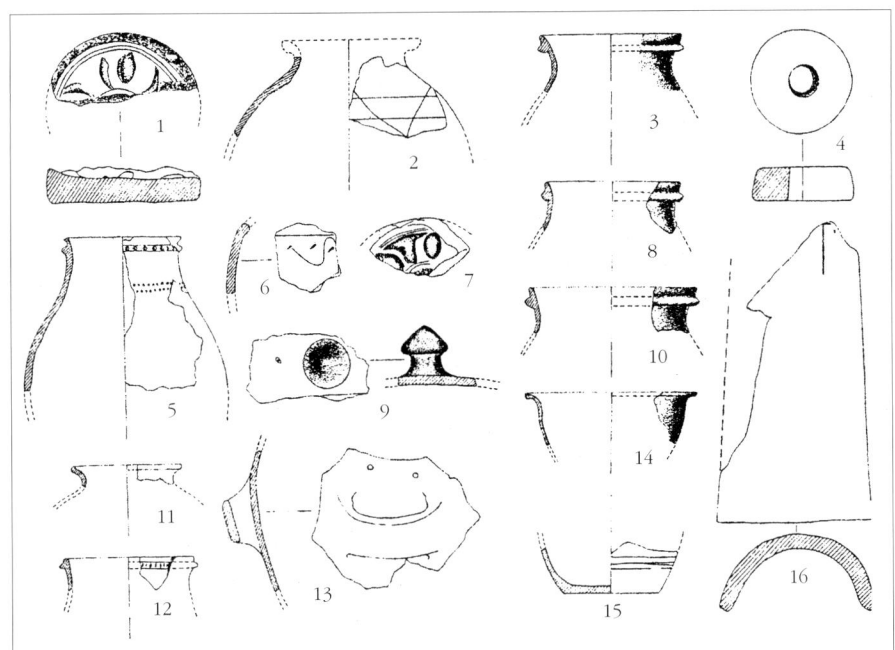

그림 15 용수산성 성내 출토 및 채집유물(唐洪源, 2000, 48쪽)
1·7. 와당편 2. 음각부호호편
3·8·10·12. 호구연부 4. 방추차
5. 점렬문호편 6. 분편
9. 보루형꼭지편 11. 호구연부
13. 대상파수 14. 분편
15. 호저부 16. 부호기와(축척부동)

○ 크기 : 구경 32cm.
○ 형태 : 1점은 구순이 비스듬히 각이 졌으며, 크게 외반하였음. 구연 위아래는 凸棱 모양을 띠며, 구연은 바깥쪽으로 꺾였음. 동체는 비스듬하게 경사졌으며 안으로 들어감. 1점은 구연에 凸棱이 없음.
○ 태토 및 색깔 : 모래혼입 회색 토기.

④ 호 구연부(陶罐沿)
○ 수량 : 19점.
○ 3가지 유형으로 분류됨.

㉠ Λ형
○ 수량 : 11점.
○ 3가지 형식으로 분류됨.
○ Ⅰ식(그림 14 - 14·16) : 2점. 구경 32cm. 모두 구연이 외반하였으며, 목은 짧음. 동체는 둥근 형태. 모래혼입 회색 토기의 동체 표면에는 음각선문 2조를 시문하였음. 위에 2줄, 아래에는 3줄임. 모래혼입 황토색 토기의 동체 표면에는 方格文을 시문하였음. 모두 모래 혼입, 회색 및 황토색.
○ Ⅱ식(그림 14 - 6·15) : 2점. 구경은 다름. 목, 어깨 부분에 모두 凹棱 흔적이 있음.
○ Ⅲ식(그림 14 - 4·7·8·11, 그림 15 - 11) : 7점. 기형은 앞의 2형식과 유사함. 구연은 다수가 외반하였으며, 목이 짧음. 구순은 비스듬하게 경사지고 각이 진 것(斜方)과 尖弧 두 종류로 나뉨. 각각 구연부가 바깥쪽으로 꺾인 흔적이 선명함. 어떤 것은 구순이 패여 오목한 모양을 띰. 어떤 것은 구순 아래가 凸棱형임. 태토는 모래혼입 검은색, 옅은 회색 등 몇 종류로 나뉨.

㉡ B형(그림 14-10·12·13)
○ 수량 : 4점.
○ 형태 : 모두 구순이 각이 져 있음. 直口. 목은 짧으며 어깨가 있음. 동체는 둥근 형태임. 다수는 구순과 구연이 넓음. 어떤 것은 어깨에 음각선문(凹弦文) 4줄을 넓게 시문하였음.
○ 태토 및 색깔 : 태토는 모래혼입 검은색, 회색, 회갈색 3 종류로 나뉨.

ⓒ C형 : 4점. 2형식으로 분류
○ Ⅰ식(그림 15-12) : 구순은 각이 져있으며, 구연은 외반하였음. 목은 짧고 잘록함. 구연 아래에 凸棱이 있고 아울러 톱니무늬(鋸齒文)가 있음. 모래혼입 홍갈색 토기.
○ Ⅱ식(그림 15-3·8·10) : 3점. 구경 12.6～15.6cm. 구순은 둥글게 처리하였으며, 구연은 외반하였음. 동체는 약간 둥근 형태이며, 구연 아래에 민무늬 凸棱을 덧대었음. 모래혼입 검은색, 회색, 흑갈색 3종류가 있음.

⑤ 토기편(帶紋飾陶片) : 6점. 2형식으로 분류
○ Ⅰ식(그림 15-2) : 구연은 외반하였음. 목이 짧음. 동체는 둥글게 처리하였음. 바닥은 크고 평평함. 동체 상부와 어깨 부분에 선문을 시문하였으며, 또 부근에 톱니무늬 흔적이 있음. 모래혼입 황갈색.
○ Ⅱ식(그림 15-6) : 5점. 동체 표면에 가늘지만 고르지 않는 음각선문 1～3줄을 시문한 후 그 아래로 파도문과 경사진 점렬문(斜戳點)을 배치함.

⑥ 대상파수(陶器耳, 그림 15-13)
○ 크기 : 손잡이 길이 9cm.
○ 형태 : 손잡이 상부에는 둥근 구멍이 3개 뚫려 있고, 아래에는 오목한 직선(凹直線)과 약간 곡선의 짧고 둥근 선 2줄이 새겨져 있음.
○ 태토 및 색깔 : 니질의 회색 토기.

⑦ 토기저부(陶器底, 그림 15-15)
○ 크기 : 저경 9.2cm.
○ 형태 : 평저. 동체는 약간 둥근 형태임. 동체 표면에 음각선문(凹弦文) 3줄이 약간 얇게 시문되어 있는데, 가운데 줄의 1/2에는 2차례 새겨 완성한 2줄의 가로선이 시문되어 있음.
○ 태토 및 색깔 : 니질의 회갈색 토기.

⑧ 토제호자(陶虎子, 그림 15-9)
○ 크기 : 꼭지의 직경 4.4cm, 높이 4.4cm.
○ 형태 : 파손품. 가운데 꼭지는 버섯 모양. 기벽은 완만한 활모양. 꼭지 옆에는 불에 굽기 전에 새긴 납작하고 둥근 구멍이 한 개 있음.
○ 태토 및 색깔 : 모래혼입의 짙은 회색 토기. 안쪽의 색깔은 비교적 옅음.

⑨ 토제가락바퀴(陶紡輪, 그림 15-4)
○ 크기 : 외경 4.5cm, 구멍 지름 1.6cm, 두께 1.5cm.
○ 형태 : 납작한 고리모양. 가운데 구멍은 비교적 큼.
○ 태토 및 색깔 : 모래혼입 회갈색 토기.

(4) 와당, 기와

① 와당
○ 수량 : 5점.
○ 2형식으로 분류됨.
○ 태토 및 색깔 : 모두 모래혼입 홍갈색.

㉠ Ⅰ식(그림 15-7)
와면에 약간 도톰한 타원형의 연화문이 있고 연화문 사이에 'T'자 모양의 혹은 압정 모양(乳釘形)의 간판 문양이 있음.

㉡ Ⅱ식(그림 15-1)
○ 수량 : 4점.
○ 크기 : 주연 높이 2.4cm, 원지름 12.5cm.
○ 문양 : 주연(邊棱)은 비교적 높으며, 와면에는 2줄의 가는 凸棱 고리선 사이로 타원형의 연꽃잎 4개가 대칭해 있음. 주 꽃잎 양측에 또 작은 초생달 모양의 꽃잎이 시문되어 있음. 꽃잎은 너비에 따라 2종류로 나뉨.

② **부호기와**(帶刻劃符號瓦)
○ 수량 : 5점.
○ 모두 모래혼입 홍갈색.
○ 2형식으로 분류됨.

㉠ Ⅰ식
○ 수량 : 2점.
○ 문양 : 승문이 있는 큰 암키와 윗부분에 비교적 완전한 '끗'형, '忄'형 'ㄴ'형 3종류의 문자부호가 새겨져 있음.

㉡ Ⅱ식(그림 15-16)
○ 수량 : 3점.
○ 문양 : 민무늬 수키와 배면에 비교적 깊게 '夫'자와 '忄'형, 'U'형의 문자 부호가 새겨져 있음.

7. 역사적 성격

요원지역은 고구려 초기 중심지인 압록강 중류일대에서 휘발하 일대를 거쳐 요하상류방면으로 나아갈 때 거쳐야하는 교통로의 요충지임. 고구려는 4세기 전반경 길림 방면의 부여지역을 둘러싸고 전연과 여러 차례 각축전을 벌였음. 고구려는 늦어도 4세기 전반 길림 지역의 부여를 병합하던 시기에는 요원지역으로 진출하였다고 추정됨. 그러므로 용수산성은 고구려가 이 지역으로 본격적으로 진출하였을 4세기 전반 이후에 축조되었다고 추정됨.

다만 용수산성 출토 토기는 고구려 토기의 특징과 함께 토착적 면모를 많이 간직한 것으로 파악됨. 가령 다리모양 손잡이는 고구려시기 器形과 동일한데, 고구려 토기가 일반적으로 몸체 위쪽에 손잡이가 4개 달린 반면, 용수산성 출토품은 2개만 달려있음. 니질의 흑색 구형호(泥質黑陶 球腹罐)는 集安지역에서 출토된 발해시기 토기와 유사하다고 함. 平行 凹弦文을 시문한 토기는 매우 다양한데, 고구려 토기 제작기법과 발해토기의 특징을 모두 간직하고 있다고 이해됨. 특히 남북 연못 사이의 트렌치에서 출토된 소형 호(斂口罐)은 발해시기 고분인 延邊自治州 和龍縣 明巖墓 출토품과 동일하다고 함.

또한 아가리 아래에 덧띠를 두르고 鋸齒文을 새긴 것은 고구려 초·중기에는 보이지 않는 말갈호(靺鞨罐)의 특징을 간직한 것으로 추정되며, 蓮花文瓦當도 가장자리에 넓은 突帶가 있는 것은 고구려 와당의 주요 특징이지만, 문양은 이미 전형적인 고구려 와당이나 발해 와당과 구별되며, 대체로 길림성 동남부 지역의 渤海 성터에서 발견되는 와당의 문양보다 조금 빠른 시기로 추정된다고 함. 이에 용수산성은 대체로 고구려 후기에 축조되어 발해 초기까지 계속 사용한 것으로 추정함(遼源市文物管理所, 1994). 또한 성 내부에서 요·금대 유물도 발견된다는 점에서 후대에도 계속 사용되었고, 明末에는 女眞 葉赫部가 이곳을 거점으로 웅거했을 것으로 파악됨(吉林省文物志編修委員會, 1988).

이상으로 보아 용수산성이 고구려시기의 성곽임은 거의 틀림없음. 용수산성은 지형조건과 교통로로 보아 북쪽의 이통하, 서북쪽의 東遼河 하류, 서남쪽의 寇河 등의 방면에서 요원지역을 거쳐 휘발하 일대로 나아가려는 적군을 방어하기 위해 축조하였다고 추정됨. 이러한 점에서 용수산성 동북쪽 1.5km 지점의 성자산산성은 주로 북쪽인 이통하 방면, 용수산성은 북쪽의 東遼河 하류 방면이나 서남쪽이 寇河 방면에서 침공하는 적군을 방어하는 기능을 담당하였으며, 동남쪽의 공농산성은 위치상 배후산성으로 여겨짐.

용수산성에서는 성자산산성·공농산성에 비해 유물이 다수 출토되었는데, 특히 성 내부의 계단상의 대지에서 기와가 대량 출토되는 것으로 보아 중요한 건물이 자리잡고 있었다고 추정됨. 용수산성은 요하 일대의 지방거점성으로서 성 내부에는 군사시설뿐 아니라 지방지배를 위한 관청 등이 건립되었을 가능성이 높음. 용수산성은 군사방어성인 동시에 지방지배를 위한 치소의 역할까지 담당하였을 것으로 추정됨(余昊奎, 1999).

참고문헌

- 吉林省文物志編修委員會, 1988, 『遼源市文物志』.
- 王綿厚, 1994, 「鴨綠江右岸高句麗山城研究」, 『遼海文物學刊』 1994-2.
- 王禹浪·王宏北, 1994, 『高句麗渤海古城址研究匯編』(上), 哈爾濱出版社.
- 遼源市文物管理所, 1994, 「吉林遼源市龍首山城內考古調査簡報」, 『考古』 1994-3.
- 李殿福(차용걸·김인경 역), 1994, 『중국내의 고구려 유적』, 학연문화사.
- 馮永謙, 1994, 「高句麗城址輯要」, 『北方史地研究』, 中州古籍出版社.
- 遼源市文物管理所, 1997, 「吉林遼源市龍首山城遺址的調査」, 『考古』 1997-2.
- 余昊奎, 1999, 『高句麗 城』 Ⅱ(遼河流域篇), 國防軍史研究所.
- 唐洪源, 2000, 「遼源龍首山再次考古調査與淸理」, 『博物館研究』 2000-2.
- 王綿厚, 2002, 『高句麗古城研究』, 文物出版社.
- 이성제 편, 2006, 『高句麗城 사진자료집』, 동북아역사재단.

02 요원 성자산산성
遼源 城子山山城 | 城子山古城

1. 조사현황

1) 1930년
성 내부의 북쪽 건물지에서 기와 등이 발견되었음.

2) 1980년
1980년 조사 시 고구려시기의 토기를 대량 출토하였음.

3) 1981년
10월 중순에는 四平地區 文物管理所에서 조사하여 遼·金시기의 토기·기와를 대량 출토하였음.

4) 1984년
봄 고고조사에서는 서벽 바깥쪽에서 50m 떨어진 곳에서 청동기시대의 유적을 발견하였음.

2. 위치와 자연환경

1) 지리위치(그림 1~그림 2)
○ 요원 성자산산성은 遼源市 龍山區 山灣鄉 七一村 三隊의 북쪽 산 정상부에 위치하며, 성자산고성이라고도 부름.
○ 서쪽 1km 거리에 요원시 중심가, 서남쪽 약 1.5km 거리에 용수산성이 위치하며, 남쪽으로 東遼河를 사이에 두고 공농산성과 서로 마주보고 있음.

2) 자연환경
○ 요원 성자산산성의 사면은 산으로 둘러싸여 있으며, 남쪽 100m 떨어진 곳에 중심가를 오가는 전철도가 있음.
○ 요원 성자산산성 아랫면은 광활한 충적평원임. 현재 시가지의 확장으로 인해 산성의 남쪽 뿐 아니라 동쪽에도 각종 공장과 민가가 밀집해 있음.
○ 요원 성자산산성 남쪽에는 요원시 제1제약공장이 있으며, 공장 앞으로 요원에서 이통현으로 통하는 도로가 있음. 도로 남쪽에는 東遼河가 서쪽으로 흐르고 있으며, 하천 양안에는 비교적 넓은 충적평지가 펼쳐져 있음.

3. 성곽의 전체현황

○ 산성은 타원형인데, 서벽 길이 200m, 북벽 길이 약 182m, 남벽 164m, 동벽 약 180m로 전체 둘레는 726m임.
○ 성내는 움푹 들어간 지세이고, 성내에서 서북 모서리가 가장 높음.

4. 성벽과 성곽시설

1) 성벽
○ 성벽은 산등성이를 따라 흙을 다져 축조했는데, 성

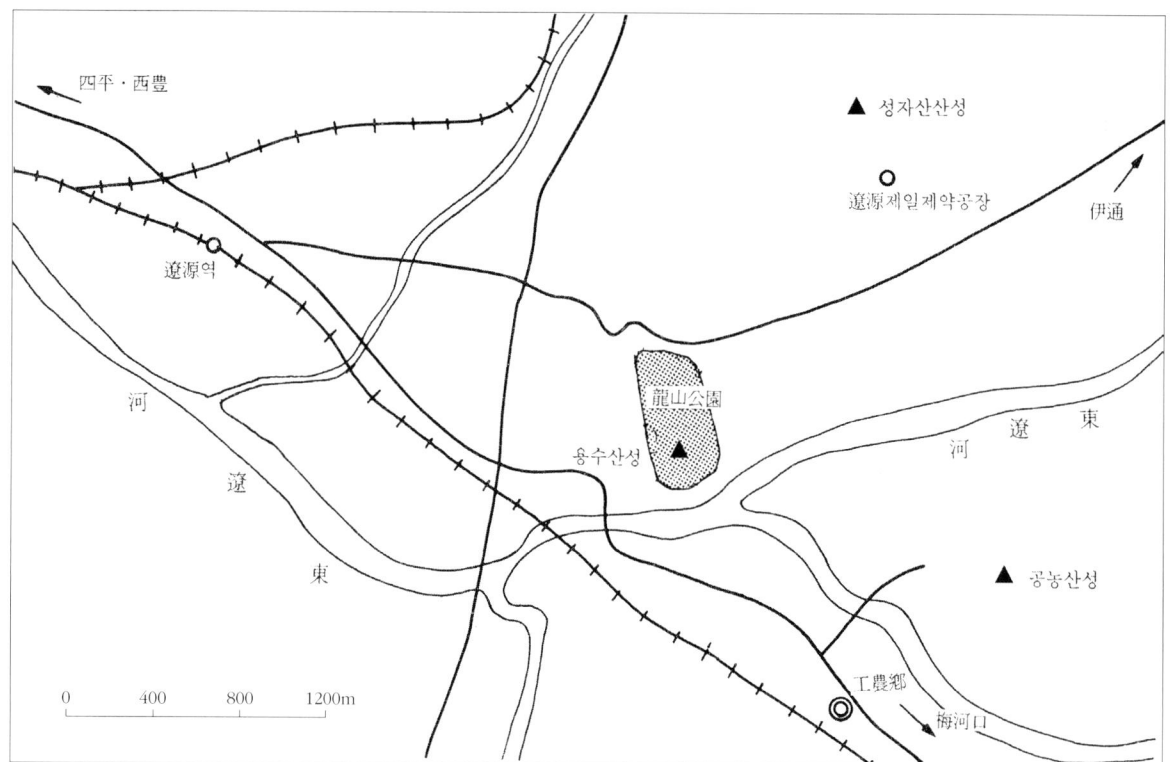

그림 1 성자산산성 위치도(4만분의 1)(여호규, 1999, 416쪽)

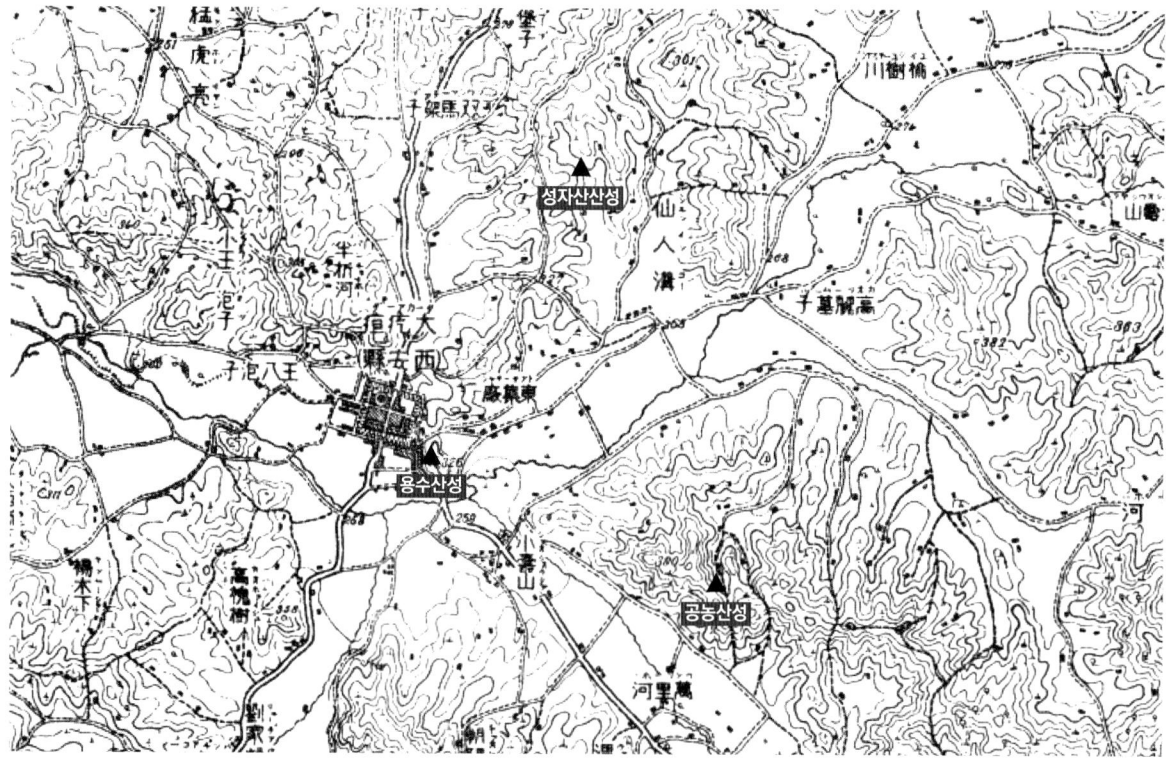

그림 2 성자산산성 주변 지형도(滿洲國 10만분의 1 지형도)

벽 단면은 사다리꼴이며, 윗너비 약 2m, 기초 너비 6m, 높이 약 3m임.
○ 서벽과 북벽 두 벽은 동벽과 서벽에 비해 약간 높음.

2) 성곽시설
○ 성문은 남문과 북문 2개가 있으며, 두 성문을 연결하는 큰 길이 있음.
○ 남문(정문) : 산성에서 가장 낮은 지점인 남벽 중앙에 있음. 골짜기 단애 입구를 이용해 성문을 축조하였으며, 성문의 너비는 30m임.
○ 북문 : 북벽의 동단에 위치하며 너비는 4m임.
○ 치(馬面) : 동남 모서리에서 북쪽으로 50m 지점에 있음. 반원형이며, 직경 6m임. 성벽과 마찬가지로 흙으로 축조하였고, 동남 방면의 개활지에서 완만한 산비탈을 따라 산으로 오르는 지점에 위치함. 북벽 서단에도 치로 추정되는 장방형의 성곽시설이 있음.
○ 옹성 : 북문 바깥에 옹성이 있으며, 원형을 띰.
○ 각루 : 지세가 가장 높은 서북 모서리와 서남 모서리에 각루 흔적이 있음. 각루 유적은 반원형으로 만들었으며, 직경은 8m임.
○ 천연 水溝 : 북문의 옹성과 동벽의 치 사이에 천연 水溝가 있음.
○ 참호와 토루 : 성벽 바깥 약 2.5~4m 지점에 성벽을 보호하기 위한 참호를 팠는데, 위는 넓고 아래는 좁음. 윗 너비 3m, 아랫너비 1.5m, 깊이 1m 정도임. 참호 바깥에는 흙으로 높이 약 1m의 토루(土堤)을 구축했음.

5. 성내시설과 유적

○ 건물지 : 1930년대에 성내 북부에서 석축 주거지(房址) 기초를 발견하였음. 면적 약 90m². 지면상에 대량의 벽돌과 기와가 산포해 있었다고 함.

○ 계단상 대지 : 북벽을 비롯한 서벽과 동벽 안쪽 경사면에 계단상 대지가 조성되어 있음. 병사 주둔지나 주민 거주지로 사용되었을 것으로 추정됨.
○ 大道 : 성내에는 남문과 북문 2개의 문을 연결하는 큰 길이 있음.
○ 우물 : 남문 북쪽 약 1m 지점에 우물(水井)이 있는데 외형은 원형을 띰. 開口는 한 변 2m, 두께 10cm 되는 목제 틀로 되어 있음.

6. 출토유물

○ 1980년 조사 시 몇 점의 호 구연부(陶罐口沿), 대상파수, 평저 저부편 등을 채집하였음. 토기는 모두 잔편임. 경도는 단단함. 모래가 섞였으며, 소성온도는 약간 높음. 기벽은 얇으며, 대체로 회색토기임. 소성온도가 균일하지 않아서 토기 표면은 황갈색과 옅은 갈색을 띰. 기형의 다수는 동체가 둥근 형태이며, 비교적 세밀하게 제작하였음. 물레를 사용한 흔적이 선명함. 토기의 손잡이는 납작하고 넓은 대상파수(橋狀)의 특징을 갖추고 있음. 모래혼입 회색의 경질 토기편들은 고구려 유물임.
○ 1982년 10월 중순, 사평지구 문물관리판공실에서 조직한 문물조사대는 성내 중부에서 요·금 시대의 황백색의 시유 자기편, 포문 기와, 조잡한 도자기 바닥 및 극소량의 泥質 회색토기편 등을 채집하였음.
○ 1984년 춘계 문물조사 때, 산성의 서벽 바깥 50m 되는 지점의 비탈지상에서 대량의 청동기시대의 모래혼입 토기잔편을 발견하였음.
○ 1930년내에 성내 북부에서 석축 주거지(房址) 기초를 발견하였는데 면적 약 90m²의 지면상에 대량의 벽돌 기와가 산포해 있었다고 함.
○ 1983년 10월 성 내부에서 벽돌 제조용 가마를 만들기 위해 땅을 파다가 회색토기와 도자기류(瓷碗)를 대

량으로 출토한 바 있음.

7. 역사적 성격

성자산산성은 성곽의 지리위치나 입지조건으로 보아 요원 용수산성이나 공농산성 등과 긴밀한 연관관계가 있을 것으로 파악됨. 그리고 산성 안팎의 출토유물로 보아 청동기시대부터 성 주변의 경사지가 거주지로 이용되었고, 산성은 고구려시기에 축조되어 요·금대까지 계속 사용된 것으로 파악됨.

지리위치상 성자산산성은 동북쪽의 伊通河 방면에서 伊通河·東遼河 분수령을 넘어 遼源地域으로 진격하던 적군의 침공을 봉쇄하는 역할을 담당하였다고 추정됨. 이러한 점에서 성 남쪽 산기슭을 따라 개설된 伊通-遼源 도로는 고대에도 주요 교통로로 사용되었을 가능성이 높음.

또한 요원지역의 고구려 성곽 가운데 龍首山城에서 유물이 가장 많이 출토되었다는 점을 고려하면 城子山山城은 龍首山城의 동북방 前沿城이었을 가능성이 높음. 따라서 城子山山城은 용수산성의 외곽 위성으로 동북방 교통로를 봉쇄하는 기능과 아울러 정찰과 경보 등 주로 군사적 기능을 담당했을 것으로 추정됨(王禹浪·王宏北, 1994 ; 余昊奎, 1999).

참고문헌

- 吉林省文物志編修委員會, 1988, 『遼源市文物志』.
- 王禹浪·王宏北, 1994, 『高句麗渤海古城址研究匯編』(上), 哈爾濱出版社.
- 馮永謙, 1994, 「高句麗城址輯要」, 『北方史地研究』, 中州古籍出版社.
- 余昊奎, 1999, 『高句麗 城』 Ⅱ(遼河流域篇), 國防軍史研究所.
- 이성제 편, 2006, 『高句麗城 사진자료집』, 동북아역사재단.

03 요원 공농산성
遼源 工農山城 | 工農山古城

1. 조사현황

1958년 이래 요원시 문물관리소에서 여러 차례 조사하였음.

2. 위치와 자연환경(그림 1~그림 2)

1) 지리위치
○ 요원 공농산성은 遼源市 龍山區 工農鄕 소재지 동북쪽 1.5km 거리의 공농산 정상부에 위치함.
○ 서북쪽으로 약 3.5km 거리에 요원시 중심가가 있으며, 동쪽 1km 거리에 張麻子溝 골짜기, 남쪽 2.5km 거리에 葦塘溝 골짜기가 있음.
○ 요원시 중심가에서 龍山大街를 따라 남쪽으로 가다가 東遼河를 건넌 다음, 다시 복진로를 따라 동남쪽으로 가다가 工農鄕 소재지 부근에서 동북쪽으로 방향을 꺾어 葦津河를 건너면 공농산이 나옴.

2) 자연환경
○ 북쪽으로 東遼河를 사이에 두고 용수산성 및 성자산산성과 마주보고 있음. 산성의 남쪽 산 아래에 葦津河가 서류하다가 서남쪽에서 流路를 서북으로 꺾은 다음 동북쪽에서 東遼河와 합류하여 서쪽으로 흘러감.
○ 공농산성은 전체적으로 삼면이 하천에 의해 둘러싸여 있고, 한 면은 산줄기로 이어지는 돌출지형을 갖추고 있는 천혜의 요새지임.

3. 성곽의 전체현황(그림 3)

○ 산성은 요원분지를 향해 동남에서 서북으로 돌출한 산줄기에 위치하였음. 산성에서 가장 높은 곳은 동북 모서리로 해발 384.25m임. 산성의 지세는 험준하며, 북벽과 북쪽의 큰 언덕 사이에 깊은 골짜기가 형성되어 있음.
○ 전체 평면은 타원형을 이루는데, 서벽 길이 390m, 북벽 길이 300m, 남벽 길이 487m, 동벽 길이 254m 등으로 전체 둘레는 1,431m임.

4. 성벽과 성곽시설

1) 성벽
○ 성벽은 산세를 따라 황갈색 사질토와 흑갈색 泥質土를 번갈아 층층이 다져쌓는 판축기법을 이용하여 쌓았음. 서벽 중간 구간의 단면에 다져쌓은 층위가 선명하게 노출됨. 두께는 균일하지 않은데, 황갈색 흙의 두께는 약 12cm, 흑갈색 흙의 두께는 약 10cm 정도임.
○ 서벽 : 서벽은 다른 성벽에 비해 약간 높고 보존상태도 양호한 편임. 단면은 사다리꼴이며, 높이 약 5m, 윗너비 약 2m, 바닥 너비 8m.

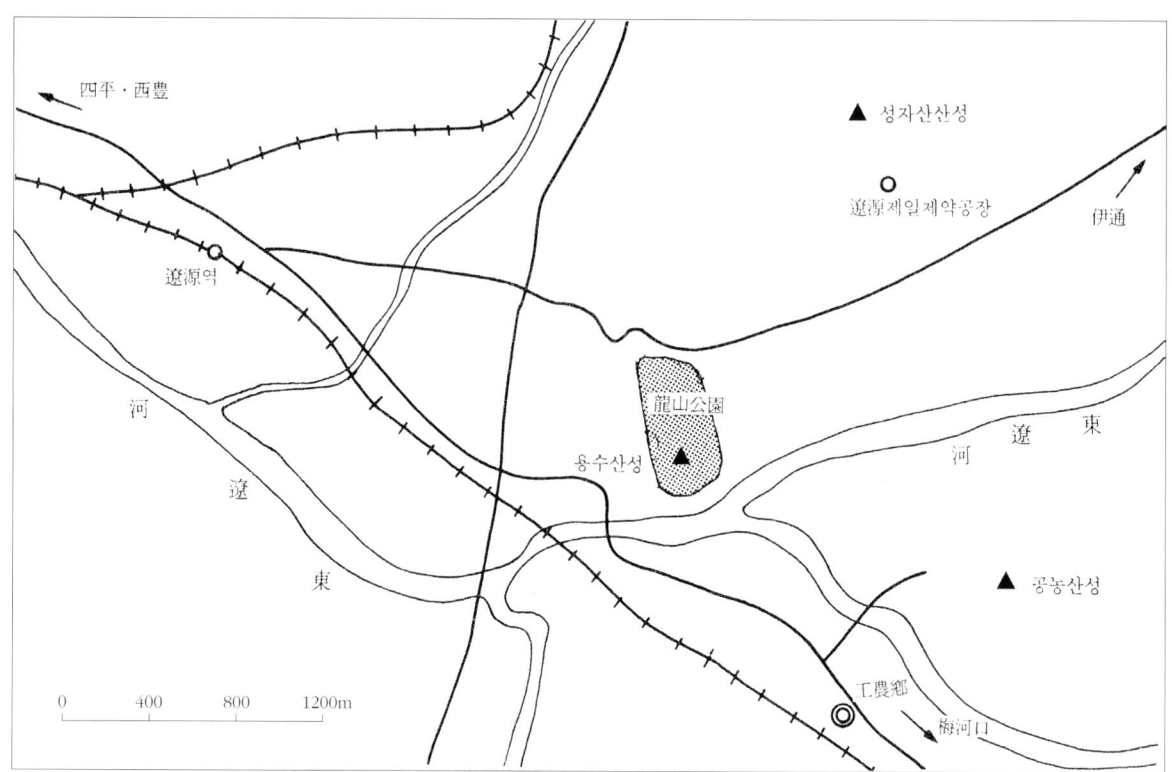

그림 1 공농산성 위치도(4만분의 1)(여호규, 1999, 416쪽)

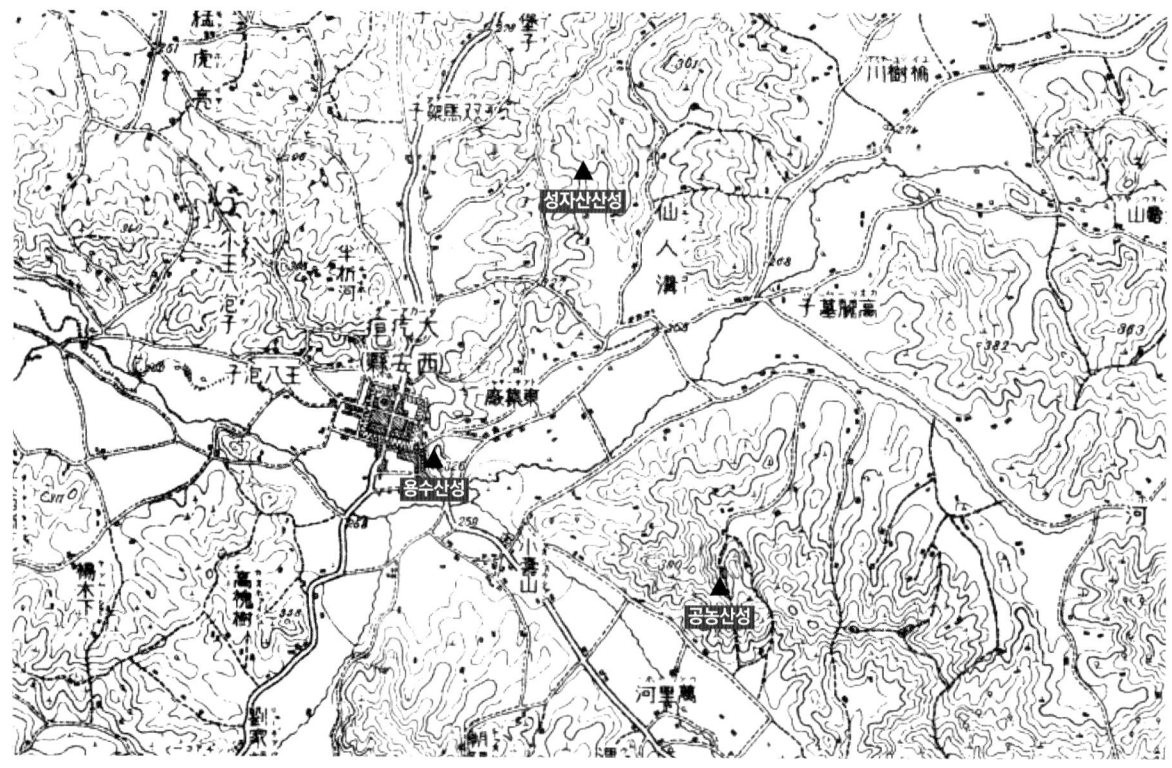

그림 2 공농산성 주변 지형도(滿洲國 10만분의 1 지형도)

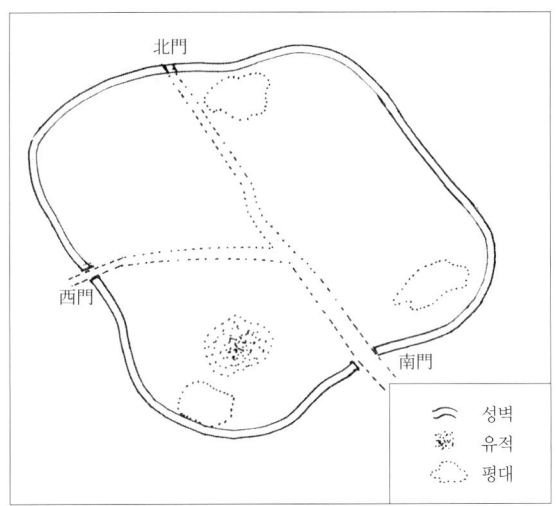

그림 3 공농산성 평면도(『요원시문물지』, 30쪽)

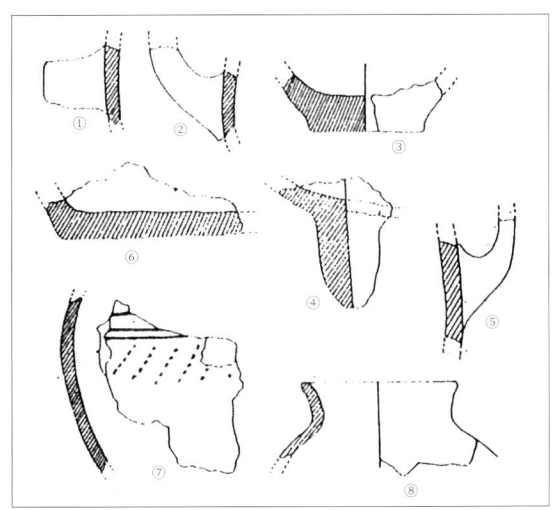

그림 4 공농산성 출토 토기편(『요원시문물지』, 31쪽)
① 토기손잡이 ② 다리모양손잡이 ③ 토기저부 ④ 솥다리
⑤ 토기손잡이 ⑥ 항아리저부 ⑦ 토기편 ⑧ 항아리구연부

○ 동벽과 남벽 : 동벽과 남벽 양 성벽은 가파른 산세를 이용해 축조하였음. 성벽은 현재 높이 약 1m임.
○ 북벽 : 북벽 동쪽 구간은 서쪽 구간에 비해 약 1m 정도 더 높음. 서북 모서리의 지세는 비교적 높으며 서에서 동쪽으로 비탈이 형성되어 있음.

2) 성곽시설

(1) 성문 : 4곳

○ 남문 : 남벽 중간 부분에 위치하며, 양측은 비교적 높음. 너비 24m.
○ 북문 : 북벽은 동단과 서단이 높고 중간은 낮은 편인데, 북벽 중간에 너비 3m 정도의 북문이 위치해 있음.
○ 서문 : 서벽 중앙에 개구부(豁口)가 한 군데 있는데, 너비 약 6m임. 소재한 위치로 보아 서문으로 판단됨.
○ 동문 : 동벽 중간 구간에 문지가 하나 있는데, 너비 약 3m임.

(2) 평대

○ 남북 문지 양측에 모두 평대가 축조되어 있는데 현재는 경작지로 변해 버렸음. 북문의 평대는 방형을 띠며 너비 약 15m임.
○ 남문 동쪽의 평대는 長條形으로 길이 약 20m임. 남문 서쪽의 평대는 동쪽 평대에 비해 약간 높으며, 타원형을 띰. 직경 25m.
○ 서문 양측에도 정방형의 평대(下臺)가 있음.

5. 성내시설과 유적

○ 大道(壕) : 남문에서 북문까지 원래 큰 길이 하나 있었는데 현재는 도랑(壕)을 이루고 있음.
○ 小路 : 서북 대도 정중앙에 서향으로 뻗어 있는 작은 길(小路)이 서문으로 직통함.

6. 출토유물(그림 4)

○ 성내 서남 모서리에 원시 문화시기의 유물이 산포해 있음. 모래혼입 토기손잡이, 대상파수(橋狀耳), 모래혼입 평저 토기, 홍갈색의 세발달린 토제솥, 토기 잔편 등

이 출토되었음.
○ 성내 중부에서 회색의 토기 구연부와 평저 토기, 泥質의 가는 선문(弦文) 회색 토기편, 선문(弦文) 아래에 6열 새긴 방괴형(方塊形) 압인문 토기가 발견되었음.
○ 남북 大道 옆에서 화강암질의 돌절구(石臼)를 발견하였음.
○ 성내 서북부 경작지에서 泥質 회색 토기편을 대량 채집하였음. 泥質의 회색 토기 구연부와 방괴형의 압인문 회색 토기편은 태토, 바탕색, 문양 등이 모두 遼·金 시기 토기의 특징을 갖추고 있음. 띠 문양(帶文)을 가진 泥質의 회색 토기는 東豊縣, 東遼縣 경내의 遼·金 시기 고성이나 유적지 내에서 널리 발견되고 있음.

7. 역사적 성격

공농산성은 서북 방향으로 東遼河를 사이에 두고 용수산성과 근접해 있으며, 북쪽으로는 성자산산성과 멀리 서로 마주보고 있음. 축조 연대는 성자산산성과 비슷한데, 규모 및 성내 출토유물로 보아 두 산성의 축조연대는 고구려시기에 해당하며, 발해와 遼·金 시대에도 계속 사용한 것으로 보임.

두 성 모두 모두 산세를 이용해 산등성이를 따라 성벽을 토축하였음. 두 성은 모두 제고점이 있어 요망 초소의 기능을 함. 요망대에 서면 주위의 하천 상황을 한눈에 감시할 수 있음. 공농산성은 남쪽으로 위사하, 북쪽으로 東遼河에 잇닿아 있어 천연의 해자를 갖추고 있음. 이에 공농산성은 용수산성 동남쪽에 위치하여 용수산성을 방어하는 前沿城堡 역할을 하였다고 파악함. 용수산성으로 향하는 주요 교통로를 공제하는 역할을 하였다는 것임(王禹浪·王宏北, 1994).

다만 요원 지역 전체의 입지조건으로 보아 요원지역의 고구려 산성은 동북쪽의 伊通河 방면, 서북쪽의 東遼河 하류 방면, 서남쪽의 寇河 방면에서 침공해 들어오는 적군을 저지하기 위해 축조되었다고 파악됨. 공농산성은 용수산성 동남쪽에 위치해 있을 뿐 아니라 서북쪽의 東遼河·渭津河를 천연해자로 삼아 방어벽을 형성하고 있다는 점에서 용수산성의 배후산성으로 기능하였을 가능성이 높음. 용수산성과 공농산성이 서로 마주보는 지척거리에 위치한 만큼 유사시에는 상호 긴밀한 연락체계를 유지하면서 군사방어 기능을 수행하였을 것임(余昊奎, 1999).

참고문헌

- 王禹浪·王宏北, 1994, 『高句麗渤海古城址硏究匯編』(上), 哈爾濱出版社.
- 馮永謙, 1994, 「高句麗城址輯要」, 『北方史地硏究』, 中州古籍出版社.
- 余昊奎, 1999, 『高句麗 城』 Ⅱ(遼河流域篇), 國防軍史硏究所.
- 王綿厚, 2002, 『高句麗古城硏究』, 文物出版社.
- 馮永謙, 2002, 「高句麗千里長城建置辨」, 『社會科學戰線』 2002-1.
- 이성제 편, 2006, 『高句麗城 사진자료집』, 동북아역사재단.
- 張福有·孫仁傑·遲勇, 2010, 「高句麗千里長城調査要報」, 『東北史地』 2010-3.
- 魏存成, 2011, 「中國境內發現的高句麗山城」, 『社會科學戰線』 2011-1.

제11부

공주령시(公主嶺市) 지역의 성곽

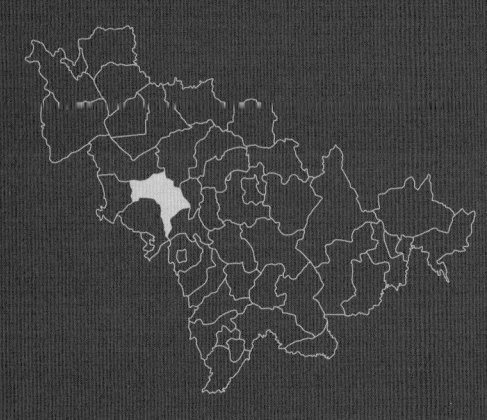

01　공주령 노변강유적
公主嶺 老邊崗遺蹟

1. 조사현황

1) 1971년
○ 1971년 10~11월경 王健群 등이 중앙민족학원 연구실, 길림성박물관, 길림사범대학, 懷德縣 문화부 등과 합동조사단을 구성하여 懷德縣(현 公主嶺市) 경내의 변강 유적을 조사하였음. 참가자는 李碩民, 王健群, 穆宏利(조장), 林志純, 郭毅生, 陳連開, 陳相偉, 郭文魁 등. 戲子街를 출발하여 북으로 南平安堡, 老城堡, 三皇廟, 陳家窯堡, 邊崗 등을 경유하여 農安縣 경계 지점의 後崗 일대에 이르는 18개 촌을 5일 동안 조사하였음.
○ 발표 : 王建群, 1987, 「高句麗千里長城」, 『博物館研究』 1987-3.

2) 1974년
○ 懷德縣(현 公主嶺市) 서남쪽의 梨樹縣, 昌圖縣 등을 방문하였을 때, 懷德縣(현 公主嶺市) 노변강유적에 대한 증언을 들었다고 함.
○ 발표 : 王建群, 1987, 「高句麗千里長城」, 『博物館研究』 1987-3.

3) 1983년
○ 農安 서남부의 順山古城을 조사할 때 변강유적이 懷德縣(현 公主嶺市)에서 農安지역으로 들어가는 상황을 들었다고 함.
○ 발표 : 王建群, 1987, 「高句麗千里長城」, 『博物館研究』 1987-3.

4) 1983년
○ 1983년 5월 懷德縣 고고조사단에서 『懷德縣文物志』 편찬 기초자료 수집의 일환으로 노변강유적에 대해 재조사하였는데, 전체적인 상황은 1971년 조사결과와 거의 동일하였다고 함.
○ 발표 : 吉林省文物志編修委員會, 1985, 『懷德縣文物志』.

5) 2008~2009년
○ 吉林省 宣傳部 연구원인 張福有, 集安博物館의 孫仁杰과 遲勇 등이 길림성과 요령성 일대의 노변강과 관련된 유적 및 지명을 조사함.
○ 발표 : 張福有·孫仁杰·遲勇, 2010, 「高句麗千里長城調査要報」, 『東北史地』 2010-3 ; 張福有·孫仁杰 遲勇, 2010, 『高句麗千里長城』, 吉林人民出版社.

2. 위치와 자연환경 (그림 1~그림 2)

1) 1971~1983년 조사 노변강유적의 지리위치
○ 1971~1983년에 조사한 公主嶺市(舊 懷德縣) 老邊崗 유적은 당시 행정지명으로 懷德縣 서쪽의 秦家

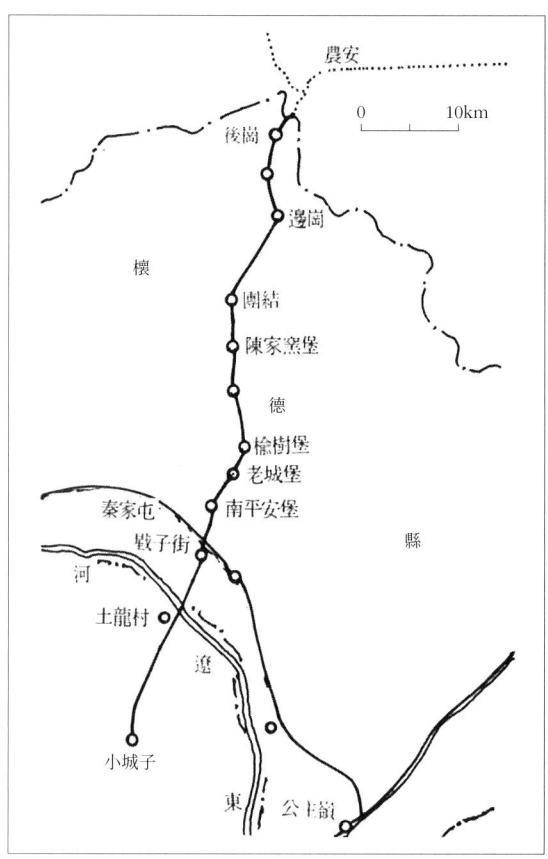

그림 1 노변강유적 위치도 1(『회덕현문물지』, 107쪽)

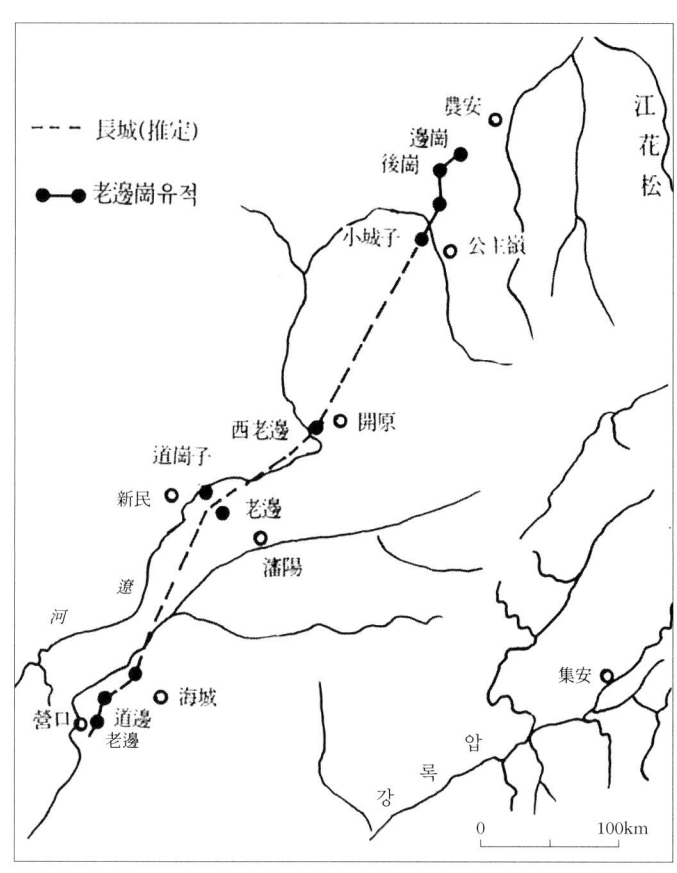

그림 2 노변강유적 위치도 2(『회덕현문물지』, 107쪽)

屯, 雙楡樹, 四道崗, 育林 등 4鄕에 걸쳐 있었음. 서남-동북 방향으로 서남쪽의 梨樹縣에서 戰子街로 진입한 다음 平安堡, 老城堡, 楡樹堡, 東黃花甸子, 陳家窯堡, 邊崗屯, 八岔溝子西, 梁家爐, 姜德屯, 邊崗 4隊, 幸福村 등을 경유하여 後崗 북쪽에서 農安縣城 서쪽으로 진입하는데, 懷德縣 경내의 유적 길이만 약 25km에 달했다고 함.

2) 2008~2009년 조사 노변강유적의 지리위치

2008~2009년에는 公主嶺市(舊 懷德縣) 경내의 (1) 雙城堡鎭 大牛圈屯, 西邊崗屯 (2) 八道溝村, 邊崗屯, 黃花村 (3) 懷德鎭 陳家村 邊崗屯 등에서 노변강유적을 조사함. 각 유적의 지리위치는 다음과 같음.

(1) 雙城堡鎭 大牛圈屯, 西邊崗屯 등 노변강유적의 지리위치

○ 大牛圈屯 서쪽 100m 지점에 노변강 성벽 기초가 위치하며, 중심 지리좌표는 동경 124°44′303″, 북위 44°02′496″, 해발 230m임.

○ 西邊崗屯 동쪽 조사 지점의 중심 지리좌표는 동경 124°44′175″, 북위 44°02′398″, 해발 232m임.

○ 조사지점 중 한 곳의 중심 지리좌표는 동경 124°43′442″, 북위 44°01′363″, 해발 237m임. 이 지점은 대농지 중앙에 위치하는데, 노변강 성벽 기초는 '老邊道'라 불리는 농업용 도로로 개발되어 있음.

(2) 八道溝村, 邊崗屯, 黃花村 등 노변강유적의 지리위치

○ 八道溝村 서쪽 조사지점의 중심 지리좌표는 동경 124°40′382″, 북위 43°56′564″, 해발 286m임.

○ 黃花村 邊崗屯 북쪽 1,000m 지점을 조사했는데, 중심 지리좌표는 동경 124°40′312″, 북위 43°56′132″, 해발 292m임.

(3) 懷德鎭 陳家村 邊崗屯 등 노변강유적의 지리위치

○ 懷德鎭 陳家村 邊崗屯 북쪽 구간 조사 지점의 중심 지리좌표는 동경 124°40′000″, 북위 43°56′185″, 해발 301m임.

○ 邊崗屯 남쪽 조사 지점은 북쪽의 변강둔에서 약 1,000m 거리로 중심 지리좌표는 동경 약 124°40′26″, 북위 43°55′371″, 해발 281m.

○ 南平村 老邊崗屯 조사 지점의 중심 지리좌표는 동경 124°38′999″, 북위 43°45′717″, 해발 212m.

3) 노변강유적 일대의 자연환경

○ 吉林省 公主嶺市(舊 懷德縣) 노변강유적은 遼河 수계인 東遼河와 松花江 수계인 伊通河 경계지대에 걸쳐 있음. 이 일대 지형은 公主嶺市 회덕진 조사지점 소재지가 해발 301m로 가장 높으며, 公主嶺市에서 서북방향으로 뻗은 구릉성 평지를 경계로 東遼河와 伊通河 水界가 나누어짐.

○ 그러나 양쪽 사면의 경사도가 완만하기 때문에 수계를 구분할 만한 뚜렷한 분수령은 없음. 오히려 두 수계의 경계지대에도 송화강·요하 유역의 송료대평원이 광활하게 펼쳐져 있고, 노변강유적도 송료대평원을 따라 서남에서 동북으로 이어지고 있음.

○ 노변강 유적 동남쪽 50km 거리에는 大黑山脈이 노변강유적과 같은 방향인 서남-동북 방향으로 뻗어 있음. 노변강유적 서쪽으로는 대흥안령산맥 동쪽 사면과 서요하 유역의 사막과 초원지대가 펼쳐짐. 노변강유적 일대는 농경지구에서 초원·사막지구로 변하는 점이지대에 해당함.

3. 1971~1983년 공주령 노변강유적의 조사 현황

○ 老邊崗 유적의 존재에 대해서는 청말부터 알려져 있었음. 清나라 末에 楊伯馨이 撰한 『潘故』 권4 老邊 條에 따르면, 奉化縣(지금의 吉林省 梨樹縣) 동북에 흙언덕이 구불구불하게 이어져 있었다고 함. 懷德縣 서남에서 奉化縣 관내로 들어와 小城子에 이르며 龍王廟를 거쳐 老壕屯에 이르는데, 길이는 수 십리이며 높이는 한 丈 정도로 현지주민들은 老邊崗으로 부른다고 함.

○ 1971년 이래 여러 차례의 조사를 통해 公主嶺市(구 懷德縣) 일대의 老邊崗 유적이 東遼河와 伊通河 경계지대의 松遼大平原에 동북-서남 방향으로 길게 뻗어있는 사실을 확인함. 懷德縣 관내의 유적만 약 25km에 달하며 서남쪽으로는 梨樹縣, 동북쪽으로는 農安縣 일대로 계속 이어짐. 다만 경작지 개간으로 평지가 되거나 지방도로가 되어 유적이 명확하게 남아 있는 곳은 거의 없음.

○ 老邊崗은 대체로 판축기법(夯築)을 이용하여 흙으로 쌓았는데, 1971년 조사 당시 三皇廟村(속칭 小邊)과 東黃花甸子 일대의 보존상태가 양호하였다고 함. 三皇廟村 동쪽의 邊崗은 기단부 너비 6m, 높이 1m 전후였는데, 현지주민의 증언에 따르면 1940년대에는 邊崗의 높이가 민가보다 높은 약 5m에[1] 달했다고 함.

○ 東黃花甸子 북쪽에서 陳家窯堡에 이르는 약 1km[2]

---

[1] 王健群(1987), 35쪽에는 3m로 기재되어 있음.

[2] 王健群(1987), 35쪽에는 6里 곧 3km로 기재되어 있음.

구간도 보존상태가 양호하였다고 함. 조사 당시 기단부의 너비 6m, 윗면의 너비 3m,[3] 높이 2m 전후로 마치 긴 龍이 구불구불하게 기어가는 것처럼 보였는데, 짐수레 등이 다니는 도로로 이용되고 있었다고 함. 도로변이나 변강유적이 노출된 단면에는 판축기법(夯築)을 이용하여 흙으로 성벽을 축조한 흔적이 남아 있었다고 함. 토축성벽에서 灰褐色 토기파편이 출토되었지만, 마멸로 인해 정확한 연대는 알 수 없었다고 함.

○ 老邊崗 유적의 전개방향으로 보아 懷德縣 서남쪽의 梨樹縣, 동북쪽의 農安縣 일대에도 邊崗유적이 존재할 것으로 추정됨. 이러한 점에서 松遼大平原 일대의 '老邊'이나 '邊崗'과 관련된 지명이 많은 주목을 끌어왔음. 이 일대 지명을 조사해 보면 老邊崗, 邊崗, 小邊, 土龍 등의 지명이 매우 많은데, 이들은 대체로 동북-서남의 동일선상에 위치하였다고 함.

○ 農安縣에는 龍王鄕 서북 6km의 邊崗, 邊崗鄕 三崗 등의 지명이 있고, 梨樹縣 경내에는 河山鄕 동남 5km의 土龍村, 三合鄕 서남 10km의 三道崗子, 金山鄕 동남 9km의 王家崗子 등이 있음. 遼寧省 경내에도 開原縣의 三家子鄕 남쪽 7.5km의 西老邊을 비롯하여 新民縣 동부의 三道崗子, 瀋陽市 서북의 老邊, 海城縣 서북의 三道崗, 營口縣 북부의 二道邊, 營口市 교외의 老邊村, 老邊站 등이 있음(李健才, 1987).

○ 이 가운데 遼寧省 경내의 老邊 관련 지명은 明代 邊牆에서 기인된 지명일 가능성이 높지만, 明代 長城의 北端인 開原 이북 일대는 明代 邊牆과 직접 관련이 없음. 그런데 舊 懷德縣 현지주민에 따르면 20세기 전반에는 邊崗의 높이가 1971년 조사 당시보다 높았고, 懷德에서 서남쪽으로 이어지는 邊崗을 따라 짐수레 등을 이용하여 遼河 河口인 營口까지 왕래하였다고 함.

○ 舊 懷德縣 戲子街의 吳國範(1971년, 78세)에 따르면 邊崗은 서남으로 東遼河 南岸의 土龍村을 지나 梨樹縣 小城子, 昌圖縣 八面城을 경유하여 營口에 이르는데, 본인이 직접 이 길을 왕래하였다고 함. 秦家屯의 孟慶生 노인(1971년, 76세)도 邊崗이 남으로 梨樹縣 土龍村, 小城子를 거쳐 곧바로 營口에 이른다고 증언하였고, 진상둔의 張顯德은 그의 아버지가 직접 짐수레를 타고 이 邊崗을 따라 營口까지 다녀왔다고 증언하였다고 함(王健群, 1987).

4. 2008~2009년 공주령 노변강유적의 조사 현황

○ 2008~2009년 조사에서 公主嶺市 노변강성벽 유적의 총 길이가 약 52km임을 확인함. 대체로 동북에서 서남으로 뻗어 있고, 일부 구간은 약간 서쪽으로 치우쳐 있기도 함.

○ 보존상태로 볼 때 대부분 지역의 지표에 드러난 유적 현상은 비교적 선명함. 지표에 물고기의 등 모양처럼 튀어나온 흙둑을 제외하면 성벽 유적 잔고는 약 4m 정도임. 길림성과 요령성 두 지역의 노변강 가운데 성벽의 기초 보존상태가 가장 좋은 구간임.

○ 노변강 성벽 기초는 황색 점토와 검은색 흙을 서로 교차해서 층층이 다져서 축조했는데, 황색 점토는 외부에서 운반한 것이고, 검은색 흙은 현장에서 채토한 것임.

○ 이 일대에 산재한 邊崗, 小邊 등의 지명도 노변강 성벽 기초가 뻗어 지나가는 것에서 유래한 이름임. 조사 방문 시 해당 지역의 마을 주민 모두 노변강의 위치와 뻗어나가는 방향을 확실하게 알려주었음.

1) 雙城堡鎭 大牛圈屯, 西邊崗屯 등의 노변강유적

노변강 성벽 기초는 農安縣 三道崗鄕 汪邊崗屯의 갈림길에서 公主嶺市 경내의 雙城堡鎭 幸福村 大牛圈

---

[3] 王健群(1987), 35쪽에는 기단부의 너비 3m라고 기재되어 있음.

屯으로 들어감.

(1) 大牛圈屯의 노변강 성벽 기초

○ 大牛圈屯 서쪽 100m 지점인데, 조사지점의 중심 지리좌표는 동경 124°44′303″, 북위 44°02′496″, 해발 230m임.

○ 성벽 기초에는 지표보다 높은 흙둑이 한 갈래 뻗어 있음. 흙둑의 너비는 8~10m, 높이는 0.5m이며, 동북에서 서남 방향으로 이어져 있음.

○ 현지 주민 于春波(2008~2009년, 59세)의 설명에 따르면 노변강은 邊崗道라 불리는 車道로 개설되었다고 함. 邊崗道는 邊崗村으로 통하며, 또한 紅旗村이나 徐家店屯 방향으로도 통하는데, 도로에 의해 많이 파괴되었음.

(2) 西邊崗屯 동쪽 노변강 성벽 기초

○ 조사 지점의 중심 지리좌표는 동경 124°44′175″, 북위 44°02′398″, 해발 232m임.

○ 노변강 성벽 기초는 동북에서 서남 방향으로 뻗어 있음. 현재 노변강 성벽 기초 동측면은 지표와 평행하며, 서측면은 높이 약 0.8m임.

○ 이 지점 앞 약 300m 되는 곳에서 鄕路와 다시 합쳐짐.

(3) 老邊道의 노변강유적

○ 조사지점의 중심 지리좌표는 동경 124°43′442″, 북위 44°01′363″, 해발 237m임.

○ 경작지 한 가운데에 위치하는데, 노변강 성벽 기초는 현지에서 老邊道라고 부르는 농업용 차도로 개발되어 있음.

(4) 기타 노변강유적

노변강 성벽 기초는 徐家店屯의 동측과 高家屯의 서측을 지나, 조사지점의 중심 지리좌표 동경 124°42′580″, 북위 44°00′674″ 지점에서 서남 방향으로 뻗어나감. 다시 姜德屯→鄒家屯→梁家爐屯 쪽으로 이어져 있음. 이 일대의 노변강 성벽 기초는 모두 농업용 차도로 개발되었음.

2) 八道溝村, 邊崗屯, 黃花村 등의 노변강유적

(1) 八道溝村 서쪽의 노변강유적

○ 조사지점의 중심 지리좌표는 동경 124°40′382″, 북위 43°56′564″, 해발 286m임.

○ 지표는 약간 융기해 있으며, 그 위로는 농로인데 자동차가 다닐 수 있음. 현지 농민인 代玉春(2008~2009년, 63세)과 董桂媛(47세) 두 사람 모두 노변강과 변강도의 이어진 방향을 명확하게 알려 주었음.

○ 노변강유적은 八道溝村→邊崗屯→黃花村의 老邊崗 도로로 이어짐. 예전의 벽체 높이는 약 4~5m 정도로 높았었는데, 나중에 흙을 매립하고 땅을 파는 등 도로를 닦고, 특히 문화대혁명시기에 땅을 농지로 개간하면서 오늘날과 같은 높이의 老邊崗으로 변하였다고 지적하였음.

(2) 黃花村 邊崗屯 북쪽의 노변강유적

○ 黃花村 邊崗屯 북쪽 1,000m 지점을 조사하였음. 조사 지점의 중심 지리좌표는 동경 124°40′312″, 북위 43°56′132″, 해발 292m임.

○ 노변강 성벽 기초는 현존 너비 6~7m이며, 서측면은 높이 1~1.2m, 동측면은 경사진 비탈임.

3) 懷德鎭 陳家村 邊崗屯의 노변강유적

(1) 懷德鎭 陳家村 邊崗屯의 노변강유적

○ 陳家村 邊崗屯에서 노변강유적 조사를 위해 현지 농민인 61세의 蘇振龍씨를 방문하였음. 그의 안내로 보존상태가 비교적 좋은 邊崗屯 북쪽 구간에 도착함.

조사 지점의 중심 지리좌표는 동경 124°40'000", 북위 43°56'185", 해발 301m임.

○ 邊崗屯 북쪽 약 1,200m 지점에 개구부(缺口)가 있으며, 개구부의 너비는 약 20m. 蘇振龍 농부에 의하면 개구부의 원래 너비는 약 2m 정도였다고 함. 개구부의 위치 및 현재 상태로 보아 문길(門道)이었을 가능성이 있음. 동측에도 높이 1m 정도, 너비 3m 정도의 흙더미가 있는데, 문길의 옹문과 관련있을 것으로 추정됨.

○ 노변강 성벽 기초 북측 단면으로 보아, 구축방법은 황색의 점토와 검은색 흙을 섞어 판축하여 축성하였음. 다진 층의 흔적이 분명하여 한 층은 황색 점토층 또 한 층은 검은색 토층임. 황색 점토층은 일반적으로 두께 15~35cm, 검은색 토층은 일반적으로 두께 18~30cm.

○ 또한 변강둔 북쪽 약 150m 거리에도 노변강 성벽 기초가 남아 있었는데, 기초 너비 약 10m, 잔고 약 1.5m.

(2) 변강둔 남쪽 구간의 노변강유적

○ 변강둔 남쪽 구간의 조사 지점은 북쪽의 변강둔에서 약 1,000m 떨어진 곳임. 중심 지리좌표는 동경 약 124°40'26", 북위 43°55'371", 해발 281m.

○ 노변강 성벽 기초는 동남에서 서북 방향으로 뻗어 있으며, 벽체 한쪽은 대부분 비교적 높은 지세에 의지함. 벽체 기초 너비 6m, 윗 너비 2~4m. 현재 최고 높이는 약 4m 정도임.

(3) 陳家村 老邊屯 남쪽 구간의 노변강유적

변강둔 남쪽 노변강유적에서 1,000m 연장된 지점은 陳家村 노변둔 남쪽 구간임. 성벽 기초 유적은 길림성 경내에서 보존상태가 가장 좋은 한 구간임. 2007년도에 길림성 중점 문물보호단위가 되었음.

(4) 南平村 老邊崗屯의 노변강유적

○ 조사 지점의 중심 지리좌표는 동경 124°38'999", 북위 43°45'717", 해발 212m.

○ 廣家窩棚屯 북쪽부터 노변강 성벽 기초가 저지대로 진입하여 선명하지 않으며, 邊崗屯, 邊西屯, 小邊屯 등에 이른 후에 다시 비교적 선명하게 남아 있음. 일반적으로 농로가 되거나 밭으로 구획되었음.

○ 노변강 성벽 기초는 張朱屯까지 뻗은 다음, 梨樹縣 小城子鎭 경내로 들어감. 東遼河 연안의 저지대를 통과하는 곳에는 성벽이 보이지 않음.

5. 역사적 성격

1) 고구려 천리장성설

公主嶺市(舊 懷德縣)를 비롯해 吉林省-遼寧省의 松遼大平原을 종단하는 노변강 유적의 역사적 성격에 대해 『奉天通志』나 『懷德縣志』 등에서는 별다른 고증 없이 漢代 障塞 또는 明과 蒙古의 경계선 등으로 파악하였고, 『懷德縣文物志』에서는 遼代 주요 성들이 노변강 서쪽에 있다는 사실을 근거로 동북 여진의 봉기를 막기 위한 遼代의 방어시설로 파악하였음.

다만 1970년대 이래 조사가 진행되면서 길림성 지역의 중국학자들은 노변강 유적을 고구려 천리장성과 관련시켜 파악하기 시작함. 가령 李健才는 길림성 農安·公主嶺(舊 懷德)·梨樹縣과 遼寧省 경내 요하 동안 일대의 '노변'·'변강' 관련 지명의 분포 현황이 公主嶺市(舊 懷德縣) 노변강유적의 뻗어나가는 방향과 합치한다는 사실을 근거로 公主嶺市(舊 懷德縣) 노변강유적을 農安-營口에 걸친 장성 유적의 일부라고 파악하였음. 나아가 農安이 고구려 천리장성의 출발점인 '부여성'임을 논증하고, 營口는 천리장성의 종착점인 '西南至海'로 보았음. 실제 農安과 營口는 동북-서남 방향의 천리장성의 방향과 부합할 뿐 아니라 거리상으로도 천여리라고 함(李健才, 1987).

다만 1988~1989년에 德惠 경내에도 老邊崗遺蹟이 분포한다는 사실을 밝혀지자, 李健才는 종전 견해를 수정함. 德惠에서 노변강유적이 발견됨에 따라 고구려 千里長城의 동북단은 農安이 아니라 북류 송화강 서안으로 바뀌게 되었으며, 특히 부여성으로 비정되던 農安은 노변강유적의 서쪽 곧 고구려 천리장성 바깥에 위치하는 문제가 발생하였기 때문. 이에 李健才는 종전 견해를 수정하여 農安은 후기 부여의 왕성일 뿐이고, 고구려 부여성은 전기 부여의 왕성이었던 吉林市 龍潭山城라고 파악함(李健才, 1991). 그렇지만 이 경우 길림시 일대에서 노변강유적이 확인되지 않는다는 문제점이 발생함. 이에 李健才는 다시 견해를 수정하여 천리장성의 기점으로 나오는 부여성은 고구려 후기의 부여성(길림 용담산성)이 아니라 후기부여의 왕성을 지칭한다면서 農安古城으로 비정함(李健才, 2000).

한편, 王建群은 1971년 이래 노변강유적에 대한 조사결과를 약술한 다음, 노변강유적을 따라 營口까지 다녀왔다는 현지 주민의 증언을 근거로 노변강유적이 본래 農安에서 營口에 걸쳐 존재하였다고 추정하였음. 그리고 노변강유적은 農安 곧 부여성에서 서남의 바다에 걸쳐 구축한 천리장성의 일부라고 파악하였음. 이와 힘께 천리장성이 고구려의 국역이 쇠퇴한 상태에서 축조되었기 때문에 장성은 이름뿐이고 실제로는 토루에 불과하다고 주장함. 또한 천리장성은 변경 성보의 외곽에 축조한 방어선이 아니라, 동북 부여성(農安)에서 서남의 비사성(大連)에 걸친 변경의 주요 군사중진을 연결한 보조시설에 불과하다고 보았음. 천리장성의 이러한 성격 때문에 당과 고구려의 공방전에서 천리장성은 등장하지 않게 되었다는 것임(王建群, 1987).

다만 王建群의 이러한 견해는 상당한 모순을 내포하고 있음. 왕건군은 천리장성의 경로를 農安에서 營口에 이르는 遼河 東岸의 노변강유적으로 설정하면서, 그 성격은 부여성(農安)-비사성(大連)의 기존 성을 연결한 보조시설로 파악했음. 그렇지만, 요하 동안의 노변강유적과 기존 성은 최소한 40~50km 이상 떨어져 있기 때문에 노변강유적을 기존 성을 연결한 방어선으로 파악하는 것은 불가능함. 또한 현재 농안고성을 제외하면 공주령시 일대의 노변강유적과 관련될 만한 고구려성으로는 遼源市의 龍首山城, 開原市의 龍潭寺山城 등을 들 수 있음. 공주령시 노변강유적은 대흑산맥 서북 40~50km에 위치한 반면, 용수산성・용담사산성은 대흑산맥 동남이나 서남단에 자리잡고 있음. 공주령시 노변강유적을 기존의 고구려 성곽을 연결한 단순한 보조시설로 보기는 힘든 것임.

한편, 1990년대 이후 북류 松花江 남안의 德惠縣 경내에도 老邊崗遺蹟이 분포하는 것으로 확인됨. 이에 노변강유적이 북류 松花江 남안에서 시작하여 松遼大平原을 종단해 遼河 동안을 따라 遼河 河口인 營口市 일대까지 이르렀을 것으로 파악한 다음, 이를 고구려 천리장성의 경로로 파악하기도 함(馮永謙, 2002 ; 張福有・孫仁杰・遲勇, 2010).

2) 고구려 천리장성 부정설

吉林省의 중국학자들이 대체로 고구려 천리장성으로 이해하는 반면, 遼寧省의 중국학자들은 천리장성과의 관계를 인정하지 않음. 즉 李文信이 서풍 성자산산성을 고구려의 부여성으로 비정한 이래(李文信, 1962), 遼寧省 학자들은 서풍 성자산산성보다 서북쪽에 위치한 공주령시(구 懷德縣) 일대의 노변강유적에 대해 천리장성과 관련 없는 유적으로 파악하였음.

陳大爲는 천리장성을 부여성(西豊)에서 비사성(大連)에 이르는 서부 국경의 前沿邊境上에 최종적으로 구축한 山城聯防線으로 파악하였음. 그리고 부여성 등의 대형산성은 평원지대와 산간지대의 경계지역에 일직선으로 위치하였는데, 이들은 천리장성의 방어선에서 중점 성보를 이루었다고 보았음. 결국 山城聯防線보다 서북쪽에 위치한 노변강유적은 고구려 천리장성과 관련이 없다는 것임(陳大爲, 1989). 다만 陳大爲 는 1995년에 기존 견해를 수정하였는데, 천리장성의 축조로 동북-서남의 산성연방선이 완성되었다고 보면서 산성연방선과 요하 사이에 별도로 장성을 구축하였다고 종전 견해를 약간 수정함(陳大爲, 1995).

梁振晶도 천리장성은 부여성-사비성 구간의 기존 성들을 연결한 산성연방선이라는 설을 제기하였다. 요하 동안의 자연지형상 요하 자체가 천연해자로서 제1방어선이며, 요하와 산성연방선 사이는 평원지대로서 장성을 구축하기에 불리한 지형임. 그리고 農安古城에서는 고구려 유적·유물이 발견되지 않는 반면, 서풍 성자산산성에서는 고구려시기의 건물지가 많이 존재하므로 장성의 동북단인 부여성으로 비정되며, 장성의 서남단도 평지인 營口보다는 사면이 절벽인 대흑산산성이 적합하다는 것임. 더욱이 農安-懷德의 노변강 유적에서는 연대를 비정할 수 있을 만한 유물이 출토된 바 없으며, 營口市 북쪽에서 고구려시기 평지성인 태평보고성이 발견되었지만 주변에는 천리장성과 관련된 유적이 발견되지 않았다고 파악함(梁振晶, 1994).

王綿厚도 陳大爲의 수정 견해와 비슷한 의견을 제시하였음. 천리장성이 축조로 기존 산성방어체계가 완성되었다고 파악하였음. 다만 기존의 산성연방선 외에 요하 양안에 두 줄기의 방어선을 구축하였다고 추정하고, 무려라(통정진)를 요하 서안 전연방어선의 대표적인 장새로 파악하였으며, 천리장성의 축조로 '이중방어장벽'이 완성되었다고 봄(王綿厚, 1990 ; 王綿厚, 1994).

한편, 신형식은 길림성과 요령성 학자의 견해를 절충한 신설을 제기하였음. 農安-營口의 요하 연안에는 본래 물자소통을 위한 河邊路가 있었는데, 이를 보호하기 위해 축조한 성곽시설이 최초의 천리장성이라고 함. 그런데 수·당과의 전쟁이 격화되면서 발해와 서해 등 해안방어선의 전략적 중요도가 높아지게 됨으로써 신성(무순 고이산성)에서 요동반도 서남단의 비사성 (대련 대흑산성)에 이르는 산성을 연결하는 새로운 천리장성을 구축하였다고 함. 시대에 따라 전략적 중요도가 변화하면서 천리장성의 경로나 기능도 변화하였다고 봄(신형식, 1997 ; 신형식, 1999).

3) 노변강유적과 고구려 천리장성의 관계

상기와 같이 公主嶺市(舊 懷德縣)를 비롯해 吉林省-遼寧省의 松遼大平原을 종단하는 노변강유적의 성격에 대해 길림성의 중국학자들이 대체로 고구려 천리장성으로 이해하는 반면, 요령성의 중국학자들은 이를 부인함. 두 견해가 팽팽하게 평행선을 달린다고 할 수 있는데, 이와 관련해 천리장성의 경로와 관련한 문헌사료를 보다 면밀하게 검토할 필요가 있음.

천리장성의 경로 설정에 있어서 가장 중요한 기준은 '東北自夫餘城 西南至海 千有餘里'(『舊唐書』 동이전 고려조)라는 양 끝단과 거리임. 동북단인 부여성은 1900년대 전반 이래 대체로 農安 일대로 비정되고 있음. 물론 현재의 농안고성은 遼代에 축조한 것이고, 농안 일대에서 고구려시기 유적이나 유물이 출토된 바도 없음. 다만 『三國史記』에 따르면 발해 扶餘府는 고구려 부여성이고, 『遼史』 地理志 東京道 通州와 龍州 黃龍府조에 따르면 발해 부여부는 遼代의 龍州 黃龍府로서 지금의 농안 서남쪽 지역에 해당함. 따라서 농안 일대는 발해의 부여부 곧 고구려의 부여성으로 비정할 수 있음.

농안 일대가 고구려 후기의 부여성 곧 후부여의 중심지인 가능성은 부여사의 전개과정과 송화강 일대의 지형조건을 통해서도 설명할 수 있음. 부여의 원 중심지는 북류 송화강 중류 유역의 길림시 일대였는데, 4세기 전반 고구려의 침공을 받고 중심지를 서쪽으로 前燕 가까이로 옮겼다가, 5세기 말경에 勿吉의 압박을 피해 고구려에 투항하게 됨. 고구려 후기의 부여성은 바로 후기 부여의 중심지에 설치된 것임.

그런데 송화강 일대의 지형조건상 부여인들이 고

구려의 공격을 피해 이주하였을 만한 지역으로는 伊通河 연안의 農安 일대가 거의 유일함. 農安보다 서쪽 지역은 저습지대나 초원지대로 농경민인 부여인들이 생활하기에 적합하지 않으며, 남쪽방면인 大黑山脈·吉林哈達嶺山脈 일대는 고구려나 전연과 가까웠기 때문임. 이에 비해 農安地域은 大黑山脈과 伊通河·飮馬河 연안의 저지에 의해 송화강 중상류일대와 지역적으로 뚜렷이 구분됨. 특히 농안지역은 연강수량 500~600mm의 경계선으로서 植生上 농경의 서쪽 한계선임. 이에 부여인들은 고구려에 의해 원거주지를 함락당하자 송화강 중상류과 대흥안령산맥 초원지대의 중간지역인 농안 일대로 중심지를 옮겼다고 파악됨.

천리장성의 서남단인 '海'의 유력한 후보지는 요하 하구인 營口와 요동반도 남단인 大蓮인데, 고구려가 천리장성을 축조하였다면 군사방어력을 제고하기 위한 전략에서 나왔을 것임. 그런데 영구보다 남쪽 지역은 요동반도의 해안지대로 천산산맥이 동북-서남 방향으로 서남단까지 뻗어 있고, 천산산맥과 요동만 사이에는 해안평야가 기다랗게 가로놓여 있음. 따라서 이 일대에 장성을 축조한다면 적군의 상륙을 저지하는 것이 가장 중요한 목적이 될 텐데, 천산산맥 일대의 기존 산성을 연결하여 장성을 축조했다면 군사전략상 무용지물에 가까움. 따라서 지형조건과 군사전략상 서남의 '海'는 요하 하구인 營口일 가능성이 높음. 실제 農安에서 거리가 천 여리인 곳도 營口임.

이처럼 천리장성의 동북단인 부여성이 農安, 서남단이 '海'가 營口 일대로 비정할 수 있음. 그러므로 천리장성의 경로는 吉林省 중국학자들의 견해처럼 농안 일대에서 송료대평원을 가로질러 遼河 東岸을 따라 요하 하구에 이르는 구간에 축조되었다고 추정할 수 있음 (손영종, 1997 ; 田中俊明, 1999). 遼河 東岸은 기존의 산성방어체계가 위치한 요동평원·산간지역의 접경지대에서 서쪽으로 50km 전후 떨어져 있음. 이는 고구려가 631~646년에 기존 방어체계와 다른 새로운 방어선을 구축하였음을 의미함.

懷德縣을 중심으로 한 노변강유적은 천리장성의 경로 가운데 松花江-遼河의 분수령지대에 해당하며, 千山山脈에서 50~100km정도 떨어진 遼河 東岸처럼 大黑山脈에서 서쪽으로 대략 50km 떨어진 거리에 위치함. 특히 이 구간의 노변강유적은 燕·秦·漢 長城을 비롯해 遼代, 金代, 明代, 淸代 등의 長城 경로와 겹치지 않는데(遼寧省 長城學會, 1996 ; 馮永謙, 2002),[4] 이를 통해서도 노변강유적이 고구려 천리장성과 관련될 가능성을 추정할 수 있음(余昊奎, 1999 ; 여호규, 2000).

참고문헌

- 李文信 편, 1962, 『遼寧史迹資料』, 遼寧省博物館.
- 吉林省文物志編修委員會, 1985, 『懷德縣文物志』.
- 馮永謙·何薄澄, 1986, 『遼寧古長成』, 遼寧人民出版社.
- 王建群, 1987, 「高句麗千里長城」, 『博物館研究』 1987-3.
- 李健才, 1987, 「東北地區中部的邊崗和延邊長城」, 『遼海文物學刊』 1987-1.
- 陳大爲, 1989, 「遼寧境內的高句麗遺蹟」, 『遼海文物學刊』 1989-1.
- 王綿厚, 1990, 「東北古代夫餘部的興衰及王城變遷」, 『遼海文物學刊』 1990-2.
- 李健才, 1991, 「唐代高麗長城和扶餘城」, 『民族研究』 1991-4.
- 馮永謙, 1992, 「東北古代長城考辨」, 『東北亞歷史與文化』, 遼潘書社.
- 梁振晶, 1994, 「高句麗千里長城考」, 『遼海文物學刊』 1994-2.
- 王綿厚, 1994, 「鴨綠江右岸高句麗山城綜合研究」, 『遼海文物學刊』 1994-2.
- 陳大爲, 1995, 「遼寧高句麗山城再探」, 『北方文物』 1995-3.
- 遼寧省 長城學會, 1996, 『遼寧長成』.
- 손영종, 1997, 『고구려사연구』(2), 과학백과사전종합출판사.

---

4 다만 馮永謙(2002)은 요령성 지역의 고구려 천리장성은 明代 長城으로 재활용되었기 때문에 이 구간의 두 장성 경로는 기본적으로 동일하다고 파악함.

- 신형식, 1997, 「고구려 천리장성 연구」, 『백산학보』 49.
- 李健才·劉素雲(주편), 1997, 『東北地區燕秦漢長城和郡縣城的調査研究』, 吉林文史出版社.
- 신형식, 1999, 「천리장성」, 『한국의 고대사』, 삼영사.
- 余昊奎, 1999, 『高句麗 城』 Ⅱ(遼河流域篇), 國防軍史硏究所.
- 田中俊明, 1999, 「城郭施設からみた高句麗の防禦體系」, 『고구려발해연구』 8.
- 余昊奎, 2000, 「高句麗 千里長城의 經路와 築城背景」, 『국사관논총』 91.
- 李健才, 2000, 「再論唐代高麗的扶餘城和千里長城」, 『北方文物』 2000-1.
- 馮永謙, 2002, 「高句麗千里長城建置辨」, 『社會科學戰線』 2002-1.
- 張福有·孫仁杰·遲勇, 2010, 『高句麗千里長城』, 吉林人民出版社.
- 張福有·孫仁杰·遲勇, 2010, 「高句麗千里長城調査要報」, 『東北史地』 2010-3.
- 李成製, 2014, 「高句麗 千里長城에 대한 기초적 검토」, 『嶺南學』 25.

중국 소재 고구려 유적과 유물 VIII
혼하-요하 중상류

초판 1쇄 인쇄　2020년 6월 15일
초판 1쇄 발행　2020년 6월 30일

기　　획　동북아역사재단 한국고중세사연구소
엮은이　여호규, 강현숙, 백종오, 김종은, 이경미, 정동민
펴낸이　김도형
펴낸곳　동북아역사재단

등　　록　제312-2004-050호(2004년 10월 18일)
주　　소　03739 서울시 서대문구 통일로 81 (미근동267) NH농협생명빌딩
전　　화　02-2012-6065
팩　　스　02-2012-6189
홈페이지　www.nahf.or.kr
제작·인쇄　역사공간

ⓒ 동북아역사재단, 2020

ISBN　978-89-6187-543-1　94910(세트)
　　　978-89-6187-544-8　94910

- 이 책의 출판권 및 저작권은 동북아역사재단이 가지고 있습니다.
  저작권법에 의해 보호를 받는 저작물이므로 어떤 형태나 어떤 방법으로도
  무단전재와 무단복제를 금합니다.
- 이 도서의 국립중앙도서관 출판예정도서목록(CIP)은 서지정보유통지원시스템 홈페이지
  (http://seoji.nl.go.kr)와 국가자료종합목록 구축시스템(http://kolis-net.nl.go.kr)에서 이용하
  실 수 있습니다. (CIP제어번호 : CIP2020024919)
- 책값은 뒤표지에 있습니다. 잘못된 책은 바꾸어 드립니다.